JOHANNES HELD

Öffentlichkeit als Verfassungsprinzip

Schriften zum Öffentlichen Recht

Band 1549

Öffentlichkeit als Verfassungsprinzip

Konturen einer Staatszielbestimmung unter dem Grundgesetz

Von

Johannes Held

Duncker & Humblot · Berlin

Gedruckt mit finanzieller Unterstützung des Bundesministeriums
des Innern und für Heimat, Berlin

Die Juristische Fakultät der Universität Potsdam hat diese Arbeit
im Jahre 2023 als Dissertation angenommen.

Bibliografische Information der Deutschen Nationalbibliothek

Die Deutsche Nationalbibliothek verzeichnet diese Publikation in
der Deutschen Nationalbibliografie; detaillierte bibliografische Daten
sind im Internet über http://dnb.d-nb.de abrufbar.

Satz: Klaus-Dieter Voigt, Berlin
Druck: CPI books GmbH, Leck
Printed in Germany

ISSN 0582-0200
ISBN 978-3-428-19265-6 (Print)
ISBN 978-3-428-59265-4 (E-Book)
Gedruckt auf alterungsbeständigem (säurefreiem) Papier
entsprechend ISO 9706 ♾

Internet: http://www.duncker-humblot.de

Meiner Familie

Vorwort

Die vorliegende Arbeit wurde im Wintersemester 2023/2024 von der Juristischen Fakultät der Universität Potsdam als Dissertation angenommen. Literatur und Rechtsprechung befinden sich im Wesentlichen auf dem Stand von Dezember 2023. Vereinzelt wurde Rechtsprechung noch bis März 2024 berücksichtigt.

In erster Linie danke ich meinem Doktorvater, Professor Dr. Marcus Schladebach, LL.M., für die engagierte Betreuung des Vorhabens und die mir dabei stets entgegengebrachte Wertschätzung. Herrn Professor Dr. Norbert Janz danke ich für die zügige Erstellung des Zweitgutachtens.

Die Veröffentlichung der Dissertation wurde durch einen großzügigen Druckkostenzuschuss durch das Bundesministerium des Innern und für Heimat und durch die Potsdam Graduate School (PoGS) der Universität Potsdam gefördert. Hierfür bedanke ich mich aufrichtig.

Dank für wertvolle Hilfe beim Korrekturlesen und für technische Unterstützung gilt Anne, Ziad und meiner Mutter. Schließlich möchte ich meinen Eltern, meinen Großeltern, meinen Schwestern, meinen Freundinnen und Freunden sowie Sophie danken. Ohne Euren andauernden Rückhalt und Eure stetige Unterstützung wäre diese Arbeit nicht entstanden.

Berlin, Mai 2024 *Johannes Held*

Inhaltsverzeichnis

Drittes Kapitel

Fünftes Kapitel

Verhältnis des Öffentlichkeitsprinzips zu Informationsfreiheits- und Transparenzrecht 317

Abkürzungsverzeichnis

ABlEG	Amtsblatt der Europäischen Gemeinschaften
a. F.	alte Fassung
AfP	Archiv für Presserecht/Zeitschrift für das gesamte Medienrecht
AK	Kommentar aus der Reihe der Alternativkommentare
Alt.	Alternative
AöR	Archiv des öffentlichen Rechts
ARSP	Archiv für Rechts- und Sozialphilosophie
Art.	Artikel
As-Drs.	Ausschussdrucksache
Ausspr.	Aussprache
BArchG	Bundesarchivgesetz
BauGB	Baugesetzbuch
Bay.	Bayern; bayerisch
BayGVBl.	Bayerisches Gesetz- und Verordnungsblatt
BayObLG	Bayerisches Oberstes Landesgericht
BayVerfGHE	Entscheidungen des Bayerischen Verfassungsgerichtshofs
BBG	Bundesbeamtengesetz
BbgAIG	Akteneinsichts- und Informationszugangsgesetz des Landes Brandenburg
BbgPolG	Brandenburgisches Polizeigesetz
BbgVerf	Verfassung des Landes Brandenburg
BeckOK	Beck'scher Online-Kommentar
BeckRS	Elektronische Rechtsprechungsdatenbank in beck-online
Begr.	Begründung, Begründer, begründet
BerlIFG	Berliner Informationsfreiheitsgesetz
BfV	Bundesamt für Verfassungsschutz
BGB	Bürgerliches Gesetzbuch
BGBl.	Bundesgesetzblatt
BHO	Bundeshaushaltsordnung
BK-GG	Bonner Kommentar zum Grundgesetz
BMWK	Bundesministerium für Wirtschaft und Klimaschutz
BND	Bundesnachrichtendienst
BNDG	Gesetz über den Bundesnachrichtendienst
BR-Drs.	Bundesratsdrucksache
Brem.GBl.	Gesetzblatt der Freien Hansestadt Bremen
BremIFG	Bremer Informationsfreiheitsgesetz

BT-Drs.	Bundestagsdrucksache
BVerfG	Bundesverfassungsgericht
BVerfGE	Amtliche Sammlung der Entscheidungen des BVerfG
BVerfGG	Gesetz über das Bundesverfassungsgericht
BVerfSchG	Gesetz über die Zusammenarbeit des Bundes und der Länder in Angelegenheiten des Verfassungsschutzes und über das Bundesamt für Verfassungsschutz
BVerwG	Bundesverwaltungsgericht
BVerwGE	Amtliche Sammlung der Entscheidungen des BVerwG
bzw.	beziehungsweise
ders.	derselbe
D/H/S-GG	Grundgesetzkommentar Dürig/Herzog/Scholz (Hrsg.)
dies.	dieselbe, dieselben
DÖV	Die Öffentliche Verwaltung
DRiZ	Deutsche Richterzeitung
DSGVO	Datenschutz-Grundverordnung
DVBl	Deutsches Verwaltungsblatt
ebd.	ebenda
EG	Europäische Gemeinschaft
EGMR	Europäischer Gerichtshof für Menschenrechte
EGovG	E-Government-Gesetz
Einl.	Einleitung
EMRK	Konvention zum Schutz der Menschenrechte und Grundfreiheiten
EUZBBG	Gesetz über die Zusammenarbeit von Bundesregierung und Deutschem Bundestag in Angelegenheiten der Europäischen Union
EWG	Europäische Wirtschaftsgemeinschaft
ff.	fortfolgende
Fn.	Fußnote(n)
fortgef.	fortgeführt
FS	Festschrift
GeoZG	Geodatenzugangsgesetz
GG	Grundgesetz für die Bundesrepublik Deutschland
GO BR	Geschäftsordnung des Bundesrates
GSO	Geheimschutzordnung des Deutschen Bundestages
GSZ	Zeitschrift für das gesamte Sicherheitsrecht
GVBl.-RP	Gesetz- und Verordnungsblatt für das Land Rheinland-Pfalz
GVG	Gerichtsverfassungsgesetz
HChE	Herrenchiemseer Entwurf
HDSIG	Hessisches Datenschutz- und Informationsfreiheitsgesetz
HH	Hamburg, hamburgisch
HmbGVBl.	Hamburgisches Gesetz- und Verordnungsblatt

HmbTG	Hamburgisches Transparenzgesetz
Hrsg.	Herausgeber
Hs.	Halbsatz
HSOG	Hessisches Sicherheits- und Ordnungsgesetz
HStR	Handbuch des Staatsrechts der Bundesrepublik Deutschland
IFG	Informationsfreiheitsgesetz
IFG-MV	Informationsfreiheitsgesetz für das Land Mecklenburg-Vorpommern
IFG-NRW	Informationsfreiheitsgesetz Nordrhein-Westfalen
IFR	Informationsfreiheitsrecht Kommentar Fluck/Fischer/Martini
insb.	insbesondere
IntVG	Integrationsverantwortungsgesetz
i. S. d.	im Sinne des
i. S. v.	im Sinne von
i. V. m.	in Verbindung mit
IZG LSA	Informationszugangsgesetz Sachsen-Anhalt
IZG-SH	Informationszugangsgesetz für das Land Schleswig-Holstein
JöR	Jahrbuch des öffentlichen Rechts, neue Folge
JR	Juristische Rundschau
Jura	Juristische Ausbildung
JuS	Juristische Schulung
JZ	Juristenzeitung
Kap.	Kapitel
KJ	Kritische Justiz
KK	Karlsruher Kommentar
K&R	Kommunikation und Recht
KWG	Kreditwesengesetz
LBG LSA	Landesbeamtengesetz des Landes Sachsen-Anhalt
LIFG-BW	Landesinformationsfreiheitsgesetz Baden-Württemberg
LKV	Landes- und Kommunalverwaltung
LobbyRG	Lobbyregistergesetz
LPG	Landespressegesetz
Ls.	Leitsatz
LT-Drs.	Landtagsdrucksache
LTranspG-RP	Landestransparenzgesetz Rheinland-Pfalz
LVerf	Landesverfassung
MAD	Bundesamt für den Militärischen Abschirmdienst
MADG	MAD-Gesetz
M/K/S-GG	Grundgesetzkommentar von Mangoldt/Klein/Starck (Hrsg.)
MMR	Multimedia und Recht
NJW	Neue Juristische Wochenschrift
NordÖR	Zeitschrift für Öffentliches Recht in Norddeutschland

NS	Nationalsozialismus, nationalsozialistisch
NVwZ	Neue Zeitschrift für Verwaltungsrecht
NZS	Neue Zeitschrift für Sozialrecht
OVG	Oberverwaltungsgericht
PKGrG	Kontrollgremiumgesetz
PKV	Paulskirchenverfassung
PresseR	Presserecht
PUAG	Untersuchungsausschussgesetz
RGBl.	Reichsgesetzblatt
Rn.	Randnummer
RP	Rheinland-Pfalz, rheinland-pfälzisch
RuP	Recht und Politik
RV 1871	Verfassung des Deutschen Reiches vom 16. April 1871
RW	Rechtswissenschaft
S.	Seite
sächs.	sächsisch
SächsTranspG	Sächsisches Transparenzgesetz
SH	Schleswig-Holstein
sog.	sogenannt, sogenannte
StPO	Strafprozessordnung
StWStP	Staatswissenschaften und Staatspraxis
SÜG	Sicherheitsüberprüfungsgesetz
ThürGVBl.	Gesetz- und Verordnungsblatt für den Freistaat Thüringen
ThürTG	Thüringer Transparenzgesetz
ThürVbl.	Thüringer Verwaltungsblätter
TranspG	Transparenzgesetz
u. a.	und andere
UIG	Umweltinformationsgesetz
UmweltR	Umweltrecht
Verf	Verfassung
Verf.	Verfasser
VerfGH	Verfassungsgerichtshof
VerwArch	Verwaltungsarchiv
VG	Verwaltungsgericht
VGH	Verwaltungsgerichtshof
vgl.	vergleiche
VIG	Verbraucherinformationsgesetz
VkBkmG	Verkündungs- und Bekanntmachungsgesetz
Vorbem.	Vorbemerkung
VR	Verwaltungsrundschau
VSA	Verschlusssachenanweisung
VvB	Verfassung von Berlin

VVDStRL	Veröffentlichungen der Vereinigung der Deutschen Staatsrechtslehrer
VwGO	Verwaltungsgerichtsordnung
VwR	Verwaltungsrecht
VwVfG	Verwaltungsverfahrensgesetz
VwZG	Verwaltungszustellungsgesetz
WRV	Weimarer Reichsverfassung
ZD	Zeitschrift für Datenschutz
ZevKR	Zeitschrift für evangelisches Kirchenrecht
ZfP	Zeitschrift für Politik
ZfPW	Zeitschrift für die gesamte Privatrechtswissenschaft
ZGI	Zeitschrift für das gesamte Informationsrecht
zit.	zitiert
ZJS	Zeitschrift für das Juristische Studium
ZParl	Zeitschrift für Parlamentsfragen
ZPO	Zivilprozessordnung
ZRP	Zeitschrift für Rechtspolitik

Im Übrigen verweise ich auf: *Kirchner* (Begr.), Abkürzungsverzeichnis der Rechtssprache, 10. Auflage, Berlin u. a. 2021.

Erstes Kapitel

Einleitung

A. Problemaufriss

„Das ganze politische Leben freier Völker bewegt sich in der Öffentlichkeit, wie man athmet in der Luft“,[1] formuliert Welcker in der Verfassungsdiskussion des Vormärzes. Dabei ist er von der Vorstellung geleitet, ein vollständig öffentlich stattfindender Staat sei nicht nur Desiderat, sondern der Demokratie kraft ihres antiken griechischen Ursprungs aufgegebener Naturzustand, den es zu verrechtlichen gelte. Die von ihm und anderen liberalen Theoretikern erhobene Forderung nach einer umfassenden rechtlich garantierten Öffentlichkeit des Staates scheiterte bekanntlich an der Realität des deutschen Konstitutionalismus und büßte deshalb ab der Mitte des 19. Jahrhunderts an Radikalität ein.[2] Das tat freilich der umfangreichen wissenschaftlichen Aufarbeitung von Öffentlichkeit keinen Abbruch. So wurde zutreffend bemerkt, dass „die Literatur zu Transparenz und Öffentlichkeit Bibliotheken sprengt“.[3] Heute wird sich wohl nicht mehr ernsthaft daran zweifeln lassen, dass Publizität eine wesentliche Funktionsbedingung des Staates ist, die jedenfalls in gewisser Weise auch normativ von der Verfassung gewährleistet wird. Dass der Öffentlichkeit des Staates hier gleichwohl eine Untersuchung gewidmet werden soll, bedarf einer kurzen Erklärung.

Als etwa in den 70er Jahren des vergangenen Jahrhunderts eine am positiven Verfassungsrecht orientierte Diskussion um Öffentlichkeit einsetzte, wurde diese zunächst durch den hohen geistesgeschichtlichen Einschlag determiniert, der dem Öffentlichkeitsbegriff als Postulat der Aufklärung anhaftete. Denn Öffentlichkeit war zuerst Untersuchungsgegenstand der Staatslehre und wurde lange als überpositives politisches oder moralisches Prinzip behandelt. Gleichzeitig sind „Öffentlichkeit“ und der jüngere Begriff der „Transparenz“ Schlag- bzw. Modeworte, die eine geradezu ungebrochene allgemeine Zustimmung auf sich vereinen können.[4] Das deutsche öffentliche Recht hingegen weist historisch eine zumindest ambivalente Beziehung zu Öffentlichkeit auf.[5] Dies wurde spätestens offen-

[1] *Welcker*, in: Staatslexikon X, 1848, S. 246 (249).

[2] Dazu *Wegener*, Der geheime Staat, 2006, S. 138 ff., 149 ff.

[3] *Wischmeyer*, Die Verwaltung 51 (2018), S. 393 (394).

[4] *Gröschner*, VVDStRL 63 (2004), S. 344 (346 ff., 354 ff.); *August/Osrecki*, in: Der Transparenz-Imperativ: Normen – Praktiken – Strukturen, 2019, S. 1 (2 ff.).

[5] *Smend*, in: Gedächtnisschrift für Walter Jellinek, 1955, S. 11 ff.

bar, als sich das deutsche Verwaltungsrecht in den 90er Jahren des letzten Jahrhunderts mit gemeinschaftsrechtlichen Publizitätserwartungen konfrontiert sah, die auf entsprechenden mitgliedstaatlichen Regelungen fußten.[6] Bis zu diesem Zeitpunkt wurde dem deutschen Verfassungsrecht weithin noch kein auch die Exekutive umfassendes Öffentlichkeitsgebot entnommen.

Die gemeinschaftsrechtlichen Publizitätserwartungen verdichteten sich in der Folge noch,[7] aber bereits die Richtlinie 90/313/EWG wurde vom deutschen Gesetzgeber durch das UIG zunächst nur widerspenstig[8] und unzureichend[9] umgesetzt. In der hierdurch ausgelösten Diskussion um die weitere Veröffentlichung der Verwaltung wurde dann auch das Verfassungsrecht zunehmend als Argument nutzbar gemacht und nun dem Grundgesetz – nicht ohne jede rechtspolitische Motivation – vermehrt Publizitätsanforderungen entnommen, die immer häufiger auch auf die Exekutive, insbesondere die Verwaltung, bezogen waren. Diese Gemengelage aus überpositivem Einschlag, einem hohen Maß instinktiver Zustimmung, sowie den gemeinschaftsrechtlichen Publizitätserwartungen, die auf die historischen Schwierigkeiten des deutschen Rechts trafen, hat zu einem Forschungsstand geführt, der als festgefahren bezeichnet werden muss. Die nachfolgende Betrachtung will die auch heute[10] noch nicht eindeutig geklärte Lage in der Literatur zum Anlass nehmen und der Frage nachgehen, ob das positive Verfassungsrecht ein durchgehendes Öffentlichkeitsgebot enthält, das sich als Verfassungsprinzip bezeichnen lässt.

B. Öffentlichkeit im Verfassungsrecht – eine Bestandsaufnahme

I. Diskussionsverlauf

Der Diskussionsverlauf unter dem Grundgesetz lässt sich in drei Phasen unterteilen. Die ersten Publikationen nach Inkrafttreten der Verfassung trugen dem

---

[6] Vgl. schon den fünften Erwägungsgrund der Richtlinie 90/313/EWG des Rates vom 7. Juni 1990 über den freien Zugang zu Informationen über die Umwelt (Abl.EG Nr. L 158 S. 56 ff.). Dazu auch *Winter/Gurlit*, in: Öffentlichkeit von Umweltinformationen: Europäische und nordamerikanische Rechte und Erfahrungen, 1990, S. 1 (2 ff.); *von Schwanenflügel*, DVBl 1991, S. 93 (94 ff.).

[7] Richtlinie 2003/4/EG des Europäischen Parlaments und des Rates vom 28. Januar 2003 über den Zugang der Öffentlichkeit zu Umweltinformationen und zur Aufhebung der Richtlinie 90/313/EWG des Rates (ABl. L 41 vom 14. Februar 2003, S. 26 ff.).

[8] Dafür spricht jedenfalls das Überschreiten der Umsetzungsfrist um mehr als anderthalb Jahre. Vgl. Art. 9 Abs. 1 Satz 1 der Richtlinie 90/313/EWG; BGBl. I 1994, S. 1490 ff.

[9] EuGH, Urteil vom 9. September 1999 – Rs C-217-97 – NVwZ 1999, S. 1209 ff. Siehe auch *Schoch/Kloepfer*, Informationsfreiheitsgesetz (IFG-ProfE), 2002, S. 31–32.

[10] Vgl. etwa *C. Möllers*, in: Handbuch des Verfassungsrechts, 2021, S. 317 (358–359).

überpositiven und geisteswissenschaftlichen Einschlag von Öffentlichkeit Rechnung (hierzu 1.). Danach wurde Öffentlichkeit als Verfassungsgebot zunehmend anhand positivrechtlicher Verfassungsbestimmungen untersucht (hierzu 2.). Wie eben angesprochen, lässt sich dann spätestens zum Ende des letzten Jahrhunderts eine Beeinflussung der Diskussion durch die aufgekommenen gemeinschaftsrechtlichen Vorgaben und ihre nationale Umsetzung im Bereich der Verwaltungsöffentlichkeit beobachten (hierzu 3.).

1. Geisteswissenschaftlich-staatstheoretische Grundlegung

Die zunächst grundlegendste Abhandlung stammt zweifelsohne aus der Feder Rudolf Smends[11] und trägt den Titel „Zum Problem des Öffentlichen und der Öffentlichkeit“.[12] Neben einer semantisch-etymologischen Aufarbeitung des Begriffs der Öffentlichkeit setzt Smend die Begrifflichkeit in den europäischen Kontext und arbeitet schließlich die Besonderheiten der deutschen Verfassungsgeschichte heraus. Der Öffentlichkeitsbegriff beschreibe einerseits das „grundsätzliche, verfassungsmäßige Offenbarsein“, also das Faktum der „Zugänglichkeit zu den Bereichen von allgemeinem Interesse“, insbesondere die „Öffentlichkeit der staatlichen Gewalten selbst“.[13] Die so verfasste Öffentlichkeit erschöpfe sich jedoch nicht in dieser Beschreibung, sondern umfasse gleichsam normativ die „Bezeichnung des eigentlichsten aufgegebenen Wesens moderner Staatlichkeit“.[14] Dieser monumentalen Formulierung zum Trotz hatte der recht knapp gehaltene Beitrag jedenfalls nur den Anspruch einer ersten Wegebnung.[15] Die Erstveröffentlichung der bedeutenden gesellschaftsanalytischen Untersuchung von Jürgen Habermas[16] im Jahr 1962 legte dann den Grundstein für weitere Publikationen, die unter den Begriffen des Öffentlichen und der Öffentlichkeit sowohl allgemein dem Verhältnis von Verfassung und Gesellschaft als auch dem verfassungsmäßigen Status weiterer staatlich-gesellschaftlich intermediärer

---

[11] Schon in „Verfassung und Verfassungsrecht“ begreift *Smend* staatliche Öffentlichkeit ausdrücklich als Voraussetzung des Integrationsprozesses *Smend*, in: Staatsrechtliche Abhandlungen, 1955, S. 119 (201). In der Tat wird sich das integrative Staatsverständnis *Smends* schwer im Arkanstaat verwirklichen lassen. Öffentlichkeit ist die Voraussetzung schlechthin für den integrativen Lebensvorgang des Staates im *Smendschen* Sinne.

[12] *Smend*, in: Gedächtnisschrift für Walter Jellinek, 1955, S. 11 ff. Zuvor hatte bereits *Ehmke*, AöR 79 (1953), S. 385 (394–395) das „Prinzip der Öffentlichkeit und Einsichtbarkeit des staatlichen Lebens“ angesprochen. Aus dem Schweizer Schrifttum *Kalt*, Das Prinzip der Öffentlichkeit staatlichen Handelns als Voraussetzung der demokratischen Willensbildung, 1953.

[13] *Smend*, in: Gedächtnisschrift für Walter Jellinek, 1955, S. 11 (14).

[14] *Smend*, in: Gedächtnisschrift für Walter Jellinek, 1955, S. 11 (17).

[15] So äußerte *Smend*, in: Gedächtnisschrift für Walter Jellinek, 1955, S. 11 die „Hoffnung auf abschließende Arbeiten anderer auf breiterer Grundlage“.

[16] Hier zitiert in der Neuauflage *Habermas*, Strukturwandel der Öffentlichkeit, 1990.

Gebilde nachspürten.[17] Mit der Abhandlung „Öffentlichkeit als staatsrechtlicher Begriff"[18] des österreichischen Rechtsphilosophen René Marcic[19] erschien ein weiterer geisteswissenschaftlich unterfütterter und mit Nachweisen zahlreicher prominenter Autoren belegter Beitrag. Auch Marcic stellte seiner Schrift eine begriffsgeschichtlich-staatstheoretische Annäherung voran. Er ging jedoch darüber hinaus, indem er Öffentlichkeit nicht nur ausdrücklich als staatsrechtliches Prinzip bezeichnete, sondern auch dessen Wirkungen auf die Rechtsordnung[20] zu beschreiben versuchte. So hält er im zweiten Teil seiner Schrift prägnant fest: „Öffentlichkeit als Prinzip ist das präpositive Grundgebot eines demokratischen Rechts- und Freistaates, das die Art und Weise des Rechtsgeschehens festsetzt und leitet."[21] Er versteht Öffentlichkeit dabei als fundamentalen originär-naturrechtlichen[22] Organisationsgrundsatz, der verlange, dass „*ausnahmslos alle Akte des Gemeinschaftslebens* [...] *im rechtlich geordneten Verfahren zustandekommen*"[23]. So gebiete die „Öffentlichkeit als Grundnorm [...], *daß alles, was im*

---

[17] Schon die Arbeit von *Forsthoff*, Die öffentliche Körperschaft im Bundesstaat, 1931, S. 11 ff. wies diesen thematischen Bezug auf. *Smend*, ZevKR 1 (1951), S. 4 (13) rekurrierte auch bereits vor der Veröffentlichung seiner wegweisenden Abhandlung auf den Begriff der Öffentlichkeit, als er den *öffentlichen* Körperschaftsstatus der Kirche beschrieb und ihren „Öffentlichkeitsanspruch" hervorhob. In diese Reihe fügen sich dann die Monographien von *Altmann*, Das Problem der Öffentlichkeit und seine Bedeutung für die moderne Demokratie, 1954; *Preuß*, Zum staatsrechtlichen Begriff des Öffentlichen, 1969 und *Rinken*, Das Öffentliche als verfassungstheoretisches Problem, 1971 ein. *Hesse*, VVDStRL 17 (1959), S. 11 (41 ff.) bediente sich der Erkenntnisse *Smends* zur Beschreibung des verfassungsorganisatorischen Status politischer Parteien im Rahmen seiner Status-Trias. Zum Öffentlichkeitsstatus vgl. *Hesse*, Grundzüge des Verfassungsrechts, 1995, S. 77 ff. Dem gleichfalls von *Smend* hervorgehobenen kirchlichen Öffentlichkeitsanspruch ging *Scheffler*, Die Stellung der Kirche im Staat, 1964, S. 142 ff. nach, bevor er seine Forschungsergebnisse auf Gewerkschaften anwandte ders., NJW 1965, S. 849 (850 ff.). Zuvor bemühte schon *Ridder*, Zur verfassungsrechtlichen Stellung der Gewerkschaften im Sozialstaat nach dem Grundgesetz für die Bundesrepublik Deutschland, 1960, S. 14 ff. in diesem Zusammenhang die Trennung von Staat und Gesellschaft. Der grundgesetzliche Status der Presse wurde zuerst von *A. Arndt*, NJW 1960, S. 423 (424 ff.) und anschließend von *Scheuner*, VVDStRL 22 (1965), S. 1 (insb. S. 23 ff., 71 ff.) mit Bezug zur verfassungsmäßigen Öffentlichkeit beleuchtet. Zur Kategorie des Öffentlichen kritisch *C. Möllers*, Staat als Argument, 2000, S. 242, 320.

[18] *Marcic*, in: Richter und Journalisten, 1965, S. 153 ff.

[19] Vgl. zu seiner Person und seinen wissenschaftlichen Positionen den Nachruf von *Schneider*, ARSP 59 (1973), S. 207 ff.

[20] Obwohl sich der letzte Teil seiner Ausführungen zur positiv-rechtlichen Kraft des Öffentlichkeitsprinzips ausdrücklich auf die österreichische Rechtsordnung bezieht, lässt sich der vorherige Teil zu den Aussagen des Öffentlichkeitsprinzips auch für die deutsche Verfassungsordnung nutzbar machen.

[21] *Marcic*, in: Richter und Journalisten, 1965, S. 153 (196).

[22] Zum Verhältnis von präpositivem und positivem Recht bei *Marcic* vgl. *Schneider*, ARSP 59 (1973), S. 207 (210 ff.).

[23] *Marcic*, in: Richter und Journalisten, 1965, S. 153 (196) (Hervorhebung im Original). Schon die Bezeichnung als Grundnorm legt die gedankliche Nähe seiner Theorie zur Wiener rechtstheoretischen Schule offen. Zum Verhältnis von *Marcics* Theorie zu derjenigen *Kelsens* vgl. *Wielinger*, ARSP 57 (1971), S. 559 (565 ff.).

Staat geschieht, grundsätzlich öffentlich [...] *geschieht*".[24] Bemerkenswert fortschrittlich beschreibt er die zentrale Wirkrichtung der so verstandenen Grundnorm auf die positive Verfassungsordnung Österreichs als eine jeder Rechtsanwendung zugrunde liegende Auslegungsregel.[25]

2. Ausformung von Öffentlichkeit als Verfassungsgebot

Die Arbeit von Wolfgang Martens aus dem Jahr 1969[26] beschritt dann neue Pfade. Obgleich sie sich mit Öffentlichkeitsforderungen der Rechtsordnung insgesamt befasste, untersucht Martens im Unterkapitel „Publizität als Rechtsgebot" die verfassungsrechtliche Fundierung staatlicher Publizitätsgebote. Nach Darstellung der bedeutsamsten verfassungsnormativen Anknüpfungspunkte grundgesetzlicher Öffentlichkeit,[27] wird die Öffentlichkeit der einzelnen Gewalten beleuchtet. Umfassend und verfassungsprinzipiell öffentlichkeitsunterworfen sei dabei jedoch einzig das Parlament. Selbst der Gerichtsöffentlichkeit komme „nicht [...] de[r] Rang eines zwingenden Verfassungsgebotes"[28] zu.[29]

Gegenüber dieser insgesamt pragmatischen bis öffentlichkeitsskeptischen Betrachtung sind zwei Veröffentlichungen von Häberle aus dem Jahr 1970[30] von

---

[24] *Marcic*, in: Richter und Journalisten, 1965, S. 153 (198) (Hervorhebung im Original).

[25] *Marcic*, in: Richter und Journalisten, 1965, S. 153 (211). In einer späteren Veröffentlichung *Marcic*, in: Festschrift für Adolf Arndt zum 65. Geburtstag, 1969, S. 267 (267 ff.) betont er wie der Titel „Die Öffentlichkeit als Prinzip der Demokratie" schon vermuten lässt, vor allem die demokratietheoretischen Wurzeln des Öffentlichkeitsprinzips.

[26] *Martens*, Öffentlich als Rechtsbegriff, 1969. Zuvor entnahm bereits *Ridder*, in: Staatsgeheimnis und Pressefreiheit, 1964, S. 21 (33) dem Demokratieprinzip eine Öffentlichkeitsforderung. Auch *Leisner*, Öffentlichkeitsarbeit der Regierung im Rechtsstaat, 1966, S. 121 ff. machte weitsichtige Ausführungen, wie etwa die Identifikation eines Grundsatzes „allgemeiner Informationsfreundlichkeit des GG" (Zitat; ebd. S. 122.). Vgl. außerdem die eher am subjektiven Recht ausgerichtete Untersuchung von *Windsheimer*, Die „Information" als Interpretationsgrundlage für die subjektiven öffentlichen Rechte des Art. 5 Abs. 1 GG, 1968.

[27] *Martens*, Öffentlich als Rechtsbegriff, 1969, S. 59–68.

[28] *Martens*, Öffentlich als Rechtsbegriff, 1969, S. 75.

[29] Zurückhaltender ist die im selben Jahr publizierte Untersuchung von *Rauschning*, Die Sicherung des Bestands von Verfassungsrecht, 1969, S. 182 ff. *Rauschning* hebt vor allem die „verfassungssichernde Wirkung" der Öffentlichkeit des staatlichen Willensbildungsprozesses hervor, wobei er ebd. S. 184 zwischen der Öffentlichkeit des Willensbildungsprozesses und des durch diesen hervorgebrachten Staatswillens unterscheidet.

[30] Sowohl in seiner Habilitationsschrift mit dem Titel „Öffentliches Interesse als juristisches Problem", als auch in einem erstmals im selben Jahr veröffentlichten Zeitschriftenbeitrag mit dem Titel „Struktur und Funktion der Öffentlichkeit im demokratischen Staat" (vgl. den Nachdruck *Häberle*, in: Die Verfassung des Pluralismus, 1980, S. 126 ff.) widmet er sich Fragen der Öffentlichkeit.

einem anderen[31] Grundverständnis geprägt. Für ihn ist „Öffentlichkeit […] *das* demokratische Rechtsprinzip der Verfassung“[32], das er anders als Martens auch ausdrücklich auf die Rechtsprechung[33] bezieht. Obwohl sein Befund hinsichtlich exekutiver Öffentlichkeit weniger deutlich ausfällt, sieht er eindeutigen Reformbedarf hinsichtlich Akteinsichts- und Auskunftsrechten gegenüber der Verwaltung.[34] Nicht nur wegen seines Öffentlichkeitsenthusiasmus ist die geistige Positionierung Häberles mit derjenigen von Marcic[35] vergleichbar. Auch Häberle will Öffentlichkeit bei der Verfassungsauslegung Rechnung tragen, was er im Rahmen seines gemeinwohlorientierten Ansatzes entwickelt.[36]

Die bis dahin ausführlichste Untersuchung zu den verfassungsrechtlichen Öffentlichkeitsgeboten wurde von Jerschke dann im Jahr 1971 veröffentlicht.[37] Bevor er sich der exekutiven Öffentlichkeitsverpflichtung annimmt, folgert er zunächst aus den ausdrücklichen Öffentlichkeitsgeboten der Verfassung, den Prinzipien der Demokratie, des Rechtsstaats und des Sozialstaats, der Informationsabhängigkeit des Bürgers sowie dem objektiv-rechtlichen Gehalt der Kommunikationsgrundrechte ein „allgemeine[s] Öffentlichkeitsgebot“, das er auch als Prinzip bezeichnet.[38]

3. Der Paradigmenwechsel bei der Verwaltungsöffentlichkeit als Diskussionskatalysator

Diesen weitsichtigen Veröffentlichungen zum Trotz hegten doch weite Teile der Literatur noch keine tiefgehenden verfassungsrechtlichen Zweifel an der exe-

---

[31] Im Gegensatz zu *Martens* betont er insgesamt weniger die Grenzen der Öffentlichkeit, als mehr ihren Stellenwert im demokratischen Verfassungsstaat. So geht *Häberle*, in: Die Verfassung des Pluralismus, 1980, S. 126 (133–134) etwa kritisch mit der Nichtöffentlichkeit des parlamentarischen Ausschusswesens ins Gericht, wohingegen *Martens*, Öffentlich als Rechtsbegriff, 1969, S. 69 dies schlicht als „unbedenklich“ bezeichnet. Sinnbildlich ist auch, dass *Häberle*, in: Die Verfassung des Pluralismus, 1980, S. 126 (141) der Bundesrepublik hinsichtlich „Öffentlichkeit und Demokratie“ den Status eines Entwicklungslandes bescheinigt.

[32] *Häberle*, in: Die Verfassung des Pluralismus, 1980, S. 126 (130) (Hervorhebung im Original).

[33] *Häberle*, Öffentliches Interesse als juristisches Problem, 1970, S. 576.

[34] *Häberle*, in: Die Verfassung des Pluralismus, 1980, S. 126 (135).

[35] Neben seiner Veröffentlichung aus Fn. 18 erschien einige Jahre später ein Festschriftenbeitrag mit dem Titel „Die Öffentlichkeit als Prinzip der Demokratie“ *Marcic*, in: Festschrift für Adolf Arndt zum 65. Geburtstag, 1969, S. 267 ff. Während in *Marcics* erster Veröffentlichung die rechtsstaatliche Dimension der Öffentlichkeit im Vordergrund stand, widmet er sich nun der demokratischen Fundierung.

[36] Vgl. *Häberle*, Öffentliches Interesse als juristisches Problem, 1970, S. 371 ff., 691 ff., 722 ff.

[37] *Jerschke*, Öffentlichkeitspflicht der Exekutive und Informationsrecht der Presse, 1971, S. 55 ff. Ihm folgend *Scholz*, NJW 1973, S. 481 (482). Weitgehend auch *Jarass*, AfP 10 (1979), S. 228 ff.

[38] *Jerschke*, Öffentlichkeitspflicht der Exekutive und Informationsrecht der Presse, 1971, S. 116.

kutiven Arkanmaxime,[39] insbesondere der lediglich beschränkten Aktenöffentlichkeit im Verwaltungsverfahren. Dennoch setzte sich der von Jerschke eingeschlagene Weg fort.[40] So wurden verfassungsrechtliche Öffentlichkeitsgehalte nun meist im Zusammenhang mit dem sich abzeichnenden Paradigmenwechsel[41] bei der Verwaltungsöffentlichkeit erörtert. Den entscheidenden Anstoß zum Verständniswandel bei der Verwaltungsöffentlichkeit gaben dann aber bekanntlich keine verfassungsrechtlichen Erwägungen, sondern äußere Einflüsse. So führte die Umweltinformationsrichtlinie[42] der EG zu einem „mehrfachen Traditions- und Systembruch mit den Grundsätzen des deutschen Verwaltungsrechts"[43], insbesondere dem Grundsatz der beschränkten Aktenöffentlichkeit. Eben weil der Systemwechsel aber von außen an das deutsche Verwaltungsrecht herangetragen wurde, fanden sich die gemeinschaftsrechtlichen Forderungen überwiegend erst in der Folge durch die grundgesetzlichen Öffentlichkeitspostulate rückgekoppelt. So wurde die Frage nach der Öffentlichkeit der Verwaltung nun in den breiten Fokus der Forschung gerückt,[44] wobei sich zunehmend ein verfassungsrechtliches Fundament der Publizitätsforderungen herauskristallisierte. Die „Assistententagung Öffentliches Recht" des Jahres 1996 etwa widmete sich den „Herausforderungen an das Recht der Informationsgesellschaft"[45], während die Staatsrechtslehrertagung des darauffolgenden Jahres mit Berichten von Schoch[46] und Trute[47]

---

[39] So stellt etwa *Scholz*, NJW 1973, S. 481 (482) fest, dass sich die Postulate nach einem Mehr an Verwaltungspublizität noch nicht durchgesetzt hätten.

[40] Vgl. etwa die Arbeiten von *Kempen*, Grundgesetz, amtliche Öffentlichkeitsarbeit und politische Willensbildung, 1975; *Scherer*, Verwaltung und Öffentlichkeit, 1978; *Rotta*, Nachrichtensperre und Recht auf Information, 1986; *Hett*, Die Öffentlichkeit der Parlamentsverhandlungen, das Grundrecht der Informationsfreiheit und Informationspflichten der Exekutive, 1987. Aus Sicht der Legislative *Kißler*, Die Öffentlichkeitsfunktion des Deutschen Bundestages, 1976.

[41] Vielfach wird in diesem Zusammenhang von einem Paradigmenwechsel gesprochen vgl. nur *Kühling*, DVBl 2008, S. 1098 (1101).

[42] Richtlinie des Rates vom 7. 6. 1990 über den freien Zugang zu Informationen über die Umwelt (90/313/EWG), ABlEG Nr. L 158, S. 56. Zur Umsetzung dieser Richtlinie wurde in Deutschland das Umweltinformationsgesetz (UIG) in der Fassung vom 8. Juli 1994 (BGBl. I 1994, S. 1490) erlassen, das einen nicht interessengebundenen Zugangsanspruch zu Umweltinformationen gegen die Verwaltung vorsah. Zum Umweltinformationsgesetz *Scherzberg*, DVBl 1994, S. 733 ff. Vgl. auch bereits oben Fn. 9.

[43] *Breuer*, NVwZ 1997, S. 833 (839).

[44] Ohne direkten Bezug zu dieser Diskussion aber die staatstheoretische Monographie von *Leisner*, Der unsichtbare Staat, 1994 oder die Arbeit von *Reichel*, Das demokratische Offenheitsprinzip und seine Anwendung im Recht der politischen Parteien, 1996, S. 106 ff.; außerdem *Kurschildgen*, Die demokratisch verfaßte Öffentlichkeit, 1998.

[45] Vgl. insbesondere den Beitrag von *Kahl*, in: Herausforderungen an das Recht der Informationsgesellschaft – 36. Tagung der Wissenschaftlichen Mitarbeiterinnen und Mitarbeiter der Fachrichtung „Öffentliches Recht", 1996, S. 9 ff., der die oben angesprochenen Auswirkungen des Gemeinschaftsrechts auf das deutsche Verfassungsrecht untersucht.

[46] *Schoch*, VVDStRL 57 (1998), S. 158 ff.

den „Öffentlich-rechtliche[n] Rahmenbedingungen einer Informationsordnung" nachspürte. Spätestens als Brandenburg im Jahr 1998 in Erfüllung des Verfassungsauftrags aus Art. 21 Abs. 4 der brandenburgischen Landesverfassung mit dem Akteneinsichts- und Informationszugangsgesetz (AIG) das deutschlandweit erste Landesinformationsfreiheitsgesetz erließ, rückte die Frage nach einer entsprechenden bundesdeutschen Regelung endgültig in den Vordergrund.[48] Bevor Schoch und Kloepfer einen Professorenentwurf eines Bundes-Informationsfreiheitsgesetzes vorlegten,[49] untersuchte Scherzberg[50] in seiner Habilitationsschrift die verfassungsrechtlichen Grundlagen administrativer Publizität.[51] Der Reformbedarf im Bereich der Verwaltung war nach der Jahrtausendwende kaum mehr zu verleugnen. So referierten Gröschner[52] und Masing[53] auf der Staatsrechtslehrertagung des Jahres 2003 zu den „Konturen eines Informationsverwaltungsrechts". Kurz darauf erschien die Untersuchung von Rossi[54] mit dem Anspruch, die Wechselwirkungen von Verfassungsrecht und Informationsfreiheit aufzuzeigen. Nach dem Inkrafttreten des Informationsfreiheitsgesetzes[55] (IFG) am 1. Januar 2006 legte Wegener[56] schließlich seine umfangreiche Studie zur Geschichte der Regelgeheimhaltung im deutschen Verwaltungsrecht vor.

Neben dieser Reihe an Publikationen, die Fragen verfassungsmäßig gebotener Öffentlichkeit im Zusammenhang mit der Diskussion um die Veröffentlichung der Verwaltung erörtern, gab die Debatte auch den Anstoß für einige Untersuchungen, bei denen nicht die Administrative im Vordergrund stand. So unterzog Rösch[57] staatliche Geheimbereiche einer Analyse, die vom Geheimnisbegriff ausgeht. Nach Erscheinen des Festschriftenbeitrags von Pieroth[58] wendet sich Je-

---

47 *Trute*, VVDStRL 57 (1998), S. 216 ff.

48 So fragte *Partsch*, NJW 1998, S. 2559 ff., ob das BbgAIG nicht ein „Vorbild für Deutschland" sei.

49 Vgl. auch *Schoch/Kloepfer*, Informationsfreiheitsgesetz (IFG-ProfE), 2002, S. 13 ff.

50 *Scherzberg*, Die Öffentlichkeit der Verwaltung, 2000, insb. S. 289 ff.

51 Auch *Kugelmann*, Die informatorische Rechtsstellung des Bürgers, 2001, S. 32 ff. untersuchte die verfassungsrechtlichen Grundlagen von Informationsrechten gegenüber der Verwaltung.

52 *Gröschner*, VVDStRL 63 (2004), S. 344 ff.

53 *Masing*, VVDStRL 63 (2004), S. 377 ff.

54 *Rossi*, Informationszugangsfreiheit und Verfassungsrecht, 2004, S. 118 ff.

55 Gesetz zur Regelung des Zugangs zu Informationen des Bundes (Informationsfreiheitsgesetz – IFG) vom 5. September 2005 (BGBl. I 2005, S. 2722).

56 *Wegener*, Der geheime Staat, 2006, S. 3 ff.

57 *Rösch*, Geheimhaltung in der rechtsstaatlichen Demokratie, 1999.

58 Trotz Aufhängung an der planenden Verwaltung nimmt *Pieroth*, in: Festschrift Hoppe, 2000, S. 195 (197 ff.) eine weitgehend abstrahierte Betrachtung verfassungsrechtlicher Öffentlichkeitsgebote und ihrer Adressaten vor. Er geht im Ergebnis davon aus, dass der Verfassung „kein generelles Öffentlichkeitsgebot" zu entnehmen sei; ebd. S. 197.

staedt[59] dem Spannungsverhältnis zwischen Öffentlichkeit und Vertraulichkeit im Verfassungsstaat zu, wobei er auf die staatstheoretischen Grundlagen rekurriert und mögliche Geheimhaltungsgründe systematisiert. Schließlich untersuchen sowohl Bröhmer[60] mit seiner Monographie, als auch Meinel[61] mit einem im selben Jahr erschienenen Zeitschriftenbeitrag die grundgesetzlichen Öffentlichkeitsforderungen mit Blick auf ein so bezeichnetes Verfassungsprinzip der Öffentlichkeit respektive der Transparenz. Wenig erstaunlicherweise verliert die Diskussion nach Inkrafttreten des IFG etwas an Fahrt. Verfassungsrechtliche Publizitätsforderungen werden nur noch vereinzelt untersucht.[62] Zu nennen ist hier etwa die Arbeit von Lederer,[63] die dem Öffentlichkeitsgebot des Grundgesetzes im Rahmen ihrer verfassungsrechtlichen Studie zu „Open Government Data“ nachspürt. In der jüngeren Vergangenheit finden sich verfassungsrechtliche Fragen staatlicher Öffentlichkeit im Zusammenhang mit dem Prozess öffentlicher Meinungsbildung[64] und staatlicher Öffentlichkeitsarbeit[65] sowie in einigen Arbeiten zur Parlaments-[66] und Gerichtsöffentlichkeit[67] erörtert.

II. Das Öffentlichkeitsprinzip in der Rechtsprechung des Bundesverfassungsgerichts

Nachdem in der Rechtsprechung des Bundesverfassungsgerichts zuerst vor allem die Bedeutung von Öffentlichkeit für das parlamentarische Verfahren hervorgehoben wurde,[68] ist das Gericht dazu übergegangen, in ständiger Rechtsprechung von der Existenz eines allgemeinen Öffentlichkeitsprinzips der Demo-

---

[59] *Jestaedt*, AöR 126 (2001), S. 204 ff.

[60] *Bröhmer*, Transparenz als Verfassungsprinzip, 2004. Vgl. dazu die Rezension von *Bull*, DÖV 2005, S. 706 ff.

[61] *Meinel*, KJ 2004, S. 413 ff. Sein Beitrag trägt den gleichen Titel „Öffentlichkeit als Verfassungsprinzip“ wie schon zuvor der Beitrag von *Staff*, ZRP 1992, S. 384 ff. Vgl. auch die gleichlautende Überschrift bei *Schoch*, in: ders., IFG-Kommentar, 2016, Einl. Rn. 7.

[62] Vgl. etwa *Müller-Neuhof*, Verfassung als Nachricht, 2012, S. 104 ff.

[63] *Lederer*, Open Data, 2015. Vgl. dazu die Rezension von *Schoch*, Die Verwaltung 49 (2016), S. 454 ff.

[64] *Ostermann*, Transparenz und öffentlicher Meinungsbildungsprozess, 2019, insb. S. 328 ff.

[65] So bei *Drefs*, Die Öffentlichkeitsarbeit des Staates und die Akzeptanz seiner Entscheidung, 2019, S. 47 ff.; *Mast*, Staatsinformationsqualität, 2020, S. 116 ff. oder *Harding*, Staatliche Öffentlichkeitsarbeit in sozialen Netzwerken, 2023, S. 253 ff.

[66] *A. A. Schmidt*, Ausschussöffentlichkeit im Deutschen Bundestag, 2021.

[67] *Hirzebruch*, Öffentlichkeit und Neue Medien im gerichtlichen Verfahren, 2018; *Paschke*, Digitale Gerichtsöffentlichkeit, 2018 und zuletzt *Bernzen*, Gerichtssaalberichterstattung, 2020, insb. S. 124 ff.

[68] BVerfGE 40, 237 (249); 40, 296 (327); 70, 324 (355): „[W]esentliches Element […] des demokratischen Parlamentarismus“.

kratie auszugehen.[69] Ohne dass dieses Öffentlichkeitsprinzip hinsichtlich seiner Aussagen und seiner Reichweite dabei eine inhaltliche Präzisierung erfahren hätte, hat es das Bundesverfassungsgericht in der Vergangenheit zur Herleitung zweier grundsätzlicher Verfassungsaussagen bemüht. Zuerst taucht das allgemeine demokratische Öffentlichkeitsprinzip in seiner Rechtsprechung auf, als das Gericht den Verfassungsgrundsatz der Budgetöffentlichkeit ausdrücklich auf dieses Prinzip stützt.[70]

In einer späteren Entscheidung bedient sich das Bundesverfassungsgericht seiner dann zur verfassungsrechtlichen Fundierung der Gerichtsöffentlichkeit. So merkt das Gericht an, dass der Grundsatz der Öffentlichkeit mündlicher Verhandlungen nicht nur Bestandteil des Rechtsstaatsprinzips sei, sondern überdies dem allgemeinen Öffentlichkeitsprinzip der Demokratie entspreche.[71] Während das Bundesverfassungsgericht alternativ zum allgemeinen demokratischen Öffentlichkeitsprinzip auch vom „die Demokratie prägenden Transparenzgebot […]"[72] oder vom „Grundsatz […] der Öffentlichkeit politischer Herrschaft"[73] spricht, hat das Gericht die aus dem Öffentlichkeitsprinzip abgeleiteten Verfassungsgehalte als „Öffentlichkeitsgrundsatz" oder „Grundsatz der Öffentlichkeit" bezeichnet.[74]

---

[69] BVerfGE 70, 324 (358); 77, 1 (48); 103, 44 (63); 124, 78 (125–126); 131, 152 (206). Erstmals genannt wird der Begriff „Öffentlichkeitsprinzip" in der *Flick*-Entscheidung BVerfGE 67, 100 (136) in Bezug auf die Öffentlichkeit der Untersuchungsausschüsse (vgl. Art. 44 Abs. 1 Satz 1 GG).

[70] BVerfGE 70, 324 (358): „[D]er Grundsatz der Budgetöffentlichkeit [gilt] als Verfassungsgrundsatz. Er folgt aus dem allgemeinen Öffentlichkeitsprinzip der Demokratie." In BVerfGE 130, 318 (360) bezeichnet das Gericht den Grundsatz der Budgetöffentlichkeit „als Ausprägung des die Demokratie prägenden Transparenzgebotes", bevor die Budgetöffentlichkeit in BVerfGE 131, 152 (206) als „Ausprägung des allgemeinen Öffentlichkeitsprinzips der Demokratie" gesehen wird. Vgl. zuletzt BVerfGE 163, 298 (336).

[71] BVerfGE 103, 44 (63): „Der im Gerichtsverfassungsrecht enthaltene Grundsatz der Öffentlichkeit mündlicher Verhandlungen ist ein Bestandteil des Rechtsstaatsprinzips. Auch entspricht er dem allgemeinen Öffentlichkeitsprinzip der Demokratie". Demgegenüber ging das Gericht in BVerfGE 4, 74 (94) implizit und in BVerfGE 15, 303 (307) ausdrücklich vom Gegenteil aus: „Die Prinzipien der Mündlichkeit und der Öffentlichkeit der Verhandlung sind keine Verfassungsrechtsgrundsätze, sondern Prozeßrechtsmaximen." Vgl. auch zuletzt BVerfG, Beschluss vom 3. Juni 2022 – 1 BvR 2103/16 – Rn. 44 nach juris.

[72] BVerfGE 130, 318 (360). Vgl. dazu Fn. 70.

[73] BVerfGE 118, 277 (353). Vgl. aber die tendenziell skeptischere Haltung der Richter *Hassemer*, *Di Fabio*, *Mellinghoff* und *Landau* in ihrem Sondervotum BVerfGE 118, 277 (382 ff.).

[74] So etwa in BVerfGE 70, 324 (358) zur Bezeichnung der Budgetöffentlichkeit oder in BVerfGE 103, 44 (63, 64, 65) im Hinblick auf die Gerichtsöffentlichkeit. In BVerfGE 103, 44 (64) weist das Gericht die Ausformung der Gerichtsöffentlichkeit primär dem Gesetzgeber zu.

III. Das Öffentlichkeitsprinzip im Schrifttum

Beim Blick auf den aktuellen Diskussionsstand bietet sich ein zweischneidiges Bild. Die verfassungsrechtliche Unterfütterung der Reformbestrebungen im Rahmen des von außen herangetragenen Paradigmenwechsels hat einerseits zwar dazu geführt, dass vor allem in der jüngeren Literatur ein gewaltenübergreifendes verfassungsrechtliches Öffentlichkeitsprinzip angenommen wird, welches überwiegend auf das Demokratieprinzip, aber zusätzlich auch auf Rechtsstaats-, Republik- oder Sozialstaatsprinzip[75], sowie verschiedene Grundrechte[76] gestützt wird.[77] Dennoch sind die Nachwirkungen des in der Bundesrepublik jahrelang rückständigen[78] Öffentlichkeitsniveaus noch heute[79] unverkennbar. So führten die aufgekommenen gemeinschaftsrechtlichen Öffentlichkeitsvorgaben und ihre grundgesetzlichen Rückkopplungen durch Teile der Literatur zwar dazu, dass sich die grundsätzliche gesamtstaatliche Öffentlichkeitsunterworfenheit nur noch schwerlich negieren lässt; die von den Autoren ausgemachten verfassungsrechtlichen Anforderungen im Hinblick auf die verschiedenen Gewalten werden indes auch nach der Jahrtausendwende noch ersichtlich durch ein überkommenes Öffentlichkeitsverständnis[80] beeinflusst.[81]

---

[75] *Jerschke*, Öffentlichkeitspflicht der Exekutive und Informationsrecht der Presse, 1971, S. 83 ff.; *Scherzberg*, Die Öffentlichkeit der Verwaltung, 2000, S. 332 ff. Dagegen *Müller-Neuhof*, Verfassung als Nachricht, 2012, S. 142 ff.

[76] Insbesondere solche mit besonderem Bezug zum Demokratieprinzip wie die Kommunikationsgrundrechte oder die Versammlungsfreiheit.

[77] Grundlegend *Jerschke*, Öffentlichkeitspflicht der Exekutive und Informationsrecht der Presse, 1971, S. 55 ff.; *Scherzberg*, Die Öffentlichkeit der Verwaltung, 2000, S. 289 ff. und *Wegener*, Der geheime Staat, 2006, S. 390 ff. Vgl. auch *Bröhmer*, Transparenz als Verfassungsprinzip, 2004, S. 34 ff., der Transparenz im Ergebnis als Verfassungsprinzip betrachtet; *Müller-Neuhof*, Verfassung als Nachricht, 2012, S. 104 ff. Ein weitreichendes grundgesetzliche Öffentlichkeitsgebot entnimmt *Lederer*, Open Data, 2015, S. 298 ff. verschiedenen Verfassungsbestimmungen im Rahmen ihrer umfangreichen Untersuchung, wobei sie den Stellenwert der Informationsfreiheit besonders hervorhebt. Auch *Drefs*, Die Öffentlichkeitsarbeit des Staates und die Akzeptanz seiner Entscheidung, 2019, S. 72 geht von einem „einheitlichen Prinzip der Öffentlichkeit staatlichen Handelns [aus], das sich auf alle Gewalten und alle föderalen Ebenen bezieht". Vom Ausgangspunkt der Öffentlichkeitsarbeit ähnlich, doch auf eine Betrachtung des Demokratieprinzips beschränkt, befragt auch *Ostermann*, Transparenz und öffentlicher Meinungsbildungsprozess, 2019, S. 380 ff. die grundgesetzliche Volkssouveränität auf ihre Öffentlichkeitsgehalte, um hieraus Rückschlüsse für das verfassungsnormativ erforderliche Maß staatlicher Öffentlichkeitsarbeit zu ziehen. Im Ergebnis sieht er das allgemeine Öffentlichkeitsprinzip lediglich als Teilausprägung des Demokratieprinzips.

[78] Vgl. etwa *Smend*, in: Gedächtnisschrift für Walter Jellinek, 1955, S. 11 (17 ff.); *Häberle*, in: Die Verfassung des Pluralismus, 1980, S. 126 (141).

[79] Aus dem jüngeren Schrifttum etwa *C. Möllers*, in: Handbuch des Verfassungsrechts, 2021, S. 317 (358–359): „[U]mstrittene Frage".

[80] Mit Blick auf Art. 42 Abs. 1 Satz 1 GG überrascht es nicht, dass vor allem die verfassungsrechtliche Fundierung exekutiver und judikativer Publizitätspflichten be-

Während Kloepfer in Übereinstimmung mit der bundesverfassungsgerichtlichen Rechtsprechung zwar davon ausgeht, dass das Grundgesetz ein allgemeines demokratisches Öffentlichkeitsprinzip enthalten würde, betont er, dass dem Grundgesetz gleichwohl „ein allgemeines Publizitätsgebot nicht zu entnehmen sei".[82] Daraus folge, dass sich aus dem Demokratieprinzip für die Verwaltung keine Publizitätsgebote ergäben.[83] Jarass hebt hervor, dass die „Öffentlichkeit der staatlichen *Beratungs- und Entscheidungsprozesse*" Bestandteil des Demokratieprinzips sei, zugleich aber auch rechtsstaatliche Bezüge aufweisen würde.[84] Zwar gelte das Öffentlichkeitsgebot abgeschwächt für die Exekutive, konkrete Publizitätspflichten erwüchsen hieraus aber nicht.[85] Grzeszick, der Öffentlichkeit nur aus dem demokratischen Prinzip herleitet, vertritt die Meinung, dass das allgemeine Prinzip demokratischer Öffentlichkeit lediglich insoweit Wirkung entfalte, wie es durch den Gesetzgeber zur Rechtsregel konkretisiert sei.[86] Denn: „Öffentlichkeit und Transparenz sind auch im Verfassungsstaat des GG keine selbst-

---

zweifelt wurde. Zu einem Verfassungsgrundsatz der Gerichtsöffentlichkeit ablehnend schon *Martens*, Öffentlich als Rechtsbegriff, 1969, S. 75, dessen Meinung bis heute im Schrifttum vertreten wird. Gegen die Einstufung als Verfassungsgrundsatz auch *Kissel/Mayer*, GVG-Kommentar, 2021, § 169 Rn. 4: „[*K*]*ein Verfassungsrechtssatz des GG*" (Hervorhebung im Original); *Kloepfer*, in: HStR III, 2005, S. 389 (418). Vgl. hierzu *von Coelln*, Zur Medienöffentlichkeit der Dritten Gewalt, 2005, S. 163 ff.; *Hirzebruch*, Öffentlichkeit und Neue Medien im gerichtlichen Verfahren, 2018, S. 91 ff.; *Bernzen*, Gerichtssaalberichterstattung, 2020, S. 124 ff.; *Degenhart*, in: HStR V, 2007, S. 761 (796).

[81] Symptomatisch hierfür ist die Ansicht von *Leisner*, Der unsichtbare Staat, 1994, S. 58, der Öffentlichkeit zwar monumental als „Rechtsprinzip aller Staatlichkeit" und „Wesenszug [...] gegenwärtiger Staatlichkeit überhaupt" (ebd. S. 59) bezeichnet, gleichzeitig aber betont, dass für die Verwaltung ein allgemeines Öffentlichkeitsprinzip nicht gelten würde. Ähnlich zuvor schon *Scheuner*, in: Festschrift für Gebhard Müller, 1970, S. 379 (393).

[82] *Kloepfer*, in: HStR III, 2005, S. 389 (415). Übereinstimmend *Pieroth*, in: Festschrift Hoppe, 2000, S. 195 (197), der diese Feststellung als Anfangsbefund trifft. Skeptisch auch *Rossi*, Informationszugangsfreiheit und Verfassungsrecht, 2004, S. 83 ff.: „[V]erfassungsrechtliche [...] Aufladung politischer Überzeugungen" (ebd. S. 86).

[83] *Kloepfer*, in: HStR III, 2005, S. 389 (416), wobei er dies auf die oben zitierten Urteile des BVerfG stützt, welche zu Publizitätsgeboten der Verwaltung aber gerade keine Aussage enthalten. Darüber hinaus bezweifelt er ebd. S. 418 unter Berufung auf die Ansicht von *Martens*, Öffentlich als Rechtsbegriff, 1969, S. 75, dass dem Demokratieprinzip eine Aussage zur Gerichtsöffentlichkeit zu entnehmen sei. Anders *Robbers*, in: BK-GG, Stand Dezember 2023, Art. 20 Rn. 643–644.

[84] *Jarass*, in: ders./*Pieroth*-GG, 2022, Art. 20 Rn. 15 (Hervorhebung im Original).

[85] *Jarass*, in: ders./*Pieroth-GG*, 2022, Art. 20 Rn. 17. Zustimmend *Robbers*, in: BK-GG, Stand Dezember 2023, Art. 20 Rn. 638, der Öffentlichkeit als demokratische Grundbedingung betrachtet (ebd. Rn. 624 ff.). Letzteres nehmen auch *Sachs*, in: ders.-GG, 2021, Art. 20 Rn. 18 oder *Schliesky*, in: M/K/S-GG, 2018, Art. 42 Rn. 14 ff. an.

[86] *Grzeszick*, in: D/H/S-GG, Stand August 2023, Art. 20 II, Rn. 21 ff. Ihm grundsätzlich folgend *Ostermann*, Transparenz und öffentlicher Meinungsbildungsprozess, 2019, S. 389 ff.

ständigen Rechtsgrundsätze an sich."[87] Auch deshalb sei die im jüngeren Schrifttum vertretene „Rechtsregel der Verwaltungstransparenz" kritisch zu betrachten.[88] Jestaedt stimmt in den Reigen[89] derjenigen ein, die Öffentlichkeit als unverzichtbaren Bestandteil demokratisch verfasster Staatlichkeit betrachten.[90] Die „freilich höchst heterogene[n]"[91] demokratischen und rechtsstaatlichen Öffentlichkeitsforderungen geböten zwar „grundsätzlich die Öffentlichkeit staatlichen Handelns"[92], befänden sich jedoch nicht auf Ebene des positiven Verfassungsrechts sondern seien der Verfassungstheorie zuzuordnen.[93] So enthalte das Grundgesetz keinen „übergreifende[n] Verfassungsgrundsatz des Inhalts, daß Nicht-Öffentlichkeit staatlicher Machtausübung generell begründungsbedürftig ist".[94]

Gröschner zufolge seien den Prinzipien von Demokratie, Rechtsstaat und Republik auf Grund ihrer spezifischen Geistesgeschichte dagegen jeweils wesensverschiedene Öffentlichkeitsforderungen zu entnehmen.[95] So verlange das Demokratieprinzip zur Durchsetzung seines Legitimationsanspruchs nach Allgemeinheit, das Republikprinzip im Interesse des Gemeinwohls nach Publizität und das Rechtsstaatsprinzip zur vornehmlich individuell ausgerichteten Legalitätssicherung nach Transparenz.[96]

---

[87] *Grzeszick*, in: D/H/S-GG, Stand August 2023, Art. 20 II, Rn. 22. Ähnlich schon *Kriele*, VVDStRL 29 (1971), S. 46 (67–68): „*Öffentlichkeit* [...] ist [...] ein dem demokratischen Prinzip dienendes Prinzip".

[88] *Grzeszick*, in: D/H/S-GG, Stand August 2023, Art. 20 II, Rn. 27 ff.

[89] Zuvor etwa *Krüger*, Allgemeine Staatslehre, 1966, S. 440–446; *Marcic*, in: Festschrift für Adolf Arndt zum 65. Geburtstag, 1969, S. 267, S. 281 ff., insb. S. 287; *Leisner*, Der unsichtbare Staat, 1994, S. 58 ff.

[90] „Die freiheitliche Demokratie ist eine öffentliche – oder sie ist nicht." *Jestaedt*, AöR 126 (2001), S. 204 (215). Von der Aussage her ähnlich *Robbers*, in: BK-GG, Stand Dezember 2023, Art. 20 Rn. 624–625 „Demokratische Grundbedingung" und „*Gebot funktionierender Demokratie*" (Hervorhebung im Original).

[91] *Jestaedt*, AöR 126 (2001), S. 204 (216).

[92] *Jestaedt*, AöR 126 (2001), S. 204 (220).

[93] *Jestaedt*, AöR 126 (2001), S. 204 (220). Auch *Böckenförde*, in: HStR II, 2004, S. 429 (470, 476 ff.) scheint Öffentlichkeit vornehmlich als „im vor-verfassungsrechtlichen Bereich angesiedelte[s] Bauelement" zu begreifen.

[94] *Jestaedt*, AöR 126 (2001), S. 204 (220).

[95] *Gröschner*, VVDStRL 63 (2004), S. 344 (351 ff.).

[96] *Gröschner*, VVDStRL 63 (2004), S. 344 (351 ff., insb. 355–358). Ebenfalls differenzierend *Schliesky*, in: M/K/S-GG, 2018, Art. 42 Rn. 23; hinsichtlich rechtsstaatlicher Transparenz *Schoch*, in: ders., IFG-Kommentar, 2016, Einl. Rn. 8. Anders hingegen *Robbers*, in: BK-GG, Stand Dezember 2023, Art. 20 Rn. 633 zur Bedeutung des Demokratieprinzips im Parlamentarismus: „Aus dem Prinzip der Öffentlichkeit folgt das Gebot der *Transparenz*" (Hervorhebung im Original). Zum Verhältnis von Öffentlichkeit und Transparenz vgl. unten bei Fn. 145 ff.

C. Anliegen und Gang der Untersuchung

Wie gesehen wurde, mangelt es nicht an Arbeiten, die sich den verschiedenen geschriebenen und ungeschriebenen Publizitätsgeboten der Verfassung annehmen. Dass heute gleichwohl noch Forschungsbedarf besteht, ist auf den Verlauf der verfassungsrechtlichen Diskussion um den Paradigmenwechsel der Verwaltungsöffentlichkeit zurückzuführen. Die Untersuchungen um die Jahrtausendwende waren in erster Linie von der anerkennenswerten Bestrebung getragen, die gemeinschaftsrechtlich aufgekommenen Öffentlichkeitserwartungen im Bereich der Verwaltung auch verfassungsrechtlich zu unterfüttern. Hierbei geriet die Frage nach einer auch methodischen Begründung, der der Verfassung nun vermehrt entnommenen Öffentlichkeitsforderungen etwas aus dem Blick.

Zwar hat die noch vor Inkrafttreten des IFG von *Bröhmer* vorgelegte monographische Studie aufgezeigt, unter welchen Gesichtspunkten der Verfassung Öffentlichkeitsforderungen entnommen werden können.[97] In Ermangelung einer theoretischen Befassung mit Voraussetzungen und Folgen des Normtyps „Verfassungsprinzip" konnte diese Arbeit den Forschungsbedarf aber nicht vollständig erfüllen. Zudem ist die Diskussion nun knapp 20 Jahre später deutlich fortgeschritten. In jüngerer Vergangenheit hat *Schmidt* im Verlauf seiner Studie über die Ausschussöffentlichkeit des Bundestages eine methodische Begründung von Öffentlichkeit vorgeschlagen,[98] die jedoch die zwischen den Gewalten verfassungshistorisch durchaus unterschiedlichen Entwicklung von Öffentlichkeit sowie die Perspektive des Verfassungsgebers ausblendet.

Die vorliegende Untersuchung möchte dem Öffentlichkeitsprinzip eine monographische Untersuchung angedeihen lassen und damit einen Beitrag zu seiner verfassungsrechtlichen Fundierung leisten. Hierfür werden im *zweiten Kapitel* zunächst einige methodische Vorfragen, insbesondere das Verständnis des Verfassungsprinzips, geklärt. Im *dritten Kapitel* schließt sich an eine Analyse des Verfassungstexts zunächst eine verfassungshistorische Annäherung. In der Folge werden die Verfassungsnormen untersucht, die das Fundament grundgesetzlicher Öffentlichkeit bilden. Danach wird die Qualität der Öffentlichkeitsgebote betrachtet. Hier ist zu erörtern, ob es sich bei den vorgefundenen Gehalten nur um das Ergebnis von Verfassungsauslegung oder möglicherweise ungeschriebenes Verfassungsrecht handelt. Von einer ungeschriebenen Verfassungsnorm könnte allerdings nur ausgegangen werden, wenn sich die Frage nach ihrem Geltungsgrund beantworten ließe.

Im *vierten Kapitel* soll sich mit dem Inhalt und den Grenzen von Öffentlichkeit auseinandergesetzt werden. Hierbei wird der verfassungsrechtliche Geheimnisschutz unter besonderer Berücksichtigung der jüngeren Rechtsprechung, insbe-

---

[97] Dazu den Nachweis in Fn. 60.

[98] *A. A. Schmidt*, Ausschussöffentlichkeit im Deutschen Bundestag, 2021, S. 173 ff.

sondere von Bundesverfassungs- und Bundesverwaltungsgericht, strukturiert werden. Mit dem *fünften Kapitel* schließlich wird untersucht, wie weit die Aussagen des Verfassungsrechts für die gesetzliche Ausgestaltung der Informationsöffentlichkeit der Verwaltung reichen. Da das Informationsfreiheitsgesetz nach den Plänen der aktuellen Bundesregierung in ein Bundestransparenzgesetz weiterentwickelt werden soll,[99] ist diese Frage von besonderer Aktualität. Hierbei soll auch beleuchtet werden, ob die Öffentlichkeitsgebote des objektiven Verfassungsrechts Folgen für die Auslegung des Grundrechts der Informationsfreiheit (Art. 5 Abs. 1 Satz 1 Hs. 2 GG) haben.

D. Begriffsbestimmung

Bei dem Versuch den Terminus „Öffentlichkeit" zu definieren wird sofort deutlich, dass es sich dabei um einen besonders vielschichtigen Begriff handelt. Um gleichwohl eine Untersuchung normativer Verfassungsgehalte zu ermöglichen, bedarf es umso mehr begrifflicher Präzision. Deshalb sollen im Folgenden zuerst die Bestandteile des Öffentlichkeitsbegriffs dargestellt werden, bevor in einem zweiten Schritt hierauf aufbauend der Untersuchungsgegenstand definiert wird.

I. Die Bedeutungsschichten des Öffentlichkeitsbegriffs

Das Wort „Öffentlichkeit" stammt aus dem 18. Jahrhundert. Genauer gesagt ist sein Gebrauch erstmalig im Jahr 1765 durch Joseph von Sonnenfels quellenmäßig belegt.[100] Die Polizeiaufgabe der Zensur, so schreibt von Sonnenfels, erstrecke

> „sich [...] nicht nur auf Bücher, sondern auch auf Schauspiele, Lehrsätze, Zeitungen, alle öffentlichen an das Volk gerichteten Reden, Bilder und Kupferstiche, und was sonst immer eine Art von Oeffentlichkeit, wenn man so sagen darf, an sich hat".[101]

Bereits diese erste Verwendung liefert ein Zeugnis für die semantische Verortung des Wortes im Spannungsfeld zwischen Geheimem und Offenkundigem. Dieser Bereich ist es auch, der die Bedeutung des Wortes entscheidend prägen wird. Bereits die Art und Weise, auf die es in den Sprachgebrauch gelangte, ist

---

[99] Koalitionsvertrag 2021–2025 zwischen der Sozialdemokratischen Partei Deutschlands (SPD), Bündnis 90/Die Grünen und den Freien Demokraten (FDP), S. 9; abrufbar unter https://www.spd.de/fileadmin/Dokumente/Koalitionsvertrag/Koalitionsvertrag_2021-2025.pdf (zuletzt aufgerufen am 22. Februar 2024). Vgl. auch schon BT-Drs. 19/14596.

[100] *Hölscher*, Öffentlichkeit und Geheimnis, 1979, S. 119; *J. Arndt*, Herrschaftskontrolle durch Öffentlichkeit, 2013, S. 23.

[101] *von Sonnenfels*, Grundsätze der Polizey, Handlung und Finanz I, 1765, S. 82. *Hölscher*, Öffentlichkeit und Geheimnis, 1979, S. 119 hält es angesichts der nachgeschobenen Formulierung für wahrscheinlich, dass das Wort eine Neuschöpfung durch *von Sonnenfels* ist.

insoweit determinierend für die spätere Entwicklung zu einem der zentralen politischen Begriffe des 19. Jahrhunderts. Denn „Öffentlichkeit" ist nicht Produkt einer natürlichen sprachlichen Entwicklung, sondern wurde durch das literarisch kultivierte Bürgertum analog zum romanischen und angelsächsischen Sprachgebrauch in den gehobenen deutschen Wortschatz eingeführt.[102] Vor allem Smend, der mit seiner wegweisenden Abhandlung[103] den Grundstein nicht nur für die juristische Befassung mit dem Begriff legte, ist die verfassungsrechtlich-staatstheoretische Aufarbeitung der Etymologie zu verdanken. Nach ihm sind es an erster Stelle Martens[104] und Hölscher[105], deren Forschungen zur Entmystifizierung der Etymologie beitrugen.

1. Herkunft und ursprünglicher Wortsinn: Faktische Öffentlichkeit

Als Substantivierung von „öffentlich" ist es wenig verwunderlich, dass Adelung, der das Wort vermutlich als erster im Jahr 1777[106] lexikalisch erfasst, unter „Öffentlichkeit" „die Eigenschaft einer Sache, da sie öffentlich ist, oder geschiehet"[107] versteht. Das Adjektiv seinerseits weist eine deutlich weiter zurückreichende Historie auf, die seit jeher von der Rechtssprache als bedeutungsgeschichtlicher Determinante geprägt wurde.[108] Insbesondere der Gebrauch von „öffentlich" als Übersetzung des lateinischen „publicus"[109] hat dabei zur Folge, dass „öffentlich" verschiedene Wertungen annimmt.[110] Die Wurzeln des deut-

---

102 Hiermit sind die Worte „publicité" und „publicity" gemeint *Habermas*, Strukturwandel der Öffentlichkeit, 1990, S. 55–56; *Hölscher*, Öffentlichkeit und Geheimnis, 1979, S. 118–119; *Smend*, in: Gedächtnisschrift für Walter Jellinek, 1955, S. 11 (11–12).

103 *Smend*, in: Gedächtnisschrift für Walter Jellinek, 1955, S. 11.

104 *Martens*, Öffentlich als Rechtsbegriff, 1969, S. 42 ff.

105 Insbesondere *Hölscher*, in: Geschichtliche Grundbegriffe IV, 1978, S. 413–467; *Hölscher*, Öffentlichkeit und Geheimnis, 1979, S. 36 ff.

106 *Hölscher*, Öffentlichkeit und Geheimnis, 1979, S. 118–119.

107 *Adelung*, Grammatisch-kritisches Wörterbuch der hochdeutschen Mundart, 1808, S. 586.

108 Zu den Einzelheiten *Martens*, Öffentlich als Rechtsbegriff, 1969, S. 24 ff.

109 Denn „publicus" hat schon von seinem Ursprung her einen Bezug zur Sprache, die man aus heutiger Sicht als politisch-verfassungsrechtlich bezeichnen würde, denn es stammt vom lateinischen „populus", dem Volk, ab, das zur römischen Königszeit auf die altrömische Militärverfassung verweisend wohl noch die Bedeutung von „das Heer" trug: *Welcker*, in: Staatslexikon X, 1848, S. 246 (249); *Hölscher*, Öffentlichkeit und Geheimnis, 1979, S. 41. Von „publicus" geht ein zweifacher Bedeutungseinschlag aus. Zum einen wohnt „öffentlich" hierdurch ein Element der Gemeinschaftsbezogenheit inne, zum anderen kommt von dort die Bedeutung „obrigkeitlich" oder „staatlich". Dazu allgemein *Hölscher*, Öffentlichkeit und Geheimnis, 1979, S. 40; zur Gemeinschaftsbezogenheit *Martens*, Öffentlich als Rechtsbegriff, 1969, S. 25 ff.

110 Hervorzuheben ist hier der Gemeinwohlbezug. Zum Zusammenhang von Öffentlichem und Gemeinwohl *Häberle*, Öffentliches Interesse als juristisches Problem, 1970, S. 18 ff. Siehe auch *Hölscher*, Öffentlichkeit und Geheimnis, 1979, S. 36 ff.

schen „öffentlich“ liegen ihrerseits im althochdeutschen Wort „offanlich“ und dem Mittelhochdeutschen „offenlich“,[111] die wiederum aus dem altdeutschen Terminus „offen“ hervorgegangen sind.[112]

Entsprechend dieser Herkunft verwenden ihn die Rechtsquellen jahrhundertelang hauptsächlich, um auf das Offenseins eines Zustands oder Vorgangs hinzuweisen, der für eine Personenmehrheit wahrnehmbar oder zugänglich ist.[113] Besonderen Einfluss hat hier das germanische Rechtssystem, denn die Evidenz erlangte das Böse in Gestalt eines Verbrechens damals durch seine Sichtbarmachung im Rahmen des Strafverfahrens.[114] Die Bezeichnung „öffentliches Gericht“ bzw. ihre Vorgängerform „offen Gericht“ in Anlehnung an die germanische Rechtspraxis, das Gericht für die Allgemeinheit zugänglich unter offenem Himmel abzuhalten, ist demgemäß schon seit dem Jahr 1285 nachgewiesen.[115]

Öffentlichkeit bezeichnet in dieser ersten Bedeutung die Wahrnehmbarkeit oder Zugänglichkeit eines Orts, eines Vorgangs oder einer Tatsache (des Öffentlichkeitsobjekts) für einen zunächst nicht näher bestimmten Personenkreis (den Adressaten). Diese Bedeutung ist faktisch-deskriptiver Natur.[116] Denn sie dient der Beschreibung eines tatsächlichen Zustands – nämlich der Frage, ob das Öffentlichkeitsobjekt für die Adressaten tatsächlich wahrnehmbar oder zugänglich ist.[117] Der Eigenschaft tatsächlicher Zugänglichkeit gegenüber steht alles Verschlossene, Geheime und Verborgene.[118] Geheimheit, Verschlossenheit oder Verborgenheit sind „Öffentlichkeit“ in dieser Bedeutung also antonym.

---

111 *Grimm/Grimm*, Deutsches Wörterbuch VII, 1854, S. 1179.

112 *Kluge*, Etymologisches Wörterbuch der deutschen Sprache, 2011, S. 666.

113 *Martens*, Öffentlich als Rechtsbegriff, 1969, S. 24; der sich dabei etwa auf Kodifizierungen im Deutschenspiegel, in der Peinlichen Gerichtsordnung Karls des V. oder im Schwabenspiegel bezieht, welche durch das Wort „öffentlich“ bzw. seiner Frühformen einen wichtigen Grundsatz des altdeutschen Gerichtsverfahrens festgelegt hätten.

114 *Hölscher*, in: Geschichtliche Grundbegriffe IV, 1978, S. 413 (417).

115 *Hölscher*, Öffentlichkeit und Geheimnis, 1979, S. 14 ff.; *Hölscher*, in: Geschichtliche Grundbegriffe IV, 1978, S. 413 (417).

116 Hieran ändert auch die bedeutungsgeschichtliche Assoziation mit dem germanischen Gerichtsverfahren nichts. Denn wie *Hölscher*, Öffentlichkeit und Geheimnis, 1979, S. 11 ff. überzeugend dargelegt hat, war das Gerichtsverfahren vorrangig aus praktischen Gründen öffentlich, was auch erklärt, weshalb die öffentliche Abhaltung nur bis in die Zeit der Verlegung der Gerichtsverfahren in geschlossene Gebäude andauerte. Das spricht dafür, dass mit „öffentlich“ hier noch kein normativer Anspruch verbunden war.

117 Übereinstimmend halten *Smend*, in: Gedächtnisschrift für Walter Jellinek, 1955, S. 11 (14); *Krüger*, Allgemeine Staatslehre, 1966, S. 443 und vor allem *Martens*, Öffentlich als Rechtsbegriff, 1969, S. 42 die tatsächliche Wahrnehmbarkeit und Zugänglichkeit in dieser Bedeutung für das entscheidende Merkmal.

118 Schon *Krüger*, Die geistigen Grundlagen des Staates, 1940, S. 147 sieht in der faktischen Öffentlichkeit die Gegenüberstellung zu allem Geheimen.

2. Liberaler Kampfbegriff des 19. Jahrhunderts: Normative Öffentlichkeit

Der Ausdruck mit zunächst rein faktischem Bedeutungsgehalt wird ab dem Ende des 18. Jahrhunderts zunehmend im politischen Diskurs gebraucht. Begünstigt durch den schon im Adjektiv „öffentlich“ angelegten Bedeutungsreichtum bedient sich das intellektuelle Bürgertum dieser neuen Vokabel, um der herrschenden Klasse gegenüber verschiedene Forderungen zu erheben, die auf politische Emanzipation und Herrschaftsbeteiligung gerichtet sind.[119] Hieraus erschließt sich, inwiefern die Normativierung des Bedeutungsgehalts Ergebnis der politischen Verwendung des Ausdrucks im 19. Jahrhundert ist. Der auf Veränderung des politischen Systems gerichtete Wortgebrauch führt nämlich dazu, dass sich die mit ihnen zum Ausdruck gebrachten Forderungen im Bedeutungsgehalt niederlassen.

„Öffentlichkeit“ knüpft dabei an das Lehnwort „Publizität“ an, das im Deutschen bereits vor der französischen Revolution den Status eines politischen Schlagworts erlangt hatte.[120] Im Zusammenhang mit der durch die Französische Revolution befeuerten deutschen Verfassungsdiskussion[121] wurde das Wort „Öffentlichkeit“[122] dann nach den Befreiungskriegen zunächst mit dem Ausdruck „Publizität“ synonym, weshalb einerseits seine Sinngehalte im Wort „Öffentlichkeit“ aufgingen und das Wort andererseits auch selber zum Kampfbegriff avancierte.[123]

„Publizität“ vereinte nämlich schon vorher verschiedene liberale Postulate unter einem Ausdruck. Erstens fällt die Forderung nach dem freien Verkehr von Reden und Schriften unter den Begriff der Publizität, der dazu diente, das in revolutionären Kreisen bereits vorherrschende Bewusstsein über die herausragende Stellung der Meinungs- und Pressefreiheit im Staatsgefüge zu transportieren.[124] Neben der Beeinflussung der Semantik durch originär-grundrechtliche Forderungen wird der Ausdruck spiegelbildlich hierzu zweitens durch einen ge-

[119] *Hölscher*, Öffentlichkeit und Geheimnis, 1979, S. 120.

[120] *Hölscher*, Öffentlichkeit und Geheimnis, 1979, S. 118.

[121] Vgl. hierzu: *E. R. Huber*, Deutsche Verfassungsgeschichte I, 1990, S. 543 ff.

[122] Kurioserweise war *Joseph von Sonnenfels*, dem die Wortschöpfung, jedenfalls aber die erstmalige Verwendung, zugerechnet wird, nicht nur kurze Zeit Zensor eines Wiener Theaters, sondern er verteidigt in seinen Schriften auch die Bücherzensur als notwendig: *Eisenhardt*, Die kaiserliche Aufsicht über Buchdruck, Buchhandel und Presse im Heiligen Römischen Reich Deutscher Nation, 1970, S. 150. Insofern erscheint die Aufladung des Wortes mit konträren Forderungen, die sich im Folgejahrhundert vollzieht, in einem besonderen Licht.

[123] *Hölscher*, Öffentlichkeit und Geheimnis, 1979, S. 120; *Hölscher*, in: Geschichtliche Grundbegriffe IV, 1978, S. 413 (446–448).

[124] *Hölscher*, in: Geschichtliche Grundbegriffe IV, 1978, S. 413 (446–447).

nerellen Kontrollanspruch geprägt, den liberale Theoretiker gegenüber dem absolutistischen Staat und seiner Arkanpraxis im Ringen um eine Verfassung erheben.[125] In der Theorie des Liberalismus ist dieser Kontrollanspruch an den Staat in seiner Gesamtheit adressiert, während im Deutschland des 19. Jahrhundert hauptsächlich die Öffentlichkeit parlamentarischer- und gerichtlicher Verhandlungen Gegenstand der allgemeinen Diskussion ist.[126]

Dass diese normative Komponente des Öffentlichkeitsbegriffs von einem der romanischen Sprache entlehnten Wort geprägt wurde, ist, worauf schon Smend[127] hingewiesen hat, Ursprung der bis heute andauernden Schwierigkeit der deutschen Rechts- und Staatswissenschaft mit diesem Sinnkomplex. Umso mehr müssen Existenz und Bedeutung dieses Bereichs hervorgehoben werden. Öffentlichkeit ist in diesem Sinne normativ, weil sie nunmehr als Kriterium zur Beurteilung der moralischen und juristischen Richtigkeit von Tatsachen und Vorgängen dient. Jenes, was nicht privat ist[128], sondern alle angeht[129] soll faktisch öffentlich, also zugänglich und nicht geheim sein.[130] Aus der Einstufung eines Öffentlichkeitsobjekts als res publica folgt die begriffliche Normativität, die Kant mit seiner bekannten Formel ausgedrückt hat: „Alle auf das Recht anderer Menschen bezogene Handlungen, deren Maxime sich nicht mit der Publizität verträgt, sind unrecht.“[131]

Die Ansicht von Martens, Öffentlichkeit sei kein normativer Begriff, dürfte heute überholt sein. Schon der seinem Untersuchungsgegenstand geschuldete Ansatz, in „Öffentlichkeit“ „sprachlich nichts weiter als die Substantivierung von ‚öffentlich‘“[132] zu sehen, macht deutlich, dass er die begriffliche Prägung im politischen Geschehen des 19. Jahrhunderts nicht hinreichend berücksichtigt. So haben spätestens die Forschungen von Hölscher gezeigt, dass Öffentlichkeit auch Wertbegriff ist.

---

125 *Hölscher*, in: Historisches Wörterbuch der Philosophie VI, 1984, S. 1138.

126 Grund dafür ist die Tatsache, dass sich die Exekutive zu dieser Zeit fest in monarchischer Hand befand. Dazu eindrücklich *Wegener*, Der geheime Staat, 2006, S. 31 ff.; sowie auch unten bei Kap. 3, Fn. 181 ff. Die Verwendung des Worts in diesem Kontext wird vor allem dadurch begünstigt, dass bereits die Germanen ihre allgemein zugänglichen Gerichte „öffentlich“ nannten.

127 *Smend*, in: Gedächtnisschrift für Walter Jellinek, 1955, S. 11 (17 ff.), der auch darauf abstellt, dass Deutschland – anders als Frankreich – keinen radikalen Umbruch erlebt hat.

128 *Krüger*, Allgemeine Staatslehre, 1966, S. 443.

129 *Marcic*, in: Richter und Journalisten, 1965, S. 153 (165).

130 Schon *Krüger*, Allgemeine Staatslehre, 1966, S. 443 veranschaulicht das Verhältnis zwischen begrifflicher Normativität und Faktizität überzeugend mit der Feststellung, dass normative Öffentlichkeit die Herbeiführung faktischer Öffentlichkeit intendiert.

131 *Kant*, Zum ewigen Frieden, 2011, S. 60.

132 *Martens*, Öffentlich als Rechtsbegriff, 1969, S. 44.

3. Das Publikum geht in die Bedeutung ein: Personale Öffentlichkeit

„Öffentlichkeit" dient dem bürgerlichen Publikum des 19. Jahrhunderts aber nicht nur als Begriff, unter dem sich seine wesentlichen Forderungen vereinigen, sondern im weiteren Verlauf bezeichnet es darüber hinaus auch das Publikum, das ebendiese Forderungen erhebt. Dieser gleichfalls als „personifizierte Öffentlichkeit"[133] bezeichnete Bedeutungsbereich ist lexikalisch erst seit dem Ende des 19 Jahrhunderts registriert.[134] So umfasst die Öffentlichkeit nach Heynes Wörterbuch im Jahr 1892 die Bedeutung der „öffentlichen Gesamtheit als neuere Verdeutschung des fremden Publicum".[135] Der neue Sinngehalt steht dabei in engem Zusammenhang mit den kritischen Forderungen der Aufklärung und ist, was bei Heyne deutlich wird, bereits in der sprachgeschichtlichen Beziehung zwischen „öffentlich" und „publicus" angelegt. Denn im Lateinischen entwickelte die subjektivierte Form „publicum" schon im Spätmittelalter die personale Bedeutung zur Bezeichnung des Volks als Gesamtheit.[136]

Im Deutschen war es die Sprache der zu Beginn des 18. Jahrhunderts aufblühenden Literatur, in der „das Publikum" oftmals direkt angesprochen wurde, was im Kontext der Aufklärung und des herausragenden Stellenwerts der Literatur seinen Beitrag dazu leistete, dass das Wort mit der Bezeichnung der sozialen Schicht des gebildeten Bürgertums als Gegenbegriff zur tradierten Ständeeinteilung aufgeladen wurde.[137] Es dauerte dann aber noch bis zum Beginn des 20. Jahrhunderts bis „Publikum" schließlich vom neueren Ausdruck „Öffentlichkeit" verdrängt wurde.[138] Die personale Bedeutung bezeichnet anfangs indes nur die damals vor allem urteilsfähige Schicht des gebildeten Bürgertums[139] und erst im Laufe der Zeit weitere Gesellschaftsteile. Entscheidend hierbei ist der vergrößerte Rezipientenkreis, den die neu entstandene „Meinungspresse"[140] erreicht und die, bedingt wie verstärkt durch das Aufkommen von kommerziellen und privaten Lesegesellschaften, ein Anwachsen der politischen Gesellschaft zur

---

[133] *Smend*, in: Gedächtnisschrift für Walter Jellinek, 1955, S. 11 (16).

[134] *Hölscher*, Öffentlichkeit und Geheimnis, 1979, S. 137.

[135] *Heyne*, Deutsches Wörterbuch II, 1892, S. 1054.

[136] *Hölscher*, in: Geschichtliche Grundbegriffe IV, 1978, S. 413 (430), demzufolge „publicum" im Mittelalter daneben auch die Adressaten obrigkeitlicher Rechtsakte bezeichnete.

[137] *Hölscher*, in: Geschichtliche Grundbegriffe IV, 1978, S. 413 (431); zur „literarischen Öffentlichkeit" eingehend *Habermas*, Strukturwandel der Öffentlichkeit, 1990, S. 116ff.

[138] *Hölscher*, in: Geschichtliche Grundbegriffe IV, 1978, S. 413 (438).

[139] *Gerhardt*, Öffentlichkeit, 2012, S. 156.

[140] *Schneider*, in: Geschichtliche Grundbegriffe, 1978, S. 899 (909ff.).

Folge hat.[141] Schließlich sind es auch Phänomene wie die Vermeidung der durch Sprache und Ideologie des Dritten Reiches belasteten Ausdrücke wie etwa „Volk“ oder „Volksgemeinschaft“ im allgemeinen Sprachgebrauch, die den personalen Bedeutungsgehalt der Öffentlichkeit in der zweiten Hälfte des 20. Jahrhunderts erweitern und verfestigen helfen.[142]

II. Zugrunde gelegter Öffentlichkeitsbegriff: Faktische Öffentlichkeit

Bei der folgenden Betrachtung soll der faktische Öffentlichkeitsbegriff, also die Wahrnehmbarkeit oder Zugänglichkeit eines Objekts für einen Adressatenkreis, zugrunde gelegt werden.[143] Das hier interessierende Öffentlichkeitsobjekt ist der Staat, gegliedert in seine drei Gewalten. Gegenstand der Untersuchung ist die Frage nach der verfassungsrechtlichen Verortung etwaiger Forderungen nach faktischer Öffentlichkeit des Staates. Dabei ist aufgrund der sprachgeschichtlichen Entwicklungslinie, deren Verlauf durch die unterschiedliche Verwendung des Ausdrucks im politischen Geschehen beeinflusst ist, jedoch klar, dass die unter den Bedeutungsschichten ausgemachten Zusammenhänge nicht vollständig voneinander getrennt werden können. Insbesondere die sozialwissenschaftlich geprägte und eng mit dem Begriff der öffentlichen Meinung[144] verwobene personale Bedeutung soll hier unter dem Begriff „Öffentlichkeit“ jedoch keiner eigenen Betrachtung zugeführt werden.

Daneben ist zum Begriff der Transparenz abzugrenzen. Transparenz bezeichnet allgemein die Durchsichtigkeit eines Vorgangs oder eines Objekts.[145] Auch wenn Transparenz und Öffentlichkeit auch im jüngeren verfassungsrechtlichen Schrifttum teilweise voneinander unterschieden werden,[146] sollte schon aus methodischen Gründen im Verfassungsrecht der Begriff faktischer Öffentlichkeit gebraucht werden. Denn der Begriff der Transparenz ist ein deutlich jüngerer

[141] Zur Genese der Presse von einem Informationskanal der öffentlichen Gewalt zu einem unverzichtbaren Medium der Meinungsbildung *Habermas*, Strukturwandel der Öffentlichkeit, 1990, S. 79 ff., 140 ff.

[142] Vgl. *Marcic*, in: Richter und Journalisten, 1965, S. 153 (169).

[143] Vom faktischen Öffentlichkeitsbegriff ausgehend bereits *Krüger*, Allgemeine Staatslehre, 1964, S. 443; *Rauschning*, Die Sicherung des Bestands von Verfassungsrecht, 1969, S. 182.

[144] Schon *Habermas*, Strukturwandel der Öffentlichkeit, 1990, S. 55 sieht in der personalen Öffentlichkeit den Träger der öffentlichen Meinung.

[145] *Bröhmer*, Transparenz als Verfassungsprinzip, 2004, S. 18; *Schoch*, in: HStR III, 2005, S. 131 (Rn. 140); *Gröschner*, VVDStRL 63 (2004), S. 344 (346).

[146] Vgl. etwa *Kluth*, in *Schmidt-Bleibtreu/Hofmann/Henneke*-GG, 2022, Art. 42 Rn. 5; *Schliesky*, in: Parlamentsrecht, 2016, S. 204 (229 ff.); ders., in: M/K/S-GG, 2018, Art. 42 Rn. 23. In Richtung eines abweichenden Transparenzbegriffs auch *Wischmeyer*, Die Verwaltung 51 (2018), S. 393 (405). Kritisch dazu *Brocker*, ZParl 51 (2020), S. 934. Dazu noch unten in Kap. 4, Fn. 2.

Rechtsbegriff. Ihm wird nicht im Ansatz die Begriffsgeschichte von Öffentlichkeit zuteil, geht inhaltlich aber auch nicht über den faktischen Öffentlichkeitsbegriff hinaus.[147] Insbesondere lässt sich die dem Transparenzbegriff regelmäßig zugeordnete Forderung individueller Zugänglichkeit von Verwaltungsinformationen auch dem Öffentlichkeitsbegriff entnehmen.[148] Einem Ordnungs- und Abstraktionsgedanken[149] zufolge ist der umfassendere Öffentlichkeitsbegriff im Verfassungsrecht daher vorzugswürdig.[150]

---

[147] So bedient sich *Bröhmer*, Transparenz als Verfassungsprinzip, 2004, S. 19 zur Ausfüllung des Transparenzbegriffs der maßgeblichen Definitionselemente faktischer Öffentlichkeit, nämlich Wahrnehmbarkeit und Zugänglichkeit. Das bestätigt die Vermutung, dass Transparenz begrifflich in „Öffentlichkeit" aufgeht. Ähnlich auch das Verständnis bei *Ostermann*, Transparenz und öffentlicher Meinungsbildungsprozess, 2019, S. 7 ff. Aus begrifflicher Sicht übereinstimmend *August*, in: Staat und Geheimnis – Der Kampf um die (Un-)Sichtbarkeit der Macht, 2019, S. 191 (211) Transparenz erweise sich als „ein spezifisches Regime von Öffentlichkeit".

[148] Bereits *Welcker*, in: Staatslexikon X, 1848, S. 246 (269) sprach sich unter dem Begriff der Öffentlichkeit in Richtung eines auch individuell gewährleisteten „*heiligen Rechtsanspruch*[s]" aus (Hervorhebung im Original). Dazu auch *Wegener*, Der geheime Staat, 2006, S. 186–187.

[149] Dazu *Sobota*, Das Prinzip Rechtsstaat, 1997, S. 411 ff.

[150] Im Ergebnis übereinstimmend *Masing*, VVDStRL 63 (2004), S. 377 (462): „Der Begriff der Transparenz ist ein unglücklicher Begriff; der der Öffentlichkeit ist viel adäquater"; *Häberle*, VVDStRL 63 (2004), S. 445–446 (Ausspr.); in diese Richtung bereits *Rauschning*, Die Sicherung des Bestands von Verfassungsrecht, 1969, S. 182; *Lederer*, Open Data, 2015, S. 225.

Zweites Kapitel

Verfassungsprinzipien

Macht man sich zur Aufgabe, die Verfassung auf ein bestimmtes Prinzip hin zu untersuchen, so ist es unverzichtbar, in methodischer und theoretischer Hinsicht ein kohärentes Verständnis zugrunde zu legen. Erstaunlicherweise entbehrt ein großer Teil von Arbeiten mit dem Verfassungsprinzip im Titel dieser theoretischen Vorarbeit.[1] Die Qualifizierung eines Rechtswerts als Verfassungsprinzip scheint dabei für sich genommen ausreichenden Erkenntniswert zu haben. Hier mögen es auch die Verführungen einer begrifflichen Aufwertung durch dieses „Zauberwort [...]" gewesen sein, die das Bewusstsein für die Notwendigkeit einer Begriffsbefassung oftmals haben in den Hintergrund treten lassen.[2]

Um nicht mehr Fragen aufzuwerfen als zu beantworten, bedarf es deshalb besonders bei der Erörterung nicht unmittelbar verfassungstextlich enthaltener Prinzipien einer soliden theoretischen Basis. Der nachfolgende Teil der Untersuchung soll das theoretische Grundverständnis klären, damit die Ergebnisse im weiteren Verlauf der Untersuchung auf dieses Fundament gestellt werden können.

A. Zur Verfassungsmethodik

I. Verfassungsmethodische Präjudizien

Ohne den Anspruch einen Beitrag in der traditionellen[3] Diskussion um die richtige – oder besser – die vorzugswürdige Methodik im Verfassungsrecht leisten zu wollen, bedarf es zunächst der Offenlegung einiger methodischer Vorannahmen. Mutet dabei die Frage nach dem zugrunde gelegten Verfassungsverständnis[4] auf den ersten Blick an, rein theoretischer Natur zu sein, so ist der

---

[1] Selbiges schon hinsichtlich „allgemeiner Rechtsprinzipien" konstatierend *Esser*, Grundsatz und Norm in der richterlichen Fortbildung des Privatrechts, 1964, S. 1.

[2] So *Reimer*, Verfassungsprinzipien, 2001, S. 17 ff.

[3] Zu den Grundpositionen eindrücklich *Isensee*, in: Verfassungstheorie, 2010, S. 199 (211 ff.); *Böckenförde*, NJW 1976, S. 2089 ff.; vgl. auch *Koch*, Seminar „Die juristische Methode im Staatsrecht", 1977, S. 61 ff.; *Schneider*, VVDStRL 20 (1963), S. 1 ff.; *Ehmke*, VVDStRL 20 (1963), S. 53 ff.

[4] Die nachfolgenden Ausführungen sind bewusst vereinfachend. Die Einzelheiten sind Gegenstand einer umfangreichen wissenschaftlichen Diskussion. Das hiesige Verständnis bewegt sich überwiegend im Rahmen des allgemein Anerkannten. Vgl. etwa

vorausgesetzte Verfassungsbegriff doch determinierend[5] für die anzuwendende Methodik, was wiederum Folgen für die praktische Verfassungsanwendung hat. Das Verfassungsverständnis definiert, gewissermaßen als eine Art Standortbestimmung, das Verhältnis zu Ethik, Wirklichkeit oder Gesellschaft. All diese Vorfragen sind methodenbestimmend, weil sich erst aus ihnen ergibt, was „Verfassung" überhaupt ist, warum sie gilt, wo sie beginnt und bis wohin ihre Aussagen reichen: Die Wahl des richtigen Werkzeugs richtet sich nach der Beschaffenheit des Werkes.

Verfassung wird hier als das von der textlichen Verfassung[6] „Grundgesetz für die Bundesrepublik Deutschland" ausgehende[7] Gefüge höchstrangiger[8] Normen

---

die Darstellung der Einzelfragen bei *Volkmann*, Grundzüge einer Verfassungslehre der Bundesrepublik Deutschland, 2013, S. 7 ff.

[5] Auf den Zusammenhang hinweisend *Böckenförde*, NJW 1976, S. 2089 (2097); *Volkmann*, Grundzüge einer Verfassungslehre der Bundesrepublik Deutschland, 2013, S. 2; *Isensee*, in: HStR XII, 2014, S. 483 (486).

[6] Ein rein formeller Verfassungsbegriff greift zur Bestimmung von Verfassung anhand äußerlicher Kriterien, also solcher, die nicht inhaltlicher Natur sind, wie etwa das Kriterium der textlichen Niedergelegtheit der Rechtssätze in einer Verfassungsurkunde. Zur Unterscheidung schon *Kelsen*, Reine Rechtslehre, 1960, S. 229–231. Ein sachgerechtes Verfassungsverständnis rekurriert auf formelle wie materielle Merkmale, weil erst im Zusammenspiel von äußerlichen und inhaltlichen Merkmalen eine korrekte Beschreibung möglich ist. So auch *Volkmann*, Grundzüge einer Verfassungslehre der Bundesrepublik Deutschland, 2013, S. 14–15. Übereinstimmend für eine Kombination formeller und materieller Kriterien *Stern*, Staatsrecht I, 1984, S. 78; *Kloepfer*, Verfassungsrecht I, 2011, S. 20; der Sache nach auch *Reimer*, Verfassungsprinzipien, 2001, S. 71 ff.

[7] Wie schon die Gegenüberstellung von „Gesetz" und „Recht" in Art. 20 Abs. 3 GG plausibilisiert, wird mit der wohl herrschenden Auffassung ein positivistisches Verfassungsverständnis mit *Radbruchschem* Gerechtigkeitsvorbehalt zugrunde gelegt. So auch *Hoffmann*, Das Verhältnis von Gesetz und Recht, 2003; *Reimer*, Verfassungsprinzipien, 2001, S. 81 ff.; zu den anderen Deutungsmöglichkeiten von Art. 20 Abs. 3 GG *Schulze-Fielitz*, in: *Dreier*-GG, 2015, Art. 20 (Rechtsstaat) Rn. 94. Aus der Rechtsprechung vgl. etwa BVerfGE 23, 98 (106); 34, 269 (286–287). Neben der Frage nach dem Geltungsgrund impliziert ein Verfassungsverständnis, das sämtliches Verfassungsrecht von der textlichen Verfassung ausgehen sieht, auch, dass es ungeschriebenes Verfassungsrecht geben kann. Schon *Smend* erkannte, dass ungeschriebenes Verfassungsrecht „hinter dem geschriebenen Verfassungssatz" steht: *Smend*, in: Festgabe für Otto Mayer, 1916, S. 245 (262); *H. A. Wolff*, Ungeschriebenes Verfassungsrecht unter dem Grundgesetz, 2000, S. 374.

[8] Das hiesige Verfassungsverständnis stellt also zur Abgrenzung gegenüber sonstigem deutschem Recht in formeller Hinsicht einzig auf das Kriterium der Höchstrangigkeit im Sinne einer Vorrangwirkung gegenüber dem Unterverfassungsrecht ab. Andere Ansätze wären – wie schon in Kap. 2 Fn. 6 genannt – das Kriterium der textlichen Niedergelegtheit in der Verfassungsurkunde sowie die erschwerte Abänderbarkeit der Verfassung. Vgl. nur *Volkmann*, Grundzüge einer Verfassungslehre der Bundesrepublik Deutschland, 2013, S. 12. Einzig das Kriterium der Höchstrangigkeit ist indes in der Lage, die abstrakte Gleichrangigkeit geschriebenen und ungeschriebenen Verfassungsrechts bei gleichzeitiger Unterscheidbarkeit von ungeschriebenem Verfassungsrecht und Verfassungskonkretisierung abzubilden. Dazu *H. A. Wolff*, Ungeschriebenes Verfassungsrecht unter dem Grundgesetz, 2000, S. 294 ff., sowie unten Kap. 2 bei Fn. 25 ff.

verstanden, das die normative Grundordnung[9] des deutschen Staates bildet, indem es Unterbau aller rechtlichen Bindungen[10] der Staatsgewalt überhaupt ist.

Als normatives Fundament der Staatsordnung ist die Verfassung vorrangig[11] darauf angelegt, die staatliche Einheit[12] zu konstituieren und dauerhaft[13] zu erhalten. Gleichzeitig aber sind die tatsächlichen Gegebenheiten, deren Ordnung sie bildet,[14] wandelbar. Da die Verfassung ein Rechtsnormgefüge, also etwas wirklichkeitsverschiedenes, darstellt, das zur Einheitserhaltung notwendigerweise auf Kontinuität angewiesen[15] ist, kann die Verfassung schon wegen ihres auf Dauer angelegten Ordnungs- und Organisationsanspruchs nicht als vollständig statisches Normgefüge begriffen werden.[16] Wie zu sehen sein wird,[17] kommt den

---

[9] *Kägi*, Die Verfassung als rechtliche Grundordnung des Staates, 1945; *Hesse*, Grundzüge des Verfassungsrechts, 1995, S. 10 „*rechtliche Grundordnung des Gemeinwesens*" (Hervorhebung im Original); *Stern*, Staatsrecht I, 1984, S. 70 ff.; *Kloepfer*, Verfassungsrecht I, 2011, S. 18.

[10] *Kloepfer*, Verfassungsrecht I, 2011, S. 20.

[11] *Voßkuhle*, AöR 119 (1994), S. 35 (46 ff.); *Stern*, Staatsrecht I, 1984, S. 82 ff.

[12] Der einheitsstiftende Anspruch der Verfassung wurde bekanntlich von *Smend* als dauerhafter Vorgang konzipiert und als „Integration" bezeichnet: „[Der Staat] lebt und ist da nur in diesem Prozeß beständiger Erneuerung, dauernden Neuerlebtwerdens" *Smend*, in: Staatsrechtliche Abhandlungen, 1955, S. 119 (136). Dazu auch *Bickenbach*, JuS 2005, S. 588 ff. Kritisch aus dem neueren Schrifttum etwa *Isensee*, in: Verfassungstheorie, 2010, S. 199 (213): „Der Integrationserfolg heiligt den Bruch des Verfassungsrechts."

[13] Zur Verfassungskontinuität *Scheuner*, in: Regierbarkeit II, 1979, S. 102 (113 ff.); *Stern*, Staatsrecht I, 1984, S. 86 „dauernde Grundordnung". Zur Aufgabe des BVerfG im Spannungsverhältnis zwischen Stabilität und Zukunftsoffenheit *Voßkuhle*, JZ 2009, S. 917 (918 ff.).

[14] Zur Ordnungs- und Organisationsfunktion der Verfassung: *Stern*, Staatsrecht I, 1984, S. 82 ff.; *Voßkuhle*, AöR 119 (1994), S. 35 (50 ff.).

[15] *Schenke*, AöR 103 (1978), S. 566 (576 ff.): „[Z]eitgeprägte Verfassung"; *Voßkuhle*, AöR 119 (1994), S. 35 (44 ff.) misst hier dem Normierungsstil der Verfassung auch in sprachlicher Hinsicht hohe Bedeutung bei und zieht eine Parallele zwischen den Verfassungsfunktionen und dem Stil der Normierung. Zur Sprache der Verfassung als „Schlüsselelement" auch *Graf Vitzthum*, in: Verfassungstheorie, 2010, S. 373 (379 ff.). Übereinstimmend *Reimer*, Juristische Methodenlehre, 2020, S. 35 ff., der in diesem Zusammenhang auch auf die Lakonik des Verfassungsrechts abstellt. Auch *Hesse*, Grundzüge des Verfassungsrechts, 1995, S. 11 ff. und *Volkmann*, Grundzüge einer Verfassungslehre der Bundesrepublik Deutschland, 2013, S. 107 ff. weisen darauf hin, dass die Verfassung keine umfassende Reglungswirkung aufweist. Dazu noch unten Kap. 2 bei Fn. 108 ff.

[16] So auch die überwiegende Meinung im Schrifttum. Zu dieser Frage übersichtlich *Volkmann*, Grundzüge einer Verfassungslehre der Bundesrepublik Deutschland, 2013, S. 26 ff. Neben der *Smendschen* Integrationslehre hat *Häberle* die Diskussion geprägt, indem er die Verfassung als „öffentlichen Prozess" bezeichnete *Häberle*, Verfassung als öffentlicher Prozeß, 1998. Auch für *Hesse*, Grundzüge des Verfassungsrechts, 1995, S. 5 ist die Einheitsbildung niemals abgeschlossen. Gleichzeitig weist er ebd., S. 15 darauf hin, dass die Verfassung gleichermaßen offene und geschlossene Elemente enthielte, die im Zusammenhang gesehen werden müssten. Die genaue Zuordnung dieser

(objektiven) Verfassungsprinzipien als normatives Fundament der Verfassungsordnung durch ihre normstrukturelle Regelungsweise in diesem Spannungsfeld entscheidende Bedeutung zu.

II. Ungeschriebenes Verfassungsrecht

Wenn das verfassungsrechtliche Normgefüge nach obigem Verfassungsbegriff von der textlichen Verfassung ausgeht, folgt daraus zunächst, dass ungeschriebenes Verfassungsrecht rechtfertigungsbedürftig ist.[18] Die geschriebene Verfassung verkörpert den Willen des Verfassungsgebers[19] gleichermaßen als Geltungsgrund wie Ausgangspunkt allen Verfassungsrechts, ungeschriebenes Verfassungsrecht darf daher jedenfalls nicht[20] im Widerspruch zu geschriebenem Verfassungsrecht

Momente wird noch immer uneinheitlich beurteilt. In diesem Zusammenhang zum „Verfassungswandel“ unten Kap. 2 bei Fn. 126, 128.

[17] Dazu Kap. 2 bei Fn. 103 ff.

[18] Schon die Existenz der schriftlichen Verfassung streitet für ihre Abgeschlossenheit. Vgl. dazu *Stern*, Staatsrecht I, 1984, S. 111 ff.: „umfassende Regelungstendenz“; *Hesse*, Grundzüge des Verfassungsrechts, 1995, S. 14–15, 29–30; *H. A. Wolff*, Ungeschriebenes Verfassungsrecht unter dem Grundgesetz, 2000, S. 199 ff.; *Reimer*, Verfassungsprinzipien, 2001, S. 115. Von der formell-textlichen Abgeschlossenheit ist die Frage nach dem materiell-normativen Geltungsanspruch der Verfassung zu trennen. Weil die Verfassung nicht zu jeder Fragestellung eine Antwort enthält, ist ihr Regelungsanspruch – insbesondere im Verhältnis zum einfachen Recht – begrenzt. Schon *Smend*, in: Staatsrechtliche Abhandlungen, 1955, S. 119 (191) hebt dies im Zusammenhang mit Integrationslehre hervor. Die Verfassung sei kein „juristisches Weltenei“, so *Forsthoffs* vielzitierte Wendung: *Forsthoff*, Der Staat der Industriegesellschaft, 1971, S. 144. *Böckenförde*, NJW 1976, S. 2089 (2090) spricht von der Verfassung als „Rahmenordnung“. In diese Richtung geht auch die Feststellung des fragmentarischen Charakters der Verfassung. So etwa *Kunig*, Das Rechtsstaatsprinzip, 1986, S. 96. Zum Ganzen *Reimer*, Verfassungsprinzipien, 2001, S. 107–108; *H. A. Wolff*, Ungeschriebenes Verfassungsrecht unter dem Grundgesetz, 2000, S. 162 ff. Vgl. ebenso *Stern*, Staatsrecht I, 1984, S. 106; *Hesse*, Grundzüge des Verfassungsrechts, 1995, S. 11 ff. und *Volkmann*, Grundzüge einer Verfassungslehre der Bundesrepublik Deutschland, 2013, S. 107 ff., der in diesem Zusammenhang übereinstimmend mit *Reimer*, Juristische Methodenlehre, 2020, S. 37 auf die fragmentarische verfassungstextliche Regelungsweise abstellt, die Indiz für den reduzierten normativen Anspruch der Verfassung ist. *Alexy*, VVDStRL 61 (2002), S. 8 (14 ff.) macht demgegenüber darauf aufmerksam, dass die Vorstellung der Verfassung als eine Rahmenordnung nicht völlig unvereinbar mit der Idee der Verfassung als Grundordnung ist, weil die Verfassung auch fundamentale Fragen der Gemeinschaft entscheiden kann, indem sie lediglich einen Rahmen vorgibt. Zum dualistischen Verständnis der Verfassung als entweder Grund- oder Rahmenordnung auch kritisch *Lerche*, in: Festschrift für Stern, 1997, S. 197 (203–204).

[19] Dabei wird man auch einer Negativentscheidung des Verfassungsgebers Bindungswirkung zuerkennen müssen. Dazu *Reimer*, Verfassungsprinzipien, 2001, S. 132 ff., 425. Die Ungeschriebenheit als solche steht der Annahme ungeschriebenen Verfassungsrechts jedoch nicht entgegen. Die Existenz ungeschriebenen Rechts kann nach *Hoffmann*, in: Festschrift für Wolf, 1985, S. 183 (94–195, 212 ff.) im Einzelfall sogar verfassungsrechtlich bezweckt sein.

[20] Zu den Ausnahmen *H. A. Wolff*, Ungeschriebenes Verfassungsrecht unter dem Grundgesetz, 2000, S. 360 ff.

stehen – es kann kein ungeschriebenes Verfassungsrecht contra constitutionem[21] geben.[22]

Gleich den sonstigen Bereichen des Rechts ist jedoch auch im Verfassungsrecht inzwischen anerkannt, dass die Summe der positiven Rechtsnormen nicht mit der Gesamtheit des geschriebenen Rechts übereinstimmt.[23] So wurde der Gedanke, dass der Verfassungstext notwendigerweise unzulänglich ist, schon für die Reichsverfassung von 1871 erhoben.[24] Die methodischen Grundlagen ungeschriebenen Verfassungsrechts sind heute gleichwohl nicht vollständig geklärt. Es lohnt daher hier im Folgenden, die Charakteristiken ungeschriebenen Verfassungsrechts derart zu umreißen, dass eine Identifikation desselben möglich wird. Auszugehen ist dabei mit Wolff von der Strukturgleichheit[25] geschriebenen und ungeschriebenen Verfassungsrechts: Verfassungsrecht – geschriebenes wie ungeschriebenes – zeichnet sich durch seine normhierarchische Vorrangwirkung gegenüber sonstigem Recht aus. Das seinen Verfassungsrang von der Rechtsquelle her erlangende ungeschriebene Verfassungsrecht ist damit von gleicher Bindungswirkung und Geltungskraft wie das Recht der geschriebenen Verfassung.[26]

---

21 Das Verbot ungeschriebenen verfassungstextwidrigen Verfassungsrechts darf jedoch nicht in der Weise missverstanden werden, dass ungeschriebenes Verfassungsrecht bei der Verfassungsanwendung stets hinter geschriebenem Verfassungsrecht zurückzutreten hätte. Einmal verfassungsmethodisch überzeugend begründet ist ungeschriebenes Verfassungsrecht vom selben normativen Rang „Verfassungsrecht" wie das geschriebene Recht, weil es nur eine Ebene „Verfassungsrecht" gibt. Dazu unten Kap. 2 Fn. 26.

22 Gegen die Existenz ungeschriebenen Verfassungsrechts contra constitutionem *Stern*, Staatsrecht I, 1984, S. 111 ff.; *Hesse*, Grundzüge des Verfassungsrechts, 1995, S. 14; *Badura*, in: HStR XII, 2014, S. 591 (595–596); *Kunig*, Das Rechtsstaatsprinzip, 1986, S. 85 ff.: „folgt bereits aus der Existenz einer geschriebenen Verfassung", ebd. S. 100; *Hoffmann*, in: Festschrift für Wolf, 1985, S. 183 (197); *Reimer*, Verfassungsprinzipien, 2001, S. 117. Für die Möglichkeit Verfassungsgewohnheitsrecht contra legem anzuerkennen *Scheuner*, VVDStRL 10 (1951), S. 46 (47–49) (Ausspr.).

23 Zu den geschichtlichen Einzelheiten ausführlich *H. A. Wolff*, Ungeschriebenes Verfassungsrecht unter dem Grundgesetz, 2000, S. 18 ff. Schon in BVerfGE 1, 14 (15) und BVerfGE 2, 380 (403) wurde diese Möglichkeit auch vom BVerfG anerkannt: „Das Verfassungsrecht besteht nicht nur aus den einzelnen Sätzen der geschriebenen Verfassung." Nach *Reimer*, Verfassungsprinzipien, 2001, S. 112 steht weder der Grundsatz der Normenklarheit noch das Textänderungsgebot aus Art. 79 Abs. 1 Satz 1 GG der Anerkennung ungeschriebenen Verfassungsrechts entgegen. Übereinstimmend für die Anerkennung ungeschriebenen Verfassungsrechts *Hesse*, Grundzüge des Verfassungsrechts, 1995, S. 14; *Stern*, Staatsrecht I, 1984, S. 111 ff.; *Badura*, in: HStR XII, 2014, S. 591 (596).

24 *Smend*, in: Festgabe für Otto Mayer, 1916, S. 245 (266) im Kontext eines Prinzips der Bundestreue zu den Pflichten der Einzelstaaten gegenüber dem Reich: „[D]as wäre in Verfassungsartikeln kaum auszudrücken, und wenn es geschehen wäre, würde die sorgfältigste und bestüberlegte Fassung im Einzelfall mehr schaden als nützen".

25 *H. A. Wolff*, Ungeschriebenes Verfassungsrecht unter dem Grundgesetz, 2000, S. 129 ff., 290 ff., 319 ff. unter maßgeblichem Bezug auf *Böckenförde*, VVDStRL 39 (1981), S. 172 ff.; *Grabitz*, VVDStRL 39 (1981), S. 197 ff.

26 Auf der verfassungsrechtlichen Normebene ist indes nicht von einer hierarchischen Stufung, sondern von der abstrakten Gleichrangigkeit des Verfassungsrechts aus-

Auch bei ungeschriebenem Verfassungsrecht muss es sich deshalb notwendigerweise um positives Recht handeln. Es ist daher zum einen vom überpositiven Recht, etwa dem Naturrecht, abzugrenzen, das, soweit es nicht durch eine Entscheidung des Verfassungsgebers positiviert ist, grundsätzlich[27] kein Teil des Verfassungsrechts ist.[28] Zum anderen ist es von lediglich faktischen Erschei-

---

zugehen. Auch das BVerfG geht in ständiger Rechtsprechung von diesem Grundsatz aus: „[A]uf der Ebene der Verfassung selbst [sind] ranghöhere und rangniedere Normen in dem Sinne, dass sie aneinander gemessen werden könnten, grundsätzlich nicht denkbar" BVerfGE 142, 25 (66); BVerfGE 4, 294 (296); BVerfGE 3, 225 (231 f.). Dabei stützt das Gericht sich auf den Grundsatz der Einheit der Verfassung, der seit BVerfGE 1, 14 (32) in der Rechtsprechung des Gerichts anerkannt ist. Insoweit grundlegend *Müller*, Die Einheit der Verfassung – Kritik des juristischen Holismus, 2007, S. 85 ff. In der Literatur wird diese Interpretation mit dem Argument bestritten, dass Art. 79 Abs. 3 GG eine hierarchische Ordnung begründe. So etwa *Schulz*, Änderungsfeste Grundrechte, 2008, S. 661; *Unger*, Das Verfassungsprinzip der Demokratie, 2008, S. 193 ff.; *Hornung*, Grundrechtsinnovationen, 2015, S. 408. Auch bei *Reimer*, Verfassungsprinzipien, 2001, S. 296 ff., 453, 456 klingt diese Sichtweise an. Trotz der teilweise berechtigten Kritik am Begriff der „Einheit der Verfassung" etwa bei *Reimer*, ebd. S. 103 ff. ist der Revisionssperrklausel keine generelle formell-hierarchische Stufung des Verfassungsrechts zu entnehmen. Hiervon abweichend folgert *Unger*, Das Verfassungsprinzip der Demokratie, 2008, S. 193 ff. aus Art. 79 Abs. 3 GG eine binnenstrukturelle Rangverschiedenheit des Verfassungsrechts, weil Art. 79 Abs. 3 GG nicht nur den verfassungsändernden Gesetzgeber binde, sondern einfaches Verfassungsrecht insgesamt „im Lichte der durch Art. 79 Abs. 3 GG in Bezug genommenen Verfassungsgehalte" ausgelegt werden müsse, ebd. S. 201. Zwar ist *Unger* zuzugeben, dass eine Ausstrahlungswirkung von Art. 79 Abs. 3 GG bei der Verfassungsauslegung nicht von vornherein ausscheidet, eine formelle Vorrangwirkung folgt aus dieser Vorschrift jedoch nicht. Dafür spricht auch der Verfassungswortlaut, dem eine solche Hierarchie nicht zu entnehmen ist, weil er nur an den verfassungsändernden Gesetzgeber adressiert ist. Überdies würde die Verfassungsanwendung durch *Ungers* wortlautfremde Annahme einer „Dreidimensionalität des grundgesetzlichen Verfassungssystems", ebd. S. 202 verkompliziert. Das wird besonders beim Umgang mit ungeschriebenem Verfassungsrecht deutlich, das sich im Regelfall aus den in Art. 79 Abs. 3 GG genannten Grundsätzen speist. Stattdessen ist die in der erschwerten Abänderbarkeit zum Ausdruck kommende verfassungsnormative Beständigkeit bei der Verfassungsauslegung, -abwägung und -konkretisierung zu berücksichtigen. Übereinstimmend für einen Gleichrang *Sobota*, Das Prinzip Rechtsstaat, 1997, S. 430 ff.; *H. A. Wolff*, Ungeschriebenes Verfassungsrecht unter dem Grundgesetz, 2000, S. 288 ff.; *Hain*, Die Grundsätze des Grundgesetzes, 1999, S. 55, 74 ff.; *Kloepfer*, in: BK-GG, Stand Dezember 2023, Art. 20a Rn. 60; *Scholz*, in: D/H/S-GG, Stand August 2023, Art. 20a Rn. 42; *Sachs*, in: ders.-GG, 2021, Art. 79 Rn. 28.

[27] Wobei man einem überhöhtem Positivismus mit einer Ausnahme im Sinne der *Radbruchschen* Formel entgegentreten muss. Dazu schon Kap. 2 Fn. 7.

[28] *Stern*, Staatsrecht I, 1984, S. 109: „*Verfassungsrecht hat positiviertes Recht zu sein*" (Hervorhebung im Original); *Kunig*, Das Rechtsstaatsprinzip, 1986, S. 109; *Beaucamp*, DÖV 2013, S. 41 (42–43). *H. A. Wolff*, Ungeschriebenes Verfassungsrecht unter dem Grundgesetz, 2000, S. 129 ff. stellt auf den Gedanken ab, dass es nur einen normativen Rang „Verfassungsrecht" gebe, weswegen das Naturrecht als überpositives Recht nicht Teil des Verfassungsrecht sein könne. Zur These der Gleichrangigkeit unten Kap. 2 Fn. 25.

nungen[29] wie der Verfassungswirklichkeit oder (verfassungs-)juristisch bindungsloser tatsächlicher Übung, beispielsweise den Konventionalregeln[30], zu unterscheiden.

Als problematischer hingegen erweist sich eine weitere Grenzziehung: So ist der Verfassungstext an vielen Stellen bewusst lakonisch und zurückhaltend formuliert,[31] was eine Verfassungsauslegung erforderlich macht, ohne dass es sich bei dieser durch den Verfassungsgeber vorausgesetzten Ausfüllung der Konkretisierungsbedürftigkeit sofort um die Begründung und Anwendung ungeschriebenen Rechts handeln würde. Wenn man von einer strukturellen Gleichartigkeit geschriebenen und ungeschriebenen Verfassungsrechts ausgeht, liegt es nahe, den Unterschied zwischen ungeschriebenem Verfassungsrecht und dem (gleichfalls über den Verfassungstext hinausgehenden) Ergebnis der interpretativen Verfassungskonkretisierung mit Wolff in der unterschiedlichen Bindungswirkung[32] zu sehen. Das Ergebnis methodisch beanstandungsfreier Verfassungsinterpretation nimmt – ähnlich wie ungeschriebenes Verfassungsrecht – zwar an der verfassungsnormativen Geltungskraft ihrer Ursprungsnorm teil[33], ist aber von geringerer Bestandskraft als (ungeschriebenes) Verfassungsrecht. Auf diese Weise lässt sich erklären, weshalb es ungeschriebene Verfassungsnormen gibt, die das geschriebene Recht dauerhaft ergänzen, im Wege der Verfassungsinterpretation gewonnene Normkonkretisierungen gleichzeitig aber potentiell einer Rechtsprechungsänderung unterliegen können.[34]

---

[29] So schon *Scheuner*, VVDStRL 10 (1951), S. 46 (Ausspr.); *Isensee*, in: HStR XII, 2014, S. 483 (524–525); *Unger*, Das Verfassungsprinzip der Demokratie, 2008, S. 48–50.

[30] Zu dieser Erscheinung aus dem englischen Rechtskreis schon *Stammler*, Lehrbuch der Rechtsphilosophie, 1928, S. 80 ff.

[31] Dazu schon Kap. 2 Fn. 15 sowie unten Kap. 2 bei Fn. 115 ff.

[32] Die unterschiedliche Bindungswirkung äußert sich nach *H. A. Wolff*, Ungeschriebenes Verfassungsrecht unter dem Grundgesetz, 2000, S. 294 ff., 459 insbesondere darin, dass das Resultat von Verfassungskonkretisierung durch eine einfache Rechtsprechungsänderung beseitigt oder abgeändert werden kann. Anknüpfungspunkt der unterschiedlichen Bindungswirkung kann bei ungeschriebenem Verfassungsrecht allerdings logischerweise nicht der (inexistente) Normtext sein, sondern die Norm selbst *H. A. Wolff*, Ungeschriebenes Verfassungsrecht unter dem Grundgesetz, 2000, S. 302. Umso mehr bedarf es einer klaren Identifikation des Normgehalts.

[33] „Solange eine Interpretation ‚gilt', wird sie so behandelt, als wenn ihr Wortlaut in der interpretierten Rechtsnorm stünde. […] Auslegungen, Interpretationen und Konkretisierungen des Grundgesetzes […] besitzen jeweils Verfassungsrang." *H. A. Wolff*, Ungeschriebenes Verfassungsrecht unter dem Grundgesetz, 2000, S. 297, 318; *Böckenförde*, Der Staat 29 (1990), S. 1 (29).

[34] Dazu *H. A. Wolff*, Ungeschriebenes Verfassungsrecht unter dem Grundgesetz, 2000, S. 294 ff.; *Volkmann*, JZ 2018, S. 265, S. 268 ff.

III. Das methodische Spannungsverhältnis zwischen Verfassungsinterpretation und Verfassungsfortbildung

Dies wirft die in Literatur und der Rechtsprechung des Bundesverfassungsgerichts nicht hinreichend beachtete Frage nach einer Differenzierung auf. Die Notwendigkeit, möglichst klar zwischen Verfassungsfortbildung und Verfassungskonkretisierung zu trennen resultiert aus der Gefahr, ungeschriebenes Verfassungsrecht durch die Vermischung mit im Wege von Verfassungskonkretisierung gewonnenen Gehalten seiner verfassungsimmanenten Beständigkeit zu berauben. Das Risiko der Verfassungsverfälschung geht hier in beide Richtungen: Sowohl darf eine lediglich im Wege der Interpretation gewonnene Verfassungsaussage nicht mit dem beständigeren Gehalt einer ungeschriebenen Verfassungsnorm gleichgesetzt werden, ebenso wenig wie eine ungeschriebene Verfassungsnorm durch die fälschliche Behandlung als Ergebnis konkretisierender Verfassungsanwendung der leichteren Beseitigung preisgegeben werden darf. In der Praxis wird die Abgrenzung dadurch erschwert, dass das Bundesverfassungsgericht gleichzeitig zur Verfassungskonkretisierung und zur Identifikation ungeschriebenen Verfassungsrechts berufen ist.[35] Während die Abgrenzung im Schrifttum zunächst anhand der Wortsinngrenze[36] getroffen wurde,[37] scheint diese Differenzierung nunmehr an der gewählten Methode festgemacht zu werden.[38] Nachfolgend sei zunächst der Stand der Diskussion um die Methode zur Verfassungsinterpretation und -konkretisierung in gebotener Kürze skizziert.

[35] Vgl. *Reimer*, Verfassungsprinzipien, 2001, S. 395.

[36] Für *Larenz/Canaris*, Methodenlehre der Rechtswissenschaft, 1995, S. 187–190 wird die Grenze zwischen Gesetzesauslegung und Rechtsfortbildung, die sie beide als „verschiedene Stufen desselben gedanklichen Verfahrens“ betrachten, durch den Wortsinn markiert. Weiter unterscheiden sie zwischen gesetzesimmanenter und gesetzesübersteigender Rechtsfortbildung. Bei Ersterer würde zwar die Grenze des Wortsinns, nicht aber die Teleologie des Gesetzes überstiegen, wohingegen gesetzesübersteigende Rechtsfortbildung auch teleologisch über den Ursprungsgedanken hinausgehe. Neben der Ungeeignetheit des Kriteriums des Wortsinns, lässt sich diese Unterscheidung auch nicht sinnvoll auf das Verfassungsrecht übertragen, weil der Wortsinn im Verfassungsrecht einen anderen Stellenwert hat als im einfachen Recht.

[37] So etwa *Hesse*, Grundzüge des Verfassungsrechts, 1995, S. 29–30; *Larenz/Canaris*, Methodenlehre der Rechtswissenschaft, 1995, S. 141 ff., 187; kritisch aber im Ergebnis an der Unterscheidung festhaltend *Kunig*, Das Rechtsstaatsprinzip, 1986, S. 53 ff.

[38] *H. A. Wolff*, Ungeschriebenes Verfassungsrecht unter dem Grundgesetz, 2000, S. 243; *Reimer*, Juristische Methodenlehre, 2020, S. 253; *Kunig*, Das Rechtsstaatsprinzip, 1986, S. 109. So ist von ungeschriebenem Verfassungsrecht dann auszugehen, wenn sich der in Rede stehende Verfassungsgehalt nicht mehr mit den Methoden der Verfassungsauslegung begründen lässt, sondern auf Methoden der Rechtsgewinnung – insbesondere Analogie und Induktion – zurückgegriffen werden muss.

Interpretation ist die „Inhalts- und Sinnermittlung von etwas Vorgegebenem".[39] Verfassungsinterpretation bezeichnet dementsprechend das von der Bestrebung nach Rationalität getragene Bemühen, mithilfe anerkannter Methoden Sinn und Inhalt von Verfassung und Verfassungsnormen zu ermitteln.[40] Daneben ist in das verfassungsrechtliche Schrifttum der Begriff der „Verfassungskonkretisierung" mit Verweis auf die besondere Konkretisierungsbedürftigkeit der Verfassung eingeführt worden.[41] Ohne die Debatte um die verschiedenen Konkretisierungsbegriffe[42] in Gänze aufzugreifen, rankt sich die Diskussion im Wesentlichen um die Frage, ob die Besonderheiten der Verfassungsauslegung gegenüber sonstiger Gesetzesauslegung den methodischen Sonderfall der Verfassungskonkretisierung erforderlich machen. Einigkeit scheint darüber zu bestehen, dass die Verfassung – wie auch nach dem hier zugrunde gelegten Verfassungsverständnis – als Rechtsnormgefüge zunächst mit den allgemeinen juristischen Methoden auszulegen ist.[43] Ebenfalls anerkannt ist, dass die Besonderheiten der Verfassung[44] dazu führen, dass der juristische Auslegungskanon von einigen verfassungsspezi-

---

[39] *Böckenförde*, Der Staat 29 (1990), S. 1 (22), der die Interpretation allerdings in Abgrenzung zur Konkretisierung definiert.

[40] Die Definition ist an *Reimer*, Verfassungsprinzipien, 2001, S. 123 angelehnt, unterscheidet sich jedoch unter anderem dadurch, dass sie den Rückgriff auf anerkannte Methodik fordert, um dem Rationalisierungsbedürfnis gerecht zu werden. Zur Methodenbindung bei der Verfassungskonkretisierung *Reimer*, Verfassungsprinzipien, 2001, S. 472–473.

[41] Bei *H. A. Wolff*, Ungeschriebenes Verfassungsrecht unter dem Grundgesetz, 2000, S. 162 ff. findet sich die Diskussion mit zahlreichen Nachweisen skizziert. In der Folge seiner Untersuchung kritisiert er ebd. S. 170 ff. die Lehre der Verfassungskonkretisierung, um darauf aufmerksam zu machen, dass die als Konkretisierung verstandene extensive Interpretation des geschriebenen Verfassungsrechts zu einer „Akzentverschiebung" zulasten des ungeschriebenen Verfassungsrechts geführt habe. Seiner Kritik ist jedenfalls insoweit zuzustimmen, dass Rechtsprechung und Literatur oftmals die erforderliche Präzision vermissen lassen, wenn nicht klar zwischen konkretisierten Verfassungsaussagen und ungeschriebenem Verfassungsrecht differenziert wird.

[42] Die inhaltliche Bestimmung und die Folgen der Konkretisierung ist jeweils stark von der sonstigen Positionierung der Autoren geprägt, weshalb eine Wiedergabe der verschiedenen Begriffe wenig fruchtbar erscheint. Dazu *H. A. Wolff*, Ungeschriebenes Verfassungsrecht unter dem Grundgesetz, 2000, S. 163. So diskutiert etwa *Böckenförde*, Der Staat 29 (1990), S. 1 (22, 30 ff.) die Konkretisierung im Kontext seiner Konzeption der Verfassung als einer Rahmenordnung. *Volkmann*, Grundzüge einer Verfassungslehre der Bundesrepublik Deutschland, 2013, S. 140 fasst den Begriff der Konkretisierung so zusammen, dass selbige es ermögliche, Verfassungsnormen mit einem Sinn anzureichern, „den sie aus sich heraus nicht haben", sie also schöpferisch fortzuentwickeln.

[43] *Stern*, Staatsrecht I, 1984, S. 123 ff.; *Starck*, in: HStR XII, 2014, S. 613 (624); *Kloepfer*, Verfassungsrecht I, 2011, S. 27; *Sachs*, in: ders.-GG, 2021, Einl. Rn. 38; *Herdegen*, JZ 2004, S. 873 (875 ff.); *Nowrot*, Das Republikprinzip in der Rechtsordnungengemeinschaft, 2014, S. 184 ff.

[44] Insbesondere *Forsthoff*, Zur Problematik der Verfassungsauslegung, 1961, S. 39 vertrat hingegen die Ansicht, dass die Verfassung nicht anders als die übrigen Gesetze auszulegen sei.

fischen Auslegungsgrundsätzen flankiert wird,[45] welche teilweise auch lediglich als Ausprägungen der systematischen Auslegung[46] oder allgemein als „Akzentuierungen" der hergebrachten Auslegungsmethoden[47] begriffen werden. Obwohl einige der spezifischen Auslegungsmaximen weitgehende Zustimmung gefunden haben, lässt sich nicht von einer gefestigten Auslegungsdogmatik sprechen, weil die inhaltliche Bestimmung der Grundsätze weiterhin uneinheitlich ist.[48] Während sich häufig der Hinweis darauf findet, dass der Verfassungsauslegung nicht nur durch den Verfassungswortlaut, sondern gleichfalls durch den auch im Regelungsstil der Verfassung zum Ausdruck kommenden Charakter der Verfassung als Rahmenordnung[49] Grenzen gesetzt werde,[50] variiert die genaue Bedeutung und Gewichtung der allgemeinen juristischen Auslegungsmethoden.[51] Dies dürfte jedoch zu keinen größeren Problemen mehr führen, weil die Normen und Begriffe der Verfassung durch Verfassungsrechtsprechung und -wissenschaft inzwischen einer weitgehend konsentierten Auslegung zugeführt worden sind.[52] Soweit es

---

45 Zu den einzelnen methodischen Grundsätzen etwa *Hesse*, Grundzüge des Verfassungsrechts, 1995, S. 26 ff.; *Stern*, Staatsrecht I, 1984, S. 131 ff.; *Kloepfer*, Verfassungsrecht I, 2011, 31 ff. Auf die „Besonderheiten des Verfassungsrechts" hinweisend auch *Morlok/Michael*, Staatsorganisationsrecht, 2023, S. 61. Zu den bedeutsamen Positionen von *Forsthoff*, *Hollerbach*, *Ehmke* und *Müller* in der staatsrechtlichen Methodendiskussion *Koch*, Seminar „Die juristische Methode im Staatsrecht", 1977, S. 120 ff. Zum Ganzen übersichtlich *Böckenförde*, NJW 1976, S. 2089 (2090 ff.).

46 So verortet *Herdegen*, JZ 2004, S. 873 (876) die in diesem Zusammenhang häufig genannten Grundsätze von der „Einheit der Verfassung" (*Müller*) und der „praktischen Konkordanz" (*Hesse*) als „Ausprägungen" der systematischen Auslegung. Übereinstimmend *Starck*, in: HStR XII, 2014, S. 613 (625).

47 So *Sachs*, in: ders.-GG, 2021, Einl. Rn. 46.

48 Das gilt etwa für die „Einheit der Verfassung", die sich etwa von *Reimer*, Verfassungsprinzipien, 2001, S. 103 ff. in Teilen berechtigter Kritik ausgesetzt sieht. In der Tat legt die Bezeichnung der Verfassung als „Einheit" den fälschlichen Schluss nahe, die Verfassung sei gänzlich spannungsfrei. Wie später noch festgestellt wird, basiert die grundgesetzliche Regelungssystematik jedoch geradezu auf internen Spannungen. Wenn man also von der „Einheit der Verfassung" sprechen will, sollte man dies im Sinne von *Stern*, Staatsrecht I, 1984, S. 131 ff. tun, der in diesem Zusammenhang betont, dass die Einheit der Verfassung durch die konkordante Auflösung der der Verfassungsordnung immanenten Spannungslagen bewirkt werden müsse.

49 Vgl. etwa *Böckenförde*, NJW 1976, S. 2089 (2099).

50 Übereinstimmend *Hesse*, Grundzüge des Verfassungsrechts, 1995, S. 13; *Reimer*, Verfassungsprinzipien, 2001, S. 486, 107; *Kloepfer*, Verfassungsrecht I, 2011, S. 26–27; *Starck*, in: HStR XII, 2014, S. 613 (634).

51 *Stern*, Staatsrecht I, 1984, S. 125 etwa will die Auslegungsmethoden in einer „Stufenfolge" anwenden, wohingegen *Starck*, in: HStR XII, 2014, S. 613 (627) vom „Gleichrang" ausgeht. In Verfassungsrechtsprechung und Literatur etwa wird der historischen Auslegung bei der Bestimmung von Kompetenzen entscheidende Bedeutung eingeräumt. So hinsichtlich der Gesetzgebungskompetenzen BVerfGE 61, 149 (175); allgemein bei grundgesetzlichen Kompetenznormen *Starck*, in: HStR XII, 2014, S. 613 (654).

52 So *Bryde*, in: Juristische Methodenlehre aus dem Geist der Praxis?, 2016, S. 107 (112–114), der hierin den Grund dafür sieht, dass bundesverfassungsgerichtliche Entscheidungen ihren Schwerpunkt häufig auf Ebene der Abwägung hätten.

im Folgenden dennoch auf die Unterschiede ankommen sollte, wird hierauf gesondert Bezug zu nehmen sein. Wenn hier und in der Folge von Verfassungskonkretisierung gesprochen wird, so ist damit jedenfalls die Interpretation[53] besonders abstrakter Verfassungsaussagen gemeint, die im angedeuteten Spannungsverhältnis zum ungeschriebenen Verfassungsrecht steht: Verfassungskonkretisierung ist nach dem hiesigen Verständnis keine methodisch eigenständige Kategorie, sondern höchstens ein Unterfall der Verfassungsauslegung.[54]

Obwohl eine genauere Betrachtung der Methode der Verfassungsfortbildung, erst nach der Definition des Verfassungsprinzips erfolgen soll, sei an dieser Stelle bemerkt, dass sich die gemeinhin an der Methode getroffene Unterscheidung zwischen (konkretisierender) Verfassungsinterpretation und Verfassungsfortbildung in der Praxis nicht trennscharf ziehen lässt.[55] Bereits die Abwesenheit eines methodischen Generalkonsenses bei der Verfassungsinterpretation kann als Indiz dafür gewertet werden, dass die im Schrifttum bisweilen auf das methodische Verfahren (Verfassungsinterpretation oder Verfassungsfortbildung) gestützte Differenzierung zur Unterscheidung des Ergebnis des jeweiligen Verfahrens – also die Unterscheidung zwischen einer im Wege der Verfassungsinterpretation gewonnenen Verfassungsaussage und ungeschriebenem Verfassungsrecht – alleine nicht von hinreichender Trennschärfe sein dürfte. Denn auch bei der Verfassungsfortbildung erfolgt zumindest intuitiv ein Rückgriff auf die Methoden der Verfassungsinterpretation.[56]

B. Das Verfassungsprinzip als Rechtsnorm der Verfassung

I. Definition des Verfassungsprinzips

Die Terminologie der grundlegenden Normen objektiven Verfassungsrechts ist alles andere als einheitlich. So wird unter anderem von „Verfassungsgrundsät-

---

53 Im Falle der Verfassungskonkretisierung durch Gesetz umfasst dieser Konkretisierungsbegriff den dem Rechtsetzungsakt vorgelagerten Auslegungsvorgang, der auf die Ermittlung der verfassungsrechtlichen Anforderungen an das konkretisierende Gesetz gerichtet ist. Nach *Jestaedt*, Grundrechtsentfaltung im Gesetz, 1999, S. 320ff. sei die Ebene der Rechtserkenntnis dabei „peinlich genau“ (ebd. S. 324) von der Ebene der Rechtsetzung zu trennen.

54 Dafür spricht insbesondere, dass so bereits der Anschein vermieden wird, es handele sich bei der konkretisierenden Verfassungsinterpretation um methodenfreie schöpferische Fortentwicklung der Verfassung. Verfassungskonkretisierung hat sich zur Wahrung der originären Verfassungsnormativität stets innerhalb der Grenzen des methodisch Begründbaren zu bewegen. Übereinstimmend die Verfassungskonkretisierung als Unterfall der Verfassungsinterpretation begreifend *Reimer*, Verfassungsprinzipien, 2001, S. 125, der ebd. S. 458ff. eine methodische Annäherung zur Konkretisierung von Verfassungsprinzipien erarbeitet hat.

55 So im Ergebnis auch *Starck*, in: HStR XII, 2014, S. 613 (634); *Reimer*, Juristische Methodenlehre, 2020, S. 252; *H. A. Wolff*, Ungeschriebenes Verfassungsrecht unter dem Grundgesetz, 2000, S. 457.

56 Zu den Abgrenzungskriterien unten Kap. 2 bei Fn. 206ff.

ze[n]“[57], „Strukturprinzipien“[58] oder Fundamentalnormen[59] gesprochen.[60] Obgleich er dem Verfassungstext fremd ist, hat der Terminus „Verfassungsprinzip“ – wohl auch beflügelt durch die rechtstheoretische Prinzipiendiskussion – Zulauf im Schrifttum erhalten.[61] Die Bezeichnungsweise ist im Einzelnen aber immer noch uneinheitlich. Auch in der Terminologie des Bundesverfassungsgerichts[62] lässt sich keine klare begriffliche Linie feststellen.[63] Im Folgenden wird hier von der Vorzugswürdigkeit[64] des Begriffs „Verfassungsprinzip“ ausgegangen. Die Festlegung auf eine Terminologie macht eine Definition indes nicht entbehrlich.

Im Ausgangspunkt ist hierbei festzustellen, dass die Theoretisierung grundlegender Verfassungsnormen stets durch die Diskussion um Rechtsprinzipien und (allgemeine) Rechtsgrundsätze im rechtstheoretischen Schrifttum beeinflusst war. Hierbei kamen zentrale Forschungsbeiträge auch von Autoren aus dem zivilrechtlichen Spektrum. Vor der Definition des Verfassungsprinzips soll deshalb ein ein-

---

[57] So schon in der Überschrift zur Kommentierung von Art. 20 GG: *Sachs*, in: ders.-GG, 2021, Art. 20; *Krüger*, in: Festschrift für Forsthoff, 1972, S. 187 ff. Zur Terminologie auch *Hain*, Die Grundsätze des Grundgesetzes, 1999, S. 82 ff.

[58] *Stern*, Staatsrecht I, 1984, S. 551.

[59] Der Begriff Fundamentalnorm ist an die „Staatsfundamentalnorm“ bei *Nawiasky*, Allgemeine Rechtslehre, 1948, S. 31–36 angelehnt. Er verstand unter der Staatsfundamentalnorm ähnlich *Kelsens* Grundnorm eine Entstehungsnorm, der die Verfassungsordnung zugrunde liege und der auch inhaltliche Vorgaben zu entnehmen seien. Übereinstimmend zur begrifflichen Nähe *Stern*, Staatsrecht I, 1984, S. 104; *Reimer*, Verfassungsprinzipien, 2001, S. 271. In der Literatur wird der Begriff „Fundamentalnorm“ häufig in Bezug auf die Menschenwürde verwandt. So etwa bei *Kersten*, Das Klonen von Menschen, 2004, S. 385 oder bei *Härtel*, LKV 2019, S. 49 (51).

[60] Ein Überblick findet sich etwa bei *Contiades*, Verfassungsgesetzliche Staatsstrukturbestimmungen, 1967, S. 66–68; vgl. auch *Nowrot*, Das Republikprinzip in der Rechtsordnungengemeinschaft, 2014, S. 70–71.

[61] Grundlegend *Reimer*, Verfassungsprinzipien, 2001, S. 24 ff., 146 ff., 228 ff. Auch *Scheuner*, in: Festschrift für Forsthoff, 1972, S. 325 (336) und *Dreier*, in: ders.-GG, 2015, Art. 20 (Einf.) Rn. 12 halten den Begriff für vorzugswürdig. Der Sache nach auch *Hain*, Die Grundsätze des Grundgesetzes, 1999, S. 95 ff., der seiner Untersuchung zu den „Grundsätzen“ des Art. 79 Abs. 3 GG ein umfangreiches prinzipientheoretisches Kapitel widmet.

[62] In der Entscheidungssammlung des BVerfG taucht der Terminus „Verfassungsprinzip“ erstmals in einer Entscheidung aus dem Jahr 1956 in den Ausführungen des Gerichts auf. In BVerfGE 4, 387 (400) verwendet das Gericht den Begriff mit Bezug auf die Gewaltenteilung. Sowohl davor als auch danach spricht das Gericht jedoch wieder vom „Grundsatz der Gewaltenteilung“, so beispielhaft BVerfGE 1, 184 (198) oder BVerfGE 7, 183 (187). In letzterer Entscheidung nennt das Gericht die Gewaltenteilung wohl im Interesse stilistischer Variation in einem Absatz „Grundsatz“ und „Prinzip“, was die allgemein vorherrschende terminologische Volatilität illustriert.

[63] So hinsichtlich des Rechtsstaatsprinzips als „allgemeiner Verfassungsgrundsatz“ *Kunig*, Das Rechtsstaatsprinzip, 1986, S. 85 ff. Zur Verwendung des Begriffs der Verfassungsprinzipien in der bundesverfassungsgerichtlichen Judikatur auch *Reimer*, Verfassungsprinzipien, 2001, S. 26 ff., der die heterogene Wortverwendung kritisiert.

[64] Zu den Vorzügen vor allem im Vergleich zum „Grundsatz“ *Reimer*, Verfassungsprinzipien, 2001, S. 233 ff.

ordnender Überblick über die rechtstheoretischen Prinzipienmerkmale gegeben werden.

1. Definitionsansätze aus der rechtstheoretischen Prinzipiendiskussion

Während das Rechtsprinzip oder der Rechtsgrundsatz zuerst gegenüber der Rechtsnorm abgegrenzt wurde,[65] charakterisierte man Prinzipien in schrittweiser Anerkennung ihres Normcharakters danach vor allem durch ihre fehlende normative Geltungsunmittelbarkeit.[66] Sie wären zwar Bestandteil des positiven Rechts, ließen jedoch den Charakter eines „materiellen Rechtssatz[es]“[67] vermissen und stellten lediglich „leitende Gedanken“[68] oder „Anfangsgründe“[69] einer Regelung dar, die induktiv durch „das Zurück-Gehen von einer Regelung auf den ihr zugrundeliegenden Regelungsgedanken“ gewonnen werden könnten.[70] Daneben wurden Prinzipien häufig auch durch ihre inhaltliche Generalität[71] und damit zusammenhängend durch die Indefinität ihrer Folgen[72] charakterisiert. Heute jedoch wird gemeinhin von Rechtsregeln und Rechtsprinzipien als zwei verschiedenen Normtypen gesprochen.[73] Anknüpfend an die dem anglo-amerikanischen

---

[65] Vgl. schon den Titel bei *Esser*, Grundsatz und Norm in der richterlichen Fortbildung des Privatrechts, 1964.

[66] Zum Ganzen *Alexy*, Theorie der Grundrechte, 1986, S. 71 ff.

[67] *Esser*, Grundsatz und Norm in der richterlichen Fortbildung des Privatrechts, 1964, S. 73.

[68] *Larenz*, Richtiges Recht, 1979, S. 23.

[69] *Larenz*, Richtiges Recht, 1979, S. 26.

[70] *Larenz*, Richtiges Recht, 1979, S. 26.

[71] Hierauf als Prinzipienmerkmal abstellend schon *Pound*, An Introduction to the Philosophy of Law, 1954, S. 56; *Raz*, The Yale Law Journal 81 (1972), S. 823 (838); *Penski*, JZ 1989, S. 105; *Reimer*, Verfassungsprinzipien, 2001, S. 181; *Poscher*, RW 1 (2010), S. 349 (371). Die inhaltliche Generalität ist erstens von der Generalität im Sinne der Allgemeinheit des Normadressatenkreises zu unterscheiden, *Alexy*, Theorie der Grundrechte, 1986, S. 73. Zu diesem Kriterium neben *Alexy*, ebd. kritisch auch *Esser*, Grundsatz und Norm in der richterlichen Fortbildung des Privatrechts, 1964, S. 95–96; *Larenz*, Richtiges Recht, 1979, S. 26: „Nicht der Allgemeinheitsgrad ist für das Prinzip entscheidend, sondern seine Eignung als Rechtfertigungsgrund“. Zweitens ist die inhaltliche Generalität – worauf *Reimer*, Verfassungsprinzipien, 2001, S. 172–173 hinweist – von der Abstraktionshöhe abzugrenzen, die auf die Normformulierung verweist.

[72] *Esser*, Grundsatz und Norm in der richterlichen Fortbildung des Privatrechts, 1964, S. 51 spricht von „Bestimmbarkeit der Anwendungsfälle“ als Charakteristikum der Rechtsregel gegenüber dem (noch nicht normativ verstandenen) Rechtsprinzip. Bei *Larenz*, Richtiges Recht, 1979, S. 24 ist die Rede hinsichtlich der (positiven) rechtsprinzipiellen Lenkungsfunktion von einer „Komponente relativer Unbestimmtheit“. Übereinstimmend *Reimer*, Verfassungsprinzipien, 2001, S. 172.

[73] Vgl. nur *Pound*, An Introduction to the Philosophy of Law, 1954, S. 56; *Dworkin*, Taking Rights Seriously, 1977, S. 22 ff., 71 ff. Grundlegend für die deutsche Diskussion *Esser*, Grundsatz und Norm in der richterlichen Fortbildung des Privatrechts, 1964, *Larenz*, Richtiges Recht, 1979, S. 23 ff.; *Alexy*, Theorie der Grundrechte, 1986, S. 71 ff.;

Rechtskreis entstammende nunmehr übliche Bestimmung von Rechtsprinzipien in Abgrenzung zur Rechtsregel[74] sowie in Ansehung der Struktur von Abwägungsentscheidungen des Bundesverfassungsgerichts hat Robert Alexy in seiner „Theorie der Grundrechte" bekanntlich die polarisierende[75] Definition des Prinzips als Optimierungsgebot vorgeschlagen.[76] Im Gegensatz zu den definitiven Regelgeboten enthielten Prinzipien nur *„prima facie-Gebote"*.[77] Prinzipien sei ein Gebot nämlich nur dahin gehend zu entnehmen, dass „etwas relativ auf die rechtlichen und tatsächlichen Möglichkeiten in möglichst hohem Maße realisiert wird".[78] Der Unterschied zwischen Regeln und Prinzipien[79] werde an ihrem unterschiedlichen Kollisionsverhalten deutlich.[80] Während man zwei miteinander unvereinbare Regeln nur damit in Ausgleich bringen könne, eine Regel auf Geltungsebene für unanwendbar zu erklären oder in eine von beiden eine Ausnahmeklausel einzufügen, spielten sich Prinzipienkollisionen in der Dimension des Gewichts ab. Anders als beim Regelkonflikt sei die Prinzipienkollision stets nur un-

---

Penski, JZ 1989, S. 105 ff. Vgl. auch *Sieckmann*, Regelmodelle und Prinzipienmodelle des Rechtssystems, 1990, S. 52 ff.; *Borowski*, Grundrechte als Prinzipien, 2018, S. 101 ff.; *Hain*, Die Grundsätze des Grundgesetzes, 1999, S. 95 ff.; *Schilling*, Rang und Geltung von Normen in gestuften Rechtsordnungen, 1994, S. 85 ff.; *Volkmann*, Grundzüge einer Verfassungslehre der Bundesrepublik Deutschland, 2013, S. 110 ff. Kritisch gegenüber der dualen Einteilung in Regeln und Prinzipien etwa *Poscher*, Grundrechte als Abwehrrechte, 2003, S. 77 ff.; ders., RW 1 (2010), S. 349 (351 ff.); *Jestaedt*, in: Festschrift für Josef Isensee, 2007, S. 253 (272 ff.).

[74] *Dworkin*, Taking Rights Seriously, 1977, S. 22 ff. wies auf den logischen Unterschied zwischen Regeln und Prinzipien (rules and principles) hin, welchen er in ihrem unterschiedlichen Weisungs- oder Festsetzungsgehalt ausmachte: „they [rules and principles] differ in the character of the direction they give", ebd. S. 24. Folge sei das unterschiedliche Anwendungsverhalten beider Normtypen. Regeln seien in einer „all-or-nothing fashion" (ebd. S. 24) anzuwenden, woraus für die für das Prinzip eigentümliche „dimension of weight or importance" (ebd. S. 26) folge.

[75] Zur Kritik insbesondere *Jestaedt*, in: Festschrift für Josef Isensee, 2007, S. 253 (260 ff.); *Poscher*, RW 1 (2010), S. 349 ff. Vgl. auch die Aufarbeitungen bei *Hain*, Die Grundsätze des Grundgesetzes, 1999, S. 118 ff.; *Unger*, Das Verfassungsprinzip der Demokratie, 2008, S. 123 ff.; *Hong*, Abwägungsfeste Rechte, 2019, S. 81 ff.

[76] Grundlegend *Alexy*, Theorie der Grundrechte, 1986, S. 75 ff.

[77] *Alexy*, Theorie der Grundrechte, 1986, S. 88 (Hervorhebung im Original). Der unterschiedliche prima facie-Charakter zwischen Regeln und Prinzipien im *Alexyschen* System beruht ganz maßgeblich auf der Vorarbeit *Dworkins*. Vgl. Kap. 2 Fn. 74.

[78] *Alexy*, Theorie der Grundrechte, 1986, S. 87–88.

[79] Die vertretenen Theorien zum Verhältnis von Rechtsregeln und Rechtsprinzipien lassen sich nach *Borowski*, Grundrechte als Prinzipien, 2018, S. 116 ff. in drei Gruppen systematisieren. Nach der „starken Trennungsthese", vor allem vertreten von *Alexy* und seinen Schülern, bestehe zwischen Rechtsregeln und Rechtsprinzipien ein normstruktureller Unterschied. Die „schwache Trennungsthese" nehme eine Abgrenzung anhand gradueller Kriterien, hauptsächlich dem der Generalität, vor. Die Vertreter der „Übereinstimmungsthese" gingen schließlich davon aus, dass sich keine systematischen Unterschiede zwischen Regeln und Prinzipien ausmachen ließen.

[80] *Alexy*, Theorie der Grundrechte, 1986, S. 75. Dazu auch *Borowski*, Grundrechte als Prinzipien, 2018, S. 124 ff.

ter den konkreten Umständen des Einzelfalls, dergestalt zu lösen, dass zwischen den Prinzipien in Ansehung der tatsächlichen oder rechtlichen Belange eine durch die Umstände des Einzelfalls bedingte Vorrangrelation herzustellen sei.[81] Ergebnis der Vorrangrelation sei dann das seinerseits regelförmige Kollisionsgesetz, das durch die Relativierung des Prinzips auf die (rechtlichen und tatsächlichen) Gegebenheiten des Einzelfalls festlege, welchem der abstrakt gleichwertigen Prinzipien konkret Vorrang einzuräumen wäre.[82]

2. Das Verfassungsprinzip nach der Definition *Reimers*

Vor dem Hintergrund mangelnder verfassungsdogmatischer Theoretisierung hat Reimer eine Definition des Verfassungsprinzips entwickelt, die ausdrücklich nicht[83] auf der angesprochenen Unterscheidung zwischen Rechtsregeln und Rechtsprinzipien aufbaut. Er versteht unter dem Verfassungsprinzip „eine *Zentralnorm der Verfassung ohne Rechtsfolgenvorherbestimmung*".[84]

Der Ansatz einer verfassungsautonomen Begriffsbildung losgelöst von der theoretischen Zweigliederung der Rechtsnormen in Regeln und Prinzipien vermag dabei zu überzeugen. Gleichwohl geht mit dieser Definition zwangsläufig eine Positionierung hinsichtlich der verschiedenen diskutierten Eigenschaften des Rechtsprinzips einher. So knüpft das Kernstück der Definition, die fehlende Rechtsfolgenvorherbestimmung, an das kritisierte Kriterium inhaltlicher Generalität an. Die Generalität des Norminhalts hätte nämlich das Fehlen der Rechtsfolgenvorherbestimmung zur Folge.[85] Dies beschreibt den Unterschied, dass bei (Verfassungs-)Prinzipien nicht auf abstrakter Ebene abschließend vorhergesagt werden kann, welche Wirkungen das Prinzip entfaltet, wenn sein Tatbestand[86] erfüllt ist. Vielmehr sei es potentiell für eine Vielfalt an Rechtsfolgen offen.[87] Hierin liegt der grundsätzliche Unterschied zur konditionalen Kopplung des Tatbestands an die Rechtsfolge bei der Rechtsregel. Dieses finale Verständnis von

[81] *Alexy*, Theorie der Grundrechte, 1986, S. 81.

[82] Dabei formen die (rechtlichen und tatsächlichen) Bedingungen den Tatbestand einer Regel, deren Rechtsfolge mit der des vorgehenden Prinzips übereinstimmt: Dem Kollisionsgesetz, *Alexy*, Theorie der Grundrechte, 1986, S. 79–84.

[83] *Reimer*, Verfassungsprinzipien, 2001, S. 177.

[84] *Reimer*, Verfassungsprinzipien, 2001, S. 249 (Hervorhebung im Original).

[85] *Reimer*, Verfassungsprinzipien, 2001, S. 181.

[86] Nach *Reimer*, Juristische Methodenlehre, 2020, S. 136 dürfe bei Rechtsprinzipien mangels einer konditionalen Normstruktur nicht von „Tatbestand" und „Rechtsfolge" gesprochen werden. Er schlägt „Anwendungsbereich" und „Weisungsgehalt" als begriffliche Alternativen vor. Wenn hier im Folgenden von „Tatbestand" oder „Rechtsfolge" eines Prinzips gesprochen wird, soll damit keine konditionale Beziehung zwischen „Tatbestand" und „Rechtsfolge" vorausgesetzt werden. Die Bezeichnung erfolgt die hergebrachte Nomenklatur berücksichtigend im Interesse der Verständlichkeit.

[87] *Reimer*, Verfassungsprinzipien, 2001, S. 258–259.

Verfassungsprinzipien[88] ist an die auf Luhmann zurückgehende Aufteilung von Rechtsnormen in Zweck- und Konditionalprogramme angelehnt.[89] Damit ist also die Art und Weise beschrieben, auf die das Verfassungsprinzip Rechtsfolgen generiert. Es handelt sich um ein normstrukturelles Merkmal.

3. Zur Tragfähigkeit der Definition

Der Kern Reimers Definition, das normstrukturelle Merkmal der fehlenden Rechtsfolgenvorherbestimmung, ist nachfolgend aus rechtstheoretischer (dazu a)) sowie verfassungsrechtlicher Sicht (dazu b)) zu bewerten.

a) Der versteckte Konsens in der rechtstheoretischen Diskussion

Auch wenn die teilweise kontroverse rechtstheoretische Diskussion es auf den ersten Blick nicht vermuten lässt, ist die nichtkonditionale Normstruktur des Prinzips in der Literatur konsentiert. Die Unterschiede in der Terminologie sind dabei weit größer als die Abweichungen in der Sache.

Unabhängig davon ob man vom „*Mangel an konkreter Regelungssubstanz*"[90], „unrelativierte[m] Sollen"[91], einer „Komponente relativer Unbestimmtheit"[92], einer mangelnden „Bestimmbarkeit der Anwendungsfälle"[93], eines fehlenden Festsetzungsgehalts[94], der Unbestimmtheit des normativ geforderten Verhaltens bei Allgemeinheit des Adressatenkreises[95], von „entscheidungsinfinit[en]"[96] oder eben „rechtsfolgenoffene[n]"[97] Prinzipien spricht, ist diesen Wendungen jedenfalls gemein, dass sie das Prinzip durch die Unbestimmtheit seiner Folgen charakterisiert sehen.[98]

---

88 *Reimer*, Verfassungsprinzipien, 2001, S. 258.

89 *Luhmann*, Zweckbegriff und Systemrationalität, 2016, S. 98–106.

90 *Göldner*, Verfassungsprinzip und Privatrechtsnorm, 1969, S. 175 (Hervorhebung im Original).

91 *Sieckmann*, Regelmodelle und Prinzipienmodelle des Rechtssystems, 1990, S. 67.

92 *Larenz*, Richtiges Recht, 1979, S. 24.

93 *Esser*, Grundsatz und Norm in der richterlichen Fortbildung des Privatrechts, 1964, S. 51. Auf den Zusammenhang hinweisend auch *Penski*, JZ 1989, S. 105.

94 Anknüpfend an *Alexy*, Theorie der Grundrechte, 1986, S. 88: *Sieckmann*, Regelmodelle und Prinzipienmodelle des Rechtssystems, 1990, S. 69; *Borowski*, Grundrechte als Prinzipien, 2018, S. 144 ff.

95 *Penski*, JZ 1989, S. 105 (108).

96 *Hain*, Die Grundsätze des Grundgesetzes, 1999, S. 159.

97 *Reimer*, Verfassungsprinzipien, 2001, S. 182.

98 In diese Richtung auch *Reimer*, Juristische Methodenlehre, 2020, S. 236. Dass die Unbestimmtheit auf Rechtsfolgenseite weithin vorausgesetztes Prinzipienmerkmal ist, kann auch daran abgelesen werden, dass die Konkretisierungsbedürftigkeit häufig zum Prinzipienmerkmal gemacht wurde. So etwa *Larenz*, Richtiges Recht, 1979, S. 24; *Canaris*, Systemdenken und Systembegriff in der Jurisprudenz, 1983, S. 57. Der Grund

Wenn man Prinzipen also als Normen versteht, die sich aufgrund ihrer inhaltlichen Generalität durch die Unbestimmtheit ihrer Folgen auszeichnen, so geht damit zwingend eine nichtkonditionale Normstrukturierung einher, weil die Rechtsfolge beim Konditionalprogramm notwendigerweise abstrakt bestimmbar sein muss. Prinzipien haben aber keine definitiv feststehenden Rechtsfolgen.[99] Sie sind stets nichtkonditional strukturiert. Aus diesem Grund kann die nichtkonditionale Normstruktur des Prinzips auch als gedankliche Prämisse der rechtstheoretischen Optimierungsthese bezeichnet werden. So ging schon Dworkin von einer nichtkonditionalen Normstrukturierung aus: „Even those [principles] which look most like rules do not set out legal consequences that follow automatically when the conditions provided are met."[100] Das Kriterium der fehlenden Rechtsfolgenvorherbestimmung respektive der Rechtsfolgenoffenheit[101] des Verfassungsprinzips erweist sich aus normtheoretischer Perspektive als sachgerechtes Kriterium, das diesen versteckten Konsens aus der rechtstheoretischen Diskussion[102] abzubilden geeignet ist.

---

für die Überschneidungspunkte ist darin zu sehen, dass sowohl die konstatierte Prinzipieneigenschaft des fehlenden Festsetzungsgehalts, als auch die nichtkonditionale Normstrukturierung Fortentwicklungen des Kriteriums inhaltlicher Generalität aus den grundlegenden Arbeiten zum Rechtsprinzip sind, die aus einer Zeit stammen als dem Rechtsprinzip zumindest im deutschen Rechtskreis noch keine unmittelbare und vollständige Normwirkung zugestanden wurde. Mit dem Einfluss der angloamerikanischer Literaturbeiträge, insbesondere von *Dworkin*, der das Prinzip nunmehr als Rechtsnorm begriff, trat nun die Notwendigkeit auf, die Unbestimmtheit des Prinzips hinsichtlich seiner Folgen, welche schon vor Anerkennung der rechtsprinzipiellen Normativität hervorgehoben wurde, in Abgrenzung zur bis dato den Regelfall bildenden konditional strukturierten Rechtsregel auf Ebene der Normstruktur als Prinzipienmerkmal zu etablieren.

[99] *Alexy*, Theorie der Grundrechte, 1986, S. 88; *Hain*, Die Grundsätze des Grundgesetzes, 1999, S. 158 ff.; *Borowski*, Grundrechte als Prinzipien, 2018, S. 133 ff.; *Unger*, Das Verfassungsprinzip der Demokratie, 2008, S. 97 ff.

[100] *Dworkin*, Taking Rights Seriously, 1977, S. 25. Hiernach entwickelt *Dworkin*; ebd. S. 25–26 die Unterscheidung zwischen Regeln und Prinzipien der Sache nach am Kriterium der Unbestimmtheit auf Anwendungsebene. Dass die Optimierungsthese zwingend nach einer nichtkonditionalen Normstruktur verlangt, liegt daran, dass die Rechtsfolge des Prinzips nicht abstrakt – also vor Relativierung des Prinzips auf die Umstände der tatsächlichen und rechtlichen Welt – feststehen darf, damit das Prinzip jeweils relativ zu den rechtlichen und tatsächlichen Möglichkeiten in möglichst hohem Maße realisiert werden kann. Zum Zusammenhang von Optimierungsthese und Normstruktur schon *Günther*, Der Sinn für Angemessenheit, 1988, S. 273 ff.

[101] Konsequenz der fehlenden Rechtsfolgenvorherbestimmung ist nach *Reimer*, Verfassungsprinzipien, 2001, S. 259 die Rechtsfolgenvielfalt der Verfassungsprinzipien. Ähnlich insoweit *Hain*, Die Grundsätze des Grundgesetzes, 1999, S. 159 nach dem Prinzipien „entscheidungsinfinit" seien.

[102] Schon *Schilling*, Rang und Geltung von Normen in gestuften Rechtsordnungen, 1994, S. 89 wies auf die Gemeinsamkeit der Unbestimmtheit auf Rechtsfolgenseite hin.

b) Zur Zukunftsoffenheit von Verfassungsprinzipien: Parallelen zwischen ihrer Normstruktur und dem Regelungsstil der Verfassung

Dass die skizzierte Bestimmung des Verfassungsprinzips nicht nur in normtheoretischer Hinsicht überzeugend ist, sondern auch mit dem Regelungsanspruch der Verfassung und ihrer Stellung als dauerhafte normative Grundordnung des Staates korrespondiert,[103] wird deutlich, wenn man die verfassungstheoretischen Folgen einer auf inhaltlich generelle, also rechtsfolgenoffene Normen gegründeten Verfassungsordnung betrachtet. Ausgangspunkt der Überlegungen ist eine zentrale verfassungstheoretische Fragestellung, nämlich die Frage, in welchem Verhältnis die Verfassung zur Wirklichkeit[104], die die Verfassung zu regeln bestimmt ist, steht. Bereits oben wurde angedeutet, dass die Verfassung in Übereinstimmung mit dem hier zugrunde gelegten Verständnis nicht als vollständig statisches Normgefüge begriffen werden kann. Denn es lässt sich schwer erklären, wie die Verfassung Fundament einer auf Dauer angelegten Ordnung sein will,[105] wenn man sie vollständig isoliert von ihrem seinerseits wandelbarem Regelungsobjekt als ein in sich geschlossenes und prädeterminiertes Normgefüge begreift.[106] Selbst unter Berücksichtigung der oftmals hervorgehobenen reduzierten Normwirkung[107] der Verfassung im Verhältnis zur Gesamtrechtsordnung bliebe unklar, wie die Verfassung auch bei fundamentalen Fragen, zu denen sie zweifelsohne Aussagen enthält, ihres stabilitätsstiftenden Anspruchs gerecht werden will. Die Frage muss also weniger sein, ob die Verfassung eine anpassungsfähige Ordnung ist, sondern wie die Verfassung gleichzeitig die unverrückbare Normativität ihrer fundamentalsten Aussagen bewahren und den dauerhaften Rahmen einer fluktuierenden Wirklichkeit bilden will.[108]

---

[103] Vgl. Kap. 2 Fn. 105 sowie oben Kap. 2 bei Fn. 13.

[104] Die sich gegenüberstehenden Positionen werden von *Volkmann*, Grundzüge einer Verfassungslehre der Bundesrepublik Deutschland, 2013, S. 26 ff. dargestellt. Vgl. auch *Schenke*, AöR 103 (1978), S. 566 (568–569); *Böckenförde*, NJW 1976, S. 2089 (2090 ff.).

[105] Zur Stabilisierungsfunktion der Verfassung *Voßkuhle*, AöR 119 (1994), S. 35 (52–53); *Stern*, Staatsrecht I, 1984, S. 86 „*dauernde Grundordnung*" (Hervorhebung im Original). Hierbei bezieht er sich insbesondere auf *Kägi*, Die Verfassung als rechtliche Grundordnung des Staates, 1945, S. 52. Vgl. auch bereits die Nachweise oben Kap. 2 Fn. 15.

[106] Insoweit grundlegend *Smend*, in: Staatsrechtliche Abhandlungen, 1955, S. 119 (189–191); vgl. auch *Hesse*, Grundzüge des Verfassungsrechts, 1995, S. 13, 15.

[107] Vgl. etwa das Verständnis der Verfassung als Rahmenordnung bei *Böckenförde*, NJW 1976, S. 2089 (2099). Dazu schon Kap. 2 Fn. 18. Im Kontext des Optimierungsgedankens kritisch-differenzierend *Lerche*, in: Festschrift für Stern, 1997, S. 197 (203 ff.).

[108] Das entspricht dem heute herrschenden Verfassungsverständnis. In diese Richtung schon *Hesse*, Grundzüge des Verfassungsrechts, 1995, S. 15; *Schuppert*, AöR 120 (1995), S. 32 (34–37); *Dreier*, in: ders.-GG, 2015, Art. 20 (Einf.) Rn. 12: „beständige Realisierung und dynamische Fortentwicklung"; *H. A. Wolff*, Ungeschriebenes Verfas-

Das richtige Verhältnis zwischen Rigidität und Flexibilität der Verfassung ergibt sich aus der Struktur ihrer Zentralnormen.[109] Das Merkmal der fehlenden Rechtsfolgenvorherbestimmung leistet hierbei einen wesentlichen Beitrag. Denn Verfassungsprinzipien sind Normen, die sich dadurch auszeichnen, dass sie inhaltlich generell und vor allem hinsichtlich ihrer Folgen unbestimmt sind. Das bedeutet, dass ihr Gehalt nicht oder zumindest nicht wesentlich von wandelbaren Umständen der Wirklichkeit abhängt. In diesem Sinne impliziert die Rechtsfolgenoffenheit der Verfassungsprinzipien ihre „Absolutheit von variablen Bedingungen".[110] Indem ihre Normstruktur es ermöglicht, ihnen potentiell Aussagen zu einer Vielzahl neu auftretender regelungsbedürftiger Fragen zu entnehmen oder veränderten Gesellschaftsvorstellungen bei der Verfassungsinterpretation Rechnung zu tragen, greift die Normstruktur der Verfassungsprinzipien überstürzten Verfassungsänderungen vor, welche stets die Gefahr begründen, die tradierte Regelungssystematik aus dem Gleichgewicht[111] zu bringen. Verfassungsprinzipien sind deshalb Normen, deren Zukunftsoffenheit aus der Normstruktur[112] und damit mittelbar aus ihrer inhaltlichen Generalität folgt. Weil Verfassungsprinzipien infolge ihres inhaltlich generellen Norminhalts ein Moment des Unabgeschlossenen inhärent ist,[113] ist die verfassungsprinzipielle Normstruktur die Grundvoraussetzung einer stabilen und auf Dauer angelegten Verfassungsordnung.[114] Der stabilitätsstiftende Anspruch von Normstruktur und

---

sungsrecht unter dem Grundgesetz, 2000, S. 105 ff.; *Volkmann*, Grundzüge einer Verfassungslehre der Bundesrepublik Deutschland, 2013, S. 26–30.

109 In diese Richtung auch BVerfGE 107, 59 (91): „Aufgrund seines Prinzipiencharakters ist Art. 20 Abs. 2 GG entwicklungsoffen." Kritisch dazu *Jestaedt*, JuS 2004, S. 649 ff.

110 *Hain*, Die Grundsätze des Grundgesetzes, 1999, S. 160.

111 Hiervor warnt etwa *Robbers*, NJW 1989, S. 1325.

112 Vgl. auch *Dreier*, in: ders.-GG, 2015, Art. 20 (Einf.) Rn. 12. *Unger*, Das Verfassungsprinzip der Demokratie, 2008, S. 218 ff. knüpft die prinzipielle Zukunftsoffenheit an den prima facie-Charakter von Prinzipien der Verfassung.

113 „Das Prinzip ist ‚immer unterwegs'" so schon *Esser*, Grundsatz und Norm in der richterlichen Fortbildung des Privatrechts, 1964, S. 280. Zustimmend *H. A. Wolff*, Ungeschriebenes Verfassungsrecht unter dem Grundgesetz, 2000, S. 296. Die Unabgeschlossenheit kommt auch bei *Hain*, Die Grundsätze des Grundgesetzes, 1999, S. 159 zum Ausdruck, wenn er von „entscheidungsinfinit[en]" Prinzipien spricht. Dies korrespondiert mit dem permanenten Integrationsanspruch des *Smendschen* Verfassungsverständnis: *Smend*, in: Staatsrechtliche Abhandlungen, 1955, S. 119 (189) „immer neue Herstellung der Lebenstotalität des Staates".

114 So auch *Voßkuhle*, JZ 2009, S. 917 (918) „Stabilität [kann] [...] nur über offene Normstrukturen [...] erreicht werden, die verhindern, dass der Verfassungstext häufig [...] an die sich wandelnde Lebenswirklichkeit angepasst werden muss." Auch *Schenke*, AöR 103 (1978), S. 566 (586) misst dem offenen Normierungsstil der Verfassung in diesem Zusammenhang eine hohe Bedeutung bei. Vgl. auch *Hesse*, Grundzüge des Verfassungsrechts, 1995, S. 11 ff.; *Graf Vitzthum*, in: Verfassungstheorie, 2010, S. 373 (384). In diesem Sinne sind sie Schleusenbegriffe im Sinne *Böckenfördes*, also Begrifflichkeiten „vermittels derer sich verändernde Gegebenheiten und sich wandelnde Auf-

inhaltlicher Generalität der Verfassungsprinzipien steht im Einklang mit dem Normierungsstil der schriftlichen Verfassung.[115] Durch ihre – vor allem[116] bei der Normierung von Grundrechten, Staatsstrukturprinzipien und Staatszielbestimmungen – bewusst offene bis lakonische Sprache, wird die Verfassung nämlich zeitlos und erhält die Befähigung zur Aufnahme[117] geistiger Gehalte.[118] Das Zusammenspiel von verfassungstextlicher Regelungsweise, inhaltlicher Generalität und Rechtsfolgenoffenheit erweist sich als Garantie für die Zukunftsoffenheit des Grundgesetzes. Auf geltungstheoretischer Ebene wird die Zukunftsoffenheit durch die reduzierte Bindungswirkung von Verfassungsaussagen, die im Wege der konkretisierenden Verfassungsinterpretation gewonnen werden, flankiert. So wurde oben mit Wolff angenommen, dass sich das Resultat der Verfassungsinterpretation von ungeschriebenem Verfassungsrecht nicht durch die Geltungskraft[119], sondern durch die unterschiedliche Bindungswirkung unterscheidet, weshalb eine im Wege der Verfassungsinterpretation gewonnene Verfassungsaussage – anders als ungeschriebenes Verfassungsrecht – durch eine einfache Rechtsprechungsänderung beseitig werden kann.[120]

Die Kritik gegen ein solches Verständnis von Verfassungsprinzipien liegt auf der Hand und entspricht in Teilen der gegen die Prinzipientheorie Alexys vorgebrachten Argumente: Die Deutung von Verfassungsprinzipien als hochabstrakte und infolgedessen konkretisierungsbedürftige Normen begründe stets die Gefahr der Überfrachtung der Verfassung und ihrer Anreicherung mit verfassungspoli-

---

fassungen als rechtserheblich in die Verfassung hineingenommen werden", *Böckenförde*, in: Festschrift für Peter Lerche, 1993, S. 3 (9). Kritisch dazu *Jestaedt*, Demokratieprinzip und Kondominialverwaltung, 1993, S. 149 ff.

[115] Auf den Zusammenhang von grundgesetzlichem Normierungsstil und Zukunftsoffenheit weisen etwa *Bryde*, Verfassungsentwicklung – Stabilität und Dynamik im Verfassungsrecht der Bundesrepublik Deutschland, 1982, S. 89 ff.; *Voßkuhle*, AöR 119 (1994), S. 35 (43 ff.) hin.

[116] *Graf Vitzthum*, in: Verfassungstheorie, 2010, S. 373 (381).

[117] Die zurückhaltende Normativität der Verfassung dient *Smend*, in: Staatsrechtliche Abhandlungen, 1955, S. 119 (191) als Anhaltspunkt für ihren Integrationsanspruch.

[118] Auch *Bryde*, Verfassungsentwicklung – Stabilität und Dynamik im Verfassungsrecht der Bundesrepublik Deutschland, 1982, S. 89 ff.; *Voßkuhle*, AöR 119 (1994), S. 35 (52–53); *Walter*, AöR 125 (2000), S. 517 (521 ff.); *Graf Vitzthum*, in: Verfassungstheorie, 2010, S. 373 (381 ff.) sehen einen Grund für die Zukunftsoffenheit in der schon verfassungstextlich nachweisbaren Regelungsweise wesentlicher Verfassungsbestimmungen. Die Offenheit für die Aufnahme geistiger Gehalte heben übereinstimmend *Reimer*, Verfassungsprinzipien, 2001, S. 108–110; *Volkmann*, Grundzüge einer Verfassungslehre der Bundesrepublik Deutschland, 2013, S. 107–110 oder *Nowrot*, Das Republikprinzip in der Rechtsordnungengemeinschaft, 2014, S. 96 ff. hervor.

[119] Übereinstimmend für den Verfassungsrang *H. A. Wolff*, Ungeschriebenes Verfassungsrecht unter dem Grundgesetz, 2000, S. 297; *Böckenförde*, Der Staat 29 (1990), S. 1 (29).

[120] Dazu oben Kap. 2 Fn. 32; *H. A. Wolff*, Ungeschriebenes Verfassungsrecht unter dem Grundgesetz, 2000, S. 294 ff.

tischen Erwägungen.[121] Hiermit zusammenhängend wird die infolge des Konkretisierungsspielraums weitreichende Macht der Verfassungsinterpreten – insbesondere des Bundesverfassungsgerichts – kritisiert.[122] So richtig der Hinweis auf Fehleranfälligkeit bei der Verfassungsinterpretation aber auch ist,[123] so wenig ist er aufgrund der verfassungssprachlichen und normtheoretischen Evidenzen geeignet, ein hierauf gegründetes Verfassungsverständnis zu erschüttern. Vielmehr wird die Normativität der Verfassung durch eine Verfassungsinterpretation[124] bewahrt, die die Grenze des methodisch Begründbaren und den zurückgenommenen Regelungsanspruch der Verfassung respektiert.[125]

Auch wenn die Auslegung der Verfassung wegen ihrer Abstraktheit bisweilen wie Verfassungsfortbildung wirken mag, entspricht es der Funktion der Verfassung als Grundlage einer stabilen und dauerhaften Ordnung, dass die notwendigerweise zeitgeprägten Wirklichkeitsvorstellungen der Interpreten bei der Verfassungsinterpretation mittelbar Einfluss auf das Interpretationsergebnis nehmen, indem sie den sowohl verfassungssprachlich als auch normstrukturell eröffneten Interpretationsspielraum ausfüllen. Dies mag man kritisieren. Es lässt sich jedoch empirisch belegen, dass die Verfassung in ihren wesentlichen Punkten, insbeson-

---

[121] Schon in der staatsrechtlichen Methodendiskussion zum Ende des vergangenen Jahrhunderts wurde berechtigterweise gegen die Prozesstheorien eingewandt, dass das Verständnis der Verfassung als eine grundsätzlich entwicklungs- oder integrationsoffene Ordnung nicht dazu verleiten dürfe, die Verfassung durch ihre Interpretation der vollständigen Öffnung preiszugeben. Vgl. die Kritik der geisteswissenschaftlichen Methode *Smends* etwa bei *Böckenförde*, NJW 1976, S. 2089 (2095). Ebd. S. 2097 stellt er die These auf, dass die inhaltlichen Unbestimmtheiten der Verfassung durch ein wirklichkeitsabhängiges Verfassungsverständnis und die korrespondierende soziologischen Verfassungsmethode noch weiter befördert würden. Aus der jüngeren Zeit kritisch etwa *Isensee*, in: Verfassungstheorie, 2010, S. 199 (213).

[122] Kritisch zur Rolle des Verfassungsgerichts im Konkretisierungsprozess auch *Böckenförde*, Der Staat 29 (1990), S. 1 (29 ff.). Auf das offensichtliche Spannungsverhältnis der Verfassungsrechtsprechung zum Grundsatz der Gewaltenteilung weisen *Ossenbühl*, in: Festschrift 50 Jahre Bundesverfassungsgericht I, 2001, S. 33 (42 ff.) oder *Isensee*, JZ 1996, S. 1085 ff. hin. Vgl. auch *Lepsius*, in: Das entgrenzte Gericht, 2011, S. 159 ff. Aus der Diskussion um die Rechtsprinzipientheorie ähnlich *Hain*, Die Grundsätze des Grundgesetzes, 1999, S. 131 ff.; *Jestaedt*, Grundrechtsentfaltung im Gesetz, 1999, S. 256 ff.; *Poscher*, Grundrechte als Abwehrrechte, 2003, S. 82–83.

[123] So *Reimer*, Verfassungsprinzipien, 2001, S. 470 ff.; *Volkmann*, Grundzüge einer Verfassungslehre der Bundesrepublik Deutschland, 2013, S. 116 ff.

[124] So das Verständnis bei *Hesse*, Grundzüge des Verfassungsrechts, 1995, S. 26 ff. oder *Müller*, Juristische Methodik, 1993, S. 182 ff. In diese Richtung auch *H. A. Wolff*, Ungeschriebenes Verfassungsrecht unter dem Grundgesetz, 2000, S. 170 ff.; zur Theorie *Müllers Böckenförde*, NJW 1976, S. 2089 (2097).

[125] Die Berücksichtigung der Grenzen der Verfassungsaussagen im Zusammenhang mit einer zeitgeprägten Verfassung heben auch *Schenke*, AöR 103 (1978), S. 566 (588); *Walter*, AöR 125 (2000), S. 517 (525 ff.) hervor. Kritisch zur schlagwortartigen Bezeichnung der Verfassung als Rahmenordnung *Lerche*, in: Festschrift für Stern, 1997, S. 197 (203 ff.). Zu den Grenzen der Konkretisierung der Verfassungsprinzipien eingehend *Reimer*, Verfassungsprinzipien, 2001, S. 470 ff.

dere im Normumfeld der Verfassungsprinzipien, nicht durch formelle Verfassungsänderungen, sondern vor allem durch zeitangepasste Verfassungsinterpretation gegenwartsnah gehalten wurde.[126] Im Gewaltengefüge trägt primär das Bundesverfassungsgericht die praktische Verantwortung für Stabilität und Kontinuität der Verfassung.[127] Statt in diesem Zusammenhang vom „Verfassungswandel"[128] zu sprechen, was den fälschlichen Schluss nahelegt, dass Verfassungsnormen einem informellen Wandel unterworfen wären, sollte die Destillation neuer Verfassungsaussagen im Wege der Verfassungsinterpretation treffender als Interpretationswandel[129] bezeichnet werden, was auch die reduzierte Bindungswirkung[130] der konkretisierten Verfassungsaussagen gegenüber (ungeschriebenem) Verfassungsrecht hervorhebt.

Weil konkretisierende Verfassungsinterpretation nur dort möglich ist, wo die Verfassung Auslegungsspielräume eröffnet, erweist sich die nichtkonditionale Normstruktur des Verfassungsprinzips im Ergebnis als normativitätssichernd, weshalb die Definition des Verfassungsprinzips auch unter diesem Gesichtspunkt sachgerecht ist. Da gegen die Definition des Verfassungsprinzips als Zentralnorm

---

[126] So *Volkmann*, JZ 2018, S. 265 (266 ff.). In diese Richtung schon *Robbers*, NJW 1989, S. 1325 (1326): „Dieser Verfassungswandel ist für die Veränderung der Verfassung ungleich wesentlicher als die ausdrücklichen Änderungen des Wortlautes." Vgl. auch *Volkmann*, Grundzüge einer Verfassungslehre der Bundesrepublik Deutschland, 2013, S. 30.

[127] So *Ossenbühl*, in: Verfassungsgerichtsbarkeit und Gesetzgebung – Symposium aus Anlass des 70. Geburtstages von Peter Lerche, 1998, S. 75 (91).

[128] Zu dieser Diskussion etwa *Lerche*, in: Festschrift für Theodor Maunz, 1971, S. 285 ff.; *Bryde*, Verfassungsentwicklung – Stabilität und Dynamik im Verfassungsrecht der Bundesrepublik Deutschland, 1982, S. 254 ff.; *Böckenförde*, in: Festschrift für Peter Lerche, 1993, S. 3 ff.; *Schuppert*, AöR 120 (1995), S. 32 (68 ff.); *Stern*, Staatsrecht I, 1984, S. 160 ff.; *Walter*, AöR 125 (2000), S. 517 (521 ff.); *Voßkuhle*, Der Staat 43 (2004), S. 450 (451 ff.); *Volkmann*, Grundzüge einer Verfassungslehre der Bundesrepublik Deutschland, 2013, S. 140 ff.; *Thiele*, Allgemeine Staatslehre, 2020, S. 66–68.

[129] Klarstellungshalber sei hier erwähnt, dass hieraus nicht die Unzulässigkeit der Verfassungsfortbildung folgt. Der Wille des historischen Verfassungsgebers ist für das grundgesetzliche Normgefüge nicht letztverbindlich. Das zeigt schon der verfassungstheoretisch nicht selbstverständliche Art. 79 Abs. 1 Satz 1 GG (dazu *Kägi*, Die Verfassung als rechtliche Grundordnung des Staates, 1945, S. 71 ff.; *Thiele*, Der konstituierte Staat, 2021, S. 84 ff.). Auch jenseits der förmlichen Verfassungsänderung können in begründeten Ausnahmefällen und unter Beachtung der methodischen Erkenntnisverfahren ungeschriebene Verfassungsnormen unter Anlegung eines objektiven Maßstabs begründbar sein, die nicht im subjektiven Willen des grundgesetzlichen Normgebers angelegt waren. Dazu unten Kap. 2 bei Fn. 184 ff. Die im Vergleich zum historisch-normgeberischen Willen empirisch veränderte Lage des Verfassungsrechts mag man als „Verfassungswandel" bezeichnen. Über diese deskriptive Wirkung hinaus kommt dem Begriff des „Verfassungswandels" nach der hiesigen Auffassung aber keine normative Bedeutung zu.

[130] Dazu schon Kap. 2 Fn. 32.

der Verfassung[131] ohne Rechtsfolgenvorherbestimmung im Übrigen keine Einwände bestehen, soll ihr hier gefolgt werden.

4. Die Abwägungsfähigkeit von Verfassungsprinzipien und ihr Verhältnis zur Prinzipientheorie *Alexys*

Wenn nun das Verfassungsprinzip vorwiegend anhand seiner Normstruktur definiert ist, stellt sich die Frage, ob daraus schon auf theoretischer und damit definitorischer Ebene auf seine Abwägungsfähigkeit geschlossen werden kann. Damit zusammenhängend steht zu klären, wie Verfassungsprinzipien sich zur Prinzipientheorie Alexys verhalten. Für die Beantwortung beider Fragen ist wiederum am Kriterium der Rechtsfolgenoffenheit anzusetzen:

Auf den ersten Blick scheint es sich hierbei aufzudrängen, dass die rechtsfolgenoffene Normstrukturierung grundsätzliche Folgen für den Modus der Normanwendung hat.[132] Denn (Verfassungs-)Rechtsnormen haben jedenfalls rechtliche Wirkungen. Wenn diese aber nicht wie bei der Rechtsregel vollständig prädeterminiert sind, sondern jeweils erst vollständig bei Normanwendung und -konkretisierung zum Vorschein treten, ergeben sich die Rechtsfolgen nicht allein aus dem Normgehalt des Verfassungsprinzips. Ob und in wie weit der Normgehalt des Verfassungsprinzips konkret zur Entfaltung gelangt, hängt also selbst bei Ablehnung des rechtstheoretischen Dualismus und den daraus abgeleiteten Prinzipieneigenschaften maßgeblich vom normativen Umfeld und den Konkretisierungen des Verfassungsprinzips im Einzelfall ab. Damit sie auch im Fall von Normkonflikten Rechtsfolgen entfalten kann, muss eine rechtsfolgenoffene Norm grundsätzlich auf Relativierung ihrer selbst angelegt sein.[133] Gerade für Verfassungsprinzipien könnte das naheliegen. Denn Verfassungsprinzipien sind erstens abstrakte Normen mit üblicherweise einem hohen „Maß an Zustimmung“[134], deren Wirkweise zweitens durch normexterne Spannungslagen charakterisiert wird.[135] Verstünde man Verfassungsprinzipien dies berücksichtigend ins-

---

131 Hierzu *Reimer*, Verfassungsprinzipien, 2001, S. 254 ff.

132 Insoweit ist auch die theoretische Verknüpfung von Normstruktur und Normanwendung seitens der *Alexyschen* Prinzipientheorie zumindest auf theoretischer Ebene nachvollziehbar. Damit ist jedoch nicht gesagt, dass diesem Verständnis auch für das (objektive) Verfassungsrecht zu folgen ist. Vielmehr bedarf es hier einer differenzierten Betrachtung unter Berücksichtigung der Folgen, die aus einer generellen Abwägungsfähigkeit von Verfassungsprinzipien resultieren.

133 Das entspricht dem prima facie-Gebot im Sinne *Alexys*. Hinsichtlich des Relativierungsgedankens übereinstimmend *Hain*, Die Grundsätze des Grundgesetzes, 1999, S. 159 ff. Insbesondere wird das an Verfassungsprinzipien deutlich, deren Norminhalt eine nicht perfektible also permanente Verpflichtung enthält. Zu dieser Unterscheidung *Sommermann*, Staatsziele und Staatszielbestimmungen, 1997, S. 380–381.

134 *Morlok/Michael*, Staatsorganisationsrecht, 2023, S. 59.

135 Es scheint in der verfassungsrechtlichen Literatur eine weit verbreitete Annahme zu sein, dass Verfassungsprinzipien ihren wahren Gehalt erst im Zusammenspiel mit

gesamt als abwägungsfeste Normen, würde ihre Normativität verpuffen, sobald eine gegenläufige, ebenso wenig zu relativierende Norm in Widerspruch zum Norminhalt des (Verfassungs-)Prinzips tritt.

Andererseits muss hier die Relativität normtheoretischer Erklärungsansätze beachtet werden. Die rechtstheoretische Rekonstruktion von Verfassungsnormen geht notwendigerweise mit Generalisierungen einher, die bei undifferenzierter Handhabung zu unzulässigen Modifikationen des positiven Rechts führen könnten. Das gilt gleichermaßen für die Definition des Verfassungsprinzips als abwägungsfähige, wie auch auf Optimierung gerichtete Verfassungsnorm. Zweifelsohne ist die Theorie Alexys von hoher „intuitive[r] Plausibilität".[136] Dementsprechend wird ihre Rationalisierungsleistung auch von kritischen Stimmen gewürdigt.[137] Insbesondere lässt mit ihrer Hilfe der durch die Grundsätze von Verhältnismäßigkeit und praktischer Konkordanz geprägte Abwägungsvorgang des Bundesverfassungsgerichts normtheoretisch rückkoppeln und systematisieren.[138] In ihrer wesentlichen Stärke liegt aber zugleich ihre Schwäche. Denn die Theorie Alexys besitzt einen universalen Anspruch,[139] der sich wegen der ausdifferenzierten Regelungsweise grundlegender Verfassungsnormen und der Existenz abwägungsfester (Teil-)Gehalte jedenfalls im Rahmen der hiesigen Betrachtung nicht auf sämtliche Verfassungsprinzipien anwenden lässt.[140] Verfassungsprinzi-

---

anderen Verfassungsnormen entfalten. Schon in Bezug auf allgemeine Rechtsprinzipien *Canaris*, Systemdenken und Systembegriff in der Jurisprudenz, 1983, S. 55: „*Prinzipien entfalten ihren eigentlichen Sinngehalt erst in einem Zusammenspiel wechselseitiger Ergänzung und Beschränkung*" (Hervorhebung im Original). Auch im verfassungsrechtlichen Schrifttum wird betont, dass es im Wesen grundsätzlicher Verfassungsnormen liegt, zu anderen Normen in ein Kollisionsverhältnis zu treten: „Äußere Antinomie" *Achterberg*, Der Staat 8 (1969), S. 159 (166 ff.); *Eichenberger*, in: Festschrift für Stern, 1997, S. 457 (459); „Impliziter Abwägungsauftrag" S. 240; *Hain*, Die Grundsätze des Grundgesetzes, 1999, S. 161, 179; *Schladebach*, Der Staat 53 (2014), S. 263 (268 ff.); *Kloepfer*, Verfassungsrecht I, 2011, S. 150: „immanente[s] Spannungsverhältnis". Ebenso *Dreier*, in: ders.-GG, 2015, Art. 20 (Einf.) Rn. 12.

136 *Borowski*, Grundrechte als Prinzipien, 2018, S. 160.

137 *Lerche*, in: Festschrift für Stern, 1997, S. 197 (203 ff.); *Reimer*, Verfassungsprinzipien, 2001, S. 282, 347; *Jestaedt*, in: Festschrift für Josef Isensee, 2007, S. 253 (258 ff.) „kongeniale juristische Deutungsfolie"; *Poscher*, RW 1 (2010), S. 349 (370); *Schilling*, Rang und Geltung von Normen in gestuften Rechtsordnungen, 1994, S. 90. Instruktiv ist auch, dass *Reimer*, Verfassungsprinzipien, 2001, S. 498 das *Alexysche* Kollisionsgesetz auf Verfassungsprinzipien anwenden will.

138 Zum Zusammenhang von Gewichtsformel und praktischer Konkordanz *Schladebach*, Der Staat 53 (2014), S. 263 (280 ff.). Dazu sogleich noch unten Kap. 2 bei Fn. 232 ff.

139 Dazu nur *Lerche*, in: Festschrift für Stern, 1997, S. 197 (206 ff.); *Bickenbach*, Die Einschätzungsprärogative des Gesetzgebers, 2014, S. 253 ff.

140 Das gilt insbesondere wegen der Existenz abwägungsfester Gehalte. Schon *Alexy*, Theorie der Grundrechte, 1986, S. 94 ff. hatte das Problem „absolute[r] Prinzipien" gesehen und anhand der Menschenwürde beleuchtet. Seine ursprüngliche Lösung bestand darin, das Prinzip Menschenwürde in eine abwägungsfeste „Menschenwürde-Regel" und ein „Menschenwürde-Prinzip" zu unterteilen. Unabhängig der bestehenden dog-

pien können deshalb auf definitorischer Ebene auch nicht für abwägungsfähig erklärt werden. Dazu kommt, dass sich Verfassungsprinzipien mit vorrangig strukturell-organisatorischem Inhalt nicht ohne Weiteres als Optimierungsgebote fassen lassen.[141] Aus den eingangs skizzierten Gründen sind Verfassungsprinzipien zur Umsetzung ihres Normanspruchs jedoch häufig auf ihre Relativierbarkeit angewiesen. Abmildernd lässt sich deshalb sagen, dass sie Normen sind, bei denen die Vermutung[142] für ihre Abwägungsfähigkeit in der Normstruktur begründet liegt. Daraus folgt für die praktische Normanwendung, dass die Abwägungsfähigkeit stets positiv festzustellen ist. Auch die Erklärungsleistung der Theorie Alexys lässt sich nutzbar machen, wenn man sie – ihrem empirischen Ansatz[143] entsprechend – zunächst als deskriptive Theorie[144] versteht, zugleich aber anerkennt, dass es Verfassungsprinzipien mit Optimierungsanspruch gibt.[145]

II. Sonderfall: Staatszielbestimmungen

1. Staatszielbestimmungen als Optimierungsgebote

Anders liegt das für eine besondere Erscheinungsform der Verfassungsprinzipien, den Staatszielbestimmungen.[146] Unter diesem auf Ipsen[147] zurückgehenden Begriff[148] werden „Verfassungsnormen mit rechtlich bindender Wirkung“ ver-

---

matischen Zweifel ließe sich sein Konzept wohl auch mit der neueren Rechtsprechung des BVerfG (BVerfG, Urteil vom 05. November 2019 – 1 BvL 7/16) vereinbaren. Zur Entwicklung von *Alexys* Position eindrücklich *Hong*, Abwägungsfeste Rechte, 2019, S. 111 ff. Zum abwägungsfesten Kernbereich von Verfassungsprinzipien auch *Reimer*, Verfassungsprinzipien, 2001, S. 331.

141 In diese Richtung schon *Reimer*, Verfassungsprinzipien, 2001, S. 331. Deutlich auch *C. Möllers*, AöR 132 (2007), S. 493 (506–507). Tendenziell anders das Grundverständnis bei *C. Schröder*, JuS 2022, S. 23 (25).

142 Übereinstimmend *Reimer*, Verfassungsprinzipien, 2001, S. 497; *Sommermann*, Staatsziele und Staatszielbestimmungen, 1997, S. 362.

143 *Volkmann*, Grundzüge einer Verfassungslehre der Bundesrepublik Deutschland, 2013, S. 114.

144 So insbesondere *Unger*, Das Verfassungsprinzip der Demokratie, 2008, S. 133 ff., 144 ff.

145 *Lerche*, in: Festschrift für Stern, 1997, S. 197 (203) beobachtet im Verfassungsrecht eine „Grundatmosphäre“, die der „Entwicklung von Optimierungsvorstellungen günstig“ sei, bevor er Verfassungsprinzipien sektorale Optimierungsverpflichtungen entnimmt (ebd. S. 206).

146 Zu ihnen allgemein *Sommermann*, Staatsziele und Staatszielbestimmungen, 1997, S. 355 ff.; *Schladebach*, JuS 2018, S. 118 ff.

147 *Ipsen*, Über das Grundgesetz, 1988, S. 8. Der Begriff wurde zuerst in einem im Jahr 1949 an der Universität Hamburg gehaltenen Vortrag verwandt. Zur Herkunft übereinstimmend *Sommermann*, Staatsziele und Staatszielbestimmungen, 1997, S. 5; *Reimer*, Verfassungsprinzipien, 2001, S. 193; *Schladebach*, JuS 2018, S. 118 (119).

148 Der Begriff als solcher ist dem Verfassungstext fremd. Er findet sich jedoch in Art. 5 des Vertrags zwischen der Bundesrepublik Deutschland und der Deutschen Demokratischen Republik über die Herstellung der Einheit Deutschlands.

standen, „die der Staatstätigkeit die fortdauernde Beachtung oder Erfüllung bestimmter Aufgaben – sachlich umschriebener Ziele – vorschreiben".[149]

Staatszielbestimmungen werden durch ein Element der Dynamik charakterisiert.[150] Sie wollen lenkend auf die vielfältigen Erscheinungsformen der Staatstätigkeit einwirken. Dieser fortlaufende[151] Dynamisierungsanspruch ist auf einen spezifischen Grad norminhaltlicher Allgemeinheit angewiesen. Als Finalprogramme mit besonders ausgeprägter Offenheit für eine Vielzahl an Rechtsfolgen machen Staatszielbestimmungen grundsätzlich nur verbindliche Zielvorgaben und enthalten sich hinsichtlich der Mittel zur Zielerreichung zumindest einer definitiven Festsetzung.[152]

Weil sie in diesem Sinne noch nicht auf die Gegebenheiten der rechtlichen und tatsächlichen Welt relativierte Normen sind, weisen sie einen besonderen Einzelfallbezug auf, der sich darin manifestiert, dass sie zur Umsetzung ihrer Zielvorgaben auf Relativierung ihrer selbst angelegt sein müssen.[153] Wegen der aus-

---

[149] Diese Definition geht zurück auf die Sachverständigen-Kommission Staatszielbestimmungen und Gesetzgebungsaufträge *Bundesminister des Innern/Bundesminister der Justiz*, Staatszielbestimmungen/Gesetzgebungsaufträge – Bericht der Sachverständigenkommission, 1983, S. 21. Vgl. dazu *Sommermann*, Staatsziele und Staatszielbestimmungen, 1997, S. 5 ff., 348 ff.; *Schladebach*, JuS 2018, S. 118 (119). Sie sind insbesondere von Staatsstrukturprinzipien abzugrenzen. Zu ihnen grundlegend *Stern*, Staatsrecht I, 1984, S. 551 ff. Der Unterschied zwischen beiden Arten von Verfassungsprinzipien kann in der Weise auf den Punkt gebracht werden, dass Staatsstrukturprinzipien Normen sind, die das strukturelle und organisatorische Fundament der Staatsordnung bilden, während Staatszielbestimmungen der durch diese Baunormen geschaffenen Staatlichkeit in sachlicher Hinsicht Vorgaben machen, an der die Staatstätigkeit auszurichten ist. Überzeugenderweise wird davon ausgegangen, dass beide Normtypen eine Schnittmenge aufweisen. So *Kloepfer*, Verfassungsrecht I, 2011, S. 151; *Reimer*, Verfassungsprinzipien, 2001, S. 193; *Schladebach*, JuS 2018, S. 118, (119). Als Beispiel hierfür wird etwa das Sozialstaatsprinzip angeführt. Zurückhaltender *Sommermann*, Staatsziele und Staatszielbestimmungen, 1997, S. 372 ff. Hervorzuheben ist, dass die inhaltlichen Überschneidungen in beide Richtungen bestehen. So können Staatszielbestimmungen auch organisatorisch-strukturelle Vorgaben intendieren.

[150] So sind für *Scheuner*, in: Festschrift für Forsthoff, 1972, S. 325 (336) Staatszielbestimmungen Grundsätze, „die einen dynamischen Zug tragen, die auf künftige noch zu gestaltende soziale Fragen hinweisen und der staatlichen Aktivität weniger Grenzen ziehen, als vielmehr die Bahn weisen".

[151] Anders nur perfektible Staatszielbestimmungen. Zur Unterscheidung perfektibler und permanenter Staatszielbestimmungen *Sommermann*, Staatsziele und Staatszielbestimmungen, 1997, S. 380–381.

[152] In diese Richtung schon *Leisner*, Öffentlichkeitsarbeit der Regierung im Rechtsstaat, 1966, S. 83; *Penski*, JZ 1989, S. 105 (108); *Sommermann*, Staatsziele und Staatszielbestimmungen, 1997, S. 355 ff.; *Reimer*, Verfassungsprinzipien, 2001, S. 349 ff. Zum Ganzen noch sogleich Kap. 2 bei Fn. 156 ff.

[153] So zur Staatszielbestimmung aus Art. 20a GG, welche „im Konfliktfall in einen Ausgleich mit anderen Verfassungsrechtsgütern und Verfassungsprinzipien zu bringen" sei BVerfGE 157, 30 (138 ff.). Vgl. auch *Graf Vitzthum*, in: Materialien zur Verfassungsdiskussion III, 1996, S. 313: „Staatszielbestimmungen sind häufig konträr; durch diese Gegenläufigkeit eröffnen sie Spielräume, räumen Wahlmöglichkeiten ein."

geprägten Finalität ihres Wirkanspruchs verdichtet sich die in der Normstruktur von Verfassungsprinzipien angelegte Vermutung für ihre Abwägungsfähigkeit – Staatszielbestimmungen sind daher abwägungsfähige Verfassungsprinzipien. Auch lassen sich Staatszielbestimmungen als Optimierungsgebote im rechtstheoretischen Sinne bezeichnen.[154] Sie sind Normen, die gebieten, dass das von ihnen vorgeschriebene Ziel relativ zu den rechtlichen und tatsächlichen Möglichkeiten in möglichst hohem Maß realisiert wird.

2. Zwischen Optimierungsgebot und Evidenzkontrolle: Zur inhaltlichen Bindungswirkung und Justiziabilität von Staatszielbestimmungen

Zwar wird die verfassungsrechtliche Verbindlichkeit des von Staatszielbestimmungen normierten Zieles („Was") nicht mehr in Frage gestellt. Nicht in gleichem Maße geklärt dagegen ist, inwieweit Staatszielbestimmungen Aussagen zu den Mitteln der Zielerreichung („Wie") entnommen werden können.[155] Als konsentierter Ausgangspunkt kann übereinstimmend mit obiger Begriffsbestimmung festgehalten werden, dass Staatszielbestimmungen als finale Normen vom Grundsatz her jedenfalls keine definitiven Vorgaben hinsichtlich der Mitteln zur Zielrealisierung machen. Anknüpfend an die ältere Rechtsprechung des Bundesverfassungsgerichts ist in der Literatur aber die Auffassung weit verbreitet, Staatszielbestimmungen enthielten sich nicht nur einer definitiven Aussage hinsichtlich der Mittel zur Zielrealisierung, sondern ihnen sei in dieser Hinsicht überhaupt keine Aussage entnehmbar.[156]

---

[154] „Unter Zugrundelegung der Kriterien *Alexys* stellen Staatszielbestimmungen Optimierungsgebote *par excellence* dar" *Sommermann*, Staatsziele und Staatszielbestimmungen, 1997, S. 361 (Hervorhebungen im Original) unter Bezug auf *Sieckmann*, Regelmodelle und Prinzipienmodelle des Rechtssystems, 1990, S. 141 ff. Übereinstimmend *Reimer*, Verfassungsprinzipien, 2001, S. 347.

[155] Teilweise wird angenommen, Staatszielbestimmung überließen nicht nur das „Wie" der Zielverwirklichung, sondern auch das „Ob" und „Wann" der Einschätzung durch die Staatsgewalt. So etwa *Scheuner*, in: Festschrift für Forsthoff, 1972, S. 325 (339 ff.); *Graf Vitzthum*, in: Materialien zur Verfassungsdiskussion III, 1996, S. 313. Dazu *Sommermann*, Staatsziele und Staatszielbestimmungen, 1997, S. 377 ff. Wie das BVerfG etwa für Art. 20a GG zuletzt wieder in BVerfGE 157, 30 (138) betont hat, sind Staatszielbestimmungen jedoch voll justiziable Normen. Sie geben der Staatsgewalt verbindlich, auf, sich mit dem Ziel zu befassen und es mit möglicherweise entgegenstehenden Gütern zu koordinieren. Insoweit steht das „Ob" und „Wann" nicht im Ermessen der Staatsgewalt. So auch *Sommermann*, ebd. S. 379–380.

[156] So zum Sozialstaatsprinzip, das nach BVerfGE 22, 180 (204) hinsichtlich des „Wie" „alle Wege offen" lassen würde. Dazu insbesondere *Sommermann*, Staatsziele und Staatszielbestimmungen, 1997, S. 377 ff. Aus der Literatur im Übrigen *Scheuner*, in: Festschrift für Forsthoff, 1972, S. 325 (339–340); *Graf Vitzthum*, in: Materialien zur Verfassungsdiskussion III, 1996, S. 313; *Möstl*, Die staatliche Garantie für die öffentliche Sicherheit und Ordnung, 2002, S. 74 ff.; *Wilkens*, Wettbewerbsprinzip und Gemeinwohlorientierung, 2006, S. 59 ff.; *Krings*, in *Schmidt-Bleibtreu/Hofmann/Henneke*-GG,

Um die Tragfähigkeit dieser Annahme zu bewerten, muss sich vor Augen geführt werden, dass mit dieser Frage nach der inhaltlichen Regelungsdichte von Staatszielbestimmungen zugleich das Problem berührt ist, welche verbindlichen Anordnungen das Verfassungsrecht als höchstrangiges Normgefüge trifft und damit zugleich gegenständlich der Regelungsmacht des Gesetzgebers entzieht.[157]

In den Worten der bekannten Forsthoffschen Wendung ist die Verfassung kein „juristisches Weltenei, aus dem alles hervorgeht vom Strafgesetzbuch bis zum Gesetz über die Herstellung von Fieberthermometern".[158] Vielfach wurde das Verhältnis der Verfassung zum einfachen Recht an diesen Grundgedanken anknüpfend mit den begrifflichen Kategorien umschrieben, die Verfassung stelle nur eine juristische Rahmen- nicht aber Grundordnung dar.[159] Gerade auch den Gegnern eines Optimierungsgebote umfassenden Normverständnisses im (subjektiven) Verfassungsrecht dient das Bild der Verfassung als einer lediglich juristischen Rahmenordnung als Stütze des Konstitutionalisierungseinwands.[160] Inzwischen jedoch sind berechtigte Zweifel an der Charakterisierung der Verfassungswirkungen auf das einfache Recht anhand der Rahmenmetapher geäußert worden: Neben der offensichtlichen Konturlosigkeit des Dualismus von Grund- und Rahmenordnung wurde auch darauf hingewiesen, dass beide Kategorie nicht inkompatibel sind.[161] Das Verhältnis zwischen Verfassung und einfachem Recht lässt sich folglich nicht dergestalt kategorial bestimmen. Die Verfassung ist aber jedenfalls weniger als eine juristische Grundordnung, da nicht alle Bereiche des Rechts gleichermaßen von ihr determiniert werden und inhaltlich auf sie rückführbar sind. Sie trifft gewisse Vorentscheidungen recht allgemeiner Natur und überlässt die Umsetzung dieser Vorentscheidungen dem primär konkretisierungsbefugten Gesetzgeber, der gleichermaßen an die verfassungsmäßige Ordnung gebunden (Art. 20 Abs. 3 GG) wie zur Gestaltung der Rechtsordnung berufen ist. Letztlich also geht es darum, das „gesetzgeberische Konkretisierungsprimat"[162] nicht durch eine inhaltlich zu weitgehende legislative Verfassungsbindung auszuhebeln.

2022, Art. 20a Rn. 16; *Murswiek*, in: *Sachs*-GG, 2021, Art. 20a Rn. 17; *Scholz*, in: D/H/S-GG, Stand August 2023, Art. 20a Rn. 49.

[157] Dazu für Staatszielbestimmungen *Bundesminister des Innern/Bundesminister der Justiz*, Staatszielbestimmungen/Gesetzgebungsaufträge – Bericht der Sachverständigenkommission, 1983, S. 37–38; im Zusammenhang mit objektiven Grundrechtswirkungen *Böckenförde*, Der Staat 29 (1990), S. 1 (24 ff.).

[158] *Forsthoff*, Der Staat der Industriegesellschaft, 1971, S. 144. Dazu oben Kap. 2 Fn. 18.

[159] Vgl. *Böckenförde*, in: Staat, Verfassung, Demokratie, 1991, S. 11 (17 ff.); *Hwang*, Verfassungsordnung als Rahmenordnung, 2018.

[160] So etwa bei *Jestaedt*, in: Festschrift für Josef Isensee, 2007, S. 253 (269 ff.). Vgl. auch *Böckenförde*, Der Staat 29 (1990), S. 1 (21 ff.).

[161] *Lerche*, in: Festschrift für Stern, 1997, S. 197 (203–204); *Alexy*, VVDStRL 61 (2002), S. 8 ff.; *Isensee*, in: HStR XII, 2014, S. 483 (512 ff.).

[162] *Göldner*, Verfassungsprinzip und Privatrechtsnorm, 1969, S. 189.

Eben weil Staatszielbestimmungen hinsichtlich der Mittel zur Zielerreichung unstreitig keine definitive Regelungswirkung haben, ist es jedoch prinzipiell möglich, ihren Optimierungsanspruch trotz der evidenten Spannungen[163] zwischen als Optimierungsgeboten verstandenen Verfassungsprinzipien und dem Verständnis der Verfassung als jedenfalls keiner juristischen Grundordnung[164] auch mit dem reduzierten Regelungsanspruch der Verfassung zu vereinbaren.[165] Die Optimierungsverpflichtung des Staates ist primär[166] an den Gesetzgeber adressiert und wird durch den vor allem legislativen Spielraum[167] der Mittelwahl in seiner Reichweite begrenzt, was letztlich dem zurückgenommenen Regelungsanspruch der Verfassung dient. Das Konkretisierungsprimat[168] erweist sich aus dieser Sicht als verfassungsdogmatischer Schutzschild gegenüber der vor allem am Verständnis der Grundrechte als Optimierungsgebote kritisierten Konstitutionalisierungswirkung auf die Rechtsordnung insgesamt.

Die verbreitete Sichtweise, Staatszielbestimmungen sei aber nicht nur keine definitive, sondern überhaupt keine Aussage zu den Mitteln der Zielerreichung zu entnehmen, ließe sich nur aufrecht erhalten, wenn jede Aussage zu den Mitteln zu einem unzulässigen Beschneiden des gesetzgeberischen Spielraums führen würde. Daran kann gezweifelt werden. Denn ein dergestalt überbordender Einfluss der Verfassung auf das einfache Recht würde voraussetzen, dass der Gesetzgeber und die zu seiner Kontrolle berufene Verfassungsgerichtsbarkeit erstens inhaltlich in selbem Maße an den Optimierungsauftrag von Staatszielbestimmungen gebunden wären und zweitens die verfassungsgerichtliche Kontrolldichte

---

163 So etwa *H. A. Wolff*, Ungeschriebenes Verfassungsrecht unter dem Grundgesetz, 2000, S. 164.

164 Vgl. nur *Böckenförde*, NJW 1976, S. 2089 (2099). Zum dualistischen Verständnis Grund- bzw. Rahmenordnung kritisch *Lerche*, in: Festschrift für Stern, 1997, S. 197 (203–204).

165 Das entspricht dem Gedanken von *Alexy*, VVDStRL 61 (2002), S. 8 (14–15), der die zurückgenommene Regelungswirkung der Verfassung (Verfassung als Rahmenordnung) nicht grundsätzlich mit dem Verständnis der Verfassung als Grundordnung für unvereinbar hält, weil die Verfassung auch fundamentale Fragen der Gemeinschaft entscheiden kann, indem sie lediglich einen Rahmen vorgibt. Vgl. dazu schon Kap. 2 Fn. 18.

166 Ungeachtet ihrer primären Adressierung an den Gesetzgeber sind Staatszielbestimmungen – wie zu Art. 20a GG in BVerfGE 157, 30 (138) betont – justiziable Normen, die auch von Verwaltung und Gerichten bei Rechtsauslegung und -anwendung zu berücksichtigen sind. Bereits die Sachverständigenkommission „Staatszielbestimmungen und Gesetzgebungsaufträge“ beschrieb die Wirkweise von Staatszielbestimmungen wie folgt: „Sie umreißen ein bestimmtes Programm der Staatstätigkeit und sind dadurch eine Richtlinie oder Direktive für das staatliche Handeln, *auch für die Auslegung von Gesetzen und sonstigen Rechtsvorschriften*“ (Hervorhebung Verf.). Vgl. dazu den Nachweis in Kap. 2 Fn. 149. Siehe im Übrigen *Sommermann*, Staatsziele und Staatszielbestimmungen, 1997, S. 383 ff.; *Schladebach*, JuS 2018, S. 118 (121 ff.); *Herdegen*, in: Handbuch des Verfassungsrechts, 2021, S. 15 (40).

167 Mit grundrechtlichem Bezug dazu *Alexy*, VVDStRL 61 (2002), S. 8 (15 ff.).

168 Vgl. Kap. 2 Fn. 217.

auch mit der legislativen Verfassungsbindung übereinstimmt.[169] Zumindest zweiteres ist jedoch abzulehnen.[170]

Für die Bestimmung des Kontrollprogramms sind von der Überprüfung gesetzgeberischer Einschätzungs- und Prognoseentscheidungen aus der verfassungsgerichtlichen Rechtsprechung drei graduell aufeinander aufbauende Maßstäbe bekannt. Je nach

> „Eigenart des in Rede stehenden Sachbereichs, den Möglichkeiten, sich ein hinreichend sicheres Urteil zu bilden, und der Bedeutung der auf dem Spiele stehenden Rechtsgüter" kann die verfassungsgerichtliche Kontrolldichte bekanntlich „von einer Evidenzkontrolle [...] über eine Vertretbarkeitskontrolle [...] bis hin zu einer intensivierten inhaltlichen Kontrolle reichen".[171]

Für die hier interessierende Justiziabilität von Staatszielbestimmungen kommt mit Blick auf den allgemein weiten Spielraum des Gesetzgebers nur der Maßstab der Evidenz- oder der Vertretbarkeitskontrolle in Betracht. Die Evidenzkontrolle ermöglicht die gerichtliche Durchbrechung des legislativen Gestaltungsspielraums nur dann, wenn Maßnahmen zur Zielerreichung entweder gar nicht getroffen werden oder diese „gänzlich ungeeignet oder völlig unzulänglich"[172] sind. Bei der Vertretbarkeitskontrolle nach dem Verständnis des Untermaßverbots[173] aus der zweiten Entscheidung des Bundesverfassungsgerichts zum Schwangerschaftsabbruch findet über die Evidenzkontrolle hinaus auch eine Prüfung daraufhin statt, ob der Gesetzgeber unter Berücksichtigung entgegenstehender Rechtsgüter Maßnahmen getroffen hat, die für einen „angemessenen und wirksamen Schutz ausreichend" sind sowie auf „sorgfältigen Tatsachenermittlungen

---

[169] Teilweise wird im Schrifttum von einer Differenzierung zwischen Handlungs- und Kontrollnorm ausgegangen *Bryde*, Verfassungsentwicklung – Stabilität und Dynamik im Verfassungsrecht der Bundesrepublik Deutschland, 1982, S. 332 ff.; *O. Klein*, JuS 2006, S. 960 (961–962). Vgl. auch die Spielraumdogmatik bei *Alexy*, VVDStRL 61 (2002), S. 8 (12 ff., 15 ff.). Für Staatszielbestimmungen insoweit differenzierend *Sommermann*, Staatsziele und Staatszielbestimmungen, 1997, S. 411 ff., 436 ff. Kritisch zu dieser Unterscheidung etwa *Böckenförde*, Der Staat 29 (1990), S. 1 (26 ff.); *Hain*, Die Grundsätze des Grundgesetzes, 1999, S. 134–135. Vgl. auch *Jestaedt*, Grundrechtsentfaltung im Gesetz, 1999, S. 186 ff.

[170] Denn eine Reduktion des gerichtlichen Kontrollmaßstabs hängt dogmatisch nicht an der strittigen Prämisse einer zwischen legislative und judikative divergierende Verfassungsbindung. Dazu *Bickenbach*, Die Einschätzungsprärogative des Gesetzgebers, 2014, S. 503 ff. Für Staatszielbestimmungen daher folgerichtig zwischen Maßstabs- und Kontrollgehalt differenzierend *Gusy*, JöR 33 (1984), S. 105 (128). Zu Beispielen aus der Entscheidungspraxis *Schlaich/Korioth*, Das Bundesverfassungsgericht, 2021, Rn. 515 ff.

[171] BVerfGE 50, 290 (333).

[172] BVerfGE 79, 174 (202).

[173] Dazu allgemein *Calliess*, in: Die Ordnung der Freiheit: Festschrift für Christian Starck zum 70. Geburtstag, 2007, S. 201 (202 ff.); *Bickenbach*, Die Einschätzungsprärogative des Gesetzgebers, 2014, S. 388 ff.; *O. Klein*, JuS 2006, S. 960 ff.; *Poscher*, in: Handbuch des Verfassungsrechts, 2021, S. 149 (197–198).

und vertretbaren Einschätzungen" beruhen.[174] Unabhängig von grundsätzlichen Zweifeln am Verständnis des Untermaßverbots im obigen Sinne,[175] lässt sich seine Anwendung auf Staatszielbestimmungen jedenfalls nicht insgesamt rechtfertigen. Die an der Wirksamkeit ausgerichtete Vertretbarkeitskontrolle würde in Kombination mit dem Optimierungsgebot zu einem mit den grundgesetzlichen Vorgaben inkompatiblen Kompetenzzuwachs des Bundesverfassungsgerichts, damit einhergehend auch zu einer Konstitutionalisierung des Rechts in Richtung einer juristischen Grundordnung führen. Die gesetzgeberische Konkretisierungsentscheidung ist daher im Allgemeinen nur auf gewisse „*Mindestanforderungen an die Rationalität*"[176] hin überprüfbar. Wird der Gesetzgeber in Konkretisierung einer Staatszielbestimmung tätig, ist seine Entscheidung anhand des Evidenzkriteriums inhaltlich lediglich daraufhin kontrollierbar, ob die Mittel zur Zielverfolgung „in einem Maße ungeeignet oder unzulänglich sind, daß von einer ernsthaften Zielverfolgung schlechthin nicht gesprochen werden kann".[177] Dabei ist jedoch zu beachten, dass auch die abstraktesten Zielbestimmungen einen für den Gesetzgeber verbindlichen Bereich aufweisen.[178] Die Reichweite des gesetzgeberischen Gestaltungsspielraums hängt am Abstraktionsgrad von Staatszielbestimmungen.[179] Es ist hierbei durchaus möglich, dass sich der für den Gesetzgeber verbindliche Gehalt dieser Verfassungsprinzipien in bestimmten Bereichen konkretisiert, etwa aufgrund einer Konturierung durch Rechtsprechung und Lehre oder durch den Einfluss des Völkerrechts.[180]

3. Zusammenfassung

Selbst wenn also die gesetzgeberische Entscheidung nach der Maßgabe von Staatszielbestimmungen nur in Extremfällen durchbrochen werden kann, erweist sich die in der Literatur verbreitete Annahme von der völligen normativen Indifferenz von Staatszielbestimmungen hinsichtlich der Mittel zur Zielerreichung als

---

[174] BVerfGE 88, 203 (254). Zustimmend *Steinberg*, NJW 1996, S. 1985 (1987 ff.).

[175] So kritisieren etwa *Calliess*, in: Die Ordnung der Freiheit: Festschrift für Christian Starck zum 70. Geburtstag, 2007, S. 201 (213 ff.); *Bickenbach*, Die Einschätzungsprärogative des Gesetzgebers, 2014, S. 388 ff. übereinstimmend die Vermischung von Prüfmaßstab und Kontrolldichte am obigen Maßstab des BVerfG.

[176] *Gärditz*, in: *Landmann*/*Rohmer*-UmweltR, Stand September 2023, Art. 20a GG Rn. 42 (Hervorhebung im Original). Wohl anknüpfend an *Hesse*, AöR 109 (1984), S. 174 (193) zum allgemeinen Gleichheitssatz.

[177] *Möstl*, Die staatliche Garantie für die öffentliche Sicherheit und Ordnung, 2002, S. 74; ähnlich *Sommermann*, Staatsziele und Staatszielbestimmungen, 1997, S. 436 ff. Aus der neueren Rechtsprechung in diesem Sinne BVerfGE 151, 202 (299).

[178] *Sommermann*, Staatsziele und Staatszielbestimmungen, 1997, S. 384 ff., 437 ff.; übereinstimmend *Calliess*, Rechtsstaat und Umweltstaat, 2001, S. 127 ff.

[179] *Sommermann*, Staatsziele und Staatszielbestimmungen, 1997, S. 384 ff., 437 ff.; *Calliess*, Rechtsstaat und Umweltstaat, 2001, S. 128.

[180] *Sommermann*, Staatsziele und Staatszielbestimmungen, 1997, S. 384 ff., 437 ff.; *Calliess*, Rechtsstaat und Umweltstaat, 2001, S. 126 ff.

zumindest ungenau. Ausgehend von einer reduzierten verfassungsgerichtlichen Kontrolldichte lässt sich die inhaltliche Bindungswirkung von Staatszielbestimmungen wie folgt zusammenfassen:

Stehen dem Gesetzgeber zur Zielerreichung mehrere unterschiedlich geeignete Mittel zur Verfügung, ist er im Rahmen seines „Mittelwahlspielraum[s]“[181] und des dabei möglicherweise parallel herzustellenden Ausgleichs mit anderen Verfassungsgütern dazu angehalten, dasjenige Mittel zu wählen, das das in Rede stehende Staatsziel am meisten verwirklicht. Denn die Mittel zur Zielrealisierung lassen sich gedanklich nicht völlig von dem verbindlich vorgegebenen Ziel isolieren.[182] Der Gesetzgeber ist dementsprechend bei der modalen Konkretisierung von Staatszielbestimmungen „nicht völlig frei“.[183] Grundsätzlich ist seine Entscheidung jedoch verfassungsgerichtlich nur am Maßstab einer Evidenzkontrolle überprüfbar.

III. Grundzüge der Herleitung ungeschriebener Verfassungsprinzipien

1. Methode der Rechtsfortbildung im Verfassungsrecht

Aus der hier zugrunde gelegten, jedoch nicht gänzlich trennscharf zu ziehenden,[184] Differenzierung zwischen Verfassungsinterpretation und Verfassungsfortbildung folgt, dass Verfassungsinterpretation grundsätzlich kein geeignetes Verfahren zur Begründung eines Verfassungsprinzips sein kann.[185] Richtigerweise bedarf es hierfür eines Rückgriffs auf die Methoden der Rechtsgewinnung.

Wenn schon bei der Verfassungskonkretisierung auf die Gefahr hingewiesen wird, die Verfassung mit Wertungen zu überfrachten, die ihr fremd sind und die im Kern auf verfassungspolitischen Erwägungen beruhen,[186] so muss das erst recht bei der Identifikation von Verfassungsprinzipien gelten, die einen Ausnahmefall darstellt[187] und in weit höherem Maße rechtfertigungsbedürftig ist. Obers-

---

[181] *Alexy*, VVDStRL 61 (2002), S. 8 (17).

[182] Dazu auch *Hain*, Die Grundsätze des Grundgesetzes, 1999, S. 187–188; ders., in: M/K/S-GG, 2018, Art. 79 Rn. 50.

[183] In diese Richtung wohl auch BVerfGE 157, 30 (147).

[184] Dazu oben Kap. 2 bei Fn. 34 ff.

[185] So auch *Reimer*, Verfassungsprinzipien, 2001, S. 213.

[186] Schon *H. J. Wolff*, in: Gedächtnisschrift für Walter Jellinek, 1955, S. 33 (51) mahnt Zurückhaltung an. Übereinstimmend *Schnapp*, in: *von Münch/Kunig*-GG, 2012, Art. 20 Rn. 8; *Reimer*, Verfassungsprinzipien, 2001, S. 470–471. Zu den verfassungsrechtlichen Grenzen – insbesondere den Geboten der Proximität, der Harmonie und der Kontinuität – *Hoffmann*, in: Festschrift für Wolf, 1985, S. 183 (196 ff.).

[187] Es sei daran erinnert, dass zwischen Verfassungsinterpretation und -fortbildung ein zentraler Unterschied besteht: So ist der Verfassung aufgrund ihrer Regelungsweise ein im Wege der Verfassungsinterpretation zu lösender Konkretisierungsbedarf immanent, während die Begründung oder Identifikation ungeschriebenen Verfassungsrechts wegen der grundsätzlichen Vermutung für die Abgeschlossenheit der Verfassung höchst

te Maxime bei der Herleitung von Verfassungsprinzipien muss daher sein, den begrenzten Regelungsanspruch der Verfassung zu respektieren und jede Gefahr der Überdehnung und Überfrachtung durch die unzulässige Anreicherung der Verfassung zu eliminieren. Schon um sich nicht dem Verdacht des Begründungsopportunismus auszusetzen, muss stets vom Normtext der geschriebenen Verfassung ausgegangen und der Erkenntnisgegenstand zunächst aus einer subjektiv-normgeberischen Perspektive befragt werden.[188]

Übereinstimmend halten Wolff und Reimer ungeschriebenes Verfassungsrecht in zwei Fällen für möglich: Erstens, wenn der Verfassungsgeber von einer expliziten Regelung abgesehen hat, weil er selbige für derart selbstverständlich hielt, dass es keiner textlichen Fixierung bedurfte.[189] Zweitens soll ungeschriebenes Verfassungsrecht in Ausnahmefällen auch dann möglich sein, wenn der Wille des Verfassungsgebers zu diesem Punkt fehlt.[190]

Die Verschiedenheit der beiden Fälle macht eine unterschiedliche methodische Vorgehensweise bei der Begründung von Verfassungsprinzipien erforderlich. Im ersten Fall hat der Verfassungsgeber zwar auf eine ausdrückliche Regelung verzichtet, trotzdem ist die fragliche Regelung von seinem (historischen) Willen umfasst. Dieser stillschweigende Mitsetzungsakt bildet den Geltungsgrund der ungeschriebenen Verfassungsnorm.[191] Hier ist es ausnahmsweise möglich, ein Verfassungsprinzip mit den deduktiven Methoden der Verfassungsinterpretation zu begründen, weil der entsprechende Wille des Verfassungsgebers nur „freigelegt“[192] werden muss. Dies kann auch als Beleg für die bereits oben angespro-

---

rechtfertigungsbedürftig und selten ist. Dazu schon Kap. 2 bei Fn. 18; vgl. auch *Grzeszick*, in: Verfassungstheorie, 2010, S. 417 (448 ff.).

188 *Reimer*, Verfassungsprinzipien, 2001, S. 81 ff.; *Hillgruber*, in: Verfassungstheorie, 2010, S. 505 (512); *Bäcker*, AöR 143 (2018), S. 339 (368 ff.).

189 *H. A. Wolff*, Ungeschriebenes Verfassungsrecht unter dem Grundgesetz, 2000, S. 382 ff. unterscheidet hier wiederum zwei Fälle: Entweder hätte der Verfassungsgeber von einer Regelung abgesehen, weil er die betreffende Regelung zum Zeitpunkt des Verfassungserlasses für selbstverständlich gehalten habe oder er aber der Auffassung war, die Regelung würde keiner eigenen Erwähnung bedürfen, weil sie bereits durch andere Vorschriften „mitgesetzt“ sei. *Reimer*, Verfassungsprinzipien, 2001, S. 116, 199 ff. spricht davon, dass der Willen des Verfassungsgebers insbesondere in den Fällen der Grundannahmen des Verfassungsgebers „unvollkommen zum Ausdruck gekommen sei“.

190 *H. A. Wolff*, Ungeschriebenes Verfassungsrecht unter dem Grundgesetz, 2000, S. 380 ff. differenziert hier zwischen dem Redaktionsversehen („unbewusste Lücke“), fehlendem Regelungsbedürfnis im Zeitpunkt der Verfassungsgebung und Fällen in denen der Verfassungsgeber wegen der geschichtlichen Besonderheiten des Grundgesetzes in seiner Kompetenz beschränkt war. Auch *Reimer*, Verfassungsprinzipien, 2001, S. 116 hält ungeschriebene Verfassungsprinzipien bei Fehlen des entsprechenden Willens des Verfassungsgebers für möglich.

191 Dazu *H. A. Wolff*, Ungeschriebenes Verfassungsrecht unter dem Grundgesetz, 2000, S. 404 ff.

192 Dazu *Reimer*, Verfassungsprinzipien, 2001, S. 398 ff.

chenen Überschneidungspunkte zwischen Verfassungsinterpretation und Verfassungsfortbildung gelten. Problematischer hingegen erweist sich die Begründung eines Verfassungsprinzips beim Fehlen des verfassungsgeberischen Willens. Die Verfassungsauslegung kann hier nicht bemüht werden, da sie nach dem hiesigen Begriff auf die Inhalts- und Sinnermittlung von etwas Vorgegebenem gerichtet ist. Der Wille des Verfassungsgebers zu diesem Punkt fehlt aber gerade. Deshalb kommt es auf die in der juristischen Methodenlehre seit langem schwelende und auch in die Verfassungsmethodik hineinreichende Diskussion[193] darüber an, ob bei Rechtsauslegung und -anwendung die subjektive, also normgeberische Perspektive überhaupt verlassen werden darf.[194] Die Fortbildung der Verfassung wäre nicht möglich, wäre der subjektive Normgeltungswillen aus methodischen Gründen als abschließend und verbindlich anzusehen. War grundsätzlich von einer subjektiven Perspektive auszugehen, bedarf die den subjektiven Willen des Verfassungsgebers übersteigende Verfassungsfortbildung im eigentlichen Sinne einer methodischen Rechtfertigung.

Der soweit ersichtlich elaborierteste methodische Ansatz der Verfassungsfortbildung, das von Reimer für Verfassungsprinzipien beschriebene Verfahren der Induktion,[195] wird mit dem „Konsistenzanspruch der Verfassung" gerechtfertigt.[196] So beziehe die lückenfüllende Induktion als Verfahren der Rechtsfortbil-

---

[193] Zu ihr *T. Möllers*, Juristische Methodenlehre, 2021, S. 233 ff.; *Rüthers/Fischer/Birk*, Rechtstheorie, 2022, S. 493 ff.; *Larenz*, Methodenlehre der Rechtswissenschaft, 1992, S. 314 ff.; *Feix*, Maßstäbe für eine gelungene richterliche Rechtsfortbildung, 2020, S. 86 ff.

[194] Da die Wiedergabe der Diskussion an dieser Stelle im Einzelnen keinen Erkenntnisgewinn verspricht, kann auf eine eingehende Darstellung der Positionen verzichtet werden.

[195] Angelehnt an die aristotelische Induktion hat *Reimer* ein Verfahren der Rechtsfortbildung im Verfassungsrecht entwickelt, mit dem ungeschriebene Verfassungsprinzipien mit der Methode der Induktion zu begründen sind. Dieser Ansatz überzeugt, weil die Induktion mit der Regelungsweise des (Verfassungs-)Prinzips korrespondiert. Als ein den Naturwissenschaften entlehntes logisches Schlussverfahren, beruht die Induktion nämlich auf einer Verallgemeinerung. Da Verfassungsprinzipien als Normen von hohem Generalitätsgrad verstanden wurden, erweist sich die induktive Methode schon von ihrem Erkenntnisziel her als passendes Verfahren zur Destillation der normativen Prinzipiengehalte. Der Induktion liegt ein Wahrscheinlichkeitsurteil zugrunde, denn sie beruht letztlich auf der Vermutung, dass die Induktionsbasis nur eine konkrete Ausprägung einer dahinterstehenden allgemeinen Erscheinung ist. Aus diesem Grund ist die Induktion auch nicht im logischen Sinne zwingend. Bei ihrer Anwendung – insbesondere der Wahl der Induktionsbasis– ist deshalb Vorsicht geboten. Grundlegend *Reimer*, Verfassungsprinzipien, 2001, S. 412 ff. Vgl. auch *Contiades*, Verfassungsgesetzliche Staatsstrukturbestimmungen, 1967, S. 115 „Rückschlußverfahren"; Schluss „vom Besonderen […] auf das Allgemeine": *Joerden*, Logik im Recht, 2018, S. 298; *Beaucamp*, DÖV 2013, S. 41 (46); *Tanneberger*, Die Sicherheitsverfassung, 2014, S. 56 ff., 70; *T. Möllers*, ZfPW 5 (2019), S. 94 (107 ff.); *A.A. Schmidt*, Ausschussöffentlichkeit im Deutschen Bundestag, 2021, S. 178 ff.

[196] *Reimer*, Verfassungsprinzipien, 2001, S. 411–412.

dung im Verfassungsrecht ihre Daseinsberechtigung aus dem dem Begriff des Rechts immanenten „Gleichbehandlungs- und Konsistenzpostulat“.[197] Einem Rechtsnormgefüge als „Korpus konsistenter allgemeiner Regelungen“ wäre generell der Sinn zuzuschreiben, dass gleiche Fälle gleich zu behandeln seien, daher müsse es unter Wahrung der normgeberischen Grundentscheidungen gestattet sein, im Ausnahmefall „gewisse in der Verfassung vorgezeichnete Linien [...] [zu] verlängern“.[198]

Ohne dass dies eine methodische Begründung konkreter Verfahren zur Verfassungsfortbildung und ihrer inhaltlichen Maßstäbe entbehrlich machen würde, lässt sich dieser Gedanken über die Induktion hinaus zur Rechtfertigung der Verfassungsfortbildung verallgemeinern. Gerade mit Blick auf den Charakter der Verfassung als eine auch dauerhafte Grundlage einer normativen Ordnung ließe sich nur schwer erklären, weshalb im Verfassungsrecht anders als in sonstigen Bereichen des Rechts eine Rechtsfortbildung ausgeschlossen sein sollte.[199] Entsprechend ist inzwischen auch anerkannt, dass es als Verfassungsrecht anzusehende Normen gibt, die weder durch den historischen Verfassungsgeber noch durch den verfassungsändernden Gesetzgeber ausdrücklich in den Text der Ver-

---

[197] *Reimer*, Verfassungsprinzipien, 2001, S. 411; *Larenz*, Methodenlehre der Rechtswissenschaft, 1992, S. 258 ff.

[198] *Reimer*, Verfassungsprinzipien, 2001, S. 411.

[199] Die hier in Bezug genommene methodische Begründung der Verfassungsfortbildung speist sich zunächst von einem eher klassisch-positivistischen Methodenverständnis, das im Ausgangspunkt von einer (methodischen) Gleichsetzung des Verfassungsrechts mit sonstigem Recht und der vor allem zum Zivilrecht entwickelten klassischen Methodik ausgeht. Die diesem Methodenverständnis eigene (antiquierte) Vorstellung, durch die „korrekte“ Anwendung juristischer Methoden könnten die Vorstellungen des Normgebers exakt bestimmt werden, ist zwar entsprechend der Kritik am Rechtsformalismus in ihrer Absolutheit zurück zu weisen, vgl. dazu nur *Weber*, Wirtschaft und Gesellschaft I, 1964, S. 649. Das Ausgehen der insofern als Gegenpositionen zu verstehenden methodischen Ansätze insbesondere von *Smend*, *Hesse* und *Müller* weist – wie bereits ein Blick in die Rechtsprechung des BVerfG zeigt – die Schwäche auf, dass sich nicht immer klar zwischen Verfassungsinterpretation und Verfassungsfortbildung differenzieren lässt. Das normativitäsbewahrende Element des klassischen Methodenverständnis ist daher um die den Eigenheiten der Verfassung Rechnung tragende Methodologie und den integrativen, dynamischen und prozesshaften Ansatz zu ergänzen, der einer methodischen Rechtfertigung der Verfassungsfortbildung insoweit nicht entgegensteht. Hervorzuheben seien hier nur die Berührungspunkte zur methodischen Figur der „Einheit der Verfassung“ und dem ihr immanenten Integrationsanspruch, der nach richtiger Lesart zwar nicht die Vorstellung einer spannungsfreien, wohl aber in seiner Gesamtheit konsistenten normativen Ordnung zugrunde liegt und insofern entsprechend des von *Reimer* bemühten Konsistenzanspruch des Rechts für eine Ergänzung des Normgefüges streitet. Siehe dazu schon oben Kap. 2 Fn. 26, 48. Gegen die Rechtfertigung der Induktion aus der Einheit der Verfassung *Reimer*, Verfassungsprinzipien, 2001, S. 410, 103 ff. Zur Verfassungsfortbildung im Übrigen *Starck*, Verfassungen, 2009, S. 155–157; ders., in: HStR XII, 2014, S. 613 (634); *Bryde*, Verfassungsentwicklung – Stabilität und Dynamik im Verfassungsrecht der Bundesrepublik Deutschland, 1982, S. 221 ff., 254 ff.

fassung aufgenommen wurden.[200] Als Rechtsquelle dienen in diesen Fällen die geschriebenen Verfassungsnormen, denen die jeweilige Aussage entnommen wurde.[201] Die Stellung des Verfassungstexts als Ausgangspunkt allen Verfassungsrechts und das Rechtfertigungsgefälle zwischen geschriebenem und ungeschriebenem Verfassungsrecht verlangt bei Identifikation dieser Normen jedoch eine Gratwanderung zwischen Achtung der subjektiv-normgeberischen Entscheidung und zulässiger Verfassungsfortbildung.[202]

In der Sache ist damit grundsätzlich ein subjektiver Maßstab zugrunde zu legen,[203] der im gerechtfertigten Einzelfall um objektive Erwägungen ergänzt werden darf. Stark vereinfacht kann das Verfahren der Verfassungsfortbildung entsprechend der angesprochenen methodischen Prämissen so umschrieben werden, dass der Erkenntnisgegenstand zunächst aus subjektiver Perspektive beleuchtet werden muss. Werden hierbei nach dem Willen des Normgebers keine unüberwindbaren Hürden ersichtlich, die einer Fortbildung entgegenstehen, kann eine Normbegründung mittels eines im Einzelnen zu rechtfertigenden Schlussverfahrens erfolgen, bei dem eine objektive Sicht eingenommen werden darf. Hier ist insbesondere an eine Fortbildung im Wege der Induktion[204], Deduktion oder eine Kombination aus beiden Verfahren zu denken.[205]

2. Kriterien zur Unterscheidung von Verfassungsinterpretation und Verfassungsfortbildung

Die Achillesverse des hier zugrunde gelegten Konzepts der Verfassungsfortbildung ist zweifelsohne in den dargestellten methodischen Überschneidungen zwi-

---

[200] Dazu bereits oben Kap. 2 bei Fn. 24ff. Vgl. hier *Contiades*, Verfassungsgesetzliche Staatsstrukturbestimmungen, 1967, S. 97; *Reimer*, Verfassungsprinzipien, 2001, S. 249ff.; *H. A. Wolff*, Ungeschriebenes Verfassungsrecht unter dem Grundgesetz, 2000, S. 319ff.

[201] *H. A. Wolff*, Ungeschriebenes Verfassungsrecht unter dem Grundgesetz, 2000, S. 398ff.

[202] Vgl. insbesondere *H. A. Wolff*, Ungeschriebenes Verfassungsrecht unter dem Grundgesetz, 2000, S. 199ff.

[203] Dazu bereits den Nachweis in Kap. 2 Fn. 188. Gleichwohl muss bemerkt werden, dass „der" Willen des Verfassungsgebers kein zweifelsfrei-rechtssicher feststellbares Faktum ist und deshalb nicht unzutreffend als „Fiktion" bezeichnet wurde. Vgl. dazu *Voßkuhle*, JuS 2019, S. 417 (422ff.); *Hwang*, AöR 145 (2020), S. 264ff.; *Wischmeyer*, JZ 2015, S. 957 (959). Den historischen Willen relativierend bereits *Krüger*, DVBl 1961, S. 685ff.

[204] Dazu oben Kap. 2 Fn. 195.

[205] In der Sache werden induktive und deduktive Elemente im Rahmen der Rechtsfortbildung zumeist kombiniert verwandt, da sich so Unsicherheiten – etwa durch eine deduktive Rückkopplung des Induktionsschlusses – minimieren lassen. Dies im Hinblick auf ungeschriebenes Verfassungsrecht für möglich haltend *H. A. Wolff*, Ungeschriebenes Verfassungsrecht unter dem Grundgesetz, 2000, S. 243. Aus dem rechtsmethodischen Schrifttum dazu etwa *T. Möllers*, Juristische Methodenlehre, 2021, S. 255–256, 293–294.

schen Interpretation und Fortbildung zu sehen. Schon mit Blick auf die erhöhte Bindungswirkung ungeschriebenen Verfassungsrechts[206] besteht ein praktisches Bedürfnis nach Abgrenzungskriterien, die eine Unterscheidung zu im Wege der Verfassungsinterpretation gewonnenen Gehalten ermöglichen. Wird diese Unterscheidung hinlänglich anhand der Methode, also Verfassungsinterpretation oder Verfassungsfortbildung, getroffen,[207] ist sie wegen der methodischen Schnittmenge[208] für sich genommen kein taugliches Differenzierungsinstrument. So ist im Vorfeld des Induktionsschlusses eine Identifikation des gemeinsamen Querschnitts der Induktionsbasis erforderlich, bei der sich zumindest intuitiv der Methoden der Verfassungsinterpretation bedient werden wird. Auch wurde gesehen, dass ungeschriebenes Verfassungsrecht deduktiv begründet werden kann, nämlich insbesondere dann, wenn sich ein impliziter Wille des Verfassungsgebers zu einem Regelungsgegenstand identifizieren lässt – so wie in den Fällen einer im Zeitpunkt der Verfassungsgebung selbstverständlich erschienenen Regelung.

Kann eine induktive Herleitungsweise die Vermutung begründen, dass es sich bei einem Gehalt eher um ein dem Bereich des ungeschriebenen Verfassungsrechts zuzurechnendes Verfassungsprinzip handelt, spricht eine deduktive Methodik allein umgekehrt nicht für das Vorliegen von Verfassungsinterpretation. Eine Abgrenzung muss neben der Methodik vielmehr auch die Eigenheiten des Normtyps „Verfassungsprinzip“ berücksichtigen. Besondere Bedeutung kommt hier dem Charakter von Verfassungsprinzipien als Zentralnormen der Verfassung zu.[209] Es handelt sich bei ihnen definitionsgemäß um prägende Verfassungsgehalte, die einen normativen Querschnitt der Verfassung abbilden – ihr Regelungsgehalt ist zumeist nicht gegenständlich begrenzt und inhaltlich von hoher Abstraktion.[210] Als weitere Indizien für ihre Zentralnormqualität wird man die Zahl ihrer teleologischen Bezüge in der geschriebenen Verfassung sowie die Breite ihrer Fundierung auf andere Verfassungsprinzipien nennen können.[211] Darüber hinaus ist der letztlich aus der Spezifitätsmaxime[212] folgende sich im Schrifttum als verfassungsdogmatische Kategorie etablierende Begriff des Selbst- oder Ei-

---

[206] Dazu oben Kap. 2 bei Fn. 32.

[207] Dazu oben Kap. 2 bei Fn. 38.

[208] Dazu schon oben Kap. 2 bei Fn. 55 ff. Instruktiv in diesem Zusammenhang auch der Rekurs auf die Methoden der Verfassungsinterpretation zur Führung des Positivierungsnachweises bei *Jestaedt*, in: Verfassungstheorie, 2010, S. 4 (39–40).

[209] Dazu grundlegend *Reimer*, Verfassungsprinzipien, 2001, S. 254 ff.

[210] *Penski*, JZ 1989, S. 105 (108); *Reimer*, Verfassungsprinzipien, 2001, S. 255; *H. A. Wolff*, Ungeschriebenes Verfassungsrecht unter dem Grundgesetz, 2000, S. 244 ff., 260 ff.

[211] In diese Richtung auch der Befund bei *H. A. Wolff*, Ungeschriebenes Verfassungsrecht unter dem Grundgesetz, 2000, S. 250 ff.

[212] Zu ihr aus methodischer Perspektive *Sobota*, Das Prinzip Rechtsstaat, 1997, S. 419 ff.

genstands von Normen zu beachten.[213] Aus ihm folgt, dass die Existenz einer Norm eine Betrachtung des Normumfelds voraussetzt. In Ansehung ihrer Umgebung muss eine Norm im Vergleich zu anderen Normen des gleichen Normsystems einen eigenständigen Normgehalt aufweisen, um als Norm gelten zu können.

Aufgrund ihrer Unbestimmtheit sind Verfassungsprinzipien im Interesse der Rechtssicherheit unter Umständen zudem mithilfe von Subprinzipien normativ zu nuancieren.[214] Da Subprinzipien teleologisch von ihrem Hauptprinzip abhängen, ihr Normgehalt also maßgeblich durch das Hauptprinzip bestimmt und begrenzt wird, handelt es sich bei der Konkretisierung durch Subprinzipienbildung um deduktive[215] Verfassungsinterpretation. Die Subprinzipienbildung setzt dabei erstens ein Systematisierungsbedürfnis voraus, also die Existenz eines in Ansehung von Verfassungsgeschichte, Rechtsprechung und Lehre als innerhalb des teleologischen Regelungsbereichs des Verfassungsprinzips als selbständig zu be-

---

[213] Dazu schon *Leisner*, Von der Verfassungsmäßigkeit der Gesetze zur Gesetzmäßigkeit der Verfassung, 1964, S. 8, 16 ff., 19 ff.; *Wipfelder*, DRiZ 1980, S. 441 (443) „Sinnvariabilität der Verfassungsnormen"; *H. A. Wolff*, Ungeschriebenes Verfassungsrecht unter dem Grundgesetz, 2000, S. 128; *Isensee*, AöR 137 (2013), S. 325 (326 ff.). Konkrete Verfassungsnormen auf ihren Selbst- oder Eigenstand hin untersuchend etwa *Unger*, Das Verfassungsprinzip der Demokratie, 2008, S. 228 ff.; *Anderheiden*, Gemeinwohl in Republik und Union, 2006, S. 193 ff. oder *Nowrot*, Das Republikprinzip in der Rechtsordnungengemeinschaft, 2014, S. 496 ff.

[214] Das Verfahren der Konkretisierung von Verfassungsprinzipien durch Subprinzipienbildung findet sich eindrücklich beschrieben bei *Reimer*, Verfassungsprinzipien, 2001, S. 484 ff. Vor allem zum Rechtsstaatsprinzip finden sich in der Literatur zahlreiche Hinweise auf Unter- oder Sub- oder Folgeprinzipien (so die Terminologie bei *R. Dreier*, JZ 1985, S. 353 ff.). Zum Rechtsstaatsprinzip beispielsweise *Sobota*, Das Prinzip Rechtsstaat, 1997, S. 411 ff.; *Michl*, JuS 2020, S. 643 hinsichtlich der „Grundsätze der Rechtsbindung, der Gewaltenteilung und der Bestimmtheit" oder der Rechtssicherheit bei *Sommermann*, in: M/K/S-GG, 2018, Art. 20 Rn. 288–304. Zu „Subprinzipien des Republikprinzips" *Nowrot*, Das Republikprinzip in der Rechtsordnungengemeinschaft, 2014, S. 402 ff. Wichtig ist vor allem die Folge der Unterscheidung zwischen Haupt- und Subprinzip, die *Reimer*, ebd. S. 184 ff. anhand der Abstraktionshöhe trifft. Denn die normative Wirkung eines Subprinzips kann grundsätzlich nicht über die des Hauptprinzips hinaus reichen. Vgl. im Übrigen *von Arnauld*, in: Rechtsangleichung, 2006, S. 247 (249). Zur Subprinzipienbildung hingegen noch grundsätzlich kritisch *Schnapp*, in: *von Münch/Kunig*-GG, 2012, Art. 20 Rn. 8, der darin einen grundsätzlichen Verstoß gegen die Logik sieht.

[215] *Reimer*, Verfassungsprinzipien, 2001, S. 428 spricht von „deduzierte[n] Prinzipien". Den deduktiven Syllogismus im Recht als „trivial" kritisierend *Joerden*, Logik im Recht, 2018, S. 296. In der Tat vermittelt die Bezeichnung der Verfassungsauslegung als „Deduktion" den fälschlichen Eindruck eines überprüfbaren Schlussverfahrens im Sinne der formalen Logik. Wenn juristische Rechtsanwendung als „Deduktion" bezeichnet wird, resultiert hieraus kein Mehrwert, denn die Schwierigkeit juristischer Arbeit besteht gerade in der Aufstellung der Prämissen, zu welcher die Deduktion keine Hilfestellung zu geben in der Lage ist. Dennoch kommt in *Reimers* Unterscheidung zwischen deduzierten und induzierten Prinzipien die methodische Gegenüberstellung von Verfassungsauslegung und Verfassungsfortbildung zum Ausdruck.

greifenden Teilbereichs. Auch hierbei ist die Spezifitätsmaxime zu berücksichtigen.[216] Obwohl Subprinzipien gegenstandsbezogene Teilausprägungen ihres Hauptprinzips, folglich konkreter als Letztere sind, wird man auch für Subprinzipien schließlich innerhalb ihres Gegenstandsbereich eine gewisse Abstraktionshöhe voraussetzen. So lassen sich Spezial- oder Ausnahmeregelungen keinesfalls als Subprinzipien bezeichnen.

IV. Die Abwägung von Verfassungsprinzipien

1. Die Abwägung als Modus prinzipieller Normanwendung

Schon weil (objektive) Verfassungsprinzipien nicht nur Teil der verfassungsmäßigen Ordnung im Sinne des Art. 20 Abs. 3 GG sind, sondern selbige überhaupt erst konstituieren, ist davon auszugehen, dass sich Verfassungsprinzipien zuvörderst[217] an den Gesetzgeber richten und von diesem zu konkretisieren sind. Spiegelbild dieses Konkretisierungsprimats ist, dass Verfassungsprinzipien grundsätzlich nicht unmittelbar anwendbar sind, sondern im Regelfall der Konkretisierung bedürfen[218], was jedoch nichts daran ändert, dass auch die vollziehende und die rechtsprechende Gewalt Verfassungsprinzipien zu beachten haben. Denn obwohl der bloße Wortlaut von Art. 20 Abs. 3 GG eine andere Interpretation zuließe, kann kein Zweifel daran bestehen, dass Verfassungsprinzipien die Bundesstaatsgewalt in Gänze binden.[219]

Die Konkretisierung von Verfassungsprinzipien wird einerseits durch den Umstand bestimmt, dass Verfassungsprinzipien keine vorherbestimmten Rechtsfolgen haben. Gleichzeitig sind Verfassungsprinzipien Normen, deren Regelungsweise durch normexterne Spannungslagen im Verfassungsgefüge charakterisiert wird[220] und die üblicherweise ein hohes Maß an Zustimmung[221] aufweisen. Je-

---

216 Dazu *Sobota*, Das Prinzip Rechtsstaat, 1997, S. 419 ff., 453 ff.

217 „Gesetzgeberische[s] Konkretisierungsprimat“ *Göldner*, Verfassungsprinzip und Privatrechtsnorm, 1969, S. 189; *Reimer*, Verfassungsprinzipien, 2001, S. 461 ff.; für Staatszielbestimmungen *Sommermann*, Staatsziele und Staatszielbestimmungen, 1997, S. 383 ff.; *Morlok/Michael*, Staatsorganisationsrecht, 2023, S. 57–58. Dazu auch bereits oben Kap. 2 bei Fn. 162 ff.

218 Nach *Reimer*, Verfassungsprinzipien, 2001, S. 315 ff. sind Verfassungsprinzipien nur dann unmittelbar anwendbar, wenn der Kernbereich der Prinzipien dies erfordert („Reservefunktion“ der Verfassungsprinzipien). *Kloepfer*, Verfassungsrecht I, 2011, S. 150 stellt demgegenüber darauf ab, dass (Struktur-)Prinzipien dann unmittelbar anwendbar sind, wenn eine gesetzliche Konkretisierung fehlt.

219 Das bedeutet jedoch nicht, dass alle Verfassungsprinzipien die Gewalten inhaltlich in immer gleicher Weise binden. Zur Bindung der Länder an Verfassungsprinzipien *Reimer*, Verfassungsprinzipien, 2001, S. 320 ff.; zur möglicherweise abweichenden inhaltlichen Bindung ebd. S. 325. Zur unmittelbaren Verfassungsbindung von Judikative und Exekutive *Grzeszick*, in: D/H/S-GG, Stand August 2023, Art. 20 Rn. 17 ff.

220 Kap. 2 Fn. 135.

221 Kap. 2 Fn. 134.

denfalls[222] der Gesetzgeber hat – die Abwägungsfähigkeit vorausgesetzt[223] – im Rahmen seiner primären Konkretisierungszuständigkeit vor[224] der Normsetzung zu erwartende Kollisionslagen mit anderen gegenläufigen Verfassungsprinzipien zu lösen.[225] Zur Auflösung von sich im Einzelfall widersprechenden gleichrangigen Normen wird sich traditionell der Güterabwägung im Einzelfall[226] bedient, der jedoch ein Element der Beliebigkeit anhaftet.[227] Weil die Güterabwägung aber nicht nur in der Praxis des Bundesverfassungsgerichts seit langem zum Alltag gehört, ist es zu begrüßen, dass die Abwägung sich zunehmend als fester Bestandteil im methodischen Schrifttum etabliert.[228]

---

222 Im Bereich der Verwaltung dürfte Hauptwirkweise der Verfassungsprinzipien ihre ermessenslenkende Wirkung sein. *Reimer*, Verfassungsprinzipien, 2001, S. 312 spricht von „Steuerungsfunktion". Die Judikative wird abgesehen von Verfassungsprinzipien, die Anforderungen an das gerichtliche Verfahren stellen, überwiegend damit beschäftigt sein, die Einhaltung verfassungsprinzipieller Maßstäbe zu kontrollieren.

223 Dazu oben Kap. 2 bei Fn. 142.

224 Hier sei darauf hingewiesen, dass das Erkenntnisverfahren, das auf die Feststellung der verfassungsrechtlichen Vorgaben gerichtet ist, strikt vom Normsetzungsverfahren, das diese Vorgaben konkretisiert und möglicherweise sogar über sie hinausgeht, zu unterscheiden ist. Dazu aus grundrechtlicher Perspektive *Jestaedt*, Grundrechtsentfaltung im Gesetz, 1999, S. 320 ff.

225 Zur Abwägung bei der Rechtssetzung ausführlich *Hofmann*, Abwägung im Recht, 2007, S. 385 ff. Insbesondere versteht er den Grundsatz der Verhältnismäßigkeit als eine den Gesetzgeber verpflichtende Handlungsnorm. Zur Unterscheidung zwischen gesetzgeberischer und gesetzesanwendender Abwägung *Bäcker*, JuS 2019, S. 321 (325 ff.). Zum Grundsatz der Verhältnismäßigkeit als Handlungs- und Kontrollnorm kritisch *Jestaedt*, in: Verhältnismäßigkeit, 2015, S. 293 (295 ff.).

226 Hierzu aus dem älteren Schrifttum etwa *Larenz/Canaris*, Methodenlehre der Rechtswissenschaft, 1995, S. 223 ff.

227 Hier sei etwa verwiesen auf *Müller*, Die Einheit der Verfassung – Kritik des juristischen Holismus, 2007, S. 199 „Die […] bei Bundesverfassungsgericht und Bundesverwaltungsgericht beliebte Praxis der Güterabwägung ruft noch stärkere Bedenken hervor. Sie verringert die Rechtssicherheit." Auch *Hesse*, Grundzüge des Verfassungsrechts, 1995, S. 28 mahnt zur Vorsicht: „Wo Kollisionen entstehen, darf nicht in vorschneller ‚Güterabwägung' […] [ein Rechtsgut] auf Kosten des anderen realisiert werden". Diese Kritik mag sich weniger von einem mitschwingenden Dezisionismus als vom anfänglichen Unbehagen subsumtionsalternativer Rechtsanwendung gespeist haben und ist auch insofern gerechtfertigt, als dass die Güterabwägung selbstredend kein willkürliches Verfahren sein darf, sondern einer überprüfbaren Methodik unterworfen werden muss.

228 Vgl. etwa *Bäcker*, JuS 2019, S. 321 (324 ff.), der die Abwägung als „Ponderation" bezeichnet und zusammen mit der Subsumtion zu den „Grundformen der Juristischen Methodenlehre" erhebt. Für einen Gleichrang von Subsumtion und Abwägung im Verfassungsrecht *Borowski*, in: HStR XII, 2014, S. 761 (763). Eindrücklich auch *Hofmann*, Abwägung im Recht, 2007, S. 107 ff., 385 ff. *Reimer*, Juristische Methodenlehre, 2020, S. 225 ff. beschreibt den Abwägungsvorgang ausführlich. Prägnant: „Abwägung ist *operationalisierte Gerechtigkeit*" (Hervorhebung im Original), ebd. S. 225. Auch *Joerden*, Logik im Recht, 2018, S. 301 ff. nimmt eine methodische Annäherung vor. Aus dem zivilrechtlich geprägten Schrifttum vgl. etwa *Riehm*, RW 4 (2013), S. 1 (11 ff.).

2. Dogmatisches Grundgerüst und Praxis der Abwägung

Die Verwissenschaftlichung der Abwägung lässt sich sinnvollerweise in drei inhaltlich zusammenhängende Teile dekonstruieren, die zusammen als das dogmatische Grundgerüst der Abwägung im Verfassungsrecht bezeichnet werden können: Einfallstor und Ausgangspunkt für den Ausgleich gegenläufiger Interessen ist zweifelsohne der überwiegend aus Rechtsstaatsprinzip und dem Wesen der Grundrechte hergeleitete Grundsatz der Verhältnismäßigkeit.[229] Nach der konsentierten Prüfungsreihenfolge ist im Rahmen der Verhältnismäßigkeit im engeren Sinn bekanntlich zu prüfen, ob die Beschränkung des in Rede stehenden Guts in angemessenem Verhältnis zu Gewicht und Bedeutung des einschränkenden Guts steht,[230] was praktisch auf eine Abwägung[231] hinausläuft.[232] Hier kommt zweitens der von Hesse geprägte Grundsatz praktischer Konkordanz ins Spiel, der richtigerweise[233] die Angemessenheitsprüfung der Verhältnismäßigkeit dahingehend modifiziert, dass nicht nur ein angemessener, sondern ein optimaler Ausgleich der kollidierenden Güter dergestalt vorzunehmen ist, dass beiden durch gegenseitige Beschränkung zu möglichst optimaler Wirksamkeit verholfen wird.[234] Obgleich die praktische Konkordanz als Konzept zuerst vornehmlich im Rahmen der Rechtfertigung von Eingriffen in wortlautgemäß vorbehaltlos ge-

---

[229] Grundlegend *Lerche*, Übermaß und Verfassungsrecht: Zur Bindung des Gesetzgebers an die Grundsätze der Verhältnismäßigkeit und der Erforderlichkeit, 1999. Vgl. auch *von Arnauld*, JZ 2000, S. 276 (278 ff.), der die Geltung des Verhältnismäßigkeitsgrundsatzes normtheoretisch begründet. Dieser Gedanke entspricht im Wesentlichen dem von *Alexy*, Theorie der Grundrechte, 1986, S. 100 herausgearbeitetem Zusammenhang zwischen Rechtsprinzip und Verhältnismäßigkeit. Zum Ganzen auch *Ossenbühl*, in: Abwägung im Recht, 1996, S. 25 (29 ff.).

[230] *Stern*, Staatsrecht I, 1984, S. 866–867; *Kloepfer*, Verfassungsrecht I, 2011, S. 340.

[231] Die Angemessenheitsprüfung im Rahmen der Verhältnismäßigkeit als „Abwägung“ bezeichnend *M. Klatt/Meister*, JuS 2014, S. 193 (195 ff.). Demgegenüber weist *Kloepfer*, Verfassungsrecht I, 2011, S. 339 darauf hin, dass die Verhältnismäßigkeit im engeren Sinn „mehr als eine Güterabwägung“ sei.

[232] Explizit auf eine im Rahmen der Verhältnismäßigkeit vorzunehmende „Gesamtabwägung“ rekurrierend BVerfGE 67, 157 (178). In BVerfGE 115, 205 (234) wird dann von „Güterabwägung“ gesprochen.

[233] *Schladebach*, Der Staat 53 (2014), S. 263 (273). Anders *Hofmann*, Abwägung im Recht, 2007, S. 398–399.

[234] *Hesse*, Grundzüge des Verfassungsrechts, 1995, S. 28, 142 ff. „verfassungsrechtlich geschützte Rechtsgüter müssen in der Problemlösung einander so zugeordnet werden, daß jedes von ihnen Wirklichkeit gewinnt.“ Zur Begriffsgeschichte *Schladebach*, Der Staat 53 (2014), S. 263 (267 ff.), der insbesondere darauf hinweist, dass der Begriff keine originäre Schöpfung von *Hesse* ist, sondern auf den Schweizer Juristen *Bäumlin* zurückgeht, der diese Wendung 1961 formulierte. Die Herkunft dieses Begriffs aus dem Schweizer Raum wird dadurch plausibilisiert, dass die dortige Demokratie in etwa seit derselben Zeit als „Konkordanzdemokratie“ bezeichnet wird. Dazu *Stern*, Staatsrecht I, 1984, S. 958 ff. Der Grundsatz praktischer Konkordanz wird überwiegend auf den Gedanken der Einheit der Verfassung (*Müller*) gestützt. Zur richtigen Deutung dieser Figur schon Kap. 2 Fn. 25, 48.

währleistete Grundrechte bemüht wurde, lässt sich ihr Gehalt – wie auch der des Verhältnismäßigkeitsgrundsatzes[235] – für die Lösung von Kollisionen objektiver Verfassungsprinzipien fruchtbar machen.[236] Vor allem bei Staatszielbestimmungen, die nach dem hiesigen Verständnis auf optimale Zielerreichung gerichtet sind, entspricht[237] der zu optimalem Ausgleich verpflichtende Grundsatz praktischer Konkordanz dem Regelungsgehalt dieser Verfassungsprinzipien.

Die Schwächen einer lediglich durch die Grundsätze von Verhältnismäßigkeit und praktischer Konkordanz konturierten Abwägung liegen indes auf der Hand: Zwar geben die einzelnen Schritte der Verhältnismäßigkeitsprüfung einen Rahmen vor, ihr Aussagegehalt zur im Rahmen der Angemessenheitsprüfung stattfindenden eigentlichen Abwägung steht jedoch nicht im Verhältnis zur immensen Bedeutung, die der Abwägung in der Praxis zukommt. Vor diesem Hintergrund hat Robert Alexy bekanntlich ein formal-numerisches Konzept[238] zur Rationalisierung[239] von Abwägungsvorgängen[240] entwickelt, das auf seiner Prinzipien-

[235] Die Anwendbarkeit des Grundsatzes der Verhältnismäßigkeit lässt sich mit dem normtheoretischen Begründungsansatz unterfüttern. Dazu *von Arnauld*, JZ 2000, S. 276 (278 ff.). Zustimmend auch *Bryde*, in: Demokratie und Grundgesetz, 2000, S. 59 (62); *Sachs*, in: ders.-GG, 2021, Art. 20 Rn. 147. Auch *Grzeszick*, in: D/H/S-GG, Stand August 2023, Art. 20 Rn. 108–109 hält den Verhältnismäßigkeitsgrundsatz im Staatsrecht grundsätzlich für anwendbar. Zur Diskussion auch *Heusch*, Der Grundsatz der Verhältnismäßigkeit im Staatsorganisationsrecht, 2003, S. 52 ff. Kritischer *Meinel*, Der Staat 60 (2021), S. 43 (60).

[236] Dafür streitet insbesondere die Herleitung des Grundsatzes praktischer Konkordanz aus der Einheit der (Gesamt-)Verfassung. Daneben spricht für die Ausweitung der praktischen Konkordanz auch der Umstand, dass Verfassungsprinzipien im Wege der praktischen Konkordanz koordiniert werden, sofern sie als kollidierendes Verfassungsrecht in Betracht kommen. Da Staatsstrukturprinzipien hier indes nicht definitionsgemäß als Optimierungsgebote verstanden wurden, hängt die Anwendung des Grundsatzes praktischer Konkordanz konsequenterweise davon ab, ob sich anhand des Norminhalts ein Optimierungsauftrag ermitteln lässt. Etwa bei rein organisations- oder verfahrensrechtliche Regelungen scheidet dies aus (*C. Möllers*, AöR 132 (2007), S. 493 [506–507]). Bereits oben Kap. 2 Fn. 137 wurde darauf hingewiesen, dass selbst die Kritiker des Optimierungskriteriums im Verfassungsrecht anerkennen, dass es Verfassungsprinzipien gibt, die auf Optimierung gerichtet sind. So etwa *Lerche*, in: Festschrift für Stern, 1997, S. 197 (206). Für eine Koordination objektiven Verfassungsrechts im Wege praktischer Konkordanz noch zurückhaltend aber im Ergebnis bejahend *Achterberg*, Der Staat 8 (1969), S. 159 (176 ff.). Übereinstimmend *Reimer*, Verfassungsprinzipien, 2001, S. 497 ff.; *Kloepfer*, in: BK-GG, Stand Dezember 2023, Art. 20a Rn. 60. Auch *C. Möllers*, in: Handbuch des Verfassungsrechts, 2021, S. 317 (323–324) hält eine „vorsichtige Öffnung“ zumindest des Demokratieprinzips „zur Prinzipientheorie“ für „überzeugend“.

[237] „Das Optimierungsgebot nach der Prinzipientheorie von *Alexy* und das Prinzip der praktischen Konkordanz von *Hesse* besitzen daher im Ergebnis denselben Aussagegehalt.“ *Schladebach*, Der Staat 53 (2014), S. 263 (273) (Hervorhebungen im Original).

[238] Vor *Alexy* bediente sich schon *Schlink*, Abwägung im Verfassungsrecht, 1976, S. 178 ff. formaler Darstellungsformen, nämlich der ökonomischen Ansätze der Pareto-Optimalität und der Indifferenzkurven.

[239] So ausdrücklich *Alexy*, in: Gedächtnisschrift für Jürgen Sonnenschein, 2003, S. 771.

theorie aufbaut und sich gemeinsam mit den Grundsätzen von Verhältnismäßigkeit und praktischer Konkordanz zu einem einheitlichen Bild fügt. Alexys Abwägungskonzeption basiert auf seinem aus der bundesverfassungsgerichtlichen Abwägungspraxis gefolgertem (erstem) Abwägungsgesetz[241], das als Grundformel für die Abwägung Eingriffsintensität und Wichtigkeit des eingreifenden Prinzips in Verhältnis zueinander setzt. Nach dieser Relation vollzieht sich die Abwägung in einem Dreischritt: Zuerst ist der Grad der Nichterfüllung oder Beeinträchtigung des einen, dann der Grad der Wichtigkeit der Erfüllung des anderen festzustellen.[242] Anschließend muss geprüft werden, ob die Wichtigkeit der Erfüllung des eingreifenden Prinzips die Nichterfüllung oder Beeinträchtigung des anderen Prinzips rechtfertigt.[243] Diesen Schritt, der den eigentlichen Kern der Abwägung bildet und deshalb besonders systematisierungsbedürftig ist, hat Alexy gemeinsam mit den ersten beiden Schritten in eine mathematische Formel, die „Gewichtsformel", gegossen.[244] Die weiteren Faktoren dieser Formel sind neben den bereits angesprochenen Intensitäten[245] einerseits das abstrakte Gewicht der Prinzipien, sowie andererseits der Grad der Sicherheit der empirischen Annahme[246] über die Intensitäten im konkreten Fall. Sämtliche Faktoren sind für jedes Prinzip zu skalieren, wobei den Faktoren jeweils nur Bedeutung zukommt, wenn sie für

---

240 Eine Analyse der bundesverfassungsgerichtlichen Abwägungsentscheidungen nahm vor ihm beispielsweise *Schlink*, Abwägung im Verfassungsrecht, 1976, S. 17 ff. vor, der sich zur Abwägungspraxis des Gerichts ebd. S. 78–79, 111 ff. insgesamt kritisch äußert.

241 „Je höher der Grad der Nichterfüllung oder Beeinträchtigung des einen Prinzips ist, um so größer muß die Wichtigkeit der Erfüllung des anderen sein." *Alexy*, Theorie der Grundrechte, 1986, S. 146; ders., in: Gedächtnisschrift für Jürgen Sonnenschein, 2003, S. 771 (772). Das zweite oder epistemische Abwägungsgesetz trägt nun praktischen Feststellungsunsicherheiten Rechnung, wenn es postuliert: „Je schwerer ein Eingriff in ein Grundrecht wiegt, desto größer muß die Gewißheit der den Eingriff tragenden Prämissen sein." *Alexy*, in: Gedächtnisschrift für Jürgen Sonnenschein, 2003, S. 771 (789). Zu den epistemischen Unsicherheiten, die zum Alltag der Verfassungsgerichtspraxis gehören, differenzierend *M. Klatt/Schmidt*, AöR 137 (2012), S. 545 (550 ff.).

242 Diese Bewertung nimmt *Alexy* jeweils mit einer dreistufigen Klassifizierung in den Stufen „leicht", „mittel" und „schwer" vor; ders., in: Gedächtnisschrift für Jürgen Sonnenschein, 2003, S. 771 (777 ff.). Die dreistufige Angemessenheitsprüfung entspricht dem verfassungsgerichtlichen Prüfprogramm. Vgl. nur BVerfGE 118, 168 (195 ff.).

243 *Alexy*, in: Gedächtnisschrift für Jürgen Sonnenschein, 2003, S. 771 (773).

244 Die Gewichtsformel trägt dem Umstand Rechnung, dass Prinzipienkollisionen nach *Alexy* stets nur in Ansehung der Umstände des Einzelfalls durch die Aufstellung einer durch ebenjene Umstände bedingten Vorrangrelation zu lösen sind. Zur bedingten Vorrangrelation und dem Kollisionsgesetz *Alexy*, Theorie der Grundrechte, 1986, S. 79 ff. Die Einzelfallbedingtheit, die er als „*Alexysche* Unschärfe" betitelt, veranlasst *Hong*, Abwägungsfeste Rechte, 2019, S. 50 ff. dazu, die Gewichtsformel um die von ihm so bezeichnete Unschärfebedingung anzureichern.

245 Hiermit ist der Grad der Nichterfüllung respektive die Wichtigkeit der Erfüllung des eingreifenden Prinzips gemeint.

246 Dieser Faktor folgt aus dem zweiten (epistemischen) Abwägungsgesetz. Dazu schon Kap. 2 Fn. 241.

die beiden[247] Abwägungsgüter divergieren.[248] Auch das Bundesverfassungsgericht offenbart bei der Abwägung in jüngerer Zeit zumindest gedankliche Bezüge zur skizzierten Abwägungsdogmatik.[249]

Im Zusammenhang zwischen Alexys Abwägungskonzeption und dem Grundsatz der Verhältnismäßigkeit liegt zugleich ein besonderer Verdienst seiner Theorie. Denn sein erstes Abwägungsgesetz transkribiert die Angemessenheitsprüfung der Verhältnismäßigkeit[250] in eine Grundrelation, die den Abwägenden eine Begründungslast auferlegt. Damit wird der Weg von einer freien Güterabwägung hin zu einem überprüfbaren und damit rationaleren Verfahren geebnet. Weil die Alexysche Abwägungskonzeption auf seiner Prinzipientheorie basiert, die Prinzipien vornehmlich als Optimierungsgebote versteht, ist sie zugleich das Bindeglied der Grundsätze von Verhältnismäßigkeit[251] und praktischer Konkordanz.[252] Aus der Verbindung dieser Grundsätze ergibt sich aber auch ihre zentrale Anwendungsvoraussetzung: Weil Verfassungsprinzipien hier nicht als Optimierungsgebote definiert wurden, das Abwägungsmodell Alexys aber ebendies voraussetzt,[253] muss sich dem Norminhalt des jeweiligen Prinzips ein Optimierungsauftrag entnehmen lassen. Konsequenterweise lassen sich deshalb zunächst nur Kollisionen wortlautgemäß vorbehaltlos gewährleisteter Grundrechte mit Staatszielbestimmungen ohne weitere Betrachtung des Norminhalts nach dem skizzierten Abwägungsmodell lösen.[254]

---

[247] Zur Übertragung der Gewichtsformel auf Kollisionslagen mit mehreren Prinzipien *Alexy*, in: Gedächtnisschrift für Jürgen Sonnenschein, 2003, S. 771 (791 ff.).

[248] Das abstrakte Gewicht skaliert *Alexy* entsprechend der Intensität dreistufig. Zur Skalierung der epistemischen Unsicherheiten entnimmt *Alexy*, in: Gedächtnisschrift für Jürgen Sonnenschein, 2003, S. 771 (789) der bundesverfassungsgerichtlichen Rechtsprechung die ebenfalls dreistufige Skala „gewiß oder sicher", „vertretbar oder plausibel" sowie „nicht evident falsch". Hierzu kritisch *M. Klatt/Schmidt*, AöR 137 (2012), S. 545 (554 ff.).

[249] Dazu sogleich unten Kap. 2 bei Fn. 266, 267.

[250] *Alexy*, in: Gedächtnisschrift für Jürgen Sonnenschein, 2003, S. 771 (772 ff., 789); *Schladebach*, Der Staat 53 (2014), S. 263 (280).

[251] Der Prinzipiencharakter impliziert den Verhältnismäßigkeitsgrundsatz und umgekehrt *Alexy*, Theorie der Grundrechte, 1986, S. 100; ders., in: Gedächtnisschrift für Jürgen Sonnenschein, 2003, S. 771 (772).

[252] Das Abwägungsmodell entspricht dem Grundsatz der praktischen Konkordanz *Alexy*, Theorie der Grundrechte, 1986, S. 152. Umgekehrt hat *Schladebach*, Der Staat 53 (2014), S. 263 (279 ff.) vorgeschlagen, den Grundsatz praktischer Konkordanz um die Gewichtsformel anzureichern, was die wechselseitigen Bezüge nochmals verdeutlicht. Wenn man die praktische Konkordanz darauf gerichtet sieht, optimalen Ausgleich herbeizuführen, folgt daraus, dass ihr sachlicher Gehalt nicht mit dem Abwägungsauftrag der Angemessenheitsprüfung übereinstimmt. Anders aber *Hofmann*, Abwägung im Recht, 2007, S. 398–399, der praktische Konkordanz und Verhältnismäßigkeit gleichsetzt.

[253] Vgl. Kap. 2 Fn. 252.

[254] Aus der Rechtsprechung etwa BVerwG, Beschluss vom 13. April 1995 – 4 B 70/95; BVerwGE 127, 183 (Ls. 1): „der erforderliche Ausgleich zwischen dem zur Staats-

Auch eine formal-numerische Rekonstruktion des im Rahmen der Angemessenheitsprüfung des Bundesverfassungsgerichts stattfindenden Güterausgleichs kann jedoch nicht garantieren, dass Entscheidungen fortan mit mathematischer Genauigkeit getroffen würden.[255] Denn so wie schon der Aussagegehalt logischer Schlussverfahren im Recht insgesamt durch ihre Prämissenabhängigkeit begrenzt wird,[256] kann auch der formalisierten Abwägungsentscheidung nicht die Last der externen Rechtfertigung aufgebürdet werden.[257] Der jedem Rechtsanwendungsverfahren immanente Einzelfallbezug führt dazu, dass sich die Ebene der externen Rechtfertigung nicht rein formal bestimmen lässt. Selbst wenn die formal-numerische Rekonstruktion der Gewichtsformel diesen Eindruck erwecken könnte, besteht ihr Wert deshalb nicht in der Gewährleistung mathematischer Präzision,[258] sondern in der weiteren Erhellung der traditionell undurchsichtigen und dezisionistisch konnotierten Güterabwägung der Verhältnismäßigkeit im engeren Sinne. Aufgrund der Benennung der abwägungserheblichen Faktoren wird insbesondere klar, welche Umstände bei der Abwägungsentscheidung miteinander in Verhältnis zu setzen sind. Durch diese Auferlegung von Begründungslasten wird ein Maßstab geschaffen, an dem Abwägungsentscheidungen auch im

---

zielbestimmung erhobenen Tierschutz und den betroffenen Grundrechten [insbesondere der Religionsfreiheit] [ist] weiterhin so herzustellen, dass beide Wirkung entfalten können". Aus der jüngeren Judikatur vgl. auch BVerfGE 157, 30 (138 ff.).

255 Anders als die Kritik der Abwägungsskeptiker es vermuten lässt, erhebt das Abwägungsmodell nicht den Anspruch einer vollständigen Entscheidungsdetermination: „die Abwägung [ist] kein Verfahren [...], das in jedem Fall zwingend zu genau einem Ergebnis führt", *Alexy*, Theorie der Grundrechte, 1986, S. 143. Vielmehr impliziert der besonders deutlich im Begriff der (durch die Umstände des Einzelfalls) bedingten Vorrangrelation zum Ausdruck kommende Einzelfallbezug, dass es keine vollständige Abwägungsdetermination geben kann. Abwägungskritische Positionen finden sich etwa bei *Forsthoff*, Der Staat der Industriegesellschaft, 1971, S. 140 ff.; *Schlink*, in: Festschrift 50 Jahre Bundesverfassungsgericht II, 2001, S. 445 (460 ff.); *Poscher*, Grundrechte als Abwehrrechte, 2003, S. 81: „[Die Prinzipientheorie] besagt letztlich nicht viel mehr, als daß im Einzelfall unter Berücksichtigung aller relevanten Umstände eine rational begründete Entscheidung getroffen werden muß. Weniger Strukturen kann ein dogmatischer Vorschlag kaum bieten"; *Jestaedt*, in: Festschrift für Josef Isensee, 2007, S. 253 (265 ff.). Sich mit der Kritik auseinandersetzend *M. Klatt/Meister*, Der Staat 51 (2012), S. 159 (162 ff.); *Petersen*, Verhältnismäßigkeit als Rationalitätskontrolle, 2015, S. 56 ff.

256 Vgl. die Kritik am juristischen Syllogismus oben Kap. 2 Fn. 215.

257 *M. Klatt/Meister*, Der Staat 51 (2012), S. 159 (172–173, 182–183), die in diesem Zusammenhang die Unterscheidung zwischen interner und externer Rechtfertigung bemühen. Hierzu auch *Alexy*, Theorie der juristischen Argumentation, 1991, S. 273 ff.; *Bäcker*, JuS 2019, S. 321 (322 ff.); aus Sicht der Logik *Joerden*, Logik im Recht, 2018, S. 297.

258 Insofern ist auch die Kritik an der mathematischen Stringenz der Gewichtsformel bei *Petersen*, Verhältnismäßigkeit als Rationalitätskontrolle, 2015, S. 63 und die von *Hofmann*, Abwägung im Recht, 2007, S. 281 ff. aufgeworfenen Zweifel an ihrer praktischen Umsetzbarkeit nicht geeignet, den Wert des *Alexyschen* Modells insgesamt infrage zu stellen. Die Gewichtsformel hat selbst dann einen Erkenntniswert, wenn man sie nur als Modell versteht.

Nachhinein gemessen werden können und der so für Nachvollziehbarkeit und Überprüfbarkeit der Entscheidung sorgt.[259]

Wie bereits beschrieben, geht es bei der Abwägung im Rahmen der Verhältnismäßigkeit im engeren Sinne um die Frage, ob die Wichtigkeit der Erfüllung des eingreifenden Prinzips die Beeinträchtigung oder Nichterfüllung des anderen Prinzips rechtfertigt.[260] Die entscheidende Vorfrage im Rahmen der Abwägung besteht also darin, die konkrete Wichtigkeit des eingreifenden Prinzips, sowie den konkreten Grad der Nichterfüllung oder Beeinträchtigung des anderen Prinzips[261] zu bewerten. Auf dieser Grundlage ist sodann die Rechtfertigungsfrage zu beantworten. Bei Anwendung der Gewichtsformel vollzieht sich diese vorgelagerte Bewertung durch die triadische Skalierung der Intensitäten. Nach Alexy[262] ist die Wichtigkeit des eingreifenden Prinzips daran zu messen, wie intensiv das beschränkende Prinzip bei Wegdenken des Eingriffs tangiert würde.[263] Diese Intensität ist mit dem Grad der Nichterfüllung des Prinzips in Verhältnis zu setzen, in das eingegriffen wird. An dieser Stelle endet die Aussagekraft der formalen Entscheidungsrekonstruktion, weil die Bewertungsentscheidung hinsichtlich der Intensitäten, die bei Anwendung der Gewichtsformel durch die Skalierung vorgenommen wird, eine Frage der externen Rechtfertigung ist. Aus der Individualität der Abwägungsentscheidung und der Vielgestalt potentieller normativer Konfliktlagen folgt, dass das Problem der externen Rechtfertigung nicht abstrakt und unter Ausblendung des materiellen Verfassungsrechts gelöst werden kann. Die Unsicherheiten die aus der Diskrepanz zwischen Einzelfallbezug und abstraktformaler Abwägungsmethodik entstehen, haben Verfassungsrechtsprechung und auch -lehre mit einer Verfassungsinterpretation zu kompensieren, die Verfassungsnormen in Hinblick auf die skizzierte Bewertungsentscheidung durch typisierte Fallgruppenbildung vorstrukturiert.[264] Auch werden sich für abwägungsfähige

---

[259] Auf die Transparenz formal-numerischer Abwägungskonzepte hinweisend *Hofmann*, Abwägung im Recht, 2007, S. 101–103.

[260] Dies entspricht dem bundesverfassungsgerichtlichen Prüfprogramm: „die Schwere des Eingriffs [darf] bei einer Gesamtabwägung nicht außer Verhältnis zu dem Gewicht der ihn rechtfertigenden Gründe stehen“ (BVerfGE 118, 168 [195]) und wurde von *Alexys* (erstem) Abwägungsgesetz expliziert, das die Grundlage seiner Gewichtsformel bildet. Dazu schon oben Kap. 2 bei Fn. 241 ff.

[261] In der Folge wird in Anlehnung an die Terminologie *Alexys* der Verständlichkeit halber von beiden zusammen als „die Intensitäten“ gesprochen.

[262] *Alexy*, in: Gedächtnisschrift für Jürgen Sonnenschein, 2003, S. 771 (780).

[263] Dieser Gedankenschritt entspricht der ersten Hypothese der Folgenabwägung bei einer Entscheidung nach § 32 Abs. 1 BVerfGG. Kritisch zur bundesverfassungsgerichtlichen Abwägungspraxis bei Entscheidungen nach § 32 Abs. 1 BVerfGG *Schoch*, in: Festschrift 50 Jahre Bundesverfassungsgericht I, 2001, S. 695 (708 ff.).

[264] Die Möglichkeit normspezifischer Typisierungen wurde auch vom BVerfG in BVerfGE 120, 180 (212) anerkannt: „Es ist [den Fachgerichten] allerdings ebenfalls nicht verwehrt, sondern kann der Rechtssicherheit dienen, die Abwägung [...] durch andere typisierende Hilfsbegriffe oder durch Fallgruppenbildungen anzuleiten.“ Zustim-

Verfassungsprinzipien regelmäßig Kriterien identifizieren lassen, die Aufschluss darüber geben, in welchen typischen Konfliktsituationen die Intensität der Betroffenheit des beschränkten Prinzips bzw. die Wichtigkeit der Realisierung des beschränkenden Prinzips entweder hoch oder weniger hoch anzusiedeln sind. So geht das Bundesverfassungsgericht etwa davon aus, dass ein Grundrechtseingriff regelmäßig dann von besonders hohem Gewicht ist, wenn er heimlich erfolgt.[265] In der jüngeren Verfassungsrechtsprechung findet daneben auch eine kollisionsbezogene Konkretisierung der Abwägungsfaktoren statt, wobei die terminologischen Bezüge zur Abwägungsdogmatik Alexys unverkennbar sind. So formuliert das Bundesverfassungsgericht in seinem Klimaschutzbeschluss hinsichtlich des Ausgleichs zwischen Art. 20a GG und den im Fall klimaschädlicher Freiheitsbetätigung einschlägigen Grundrechten, dass „das relative Gewicht des Klimaschutzgebots in der Abwägung bei fortschreitendem Klimawandel weiter zu[nehme]",[266] während „das relative Gewicht einer nicht klimaneutralen Freiheitsbetätigung in der Abwägung bei fortschreitendem Klimawandel weiter ab[nehme]".[267]

Das Spannungsverhältnis zwischen Rechtssicherheit und Einzelfallgerechtigkeit hat zur Folge, dass mit der einzelfallbezogenen Konturierung der Verhältnismäßigkeitsprüfung durch die Rechtsprechung regelmäßig eine Gratwanderung beschritten ist. So darf die fallgruppenartige Konkretisierung der Verhältnismäßigkeitsprüfung nicht zum Abdriften in einen regelhaften Schematismus führen.[268]

---

mend *Hong*, Abwägungsfeste Rechte, 2019, S. 30. Obwohl es durchaus Verfassungsnormen gibt, die durch Rechtsprechung und Lehre eine abwägungsbezogene Typisierung erfahren haben, wie etwa das allgemeine Persönlichkeitsrecht durch die sog. Sphärentheorie, lässt sich doch eine grundsätzliche Skepsis gegenüber der fallrechtsähnlichen Rechtsprechung des BVerfG feststellen. Vgl. etwa *Bryde*, in: Juristische Methodenlehre aus dem Geist der Praxis?, 2016, S. 107 (112–114). Ein klassisches Beispiel für eine hypothesenbasierte normspezifische Strukturierung des Verhältnismäßigkeitsgrundsatzes ist die im Apothekenurteil BVerfGE 7, 377 ff. des BVerfG entwickelte sog. Drei-Stufen-Lehre. Die Besonderheit dieser Lehre ist, dass sie die Anforderungen an die Rechtfertigung von Eingriffen in den als einheitliches Grundrecht verstandenen Art. 12 Abs. 1 GG quasi regelförmig an die Schwere des Eingriffs knüpft. Es könnte kritisch angemerkt werden, dass die Drei-Stufen-Lehre deshalb nicht abwägungsunterstützend, sondern abwägungsersetzend wirkt. Die in den vergangenen Jahren eher flexible Handhabung der Drei-Stufen-Lehre durch das BVerfG ist vor diesem Hintergrund zu begrüßen. Aus abwägungsskeptischer Perspektive kritisch hierzu schon *Schlink*, Abwägung im Verfassungsrecht, 1976, S. 49 ff.

265 Vgl. schon BVerfGE 30, 1 (26). Aus jüngerer Zeit etwa BVerfGE 155, 119 (179). Eine ähnliche Konkretisierung des Eingriffsgewichts bei einem Eingriff in die Forschungsfreiheit findet sich etwa in BVerfG, Beschluss vom 25. September 2023 – 1 BvR 2219/20 – Rn. 15 nach juris.

266 BVerfGE 157, 30 (139).

267 BVerfGE 157, 30 (100, 132). Das relative Gewicht im Zusammenhang mit dem Klimaschutz bemühend auch BVerfG, Beschluss vom 15. Dezember 2022 – 1 BvR 2146/22 – Rn. 3 nach juris.

268 Auch das BVerfG selbst betont in BVerfGE 120, 180 (212–213), dass die Systematisierung von Abwägungsentscheidungen nicht zulasten der Einzelfallgerechtigkeit gehen darf: „Die mit Abwägungen in multipolaren Konfliktlagen häufig verbundene

Ein Beispiel hierfür ist die unten noch genauer darzustellende Handhabung des Verfahrensstandsmaßstabs, mit dem das Bundesverfassungsgericht die Figur des „Kernbereichs exekutiver Eigenverantwortung" als verfassungsrechtlichen Geheimhaltungsgrund konkretisiert hat.[269] Andererseits aber können ständig neue Kategorien- und Maßstabsbildungen auch in einer kaum mehr überblickbaren Überladung der Verhältnismäßigkeitsprüfung gipfeln, wie es bei der inzwischen minutiös ausdifferenzierten und dadurch teilweise mit erheblichen praktischen Umsetzungsschwierigkeiten verbundenen Verhältnismäßigkeitsrechtsprechung zur Datenübermittlung von und an Sicherheitsbehörden der Fall ist.[270]

C. Allgemeine Verfassungsprinzipien

Weil in Rechtsprechung und Literatur häufig auch die Rede von allgemeinen Verfassungsprinzipien ist,[271] dieser Begrifflichkeit aber noch keine hinreichende Aufarbeitung zuteil wurde, ist schließlich zu fragen, ob und welcher Erklärungswert dem beigemessen werden kann.

I. Die Allgemeinheit von Verfassungsprinzipien als Ausdruck eines normativ-integralen Prinzipienverständnisses

Hierfür ist der Blick zunächst auf einen weniger formal-rechtstheoretischen, als mehr materiell-verfassungsdogmatischen Diskussionsstrang zu richten: Nicht zuletzt befeuert durch die Arbeit Kunigs zum Rechtsstaatsprinzip[272] wurde für das Demokratieprinzip[273], das Bundesstaatsprinzip[274], das Republikprinzip[275]

Ungewissheit über ihren Ausgang lässt sich durch Klassifikationen allerdings regelmäßig nur unter dem Risiko einer Verallgemeinerung überwinden, die dem Ziel einer Berücksichtigung situationsbezogener Umstände zuwiderlaufen kann. Auf ergänzende Abwägungen im Einzelfall kann daher nicht grundsätzlich verzichtet werden."

[269] Dazu unten Kap. 4 bei Fn. 249 ff.

[270] Vor allem seit der Entscheidung BVerfGE 162, 1 mehren sich die kritischen Stimmen im Schrifttum. Vgl. nur die Kritik bei *Gärditz*, GSZ 2022, S. 161 (169 ff.).

[271] Dabei wird sowohl pauschal von „allgemeinen Verfassungsprinzipien" (vgl. nur BVerfGE 14, 263 [275]) gesprochen, als auch mit jeweils konkretem Bezug auf einzelne Verfassungsbestimmungen. So etwa „allgemeine[s] Demokratieprinzip" *Dittmann*, in: HStR VI, 2008, S. 201 (212, 213); „allgemeine[s] Rechtsstaatsprinzip" BVerfGE 118, 212 (239) oder etwa „allgemeine[s] Bundesstaatsprinzip" BVerfGE 116, 327 (386).

[272] So insbesondere *Kunig*, Das Rechtsstaatsprinzip, 1986, insb. S. 457 ff. Die Gegenposition wurde maßgeblich von *Sobota*, Das Prinzip Rechtsstaat, 1997, S. 399 ff. entfaltet. In BVerfGE 14, 263 (275) werden Rechts- und Sozialstaatlichkeit als „allgemeine Verfassungsprinzipien" bezeichnet. Das entspricht der ständigen Rechtsprechung des BVerfG, vgl. BVerfGE 118, 212 (239): „allgemeine[s] Rechtsstaatsprinzip".

[273] Vgl. etwa *Jestaedt*, Demokratieprinzip und Kondominialverwaltung, 1993, S. 149 ff.; *S. Schröder*, JA 2017, S. 809 ff.

[274] Vgl. insbesondere *Šarčević*, Das Bundesstaatsprinzip, 2000, insb. S. 130 ff.; demgegenüber BVerfGE 116, 327 (386) „allgemeine[s] Bundesstaatsprinzip".

[275] Hierzu *Grzeszick*, in: D/H/S-GG, Stand August 2023, Art. 20 III Rn. 3 ff.

oder die Gewaltenteilung[276] die Frage aufgeworfen, ob diesen grundlegenden Verfassungsgehalten gegenüber den von ihnen teleologisch umfassten konkreteren Verfassungseinzelnormen überhaupt noch eigener normativer Wert zukommt. Unter Zugrundelegung eines sog. summativen Verständnis wird das in Zweifel gezogen. Das Kernargument dieser Lesart von Verfassungsprinzipien[277] bildet der Überflüssigkeitseinwand: So gehe das Prinzip in der Summe seiner Einzelvorschriften auf. Mangels eigenen Regelungsgehalts sei es normativ bedeutungslos, daher verfassungsdogmatisch überflüssig.[278] Nach dem sog. integralen Prinzipienverständnis existiere hingegen neben den Verfassungseinzelnormen ein diese überschießender eigenständiger Normbereich, der im Zuge dieser Diskussion häufig als *allgemeines* Verfassungsprinzip[279] bezeichnet wird. Die Leugnung der normativen Existenz eines Verfassungsprinzips auf Basis der vordergründigen Absenz definitiver Rechtsfolgen entspricht nicht dem hiesigen Normverständnis. Aus dem eher positivistischen Blickwinkel des Überflüssigkeitseinwands werden die nachfolgend dargestellten Funktionen dieser Verfassungsprinzipien negiert.

Als Ausdruck eines integralen Prinzipienverständnisses kommt der Bezeichnung eines Verfassungsprinzips als allgemein daher eigener begrifflicher Wert zu. Lassen sich allgemeine Verfassungsprinzipien aber auch als eine eigene Normkategorie im Verhältnis zum Verfassungsprinzip begreifen? Hierfür ist ein Blick auf ihre normativen Funktionen zu werfen.[280]

---

[276] *C. Möllers*, AöR 132 (2007), 493, S. 495–496.

[277] Da mit einem summativen Verständnis dieser Verfassungsbegriffe die Negation ihrer normativen Existenz einher geht, erweist sich die Rede von einem summativen Prinzipienverständnis als Kontradiktion. In diese Richtung auch *Reimer*, Verfassungsprinzipien, 2001, S. 207–208.

[278] Der Überflüssigkeitseinwand bildet die Kernthese *Kunigs* (vgl. den Nachweis in Kap. 2 Fn. 272) in Bezug auf das Rechtsstaatsprinzip. Sie ist in der Literatur vielfach kritisiert worden: *Schmidt-Aßmann*, in: HStR II, 2004, S. 541 (545–546); *Sobota*, Das Prinzip Rechtsstaat, 1997, S. 399 ff.; *Schulze-Fielitz*, in: *Dreier*-GG, 2015, Art. 20 (Rechtsstaat) Rn. 45; *Reimer*, Verfassungsprinzipien, 2001, S. 386 ff.; *H. A. Wolff*, Ungeschriebenes Verfassungsrecht unter dem Grundgesetz, 2000, S. 190.

[279] „[A]llgemeine[s] Rechtsstaatsprinzip" *Grzeszick*, in: D/H/S-GG, Stand August 2023, Art. 20 VII Rn. 43; „allgemeines Demokratieprinzip" *J. Schröder*, JA 2017, S. 809; „allgemeine[s] bundesstaatliche[s] Prinzip" *Bauer*, in: *Dreier*-GG, 2015, Art. 20 (Bundesstaat) Rn. 22.

[280] Mit Wirkweise und Funktionen (allgemeiner) Verfassungsprinzipien haben sich etwa *Reimer*, Verfassungsprinzipien, 2001, S. 310 ff.; *Sobota*, Das Prinzip Rechtsstaat, 1997, S. 399 ff. oder *Nowrot*, Das Republikprinzip in der Rechtsordnungengemeinschaft, 2014, S. 96 ff. befasst. Vor allem die Literaturbeiträge zum Rechtsstaatsprinzip bieten Hinweise auf die normative Wirkung allgemeiner Verfassungsprinzipien. Vgl. etwa *von Arnauld*, in: Verfassungstheorie, 2010, S. 703 ff.; *Schmidt-Aßmann*, in: HStR II, 2004, S. 541 (543 ff.).

II. Die normativen Funktionen allgemeiner Verfassungsprinzipien

Obwohl sie vordergründig rechtsfolgenlos sind, wirken allgemeine Verfassungsprinzipien erstens ordnend und bündelnd.[281] Sie sind das hochabstrakte teleologische Fundament zahlreicher Verfassungsnormen und liefern über eine rein deskriptive Verklammerung[282] hinaus in einem systematisierenden Verhältnis von Abstraktion und Konkretisierung gedankliche Leitlinien für die Verfassungsanwendung. Auf diese Weise wirken allgemeine Verfassungsprinzipien einer Zersplitterung des Rechts und der Überlastung der geschriebenen Verfassung entgegen, was letztlich auch der Sicherheit und Übersichtlichkeit des Rechts dient.[283]

Damit zusammenhängend wirken allgemeine Verfassungsprinzipien zweitens zukunftssichernd und abschirmend. Wie schon oben ausgeführt[284] steht die rechtsfolgenoffene Normstruktur des Verfassungsprinzips im Dienste einer dauerhaft stabilen Verfassungsordnung. Die häufig als „allgemein“ bezeichneten Verfassungsprinzipien sind über ihre bereits normstrukturell angelegte Zukunftsoffenheit teilweise auch inhaltlich vor Veränderungen durch den verfassungsändernden Gesetzgeber geschützt (Art. 79 Abs. 3 GG[285]) und dadurch in besonderem Maße abgeschirmt.[286] Das Normverständnis von Vertretern einer summativen Lesart von Verfassungsgehalten kann nicht darüber hinwegtäuschen, dass aus der Existenz vorrangig anzuwendender Konkretisierungen keinesfalls die Wirkungslosigkeit oder gar die Redundanz allgemeiner Verfassungsprinzipien folgt. Denn auch ohne unmittelbare Rechtsfolgen zu zeitigen, wirken allgemeine Verfassungsprinzipien im Zusammenspiel mit den beiden dargestellten Wirkmechanismen drittens dirigierend. Sollen von allgemeinen Verfassungsprinzipien im Rahmen der Verklammerungswirkung teleologisch umfasste Verfassungsbegriffe konkretisierend ausgelegt werden oder treten sie mit anderen Verfassungsgehalten in ein im Wege der Abwägung zu lösendes Kollisionsverhältnis, sind dem

---

[281] Vgl. etwa *Jestaedt*, Grundrechtsentfaltung im Gesetz, 1999, S. 38; *von Arnauld*, in: Verfassungstheorie, 2010, S. 703 (705); *Nowrot*, Das Republikprinzip in der Rechtsordnungengemeinschaft, 2014, S. 92, 96 ff.

[282] *Isensee*, in: HStR IX, 2011, S. 265 (330). Noch ein summatives Rechtsstaatsverständnis vertretend *ders.*, in: HStR IX, 1997, S. 483 ff.

[283] So wurde etwa gegen ein summatives Rechtsstaatsverständnis zutreffend argumentiert, dass sich eine solche Lesart nur auf Kosten der inhaltlichen Verlagerung in andere Verfassungsbestimmungen und eine Überlastung des Verfassungstexts durchhalten lässt. So etwa *Sobota*, Das Prinzip Rechtsstaat, 1997, S. 400 ff.; *Reimer*, Verfassungsprinzipien, 2001, S. 386–387; *H. A. Wolff*, Ungeschriebenes Verfassungsrecht unter dem Grundgesetz, 2000, S. 190.

[284] Dazu Kap. 2 bei Fn. 108 ff.

[285] Dazu in Bezug auf das Demokratieprinzip *Jestaedt*, Demokratieprinzip und Kondominialverwaltung, 1993, S. 149.

[286] Zu dieser Dimension eingehend auch *Nowrot*, Das Republikprinzip in der Rechtsordnungengemeinschaft, 2014, S. 96 ff.

teleologisch-überwölbenden Normbereich des allgemeinen Verfassungsprinzips regelmäßig Leitlinien zu entnehmen, mit dem die untergeordneten Verfassungsbegriffe zu entfalten sind.[287] Diese Steuerungskraft wirkt zugleich zukunftssichernd, weil sie die fundamentalsten Entscheidungsgrundlagen des Verfassungsgebers in einem abstrakten Reservoir präserviert.

Diese Funktionen sind jedoch keine Eigenart allgemeiner Verfassungsprinzipien, sondern Ausfluss der rechtsfolgenoffenen Normstrukturierung und damit generelle Merkmale des Verfassungsprinzips. Die Etablierung der Rede von „allgemeinen Verfassungsprinzipien" analog zu der Kategorie der allgemeinen Rechtsgrundsätze aus der rechtstheoretischen Diskussion dürfte dem Umstand geschuldet sein, dass die Rechtsfolgenoffenheit dieser Normen aufgrund der regelmäßig vorrangig heranzuziehenden Verfassungseinzelnormen besonders spürbar ist. Aus dieser Sicht ist mit der Rede von der Allgemeinheit des Verfassungsprinzips keine qualitative normstrukturelle Zuschreibung verbunden, die das „allgemeine" von sonstigen Verfassungsprinzipien abhebt. Auch impliziert die Rede von allgemeinen Verfassungsprinzipien nicht die Existenz *besonderer* Verfassungsprinzipien.[288]

Anknüpfend an die von Reimer entwickelte Definition des Verfassungsprinzips können allgemeine Verfassungsprinzipien deshalb als rechtsfolgenoffene Verfassungszentralnormen definiert werden, deren Rechtsfolgenoffenheit wegen der Vielzahl der von ihnen teleologisch umfassten und vorrangig anzuwendenden Verfassungsnormen besonders spürbar ist.

[287] Nach der Rechtsprechung des BVerfG ist die auch durch (allgemeine) Verfassungsprinzipien konstituierte „Wertordnung des Grundgesetzes" bei „allen Entscheidungen" von Verwaltungsbehörden zu berücksichtigen: BVerfGE 19, 394 (396). Zur Steuerungsfunktion des Verfassungsprinzips auch *Reimer*, Verfassungsprinzipien, 2001, S. 312ff.; mit Bezug auf das Demokratieprinzip ähnlich aber zurückhaltender *Jestaedt*, Demokratieprinzip und Kondominialverwaltung, 1993, S. 146ff. Kritiker wenden regelmäßig ein, dass ein dergestalt normatives Prinzipienverständnis das positive Verfassungsrecht für nicht positivierte Einflüsse etwa aus dem Bereich der Staatstheorie öffnen würde. Dem ist zu entgegnen, dass eine Positivierung selbstverständlich auch für „allgemeine" Verfassungsprinzipien nachzuweisen ist. Ohne dass dies zu einer Entbehrlichkeit dieser Gehalte führen würde, verhindert der Anwendungsvorrang sachnäherer Einzelvorschriften eine überbordende Wirkung allgemeiner Verfassungsprinzipien.

[288] Obwohl sich innerhalb des definitionsgemäß weitreichenden Normbereichs der Verfassungsprinzipien regelmäßig besondere Untergliederungen vornehmen lassen werden, kann die Existenz prinzipienförmiger Teilgehalte auf abstrakter Ebene nicht vorausgesetzt werden.

Drittes Kapitel

Verfassungsrechtliche Grundlegung

A. Ausgangspunkt

Ziel dieses Teils der Bearbeitung ist es, die inhaltliche Basis für die verfassungsrechtliche Betrachtung zu legen. Zunächst soll der verfassungstheoretische Zusammenhang von Öffentlichkeit und Verfassung beleuchtet werden (hierzu I.). An die Betrachtung des Verfassungswortlauts (hierzu II.) schließt sich ein Überblick über die verfassungsgeschichtliche Entwicklung (hierzu III.).

I. Verfassungstheoretische Indizien: Die Wesensimmanenz von Öffentlichkeit und Verfassung

Als Ausgangspunkt der verfassungsrechtlichen Betrachtung kann die verfassungstheoretische[1] Feststellung dienen, dass zwischen Öffentlichkeit und Verfassung eine ungemein enge geistige Beziehung besteht, die es rechtfertigt von einer Wesensimmanenz von Öffentlichkeit und Verfassung zu sprechen. Die Forderung nach der Öffentlichkeit des Staates und diejenige nach der Existenz einer Verfassung weisen infolge ihrer geistig-historischen Verknüpfung zahlreiche theoretische und personelle Berührungspunkte auf. Beide Forderungen sind wichtige Postulate der liberalen Bewegungen, die ihren Antrieb insbesondere aus Aufklärung und Französischer Revolution beziehen und spätestens ab dem Übergang zum 19. Jahrhundert auch vermehrt in Deutschland ihre Stimme erheben.[2]

Der Charakter von Öffentlichkeit gleichermaßen als Kernforderung wie Kampfbegriff im Liberalismus des frühen 19. Jahrhunderts, mit dem die kategorische Absage an die unumschränkte monarchische Arkanherrschaft verbunden ist, weist eindrückliche Parallelen zum klassisch-materiellen Verfassungsbegriff[3] auf. So stimmt der im deutschen Konstitutionalismus besonders manifeste[4] Ge-

---

[1] Zum Verhältnis von Verfassungstheorie, -dogmatik und dem Bezug zum positiven Verfassungsrecht *Jestaedt*, in: Verfassungstheorie, 2010, S. 4 (13 ff.).

[2] *Stolleis*, Geschichte des öffentlichen Rechts in Deutschland II, 1992, S. 99 ff., 156 ff.

[3] Dazu *Isensee*, in: HStR II, 2004, S. 3 (86 ff.); *Depenheuer*, in: Verfassungstheorie, 2010, S. 537 (539 ff.); *Volkmann*, Grundzüge einer Verfassungslehre der Bundesrepublik Deutschland, 2013, S. 13 ff.

[4] Dazu *Stolleis*, Geschichte des öffentlichen Rechts in Deutschland II, 1992, S. 99 ff.; *C. Möllers*, Gewaltengliederung, 2005, S. 20 ff.; *Heun*, Der Staat 45 (2006), S. 365

danke der Verrechtlichung von Herrschaftsgewalt und ihrer Begrenzung durch die juristische Fundierung auf ein übergeordnetes konstitutionelles Normgefüge[5] mit dem ebenfalls vordergründig machtbegrenzenden Anspruch der Forderung nach Publizität der Staatsgewalt überein. Die herrschaftsbegrenzende Stoßrichtung des Konstitutionalismus bildet deshalb in geschichtlich-theoretischer Hinsicht die einende Prämisse mit der Forderung nach umfassender Öffentlichkeit des Staates.[6] Der zu Zeiten des deutschen Konstitutionalismus im 19. Jahrhundert vermehrt geforderten positivrechtlichen Öffentlichkeit der verschiedenen Staatsbereiche liegt die Existenz einer Verfassung voraus. Ohne eine qua Verfassung verrechtlichte Grundordnung des Gemeinwesens wäre die aus der gleichen Richtung postulierte positivrechtliche Öffentlichkeit des Staates weithin ihres Gegenstands beraubt.[7] Diese theoretische Verknüpfung von Öffentlichkeit und Verfassung bildet daneben die geistige Grundlage des verfassungsmethodischen Ansatzes von Smend, welcher vor allem von einem eher positivistischen Standpunkt aus kritisiert wurde. Dem Ansatz Smends liegt das Verständnis der Verfassung als einer offenen Ordnung zugrunde, die darauf ausgerichtet ist, den zur Weimarer Zeit besonders ausgeprägten gesellschaftlichen, politischen und sozialen Fragmentierungen mit ihrer integrativen Kraft zu begegnen.[8] Die Öffentlichkeit des Staates ist hierbei zwingende Vorbedingung.[9] So wird auch in der Literatur zwar im Einzelnen verschiedentlich akzentuiert, der Sache nach jedoch übereinstimmend von Öffentlichkeit als überpositivem Prinzip ausgegangen.[10]

(373 ff., 377 ff.). In diesem Zusammenhang stellen übereinstimmend *Smend*, in: Gedächtnisschrift für Walter Jellinek, 1955, S. 11 (17) und *Ellwein/Görlitz*, Parlament und Verwaltung; 1. Teil, 1967 (50) darauf ab, dass der deutsche Konstitutionalismus nicht Produkt einer veritablen Revolution ist.

5 *Depenheuer*, in: Verfassungstheorie, 2010, S. 537 (539 ff.); *Volkmann*, Grundzüge einer Verfassungslehre der Bundesrepublik Deutschland, 2013, S. 13 ff.

6 In diese Richtung auch *Häberle*, ZfP 16 (1969), S. 273 (275).

7 Zur Parallelität etwa *Gestrich*, in: Verfassung und Öffentlichkeit in der Verfassungsgeschichte (Der Staat Beiheft 25), 2020, S. 77 (93); in Richtung der Vorgelagertheit der Forderung nach einer Verfassung auch *Häberle*, ZfP 16 (1969), S. 273 (275).

8 *Smend*, in: Staatsrechtliche Abhandlungen, 1955, S. 119 (136 ff., 201 ff.). Dazu *Bickenbach*, JuS 2005, S. 588 ff.; *Volkmann*, Grundzüge einer Verfassungslehre der Bundesrepublik Deutschland, 2013, S. 29 ff. Aus jüngerer Zeit kritisch *Isensee*, in: Verfassungstheorie, 2010, S. 199 (213). Im Schrifttum unter dem Grundgesetz hat insbesondere *Häberle*, JZ 1975, S. 297 ff. eine nicht minder kritisierte Lehre entwickelt, die sich den Vorarbeiten *Smends* sowie *Hesses* bedient und die Verfassung als vollständig öffentlichen Prozess versteht. Kritisch etwa *Böckenförde*, NJW 1976, S. 2089 (2093 ff.); *Volkmann*, Grundzüge einer Verfassungslehre der Bundesrepublik Deutschland, 2013, S. 29 ff.

9 Vgl. bereits Kap. 1 Fn. 11.

10 *Smend*, in: Gedächtnisschrift für Walter Jellinek, 1955, S. 11 (16); *Marcic*, in: Richter und Journalisten, 1965, S. 153 (196): „präpositive[s] Grundgebot eines demokratischen Rechts- und Freistaates, das die Art und Weise des Rechtsgeschehens festsetzt und leitet“; *Krüger*, Allgemeine Staatslehre, 1964, S. 440 ff.; *Rauschning*, Die Sicherung des Bestands von Verfassungsrecht, 1969, S. 182 ff.; *Rinken*, Das Öffentliche

Die hieraus für die weitere positivrechtliche Betrachtung zu ziehenden Folgen dürfen indes nicht überschätzt werden: Weil die Identifikation eines überpositiven Gehalts grundsätzlich nicht über das Erfordernis der Positivierung hinweghilft,[11] kommt dieser Feststellung allenfalls Indiziencharakter bei der Verfassungsauslegung zu.[12]

II. Verfassungstextliche Anknüpfungspunkte

Betrachtungsobjekt der nachfolgenden Textbefassung sind alle Normen der geschriebenen Verfassung, denen sich potentiell Aussagen zu einem verfassungsrechtlichen Öffentlichkeitsgebot der Gesamtstaatlichkeit entnehmen lassen.[13] Insbesondere interessieren hier etwaige normative Bezüge dieser Bestimmungen zu dahinterstehenden Verfassungsprinzipien, der von den jeweiligen Verfassungsbestimmungen adressierte Personenkreis und die Funktion des jeweiligen Öffentlichkeitspostulats. Auf Basis dieses Untersuchungsrasters soll anschließend geprüft werden, ob und inwieweit staatliche Öffentlichkeit schon aus der geschriebenen Verfassung folgt.

1. Die Öffentlichkeit der Parlamentsverhandlung (Art. 42 Abs. 1 Satz 1, 52 Abs. 3 Satz 3 GG)

Dass das parlamentarische Verfahren wie kein anderer Bereich des Staates auf Öffentlichkeit bezogen ist, bedarf keiner vertieften Darlegung.[14] Mit Art. 42

---

als verfassungstheoretisches Problem, 1971, S. 261 ff.; *Häberle*, in: Die Verfassung des Pluralismus, 1980, S. 126 (130); *Leisner*, Der unsichtbare Staat, 1994, S. 58–59: „Wesenszug […] gegenwärtiger Staatlichkeit überhaupt"; *Jestaedt*, AöR 126 (2001), S. 204 (220); *Böckenförde*, in: HStR II, 2004, S. 429 (S. 476 ff.): „unabdingbare Voraussetzung für die Möglichkeit von Demokratie"; *Müller-Neuhof*, Verfassung als Nachricht, 2012, S. 109–110; *Gerhardt*, Öffentlichkeit, 2012, S. 157 ff.

[11] Grundsätzlich zum Erfordernis der Positivierung *Jestaedt*, Grundrechtsentfaltung im Gesetz, 1999, S. 127 ff.; ders., in: Verfassungstheorie, 2010, S. 4 (13 ff.). In Bezug auf das Rechtsstaatsprinzip auch *Hesse*, Grundzüge des Verfassungsrechts, 1995, S. 83 ff. Dass überpositive Prinzipien auch nach ihrer Positivierung neben ihrem positivrechtlichen Korrelat koexistieren klingt bereits bei *Schindler*, Verfassungsrecht und soziale Struktur, 1932, S. 93 an. So auch *Jestaedt*, in: Das entgrenzte Gericht: eine kritische Bilanz nach sechzig Jahren Bundesverfassungsgericht, 2011, S. 77 (103–104).

[12] Dazu einerseits *Bryde*, Verfassungsentwicklung – Stabilität und Dynamik im Verfassungsrecht der Bundesrepublik Deutschland, 1982, S. 254 ff.; andererseits *Kunig*, Das Rechtsstaatsprinzip, 1986, S 57 ff.; *Jestaedt*, Grundrechtsentfaltung im Gesetz, 1999, S. 127 ff.

[13] Bereits *Jerschke*, Öffentlichkeitspflicht der Exekutive und Informationsrecht der Presse, 1971, S. 55 ff. oder *Kunig*, Das Rechtsstaatsprinzip, 1986, S. 364 ff. nahmen eine Betrachtung des Verfassungswortlauts vor.

[14] In der Literatur ist die geistesgeschichtliche Verknüpfung von Parlamentarismus und Öffentlichkeit als Parlamentsfunktion etabliert worden. Vgl. *Kißler*, Die Öffentlichkeitsfunktion des Deutschen Bundestages, 1976, S. 301 ff.; *H. H. Klein*, in: HStR III,

Abs. 1 Satz 1 GG und Art. 52 Abs. 3 Satz 3 GG für Bundestag und Bundesrat hält das Grundgesetz eindeutige Öffentlichkeitsgebote bereit, die man im Verfassungstext in dieser Form für andere Bereiche der Staatlichkeit vergeblich sucht.

Die Funktionen der Parlamentsöffentlichkeit[15] werden durch die Nähe zum demokratischen Prinzip[16] einerseits, zum Repräsentationsprinzip[17] andererseits determiniert. So hat das Bundesverfassungsgericht hervorgehoben, dass die Parlamentsöffentlichkeit einerseits dem urdemokratischen Gedanken der Deliberation verschrieben sei,[18] andererseits auch der Kontrolle der Bürger diene, wodurch erst eine effektive Verantwortlichkeit des Parlaments gegenüber dem Wähler ermöglicht werde.[19] Trotz dieser Besonderheiten des parlamentarischen Verfahrens und seiner Nähe zu fundamentalen Prinzipien der Verfassung, ordnet Art. 42 Abs. 1 Satz 1 GG[20] schmucklos und knapp, ja geradezu lakonisch und damit grundgesetztypisch[21] an: „Der Bundestag verhandelt öffentlich." Adressat der durch die Verfassung angeordneten Verhandlungsöffentlichkeit ist ein unbegrenzter, also nicht feststehender[22] Personenkreis. Hiermit ist die ungehinderte

2005, S. 711 (736–738). Aus geschichtlicher Sicht *Merg*, Die Öffentlichkeit der Parlamentsverhandlung, 1920. Der Wechselbezug von Parlamentarismus und Öffentlichkeit wurde bereits von *Schmitt*, Die geistesgeschichtliche Lage des heutigen Parlamentarismus, 1926, S. 47 ff. herausgearbeitet.

15 Die Diskussion um die Funktionen der Parlamentsöffentlichkeit findet sich belegreich nachgezeichnet bei *Hett*, Die Öffentlichkeit der Parlamentsverhandlungen, das Grundrecht der Informationsfreiheit und Informationspflichten der Exekutive, 1987, S. 55 ff.

16 Vgl. nur *Morlok*, in: *Dreier*-GG, 2015, Art. 42 Rn. 20.

17 Grundlegend *Schmitt*, Verfassungslehre, 2017, S. 204 ff., insb. 208–209; *Leibholz*, Das Wesen der Repräsentation und der Gestaltwandel der Demokratie im 20. Jahrhundert, 1966, S. 176 ff. Dazu *Altmann*, Das Problem der Öffentlichkeit und seine Bedeutung für die moderne Demokratie, 1954, S. 1–15; *Herzog*, Allgemeine Staatslehre, 1971, S. 214 ff., 244; *Meyn*, Kontrolle als Verfassungsprinzip, 1982, S. 123 ff.; *Hett*, Die Öffentlichkeit der Parlamentsverhandlungen, das Grundrecht der Informationsfreiheit und Informationspflichten der Exekutive, 1987, S. 75 ff.

18 Bereits angedeutet in BVerfGE 10, 4 (13): „Forum für Rede und Gegenrede"; prägnanter ausgeführt in BVerfGE 70, 324 (355): „[Ö]ffentliches Verhandeln von Argument und Gegenargument, öffentliche Debatte und öffentliche Diskussion sind wesentliche Elemente des demokratischen Parlamentarismus. Gerade das im parlamentarischen Verfahren gewährleistete Maß an Öffentlichkeit der Auseinandersetzung und Entscheidungssuche eröffnet Möglichkeiten eines Ausgleichs widerstreitender Interessen, die bei einem weniger transparenten Vorgehen sich nicht so ergäben".

19 BVerfGE 124, 104 (123–124).

20 Entsprechendes ordnet Art. 52 Abs. 3 Satz 3 GG für den Bundesrat an: „[Der Bundesrat] verhandelt öffentlich".

21 Dazu oben Kap. 2 bei Fn. 115 ff.

22 So auch *Magiera*, in: *Sachs*-GG, 2021, Art. 42 Rn. 3; ders., Parlament und Staatsleitung in der Verfassungsordnung des Grundgesetzes, 1979, S. 150 ff.

und gleiche räumliche Zugänglichkeit der Sitzungen für „jedermann“[23] gleichermaßen umfasst wie die inzwischen weit wichtigere medial vermittelte Zugänglichmachung.[24]

Die verbreitete Auslegungsweise dieser Vorschrift steht in einer Linie mit dem sprachlichen Stil der Verfassung. So sei die dem Verfassungstext unmittelbar zu entnehmende Anordnung der Verhandlungsöffentlichkeit in doppelter Hinsicht auf das Plenum als Öffentlichkeitsobjekt beschränkt: Nämlich erstens institutionell[25] und zweitens auch zeitlich-gegenständlich.[26] Deshalb wird dem Verfassungstext nach ganz überwiegender Auffassung nur das Gebot der Öffentlichkeit der Plenumsverhandlung entnommen. Für den sonstigen Bereich des parlamentarischen Verfahrens oder gar für andere Teile der Staatlichkeit zeigen sich Art. 42 Abs. 1 Satz 1 GG und Art. 52 Abs. 3 Satz 3 GG hingegen unergiebig.

Angesichts des starken geistesgeschichtlichen Einschlags der Parlamentsöffentlichkeit ist es andererseits jedoch auch nicht verwunderlich, dass aus diesen Verfassungsbestimmungen über die Anordnung der Zugänglichkeit hinaus teilweise auch inhaltliche Anforderungen an die Plenumsverhandlung abgeleitet werden, wie etwa die Gebote der Nachvollziehbarkeit oder der Verständlichkeit.[27] Unabhängig von der Frage, welche praktischen Folgen eine solche „mate-

---

[23] So schon *Windsheimer*, Die „Information“ als Interpretationsgrundlage für die subjektiven öffentlichen Rechte des Art. 5 Abs. 1 GG, 1968, S. 34; *Jerschke*, Öffentlichkeitspflicht der Exekutive und Informationsrecht der Presse, 1971, S. 55–56. Dieser Gewährleistungsbereich wird häufig als „unmittelbare Öffentlichkeit“ bezeichnet.

[24] Vgl. nur *Schliesky*, in: M/K/S-GG, 2018, Art. 42 Rn. 19, auch zu weiteren Vermittlungs- und Verbreitungsformen.

[25] Mit „Bundestag“ i. S. v. Art. 42 Abs. 1 Satz 1 GG bzw. „Bundesrat“ i. S. v. Art. 52 Abs. 3 GG ist nach verbreiteter und auch überzeugender Lesart das Plenum gemeint. Insbesondere gelten die Verfassungsgebote der Art. 42 Abs. 1 Satz 1; 52 Abs. 3 Satz 3 GG deshalb nicht für die Beratungen der Ausschüsse. So bereits BVerfGE 1, 144 (152). In den Geschäftsordnungen findet sich dies in den §§ 69 Abs. 1 Satz 1 GO-BT; 37 Abs. 2 Satz 1 GO BR durch das Gebot der Sitzungsöffentlichkeit konkretisiert. Für den Bundestag wird diese Sichtweise unter anderem traditionell aus einem Umkehrschluss mit Art. 42 Abs. 3 GG begründet. Vgl. dazu etwa *Linck*, ZParl 23 (1992), S. 673 (680 ff.). Kritisch zur missverständlichen Anordnung von Vertraulichkeit in den Geschäftsordnungen, wie sie besonders exponiert für die Verhandlungen der Bundesratsausschüsse in § 37 Abs. 2 Satz 2 GO BR festgelegt wird, bereits *Linck*, ebd. S. 678.

[26] Nach der inzwischen gängigen weiten Auslegung des Merkmals „verhandeln“ umfasst die Verhandlungsöffentlichkeit nicht nur die eigentliche Debatte, sondern auch „den gesamten der Entscheidungsfindung vorgeschalteten Prozeß“ (BVerfGE 89, 291 [303]) und zwar von Beginn bis zum Schluss einer Plenumssitzung; zustimmend etwa *Schliesky*, in: M/K/S-GG, 2018, Art. 42 Rn. 25; *Magiera*, in: *Sachs*-GG, 2021, Art. 42 Rn. 4; *Morlok*, in: *Dreier*-GG, 2015, Art. 42 Rn. 22. Verschiedentlich beurteilt hingegen wird, ob „verhandeln“ auch die eigentliche Beschlussfassung umfasst. Dazu etwa *Schliesky*, in: M/K/S-GG, 2018, Art. 42 Rn. 25; *Linck*, ZParl 23 (1992), S. 673 (682 ff.); *Bröhmer*, Transparenz als Verfassungsprinzip, 2004, S. 101 ff.

[27] Für eine „materielle Öffentlichkeit“ aus Art. 42 Abs. 1 GG übereinstimmend *Morlok*, in: *Dreier*-GG, 2015, Art. 42 Rn. 21; *Schliesky*, in: M/K/S-GG, 2018, Art. 42 Rn. 20; *Müller-Terpitz*, in: BK-GG, Stand Dezember 2023, Art. 42 Rn. 32.

rielle Öffentlichkeit“ zeitigt, muss eine derart extensive Interpretation des Verfassungswortlauts fraglich erscheinen.[28]

2. Das Grundrecht der Informationsfreiheit (Art. 5 Abs. 1 Satz 1 Hs. 2 GG)

„Jeder hat das Recht, [...] sich aus allgemein zugänglichen Quellen ungehindert zu unterrichten“, ordnet Art. 5 Abs. 1 Satz 1 GG in einem Atemzug mit der bekanntlich für die „freiheitliche demokratische Staatsordnung schlechthin konstituierend[en]“[29] Meinungsfreiheit an. Die Informationsfreiheit als Grundrechtsnorm jungen Datums[30] enthält ein Unterrichtungsrecht, das nicht zuletzt aufgrund seiner prominenten systematischen Stellung als im Verhältnis zur Meinungsfreiheit eigenständig und gleichwertig begriffen wird.[31]

Über die verfassungsrechtlich abgesicherten Verfahren des Wissenstransfers und der Willensbildung im staatlichen Bereich ist die Staatsform Demokratie als Ausdruck kollektiver Selbstbestimmung[32] des Volkes auf eine gewisse Informationsverfügbarkeit im gesellschaftlichen Bereich angewiesen.[33] Um mehr als ein theoretisches Konstrukt zu sein, verlangt jede Form der Selbstbestimmung nach der Informiertheit ihrer Subjekte. Bereits aufgrund dieses spezifischen Verhältnisses von Demokratie und Information[34] weist das Grundrecht der Informationsfreiheit eine besondere Nähe zum Demokratieprinzip auf.[35]

Das grundrechtliche Unterrichtungsrecht der Informationsfreiheit bezieht sich wortlautgemäß auf allgemein zugängliche Quellen insgesamt, ist also nicht nur auf staatlich beherrschte Quellen beschränkt. Während die Leitentscheidungen des Bundesverfassungsgerichts zu diesem Grundrecht zunächst vorwiegend nichtstaatliche Informationen betrafen,[36] rücken im Informationszeitalter unweigerlich

---

[28] Kritisch daher zu Recht *Groh*, in: *von Münch/Kunig*-GG, 2021, Art. 42 Rn. 13.

[29] BVerfGE 20, 56 (97).

[30] *Geiger*, in: Festschrift für Adolf Arndt zum 65. Geburtstag, 1969, S. 119 (122 ff.).

[31] BVerfGE 27, 71 (81).

[32] Dazu näher *C. Möllers*, Gewaltengliederung, 2005, S. 28 ff.; *Unger*, Das Verfassungsprinzip der Demokratie, 2008, S. 251 ff.

[33] Vgl. in diesem Zusammenhang der demokratische „Grundsatz der Zugänglichkeit von Informationen, die für die individuelle und öffentliche Meinungsbildung von Bedeutung sind“ BVerfGE 103, 44 (65). Zum Zusammenhang von demokratischer Selbstbestimmung und Information auch *Scherzberg*, Die Öffentlichkeit der Verwaltung, 2000, S. 345 ff.; ähnlich *Hesse*, Grundzüge des Verfassungsrechts, 1995, S. 170.

[34] Hierzu *Böckenförde*, in: HStR II, 2004, S. 429 (476); *Schoch*, VVDStRL 57 (1998), S. 158 (187 ff.); *Jaspers*, Kleine Schule des philosophischen Denkens, 1974, S. 118 ff.

[35] Neben dieser überindividuell-demokratischen Bedeutung ist insbesondere die individuelle Komponente der informativen Persönlichkeitsentfaltung relevant BVerfGE 27, 71 (81).

[36] So in den Entscheidungen BVerfGE 27, 71; 90, 27. Dazu *Rossi*, Informationszugangsfreiheit und Verfassungsrecht, 2004, S. 209 ff.

staatliche Informationsbestände in den Vordergrund.[37] Die gängige Interpretation dieser Vorschrift[38] allerdings berücksichtigt die besondere Demokratierelevanz der Informationsfreiheit faktisch überwiegend im objektiv-rechtlichen Grundrechtsbereich durch die Zuerkennung staatlicher Schutzpflichten und gerade nicht im subjektiv-rechtlichen Bereich. Während die objektive Dimension der Informationsfreiheit den Staat zur „informationellen Grundversorgung"[39] verpflichte, umfasse das Unterrichtungsrecht nach der herrschenden Meinung keinen originären Anspruch auf die Eröffnung neuer Informationsquellen, da das ausschlaggebende Merkmal der Allgemeinzugänglichkeit[40] normativ zu verstehen sei und damit keinen Bestandteil des grundrechtlichen Schutzbereichs bilde.[41] Die subjektiv-rechtlich gewährleistete Zugänglichkeit der Informationsfreiheit ist mithin derivativ, sie beschränkt sich nach dieser vorherrschenden Interpretation auf Informationsbestände, die aufgrund einer vorherigen Ausübung des Bestimmungsrechts bereits für allgemein zugänglich erklärt worden sind, also auf die ungehinderte Aufrechterhaltung der Allgemeinzugänglichkeit.

Für die hier beabsichtigte Anfangsbetrachtung kann es zunächst bei der Feststellung verbleiben, dass die Verfassung der Informationsabhängigkeit des Bürgers in der Demokratie[42] zwar durch die Normierung des Grundrechts der Informationsfreiheit Rechnung trägt. Gleichwohl werden Art. 5 Abs. 1 Satz 1 Hs. 2 GG im Rahmen der tradierten Interpretation dieser Bestimmung bislang überwiegend keine originären verfassungsrechtlichen Öffentlichkeitsgebote des Staates entnommen, die über grundrechtliche Schutzpflichten hinausreichen. Ob sich diese Lesart der Verfassungstexts halten lässt, wird zu sehen sein.[43]

---

37 Vgl. etwa *Wirtz/Brink*, NVwZ 2015, S. 1166 (1167 ff.). Zur Bedeutung der Informationsfreiheit in der Informationsgesellschaft ausführlich *Lederer*, Open Data, 2015, S. 452 ff., 470 ff.

38 Zu ihr *Nolte*, NVwZ 2018, S. 521 (522–523). Die Gegenposition wird im Wesentlichen von *Scherzberg*, Die Öffentlichkeit der Verwaltung, 2000, S. 336 ff., 378 ff.; ders., in: *Fluck/Fischer/Martini*-IFR, Stand Oktober 2022, A I Rn. 4 ff.; *Wegener*, Der geheime Staat, 2006, S. 498 ff.; ders., in: Festschrift für Richard Bartlsperger zum 70. Geburtstag, 2006, S. 165 ff. und *Lederer*, Open Data, 2015, S. 439 ff. vertreten. Dazu später Kap. 5 bei Fn. 5 ff., 88 ff.

39 *Schoch*, VVDStRL 57 (1998), S. 158 (200); weitgehend auch *Hoffmann-Riem*, in: AK-GG I, 1984, Art. 5 Abs. 1, 2 Rn. 98 „*Sicherung des unabdingbaren Mindestmaßes an Zugänglichkeit*" (Hervorhebung im Original); *Degenhart*, in: BK-GG, Stand Dezember 2023, Art. 5 Abs. 1 Rn. 179 „*Sicherung eines Mindeststandards* an Information im staatlichen Bereich" (Hervorhebung im Original).

40 Zur Schlüsselstellung des Merkmals der Allgemeinzugänglichkeit schon *Schoch*, VVDStRL 57 (1998), S. 158 (189.).

41 *Bröhmer*, Transparenz als Verfassungsprinzip, 2004, S. 222 ff. Dazu noch unten bei Fn. 88 ff.

42 *Jerschke*, Öffentlichkeitspflicht der Exekutive und Informationsrecht der Presse, 1971, S. 86 ff.

43 Dazu später Kap. 5 bei Fn. 5 ff., 88 ff.

3. Die förmliche Öffentlichkeit des Grundgesetzes (Art. 145, 79 Abs. 1 Satz 1 GG)

Wie dem Verfassungstext zu entnehmen ist, schlägt der eingangs offengelegte verfassungstheoretische Zusammenhang von Öffentlichkeit und Verfassung jedenfalls in Teilen auf das positive Verfassungsrecht durch. So kann von einer förmlichen Öffentlichkeit[44] des Grundgesetzes gesprochen werden, die sich aus einem Zusammenspiel verschiedener Verfassungsbestandteile ergibt.

Schon von seinem Ursprung her ist das Grundgesetz in förmlicher Hinsicht öffentlich. Bereits die bloße Existenz einer geschriebenen Verfassungsurkunde, also die Urkundlichkeit der Verfassung,[45] belegt den förmlichen Öffentlichkeitsbezug des Grundgesetzes, welcher durch die positiv-verfassungsrechtlichen Publizitätsanforderungen des Art. 145 GG unterstrichen wird, die nach der erfolgten Annahme der Verfassung (Art. 144 GG) zu berücksichtigen waren. So bestimmt Art. 145 Abs. 1 GG, dass die Feststellung der Annahme, die Ausfertigung und die Verkündung des Grundgesetzes in einer öffentlichen Sitzung des Parlamentarischen Rats[46] erfolgen mussten, was in der Eingangsformel bestätigt wird. Daneben wurde die Zugänglichkeit der Verfassungsurkunde durch die vorgeschriebene deklaratorische (Art. 145 Abs. 2 GG) Publikation im Bundesgesetzblatt[47] (Art. 145 Abs. 3 GG), sichergestellt, wodurch die Verfassungsurkunde wohl als erste allgemein zugängliche Quelle i. S. v. Art. 5 Abs. 1 Satz 1 GG anzusehen ist.[48] Dass die Verfassung ihre ursprüngliche Urkundlichkeit auch in die Zeit hinein bewahrt, wird durch das Gebot der Textänderungspublizität aus Art. 79 Abs. 1 Satz 1 GG sichergestellt, das aus verfassungshistorischer Sicht nicht selbstverständlich ist.[49]

---

[44] Bereits *Ehmke*, AöR 79 (1953), S. 385 (394 ff.) stellt in diesem Zusammenhang maßgeblich auf ein „Prinzip der Öffentlichkeit und Einsichtbarkeit des staatlichen Lebens“ ab.

[45] Zum Ganzen *Rauschning*, Die Sicherung des Bestands von Verfassungsrecht, 1969, S. 190 ff.; *Hufeld*, in: HStR XII, 2014, S. 189 (192 ff.); *Isensee*, AöR 137 (2013), S. 325 (327 ff.).

[46] Ergänzend sei hier angemerkt, dass im Parlamentarischen Rat Zweifel darüber angebracht wurden, ob die Allgemeinheit wegen der regelmäßig nichtöffentlichen Ausschüsse des Parlamentarischen Rates wirklich ausreichend in die Verfassungsdiskussion miteinbezogen wurde. Dazu die Protokolle bei *Büttner/Wettengel*, Der Parlamentarische Rat XIII, 2002 S. 510. Allgemein kritisch zur Verwirklichung des pouvoir constituant unter dem Grundgesetz *Volkmann*, Grundzüge einer Verfassungslehre der Bundesrepublik Deutschland, 2013, S. 292.

[47] Grundgesetz für die Bundesrepublik Deutschland vom 23. Mai 1949, BGBl. 1949, S. 1.

[48] Hierauf hinweisend *Hufeld*, in: HStR XII, 2014, S. 189 (191).

[49] Art. 79 Abs. 1 Satz 1 GG soll nämlich der Fragmentierung des Verfassungsrechts entgegenwirken, wie sie zu Zeiten der Weimarer Republik infolge der für zulässig gehaltenen Durchbrechung des Verfassungsrechts entstehen konnte. Dazu *von Doemming/Füsslein/Matz*, JöR 1 (1951), S. 1 (574 ff.); *Rauschning*, Die Sicherung des Bestands

Die förmliche Öffentlichkeit der Verfassung soll die jederzeitige Zugänglichkeit des Verfassungstextes sicherstellen, wodurch bei den Rechtsunterworfenen dauerhaft Klarheit und Sicherheit über die juristischen Grundlagen des Staates geschaffen werden soll.[50] Letztlich dient dies auch der Konsistenz der Verfassung im Verhältnis zum Unterverfassungsrecht, welches ja mit Blick auf Rechtssicherheit und -klarheit Publizitätsanforderungen genügen muss. Obwohl die förmliche Öffentlichkeit des Grundgesetzes vor allem in Gestalt der Textänderungspublizität zweifelsfrei zum positiven Verfassungsrecht gehört, darf ihre normative Wirkung nicht überschätzt werden. So findet die förmliche Öffentlichkeit der Verfassung insbesondere eine Grenze, soweit das Verfassungsrecht ungeschrieben ist.[51] Weil die geschriebene Verfassung Ausgangspunkt allen Verfassungsrecht ist, ist die förmliche Öffentlichkeit des Grundgesetzes gleichwohl unverzichtbarer Bestandteil der Verfassungsordnung.

4. Die Öffentlichkeit der Parteifinanzierung (Art. 21 Abs. 1 Satz 4 GG)

Während Art. 21 Abs. 1 Satz 4 GG in seiner ursprünglichen Fassung nur vorsah, dass Parteien „über die Herkunft ihrer Mittel öffentlich Rechenschaft geben" müssen,[52] wurde diese Verpflichtung durch eine Grundgesetzänderung im Jahr 1983 auf die Verwendung der Mittel und das Parteivermögen ausgeweitet.[53] Wegen des engen gedanklichen Zusammenhangs zum Gebot der innerparteilichen Demokratie (Art. 21 Abs. 1 Satz 3 GG) ist Art. 21 Abs. 1 Satz 4 GG dabei für den hier beabsichtigten Textbefund von Relevanz,[54] obwohl es sich auf den ers-

---

von Verfassungsrecht, 1969, S. 190 ff.; *Hesse*, Grundzüge des Verfassungsrechts, 1995, S. 15 ff.

[50] *Ehmke*, AöR 79 (1953), S. 385 (396), der in diesem Zusammenhang auf Art. 148 Abs. 3 Satz 2 WRV verweist, wonach jeder Schüler nach Beendigung der Schulpflicht einen Abdruck der Reichsverfassung erhalten musste.

[51] Dazu bereits Kap. 2 bei Fn. 18 ff. Zu weiteren Grenzen vgl. nur *Isensee*, AöR 137 (2013), S. 325 (327 ff.).

[52] Zur ursprünglichen Formulierung und ihrer Entstehungsgeschichte *von Doemming/Füsslein/Matz*, JöR 1 (1951), S. 1 (202 ff.).

[53] Zur Änderungsgeschichte BT-Drs. 10/697, S. 4 ff.; *H. H. Klein*, in: D/H/S-GG, Stand August 2023, Art. 21 Rn. 126. Die Verfassungsbestimmung ist durch die Vorschriften des PartG konkretisiert, insbesondere durch die §§ 23 ff. PartG.

[54] Bereits *Jerschke*, Öffentlichkeitspflicht der Exekutive und Informationsrecht der Presse, 1971, S. 63 stellt hier auf die „Staatsnähe" der Parteien ab. Dass dieser Schluss gerechtfertigt ist, lässt sich bereits daran ablesen, dass *Hesse*, VVDStRL 17 (1959), S. 11 (39 ff.) im Anschluss an die Vorarbeit *Smends* politische Parteien unter dem Grundgesetz gegenüber genuin-privatrechtlichen Gebilden durch einen Status der Freiheit, der Gleichheit und der Öffentlichkeit charakterisiert sah. Zum Status der Öffentlichkeit auch *Shirvani*, AöR 134 (2009), S. 572 (576 ff.). Klarstellungshalber sei hier noch erwähnt, dass Art. 21 Abs. 1 Satz 4 GG lediglich eine Ausprägung des Status der Öffentlichkeit ist. So übereinstimmend *Morlok*, in: *Dreier*-GG, 2015, Art. 21 Rn. 111; *Streinz*, in: M/K/S-GG, 2018, Art. 21 Rn. 176.

ten Blick nur um eine „ganz singuläre Verpflichtung“[55] handelt, die ausschließlich an Parteien als staatsverschiedene Gebilde adressiert ist.[56]

Die verfassungsrechtliche Rechenschaftspflicht der Parteifinanzen dient vordergründig dazu,[57] den politischen Willensbildungsprozess, an dem die Parteien bekanntlich nach Art. 21 Abs. 1 Satz 1 GG mitzuwirken berufen sind,

> „für den Wähler durchschaubar zu machen und ihm zu offenbaren, welche Gruppen, Verbände oder Privatpersonen im Sinne ihrer Interessen durch Geldzuwendungen auf die Parteien politisch einzuwirken suchen“.[58]

Weil die Rechenschaftspflicht mithin auf „Sachgerechtigkeit und Offenheit der Wahlentscheidung“[59] gerichtet ist, dient sie demokratischer Kontrolle[60], zugleich ist sie aber aufgrund ihrer offensichtlichen Bezüge zum demokratischen Prinzip Voraussetzung einer freien Wahlentscheidung, deshalb mittelbar auch Voraussetzung korrekter Legitimationsvermittlung. Die Entscheidung des Verfassungsgebers für das Öffentlichkeitsgebot der Parteifinanzierung besitzt a fortiori Aussagekraft, die über die Organisation politischer Parteien hinausreicht. Die innerparteiliche Verpflichtung auf demokratische Grundsätze zielt nämlich im Interesse der Widerspruchsfreiheit darauf, zwischen der Binnenorganisation politischer Parteien und der Staatsorganisation einen demokratischen Grundstandard herzustellen.[61] Neben der Entstehungsgeschichte[62] spricht auch die systematische Stellung der konkreteren Rechenschaftspflicht nach der allgemeinen Verpflichtung der Binnenordnung auf demokratische Grundsätze dafür, dass die Öffentlichkeitsverpflichtung des Art. 21 Abs. 1 Satz 4 GG als demokratischer Grundsatz

---

[55] In dieser Deutlichkeit zu restriktiv *Martens*, Öffentlich als Rechtsbegriff, 1969, S. 157.

[56] So lautete eine zwischenzeitliche Fassung im Parlamentarischen Rat: „Ihre innere Ordnung muß demokratischen Grundsätzen entsprechen und durch Offenlegung der Finanzquellen gegen undemokratische Einflüsse gesichert sein.“ *von Doemming/Füsslein/Matz*, JöR 1 (1951), S. 1 (207). Die letztendlich angenommene Fassung wurde nur aus Gründen der Klarstellung, dass die Grundgesetznorm keine polizeiliche Finanzkontrolle der Parteien intendiert, vom Gebot der innerparteilichen Demokratie getrennt. Die Vorschrift ist insgesamt als Reaktion auf das Parteiwesen der Weimarer Republik, insbesondere „auf die Partei, die uns zwölf Jahre terrorisiert hat“, zu verstehen (ebd. S. 207). Dazu BVerfGE 20, 56 (109).

[57] *von Doemming/Füsslein/Matz*, JöR 1 (1951), S. 1 (207): „Beabsichtigt [ist], Vorsorge zu treffen, daß die Öffentlichkeit Kenntnis über die Herkunft der Mittel erhält, damit ersichtlich ist, wer hinter einer politischen Gruppe steht“.

[58] BVerfGE 20, 56 (106).

[59] BVerfGE 24, 300 (333).

[60] *Kunig*, in: HStR III, 2005, S. 297 (313), der daneben noch hervorhebt, dass die Öffentlichkeit der Parteifinanzierung die parteipolitische Gemeinwohlorientierung sicherstelle.

[61] Zur Bedeutung der Verpflichtung auf demokratische Grundsätze *Ipsen/Koch*, in: *Sachs*-GG, 2021, Art. 21 Rn. 53 ff.

[62] Vgl. die Nachweise in Kap. 3 Fn. 56.

i. S. v. Art. 21 Abs. 1 Satz 3 GG zu verstehen[63] ist. Art. 21 Abs. 1 Satz 4 GG dokumentiert mithin das Ausgehen des Verfassungsgebers von Öffentlichkeit als demokratischem Grundsatz der Staatsorganisation insgesamt, den er wegen der besonderen Manipulationsanfälligkeit in Finanzierungsfragen explizit auf politische Parteien erstrecken wollte.

5. Mitwirkung von Bundestag und Bundesrat in Angelegenheiten der Europäischen Union und Unterrichtungspflicht der Bundesregierung zur Unterrichtung von Bundestag und Bundesrat (Art. 23 Abs. 2 GG)

Die im Jahr 1992 in das Grundgesetz aufgenommene[64] Pflicht der Bundesregierung, Bundestag und Bundesrat in Angelegenheiten der Europäischen Union umfassend und zum frühestmöglichen Zeitpunkt zu unterrichten (Art. 23 Abs. 2 Satz 2 GG) dient der von Art. 23 Abs. 2 Satz 1 GG vorgesehenen Sicherstellung einer verantwortungsvollen Mitwirkung von Bundestag und Bundesrat in Angelegenheiten der Europäischen Union.[65] Weil die Verfassung der Bundesregierung im Bereich der auswärtigen Politik herkömmlich einen weiten „Spielraum zu eigenverantwortlicher Aufgabenwahrnehmung“[66] zugesteht, die Verschiebung des nationalstaatlichen Kompetenzgefüges im Rahmen des europäischen Integrationsprozesses[67] gegenüber herkömmlichen Angelegenheiten der auswärtigen Politik aber ein weit höheres Legitimationsbedürfnis besitzt, soll der parlamentarische Einfluss[68] durch die Rückkopplung exekutiver Willensbildung im parlamentarischen Regierungssystem verstärkt werden.[69] Zugleich aber – so hat das Bundesverfassungsgericht betont – gewährleistet diese parlamentarische Rückbindung und die damit einhergehende Beseitigung von Informationsasymme-

[63] So im Ergebnis auch *H. H. Klein*, in: D/H/S-GG, Stand August 2023, Art. 21 Rn. 316–320: „Demokratiebedingung“, 332 ff.; *Morlok*, in: *Dreier*-GG, 2015, Art. 21 Rn. 112; *Waldhoff*, in: Handbuch des Verfassungsrechts, 2021, S. 645 (Rn. 36 ff.).

[64] Gesetz zur Änderung des Grundgesetzes vom 21. Dezember 1992, BGBl. I 1992, S. 2086 ff.; *Deutscher Bundestag*, Materialien zur Verfassungsdiskussion und zur Grundgesetzänderung in der Folge der deutschen Einigung I, 1996, S. 417 ff.; vgl. auch BT-Drs. 12/3338, S. 4 ff.; BT-Drs. 12/6000, S. 21. Konkretisiert findet sich diese Verfassungsbestimmung im IntVG und im EUZBBG.

[65] BT-Drs. 12/6000, S. 21.

[66] BVerfGE 104, 151 (207).

[67] BT-Drs. 12/3338, S. 4 ff.

[68] Zur mehr als nachvollziehenden Rolle des Parlaments in Angelegenheiten der Europäischen Union BVerfGE 129, 124 (178); 130, 318 (344); 131, 152 (203).

[69] BVerfGE 131, 152 (202 ff.). Zuletzt BVerfG, Beschluss vom 27. April 2021 – 2 BvE 4/15 – Rn. 65 ff. nach juris. Zur Kompensation legislativer Mitwirkung durch Informations- und Berichtspflichten der Regierung im parlamentarischen Regierungssystem kritisch *Meinel*, Selbstorganisation des parlamentarischen Regierungssystems, 2019, S. 266–271.

trien, dass die Beschränkung oder Delegation von Kompetenzen des Parlaments nicht an der Öffentlichkeit des parlamentarischen Verfahrens vorbeigeht.[70] In diesem Zusammenhang kommt der Parlamentsöffentlichkeit erhöhte legitimatorische Relevanz zu. Die Einfügung des Art. 23 Abs. 2 GG durch den verfassungsändernden Gesetzgeber als Surrogat für legislativen Kompetenzverlust[71] ist mithin auch verfassungstextlicher Beleg für den Stellenwert von Öffentlichkeit im parlamentarischen Regierungssystem. Die Bestimmung dient einerseits der Legitimationsvermittlung im Verhältnis zwischen Bundestag und Bundesregierung durch die informative Rückbindung der exekutiven Willensbildung. Zugleich aber stellt sie sicher, dass die Vorgänge vermittelt durch die Öffentlichkeit des Plenums auch für die Bürger nachvollziehbar und kontrollierbar sind.

6. Die Verkündung von Gesetzen und Rechtsverordnungen (Art. 82 Abs. 1 GG)

Dass nicht nur die Verfassung, sondern auch einfache Gesetze um ihrer Geltung willen verkündet werden müssen, ist eine tradierte Anforderung an das Normsetzungsverfahren,[72] die unter dem Grundgesetz[73] auch auf Rechtsverordnungen erstreckt wurde.[74] Die Verkündung setzt dabei voraus, dass

> „die Rechtsnormen der Öffentlichkeit in einer Weise förmlich zugänglich gemacht werden, daß die Betroffenen sich verläßlich Kenntnis von ihrem Inhalt verschaffen können".[75]

Für die Normgeltung hingegen nicht erforderlich ist, dass die Rechtsunterworfenen sich auch tatsächlich Kenntnis verschafft haben.[76] In jüngerer Zeit hat Art. 82 Abs. 1 GG eine Änderung im Hinblick auf die elektronische Verkündung erfahren, welche an späterer Stelle der Untersuchung noch beleuchtet werden soll.[77]

---

70 BVerfGE 131, 152 (204–206).

71 „Kompensations- und Legitimationsfunktion der Mitwirkungsrechte": *Wollenschläger*, in: *Dreier*-GG, 2015, Art. 23 Rn. 109.

72 Aus historischer Perspektive *Schennach*, in: Verfassung und Öffentlichkeit in der Verfassungsgeschichte (Der Staat Beiheft 25), 2020, S. 111 (120 ff.); verfassungsgeschichtlich *Drath*, in: Gedächtnisschrift für Walter Jellinek, 1955, S. 237 (241 ff.).

73 Dass die Gesetzesverkündung unter dem Grundgesetz als Normgeltungsvoraussetzung etabliert ist, ergibt sich bereits aus dem Zusammenhang mit Art. 82 Abs. 2 GG.

74 *von Doemming/Füsslein/Matz*, JöR 1 (1951), S. 1 (613–615). Art. 82 Abs. 1 Satz 2 GG enthält hinsichtlich der Publikation von Rechtsverordnungen im Bundesgesetzblatt einen gesetzlichen Abweichungsvorbehalt.

75 BVerfGE 65, 283 (291).

76 „Prinzip der formellen Gesetzesverkündung" BVerfGE 16, 6 (16–17). Zur historischen Genese dieses Verständnisses *Schennach*, in: Verfassung und Öffentlichkeit in der Verfassungsgeschichte (Der Staat Beiheft 25), 2020, S. 111 (120 ff.).

77 Dazu unten Kap. 4 bei Fn. 394 ff.

Im Vordergrund der normativen Bezüge des Verkündungsgebots steht offensichtlich das Rechtsstaatsprinzip[78]: Der Gedanke, dass die Verkündung am Ende des Normsetzungsverfahrens steht, um den Rechtsunterworfenen die zuverlässige Möglichkeit der Kenntnisnahme einzuräumen, damit sie ihr Verhalten an den Geboten der Rechtsordnung ausrichten können, kann zum einen als formelle Ergänzung des inhaltlichen Gebots rechtsstaatlicher Normenklarheit zum anderen auch als Element der Rechtssicherheit[79] betrachtet werden. Das Verkündungsgebot besitzt normative Bezüge auch zu Demokratie- und Republikprinzip: Denn über die Absage an staatliche Geheim- und Willkürherrschaft hinaus ist ihr der Gedanke der Nachvollziehbarkeit und Kontrollierbarkeit staatlicher Herrschaft immanent; außerdem kann sie auch als notwendiges Korrelat der Repräsentation betrachtet werden, das am Ende eines jedenfalls für Gesetze öffentlichen Normsetzungsverfahrens steht.[80]

7. Das Zitiergebot (Art. 19 Abs. 1 Satz 2 GG)

Bekanntlich besitzt das Zitiergebot aufgrund seiner zahlreichen anerkannten Ausnahmen in der Grundrechtspraxis zwar einen äußerst beschränkten Stellenwert,[81] ursprünglich war es vom Verfassungsgeber jedoch als bewusste „Fessel des Gesetzgebers"[82] konzipiert, die als formelle Anforderung sicherstellen sollte, dass sich der Gesetzgeber im Normsetzungsprozess mit der Grundrechtsrelevanz eines grundrechtsbeschränkenden Gesetzes befasst.[83]

Dieser Verfassungsbestimmung kommt im Rahmen des hier interessierenden Textbefunds in doppelter Hinsicht Bedeutung zu: Erstens weist die Teleologie des Zitiergebots schon entstehungsgeschichtlich[84] einen engen Bezug zum Parla-

---

[78] Anders *Kunig*, Das Rechtsstaatsprinzip, 1986, S. 391, der das Verkündungserfordernis aus dem „Begriff der Rechtsetzung" herleitet.

[79] Auf die Rechtssicherheit wird auch in BVerfGE 22, 330 (346) abgestellt. Übereinstimmend *Sobota*, Das Prinzip Rechtsstaat, 1997, S. 142.

[80] *Oldenburg*, Die Öffentlichkeit von Rechtsnormen, 2009; *Sobota*, Das Prinzip Rechtsstaat, 1997, S. 142. Verfassungshistorische Bezüge zur Bundesstaatlichkeit stellt überdies *Drath*, in: Gedächtnisschrift für Walter Jellinek, 1955, S. 237 (244 ff.) her.

[81] Vgl. nur *P. M. Huber*, in: M/K/S-GG, 2018, Art. 19 Rn. 61–63.

[82] So jedenfalls der Einwand des Abgeordneten *Dehler* gegen den Antrag des Abgeordneten *von Mangoldt* im Parlamentarischen Rat, das Zitiergebot zu streichen: „Wir wollen diese Fessel des Gesetzgebers." *von Doemming/Füsslein/Matz*, JöR 1 (1951), S. 1 (180). Die Diskussion im Parlamentarischen Rat findet sich ebd. S. 178–180 wiedergegeben. Hierzu auch *Rauschning*, Die Sicherung des Bestands von Verfassungsrecht, 1969, S. 193.

[83] So anknüpfend an BVerfGE 5, 13 (16): BVerfGE 129, 208 (236–237): „Durch die Benennung des Eingriffs im Gesetzeswortlaut soll sichergestellt werden, dass der Gesetzgeber nur Eingriffe vornimmt, die ihm als solche bewusst sind und über deren Auswirkungen auf die betroffenen Grundrechte er sich Rechenschaft ablegt"; „Warn- und Besinnungsfunktion" des Zitiergebots BVerfGE 64, 72 (79–80).

[84] Vgl. *von Doemming/Füsslein/Matz*, JöR 1 (1951), S. 1 (179).

mentsvorbehalt auf, der sicherstellen soll, dass Grundrechtsbeschränkungen und die Koordination kollidierender Freiheiten „aus einem Verfahren hervorgehen, das der Öffentlichkeit Gelegenheit bietet, ihre Auffassungen auszubilden und zu vertreten, und die Volksvertretung anhält, Notwendigkeit und Ausmaß von Grundrechtseingriffen in öffentlicher Debatte zu klären“.[85] Zu Recht hat das Bundesverfassungsgericht im Kontext der Warn- und Besinnungsfunktion des Zitiergebots deshalb in jüngeren Entscheidungen mehrfach betont, dass das Zitiergebot der Gewährleistung dieser öffentlichen Debatte diene.[86] Das Zitiergebot kann daher auch als Zeugnis des hohen Stellenwerts der Parlamentsöffentlichkeit begriffen werden. Zugleich ist es demokratische Verfahrenssicherung, die das Primat des parlamentarischen Verfahrens garantiert und die öffentliche Deliberation von grundrechtsrelevanten Entscheidungen sicherstellt. Bekanntermaßen dient das Zitiergebot zweitens der Information der grundrechtsbetroffenen Bürger, denen die potentielle Grundrechtsbeschränkung schon vor der Gesetzesanwendung offengelegt werden soll.[87] Das Zitiergebot steht daher auch im Dienste rechtsstaatlicher Klarheit[88] und fügt sich damit in eine Reihe grundgesetzlicher Bestimmungen ein, die Öffentlichkeit postulieren und Bezüge zu Demokratie- und Rechtsstaatsprinzip aufweisen.

8. Das Gebot der Bestimmtheit der Verordnungsermächtigung (Art. 80 Abs. 1 Satz 2 GG) und das Zitiergebot bei der Verordnungsgebung (Art. 80 Abs. 1 Satz 3 GG)

Bei der parlamentarischen Delegation von Rechtssetzungsmacht in Gestalt der Verordnungsermächtigung soll durch das formelle Gebot der Offenlegung von Inhalt, Zweck und Ausmaß der erteilten Verordnungsermächtigung sichergestellt werden, dass die Exekutive nicht durch eine Blankoermächtigung zur freien und eigenmächtigen Verordnungsgebung befähigt wird, vielmehr der Gesetzgeber die ihm zustehende Rechtssetzungsmacht nur jeweils punktuell und unter Angabe der jeweiligen Motive überträgt, er mithin das „Zugriffsrecht“[89] in seiner Hand behält. Art. 80 Abs. 1 Satz 2 und 3 GG haben in diesem Zusammenhang einen doppelten Öffentlichkeitsbezug. Erstens erlegen sie dem Gesetz- respektive dem Ver-

---

[85] BVerfGE 85, 386 (403–404).

[86] So im Anschluss an BVerfGE 85, 386 (403): BVerfGE 113, 348 (366); BVerfGE 120, 274 (343); 129, 208 (237): „Die ausdrückliche Benennung erleichtert es auch, die Notwendigkeit und das Ausmaß des beabsichtigten Grundrechtseingriffs in öffentlicher Debatte zu klären.“ Hierauf hinweisend auch *Kaufhold*, in: Dreier-GG, 2023, Art. 19 Abs. 1 Rn. 36; *Kerkemeyer*, in: *von Münch/Kunig*-GG, 2021, Art. 19 Rn. 31.

[87] *Sachs*, in: ders.-GG, 2021, Art. 19 Rn. 26.

[88] Den Gedanken der Klarheit erwähnt *Hesse*, Grundzüge des Verfassungsrechts, 1995, S. 126.

[89] BVerfGE 114, 196 (232).

ordnungsgeber Mitteilungs- und Begründungspflichten auf, denn sie verlangen nach der Offenlegung bestimmter Umstände, die dem Bereich staatlicher Willensbildung entspringen.

Darüber hinaus haben Art. 80 Abs. 1 Satz 1 und Satz 2 GG zweitens einen spezifischen Bezug zur Parlamentsöffentlichkeit: Durch den von Art. 80 Abs. 1 Satz 2 GG festgelegten Delegationsmodus[90] wird dem gesetzgeberischen Rechtssetzungsprimat nämlich dergestalt Rechnung getragen, dass die Delegation der Rechtssetzungsbefugnis an die Exekutive grundsätzlich nur nach vorherigem Durchlaufen des öffentlichen Gesetzgebungsverfahrens (Art. 80 Abs. 1 Satz 1 GG) zulässig ist, in welchem die gesetzgeberischen Erwägungsgründe für die Delegation hinreichend bestimmt zum Ausdruck gekommen sein müssen (Art. 80 Abs. 1 Satz 2 GG). Auch wenn das Bundesverfassungsgericht sich wegen seiner nicht immer stringenten dogmatischen Positionierung von Art. 80 Abs. 1 Satz 2 GG im Verhältnis zum Parlamentsvorbehalt und der Anwendung des materiellen Wesentlichkeitskriteriums[91] im Ansatz berechtigter Kritik ausgesetzt gesehen hat,[92] besitzen der Parlamentsvorbehalt und das Bestimmtheitsgebot der Verordnungsermächtigung doch jedenfalls die Gemeinsamkeit, dass sie bestimmte Vorgänge zwingend der (öffentlichen) parlamentarischen Erörterung unterstellen wollen.[93] Übereinstimmend mit der angesprochenen Doppelbezüglichkeit hat das Bundesverfassungsgericht formuliert, dass die Auswirkungen der Verordnung schon aus der Verordnungsermächtigung und nicht erst aus der Verordnung „erkennbar und vorhersehbar“[94] folgen müssten. Zur Begründung hat das Gericht dabei ausdrücklich aus dem Rechtsstaatsprinzip abgeleitet, dass Gesetze wegen ihrer eingehenden Deliberation im parlamentarischen Verfahren einen stärkeren Wert verkörperten als eine im Wege der exekutiven Rechtssetzung zustande gekommene Norm.[95]

---

[90] *C. Möllers*, Gewaltengliederung, 2005, S. 185.

[91] Hierzu kritisch bereits *Kloepfer*, JZ 1984, S. 685 (692 ff.).

[92] Vgl. etwa *Cremer*, AöR 122 (1997), S. 248 (255 ff.); *C. Möllers*, Gewaltengliederung, 2005, S. 185–188; *Bauer*, in: *Dreier*-GG, 2015, Art. 80 Rn. 32: „nicht immer schwankungsfreie […] Spruchpraxis des Bundesverfassungsgerichts“; „weitgehende Bedeutungslosigkeit“: *Remmert*, in: D/H/S-GG, Stand August 2023, Art. 80 Rn. 69 ff.; *Busch*, Das Verhältnis des Art. 80 Abs. 1 S. 2 GG zum Gesetzes- und Parlamentsvorbehalt, 1992, S. 124 ff.

[93] Dies dürfte auch der Ausganspunkt des unklaren Verhältnisses der Anforderungen von Parlamentsvorbehalt und Bestimmtheitsgebot der Verordnungsermächtigung sein, deren Ursprung durch die Literatur in der gemeinsamen Erwähnung in der Entscheidung BVerfGE 7, 282 gesehen wird. Vgl. dazu etwa *Cremer*, AöR 122 (1997), S. 248 (258 ff.). Später hat das BVerfG in Art. 80 Abs. 1 Satz 2 GG ausdrücklich eine „notwendige Ergänzung und Konkretisierung des aus dem Demokratie- und Rechtsstaatsprinzip folgenden Grundsatzes des Vorbehalts des Gesetzes“ gesehen. Zustimmend etwa *Bauer*, in: *Dreier*-GG, 2015, Art. 80 Rn. 32.

[94] BVerfGE 7, 282 (302).

[95] BVerfGE 7, 282 (302): „Denn mit dem Rechtsstaatsprinzip verbindet sich die Vorstellung, daß das Gesetz dadurch, daß es nach eingehender Beratung im Parlament in

Art. 80 Abs. 1 Satz 3 GG erweist sich seinerseits als konsequente Fortführung des Bestimmtheitsgebots: Durch das ebenfalls im Kern rechtsstaatliche Zitiergebot soll die Kontrollierbarkeit der Rechtsverordnungen und ihre Übereinstimmung mit den gesetzlichen Vorgaben sowohl im Normsetzungsprozess für den Verordnungsgeber bewirkt werden als auch zur Sicherstellung des nachgehenden Rechtsschutzes der Normadressaten.[96]

9. Die Gleichheit des öffentlichen Ämterzugangs (Art. 33 Abs. 2 GG)

Mit Art. 33 Abs. 2 GG enthält die Verfassung eine weitere Norm, die die Zugänglichkeit des Staates ausdrücklich anordnet: So soll jeder Deutsche nach seiner Eignung, Befähigung und fachlichen Leistung gleichen Zugang zu jedem öffentlichen Amt haben. Seit der Herausbildung des Berufsbeamtentums ab dem 19. Jahrhundert[97] etablierte sich als besondere Ausprägung des Gedankens staatsbürgerlicher Gleichheit,[98] in Abkehr von Bevorrechtigung und Bevorzugung des Adels sowie dem Ämterkauf[99] die Vorstellung, dass öffentliche Ämter nunmehr nach dem Leistungsprinzip vergeben werden sollen. Diese Scharniernorm zwischen Staat und Gesellschaft[100] ist letztlich Ausdruck eines umfassenden Gleichheitsverständnisses: Sie verdeutlicht, dass die personelle Besetzung der im Rahmen der Amtsausübung selbst gleichheitsgebundenen Amtswalter nicht widerspruchslos am Gleichheitsgedanken vorbei gehen kann. Wegen dieser geistige Nähe von Art. 33 Abs. 2 GG zum Gleichheitsgedanken besteht ein offensichtlicher demokratischer Einschlag[101], daneben lassen sich indes auch Bezüge zu Republik- und Rechtsstaatsprinzip[102] herstellen.

Über die Gleichsetzung aller Deutschen bei der Ämtervergabe, also die formelle Öffentlichkeit im Sinne der Ämterzugänglichkeit hinaus, stellt Art. 33

---

einem besonderen, förmlichen Verfahren beschlossen wird, einen größeren Rechtswert verkörpert als eine Verordnung und in höherem Maße auf Dauer angelegt ist als die von der Exekutive erlassenen Verordnungen." Zuvor bereits BVerfGE 1, 14 (60).

[96] BVerfGE 24, 184 (196); 101, 1 (41). In der Literatur wird hier vielfach zwischen interner und externer Kontrollfunktion unterschieden. Vgl. nur *Bauer*, in: *Dreier*-GG, 2015, Art. 80 Rn. 44.

[97] *Badura*, in: D/H/S-GG, Stand August 2023, Art. 33 Rn. 19.

[98] Vgl. nur *Isensee*, in: Festgabe aus Anlaß des 25jährigen Bestehens des Bundesverwaltungsgerichts, 1978, S. 337 (339 ff.).

[99] Übereinstimmend *Brosius-Gersdorf*, in: *Dreier*-GG, 2015, Art. 33 Rn. 2; *Bickenbach*, in: *von Münch/Kunig*-GG, 2021, Art. 33 Rn. 6.

[100] Ähnlich *Bickenbach*, in: *von Münch/Kunig*-GG, 2021, Art. 33 Rn. 1, der von einer Verbindung zwischen Staat und Gesellschaft spricht.

[101] Zum ideellen Zusammenhang von Gleichheit und Demokratie vgl. nur *Herzog*, Allgemeine Staatslehre, 1971, S. 202–203.

[102] So zutreffend *Bickenbach*, in: *von Münch/Kunig*-GG, 2021, Art. 33 Rn. 44.

Abs. 2 GG zweifelsohne auch gewisse Erwartungen materieller Publizität an das Verfahren.[103] Obwohl im Einzelnen nicht abschließend geklärt ist, bis wohin die Vorgaben der Verfassung zu diesem Punkt reichen,[104] dürfte vom Ansatz her klar sein, dass sich ohne die Informiertheit potentieller Bewerber nur schwer von tatsächlicher Zugangsgleichheit sprechen lässt.[105] Auch die verfassungsrechtliche Verpflichtung, die Auswahlentscheidung nach dem Leistungsprinzip zu treffen, würde zu einer formalen Hülle degeneriert, blieben die Auswahlentscheidung und die sie tragenden Gründe vollständig intransparent. Daher ist der Verfassung sowohl eine grundsätzliche[106] Ausschreibungspflicht[107] als auch ein Grundbestand an Informationsrechten sowie an korrespondierenden Mitteilungspflichten im Rahmen des Bewerbungsverfahrensanspruchs[108] zu entnehmen, welche mithin in Art. 33 Abs. 2 GG ihren verfassungstextlichen Niederschlag finden.

10. Rechnungslegung und Entlastung der Bundesregierung (Art. 114 Abs. 1 GG)

Wenn die Verfassung in Art. 114 Abs. 1 GG anordnet, dass der Bundesminister der Finanzen Bundestag und Bundesrat über alle Einnahmen und Ausgaben sowie über das Vermögen und die Schulden im Laufe des nächsten Rechnungsjahres zur Entlastung der Bundesregierung Rechnung zu legen hat, manifestiert sich in dieser Vorschrift wiederum die Kontrollfunktion des Parlaments[109] im parlamentarischen Regierungssystem.[110] Obgleich die Entlastung der Bundesregierung als Freistellung von politischer Verantwortlichkeit keine unmittelbaren rechtlichen Wirkungen provoziert,[111] stellt diese im Gesamtzusammenhang des

[103] In diese Richtung schon *Kunig*, Das Rechtsstaatsprinzip, 1986, S. 365.

[104] Zu den Positionen in Rechtsprechung und Literatur eindrücklich *Neuhäuser*, NVwZ 2013, S. 176 (177 ff.). Einfachgesetzlich normiert § 8 Abs. 1 Satz 1 BBG eine grundsätzliche Ausschreibungspflicht für Neubesetzungen.

[105] *Neuhäuser*, NVwZ 2013, S. 176 (178).

[106] Zu den Erwägungen, die im Einzelfall gegen eine Ausschreibungspflicht in Ansatz gebracht werden können etwa *Bickenbach*, in: *von Münch/Kunig*-GG, 2021, Art. 33 Rn. 51.

[107] Für eine grundsätzliche Ausschreibungspflicht *Battis*, in: *Sachs*-GG, 2021, Art. 33 Rn. 40; *Jachmann-Michel/Kaiser* in: M/K/S-GG, 2018, Art. 33 Rn. 16; *Neuhäuser*, NVwZ 2013, S. 176 (178 ff.) generelle prinzipielle Ausschreibungspflicht als „verfassungsrechtliche Vorwirkung" von Art. 33 Abs. 2; *Bickenbach*, in: *von Münch/Kunig*-GG, 2021, Art. 33 Rn. 51.

[108] Weitgehend *Bröhmer*, Transparenz als Verfassungsprinzip, 2004, S. 93 ff.

[109] Dass die Kontrollfunktion eine eigenständige Parlamentsfunktion bildet, wird jedoch in der Literatur bezweifelt. Vgl. dazu *H. H. Klein*, in: HStR III, 2005, S. 711 (731).

[110] BVerfGE 132, 195 (242).

[111] *Schwarz*, in: M/K/S-GG, 2018, Art. 114 Rn. 37; *Heintzen*, in: *von Münch/Kunig*-GG, 2021, Art. 114 Rn. 41.

parlamentarischen Budgetrechts[112] zu sehende Vorschrift sicher, dass die haushaltspolitische Gesamtverantwortung[113] des Parlaments nicht mit Verabschiedung des Haushaltsplans endigt. Das Budgetrecht des Parlaments als verfassungshistorisch wirksamste Einflussmöglichkeit[114] auf die vormals monarchisch beherrschte Exekutive hat auch unter dem Grundgesetz einen hohen Stellenwert, der in der Rechtsprechung des Bundesverfassungsgerichts regelmäßig hervorgehoben und als bedeutsamer Teil des Demokratieprinzips verstanden wird.[115]

Art. 114 Abs. 1 GG ist im Zusammenhang mit dem Parlamentsvorbehalt der Haushaltsaufstellung (Art. 110 Abs. 2 Satz 1 GG) zu sehen: Durch das Zusammenspiel dieser Vorschriften wird sichergestellt, dass der Staatshaushalt nicht nur vermittelt durch die Öffentlichkeit des Parlaments vor den Augen des Volkes beschlossen und legitimiert wird, sondern dass seine Einhaltung durch die öffentliche Rechnungslegung[116] auch nachgehend kontrollierbar ist. Damit erweist sich Art. 114 Abs. 1 GG als verfassungstextliche Ausprägung des haushaltsverfassungsrechtlichen Grundsatzes der Budgetöffentlichkeit.[117]

11. Verschiedene Informationspflichten und sonstige auf Öffentlichkeit gerichtete Verfassungsbestimmungen

Obschon das gesamtdeutsche Verfassungsrecht bereits unter der RV 1871 besondere Informationspflichten der Exekutive kannte,[118] sind in das Grundgesetz neben dem bereits genannten Art. 23 Abs. 2 Satz 2 GG vor allem nachträglich[119] verschiedene andere Informationspflichten[120], insbesondere der Bundesre-

[112] „*Korrelat des parlamentarischen Bewilligungsrechts*“: *Schwarz* in: M/K/S-GG, 2018, Art. 114 Rn. 1 (Hervorhebung im Original).

[113] So die neuere Terminologie des BVerfG im Mehrebenenkontext. Kritisch hierzu *Siekmann*, in: *Sachs*-GG, 2021, Art. 110 Rn. 13f ff.

[114] Zur historischen Bedeutung des Budgetrechts sogleich unten. Vgl. auch *Waldhoff*, in: HStR V, 2007, S. 813 (890 ff.).

[115] So schon BVerfGE 55, 274 (303): „Das Haushaltsbewilligungsrecht [ist] eines der wesentlichsten Instrumente der parlamentarischen Regierungskontrolle.“ Zuletzt: BVerfG, Beschluss vom 15. April 2021 – 2 BvR 547/21 – Rn. 84: „Das Budgetrecht des Deutschen Bundestages [...] und seine haushaltspolitische Gesamtverantwortung sind als unverfügbarer Teil des grundgesetzlichen Demokratieprinzips durch Art. 38 Abs. 1 Satz 1, Art. 20 Abs. 1 und Abs. 2, Art. 79 Abs. 3 GG geschützt“; übereinstimmend BVerfG, Beschluss vom 27. April 2021 – 2 BvE 4/15 – Rn. 70 ff. Daneben sind die schon historisch begründeten Bezüge zur Gewaltenteilung unverkennbar.

[116] Dass die Publizität der Rechnungslegung an das Volk adressiert ist heben zutreffend *Heun/Thiele* in: *Dreier*-GG, 2018, Art. 114 Rn. 18; *Kube*, in: D/H/S-GG, Stand August 2023, Art. 114 Rn. 32 hervor.

[117] BVerfGE 70, 324 (358).

[118] Dazu *Laband*, Das Staatsrecht des Deutschen Reiches I, 1876, S. 515 ff.

[119] Vgl. nämlich Art. 53 Satz 3 GG.

[120] Zur Parlamentsinformation in der Verfassung *Teuber*, Parlamentarische Informationsrechte, 2007, S. 60 ff.

gierung, aufgenommen[121] worden. So bestimmt Art. 13 Abs. 6 Satz 1 GG nun, dass die Bundesregierung den Bundestag im Interesse parlamentarischer Kontrolle[122] jährlich über den Einsatz technischer Mittel zur Wohnraumüberwachung (Art. 13 Abs. 3–5 GG) zu unterrichten hat.[123] Auch die bereits im Zuge der Grundgesetzänderung zur Notstandsverfassung im Jahr 1969[124] in die Verfassung aufgenommenen Art. 53a Abs. 2 Satz 1 GG sowie Art. 115f Abs. 2 GG[125] normieren Informationspflichten der Bundesregierung im Verteidigungsfall. Erstere Bestimmung dient vorrangig der dauerhaften Funktionsfähigkeit des Gemeinsamen Ausschusses,[126] die Zweitgenannte soll ein Mindestmaß an Kontrolle ermöglichen.[127] Auch der im Zuge der Föderalismusreform I geschaffene Art 104b Abs. 3 GG[128] enthält einen Unterrichtungsanspruch von Bundestag, Bundesregierung und Bundesrat gegenüber der Landesregierung[129] im Fall von gewährter Finanzhilfen nach Art. 104b GG, um präventiv eine zweckentsprechende Mittelverwendung zu gewährleisten und unter Effizienzgesichtspunkten eine Ergebniskontrolle zu ermöglichen.[130]

Daneben existieren in der Verfassung verschiedene besondere Veröffentlichungsnormen. So sieht Art. 91d GG die Möglichkeit der Veröffentlichung von Leistungsvergleichen der Verwaltung von Bund und Ländern vor. Als wettbewerbsföderalistisches Element dient Art. 91d GG primär der Effektivität und Effizienz staatlichen Handelns, zugleich soll die Vorschrift aber auch mittelbar die parlamentarische Kontrolle stärken.[131]

Der demgegenüber als Gebot formulierte, aber gleichermaßen im Zuge der Föderalismusreform II in die Verfassung aufgenommene[132] Art. 109a Abs. 3 GG

---

[121] Zu dieser Tendenz aus dem jüngeren Schrifttum kritisch *Meinel*, Selbstorganisation des parlamentarischen Regierungssystems, 2019, S. 266 ff.

[122] BT-Drs. 13/8650, S. 5. Die Bestimmung sei Ausdruck der „allgemeinen politischen Kontrollfunktion des Parlaments im Rahmen seiner Zuständigkeit gegenüber der Exekutive".

[123] Eingefügt durch das Gesetz zur Änderung des Grundgesetzes vom 26. März 1998, BGBl. I 1998, S. 610.

[124] Siebzehntes Gesetz zur Änderung des Grundgesetzes vom 24. Juni 1968, BGBl. I 1968, S. 709 ff.

[125] Siehe BT-Drs. V/2873, S. 11. Zu einer ähnlichen Bestimmung unter der RV 1871 vgl. Art. 68 RV 1871 i.V.m. § 17 des Preußischen Gesetzes vom 4. Juni 1851. Dazu die Übersicht bei *Laband*, Das Staatsrecht des Deutschen Reiches I, 1876, S. 515 ff.

[126] BT-Drs. V/2873, S. 11.

[127] *Heun*, in: *Dreier*-GG, 2018, Art. 115f Rn. 15; *Grote*, in: M/K/S-GG, 2018, Art. 115f Rn. 21.

[128] Gesetz zur Änderung des Grundgesetzes vom 31. August 2006, BGBl. I 2006, S. 2034 ff. Dazu auch BVerfGE 127, 165 (193 ff.).

[129] So *Hellermann*, in: M/K/S-GG, 2018, Art. 104b Rn. 73.

[130] BT-Drs. 16/813, S. 19–20.

[131] BT-Drs. 16/12410, S. 8.

[132] Gesetz zur Änderung des Grundgesetzes vom 29. Juni 2009, BGBl. I, S. 2248 ff.

bestimmt, dass die Beschlüsse inklusive der zugrunde liegenden Beratungsunterlagen des nichtöffentlich tagenden[133] Stabilitätsrats „zur Gewährleistung der öffentlichen Transparenz“[134] zu veröffentlichen sind. Mit der Veröffentlichung der Stabilitätsratsbeschlüsse soll einerseits präventiv-öffentlicher Druck zur Verhinderung von Haushaltsnotlagen von Bund und Ländern aufgebaut werden[135], gleichzeitig dient die Vorschrift der öffentlichen Kontrolle.[136]

Der im gleichen Jahr kodifizierte Art. 45d GG wurde maßgeblich in der Bestrebung geschaffen, die parlamentarische Kontrolle der sich seit der Jahrtausendwende intensivierenden Tätigkeit der Nachrichtendienste auf eine Grundlage in der schriftlichen Verfassung zu stellen.[137] Der mit der Vorschrift intendierte verfassungsrechtliche Bestandsschutz des Parlamentarischen Kontrollgremiums dokumentiert die Absicht des verfassungsändernden Gesetzgebers, eine nachrichtendienstliche Kontrolle zu garantieren, die – nicht anders als Staatskontrolle im Allgemeinen – zu ihrer Effektivität auf eine, wenn auch stark eingeschränkte, Öffentlichkeit angewiesen[138] ist.[139] Auch sollten die einfachrechtlichen Selbstinformationsrechte des Gremiums gegenüber den regelmäßig verfassungsrechtlich rückgekoppelten Geheimhaltungsinteressen der Nachrichtendienste aufgewertet werden.[140]

Schließlich ordnet die hingegen bereits ursprünglich im Grundgesetz enthaltene und seitdem textlich unveränderte[141] Bestimmung des Art. 129 Abs. 1 Satz 2 Hs. 2 GG an, dass die Bundesregierung die ihr zugewiesene Entscheidung in Zweifelsfällen über die Zuständigkeit bei Ermächtigungen zum Erlass von Rechtsverordnungen, allgemeinen Verwaltungsvorschriften und Verwaltungsakten aus unter dem Grundgesetz als Bundesrecht fortgeltendem vorkonstitutionel-

---

[133] § 1 Abs. 3 Satz 2 StabiRatG: „Die Sitzungen sind vertraulich und nicht öffentlich.“ Weil die Verfassung zur Verfahrensöffentlichkeit schweigt, besitzt diese Bestimmung lediglich einfachrechtlichen Charakter. So auch *Kube*, in: D/H/S-GG, Stand August 2023, Art. 109a Rn. 39. § 1 Abs. 4 Satz 5 StabiRatG wiederholt das Veröffentlichungsgebot sodann einfachrechtlich.

[134] BT-Drs. 16/12410, S. 12.

[135] BT-Drs. 16/12410, S. 7; 16/12400, S. 15, 18.

[136] So zutreffend *Kube*, in: D/H/S-GG, Stand August 2023, Art. 109a Rn. 39; *Reimer*, in BeckOK-GG, Stand August 2023, Art. 109a Rn. 73 sieht zusätzlich „eine die Rechtsstaatlichkeit und hier insbesondere die Ergebnisoffenheit des Verfahrens sichernde Funktion“. In diese Richtung auch *Heintzen* in: *von Münch/Kunig*-GG, 2021, Art. 109a Rn. 23; *Heun/Thiele* in: *Dreier*-GG, 2018, Art. 109a Rn. 42, die zusätzlich die Rationalität hervorheben.

[137] Vgl. BT-Drs. 16/12412, S. 4 ff.

[138] Dazu etwa *Waldhoff*, in: Reform der Nachrichtendienste zwischen Vergesetzlichung und Internationalisierung, 2019, S. 73 (74 ff., 80–81).

[139] BT-Drs. 16/12412, S. 5.

[140] BT-Drs. 16/12412, S. 4 ff.

[141] *von Doemming/Füsslein/Matz*, JöR 1 (1951), S. 1 (851 ff.).

len Recht zu veröffentlichen hat. Die Entscheidungsveröffentlichung dient damit rechtsstaatlichen Anforderungen, insbesondere der Klarheit des geltenden Rechts.

12. Ergebnis

Obwohl „Öffentlichkeit" wörtlich nur im Grundgesetz vorkommt, wenn von ihrem Ausschluss die Rede ist,[142] hat die Betrachtung des Verfassungstexts gezeigt, dass eine Reihe von Vorschriften der geschriebenen Verfassung die Wahrnehmbarkeit oder Zugänglichkeit des Staates – also seine faktische Öffentlichkeit – in ihren Normbereichen für sich beansprucht. Abgesehen von der Öffentlichkeit der Plenumsverhandlung enthält das Grundgesetz jedoch für keinen anderen (Teil-)Bereich staatlicher Willensbildung ein vergleichbar weitreichendes und ausdrückliches Öffentlichkeitsgebot. Während der Exekutive zumindest in bestimmten Sonderkonstellationen Öffentlichkeit aufgegeben wird, fehlt es hingegen gänzlich an Regelungen zu judikativer Publizität. Auf die Gesamtstaatlichkeit bezogen lässt sich nachdem allenfalls von punktuellen Öffentlichkeitsverbürgungen im Verfassungstext sprechen.

Weil sich der Wortlaut der betrachteten Vorschriften überdies durch grundgesetztypische Lakonik und Bereichsspezifität auszeichnet, scheidet die Herleitung eines Öffentlichkeitsgebots des Staates im Wege der extensiven Verfassungsinterpretation – etwa von Art. 42 Abs. 1 Satz 1 GG – selbst unter Zugrundelegung eines wertenden Verständnisses von Verfassungsschriftlichkeit[143] offensichtlich aus.[144]

Die vielfach hervorgehobene exponierte Stellung der Parlamentsöffentlichkeit in der demokratischen Staatsorganisation schlägt sich im Verfassungstext darüber hinaus jedoch auch in den teleologischen Bezügen anderer Öffentlichkeitsgebote nieder: So stellen etwa die Art. 19 Abs. 1 Satz 2 GG; 23 Abs. 2 Satz 2; 80 Abs. 1 Satz 2 GG oder auch Art. 114 Abs. 1 GG mittelbar sicher, dass bestimmte Gegenstände in der Öffentlichkeit des Parlaments Erörterung finden. Mit Art. 19 Abs. 1 Satz 2 und 80 Abs. 1 Satz 2 weisen überdies zwei Bestimmungen Bezüge zum Vorbehalt des Gesetzes auf. Auch im Interesse der Rechtsklarheit und Rechts-

[142] So nämlich in den Art. 42 Abs. 1 Satz 2; 44 Abs. 1 Satz 2; 52 Abs. 3 Satz 4 GG.

[143] Eindrücklich *H. A. Wolff*, Ungeschriebenes Verfassungsrecht unter dem Grundgesetz, 2000, S. 196 ff. Junktim dieses Verständnisses von Verfassungsschriftlichkeit ist die Interpretationsoffenheit von Verfassungsnormen, welche sich auch in der Sprache der Verfassung niederschlägt. Dazu etwa *Voßkuhle*, AöR 119 (1994), S. 35 (43 ff.). Siehe dazu auch oben Kap. 2 bei Fn. 31, 115 ff.

[144] Im Ergebnis übereinstimmend etwa *Jerschke*, Öffentlichkeitspflicht der Exekutive und Informationsrecht der Presse, 1971, S. 63–64; *Kunig*, Das Rechtsstaatsprinzip, 1986, S. 370; *Drefs*, Die Öffentlichkeitsarbeit des Staates und die Akzeptanz seiner Entscheidung, 2019, S. 49–50; *A. A. Schmidt*, Ausschussöffentlichkeit im Deutschen Bundestag, 2021, S. 126 ff.

sicherheit verlangt die Verfassung bisweilen nach Öffentlichkeit (Art. 19 Abs. 1 Satz 2, 79 Abs. 1, 80 Abs. 1, 82 Abs. 1, 129 Abs. 1 Satz 2 Hs. 2, 145 GG).

Außerdem hat sich gezeigt, dass mit Art. 23 Abs. 2 Satz 2 GG und Art. 114 Abs. 1 GG jedenfalls zwei Öffentlichkeitsgebote der Vertrauensabhängigkeit der Regierung im parlamentarischen Regierungssystem Rechnung tragen. Wegen der aufgefundenen Bezüge zu Demokratie- und Rechtsstaatsprinzip überrascht es nicht, dass die betrachteten Bestimmungen Öffentlichkeit mehrheitlich im Interesse der Kontrolle sowohl innerstaatlich als auch im Verhältnis nach außen anordnen.

Weil seit der Einfügung von Art. 53a Abs. 2 Satz 1, 115f Abs. 2 GG im Jahre 1968 und der Ausweitung von Art. 21 Abs. 1 Satz 4 GG im Jahre 1983 mit den Art. 13 Abs. 6 Satz 1, 23 Abs. 2 Satz 2, 45d, 91d, 104b Abs. 3 sowie Art. 109a Abs. 3 GG weitere Öffentlichkeitsgehalte in die Verfassung eingefügt worden sind, lässt sich schließlich von einer Öffentlichkeitstendenz des verfassungsändernden Gesetzgebers sprechen, die als Indiz für eine über den Verfassungstext hinausgehende Öffentlichkeitsbezogenheit des Staates gewertet werden kann.

III. Verfassungsgeschichtliche Genese

Angelehnt an eine idealisierte Vorstellung von Publizität in der Antike, sowie befeuert durch Aufklärung und Französische Revolution, hat sich die Öffentlichkeit des Staates durch Literaturbeiträge von Bentham[145], Kant[146], Fichte[147] und nicht zuletzt Welcker[148] zu einer Kardinalforderung des deutschen Liberalismus im Vormärz entwickelt.[149] Die verfassungshistorische Entwicklung staatlicher Öffentlichkeit wird dementsprechend durch den staatstheoretischen Grundkonflikts des 19. Jahrhunderts bestimmt.[150] Als ursprünglich glühende Verfechter der Volkssouveränität gingen die liberalen Autoren des 19. Jahrhunderts vom Idealbild einer herrschaftsbegründenden Verfassung aus, in dem die Öffentlichkeit staatlichen Handelns ein tragendes Organisationsprinzip bildet, das die zu konstituierende Staatsgewalt gewissermaßen von oben herab ebenso legitimiert wie terminiert. Die tatsächliche Entwicklung des deutschen Konstitutionalismus[151] hingegen stand bekanntlich im Zeichen von nachträglicher Verrechtli-

---

[145] *Bentham*, in: The Works of Jeremy Bentham II, 1843, S. 299 (310 ff.).

[146] *Kant*, Zum ewigen Frieden, 2011, S. 59 ff.

[147] *Fichte*, Grundlage des Naturrechts, 1796, S. 202–203.

[148] *Welcker*, in: Staatslexikon X, 1848, S. 246 ff.

[149] Dazu eingehend *Wegener*, Der geheime Staat, 2006, S. 120 ff. Zuvor bereits *Krüger*, Allgemeine Staatslehre, 1964, S. 440 ff.; *Jestaedt*, AöR 126 (2001), S. 204 (205 ff.); *Gröschner*, VVDStRL 63 (2004), S. 344 (346 ff.).

[150] Die Bedeutung des konstitutionellen Kompromisses hervorhebend auch *Wegener*, Der geheime Staat, 2006, S. 197 ff.

[151] Dazu *Heun*, Der Staat 45 (2006), S. 365 ff.

chung und Beschränkung überwiegend vorgefundener Herrschaftsgewalt.[152] So sind die deutschen Verfassungen des 19. Jahrhunderts allesamt nicht Produkt eines revolutionär-konstituierenden Volkswillens, sondern überwiegend politisches Kalkül der Monarchen, welche sich Selbstbeschränkungen auferlegten, um ihre Herrschaft gegenüber dem um sich greifenden Konstitutionalismus zu behaupten.[153] Nicht zuletzt durch die Ereignisse der Paulskirche auf den Boden der Wirklichkeit gefallen sah sich der einstige Mitgestaltungsanspruch des liberalen Bürgertums einem zu mächtigen Staatsapparat konfrontiert[154] – statt den Staat zu Lasten der monarchischen Exekutive neuzugestalten blieb von den konstitutionell-liberalen Bestrebungen vorwiegend das herrschaftsbegrenzende also primär rechtsstaatliche Element zurück, das den Staat fortan zwar an ungehinderten Eingriffen in die Individualsphäre hindern sollte, gleichzeitig aber die aufgefundene existenzielle Vormachtstellung von Regierung und Verwaltung im Staatsgefüge unangetastet ließ und deshalb in der Folge zu zementieren verhalf.[155] Aufgrund dieser Entwicklung sind paradoxerweise die politischen Gegner der Liberalen für die Teilrealisierung ihrer Öffentlichkeitsforderungen verantwortlich.[156] Wie Wegener detailliert herausgearbeitet hat, wird im Laufe des 19. Jahrhunderts unter diesen Umständen die Öffentlichkeit dreier Staatsbereiche verrechtlicht.[157]

Der erste Bereich des Staates, der dem Auge des Volkes zugänglich gemacht wurde, ist der Staatshaushalt.[158] In Frankreich war es Finanzminister Necker unter Ludwig XVI., der mit seinem „Compte rendu au roi" bereits 1781 die Bilanz des Staatshaushalts öffentlich bekannt gibt.[159] In den deutschen Ländern lässt sich ohne große zeitliche Verzögerung eine ähnliche Entwicklung beobachten.[160] So hat die durch eine Veröffentlichung der Staatsfinanzen ermöglichte Kontrolle

---

[152] Siehe dazu die Nachweise in Kap. 3 Fn. 4.

[153] *Stolleis*, Geschichte des öffentlichen Rechts in Deutschland II, 1992, S. 100; *E. R. Huber*, Deutsche Verfassungsgeschichte II, 1988, S. 390.

[154] *Weber*, in: Gesammelte Politische Schriften, 1971, S. 306 (311 ff., 320 ff.).

[155] In diese Richtung *Stolleis*, Geschichte des öffentlichen Rechts in Deutschland II, 1992, S. 278, der den (formalen) Rechtsstaat als „das liberale Restprogramm nach 1848" bezeichnet. Vgl. auch *E. R. Huber*, Deutsche Verfassungsgeschichte III, 1988, S. 16–18; *Ellwein/Görlitz*, Parlament und Verwaltung; 1. Teil, 1967, S. 51 ff.

[156] *Smend*, in: Gedächtnisschrift für Walter Jellinek, 1955, S. 11 (17, 19).

[157] *Wegener*, Der geheime Staat, 2006, S. 197 ff.

[158] So *Wegener*, Der geheime Staat, 2006, S. 198 ff. Zum Ganzen auch *Stahr*, Die Öffentlichkeit der öffentlichen Haushalte, 1967.

[159] *Habermas*, Strukturwandel der Öffentlichkeit, 1990, S. 136. Die von *Necker* veröffentlichten Zahlen entsprachen wohl nicht der Realität und stellten sich als Täuschung über das tatsächliche Ausmaß der Staatsverschuldung heraus, worin *Martens*, Öffentlich als Rechtsbegriff, 1969, S. 52 etwas voreilig den Anfangspunkt der enttäuschten Erwartungen an die Publizität des Staatshandelns sieht.

[160] *Wegener*, Der geheime Staat, 2006, S. 201; *Heun*, Staatshaushalt und Staatsleitung, 1989, S. 52 ff.

auch in Deutschland erstaunlich früh Anerkennung gefunden.[161] Budgetöffentlichkeit und parlamentarisches Budgetrecht sind verfassungshistorisch Blaupausen parlamentarischer Exekutivkontrolle überhaupt,[162] deren vereinzelt geforderte Verdichtung zu einem allgemeinen Recht zur Information über Angelegenheiten aus dem Bereich der Regierung aber letztlich unerhört blieb.[163] Jedenfalls aber entwickelte sich die Budgetöffentlichkeit zu einem auch vom Bundesverfassungsgericht anerkannten ungeschriebenen Grundsatz,[164] dessen Gehalt über das parlamentarische Budgetrecht im eigentlichen Sinne hinausreicht und eine umfassende und grundsätzliche Wahrnehmbarkeit und Zugänglichkeit des Haushaltsplans von seiner Aufstellung bis hin zu Vollzug, Entlastung[165] sowie nachgehender Kontrolle durch die Allgemeinheit gebietet.[166]

Zweitens etablierte sich die Öffentlichkeit der Parlamente.[167] Zum Ende des 18. Jahrhunderts wurde im Angesicht der Französischen Revolution zunächst die Forderung nach einer Ersetzung der Landstände durch wahrhaftige Volksvertretungen laut. In diesem Zuge hielt auch die Erkenntnis Einzug, dass mit der Volksrepräsentation notwendigerweise eine vollständige Verhandlungsöffentlichkeit zu verbinden sei.[168] Obwohl die von Art. 13 der Wiener Bundesakte vorgesehenen landständischen Verfassungen jedenfalls in den Südstaaten bereits Ansätze

---

161 Das nachfolgende Zitat stammt aus dem Jahr 1806: „Auch die Quellen der öffentlichen Einkünfte und die Größe derselben müssen Gegenstände der öffentlichen Kunde werden. Endlich muß die Verwaltung und Anwendung derselben nicht vor dem Volke verborgen gehalten werden. Zu dem *Wesen* der republikanischen Regierung gehört die Besorgung dieser öffentlichen Kunde“ *Beck*, Grundsätze der Gesetzgebung, 1806, S. 333–334 (Hervorhebung im Original). Zur Entwicklung auch *Mußgnug*, Der Haushaltsplan als Gesetz, 1976, S. 75 ff.; *Wegener*, Der geheime Staat, 2006, S. 198–199; *Kube*, in: D/H/S-GG, Stand August 2023, Art. 110, Rn. 17 ff.

162 So ausdrücklich *Hatschek*, Das Interpellationsrecht, 1909, S. 7–8, für den Budgetrecht und Rechnungslegung die „Hauptkontrolle“ der Verwaltung gewährleisten.

163 *Rotteck*, Lehrbuch des Vernunftrechts und der Staatswissenschaften II, 1830, S. 244.

164 BVerfGE 55, 274 (303); 70, 324 (356); 131, 152 (206); 163, 298 (336). Die Geltung wurde schon unter der Reichsverfassung von 1871 hervorgehoben. *Wagner*, Lehr- und Handbuch der politischen Oekonomie, 1883, S. 45 stellt schon unter der Reichsverfassung von 1871 die „Anerkennung und breiteste [...] Verwirklichung des *Princips der Publicität* in allen Finanzsachen“ fest (Hervorhebung im Original). Vgl. auch *Wegener*, Der geheime Staat, 2006, S. 204.

165 Dazu bereits oben Kap. 3 bei Fn. 109 ff.

166 So auch *Stern*, Staatsrecht II, 1980, S. 1247; *Heintzen*, in: *von Münch/Kunig*-GG, 2021, Vorb. Art. 110–115 Rn. 9 ff.; *Heun*, in: *Dreier*-GG, 2018, Art. 110 Rn. 22; *Wollenschläger*, AöR 135 (2010), S. 363 (366 ff.).

167 Zum Ganzen *Hölscher*, Öffentlichkeit und Geheimnis, 1979, S. 164 ff.; *Wegener*, Der geheime Staat, 2006, S. 223 ff.

168 *Merg*, Die Öffentlichkeit der Parlamentsverhandlung, 1920, S. 15; ähnlich *Dieterich*, Die Funktion der Öffentlichkeit der Parlamentsverhandlungen im Strukturwandel des Parlamentarismus, 1970, S. 26; *Kißler*, Die Öffentlichkeitsfunktion des Deutschen Bundestages, 1976, S. 301 ff.

der Öffentlichkeit im Gesetzgebungsverfahren vorsahen, schritt die Entwicklung in den deutschen Bundesstaaten insgesamt uneinheitlich voran.[169] Es dauerte bis zur Märzrevolution, bis tatsächlich ein grundlegender Stimmungswechsel einsetzen konnte. Sowohl die in fast allen Staaten neu geschaffenen Verfassungen, die Paulskirchenverfassung (PKV), die Verfassung des norddeutschen Bundes und auch die Reichsverfassung von 1871 sahen nun die Verhandlungsöffentlichkeit vor.[170] Seitdem hat sich die Verhandlungsöffentlichkeit des Parlaments im Verfassungsrecht als weithin unbestrittene Konstante herausgebildet. Auch bei der Entstehung des Grundgesetzes war die Öffentlichkeit der Plenumsverhandlung – anders als etwa die Öffentlichkeit der Untersuchungsausschüsse[171] – folglich nicht Gegenstand grundsätzlicher Diskussionen.[172] Über die textlich in Art. 42 Abs. 1 Satz 1 GG festgelegte Plenumsöffentlichkeit hinaus misst auch die Rechtsprechung des Bundesverfassungsgerichts der Parlamentsöffentlichkeit herausragendes Gewicht zu. So hat es die „im parlamentarischen Verfahren gewährleistete Öffentlichkeit der Auseinandersetzung und Entscheidungssuche" bekanntermaßen als „wesentliches Element des demokratischen Parlamentarismus" bezeichnet.[173]

---

169 Übereinstimmend *von Coelln*, Zur Medienöffentlichkeit der Dritten Gewalt, 2005, S. 77; *Wegener*, Der geheime Staat, 2006, S. 237. Vgl. nur die Öffentlichkeit der Ständeversammlung in § 78 der Verfassung des Großherzogtums Baden vom 22. August 1818; abgedruckt bei *E. R. Huber*, Dokumente zur deutschen Verfassungsgeschichte I, 1978, S. 185. In der ersten Hälfte des 19. Jahrhunderts enthielten zwar einige der frühen deutschen Verfassungen die Parlamentsöffentlichkeit, praktisch war sie allerdings nicht vollständig verwirklicht *Kißler*, Die Öffentlichkeitsfunktion des Deutschen Bundestages, 1976, S. 302. Zu den Besonderheiten in den einzelnen Ländern *Hölscher*, Öffentlichkeit und Geheimnis, 1979, S. 164 ff.

170 Siehe § 111 S. 1 Satz 1 PKV: „Die Sitzungen beider Häuser sind öffentlich.", abgedruckt bei *E. R. Huber*, Dokumente zur deutschen Verfassungsgeschichte I, 1978, S. 387; Art. 22 der Verfassung des Norddeutschen Bundes vom 16. April 1867, abgedruckt bei *E. R. Huber*, Dokumente zur deutschen Verfassungsgeschichte II, 1986, S. 276; sowie Art. 22 Abs. 1 RV 1871 zu dem schon *Laband*, Das Staatsrecht des Deutschen Reiches I, 1876, S. 560 feststellte: „Die Öffentlichkeit und die durch dieselbe vermittelte, fortwährende Wechselwirkung zwischen dem Reichstage und der öffentlichen Meinung gehört zum Wesen aller parlamentarischen Thätigkeit." Zum Ganzen *Merg*, Die Öffentlichkeit der Parlamentsverhandlung, 1920, S. 18 ff.; *Kißler*, Die Öffentlichkeitsfunktion des Deutschen Bundestages, 1976, S. 302.

171 Zu dieser Diskussion im Parlamentarischen Rat vgl. etwa die Protokolle der 20. Sitzung des Ausschusses für die Organisation des Bundes am 5. November 1948, abgedruckt bei *Büttner/Wettengel*, Der Parlamentarische Rat XIII, 2002, S. 742 ff.

172 Vgl. *von Doemming/Füsslein/Matz*, JöR 1 (1951), S. 1 (362 ff.). Schon Art. 53 Abs. 1 Satz 1 HChE sah die Verhandlungsöffentlichkeit des Bundestagsplenums vor, was im Parlamentarischen Rat unbestritten war, *Büttner/Wettengel*, Der Parlamentarische Rat XIII, 2002, S. 181 ff. Siehe auch *Morlok*, in: *Dreier*-GG, 2015, Art. 42 Rn. 9.

173 BVerfGE 84, 304 (329); BVerfGE 131, 152 (205). Insbesondere dem durch Öffentlichkeit ermöglichten Ausgleich widerstreitender Interessen komme dabei besonderes Gewicht zu, BVerfGE 40, 237 (249); BVerfGE 70, 324 (355). Zur Bedeutung der Öffentlichkeit im Gesetzgebungsverfahren auch *Leisner*, Der unsichtbare Staat, 1994, S. 71 ff.

Drittens wurde die Gerichtsöffentlichkeit verwirklicht. Dem Schweigen des Verfassungstexts zum Trotz kommt ihr eine eigene verfassungshistorische Bedeutung zu.[174] Denn anknüpfend an Art. 92 der oktroyierten Preußischen Verfassung vom 5. Dezember 1848[175] statuierte bereits die letztendlich abgelehnte PKV von 1849 in § 178: „Das Gerichtsverfahren soll öffentlich und mündlich sein. Ausnahmen von der Oeffentlichkeit bestimmt im Interesse der Sittlichkeit das Gesetz."[176] Entstehungsgeschichtlich wurde die Aufnahme dieser Vorschrift in die PKV mit Blick auf den Beratungsverlauf zutreffend als „gänzlich unbestrittene Selbstverständlichkeit" mit „deutlich deklaratorische[m] Charakter" bezeichnet.[177] Es ist daher wenig verwunderlich, dass die Gerichtsöffentlichkeit nach dem Scheitern der PKV in zwischenzeitlicher Ermangelung landesübergreifender Regelungen in Prozessordnungen einiger Länder enthalten war, bevor sie nach der deutschen Reichsgründung 1874 erst in den Entwurf, 1877 dann in die letztendlich verabschiedete Fassung des Gerichtsverfassungsgesetzes aufgenommen wurde.[178]

Die Verrechtlichung der Öffentlichkeit dieser drei Bereiche durch die im 19. Jahrhundert entstehenden deutschen Verfassungen kann insgesamt als parallele Entwicklung betrachtet werden. Denn obwohl die Gerichtsöffentlichkeit in den in Kraft getretenen gesamtdeutschen Verfassungen nicht ausdrücklich enthalten war, lässt sich ihre verfassungshistorische Genese von den aufklärerisch-liberalistischen Wurzeln über die normative Aufladung im deutschen Konstitutionalismus bis in die jüngere Verfassungsgeschichte nachzeichnen. Durch die Umstände des konstitutionellen Kompromisses lässt sich auch erklären, weshalb bei der Teilrealisierung der Öffentlichkeitsforderungen nicht das demokratische, sondern das rechtsstaatliche Element im Vordergrund stand.[179] Verfassungsgeschichtlich betrachtet ist die grundsätzliche Öffentlichkeit des Staatshaushalts sowie der Parlaments- und Gerichtsverhandlungen selbstverständlich. Insofern ist die Anerkennung der grundsätzlichen Öffentlichkeit dieser Bereiche durch die

---

[174] Dazu auch noch unten Kap. 3 bei Fn. 524 ff.

[175] *E. R. Huber*, Dokumente zur deutschen Verfassungsgeschichte I, 1978, S. 491.

[176] *E. R. Huber*, Dokumente zur deutschen Verfassungsgeschichte I, 1978, S. 394. Zwingender formulierte es etwas später der Entwurf des Gerichtsverfassungsgesetzes von 1874: „Die Verhandlung vor dem erkennenden Gerichte, einschließlich der Verkündung der Urtheile und Beschlüsse desselben, erfolgt öffentlich." *C. Hahn*, Die gesamten Materialien zu den Reichs-Justizgesetzen I, 1883, S. 1758.

[177] *Alber*, Die Geschichte der Öffentlichkeit im deutschen Strafverfahren, 1974, S. 145, 148. Zustimmend *Kühne*, Die Reichsverfassung der Paulskirche, 1998, S. 372–374; *von Coelln*, Zur Medienöffentlichkeit der Dritten Gewalt, 2005, S. 80.

[178] Nämlich zunächst im Jahr 1850 in die Hannoversche Bürgerliche Prozeßordnung, dann 1864 in die Prozessordnung von Baden und 1868 in die Prozessordnung Württembergs, worauf *Hölscher*, Öffentlichkeit und Geheimnis, 1979, S. 164 hinweist. Vgl. dann § 170 der ursprünglichen Fassung des Gerichtsverfassungsgesetzes vom 27. Januar 1877, RGBl. 1877, S. 41 ff. (72).

[179] Vgl. *Wegener*, Der geheime Staat, 2006, S. 342.

Rechtsprechung des Bundesverfassungsgerichts jedenfalls aus historischer Sicht folgerichtig.[180]

Grundlegend anders verlief die Entwicklung bekanntlich im Bereich der Exekutive. Auch wenn Masing um die Jahrtausendwende in der Diskussion um die Einführung eines Bundes-Informationsfreiheitsgesetzes betont hat, es wäre „Klischee in der heutigen Rechtslage nur den alten Kaiser zu sehen, der seit 80 Jahren unbemerkt unter der Decke der demokratischen Verfassungen weiterschnarcht"[181], ist das verfassungshistorisch zumindest ambivalente Verhältnis der Exekutive zu Öffentlichkeit doch zu großen Teilen auf die monarchische Prägung zurückzuführen.[182] Anders als bei Verrechtlichung der Öffentlichkeit des Staatshaushalts sowie Parlaments- und Gerichtsverhandlungen, die von monarchisch-konservativer Seite nicht zuletzt aus opportunistischen Gründen der Macht- und Selbsterhaltung mitgetragen wurden, muss eine grundsätzliche Öffentlichkeitsunterworfenheit der Exekutive unter monarchischen Verhältnissen wegen ihrer Eignung zur Infragestellung der exekutiven Vormachtstellung als realitätsfremd erschienen sein.[183] Der durch die gescheiterte Revolution beschleunigte Übergang zum Positivismus[184] tat dann sein Übriges. So führte in diesem Zusammenhang das nicht zuletzt durch Laband[185] angetriebene (staats-)rechtliche Streben nach methodischem Eigenstand dazu, dass sämtliche nicht streng am positiven Recht orientierte insbesondere geisteswissenschaftliche Argumentationen fortan dem Verdikt der Unwissenschaftlichkeit ausgesetzt waren.[186] Vor dem Hintergrund der geistigen Beheimatung der Forderung nach staatlicher Öffentlichkeit in der (vernunftrechtlichen) Philosophie des späten 18. Jahrhunderts bedarf es keiner vertieften Darlegung, dass die Forderungen nach exekutiver Öffentlichkeit, die – anders als bei Gerichten und Parlamenten – keine Umsetzung in positives Recht erfahren hatten, nunmehr an der Zeit vorbei gingen und deshalb verstumm-

---

180 Zur Budgetöffentlichkeit: BVerfGE 55, 274 (303); 70, 324 (356); 131, 152 (206). Zur Parlamentsöffentlichkeit: BVerfGE 84, 304 (329); 131, 152 (205). Zur Gerichtsöffentlichkeit: BVerfGE 103, 44 (63); anders zuvor noch BVerfGE 4, 74 (94); 15, 303 (307).

181 *Masing*, VVDStRL 63 (2004), S. 377 (384).

182 Hierzu eingehend *Wegener*, Der geheime Staat, 2006, S. 317 ff., 373 ff.

183 Dem entspricht die landläufige Annahme der Unvereinbarkeit exekutiver Öffentlichkeit mit dem monarchischen Prinzip, die bereits von *Behr*, System der angewandten allgemeinen Staats-Lehre oder der Staatskunst (Politik), 1810, § 299 geäußert wurde. Zustimmend *Wegener*, Der geheime Staat, 2006, S. 323 ff.; in diese Richtung auch *Masing*, VVDStRL 63 (2004), S. 377 (383 ff.).

184 Dazu *Stolleis*, Geschichte des öffentlichen Rechts in Deutschland II, 1992, S. 276–278.

185 Zu seinem Wirken im Staatsrecht *Stolleis*, Geschichte des öffentlichen Rechts in Deutschland II, 1992, S. 341 ff.

186 Dazu *Stolleis*, Geschichte des öffentlichen Rechts in Deutschland II, 1992, S. 276–278; *Koch*, Seminar „Die juristische Methode im Staatsrecht", 1977, S. 61 ff.; *Meyn*, Kontrolle als Verfassungsprinzip, 1982, S. 73; *Gusy*, JZ 1989, S. 505 (512 ff.).

ten. Auch nach der Parlamentarisierung des Regierungssystems gelang es trotz der zwischenzeitlichen Grundlagenkritik Max Webers[187] an der geheimen Verwaltung in der Weimarer Republik insgesamt nicht, die obrigkeits- und arkanstaatlichen Tendenzen des Verwaltungsapparats zu überwinden, sodass ungeachtet der Überwindung des monarchischen Prinzips mit Blick auf das Verhältnis von Öffentlichkeit und Geheimhaltung nicht von einem Traditionsbruch gesprochen werden kann.[188] Wie Wegener gezeigt hat, waren diese Gegebenheiten zumindest mitursächlich für die Verfestigung des administrativen Geheimhaltungsdenkens in Deutschland.[189]

Auch beim Informationsverhältnis zwischen Parlament und Regierung sind die Folgen dieser Entwicklung bis in die jüngere Vergangenheit spürbar. Denn die Existenz einer justiziablen verfassungsrechtlichen Informationszuordnung wurde auch unter dem Grundgesetz noch bestritten. Erst die Rechtsprechung des Bundesverfassungsgerichts sorgte hier für einen Verständniswandel. Im Ausgangspunkt haben sich die parlamentarischen Informationsrechte nämlich weitgehend bruchlos aus der konstitutionellen Ministerverantwortlichkeit entwickelt. Zwar sah die durchaus visionäre Bestimmung des § 122 PKV[190] ein in einer Bestimmung zusammengefasstes Zitier- und Auskunftsrecht des Reichstages gegen die Reichsminister und sogar eine Begründungspflicht der Minister im Falle der Auskunftsverweigerung vor. Im tatsächlich geltenden Recht hingegen verblieb es auf Ebene der Verfassung bei einer aus der Ministerverantwortlichkeit (Art. 17 Satz 2 RV 1871) folgenden zunächst weder sanktionierten noch unabhängig vom Willen der Exekutive durchsetzbaren und nur politischen Verpflichtung der Minister, vor dem Reichstag „Rede und Antwort" zu stehen.[191] In Fortschreibung dieser kon-

---

[187] *Weber*, in: Gesammelte Politische Schriften, 1971, S. 306 (337, 340, 350, 355).

[188] So der Befund von *Wegener*, Der geheime Staat, 2006, S. 343 ff. Vom Ansatz her ähnlich *Gusy*, Die Weimarer Reichsverfassung, 1997, S. 163 ff.; *Di Fabio*, Die Weimarer Verfassung, 2018, S. 37 ff.: „Transformierende Kontinuität"; *Stolleis*, Geschichte des öffentlichen Rechts in Deutschland III, 1999, S. 77 ff., der ebd. S. 79 betont, dass das Staatsrecht der konstitutionellen Monarchie zumindest bei den akademischen Juristen prägend blieb.

[189] Dazu den Nachweis in Kap. 3 Fn. 182.

[190] „Die Reichsminister haben die Verpflichtung, auf Verlangen jedes der Häuser des Reichstages in demselben zu erscheinen und Auskunft zu ertheilen, oder den Grund anzugeben, weshalb dieselbe nicht ertheilt werden könne." Abgedruckt bei *E. R. Huber*, Dokumente zur deutschen Verfassungsgeschichte I, 1978, S. 388. Dafür, dass diese Bestimmung den Ausgangspunkt der Entwicklung markiert, spricht nicht zuletzt der Vorbildcharakter der PKV für das deutsche Verfassungsrecht insgesamt. Dazu *Kühne*, Die Reichsverfassung der Paulskirche, 1998, S. 148 ff.

[191] Eindrücklich die Äußerung von *Laband*, Das Staatsrecht des Deutschen Reiches I, 1876, S. 521 ff. zum Interpellationsrecht: „so ist das Interpellationsrecht des Reichstages […] weiter nichts als die allgemeine, recht vielen Menschen zukommende Fähigkeit, an die Regierung Fragen zu stellen, welche dieselbe je nach ihrem Belieben einer Antwort würdigen oder unbeantwortet lassen kann. Politisch mag eine im Reichstage gestellte Interpellation von der höchsten Wichtigkeit sein; *staatsrechtlich ist sie voll-*

stitutionellen Prägung enthielt auch der Text der Weimarer Reichsverfassung kein Informationsrecht des Reichstags, anders als die RV 1871 in Art. 33 WRV allerdings nunmehr das Zitierrecht. Über das Gebot zur passiven Sitzungsteilnahme hinaus wurde dieser Vorschrift auch die normative Pflicht der Minister entnommen, auf Fragen des Reichstags „Rede und Antwort" zu stehen, was – in dieser Deutlichkeit wohl erstmalig – als ein verfassungsrechtliches „*Frage- oder Interpellationsrecht*" interpretiert wurde.[192]

Das Bundesverfassungsgericht schwieg in seiner frühen Rechtsprechung zur genauen verfassungsrechtlichen Grundlage eines parlamentarischen Interpellationsrechts.[193] In der Literatur überwog zunächst anknüpfend an die so zuvor von Anschütz zu Art. 33 Abs. 1 WRV vertretene Sichtweise, dass aus Art. 43 GG eine allgemeine Pflicht zur Beantwortung von Interpellationen folge.[194] Diese Verpflichtung wurde dogmatisch mit dem Verständnis des Interpellationsrechts als Konkretisierung des Zitierrechts aus Art. 43 Abs. 1 GG („Konkretisierungsthese") begründet.[195] Dieser weder historisch noch dogmatisch überzeugende Herleitungsweg veranschaulicht das letztlich verfassungspolitische Bedürfnis nach verfassungsrechtlicher Fundierung des Interpellationsrechts, was zusammen

---

ständig wirkungslos und ohne alle Bedeutung" (Hervorhebung Verf.). Vgl. auch *Böckenförde*, in: Moderne deutsche Verfassungsgeschichte (1815–1914), 1981, S. 146, 152; *E. R. Huber*, Deutsche Verfassungsgeschichte III, 1988, S. 900 ff.; *Meier*, Zitier- und Zutrittsrecht im parlamentarischen Regierungssystem, 1982, S. 79; *Nipperdey*, Deutsche Geschichte 1866–1918 II, 1992, S. 104.

192 So *Anschütz*, Die Verfassung des Deutschen Reichs, 1930, S. 192–193 (Hervorhebung im Original). Das Zitierrecht wurde also in der Praxis als Interpellationsrecht verstanden *Gusy*, Die Weimarer Reichsverfassung, 1997, S. 138. Vgl. auch *Meier*, Zitier- und Zutrittsrecht im parlamentarischen Regierungssystem, 1982, S. 84.

193 BVerfGE 13, 123 (125); 57, 1 (5); 67, 100 (129); 70, 324 (355).

194 Diese ergebe sich aus der Verpflichtung zum „Rede und Antwort"-Stehen, wurde aber wohl höchstens im Falle einer generellen Antwortverweigerung als verletzt angesehen. So etwa *Stern*, Staatsrecht II, 1980, S. 55. Siehe dazu auch die Nachweise bei *Witte-Wegmann*, Recht und Kontrollfunktion der Großen, Kleinen und Mündlichen Anfragen im Deutschen Bundestag, 1972, S. 80 Fn. 3; *Troßmann*, Parlamentsrecht und Praxis des Deutschen Bundestages, 1967, S. 151; *Fauser*, Die Stellung der Regierungsmitglieder und ihrer Vertreter im Parlament, 1973, S. 110 Fn. 2, 111; *von Einem*, Die Auskunftspflicht der Regierung gegenüber dem Parlament, 1977, S. 81 Fn. 1.

195 Zu ihr etwa *H. H. Klein*, in: D/H/S-GG, Stand August 2023, Art. 43 Rn. 79; *Teuber*, Parlamentarische Informationsrechte, 2007, S. 157 ff., der den Sitz des Zitierrechts jedoch fälschlicherweise in Art. 43 Abs. 2 Satz 1 GG sieht. Ablehnend auch bereits *Meier*, Zitier- und Zutrittsrecht im parlamentarischen Regierungssystem, 1982, S. 100–101. Vgl. auch die Belege aus dem älteren Schrifttum bei *von Einem*, Die Auskunftspflicht der Regierung gegenüber dem Parlament, 1977, S. 81 ff. Obwohl die Konkretisierungsthese soweit ersichtlich nicht mehr vertreten wird, hat die extensive Interpretation des Wortlauts von Art. 43 Abs. 1 GG jedenfalls dazu geführt, dass das Verhältnis des Zitierrechts zum Interpellationsrecht nachhaltig verwaschen wurde. So bezeichnet etwa *Magiera*, in: *Sachs*-GG, 2021, Art. 43 Rn. 6 das Verhältnis von Zitier- und Interpellationsrecht trotz Ablehnung der Konkretisierungsthese als umstritten.

mit der Skepsis vor der Aufhängung eines solchen Rechts an noch unbestimmteren Verfassungsnormen in der extensiven Interpretation des Zitierrechts durch Übernahme der fragwürdigen Auffassung von Anschütz zur WRV mündete.[196]

Deshalb wurden in der Folge die Stimmen lauter, die sich der verfassungsrechtlichen Fundierung eines parlamentarischen Informationsrechts unter dem Grundgesetz schlechterdings verschlossen.[197] Mangels (bundes-[198])verfassungsrechtlicher Existenz des Interpellationsrechts in der geschriebenen Verfassung wurde die Pflicht zur Beantwortung von diesen Literaturstimmen im politischen Bereich angesiedelt, womit sie faktisch ein konstitutionelles Verständnis von Interpellationen zugrunde legten, das demjenigen Labands[199] zur RV 1871 nahe kommt. Obwohl das Bundesverfassungsgericht bereits in seiner ersten Grundlagenentscheidung zur Parlamentsinformation von einer „verfassungsrechtlichen Verpflichtung"[200] sprach, war zu Beginn der 80er Jahre die Sichtweise verbreitet, dass der Umfang der Beantwortung von Interpellationen in das Ermessen der Minister respektive[201] der Bundesregierung gestellt sei. Teilweise wurde dieser

---

196 Zur Überfrachtung des Verfassungswortlauts infolge mangelnden Bewusstseins für ungeschriebenes Recht allgemein *H. A. Wolff*, Ungeschriebenes Verfassungsrecht unter dem Grundgesetz, 2000, S. 203 ff. Symptomatisch für das verfassungspolitische Bedürfnis *Troßmann*, Parlamentsrecht und Praxis des Deutschen Bundestages, 1967, S. 151 für den eine generelle Auskunftsverweigerung „unserem Verfassungssystem" widerspräche.

197 So insbesondere *Witte-Wegmann*, Recht und Kontrollfunktion der Großen, Kleinen und Mündlichen Anfragen im Deutschen Bundestag, 1972, S. 80–83 nach der die „Bundesregierung zwar politisch zumeist [zur Beantwortung] gehalten, rechtlich aber nicht verpflichtet" sei; ähnlich *Fauser*, Die Stellung der Regierungsmitglieder und ihrer Vertreter im Parlament, 1973, S. 110–113; *Schneider*, AöR 99 (1974), S. 628 (630). Auch nach *Kißler*, JöR 26 (1977), S. 39 (68–69) sei das Interpellationsrecht „nicht verfassungsrechtlich festgelegt"; ablehnend auch *Vonderbeck*, Parlamentarische Informations- und Redebefugnisse, 1981, S. 24; *Meier*, Zitier- und Zutrittsrecht im parlamentarischen Regierungssystem, 1982, S. 144 ff. Selbst etwas später verneint *Achterberg*, Parlamentsrecht, 1984, S. 462 ff. eine verfassungsrechtliche Unterfütterung zumindest noch hinsichtlich schriftlicher Anfragen. Anders schon *Magiera*, Parlament und Staatsleitung in der Verfassungsordnung des Grundgesetzes, 1979, S. 307 ff.; *Linck*, DÖV 1983, S. 957 ff.

198 Im Landesverfassungsrecht enthielt nämlich bereits Art. 100 der Verfassung von Bremen vom 21. Oktober 1947 (Brem.GBl. 1947, S. 251 ff.); ähnlich Art. 24 der Verfassung der Freien und Hansestadt Hamburg vom 6. Juni 1952 (HmbGVBl. 1952 S. 117 ff.), zuvor sah bereits Art. 10 Abs. 2 der vorläufigen Verfassung der Hansestadt Hamburg vom 15. Mai 1946 (HmbGVBl. 1946, S. 51) ein Aktenvorlagerecht der Bürgerschaft vor. Zum Ganzen auch *Hölscheidt*, Frage und Antwort im Parlament, 1992, S. 20–21.

199 Dazu die Nachweise in Kap. 3 Fn. 191. In diese Richtung auch *Weis*, DVBl 1988, S. 268 (270).

200 BVerfGE 13, 123 (125).

201 Denn seit der Entscheidung BVerfGE 67, 100 (129) änderte das Gericht stillschweigend und trotz ausdrücklichem Bezug auf die bisherige Judikatur seine Rechtsprechung. Nun seien nicht mehr die Mitglieder der Bundesregierung, sondern die Bun-

auch das Recht zugestanden, nach eigenem Gutdünken über das Vorliegen von Geheimhaltungsgründen zu befinden.[202] Diese Sichtweise wurde zunehmend obsolet, als das Bundesverfassungsgericht die allgemeine und recht unbestimmte Verpflichtung der Regierungsmitglieder, dem Parlament „Rede und Antwort" zu stehen, in einer Reihe von Judikaten kleinschrittig weiterentwickelte.[203]

Diese Entwicklung zeigt, dass das deutsche Verfassungsrecht aus historischer Sicht ein insgesamt pathologisches Verhältnis zu Öffentlichkeit und Kontrolle der Exekutive aufweist. Das damit einhergehende parlamentsmonistische Bild von Öffentlichkeit und Kontrolle der Exekutive[204] hat zu einer traditionell sehr reduzierten Bedeutung des Volkes bei der Exekutivkontrolle geführt. Besonders eindrücklich sind diese Schwierigkeiten ab den 90er Jahren beim von außen herangetragenen Paradigmenwechsel bei der Verwaltungsöffentlichkeit[205] in Erscheinung getreten.

B. Zur Qualität staatlicher Öffentlichkeit unter dem Grundgesetz

Um zu klären welche Qualität staatlicher Öffentlichkeit zukommt, sollen zuerst diejenigen Verfassungsnormen in den Blick genommen werden, denen zumeist Öffentlichkeitsforderungen entnommen werden (dazu I.). Der darauffolgende Teil widmet sich dann der Frage, auf welcher Ebene sich diese Gehalte befinden. Es könnte sich bei ihnen nämlich entweder voneinander unabhängige Verfassungsaussagen handeln, die Ergebnis von Verfassungsauslegung sind. Möglicherweise aber gehören sie darüber hinaus der Ebene des ungeschriebenen Verfassungsrechts an und haben sich zu einer einheitlichen Verfassungsnorm verdichtet (dazu II.), deren Struktur danach zu beleuchten wäre (dazu III.).

---

desregierung als solche Adressatin parlamentarischer Informationsrechte. Dazu kritisch *Meinel*, Selbstorganisation des parlamentarischen Regierungssystems, 2019, S. 242 ff.

[202] So die wohl herrschende Meinung bis mindestens zur Mitte der 80er Jahre *Meyn*, Kontrolle als Verfassungsprinzip, 1982, S. 388 ff.; *Vogelgesang*, ZRP 1988, S. 5 (7–8). In diese Richtung auch *Schneider*, AöR 99 (1974), S. 628 (630); *Troßmann*, Parlamentsrecht und Praxis des Deutschen Bundestages, 1967, S. 151, der eine Verletzung der verfassungsrechtlichen Pflicht ausdrücklich nur im Fall einer generelle Antwortverweigerung annimmt. Vgl. auch *von Einem*, Die Auskunftspflicht der Regierung gegenüber dem Parlament, 1977, S. 81 ff.

[203] Dazu unten Kap. 3 bei Fn. 677 ff.

[204] Vgl. hier nur *Musil*, DÖV 2004, S. 116 (118); *Unger*, Das Verfassungsprinzip der Demokratie, 2008, S. 62 ff.

[205] Dazu oben Kap. 1 Fn. 41.

I. Das normative Fundament

1. Öffentlichkeit und Demokratieprinzip

a) Bestandsaufnahme

Dass Demokratie als Staatsform auf Öffentlichkeit bezogen ist,[206] bedarf eigentlich keiner vertieften Ausführung und war schon Gegenstand zahlreicher und teils auch umfangreicher Beiträge in der Literatur.[207] Wie schon eingangs erwähnt,[208] bestand dabei im Schrifttum lange eine augenfällige Diskrepanz zwischen dem herausragenden Stellenwert, dem Öffentlichkeit aus demokratietheoretischer Perspektive beigemessen wurde und den jeweils identifizierten normativen Öffentlichkeitsverbürgungen des demokratischen Prinzips. Wenngleich der Normbereich des Demokratieprinzips von hoher inhaltlicher Generalität ist,[209] sich aus ihm also nur mit äußerster Behutsamkeit konkrete Folgen ableiten lassen,[210] wird ein grundsätzliches Öffentlichkeitserfordernis der Staatstätigkeit in der Kommentarliteratur zum Grundgesetz inzwischen[211] bereits Art. 20 Abs. 1 GG positiv-verfassungsrechtlich entnommen und bisweilen verselbständigt neben demokratischer Freiheit und Gleichheit[212] zu den Kernverbürgungen demokratischer Herrschaft gerechnet.[213] Übereinstimmend hat bekanntermaßen auch

---

[206] *Waldhoff*, in: Handbuch des Verfassungsrechts, 2021, S. 645 (Rn. 158) spricht von „Staatsform der Öffentlichkeit".

[207] Im Kontext des demokratischen Prinzips aus der Fülle an Arbeiten hervorzuheben sind *Scherzberg*, Die Öffentlichkeit der Verwaltung, 2000, S. 291 ff.; *von Coelln*, Zur Medienöffentlichkeit der Dritten Gewalt, 2005, S. 167 ff.; *Lederer*, Open Data, 2015, S. 326 ff.

[208] Zu den Positionen im Schrifttum bereits oben Kap. 1 Fn. 77 ff.

[209] *Unger*, Das Verfassungsprinzip der Demokratie, 2008, S. 85, 158 ff., 282 ff.

[210] So in Bezug auf Öffentlichkeit und Demokratie *Martens*, Öffentlich als Rechtsbegriff, 1969, S. 59–60; im Übrigen *Jerschke*, Öffentlichkeitspflicht der Exekutive und Informationsrecht der Presse, 1971, S. 64; *Leisner*, Der unsichtbare Staat, 1994, S. 81 ff.; vgl. auch BVerfGE 103, 44 (64).

[211] Geradezu traditionell wird das Maß an Öffentlichkeit der Herrschaft freilich zunächst aus Sicht von Staatstheorie und Politikwissenschaft zum schlechterdings demokratiecharakteristischen Wesensmerkmal der Staatlichkeit erhoben, das Bürger in demokratischen Staaten von bevormundeten Untertanen abhebt. In diese Richtung etwa *A. Arndt*, NJW 1960, S. 2040; *Marcic*, in: Festschrift für Adolf Arndt zum 65. Geburtstag, 1969, S. 267 (287 ff.); *Leisner*, Der unsichtbare Staat, 1994, S. 58 ff.; *Bobbio*, Die Zukunft der Demokratie, 1988, S. 86.

[212] *Kotzur*, in: *von Münch/Kunig*-GG, 2021, Art. 20 Rn. 50 ff. Bereits für *Hesse*, VVDStRL 17 (1959), S. 11 (27 ff., 46) wird die demokratische Staatsform durch Freiheit, Gleichheit und Öffentlichkeit charakterisiert.

[213] So aus der Kommentarliteratur etwa *Grzeszick*, in: D/H/S-GG, Stand August 2023, Art. 20 II, Rn. 21 ff.; *Jarass*, in ders./*Pieroth*-GG, 2022, Art. 20 Rn. 15; *Sachs*, in: ders.-GG, 2021, Art. 20 Rn. 18; *Dreier*, in: ders.-GG, 2015, Art. 20 (Demokratie) Rn. 77. Grundsätzlich anders *Jestaedt*, AöR 126 (2001), S. 204 (220). Auch *Rösch*, Geheimhaltung in der rechtsstaatlichen Demokratie, 1999, S. 53 hielt Art. 20 Abs. 1 GG

das Bundesverfassungsgericht vom „allgemeinen Öffentlichkeitsprinzip der Demokratie“ gesprochen.[214] Wegen der angesprochenen Ableitungsschwäche des demokratischen Prinzips bedarf dies allerdings näherer Begründung. So offensichtlich und unbestreitbar die demokratischen Implikationen öffentlicher Staatstätigkeit auch sind, so ist angesichts der begrifflichen Weite und der überpositiv-geistesgeschichtlichen Determination von Öffentlichkeit und Demokratie trotz einer gegenläufigen Strömung in der jüngeren Literatur[215] immer noch nicht abschließend geklärt, ob und in welchem Maße das Demokratieprinzip die Öffentlichkeit des Staatshandelns positivrechtlich gewährleistet.[216]

Die Frage, ob dem Normbereich des Demokratieprinzips Öffentlichkeitsforderungen zu entnehmen sind, die über den Schutz der punktuellen verfassungstextlichen Publizitätsgebote hinausgehen, wird vom zugrunde gelegten Demokratieverständnis präjudiziert.[217] Nachfolgend werden deshalb die abweichenden Literaturmeinungen zur Verortung dieser demokratischen Öffentlichkeitsforderungen unter Berücksichtigung des jeweiligen Demokratiemodells gegenübergestellt werden. Dabei soll jeweils aufgezeigt werden, welcher Stellenwert und welche Funktionen der Öffentlichkeit staatlichen Handelns im jeweiligen Legitimationskonzept zukommt.

b) Der Zusammenhang zwischen Demokratie- und Öffentlichkeitsverständnis

aa) Ausgangspunkt: Zwei verschiedene Demokratieverständnisse

Wenn die Verfassung in Art. 20 Abs. 2 Satz 1 GG die Trägerschaft der Staatsgewalt beim Volk monopolisiert, ihre Ausübung abseits von Wahlen und Abstimmungen in die Hände besonderer Organe legt (Art. 20 Abs. 2 Satz 2 Hs. 2 GG), ist damit die Kernfrage des Demokratieprinzips – aber auch des Verfassungsrechts überhaupt – offengelegt: Nämlich die Frage, wie sich die vom Volk ausgehende, durch besondere Organe ausgeübte Staatsgewalt rechtfertigt, also die

---

im Kontext demokratischer Öffentlichkeit noch nicht für einschlägig, sondern stellt auf Art. 20 Abs. 2 GG ab.

[214] BVerfGE 70, 324 (358).

[215] Siehe etwa *Lederer*, Open Data, 2015, S. 326 ff.; *Hirzebruch*, Öffentlichkeit und Neue Medien im gerichtlichen Verfahren, 2018, S. 93 ff.; *Drefs*, Die Öffentlichkeitsarbeit des Staates und die Akzeptanz seiner Entscheidung, 2019, S. 50 ff.; *Ostermann*, Transparenz und öffentlicher Meinungsbildungsprozess, 2019, S. 380 ff.

[216] Vgl. etwa *C. Möllers*, in: Handbuch des Verfassungsrechts, 2021, S. 317 (358–359): „umstrittene Frage“. Kritisch insbesondere *Jestaedt*, AöR 126 (2001), S. 204 (220).

[217] Dies wird schon dadurch verdeutlicht, dass sich die dogmatisch fundiertesten Arbeiten, die von einem positivrechtlichen demokratischen Öffentlichkeitsgebot ausgehen, auf ein weniger formalistisches Demokratiekonzept stützen. So insbesondere *Scherzberg*, Die Öffentlichkeit der Verwaltung, 2000, S. 291 ff.; *Lederer*, Open Data, 2015, S. 326 ff.

Frage nach ihrer Legitimität.[218] Obwohl die Legitimitätsfrage in Staatsrechtslehre und Verfassungsrechtsprechung zunächst ein eher stiefmütterliches Dasein fristete,[219] hat sich bis in die 90er Jahre hinein eine zunächst weitgehend unbestrittene[220] maßgeblich auf der Arbeit Böckenfördes beruhende[221] Dogmatik demokratischer Legitimation etabliert, die jedoch ab Mitte der 90er Jahre vermehrt von einer Literaturströmung hinterfragt wurde.[222] Damit ist die freilich vereinfachte, aber in der Sache treffende und inzwischen gefestigte[223] binäre Einteilung der Lesart des Demokratieprinzips in formal-monistische und pluralistische Theorien angesprochen. Diese beiden gemeinhin unterschiedenen Ansätze demokratischer Legitimation gehen übereinstimmend von der aus der Volkssouveränität folgenden[224] umfassenden Legitimationsbedürftigkeit staatlicher Herrschaft aus: So muss staatliches Handeln bekanntlich insgesamt von einem gewissen Niveau demokratischer Legitimation, dem sog. Legitimationsniveau, getragen sein.[225] Unterschiedlich beantwortet hingegen wird von beiden Ansätzen die ins-

---

218 Zum Begriff der Legitimität *Schliesky*, Souveränität und Legitimität von Herrschaftsgewalt, 2004, S. 159 ff.

219 Vgl. *Schliesky*, Souveränität und Legitimität von Herrschaftsgewalt, 2004, S. 230 ff., der auf den provisorischen Charakter der Verfassung abstellt. Nach *C. Möllers*, in: Das entgrenzte Gericht: Eine kritische Bilanz nach sechzig Jahren Bundesverfassungsgericht, 2011, S. 281 (395) habe die Rechtsprechung des BVerfG zum Demokratieprinzip im Wesentlichen in den 80er Jahren begonnen. Auf einer höheren Ebene konstatiert *Lepsius*, in: Das entgrenzte Gericht, 2011, S. 159 (223) die Theoriefreiheit der bundesverfassungsgerichtlichen Rechtsprechung im Staatsorganisationsrecht, wobei das sogleich darzustellende System demokratischer Legitimation eine Ausnahme bilde.

220 *Jestaedt*, Demokratieprinzip und Kondominialverwaltung, 1993, S. 152 ff.; *Brosius-Gersdorf*, Deutsche Bundesbank und Demokratieprinzip, 1997, S. 30–32: „nahezu einhellig".

221 Grundlegend *Böckenförde*, in: HStR II, 2004, S. 429 ff.; *Jestaedt*, Demokratieprinzip und Kondominialverwaltung, 1993, S. 265 ff.; aus der jüngeren Literatur *Lenz*, Kommunalverwaltung und Demokratieprinzip, 2020, S. 84 ff. In der Rechtsprechung des BVerfG markieren die beiden Entscheidungen zum Ausländerwahlrecht (BVerfGE 83, 37; 83 60) die Übernahme der *Böckenfördschen* Legitimationsdogmatik. Zum Ganzen *Schliesky*, Souveränität und Legitimität von Herrschaftsgewalt, 2004, S. 232 ff.; *Unger*, Das Verfassungsprinzip der Demokratie, 2008, S. 53 ff.

222 So etwa *Hesse*, Grundzüge des Verfassungsrechts, 1995, S. 58 ff.; *Bryde*, StWStPr 1994, S. 305 ff.; *T. Groß*, Das Kollegialprinzip in der Verwaltungsorganisation, 1999; *Bryde*, in: Demokratie und Grundgesetz, 2000, S. 59 ff.; *Schliesky*, Souveränität und Legitimität von Herrschaftsgewalt, 2004, S. 588 ff.; *Unger*, Das Verfassungsprinzip der Demokratie, 2008, S. 48 ff.; *Trute*, in: Grundlagen des Verwaltungsrechts I, 2022, S. 551 ff.; *Dreier*, in: ders.-GG, 2015, Art. 20 (Demokratie) Rn. 114 hebt hervor, dass die Kritik die Legitimationsdogmatik ursprünglich gänzlich in Frage gestellt habe, inzwischen aber moderater ausfalle. Tendenziell anders die Bewertung bei *Masing*, in: Handbuch des Verfassungsrechts, 2021, S. 61 (Rn. 180 ff.).

223 So *Unger*, Das Verfassungsprinzip der Demokratie, 2008, S. 54.

224 *Jestaedt*, Demokratieprinzip und Kondominialverwaltung, 1993, S. 158–159.

225 So zuerst BVerfGE 83, 60 (72). *Dreier*, in: ders.-GG, 2015, Art. 20 (Demokratie) Rn. 113 Fn. 425 weist darauf hin, dass das Erfordernis des Legitimationsniveaus de facto unbestritten sei. Zum Begriff *Jestaedt*, Demokratieprinzip und Kondominialver-

besondere mit Blick auf die Legitimation exekutiver Staatsgewalt relevante Frage, wie dieses Niveau demokratischer Legitimation herzustellen ist.

Das formal-monistische[226] Demokratieverständnis setzt als strikt Input-orientiertes Demokratiekonzept am Wortlaut von Art. 20 Abs. 2 Satz 1 GG und dem Ausgehen der Staatsgewalt vom Volk an. Der Übersichtlichkeit halber verkürzt kann es in dreifacher[227] Hinsicht als monistisch charakterisiert werden (Volksmonismus, Parlamentsmonismus, Legitimationsmonismus): So geht es erstens von einem Legitimationssubjekt „Volk" aus, das von Art. 20 Abs. 2 Satz 1 GG abschließend determiniert werde. Mit geistigen Bezügen zum als Einheit verstandenen Volk bei Schmitt[228] sei unter Volk i. S. d. Volkssouveränität nämlich strikt und ausschließlich das Staatsvolk als Verband aller deutschen Staatsangehörigen (Art. 116 GG), mithin das deutsche Volk zu verstehen (Volksmonismus).[229] Deshalb sei eine Bestimmung des Legitimationssubjekts, die nicht an der Staatsangehörigkeit, sondern am faktischen Merkmal der Herrschaftsunterworfenheit ansetzt, also der tatsächlichen Betroffenheit von staatlicher Herrschaft, keine taugliche Größe zur Bestimmung des Ausgangspunkts aller Staatsgewalt.[230] Das

waltung, 1993, S. 285 ff. Die Unbestimmtheit dieses Kriteriums betont etwa *Schliesky*, Souveränität und Legitimität von Herrschaftsgewalt, 2004, S. 302–302. Kritisch auch *Brosius-Gersdorf*, Deutsche Bundesbank und Demokratieprinzip, 1997, S. 52 ff.

[226] Die Terminologie ist soweit ersichtlich von *Steffani*, in: Klassenjustiz und Pluralismus: Festschrift für Ernst Fraenkel zum 75. Geburtstag am 26. Dezember 1973, 1973, S. 482 ff. zuerst gebraucht worden. Vgl. auch *T. Groß*, Das Kollegialprinzip in der Verwaltungsorganisation, 1999, S. 163 ff. Im Übrigen existiert eine vielfältige Terminologie zur Beschreibung dieses Demokratieverständnisses. So etwa „klassische[s] Modell": *Schmidt-Aßmann*, Das allgemeine Verwaltungsrecht als Ordnungsidee, 2004, S. 89; „holistisch-monistisch": *Unger*, Das Verfassungsprinzip der Demokratie, 2008, S. 56 ff.; „etatistisch": *T. Groß*, in: Demokratie und Grundgesetz, 2000, S. 93 (94); dazu auch *Dreier*, in: ders.-GG, 2015, Art. 20 (Demokratie) Rn. 114. Wie sogleich herausgearbeitet wird, erweist sich dieses Demokratieverständnis in dreifacher Hinsicht als monistisch. Darüber hinaus wird Legitimation formal konstruiert. Deshalb erscheint die hier gebrauchte Terminologie sachgerecht.

[227] Die Punkte finden sich belegreich herausgearbeitet bei *Unger*, Das Verfassungsprinzip der Demokratie, 2008, S. 57 ff.

[228] Vgl. *Schmitt*, Verfassungslehre, 2017, S. 234 ff. Dazu auch *Steffani*, in: Klassenjustiz und Pluralismus: Festschrift für Ernst Fraenkel zum 75. Geburtstag am 26. Dezember 1973, 1973, S. 482 (493); *Schliesky*, Souveränität und Legitimität von Herrschaftsgewalt, 2004, S. 271 ff. Zur Bezüge der demokratiemonistischen Verfassungsrechtsprechung zum Gedanken der Homogenität *Pernice*, AöR 120 (1995), S. 100 (103 ff.).

[229] Vgl. nur *Böckenförde*, in: HStR II, 2004, S. 429 (445 ff.); *Jestaedt*, Demokratieprinzip und Kondominialverwaltung, 1993, S. 205 ff.; *P. M. Huber*, DÖV 1989, S. 531 ff.

[230] Der Gegenansatz wird mit dem Schlagwort „Betroffenendemokratie" umschrieben. Dazu nur *Schmidt-Aßmann*, AöR 116 (1991), S. 329 (368 ff.). Die Fragestellung wurde regelmäßig im Zusammenhang mit dem Wahlrecht Nichtdeutscher sowie der Legitimation funktionaler Selbstverwaltung relevant. In Richtung eines offeneren Volksbegriffs *Bryde*, StWStPr 1994, S. 305 (307 ff., 321 ff.); *Morlok*, in: Festschrift 50 Jahre Bundesverfassungsgericht II, 2001, S. 559 (576–578). Dazu auch *Bryde*, in: Demokratie und Grundgesetz, 2000, S. 59 (63 ff.).

monistische Modell ist zweitens von einer parlamentsfixierten Demokratievision geprägt, die aus einer untrennbaren Verknüpfung mit repräsentativem Prinzip und Parlamentarismus resultiert.[231] Mit dem Parlament als einzig direktlegitimiertem Staatsorgan und einer demokratischen Repräsentation, die dem unmittelbaren Einfluss des Volkes entgegensteht und selbiges nach dem Wahlakt von jedem legitimatorischen Potenzial entbindet, kommt nach dem monistischen Modell ausschließlich dem Parlament die Befähigung zu, demokratische Legitimation im Staat zu vermitteln (Parlamentsmonismus). Das Parlament erweist sich aus dieser Sicht mithin als die legitimatorische Drehscheibe im Staat.[232] Damit zusammenhängend erhebt das monistische Modell demokratischer Legitimation schließlich den Anspruch, Legitimation ausschließlich mittels des von Böckenförde entwickelten Konzepts zu konstruieren, dessen Prämisse die beiden vorstehenden Punkte bilden. Das von der Volkssouveränität vorgeschriebene Niveau demokratischer Legitimation wird so ausschließlich durch ein Zusammenspiel aus funktioneller, personeller und sachlich-inhaltlicher Legitimation[233] unter gleichsam impliziter Ablehnung sonstiger, insbesondere Output-orientierter, Legitimationsformen[234] hergestellt (Legitimationsmonismus).[235] Hierbei ist die Legitimationsvorstellung des monistischen Demokratieverständnisses zur Legitimationsvermittlung entscheidend auf die theoretische Effektivität formell-organisatorischer

---

[231] Dazu *Unger*, Das Verfassungsprinzip der Demokratie, 2008, S. 62 ff. Dass dies nicht zwingend ist, klingt etwa bei *C. Möllers*, in: Handbuch des Verfassungsrechts, 2021, S. 317 (363 ff.) an.

[232] Ähnlich *Unger*, Das Verfassungsprinzip der Demokratie, 2008, S. 62 ff. „Sammelpunkt". Den Parlamentszentrismus hebt auch *Musil*, DÖV 2004, S. 116 (118) hervor.

[233] *Böckenförde*, in: HStR II, 2004, S. 429 (437 ff.); *Jestaedt*, Demokratieprinzip und Kondominialverwaltung, 1993, S. 265 ff.; *Lenz*, Kommunalverwaltung und Demokratieprinzip, 2020, S. 93 ff. Innerhalb der durch das monistische Modell anerkannten Legitimationsformen wird bekanntlich eine Saldierung der Legitimationsformen zugelassen dazu nur *Böckenförde*, ebd. S. 442 ff.

[234] Wie eingangs angesprochen handelt es sich bei der Klassifizierung der Demokratietheorien um eine Vereinfachung. Im Folgenden wird nur ein solches Demokratieverständnis als monistisch bezeichnet werden, das demokratische Legitimation strikt innerhalb der tradierten Trias der Legitimationsformen herstellt. Klarstellunghalber sei hier angemerkt, dass diese Unterscheidung keinesfalls mit der Unterteilung in „Output" und „Input"-Legitimation gleichgesetzt werden kann, da die Ablehnung der „Output"-Legitimation theoretisch auch im hier als pluralistisch bezeichneten Modell denkbar ist. Vgl. dazu auch unten in Kap. 3 Fn. 273.

[235] Auf einer höheren Ebene geht mit der Abgeschlossenheit des monistischen Demokratieverständnisses die Charakterisierung des demokratischen Prinzips als Norm mit regelhafter Struktur einher. In diese Richtung auch der Befund bei *Unger*, Das Verfassungsprinzip der Demokratie, 2008, S. 84 ff., der das Demokratieprinzip seinerseits als Norm mit kombiniert regel- und prinzipienhafter Struktur entwickelt. Auch wenn die Vertreter einer monistischen Lesart die Autorität des Verfassungstexts für ihre im Kern positivistisch motivierte Kritik beanspruchen, wurde dem Grundgesetz traditionell kein Bekenntnis zu einem bestimmten Demokratiebegriff entnommen. Dazu *Bryde*, in: Demokratie und Grundgesetz, 2000, S. 59 (61).

Elemente angewiesen: Legitimation wird weniger durch inhaltliche Verbürgungen sondern zuvörderst kraft struktureller Vorgaben, wie etwa eines förmlichen Einsetzungsakts oder hierarchischer Weisungs- und Aufsichtsgebundenheit, vermittelt.[236]

Die freilich im Einzelnen recht heterogenen, allgemein pluralistisch genannten[237] Konzepte demokratischer Legitimation haben demgegenüber den gemeinsamen Nenner, dass sie auch Legitimationsformen jenseits der tradierten Trias anerkennen.[238] Diese Ansätze demokratischer Legitimation sind dabei im Wesentlichen als gemeinsame Kritik des monistischen Legitimationsformalismus zu verstehen.[239] Ihre geistigen Grundlagen liegen einerseits in einem pluralistischen Volksbegriff, der das Volk nicht nur als vereinheitlichtes Ganzes ansieht, sondern das Legitimationssubjekt mit Blick auf die Menschenwürde bestimmt, die Staatsgewalt also von den einzelnen Individuen ausgehen lässt, die dieses Ganze konstituieren.[240] Daneben ist für die pluralistischen Ansätze charakterisierend, dass ihre Vertreter das Demokratieprinzip zweitens nicht durchweg als Regel im rechtstheoretischen Sinn verstehen, sondern einem prinzipienhaften Verständnis zumindest offen gegenüberstehen.[241] Da die Übertragung der normstrukturellen Charakteristika aus der rechtstheoretischen Diskussion in das Verfassungsrecht nicht unerhebliche Schwierigkeiten aufwirft, verwundert es nicht, dass die Pluralismuskritik vielfach hier ansetzt.[242] Unbestritten jedoch bringt sie den Vorteil

---

[236] Vgl. etwa *Schmidt-Aßmann*, Das allgemeine Verwaltungsrecht als Ordnungsidee, 2004, S. 89 ff.; *Schliesky*, Souveränität und Legitimität von Herrschaftsgewalt, 2004, S. 281 ff., der hervorhebt, dass Herrschaftsgewalt nach dem monistischen Modell allenfalls ansatzweise, nämlich durch das Parlamentsgesetz, inhaltlich konstruiert werde. Kritisch dazu *Unger*, Das Verfassungsprinzip der Demokratie, 2008, S. 278 ff.

[237] Vgl. etwa *Bryde*, in: Demokratie und Grundgesetz, 2000, S. 59 (60); *Schliesky*, Souveränität und Legitimität von Herrschaftsgewalt, 2004, S. 588 ff.: „plurale Legitimation"; *Unger*, Das Verfassungsprinzip der Demokratie, 2008, S. 75 ff.: „individualistisch-pluralistisch"; *Jestaedt*, in: Postnationale Demokratie, Postdemokratie, Neoetatismus, 2013, S. 3 (12 ff.): „pluralistische[s] Legitimationskonzept".

[238] *T. Groß*, Das Kollegialprinzip in der Verwaltungsorganisation, 1999, S. 163 ff.; *Bryde*, in: Demokratie und Grundgesetz, 2000, S. 59 ff.; *Schliesky*, Souveränität und Legitimität von Herrschaftsgewalt, 2004, S. 588 ff.; *Petersen*, JöR 58 (2010), S. 137 ff.; *Trute*, in: Grundlagen des Verwaltungsrechts I, 2022, S. 551 ff.

[239] *Trute*, in: Grundlagen des Verwaltungsrechts I, 2022, S. 551 (564 ff.); *Unger*, Das Verfassungsprinzip der Demokratie, 2008, S. 75 ff.

[240] Zu einem pluralistischen Volksbegriff etwa *Haverkate*, Verfassungslehre, 1992, S. 330 ff.; *Bryde*, StWStPr 1994, S. 305 ff.; *Morlok*, in: Festschrift 50 Jahre Bundesverfassungsgericht II, 2001, S. 559 (576–578); *Schliesky*, Souveränität und Legitimität von Herrschaftsgewalt, 2004, S. 265 ff.; *Unger*, Das Verfassungsprinzip der Demokratie, 2008, S. 77 ff.; *Trute*, in: Grundlagen des Verwaltungsrechts I, 2022, S. 551 (566 ff.).

[241] *Bryde*, StWStPr 1994, S. 305 ff.; ders., in: Demokratie und Grundgesetz, 2000, S. 59 ff., der das Demokratieprinzip als Optimierungsgebot versteht; differenzierend *Unger*, Das Verfassungsprinzip der Demokratie, 2008, S. 104 ff., 218 ff.; ihm zustimmend *Trute*, in: Grundlagen des Verwaltungsrechts I, 2022, S. 551 (565).

[242] So etwa bei *Grzeszick*, in: D/H/S-GG, Stand August 2023, Art. 20 II Rn. 158 ff.

mit sich, dass sie den bereits innerhalb der monistischen Lehre enthaltenen finalen Ansatz, nämlich die Bestimmung des Legitimationsniveaus anhand des Effektivitätskriteriums[243] und die dadurch bewirkte Kombinationsfähigkeit der Legitimationsformen,[244] fortführt[245] und nunmehr auch die Berücksichtigung mit Faktoren außerhalb des monistischen Modells ermöglicht.

bb) Öffentlichkeit und formal-monistisches Demokratieverständnis: Die These vom vorverfassungsrechtlichen Charakter demokratischer Öffentlichkeit

Mit einem strikt formal-monistischen Demokratieverständnis geht regelmäßig einher, dass Öffentlichkeit nicht zum Normbereich des Demokratieprinzips gezählt, sondern im vorverfassungsrechtlichen Bereich verortet wird. So existieren im Schrifttum einige zwar im Einzelnen verschieden formulierte Positionen, deren gemeinsame Schnittmenge jedoch ist, dass sie unter Zugrundelegung einer monistischen Lesart Öffentlichkeit als nicht vom Normbereich des Demokratieprinzips umfasst ansehen, sondern als vorverfassungsrechtlichen Gehalt begreifen. Obwohl vorverfassungsrechtliche Gehalte zugleich eine Entsprechung im positiven Verfassungsrecht besitzen können,[246] werden die überpositiven Zusammenhänge von Öffentlichkeit und Demokratie dabei bisweilen zur Leugnung der Zugehörigkeit demokratischer Öffentlichkeit zum positiven Verfassungsrecht gebraucht. Mit besonderer Deutlichkeit und unter Hervorhebung der theoretischen Öffentlichkeitsbezüge geht Jestaedt davon aus, dass die Staatsform der Demokratie zwar existenziell auf Öffentlichkeit angewiesen sei,[247] die Forderung nach grundsätzlicher Öffentlichkeit staatlichen Handelns mangels ihrer Positivierung[248]

---

243 Ziel demokratischer Legitimation sei nämlich die Sicherstellung eines effektiven Einflusses des Volkes auf die Ausübung der Staatsgewalt *Böckenförde*, in: HStR II, 2004, S. 429 (437). Aus formal-monistischer Sicht kritisch dazu *Lenz*, Kommunalverwaltung und Demokratieprinzip, 2020, S. 102 ff.

244 Dazu nur *Böckenförde*, in: HStR II, 2004, S. 429 (442 ff.). Zum Effektivitätskriterium kritisch *Bull*, in: Bürgersinn und Kritik: Festschrift für Udo Bermbach zum 60. Geburtstag, 1998, S. 241 (250 ff.).

245 Übereinstimmend stellen *Schliesky*, Souveränität und Legitimität von Herrschaftsgewalt, 2004, S. 700–701, 715 ff. und *Trute*, in: Grundlagen des Verwaltungsrechts I, 2022, S. 551 (596) auf die Saldierung der Legitimationsstränge und das Legitimationsniveau ab.

246 Dazu oben die Nachweise in Kap. 3 Fn. 11.

247 „Der freiheitlich-demokratische Verfassungsstaat – die rechtsstaatliche Demokratie – ist wie kein anderer Staatstypus auf Öffentlichkeit bezogen und von Öffentlichkeit abhängig. Öffentlichkeit ist für die freiheitliche Demokratie Voraussetzung und Produkt, Lebenselixier und Erkennungszeichen gleichermaßen. Öffentlichkeit hat in all ihren unterschiedlichen Bedeutungsvarianten in ihr Platz. Pointiert: Die freiheitliche Demokratie ist eine öffentliche – oder sie ist nicht“: *Jestaedt*, AöR 126 (2001), S. 204 (215).

248 Zum Positivierungsnachweis als Abgrenzungskriterium zwischen Verfassungstheorie und -dogmatik *Jestaedt*, in: Verfassungstheorie, 2010, S. 4 (39 ff.).

gleichwohl nicht auf Ebene des positiven Verfassungsrechts, sondern der Verfassungstheorie anzusiedeln sei.[249] In diese Richtung äußerte sich auch Böckenförde. So betont er, dass das „tatsächliche Vorhandensein von Information" „unabdingbare Voraussetzung für die Möglichkeit von Demokratie"[250] sei, worunter er ein im „vor-verfassungsrechtlichen Bereich angesiedelte[s] Bauelement [...] der Demokratie"[251] verstehen dürfte.[252] Anknüpfend hieran rechnet Schmidt-Aßmann[253] Öffentlichkeit „eher [zu] den ideellen Schichten des Demokratieprinzips", womit er übereilten undogmatischen „Legitimationsvorstellungen" eine Absage erteilen will.[254]

Dass mit einem strikt monistischen Demokratieverständnis die Ablehnung einer verfassungsrechtlichen Gewährleistung staatlicher Öffentlichkeit durch das Demokratieprinzip verbunden ist, beruht zum einen auf der mit dieser Demokratievision einhergehenden faktischen Reduktion des normativen Gehalts des Demokratieprinzips auf das Gebot demokratischer Legitimation in Gestalt seiner tradierten Dogmatik. Sonstigen Gehalten wird entweder die Zugehörigkeit zum positiven Verfassungsecht, jedenfalls aber ihre Berücksichtigungsfähigkeit im Rahmen demokratischer Legitimation mit einer im Kern positivistischen Argu-

---

249 *Jestaedt*, AöR 126 (2001), S. 204 (220); zustimmend wohl *Wischmeyer*, Die Verwaltung 51 (2018), S. 393 (395). Ebenfalls zustimmend aber ersichtlich zu restriktiv *Oldenburg*, Die Öffentlichkeit von Rechtsnormen, 2009, S. 172–173, nach der „jeder allgemein nachvollziehbare Grund" „eine Nichtöffentlichkeit staatlichen Handelns rechtfertigen" könne.

250 *Böckenförde*, in: HStR II, 2004, S. 429 (476); *Jestaedt*, AöR 126 (2001), S. 204 (218); *Holznagel*, VVDStRL 68 (2009), S. 381 (383): „Verfassungsvoraussetzung"; im Kontext politischer Parteien ähnlich *H. H. Klein*, in: D/H/S-GG, Stand August 2023, Art. 21 Rn. 320: „Demokratiebedingung".

251 *Böckenförde*, in: HStR II, 2004, S. 429 (470).

252 So wohl die Interpretation von *Jestaedt*, Demokratieprinzip und Kondominialverwaltung, 1993, S. 179 ff.; ders., AöR 126 (2001), S. 204 (217–218), der der durch staatliche Öffentlichkeit ermöglichten dauerhaften Bildung einer öffentlichen Meinung jede Legitimationswirkung abspricht und als faktische Gegebenheit betrachtet: „Das Recht setzt diese Form der Öffentlichkeit mehr voraus, als daß es sie regelt." Anders *Scherzberg*, Die Öffentlichkeit der Verwaltung, 2000, S. 294: „Öffentlichkeit ist [...] *prozeduralisierte Volkssouveränität*" (Hervorhebung im Original); *Lederer*, Open Data, 2015, S. 332 ff.: „informelle Legitimation".

253 Obgleich *Schmidt-Aßmann*, Das allgemeine Verwaltungsrecht als Ordnungsidee, 2004, S. 94 hervorhebt, dass das Grundgesetz nicht von einem „Schematismus der Legitimationsvorstellungen" ausgehe (in diese Richtung bereits ders., AöR 116 (1991), S. 329 [369]), womit der oben skizzierte Legitimationsmonismus zumindest ansatzweise relativiert wird, soll seine Position hier wegen der formalistischen Betrachtungsweise des Gebots demokratischer Legitimation der monistischen Demokratietheorie zugerechnet werden. So auch *Unger*, Das Verfassungsprinzip der Demokratie, 2008, S. 56, 248.

254 *Schmidt-Aßmann*, Das allgemeine Verwaltungsrecht als Ordnungsidee, 2004, S. 101–102.

mentation abgesprochen.[255] Mit einer eher positivistischen Sichtweise einher geht zum anderen eine grundskeptische Einstellung gegenüber nichtkonditional programmierten Rechtssätzen, was vor dem Hintergrund des gleichermaßen evidenten wie legitimen praktischen Bedürfnisses nach Geheimhaltung dazu verleiten kann, Öffentlichkeit jenseits des Verfassungsnormativen zu verorten.

Spricht man demokratischen Öffentlichkeitspostulaten also mit der formal-monistischen Lesart des Demokratieprinzips die Zugehörigkeit zum positiven Recht ab, folgt daraus, dass die Verfassung nur insoweit demokratisch motivierte Öffentlichkeit des Staates beansprucht, wie sie der Verfassungstext in einigen Einzelbestimmungen ausdrücklich vorsieht.[256] Insbesondere werde dem repräsentativdemokratischen Öffentlichkeitsbedürfnis als Voraussetzung einer freien Wahl durch die Normierung der Parlamentsöffentlichkeit (Art. 42 Abs. 1 Satz 1 GG) hinreichend Rechnung getragen.[257] Auch darüber hinaus kommt der Öffentlichkeit des Staatshandelns unter Zugrundelegung eines formal-monistischen Demokratieverständnisses für sich genommen keine Bedeutung im Rahmen demokratischer Legitimation zu:

Denn im monistischen Modell findet eine Rechtfertigung konkreter Entscheidungen bekanntermaßen im Rahmen der sachlich-inhaltliche Legitimation statt.[258] Diese Form demokratischer Legitimation beruht maßgeblich auf der Erwägung, dass Staatsgewalt sachlich gerechtfertigt wird, indem sie inhaltlich an den im Parlament artikulierten[259] Volkswillen gebunden wird. Sowohl im Verhältnis zwischen Legislative und Exekutive wie auch im exekutiven Binnenbereich wird diese sachliche Parlamentsanbindung gerade im Hinblick auf exekutive Entscheidungsfreiräume durch eine Vielzahl an Steuerungsinstrumenten sichergestellt.[260] Während die Steuerungsinstrumente im exekutiven Binnenbereich maßgeblich auf einer hierarchischen Organisation der Exekutive beruhen, sind parlamentarische Steuerungsmittel teleologisch der Vertrauensabhängigkeit der Regierung

---

255 *Schmidt-Aßmann*, AöR 116 (1991), S. 329 (368 ff.); *Jestaedt*, AöR 126 (2001), S. 204 (220).

256 Deutlich *Jestaedt*, AöR 126 (2001), S. 204 (220). Zu den Öffentlichkeitsbezügen in der geschriebenen Verfassung oben Kap. 3 Fn. 13 ff.

257 In diese Richtung *Jestaedt*, AöR 126 (2001), S. 204 (217).

258 Zu ihr *Böckenförde*, in: HStR II, 2004, S. 429 (441 ff.); *Brosius-Gersdorf*, Deutsche Bundesbank und Demokratieprinzip, 1997, S. 44 ff.; die sachlich-inhaltliche Legitimation vollzieht sich demnach in einem Wechselspiel aus Gesetzesbindung und demokratischer Verantwortlichkeit, die vor allem im exekutiven Binnenbereich durch hierarchische Weisungsgebundenheit aufrecht erhalten wird.

259 *Schliesky*, Souveränität und Legitimität von Herrschaftsgewalt, 2004, S. 296.

260 *Meyn*, Kontrolle als Verfassungsprinzip, 1982, S. 364 ff.; *Emde*, Die demokratische Legitimation der funktionalen Selbstverwaltung, 1991, S. 66 ff.; *H. Dreier*, Hierarchische Verwaltung im demokratischen Staat, 1991, S. 131 ff.; *Brosius-Gersdorf*, Deutsche Bundesbank und Demokratieprinzip, 1997, S. 44 ff.; *J. Schmidt*, Die demokratische Legitimationsfunktion der parlamentarischen Kontrolle, 2007, S. 54 ff.

im parlamentarischen Regierungssystem zuzurechnen, aus der vor allem die umfassende Unterwerfung der Exekutive unter parlamentarische Kontrolle folgt. Entsprechend der formalen Ausrichtung des monistischen Demokratieverständnisses kommt es im Rahmen des Legitimationskonzepts jedoch vordergründig auf die förmliche Vertrauensabhängigkeit der Regierung im parlamentarischen Regierungssystem an. Nach dem monistischen Modell findet eine inhaltliche Anbindung konkreter Entscheidungen der Exekutive an den Volkswillen nämlich statt, indem davon ausgegangen wird, dass der im Parlament zum Ausdruck kommende Volkswille aufgrund der durchgehenden Verantwortungsbeziehungen im parlamentarischen Regierungssystem auf die konkrete Exekutiventscheidung durchschlägt. Entscheidungen werden demnach als im Sinne der Volkssouveränität sachlich gerechtfertigt angesehen, indem sie in einem Verfahren zustande gekommen sind, das aufgrund seiner strukturellen Organisation und wegen der Existenz von Steuerungs- und Kontrollmöglichkeiten eine sachliche Parlamentsanbindung ermöglicht, ohne dass es hierbei jedoch auf inhaltliche Fragen ankäme. Ganz wesentlichen Platz nehmen hier die zur Parlamentsfunktion verselbständigten Kontrollrechte des Parlaments ein, die für ihre tatsächliche Effektivität aber auf die Publizitätspflichten der Exekutive angewiesen sind.[261] So kann das Parlament seiner Kontrollfunktion nur durch die auch verfassungsjuristisch abgesicherte Möglichkeit exekutiven Wissenszugriffs gerecht werden.

Nach dem Gesagten wird die inhaltliche Entscheidungslegitimation im monistischen Modell formell-organisatorisch bewirkt. Es kommt nur auf die abstrakttheoretische Möglichkeit von Kontrolle und nicht darauf an, ob parlamentarische Kontrolle auch tatsächlich ausgeübt wird. Die konkreten Kontrollinstitute, mit denen Öffentlichkeit über die Exekutive hergestellt wird, werden im monistischen Modell vorausgesetzt und besitzen demnach konsequenterweise auch keine Legitimationsfunktion.[262] Dieses faktisch-kontrollakzessorische Verständnis von Öffentlichkeit führt zu der nicht gänzlich widerspruchsfreien Situation, dass parlamentarische Kontrolle zwar im Rahmen der sachlich-inhaltlichen Legitimation notwendig ist, um eine umfassende Verantwortlichkeit[263] der Exekutive herzustellen. Trotzdem wird ein Öffentlichkeitsgebot der Exekutive als Grundvoraussetzung parlamentarischen Wissenszugriffs aus dieser Sicht weder als normativ vom Demokratieprinzip erfasst angesehen, geschweige denn Öffentlichkeit anderweitig im Legitimationsmodell berücksichtigt. Auch wenn sich dies verfas-

[261] So schon *Kempen*, Grundgesetz, amtliche Öffentlichkeitsarbeit und politische Willensbildung, 1975, S. 217. Vgl. auch *Meinel*, Selbstorganisation des parlamentarischen Regierungssystems, 2019, S. 236 ff., 247 ff. Dazu schon oben Kap. 3 bei Fn. 109.

[262] Dazu *J. Schmidt*, Die demokratische Legitimationsfunktion der parlamentarischen Kontrolle, 2007, S. 445.

[263] *Scheuner*, in: Festschrift für Gebhard Müller, 1970, S. 379 (393): „Zur politischen Verantwortung gehört aber jedenfalls Öffentlichkeit als Lebenselement des demokratischen Verfassungslebens“.

sungshistorisch mit der in erster Linie rechtsstaatlichen bzw. gewaltenteiligen Rückkopplung parlamentarischer Informationsrechte erklären lässt,[264] wird Demokratie nach diesem Verständnis zum „formale[n] Zurechnungsprinzip"[265] reduziert.

cc) Öffentlichkeit und pluralistische Demokratieverständnisse: Öffentlichkeit als normativ gewährleisteter Faktor demokratischer Legitimation

In zeitlichem Zusammenhang mit der stärker werdenden Kritik an einer monistischen und formalistischen Interpretation des Demokratieprinzips und seines Legitimationserfordernisses wurde dem Normbereich des demokratischen Prinzips in der Literatur vermehrt die Forderung nach Öffentlichkeit der Gesamtstaatlichkeit entnommen.[266] Hinter dieser Auslegung des Demokratieprinzips steht ein weniger abstrakt-reduziertes denn eher materielles Grundverständnis von Demokratie,[267] das geneigt ist, die Öffentlichkeit des Staates wegen ihrer oben skizzierten weitgehend unbestrittenen demokratiewesentlichen Eigenschaften nicht als vorrechtliche Voraussetzung, sondern als dauerhaft vom Demokratieprinzip gewährleistetes Postulat zu begreifen, das als Faktor demokratischer Legitimation der Ebene des positiven Verfassungsrecht zuzuordnen wäre.

Obwohl aus einem eher pluralistischen Demokratieverständnis auf den ersten Blick nicht logisch zwingend die dem positiven Normbereich des demokrati-

---

264 Schon *Meyn*, Kontrolle als Verfassungsprinzip, 1982, S. 388–390 plädierte für eine intensivere demokratische Fundierung des Interpellationsrechts. Zu den geschichtlichen Gründen schon oben Kap. 3 bei Fn. 179 ff.

265 BVerfGE 89, 155 (185).

266 Vgl. etwa *Britz*, Fernsehaufnahmen im Gerichtssaal, 1999, S. 211 ff.; *Rösch*, Geheimhaltung in der rechtsstaatlichen Demokratie, 1999, S. 47 ff.; *Scherzberg*, Die Öffentlichkeit der Verwaltung, 2000, S. 291 ff.; *Schliesky*, Souveränität und Legitimität von Herrschaftsgewalt, 2004, S. 434 ff., 700–701; *von Coelln*, Zur Medienöffentlichkeit der Dritten Gewalt, 2005, S. 167 ff.; *Wegener*, Der geheime Staat, 2006, S. 428 ff.; *Müller-Neuhof*, Verfassung als Nachricht, 2012, S. 124 ff.; *Lederer*, Open Data, 2015, S. 298 ff.; *Hirzebruch*, Öffentlichkeit und Neue Medien im gerichtlichen Verfahren, 2018, S. 93 ff.; *Drefs*, Die Öffentlichkeitsarbeit des Staates und die Akzeptanz seiner Entscheidung, 2019, S. 50 ff.; *Ostermann*, Transparenz und öffentlicher Meinungsbildungsprozess, 2019, S. 377 ff.; *Troßbach*, Öffentlichkeit und Geheimhaltung im Verwaltungsprozess, 2019, S. 45 ff.

267 Ein solches bezieht seine Anleihen im geisteswissenschaftlich-integrativen Ansatz *Smends* und beruht weniger auf formalen Elementen. Demokratische Legitimation wird als ein bei der Pluralität der Individuen ansetzender, dauerhafter Vorgang begriffen, bei dem das Prozesshafte und Diskursive im Vordergrund steht. Vgl. etwa *Stern*, Staatsrecht I, 1984, S. 619 ff.; *Hesse*, Grundzüge des Verfassungsrechts, 1995, S. 59 ff.; *Häberle*, Die Verfassung des Pluralismus, 1980, S. 128 ff.; *Bryde*, StWStPr 1994, S. 305 (317 ff.). Aus methodischer Sicht schon kritisch *Böckenförde*, NJW 1976, S. 2089 (2091 ff.). Zum Ganzen auch *Unger*, Das Verfassungsprinzip der Demokratie, 2008, S. 77 ff.; *Volkmann*, Grundzüge einer Verfassungslehre der Bundesrepublik Deutschland, 2013, S. 26 ff., 247 ff.

schen Prinzips zuzuordnende Öffentlichkeitsforderung folgt, so ist die angesprochene Verbindung doch mehr als zufällig: Mit einem pluralistischen Demokratieverständnis geht nämlich die Ablehnung einer nur gedanklich-formellen Legitimation einher,[268] die das Legitimationssubjekt nach dem Wahlakt legitimatorisch entmündigt. Statt den permanenten Prozess öffentlicher Meinungsbildung als vorverfassungsrechtliches Faktum zu begreifen und seine legitimatorische Relevanz zu bestreiten, verlangt das den pluralistischen Legitimationstheorien zugrunde liegende Demokratieverständnis ergänzend zu der tradierten Legitimationsdogmatik nach einer nicht nur verfassungstheoretisch vorausgesetzten, sondern auch normativ abgesicherten effektiven und über den Wahlakt hinausgehenden, dauerhaften Rückbindung der Staatsgewalt an das Volk.[269] Weil Art. 20 Abs. 2 Satz 2 GG nicht die legitimatorische Bedeutungslosigkeit des Volkswillens abseits von Wahlen und Abstimmungen zu entnehmen sei,[270] finde demokratische Legitimation nicht parlamentsmonistisch, sondern auch durch Einbezug des Volkswillens abseits von Wahlen statt.[271] Dies kann jedoch nur unter gedanklicher Durchbrechung des Legitimationsmonismus bewirkt werden. Die pluralistische Demokratietheorie bedient sich hierzu einer legitimatorischen Aufladung des aus dem Repräsentationsprinzip folgenden Gedankens demokratischer Responsivität.[272] Basierend auf einer materiellen Vorstellung von Demokratie rechtfertige sich Staatsgewalt auch, indem im jeweiligen Handeln der Amtswalter und Organe der Volkswillen als Ergebnis eines von begleitender Beobachtung und Kontrolle gezeichneten öffentlichen Kommunikationsprozesses zur Geltung komme.[273] Ein solch öffentlicher Kommunikationsprozess kann jedoch nur legi-

---

268 Deutlich *Schliesky*, Souveränität und Legitimität von Herrschaftsgewalt, 2004, S. 282: „inhaltsleere[r] Demokratiebegriff […]". Den formalen Charakter betont auch *Trute*, in: Grundlagen des Verwaltungsrechts I, 2022, S. 551 (564 ff.).

269 Eindrücklich *Scherzberg*, Die Öffentlichkeit der Verwaltung, 2000, S. 295 ff.

270 *Scherzberg*, Die Öffentlichkeit der Verwaltung, 2000, S. 296 ff.; *Lederer*, Open Data, 2015, S. 334 ff.

271 Vgl. dazu *Unger*, Das Verfassungsprinzip der Demokratie, 2008, S. 80–82; *T. Groß*, in: Demokratie und Grundgesetz, 2000, S. 93 (97). Da aus dem Repräsentationsprinzip die Unabhängigkeit der Staatswillensbildung vom Volkswillen folgt, verbietet sich jedenfalls die unmittelbar-juristische Kopplung der Staatswillensbildung an die öffentliche Meinung. Dazu nur *Kriele*, Einführung in die Staatslehre, 1994, S. 270–271; *Schmidt-Aßmann*, AöR 116 (1991), S. 329 (371 ff.); *Scherzberg*, Die Öffentlichkeit der Verwaltung, 2000, S. 302–303.

272 *Unger*, Das Verfassungsprinzip der Demokratie, 2008, S. 80 ff.; *T. Groß*, in: Demokratie und Grundgesetz, 2000, S. 93 (97 ff.).

273 Deutlich *Scherzberg*, Die Öffentlichkeit der Verwaltung, 2000, S. 295 ff.: „kommunikative Legitimation"; ähnlich *Lederer*, Open Data, 2015, S. 332 ff.: „informelle Legitimation"; vgl. auch *T. Groß*, in: Demokratie und Grundgesetz, 2000, S. 93 (97–98); *Unger*, Das Verfassungsprinzip der Demokratie, 2008, S. 80 ff. Ein solches Demokratieverständnis ist mindestens die gedankliche Vorstufe zu Formen der Output-Legitimation, bei der sich die Legitimität staatlicher Entscheidungen nicht nur aus der formellen Mandatierung der Entscheidenden sowie einem ordnungsgemäßen Zustandekommen er-

timatorisch bedeutsam sein, wenn Staatsgewalt auch tatsächlich für die Legitimationssubjekte sichtbar ist.[274] Ein pluralistisches Demokratieverständnis schließt daher die durch das demokratische Prinzip normativ gewährleistete Forderung nach grundsätzlicher Öffentlichkeit der Staatsgewalt mit ein.

c) Das alternierende Demokratieverständnis des Bundesverfassungsgerichts

Zwar sah sich das Bundesverfassungsgericht erst vergleichsweise spät – nämlich angestoßen durch Fragen des Ausländerwahlrechts und der Legitimation der Europäischen Union – dazu veranlasst, demokratische Legitimation einer umfassenden Dogmatik zu unterwerfen.[275] Gleichwohl enthalten schon die frühen Entscheidungen des Gerichts Aussagen zum zugrunde gelegten Demokratieverständnis. So sind der frühen Rechtsprechung Bezüge auf ein eher materiell-pluralistisches Demokratieverständnis zu entnehmen.[276]

Insbesondere im KPD-Urteil betont das Gericht so zunächst vor allem den Stellenwert des Individuums, den Charakter der Demokratie als Staatsform der Selbstbestimmung und ihren freiheitlichen Anstrich, der „die ständige geistige Auseinandersetzung zwischen den einander begegnenden sozialen Kräften und Interessen, den politischen Ideen“[277] erforderlich mache.[278] Entsprechend des oben skizzierten Zusammenhangs nehmen Öffentlichkeitsbezüge einen wichtigen Platz im Rahmen dieses Demokratieverständnisses ein. So komme der integrativen Kraft des grundrechtlich abgesicherten öffentlichen Meinungsbildungspro-

gibt, sondern bei der auch qualitative Faktoren berücksichtigt werden. Zu den Zusammenhängen schon *Unger*, Das Verfassungsprinzip der Demokratie, 2008, S. 81. Hier sei aber angemerkt, dass ein pluralistisches Demokratieverständnis nach der hiesigen Sichtweise nicht zwingend mit der Anerkennung der Output-Legitimation einhergeht. Vgl. etwa den Ansatz bei *Lederer*, Open Data, 2015, S. 336 ff. Ebenfalls aus Sicht eines pluralistischeren Grundverständnisses kritisch *Unger*, Das Verfassungsprinzip der Demokratie, 2008, S. 278 ff. Es existiert auch kein einheitliches Verständnis von Output-Legitimation. Vgl. etwa *Trute*, in: Grundlagen des Verwaltungsrechts I, 2022, S. 551 (591 ff.); *Schliesky*, Souveränität und Legitimität von Herrschaftsgewalt, 2004, S. 601 ff.; 656 ff., 715 ff.

[274] Zum Erfordernis der Sichtbarkeit von Staatsgewalt schon *Leisner*, Der unsichtbare Staat, 1994, S. 58 ff.

[275] Siehe die Belege oben in Kap. 3 Fn. 219, 221, 225.

[276] In diesem Punkt übereinstimmend *Hanebeck*, DÖV 2004, S. 901 (904 ff.); *Volkmann*, Grundzüge einer Verfassungslehre der Bundesrepublik Deutschland, 2013, S. 249–250. Vgl. auch *Häberle*, Die Verfassung des Pluralismus, 1980, S. 129; *Bull*, in: Bürgersinn und Kritik: Festschrift für Udo Bermbach zum 60. Geburtstag, 1998, S. 241 (243 ff.).

[277] BVerfGE 5, 85 (135).

[278] Vgl. BVerfGE 2, 1 (12 ff.); 5, 85 (196 ff.).

zesses[279] wegen seines stetigen Einflusses auf die Staatswillensbildung besondere Bedeutung zu.[280] Als Bedingung freier Wahlen gewährleiste das Grundgesetz die Voraussetzungen freier öffentlicher Meinungsbildung, wobei das Gericht verfassungstextlichen Öffentlichkeitsverbürgungen in diesem Zusammenhang ausdrückliche Erwähnung schenkt und anschließend auf die bereits angesprochene Verzahnung von Volks- und Staatswillensbildung rekurriert.[281] Auch aufgrund der Ausführungen in vorherigen und darauffolgenden Entscheidungen kann kein Zweifel daran bestehen, dass das Gericht die Öffentlichkeit jedenfalls parlamentarischer Willensbildung als über den Verfassungstext hinausgehende wesentliche normative Verbürgung in einer pluralistischen Demokratie begreift.[282] Später lässt sich dann ein langsam fortschreitender Verständniswandel beobachten: Das Gericht nähert sich erst einem monistischen Demokratieverständnis an, bis in der Entscheidung zum Hamburger Ausländerwahlrecht schließlich unter Mitwirkung des Richters Böckenförde die von ihm selbst zuvor[283] entwickelte Dogmatik demokratischer Legitimation ungewöhnlich detailreich und umfassend in die Rechtsprechung des Bundesverfassungsgerichts übernommen wurde.[284] Die Öffentlichkeit des Staates, vorher der Sache nach als verfassungsrechtlich gewährleistete Voraussetzung des freien öffentlichen Meinungsbildungsprozesses behandelt, wurde im Zuge der Hierarchisierungstendenzen[285] der bundesverfassungsgerichtlichen Rechtsprechung nun ab der Maastricht-Entscheidung in Anlehnung an die vorherigen Ausführungen Böckenfördes sowie die Staatslehre

---

279 BVerfGE 8, 104 (112 ff.).

280 BVerfGE 20, 56 (97 ff.).

281 BVerfGE 44, 125 (139).

282 Zuvor wurde die Bedeutung der Öffentlichkeit des parlamentarischen Verfahrens für die Interessensaggregation bereits in BVerfGE 40, 237 (249) herausgearbeitet, bevor in BVerfGE 40, 296 (327) dann ausgeführt wurde: „das demokratische und rechtsstaatliche Prinzip (Art. 20 GG) [verlangt], daß der gesamte Willensbildungsprozeß für den Bürger durchschaubar ist und das Ergebnis vor den Augen der Öffentlichkeit beschlossen wird. Denn dies ist die einzige wirksame Kontrolle. Die parlamentarische Demokratie basiert auf dem Vertrauen des Volkes; Vertrauen ohne Transparenz, die erlaubt zu verfolgen, was politisch geschieht, ist nicht möglich." In BVerfGE 70, 324 (358) wurde dann bekanntlich erstmalig das „allgemeine [...] Öffentlichkeitsprinzip der Demokratie" angesprochen.

283 *Böckenförde*, in: HStR I, 1987, S. 887 ff.

284 BVerfGE 83, 60 ff. Zur Übernahme der Legitimationsdogmatik *Bull*, in: Bürgersinn und Kritik: Festschrift für Udo Bermbach zum 60. Geburtstag, 1998, S. 241 (245–246); eingehend auch *Hanebeck*, DÖV 2004, S. 901 (905 ff.). Vgl. bereits oben Kap. 3 Fn. 221.

285 Vgl. *Bull*, in: Bürgersinn und Kritik: Festschrift für Udo Bermbach zum 60. Geburtstag, 1998, S. 241 (243–245), der bemerkt, dass die früheren Entscheidungen des BVerfG auf das Demokratieprinzip rekurrierten um den demokratischen Willensbildungsprozess gegen Einflüsse von „oben" abzusichern, während der hierarchische Ansatz des nun eher monistischen Demokratieverständnisses die Vermittlung demokratischer Legitimation weitgehend gegenüber Einflüssen von „unten" abschottet.

Schmitts[286] ausdrücklich als vorrechtliche Verfassungsvoraussetzung bezeichnet.[287]

In der vielbeachteten Entscheidung zu Lippeverband und Emschergenossenschaft, in der das Gericht zur demokratischen Legitimation von Trägern der funktionalen Selbstverwaltung Stellung zu nehmen hatte, näherte das Bundesverfassungsgericht sein Demokratieverständnis – nunmehr ohne Mitwirkung des zwischenzeitlich aus dem Amt ausgeschiedenen Richters Böckenförde – dann an die monismuskritische Literaturströmung an.[288] Bereits in Anwendung der klassischen Legitimationsdogmatik formulierte das Gericht zuvor, dass das Volk einen „effektiven Einfluß" auf die Ausübung der Staatsgewalt haben müsse, die Ausübung der Staatsgewalt sich deshalb „auf den Willen des Volkes zurückführen lassen und ihm gegenüber verantwortet werden" müsse.[289] Wie bereits erwähnt, wird der „effektive" Einfluss nach der monistischen Lehre ausschließlich mittels der Trias der Legitimationsformen hergestellt, wobei Staatsgewalt gerechtfertigt sein soll, wenn mittels einer Kombination der Legitimationsformen ein „hinreichender Gehalt an demokratischer Legitimation", ein bestimmtes – in der Literatur als unbestimmt kritisiertes – „Legitimationsniveau" erreicht werde.[290]

---

[286] Vgl. *Bryde*, StWStPr 1994, S. 305 (311 ff.); *Pernice*, AöR 120 (1995), S. 100 (103 ff.), die hervorheben, dass das Gericht die offensichtlichen Bezüge zur Staatslehre *Schmitts* im Maastricht-Urteil mit einem *Heller*-Zitat kaschiert hätten, wohl um der Ambiguität der *Schmittschen* Staatslehre zu entgehen.

[287] So wurde in BVerfGE 89, 155 (185); 97, 350 (369) die Sichtbarkeit und Verstehbarkeit der „Entscheidungsverfahren der Hoheitsgewalt ausübenden Organe und [der] jeweils verfolgten politischen Zielvorstellungen" als ebensolche vorrechtliche Verfassungsvoraussetzung bezeichnet. Zuvor bereits *Böckenförde*, in: HStR I, 1987, S. 887 ff. (926 ff., 932). Kritisch dazu auch *Schliesky*, Souveränität und Legitimität von Herrschaftsgewalt, 2004, S. 408 ff.

[288] BVerfGE 107, 59 ff. Verdeutlicht wird dies insbesondere an den Ausführungen des Gerichts zum Prinzipiencharakter von Art. 20 Abs. 2 GG, aus dem seine Entwicklungsoffenheit folge, BVerfGE 107, 59 (91). Dies nimmt Bezug auf die monismuskritische Literaturmeinung insbesondere *Brydes*, der das Demokratieprinzip als Optimierungsgebot im Sinne *Alexys* versteht. Dazu oben die Nachweise in Kap. 3 Fn. 241. Vgl. auch *Unger*, Das Verfassungsprinzip der Demokratie, 2008, S. 112 ff.; *Petersen*, JöR 58 (2010), S. 137 (152 ff.). Von einem formal-monistischen Standpunkt kritisch dagegen *Jestaedt*, JuS 2004, S. 649 (651 ff.); *Grzeszick*, in: D/H/S-GG, Stand August 2023, Art. 20 II, Rn. 158 ff.; *Lenz*, Kommunalverwaltung und Demokratieprinzip, 2020, S. 102 ff. Vgl. auch *Musil*, DÖV 2004, S. 116 ff.

[289] So zuerst BVerfGE 83, 60 (71–72). Zum Effektivitätskriterium bereits oben Kap. 3 Fn. 243, 244.

[290] BVerfGE 83, 60 (72). Dazu bereits oben Kap. 3 Fn. 225. Der nunmehrige Wandel des Demokratieverständnisses des BVerfG macht sich indes nicht darin bemerkbar, dass das Gericht zur Legitimation von Lippeverband und Emschergenossenschaft auf ein gänzlich neues Konzept demokratischer Legitimation abstellen würde, sondern darin, dass es den rigiden Legitimationsmonismus durchbricht, indem es das Demokratieprinzip entsprechend der pluralistischen Literaturmeinung normstrukturell als auch zwischen personeller und sachlich-inhaltlicher Legitimation Abweichungen zulassendes Prinzip im rechtstheoretischen Sinne behandelt. Obwohl die konkret getroffenen Anpassungen im Modell demokratischer Legitimation dem Wortlaut nach ausdrücklich

Zwar zeigte das Gericht sich bis dahin eher schmallippig, wenn es darum ging, die Anforderungen an das Legitimationsniveau zu konkretisieren und offenzulegen, aus welchem Blickwinkel zu beurteilen wäre, ob dieses Legitimationsniveau besteht. Nunmehr aber führt es nach der Feststellung des Prinzipiencharakters von Art. 20 Abs. 2 GG einen neuen Maßstab ein, wenn es formuliert: „Das ‚Ausgehen der Staatsgewalt' vom Volk muss für das Volk wie auch die Staatsorgane jeweils konkret erfahrbar und praktisch wirksam sein."[291] Mit dieser Formulierung knüpft das Gericht an das Effektivitätskriterium der monistischen Lehre an, das – aller Bemühungen, der Legitimationsdogmatik einen regelhaften Anstrich zu verleihen zum Trotz – faktisch eine prinzipienförmige Insel innerhalb dieser Theorie bildet. Unter Rückgriff auf Entscheidungen, die einem materielleren Demokratieverständnis folgten,[292] bringt es mit diesem neuen Maßstab zum Ausdruck, dass demokratische Legitimation kein rein formal-objektives Konstrukt ist, keine „normative Fiktion"[293], die vollständig in den aus der Lehre übernommenen Legitimationsformen aufgeht, sondern die tatsächliche Herstellung eines Zustands verlangt, bei dessen Beurteilung die Perspektive der Legitimationssubjekte nicht völlig außer Acht gelassen werden kann. Der vom Bundesverfassungsgericht nunmehr zugrunde gelegte Prinzipiencharakter ermöglicht dabei, dass am formal-organisatorischen Maßstab der tradierten Legitimationsformen nicht mehr in jedem Fall festgehalten werden muss, sondern ein unzureichendes Legitimationsniveau hilfsweise auch mit demokratischen Erwägungen außerhalb dieser Dogmatik kompensiert werden kann.[294] Obwohl das Gericht die etablierte Struktur des monistischen Demokratieverständnisses und der Input-Orientierung des Legitimationskonzepts[295] in Folgeentscheidungen beibe-

(BVerfGE 107, 59 [91]) auf den Bereich funktionaler Selbstverwaltung beschränkt sind, besitzt das zu diesem Anlass offenbarte veränderte Grundverständnis des Demokratieprinzips, das diese Anpassungen ermöglicht, Bedeutung über den Bereich funktionaler Selbstverwaltung hinaus. Vgl. dazu auch *Hanebeck*, DÖV 2004, S. 901 (908 ff.). Das belegen auch die Folgeentscheidungen des BVerfG.

291 BVerfGE 107, 59 (91). Aus der jüngeren Literatur dazu kritisch *Lenz*, Kommunalverwaltung und Demokratieprinzip, 2020, S. 102 ff.

292 *Hanebeck*, DÖV 2004, S. 901 (908).

293 *Trute*, in: Grundlagen des Verwaltungsrechts I, 2022, S. 551 (596).

294 So gelingt dem Gericht die Berücksichtigung der „Grundsätze der Selbstverwaltung und der Autonomie" bei der Legitimation funktionaler Selbstverwaltung BVerfGE 107, 59 (91 ff.).

295 Durch die Anerkennung der legitimationssteigernden Wirkung materieller Elemente weist die Argumentation des BVerfG Bezüge zur Output-Legitimation auf. Hierauf hinweisend etwa *Trute*, in: Grundlagen des Verwaltungsrechts I, 2022, S. 551 (591 ff.); *Petersen*, JöR 58 (2010), S. 137 (152). Den Schritt zur Anerkennung der Output-Legitimation ging das Gericht bislang jedoch nicht. Die Kriterien von konkreter Erfahrbarkeit und praktischer Wirksamkeit können jedoch den Ausgangspunkt pluraler Legitimation bilden. So hängt *Trute*, ebd. S. 596 die „Saldierung" der verschiedenen Legitimationsstränge im Rahmen seines die Output-Legitimation berücksichtigenden Legitimationskonzepts an der konkreten Erfahrbarkeit und praktischen Wirksamkeit der Volkssouveränität auf.

hält[296], lässt sich an den Ausführungen zum Erfordernis der konkreten Erfahrbarkeit und praktischen Wirksamkeit eine veränderte Lesart, gewissermaßen eine Materialisierung des formal-monistischen Demokratiemodells, festmachen.

d) Maßgebliches Verständnis

aa) Die faktische Öffentlichkeit des Staates ist mehr als Verfassungsvoraussetzung

„*Der freiheitliche, säkularisierte Staat lebt von Voraussetzungen, die er selbst nicht garantieren kann*“[297], stellt Böckenförde bekanntermaßen in seinem vielbeachteten Diktum heraus. Die mit dieser prägnanten Wendung artikulierten staatstheoretischen Prämissen hatten prägenden Einfluss auf sein Verständnis der grundgesetzlichen Demokratie und sollen daher den Ausgangspunkt für die Auflösung der zwischen den Demokratieverständnissen ausgemachten Kontroversen um den Stellenwert staatlicher Öffentlichkeit bilden. So liegt dem Böckenfördschen Diktum die staatstheoretische Unterscheidung zwischen Staat und Gesellschaft zugrunde, welche sich an einigen Stellen der Verfassungs- und Demokratietheorie bemerkbar macht.[298] Sie ist insofern determinierend für das Demokratieverständnis, als dass sie den Staat als Objekt demokratischer Legitimation in Abgrenzung zur Gesellschaft bestimmt. Während das Staatsrecht positivrechtliche Normen etwa zur Legitimierung der Staatlichkeit bereit hielte, wäre der gesellschaftliche Bereich als der Verfassung und ihren Normen voraus liegendes Faktum hinzunehmen, mithin von normativer Enthaltsamkeit gekennzeichnet.[299] Diesem Grundverständnis folgend ist das Demokratiekonzept Böckenfördes von

---

[296] Das Kriterium von konkreter Erfahrbarkeit und praktischer Wirksamkeit der Volkssouveränität wurde in einer Reihe von Entscheidungen, die Grundlage und Reichweite des parlamentarischen Interpellationsrechts zum Gegenstand hatten, aufgegriffen BVerfGE 137, 185 (232); 139, 194 (225); 147, 50 (127).

[297] *Böckenförde*, in: Festschrift Forsthoff, 1967, S. 75 (93) (Hervorhebung im Original).

[298] In der Demokratietheorie folgt aus ihr etwa die Unterscheidung zwischen Volks- und Staatswillensbildung. Dazu etwa *Jestaedt*, Demokratieprinzip und Kondominialverwaltung, 1993, S. 180 ff.; *Schmitt Glaeser*, in: HStR III, 2005, S. 229 ff. Daneben hat sie Bedeutung zur Bestimmung des vom status negativus der Grundrechte gewährleisteten Freiheitsbereichs, *Schliesky*, Souveränität und Legitimität von Herrschaftsgewalt, 2004, S. 558 ff. *C. Möllers*, Staat als Argument, 2000, S. 233 weist kritisch auf die Bezüge zu dem für die monistische Demokratietheorie wesentlichen Gedanken der Einheit hin.

[299] Vgl. insbesondere *Böckenförde*, Die verfassungstheoretische Unterscheidung von Staat und Gesellschaft als Bedingung der individuellen Freiheit, 1973, S. 10; *Grzeszick*, in: Öffentlichkeit und Vertraulichkeit: Theorie und Praxis der politischen Kommunikation, 2001, S. 21 (24); *Reimer*, Verfassungsprinzipien, 2001, S. 94 ff. Die staatsrechtliche Relevanz dieses „staatstheoretische[n] Erklärungstheorem[s]“ betont auch *Jestaedt*, Demokratieprinzip und Kondominialverwaltung, 1993, S. 180 ff. Gegen ein dualistisches Verständnis etwa *Hesse*, Grundzüge des Verfassungsrechts, 1995, S. 8 ff.

der Differenzierung zwischen „normativ-institutionellen Strukturmerkmale[n]“, insbesondere dem demokratischen Legitimationsgebot mit der Legitimationsdogmatik einerseits und „im vor-verfassungsrechtlichen Bereich angesiedelte[r] Bauelemente der Demokratie“ andererseits geprägt, wozu Böckenförde seinem eben angesprochenem staatstheoretischen Grundverständnis entsprechend Voraussetzungen aus dem gesellschaftlichen Bereich, insbesondere „soziokulturelle Voraussetzungen“ zählt.[300] Eben wurde gesehen, dass die monistische Demokratietheorie Öffentlichkeit in Anlehnung an die Ausführungen Böckenfördes als eine solche vorrechtliche Voraussetzung begriffen hat.[301] Um die Richtigkeit dieser Annahme zu bewerten, soll die Lehre von den Verfassungsvoraussetzungen herangezogen werden, denn mit dieser lässt sich der positivrechtliche Normbereich der Verfassung negativ umreißen.[302] Verfassungsvoraussetzungen werden verstanden als „Faktoren rechtlicher oder realer Art“, „von denen die Möglichkeit praktischer Wahrnehmung verfassungsrechtlicher Rechtspositionen abhängt, ohne dass sie zum Gewährleistungsbereich oder zu den Schranken dieser Verfassungsrechtsposition gerechnet werden dürfen“.[303] Schon wegen der begrifflichen Weite von Öffentlichkeit liegt es nahe, hier zwischen den Öffentlichkeitsbegriffen zu differenzieren.

Die Betonung des gesellschaftlichen Bereichs unter dem Begriff der Öffentlichkeit weist neben der hier interessierenden faktischen Öffentlichkeit offensichtliche Bezüge zum personalen Öffentlichkeitsbegriff und der öffentlichen Meinung auf. Die in der Demokratie unabdingbare öffentliche Meinung ist auf die Existenz eines gesellschaftlichen Kommunikations- und Informationsraums angewiesen, von welchem aus das Staatsgeschehen rezeptiv begleitet und kritisch verarbeitet wird und in dem eine gesellschaftliche Auseinandersetzung stattfinden kann: der häufig auch so bezeichneten „Sphäre der Öffentlichkeit“.[304] Deter-

---

[300] *Böckenförde*, in: HStR II, 2004, S. 429 (470 ff.). Zum Ganzen auch *Volkmann*, AöR 127 (2002), S. 575 (579 ff.).

[301] Dazu oben Kap. 3 bei Fn. 250 ff., 287.

[302] *Schindler*, Verfassungsrecht und soziale Struktur, 1932, S. 92 ff.: „Ambiance“; *Krüger*, in: Festschrift für Ulrich Scheuner, 1973, S. 285 ff.; *Kirchhof*, in: HStR II, 2004, S. 261 (300 ff.); *Böckenförde*, in: HStR II, 2004, S. 429 (470 ff.); *Isensee*, in: HStR IX, 2011, S. 265 (287 ff.); *Jestaedt*, in: Verfassungstheorie, 2010, S. 4 (26–29). Kritisch *C. Möllers*, Staat als Argument, 2000, S. 257 ff. Vgl. auch die zutreffende Differenzierung zwischen rechtlichen und tatsächlichen Verfassungsvoraussetzungen bei *Murswiek*, Die staatliche Verantwortung für die Risiken der Technik: Verfassungsrechtliche Grundlagen und immissionsschutzrechtliche Ausformung, S. 104; *Reimer*, Verfassungsprinzipien, 2001, S. 199 ff.

[303] *Jestaedt*, in: Verfassungstheorie, 2010, S. 4 (27). Vgl. auch *Isensee*, in: HStR IX, 2011, S. 265 (287): „Bedingungen der Möglichkeit, daß die Verfassung im ganzen effektive Geltung erreicht und das staatliche Leben steuert“.

[304] Vgl. nur *Böckenförde*, in: HStR II, 2004, S. 429 (476); *Schmitt Glaeser*, in: HStR III, 2005, S. 229 (244 ff.); *Kloepfer*, in: HStR III, 2005, S. 389 (395 ff.). Daneben wird auch von „der demokratischen Öffentlichkeit“ gesprochen. So etwa *Holznagel*, VVDStRL 68 (2009), S. 381 (383 ff.).

miniert durch die angesprochene Unterscheidung zwischen Staat und Gesellschaft, wird dieser gesellschaftliche Kommunikationsraum in der freiheitlichen Demokratie des Grundgesetzes bekanntlich als notwendiges Element im Prozess der Volkswillensbildung betrachtet. Damit sie sich „aber vom Volk zu den Staatsorganen" hin vollziehen kann, wird die politische Willensbildung im gesellschaftlichen Bereich – anders als der Vorgang staatlicher Willensbildung – nach dem klassisch-dualistischen Verständnis nicht verfassungsrechtlich konstituiert oder kontrolliert, sondern findet im Gegenteil „frei, offen und unreglementiert" statt und wird höchstens im ungehinderten Fortbestand gegen zu starke Einflüssen des Staates geschützt.[305] Zumindest wenn man vom recht strikten Dualismus ausgeht, der dem monistischen Demokratiemodell zugrunde liegt,[306] nimmt die Verfassung den auch als Öffentlichkeit bezeichneten gesellschaftlichen Bereich als ihr voraus liegend hin. Sie besitzt insoweit einen zurückgenommenen Regelungsanspruch. Nach dem klassischen Verständnis ist die personale Öffentlichkeit als Trägerin der öffentlichen Meinung diesem vorrechtlichen Bereich zuzuordnen. Jedenfalls aus dieser Sicht kann sie als Verfassungsvoraussetzung[307] begriffen werden. Sie ist damit als solche kein Teil des positiven Verfassungsrechts.

Anders liegt das für die faktische Öffentlichkeit. Denn es dürften wohl auch die begrifflichen Unklarheiten und die Überschneidungen zwischen den Begriffen Volk und Öffentlichkeit gewesen sein,[308] die das Bundesverfassungsgericht

---

[305] Das BVerfG spricht hier BVerfGE 20, 56 (98–99) bekanntlich von der Staatsfreiheit des politischen Willensbildungsprozesses. Zustimmend *Schmitt Glaeser*, in: HStR III, 2005, S. 229 (247); vgl. auch *Dreß*, Die Öffentlichkeitsarbeit des Staates und die Akzeptanz seiner Entscheidung, 2019, S. 136 ff. Wie schon ein Blick auf staatliche Öffentlichkeitsarbeit oder staatliches Informationshandeln zeigt, sind die Kommunikationsbeziehungen zwischen Staat und Gesellschaft in der heutigen Zeit jedoch um ein Vielfaches komplexer und lassen sich in einem strikt-dualistischen Verständnis von Staat und Gesellschaft nicht abbilden. Auch die aus diesem Grundverständnis resultierende Bezeichnung des Meinungsbildungsprozesses des Volkes als „staatsfrei" kann zu der unzutreffenden Annahme verleiten, der Staat habe sich zu jeder Zeit vollständig aus dem Meinungsbildungsprozess herauszuhalten und müsse auch dessen Voraussetzungen nicht garantieren. Kritisch schon *Häberle*, JuS 1967, S. 64 (66); weitgehend auch *Hesse*, Grundzüge des Verfassungsrechts, 1995, S. 8 ff. Aus der neueren Literatur dazu nur *Mast*, Staatsinformationsqualität, 2020, S. 49 ff.

[306] Kritisch bereits *Scheuner*, in: Festschrift für Gebhard Müller, 1970, S. 379 (381–382). Vgl. auch *Kahl*, Jura 2002, S. 721 (723); *Lederer*, Open Data, 2015, S. 166 ff.; *Thiele*, Allgemeine Staatslehre, 2020, S. 54 ff.; *Herdegen*, in: Handbuch des Verfassungsrechts, 2021, S. 15 Rn. 43 ff.

[307] „Voraussetzung für die Möglichkeit von Demokratie" *Böckenförde*, in: HStR II, 2004, S. 429 (476). Vgl. auch *Gusy*, in: Jahrbuch Informationsfreiheit und Informationsrecht, 2016, S. 1 (15 ff.).

[308] Eine nähere Betrachtung des Werks des geistigen Vaters der monistischen Demokratietheorie, *Carl Schmitts*, legt nämlich die Überschneidungen zwischen den Begriffen Volk und Öffentlichkeit nahe. So bezeichnet er das Staatsvolk in seiner Verfassungslehre als „niemals restlos formierbare Größe", die „außer und über jeder verfassungs-

dazu verleiteten, die Sichtbarkeit und Verstehbarkeit der „Entscheidungsverfahren der Hoheitsgewalt ausübenden Organe und [der] jeweils verfolgten politischen Zielvorstellungen“, also im Kern ihre faktische Öffentlichkeit, gemeinsam mit dem bereits angesprochenen gesellschaftlichen Kommunikationsraum, aus dem die öffentliche Meinung hervorgeht, als vorrechtliche Verfassungsvoraussetzung zu bezeichnen.[309] Denn so naheliegend der Schluss auf den vorverfassungsrechtlichen Charakter personaler Öffentlichkeit ausgehend von der Unterscheidung zwischen Staat und Gesellschaft abstrakt auch sein mag, so offensichtlich ist, dass die faktische Öffentlichkeit des Staatshandelns nicht als Verfassungsvoraussetzung begriffen werden kann. Denn tragende Erwägung der Qualifizierung personaler Öffentlichkeit als Verfassungsvoraussetzung war nach dem oben Gesagten ihre Zugehörigkeit zum der Verfassung voraus liegenden gesellschaftlichen Bereich.

Die faktische Öffentlichkeit des Staates respektive staatlichen Handelns fällt aber gerade nicht in diesen gesellschaftlichen Bereich, dem die Verfassung mit normativer Zurückhaltung begegnet, sondern bezieht sich auf die Staatsgewalt, zu deren Rechtfertigung und Begrenzung dem Verfassungsrecht ohne jeden Zweifel positivrechtliche Vorgaben zu entnehmen sind. Damit in der nach dem klassischen Verständnis vorrechtlichen „Sphäre der Öffentlichkeit“ eine permanenten Rezeption staatlicher Vorgänge stattfinden kann, müssen fortlaufend Informationen aus dem Bereich der Staatlichkeit verfügbar sein. Keinesfalls folgt aus der „Staatsfreiheit“ des gesellschaftlichen Diskurses die normative Enthaltsamkeit der Verfassung mit Blick auf die Voraussetzungen einer freien gesellschaftlichen Auseinandersetzung.[310] Anders als es im Beschluss des Bundesver-

---

gesetzlichen Normierung“ stehe. Zugleich aber verknüpft er das Staatsvolk mit dem Begriff der Öffentlichkeit, wobei er den sachnächsten, nämlich den personalen, Öffentlichkeitsbegriff zugrunde legt. So sei das Volk erst in der „Sphäre der *Öffentlichkeit*“ existent, genauso wie umgekehrt erst die Anwesenheit des Volkes Öffentlichkeit bewirke. Aus dieser Verknüpfung folgert er dann die Angewiesenheit der Demokratie auf Volk und öffentliche Meinung: „Es gibt keine Demokratie […] ohne öffentliche Meinung und ohne das stets anwesende Volk“. *Schmitt*, Verfassungslehre, 2017, S. 238 ff., 243 ff., 246 ff. (Hervorhebung im Original). Dazu auch bereits oben die Nachweise in Kap. 3 Fn. 228, 286. Für das Staatsvolk als Verfassungsvoraussetzung *Kirchhof*, in: HStR II, 2004, S. 261 (303); differenzierend *Jestaedt*, Demokratieprinzip und Kondominialverwaltung, 1993, S. 207 ff. Vgl. dazu auch *T. Groß*, in: Demokratie und Grundgesetz, 2000, S. 93.

309 So in BVerfGE 97, 350 (369) unter Berufung auf BVerfGE 89, 155 (185). Dazu bereits oben Kap. 3 Fn. 287.

310 Vgl. *C. Möllers*, in: Handbuch des Verfassungsrechts, 2021, S. 317 (359): „Ein auf den politischen Prozess bezogener offener Kommunikationsraum, eine demokratische Öffentlichkeit, ist Teil jeder demokratischen Ordnung. Das Verfassungsrecht behandelt diese nicht schlicht als Bedingung seiner Möglichkeit, sondern hält Normen zu dessen Konstituierung bereit“. Zutreffend auch *von Coelln*, Zur Medienöffentlichkeit der Dritten Gewalt, 2005, S. 170 ff.

fassungsgerichts anklingt, kann die faktische Öffentlichkeit[311] des Staates in diesem Sinne nicht als vorrechtlich verstanden werden.

bb) Zugehörigkeit der Forderung nach faktischer Öffentlichkeit der Staatsgewalt gegenüber dem Volk zum Normbereich des Demokratieprinzips

Schon die anfängliche Betrachtung des Verfassungswortlauts hat ergeben, dass einige verfassungstextliche Öffentlichkeitsgebote ihre teleologische Fundierung jedenfalls auch im demokratischen Prinzip haben. Die theoretischen Bezüge zwischen Öffentlichkeit und Demokratie sind anders als die Frage nach ihrer Fundierung weitgehend unstrittig.[312]

Bereits ein kurzer Blick auf die beiden fundamentalsten entwicklungsgeschichtlichen Wegmarken von Demokratie als Staatsform der (kollektiven) Selbstbestimmung zeigt, dass durchaus schon auf der allgemeinsten Ebene des Demokratieprinzips (Art. 20 Abs. 1 GG) theoretische Bezugspunkte zur Öffentlichkeit des Staates bestehen, welche aus der engen geistesgeschichtlichen Verknüpfung von Öffentlichkeit und Demokratie resultieren. Trotz aller Differenzen zum aktuellen Demokratieverständnis war bekanntlich schon der historische Prototyp neuzeitlicher Demokratien, nämlich die athenische Demokratie, dezidiert öffentlich. Die Öffentlichkeit des politischen Lebens diente hier der Verwirklichung des isonomischen Gedankens – sie vermittelte den freien Bürgern die gleiche Möglichkeit, auf den politischen Willensbildungsprozess einzuwirken.[313] Daneben ist die Öffentlichkeit des Staates zweitens eng verbunden mit dem emanzipatorischen Anstrich, den die Demokratie als Reaktion auf absolutistische (Arkan-)Herrschaft aus dem aufklärerisch-vernunftrechtlichem Prinzip der Selbst-

311 In diese Richtung auch bereits das Begriffsverständnis bei *Krüger*, Allgemeine Staatslehre, 1966, S. 443–444: „Für die Erkenntnis des Begriffes ‚Öffentlichkeit‘ ist es entscheidend, daß beide Bedeutungen zusammengehören, und zwar in dem Sinne, daß die Herbeiführung der *faktischen* Öffentlichkeit zugleich die Verwirklichung der *normativen* Öffentlichkeit gewährleistet.“ (Hervorhebung im Original).

312 Regelmäßig fällt der Blick auf insbesondere drei Themenbereiche, sobald von Öffentlichkeit und Demokratie die Rede ist: So wird die Bedeutung von staatlicher Öffentlichkeit erstens für die dem Wahlakt vorgelagerte Entscheidungsfindung und zweitens für die öffentliche Meinungsbildung hervorgehoben, bevor sie drittens in den Zusammenhang mit der demokratischen Mittlungsfunktion der Medien gestellt wird. Diese thematische Übereinstimmung knüpft an die Arbeit von *Martens*, Öffentlich als Rechtsbegriff, 1969, S. 59 ff. und besteht etwa bei *Rösch*, Geheimhaltung in der rechtsstaatlichen Demokratie, 1999, S. 55; *Britz*, Fernsehaufnahmen im Gerichtssaal, 1999, S. 211 ff.; *Jestaedt*, AöR 126 (2001), S. 204 (216 ff.); *von Coelln*, Zur Medienöffentlichkeit der Dritten Gewalt, 2005, S. 168 ff. oder *Drefs*, Die Öffentlichkeitsarbeit des Staates und die Akzeptanz seiner Entscheidung, 2019, S. 50 ff.

313 *Bleicken*, Die athenische Demokratie, 1995, S. 482; *Gröschner*, VVDStRL 63 (2004), S. 344 (351 ff.).

bestimmung[314] bezieht, welche dem Gedanken der Volkssouveränität zugrunde lag und der katalysiert durch die Französische Revolution Eingang in das kontinentaleuropäische Demokratieverständnis gefunden hat.[315] Nach amerikanischem Vorbild verschmolzen Volkssouveränität und Repräsentation dabei zu einer Einheit.[316] Die Kombination demokratischer und repräsentativer Volkssouveränität führt nun dazu, dass sich schon auf abstrakter Ebene nicht von einer von Selbstbestimmung der Herrschaftsunterworfenen getragenen Herrschaftslegitimation sprechen lässt, wenn die zu legitimierende Herrschaft ihrerseits nicht wahrnehmbar oder zugänglich, also öffentlich ist. Dieser abstrakte Gedanke diente bereits den Öffentlichkeitstheoretikern des Liberalismus[317] als selbst gegenüber den konservativen Kräften der Zeit schlagkräftiges[318] Argument, fand mit Ausbreitung der Repräsentativverfassung durch die Verrechtlichung der Parlamentsöffentlichkeit[319] dann in den deutschen Verfassungen des 19. Jahrhunderts Anerkennung und nahm schließlich im 20. Jahrhundert einen zentralen Platz in der Repräsentationstheorie[320] insbesondere von Schmitt und Leibholz ein. Jedenfalls

---

314 Dazu *Böckenförde*, in: HStR II, 2004, S. 429 (452 ff.).

315 Dazu entwicklungsgeschichtlich *Schliesky*, Souveränität und Legitimität von Herrschaftsgewalt, 2004, S. 209 ff. Aus der Rechtsprechung vgl. etwa die Bezugnahme auf den Gedanken der Selbstbestimmung zur Legitimation staatlicher Herrschaft in BVerfGE 44, 125 (142).

316 Zur Bedeutung der Federalist Papers für die Verknüpfung von Volkssouveränität und Repräsentation *Brunhöber*, Die Erfindung „demokratischer Repräsentation“ in den Federalist Papers, 2010; *Hofmann/Dreier*, in: Parlamentsrecht und Parlamentspraxis, 1989, S. 165 (169 ff., 175 ff.). Zum Ganzen auch *Thiele*, Allgemeine Staatslehre, 2020, S. 122 ff.

317 Vgl. nur *Bentham*, in: The Works of Jeremy Bentham II, 1843, S. 299 (312). Ähnlich *Welcker*, in: Staatslexikon X, 1848, S. 246 (275 ff.).

318 So räumte *Stahl*, Philosophie des Rechts II, 1837, S. 204 ein: „Das Volk soll wissen, auf welche Weise, mit welchen Mitteln, in welcher Absicht es vertreten worden ist, es soll auch wissen, wie die einzelnen Vertreter sich benommen haben. Das letzte ist doppelt nothwendig bey der Kammer der Gewählten, weil es wenig hilft, die Wahl zu gestatten, wenn man die Kenntnis entzieht, nach welcher die Wahl sich richtet.“ Dazu auch *Wegener*, Der geheime Staat, 2006, S. 230.

319 *Kißler*, Die Öffentlichkeitsfunktion des Deutschen Bundestages, 1976, S. 298 ff.

320 Nach *Schmitt*, Verfassungslehre, 2017, S. 204 ff. kann Repräsentation überhaupt nur öffentlich erfolgen: „Es gibt keine Repräsentation, die sich im geheimen und unter vier Augen abspielt, keine Repräsentation die ‚Privatsache‘ wäre.“ (ebd. S. 208) Etwas abgemildert formuliert *Leibholz*, Das Wesen der Repräsentation und der Gestaltwandel der Demokratie im 20. Jahrhundert, 1966, S. 176 ff., dass Repräsentation eine „grundsätzliche Tendenz zur Publizität“ immanent sei. Ihre Standpunkte unterscheiden sich vor allem darin, dass *Leibholz* ausdrücklich die Möglichkeit einschließt, Repräsentation ausnahmsweise im Geheimen stattfinden zu lassen, während *Schmitt* dies ausschließt. Gleichzeitig wird *Schmitt* aber nicht müde zu betonen, dass „zu jeder großen Politik“ Arcanae gehörten: *Schmitt*, Römischer Katholizismus und politische Form, 1925, S. 58; ders., Die geistesgeschichtliche Lage des heutigen Parlamentarismus, 1926, S. 48. Nicht nur deshalb kritisiert *Hett*, Die Öffentlichkeit der Parlamentsverhandlungen, das Grundrecht der Informationsfreiheit und Informationspflichten der Exekutive, 1987, S. 77 ff.

in bestimmten Bereichen haben diese geistesgeschichtlichen Erwägungen dazu geführt, dass dem positiven Verfassungsrecht zumindest im Wege der Verfassungsinterpretation bestimmte über den Verfassungstext hinausgehende Öffentlichkeitserfordernisse entnommen werden. Dies gilt etwa für den einhellig der Ebene des positiven Rechts zugeordneten Grundsatz der Öffentlichkeit der Wahl: Nach dem Bundesverfassungsgericht ist in der Ordnung des Grundgesetzes das Vertrauen des Wahlvolks in die Beachtung der Wahlgrundsätze unabdingbar für die Funktionsfähigkeit der repräsentativen Demokratie. So vermittelt die Wahl nur dann demokratische Legitimation, wenn durch die Öffentlichkeit der Wahl sichergestellt wird, dass die Beachtung der verfassungsrechtlichen Wahlgrundsätze für das Wahlvolk nachvollziehbar ist. Die durch die Öffentlichkeit der Wahl bewirkte Kontrollierbarkeit ist mithin normative Garantin für das Vertrauen in die Intaktheit des ersten Glieds der demokratischen Legitimationskette.[321]

Auch die zentralen Akteure im repräsentativen Verfassungssystem[322] unterliegen demokratischer Öffentlichkeit. Basierend auf der Grundannahme, dass der verfassungsrechtliche Status der Parteien wegen ihrer exponierten Scharnierfunktion bei der Willensbildung zwischen Staat und Gesellschaft[323] (Art. 21 Abs. 1 Satz 1 GG) logisch zwingend durch die Strukturverbürgungen demokratischer Herrschaft – also auch durch Öffentlichkeit – determiniert werde, hat Hesse[324] im Rahmen seiner Statustrias herausgearbeitet, dass der grundgesetzliche Status der Parteien neben einem Status der Freiheit und der Gleichheit durch einen spezifisch-demokratischen Status der Öffentlichkeit konstituiert wird.[325] Es war nicht zuletzt diese zur Beschreibung des Abgeordnetenstatus ausgeweitete[326] Charakterisierung, die dazu führt, dass der besonderen Zwischenstellung der Par-

---

seine Position aus verschiedenen Gründen zu Recht als indifferent. Zum Ganzen *Altmann*, Das Problem der Öffentlichkeit und seine Bedeutung für die moderne Demokratie, 1954, S. 1–15; im Übrigen kritisch *Kempen*, Grundgesetz, amtliche Öffentlichkeitsarbeit und politische Willensbildung, 1975, S. 179 ff.; aus dem neueren Schrifttum dazu *Thiele*, Allgemeine Staatslehre, 2020, S. 122 ff.

321 BVerfGE 123, 39 (68 ff.).

322 Zum Stellenwert der Parteien im repräsentativdemokratischem Verfassungssystem etwa BVerfGE 95, 335 (349–350).

323 *Hesse*, Grundzüge des Verfassungsrechts, 1995, S. 68, 76; zur Terminologie auch *Stolleis*, VVDStRL 44 (1986), S. 7 (8).

324 Grundlegend *Hesse*, VVDStRL 17 (1959), S. 11 (27 ff.); ders., Grundzüge des Verfassungsrechts, 1995, S. 77 ff. Dazu *Shirvani*, AöR 134 (2009), S. 572 (574 ff.).

325 *Hesse*, VVDStRL 17 (1959), S. 11 (39 ff.) „das bedeutet nach dem Grundgesetz in dem jeweils dargelegten Sinne einen Status der Freiheit, einen Status der Gleichheit und einen Status der Öffentlichkeit […] als Voraussetzung ihrer aufgegebenen Funktion in der Demokratie“ (ebd., S. 46).

326 Bezugnehmend auf das Diätenurteil BVerfGE 40, 296: *Häberle*, NJW 1976, S. 537 ff.; ders., Kommentierte Verfassungsrechtsprechung, 1979, S. 215 ff., 221 ff. Dazu auch *Morlok*, in: *Dreier*-GG, 2015, Art. 38 Rn. 149 ff. Kritisch hingegen die abweichende Meinung der Richter *Hassemer*, *Di Fabio*, *Mellinghoff* und *Landau*, BVerfGE 118, 277 (382 ff.).

teien im repräsentativdemokratischen Willensbildungsprozess nach einer starken Literaturmeinung nunmehr über das spezielle Öffentlichkeitsgebot aus Art. 21 Abs. 1 Satz 4 GG[327] hinaus[328], nämlich durch die Anerkennung des allgemeinen Öffentlichkeitsgebots als demokratischer Grundsatz im Sinne von Art. 21 Abs. 1 Satz 3 GG mit der Folge eines Gebots innerparteilicher Öffentlichkeit Rechnung getragen wird.[329]

Entscheidend für den Stellenwert von Öffentlichkeit ist die aus der repräsentativen Demokratiekonzeption der Verfassung folgende Unterscheidung zwischen Volkswillensbildung und Staatswillensbildung (Art. 20 Abs. 2 GG).[330] Als einziger unbestritten legitimatorisch relevanten Äußerungsform des Volkswillens vermögen Wahlen demokratische Legitimation nur dann zu vermitteln, wenn der Wahlentscheidung eine freie und ungehinderte Willensbildung im gesellschaftlichen Bereich vorausgeht. Entsprechend des grundgesetzlichen Leitbilds mündiger und informierter Bürger setzt dies die allgemeine Verfügbarkeit von Informationen über das politische Geschehen voraus,[331] ohne die es den Wählenden verwehrt ist, eine im wirklichen Sinne freie und selbstbestimmte Entscheidung zu treffen.[332] Denn – so hebt das Bundesverfassungsgericht prägnant hervor: „Der Wähler muss wissen, wen er wählt."[333] Aber auch über den Zusammenhang mit Wahlen hinaus verlangt eine freie demokratische Volkswillensbildung nach grundsätzlicher Öffentlichkeit. Bekanntermaßen setzt die Volkswillensbildung einen subjektiv-rechtlich insbesondere von den Kommunikationsgrundrechten abgesicherten (staats-)freien Bereich gesellschaftlicher Kommunikation und

---

327 Zu dieser Vorschrift bereits oben Kap. 3 bei Fn. 52ff.

328 *Streinz*, in: M/K/S-GG, 2018, Art. 21 Rn. 176.

329 *Shirvani*, AöR 134 (2009), S. 572 (576ff.); *H. H. Klein*, in: D/H/S-GG, Stand August 2023, Art. 21 Rn. 248ff., 316–320: „Demokratiebedingung", 332ff.; *Morlok*, in: *Dreier*-GG, 2015, Art. 21 Rn. 47, 111ff.; *Waldhoff*, in: Handbuch des Verfassungsrechts, 2021, S. 645 (Rn. 36ff.); *Jarass*, in: ders./*Pieroth*-GG, 2022, Art. 21 Rn. 33; *Streinz*, in: M/K/S-GG, 2018, Art. 21 Rn. 176ff.; *Kluth*, in BeckOK-GG, Stand August 2023, Art. 21 Rn. 140ff. Über das Gebot innerparteilicher Öffentlichkeit hinaus müsse es den Bürgern im Interesse freier politischer Meinungsbildung ermöglicht werden, sich Kenntnis über die wesentlichen politikbestimmenden Faktoren der Parteien zu verschaffen. Vgl. etwa die Anforderungen aus § 6 PartG. Dazu nur *Waldhoff*, in: Handbuch des Verfassungsrechts, 2021, S. 645 (Rn. 36ff.).

330 Dazu nur BVerfGE 8, 104 (113); 20, 56 (98); *Jestaedt*, Demokratieprinzip und Kondominialverwaltung, 1993, S. 179ff.

331 BVerfGE 118, 277 (353): „Der Akt der Stimmabgabe bei Wahlen erfordert nicht nur Freiheit von Zwang und unzulässigem Druck, sondern auch, dass die Wähler Zugang zu den Informationen haben, die für ihre Entscheidung von Bedeutung sein können."

332 Vgl. nur BVerfGE 44, 125 (139); 118, 277 (353); vgl. auch *Martens*, Öffentlich als Rechtsbegriff, 1969, S. 60; *Hesse*, Grundzüge des Verfassungsrechts, 1995, S. 69; *von Coelln*, Zur Medienöffentlichkeit der Dritten Gewalt, 2005, S. 168ff.; *Jestaedt*, AöR 126 (2001), S. 204 (217).

333 BVerfGE 118, 277 (353).

Information voraus, dessen Produkt „die öffentliche Meinung" ist.[334] Ebenfalls in Verfassungsrechtslehre anerkannt ist, dass das repräsentative Prinzip eine Unabhängigkeit der Staatswillensbildung von dem so konstituierten Volkswillen gebietet, letzterer deshalb grundsätzlich keinen direkten und juristisch bindenden Einfluss auf die Bildung des Staatswillens haben kann, weshalb die an der staatlichen Willensbildung beteiligten Repräsentanten ihren Willen verfassungsjuristisch weitgehend unabhängig von der öffentlichen Meinung bilden können.

Gleichwohl aber nimmt das Volk in der „lebendigen Demokratie" auch über den Wahlakt hinaus fortlaufend „Einfluß [...] auf den ständigen Prozeß der politischen Meinungsbildung".[335] Dafür ist es – aller Isoliertheit von der Staatswillensbildung zum Trotz – dauerhaft auf Informationen aus dem Bereich der Staatlichkeit angewiesen.[336] Unabhängig von der je nach Demokratieverständnis verschieden beantworteten Frage nach der legitimatorischen Relevanz der öffentlichen Meinung, ist die faktische Öffentlichkeit des Staatshandelns Bedingung für die permanente Rezeption staatlicher Vorgänge durch die demokratiewesentliche öffentliche Meinung und damit schlechterdings Voraussetzung für ihre Existenz.[337] Das dergestalt responsive[338] Verhältnis zwischen Volks- und Staatswillensbildung[339] in der repräsentativdemokratischen Ordnung des Grundgesetzes bedingt daher endlich das Gebot der „Zugänglichkeit von Informationen, die für die individuelle und öffentliche Meinungsbildung von Bedeutung sind"[340], also ihre grundsätzliche Öffentlichkeit.[341]

---

334 BVerfGE 8, 104 (112ff.); 20, 56 (98); zur Informationsangewiesenheit in der Demokratie auch aus individualrechtlicher Perspektive BVerfGE 27, 71 (81ff.). Zum Ganzen *Böckenförde*, in: HStR II, 2004, S. 429 (476); *C. Möllers*, in: Handbuch des Verfassungsrechts, 2021, S. 317 (359). Zu einem Versuch, die öffentliche Meinung zu definieren *Kloepfer*, in: HStR III, 2005, S. 389 (390ff.). Vgl. auch *Krüger*, Allgemeine Staatslehre, 1966, S. 339ff.; *Stern*, Staatsrecht I, 1984, S. 618.

335 So bereits BVerfGE 8, 51 (68).

336 Zum Ganzen *Schmitt Glaeser*, in: HStR III, 2005, S. 229 (245ff.).

337 Vgl. etwa *Martens*, Öffentlich als Rechtsbegriff, 1969, S. 62ff.; *von Coelln*, Zur Medienöffentlichkeit der Dritten Gewalt, 2005, S. 170ff.; *Scherzberg*, Die Öffentlichkeit der Verwaltung, 2000, S. 291, 295ff.

338 Demokratische Responsivität kann gewissermaßen als materielles Ausgleichselement einer ansonsten eher formaldemokratischen Repräsentation verstanden werden, wie sie *Schmitt* und *Leibholz* zeichneten. In diese Richtung *Kriele*, VVDStRL 29 (1971), S. 46 (56ff.); *Böckenförde*, in: HStR III, 2005, S. 31 (44ff.); *Kloepfer*, Verfassungsrecht I, 2011, S. 214; vgl. auch *Schliesky*, Souveränität und Legitimität von Herrschaftsgewalt, 2004, S. 173.

339 „Einflußnahme auf den ständigen Prozeß der politischen Meinungsbildung": BVerfGE 20, 56 (98); „vielfältige [...] und tagtägliche [...] Wechselwirkung": BVerfGE 44, 125 (139–140).

340 In BVerfGE 103, 44 (65) als im Demokratieprinzip verankerter Grundsatz bezeichnet.

341 So etwa *Martens*, Öffentlich als Rechtsbegriff, 1969, S. 62ff.; *Jestaedt*, AöR 126 (2001), S. 204 (217–218); *von Coelln*, Zur Medienöffentlichkeit der Dritten Gewalt,

Unter Zugrundelegung der aus Richtung eines formal-monistischen Demokratieverständnisses vertretenen Auffassung, die das demokratische Öffentlichkeitsgebot in der Sphäre des Überpositiven ansiedelt, wäre das Demokratieprinzip aus sich heraus nicht in der Lage, der gerade mit Blick auf die grundsätzliche Input-Orientierung des deutschen Demokratieverständnisses essentiellen Bedeutung des Wahlrechts für die politische Willensbildung in einer Weise gerecht zu werden, die sich mit dem Gedanken demokratischer Selbstbestimmung vereinbaren ließe. Um mehr als „formales Zurechnungsprinzip"[342] einer Scheindemokratie zu sein, verlangt das Demokratieprinzip daher nicht nur die Öffentlichkeit des zentralen Legitimationsakts in Gestalt des Gebots der Wahlöffentlichkeit, sondern umfasst das Gebot faktischer Öffentlichkeit als conditio sine qua non einer freien Wahlentscheidung, also demokratischer Legitimationsvermittlung überhaupt.

Schon weil das Geschehen im Plenum jedoch nur einen Ausschnitt parlamentarischer Tätigkeit bildet, lässt sich das zu dieser Willensbildung nötige Informationsniveau mit der Plenumsöffentlichkeit allein nicht herstellen und vermitteln. Darüber hinaus erfolgt die Wahlentscheidung im parlamentarischen Regierungssystem auch ersichtlich mit Blick auf die Regierungsbildung.[343] Das mit zunehmender Länge der Legitimationskette anwachsende Informationsbedürfnis[344] bedingt daher,[345] dass das Demokratieprinzip über die Parlamentsöffentlichkeit hinaus Öffentlichkeit beansprucht. Die Sichtweise, nach der das demokratische Informationsbedürfnis im verfassungstextlichen Gebot der Verhandlungsöffentlichkeit des Parlaments aufgehe,[346] erweist sich als formalistische Verkürzung des Normgehalts des demokratischen Prinzips. Auch ist die letztlich dem Parlamentsmonismus des formal-monistischen Demokratieverständnis entsprechende Monopolisierung demokratischer Kontrolle beim Parlament abzulehnen,[347] das

2005, S. 170 ff.; *Drefs*, Die Öffentlichkeitsarbeit des Staates und die Akzeptanz seiner Entscheidung, 2019, S. 52 ff.

[342] BVerfGE 89, 155 (185).

[343] *Magiera*, Parlament und Staatsleitung in der Verfassungsordnung des Grundgesetzes, 1979, S. 107.

[344] *Bröhmer*, Transparenz als Verfassungsprinzip, 2004, S. 42.

[345] In diese Richtung auch die Erwägung in BVerfGE 119, 331 (366).

[346] In diese Richtung *Jestaedt*, AöR 126 (2001), S. 204 (217). Ähnlich auch noch *Brohm*, in: HStR II, 1998, S. 207 (244–245).

[347] Ein Kontrollvorbehalt des Parlaments ist den Prinzipien von Demokratie oder Repräsentation nicht entnehmbar. Der Verantwortungsbezug des Repräsentationsprinzip impliziert vielmehr eine Kontrollbefugnis des Volkes. Vgl. bereits *Herzog*, Allgemeine Staatslehre, 1971, S. 354: „*Staatsvolk* als das einzige zur Kontrolle der politischen Führungsorgane berufene und befähigte Organ" (Hervorhebung im Original); *Rotta*, Nachrichtensperre und Recht auf Information, 1986, S. 57–58; *Scherzberg*, Die Öffentlichkeit der Verwaltung, 2000, S. 291 ff., 305 ff.; *Wegener*, Der geheime Staat, 2006, S. 468 ff. Im Kontext der Budgetöffentlichkeit übereinstimmend *Heun*, in: *Dreier*-GG, 2018, Art. 110 Rn. 22. Tendenziell anders die Ansätze von *Rossi*, Informationszugangsfreiheit und Verfassungsrecht, 2004, S. 246 ff., 276 ff.; *Meinel*, Selbstorganisation des parlamentarischen Regierungssystems, 2019, S. 263 ff.

demokratische Öffentlichkeitsgebot vielmehr entsprechend der Teleologie des Demokratieprinzips am Objekt demokratischer Legitimation auszurichten,[348] nämlich der Staatsgewalt insgesamt.

Wie bereits seit Mitte der 60er Jahre teilweise in der Literatur vertreten[349] und im Einklang mit einer inzwischen verbreiteten Literaturströmung[350] ist dem normativen Gehalt des Demokratieprinzips daher ein Ausnahmen einschließendes Gebot faktischer Öffentlichkeit aller Staatsgewalt zu entnehmen. Dieses besteht nicht nur gegenüber dem sodann nach Art. 42 Abs. 1 Satz 1 GG öffentlichkeitsvermittelnden Parlament, sondern auch dem Volk gegenüber. Das demokratische Öffentlichkeitsgebot kann Art. 20 Abs. 1 und Art. 20 Abs. 2 GG damit im Wege der Verfassungsinterpretation entnommen werden. Allerdings ist damit noch nicht die Frage beantwortet, ob demokratischer Öffentlichkeit die Qualität einer ungeschriebenen Verfassungsnorm zuteil wird. Dies ist an späterer Stelle zu erörtern.

cc) Öffentlichkeit und demokratische Legitimation

Trotz aller Polarisierung um die Auslegung des Demokratieprinzips ist heute überwiegend anerkannt, dass die formal-monistische Interpretation des Demokratieprinzips an seine Grenzen gestoßen ist. Besonders deutlich spürbar ist das zum einen bei der Rechtfertigung supranationaler Herrschaftsgewalt, zum anderem im Hinblick auf Verwaltungsformen, die nicht dem klassisch-hierarchischen Modell

348 So zutreffend *Lederer*, Open Data, 2015, S. 351 ff.; *J. Schmidt*, Die demokratische Legitimationsfunktion der parlamentarischen Kontrolle, 2007, S. 125 ff. Anders noch *Magiera*, Parlament und Staatsleitung in der Verfassungsordnung des Grundgesetzes, 1979, S. 153 ff., nachdem die grundsätzliche Öffentlichkeit zu einer „Überforderung des einzelnen führen" würde.

349 *Ridder*, in: Staatsgeheimnis und Pressefreiheit, 1964, S. 21 (33); ders., JZ 1965, S. 35–36; *Leisner*, Öffentlichkeitsarbeit der Regierung im Rechtsstaat, 1966, S. 82 ff.; *Windsheimer*, Die „Information" als Interpretationsgrundlage für die subjektiven öffentlichen Rechte des Art. 5 Abs. 1 GG, 1968, S. 42; *Herzog*, Allgemeine Staatslehre, 1971, S. 354–356; *Jerschke*, Öffentlichkeitspflicht der Exekutive und Informationsrecht der Presse, 1971, S. 64 ff.

350 *Britz*, Fernsehaufnahmen im Gerichtssaal, 1999, S. 211 ff.; *Rösch*, Geheimhaltung in der rechtsstaatlichen Demokratie, 1999, S. 49 ff.; *Pernice*, Öffentlichkeit und Medienöffentlichkeit, 2000, S. 28 ff.; *Scherzberg*, Die Öffentlichkeit der Verwaltung, 2000, S. 291 ff.; *von Coelln*, Zur Medienöffentlichkeit der Dritten Gewalt, 2005, S. 167 ff.; *Wegener*, in: Festschrift für Richard Bartlsperger zum 70. Geburtstag, 2006, S. 165 (172 ff.); *Lederer*, Open Data, 2015, S. 326 ff.; *Drefs*, in: Informationen der öffentlichen Hand – Zugang und Nutzung, 2016, S. 89 (93 ff.); *Hirzebruch*, Öffentlichkeit und Neue Medien im gerichtlichen Verfahren, 2018, S. 93 ff.; *Drefs*, Die Öffentlichkeitsarbeit des Staates und die Akzeptanz seiner Entscheidung, 2019, S. 50 ff.; *Ostermann*, Transparenz und öffentlicher Meinungsbildungsprozess, 2019, S. 380 ff.; *Mast*, Staatsinformationsqualität, 2020, S. 114 ff. Vgl. aus der Kommentarliteratur überdies *Grzeszick*, in: D/H/S-GG, Stand August 2023, Art. 20 II, Rn. 21 ff.; *Jarass*, in ders./*Pieroth*-GG, 2022, Art. 20 Rn. 15; *Sachs*, in: ders.-GG, 2021, Art. 20 Rn. 18; *Dreier*, in: ders.-GG, 2015, Art. 20 (Demokratie) Rn. 77.

der Ministerialverwaltung entsprechen.[351] Schon seit längerem lässt sich damit zusammenhängend ein Verfall der Verantwortungsbeziehungen konstatieren,[352] die dem formal-monistischen Legitimationsmodell als unabdingbare Prämisse zugrunde lagen und deshalb zusätzlichen Anpassungsdruck auf die tradierte Legitimationsvorstellung ausüben. Aus Sicht eines eher klassischen Demokratieverständnisses wird dieser Herausforderung mit Konzepten jenseits der demokratisch-volkssouveränen Legitimationsbeziehungen des Art. 20 Abs. 2 GG unter grundsätzlicher Beibehaltung des Legitimationsmonismus begegnet.[353] Das Bundesverfassungsgericht hält zwar wie oben beschrieben an der Legitimationsdogmatik und der Input-Orientierung fest, hat den Legitimationsmonismus aber ein Stück weit relativiert. Um sicherzustellen, dass Staatsgewalt stets konkret auf das Volk rückführbar ist und vor ihm verantwortet werden kann,[354] etablierte es das Erfordernis des konkret erfahrbaren und praktisch wirksamen Ausgehens der Staatsgewalt vom Volk als Maßstab effektiver demokratischer Legitimation, der zugleich auch die Grundlage für die legitimatorische Berücksichtigung staatlicher Öffentlichkeit ist.

Wenig überraschenderweise wurde diese Anforderung aus Richtung der formal-monistischen Demokratietheorie kritisiert. So wird bemängelt, dass dieses Erfordernis ungeeignet sei, weil es die Bewertung des Legitimationszusammenhangs in den subjektiv-empirischen Bereich verlagere und daher keine taugliche Referenzgröße darstelle.[355] Auch könne wohl kaum die Rede davon sein, dass das Volk „‚konkret erfahrbaren' oder ‚praktisch wirksamen Einfluss' auf einzelne Akte der Staatsgewalt" nehme.[356]

Dem ist entgegenzusetzen, dass das Erfordernis vom konkret erfahrbaren und praktisch wirksamen Ausgehen der Staatsgewalt vom Volk keine Anforderung ist, an dem einzelne Akte der Staatsgewalt im Rahmen der sachlich-inhaltlichen Legitimation zu messen wären. Wie es auch das Bundesverfassungsgericht wei-

---

[351] Vgl. etwa *Schliesky*, Souveränität und Legitimität von Herrschaftsgewalt, 2004, S. 332 ff., 432 ff.; *Jestaedt*, in: Postnationale Demokratie, Postdemokratie, Neoetatismus, 2013, S. 3 (16–18); *Masing*, in: Handbuch des Verfassungsrechts, 2021, S. 61 (Rn. 187 ff., 191 ff.).

[352] Dazu etwa *Schliesky*, Souveränität und Legitimität von Herrschaftsgewalt, 2004, S. 417 ff., 432 ff.; *Lederer*, Open Data, 2015, S. 369 ff.

[353] Diese Tendenz lässt sich etwa in Gestalt der sog. autonomen Legitimation bei *Schmidt-Aßmann*, AöR 116 (1991), S. 329 (376 ff.): „*doppelschichtige* [...] *Legitimationsordnung*" (Hervorhebung im Original) oder im supranationalen Kontext auch bei *Jestaedt*, in: Postnationale Demokratie, Postdemokratie, Neoetatismus, 2013, S. 3 (16–18) erkennen. In diese Richtung auch *Masing*, in: Handbuch des Verfassungsrechts, 2021, S. 61 (Rn. 180 ff.).

[354] Dazu *Böckenförde*, in: HStR II, 2004, S. 429 (436); BVerfGE 83, 60 (72).

[355] So *Jestaedt*, in: Postnationale Demokratie, Postdemokratie, Neoetatismus, 2013, S. 3 (15); aus dem jüngeren Schrifttum ähnlich *Lenz*, Kommunalverwaltung und Demokratieprinzip, 2020, S. 102 ff. Kritisch bereits *Jestaedt*, JuS 2004, S. 649 ff.

[356] *Lenz*, Kommunalverwaltung und Demokratieprinzip, 2020, S. 102.

terhin praktiziert, ist bei der Rechtfertigung von Hoheitsgewalt unverändert von den tradierten Modi demokratischer Legitimation auszugehen. Der neue Maßstab ist als Konkretisierung des Gebots effektiver demokratischer Legitimation zu verstehen und bei der Saldierung der Legitimationsmodi zugrunde zu legen.[357] Durch ihn wird der Bezug des Volkes abgesichert und in Ausnahmefällen vermieden, dass Staatsgewalt als gerechtfertigt betrachtet wird, deren Rechtfertigungskette sich in einer Weise von den Legitimationssubjekten entfernt, die es verbietet, von einer effektiven Rückführbarkeit auf das Volk auszugehen. Da in diesem Erfordernis gerade eine Maßstabsbestimmung des in der Literatur bisweilen als unbestimmt kritisierten Legitimationsniveaus zu sehen ist, geht der Einwand der Unbestimmtheit[358] darüber hinaus an der Sache vorbei. Anders als häufig glaubhaft zu machen versucht wird, findet die Rechtfertigung von Staatsgewalt auch unter Zugrundelegung eines formal-monistischen Legitimationsverständnisses nicht mit regelhafter Determiniertheit statt.[359] So wird das Vorliegen des Legitimationsniveaus auch nach diesem Verständnis letztlich durch eine Abweichungen zulassende finale Gewichtung beurteilt.[360] Das Erfordernis vom konkret erfahrbaren und praktisch wirksamen Ausgehen der Staatsgewalt vom Volk erweist sich in diesem Sinne als materielles Überdruckventil eines demokratischen Formalismus. Die dadurch bewirkte Auflockerung des rigiden Legitimationsmodells[361] und die vorsichtige Öffnung in Richtung pluraler Legitimationskonzepte als letztlich konsequente Fortführung eines materielleren Demokratieverständnisses ist deshalb zu begrüßen.[362]

Die Bedeutung von Öffentlichkeit für die demokratische Legitimation lässt sich nachdem wie folgt beschreiben: Neben der bereits oben thematisierten demokratischen Unabdingbarkeit von Öffentlichkeit des Staates im Vorfeld der Wahl als Voraussetzung wirksamer Legitimationsvermittlung und der gebotenen Öffentlichkeit des Wahlvorgangs selbst sichert eine möglichst transparente und für das Volk nachvollziehbare Ausgestaltung der Legitimationszusammen-

---

[357] Zutreffend deshalb *Trute*, in: Grundlagen des Verwaltungsrechts I, 2022, S. 551 (596–597).

[358] So *Jestaedt*, in: Postnationale Demokratie, Postdemokratie, Neoetatismus, 2013, S. 3 (15).

[359] Vgl. auch die Kritik bei *Petersen*, JöR 58 (2010), S. 137 (153 ff.).

[360] Dazu bereits oben Kap. 3 Fn. 239.

[361] *Trute*, in: Grundlagen des Verwaltungsrechts I, 2022, S. 551 (564 ff.). Vgl. auch *Troßbach*, Öffentlichkeit und Geheimhaltung im Verwaltungsprozess, 2019, S. 47.

[362] Im Rahmen sogenannter pluraler Legitimationskonzepte kann das Legitimationsniveau ergänzend auch durch Elemente der Output-Legitimation hergestellt werden. Vgl. *Schliesky*, Souveränität und Legitimität von Herrschaftsgewalt, 2004, S. 656 ff.; *Trute*, in: Grundlagen des Verwaltungsrechts I, 2022, S. 551 (591 ff.); *Petersen*, JöR 58 (2010), S. 137 (148 ff.). Aus dem jüngeren Schrifttum hingegen kritisch *Lenz*, Kommunalverwaltung und Demokratieprinzip, 2020, S. 31 ff.; *Zeccola/Pfleiderer*, DÖV 2021, S. 59 (65).

hänge[363] (Legitimationskettentransparenz) die Erfahrbarkeit des Ausgehens der Staatsgewalt vom Volk. Schließlich ist das grundsätzliche Öffentlichkeitsgebot untrennbar mit dem demokratischen Erfordernis der Kontrolle von Staatsgewalt verknüpft. Das Demokratieprinzip verlangt nicht nur die formal-organisatorische Möglichkeit, sondern auch die praktische Effektivität demokratischer Kontrolle. Weil es keine wirksame demokratische Kontrolle ohne die grundsätzliche Öffentlichkeit des Staatsgewalt geben kann,[364] ist die faktische Öffentlichkeit des Staates damit unverzichtbarer Bestandteil demokratischer Legitimation. Ihr wird jedoch nicht die Qualität eines eigenen Legitimationsstrangs oder -modus zuteil. Sie kann jedoch im Einzelfall nach den tradierten Legitimationsformen bestehende Defizite durch die öffentliche Darstellung hoheitlicher Vorgänge gegenüber dem Volk kompensieren. Übereinstimmend mit der Rechtsprechung des Bundesverfassungsgerichts[365] ist davon auszugehen, dass Nichtöffentlichkeit bzw. Geheimhaltung legitimationsunterbrechend wirken kann. Die Wirkung staatlicher Öffentlichkeit lässt sich damit insgesamt als legitimationsergänzend[366] beschreiben.

dd) Weitere demokratische Funktionen

Die Öffentlichkeit des Staates dient in der Demokratie des Grundgesetzes noch einer Reihe weiterer Funktionen. Anders als die kontrollermöglichende und damit zugleich legitimationsergänzende Funktion demokratischer Öffentlichkeit, sind die nachfolgend skizzierten Funktionen in den „ideellen Schichten"[367] des Demokratieprinzips anzusiedeln. Sie haben den Rang demokratischer „Verwirklichungsbedingungen"[368] oder „sekundäre[r] Rechtswerte".[369] Ihnen allen ist gemein, dass sie öffentlichem Staatshandeln schon mindestens seit dem Beginn des 19. Jahrhunderts zugeschrieben werden und auch in der Rechtsprechung des Bundesverfassungsgerichts als demokratische Funktionen anerkannt worden sind.

Indem staatliche Öffentlichkeit dem Volk die nötigen Informationen zur rezeptiven Begleitung des politischen Geschehens verschafft, wird die zumindest

---

363 In diese Richtung bereits *Schliesky*, Souveränität und Legitimität von Herrschaftsgewalt, 2004, S. 434 ff.

364 So bereits BVerfGE 40, 296 (327).

365 BVerfGE 137, 185 (233); 146, 1 (40); 147, 50 (128).

366 Siehe auch *C. Möllers*, Gewaltengliederung, 2005, S. 59 ff., der von einer „Legitimation durch Informationsverteilung" im Rahmen formaler Legitimationsstrukturen ausgeht.

367 *Schmidt-Aßmann*, Das allgemeine Verwaltungsrecht als Ordnungsidee, 2004, S. 101–102.

368 *Lederer*, Open Data, 2015, S. 356 ff.

369 Dazu *Isensee*, Die typisierende Verwaltung, 1976, S. 161 ff.; *Jestaedt*, Demokratieprinzip und Kondominialverwaltung, 1993, S. 592; *Ostermann*, Transparenz und öffentlicher Meinungsbildungsprozess, 2019, S. 318 ff.

responsive Einflussnahme des Volkes auf den öffentlichen Meinungsbildungsprozess gewährleistet. Öffentlichkeit dient damit erstens demokratischer *Partizipation*.[370] Zwar wirkt die öffentliche Meinung im grundgesetzlichen Demokratiemodell jedenfalls nicht unmittelbar auf die Staatswillensbildung ein, gleichwohl ist die Mitwirkung des Volkes an der politischen Willensbildung nicht auf den Wahlakt zu reduzieren[371] und Partizipation damit zumindest als weitere demokratische Funktion von Öffentlichkeit anzuerkennen. Das entspricht auch dem isonomischen Gedanken, dem die Öffentlichkeit des politischen Lebens bereits in der Antike primär verschrieben war.[372]

Damit zusammenhängend befördert staatliche Öffentlichkeit zweitens *Vertrauen* und *Akzeptanz*.[373] Schon früh formuliert Bentham gleichermaßen eindrücklich wie prägnant: „Suspicion always attaches to mystery."[374] Auch bei Kant wirkt die Publizität „durch die Entfernung alles Mißtrauens".[375] Beck konkretisiert diese allgemeinen Feststellungen, wenn er ausführt, die Öffentlichkeit des Staatshaushalts würde die Bereitschaft zur Entrichtung von Steuern steigern.[376] Das Bewirken von Akzeptanz und Vertrauen der Bürger ist also ein ursprüngliches Motiv normativ verstandener staatlicher Öffentlichkeit. Als persönliche geistige Einstellung der Bürger gegenüber dem Staat ist der Akzeptanzbegriff deskriptiver Natur, besitzt aber Bezugspunkte zu verschiedenen anerkannten Begriffen des Verfassungsrechts wie etwa Legitimität oder Effektivität.[377] Wenngleich die Akzeptanz staatlicher Maßnahmen richtigerweise keine unmittelbaren Auswirkungen auf ihre Rechtmäßigkeit oder Legitimität haben kann,[378] stellt Akzeptanz doch gewissermaßen ein „Spiegelbild der Legitimität"[379] dar, das die Möglichkeit bietet, die Responsivität zwischen Volks- und Staatswillens-

---

370 Dazu nur BVerfGE 20, 56 (98–99); 103, 44 (65).

371 BVerfGE 20, 56 (98–99).

372 Dazu *Bleicken*, Die athenische Demokratie, 1995, S. 66 ff., 339–340; *Gröschner*, VVDStRL 63 (2004), S. 344 (353).

373 Dazu eingehend *Drefs*, Die Öffentlichkeitsarbeit des Staates und die Akzeptanz seiner Entscheidung, 2019, S. 187 ff.

374 *Bentham*, in: The Works of Jeremy Bentham II, 1843, S. 299 (310). Das Zitat findet sich bereits bei *Wegener*, Der geheime Staat, 2006, S. 129 Fn. 32.

375 *Kant*, Zum ewigen Frieden, 2011, S. 66.

376 *Beck*, Grundsätze der Gesetzgebung, 1806, S. 334–336.

377 *Schliesky*, Souveränität und Legitimität von Herrschaftsgewalt, 2004, S. 179–181; im Grunde übereinstimmend und um den Punkt der Effektivität ergänzend ausführlich *Drefs*, Die Öffentlichkeitsarbeit des Staates und die Akzeptanz seiner Entscheidung, 2019, S. 187 ff. Nach *Drefs* Untersuchung hat Akzeptanz staatlicher Maßnahmen aber lediglich mittelbare Auswirkungen auf deren Legitimität, ebd. S. 254.

378 *Schmidt-Aßmann*, Das allgemeine Verwaltungsrecht als Ordnungsidee, 2004, S. 101–102; zustimmend *Unger*, Das Verfassungsprinzip der Demokratie, 2008, S. 248. Vgl. auch *Lederer*, Open Data, 2015, S. 357 ff.; *Drefs*, Die Öffentlichkeitsarbeit des Staates und die Akzeptanz seiner Entscheidung, 2019, S. 201 ff.

379 *Schliesky*, Souveränität und Legitimität von Herrschaftsgewalt, 2004, S. 180.

bildung durch eine Kategorie greifbar zu machen. Dass die positive geistige Einstellung des Bürgers gegenüber Maßnahmen des Staates als gemeinsamer Nenner von Akzeptanz und Vertrauen durch staatliche Publizität gefördert wird, findet auch Niederschlag in der Rechtsprechung des Bundesverfassungsgerichts. So betont das Gericht den bereits angesprochenen repräsentativ-demokratischen Aspekt, wenn es das Vertrauen des Volkes als Grundlage der Demokratie betrachtet und gleichzeitig hinzufügt, dass Vertrauen ohne Transparenz, die eine Nachvollziehbarkeit der Vorgänge erlaubt, unmöglich sei.[380] Besonders deutlich wird die vertrauensbewirkende und akzeptanzsteigernde Funktion staatlicher Publizität im Zusammenhang staatlicher Öffentlichkeitsarbeit.[381] In einer wegweisenden Entscheidung führt das Gericht hierzu aus, dass die zentrale Aufgabe staatlicher Öffentlichkeitsarbeit darin liege, den Grundkonsens des Bürgers mit der grundgesetzlichen Staatsordnung aufrecht zu erhalten.[382] In der Entscheidung manifestiert sich auch die Nähe zur partizipativen Öffentlichkeit. So merkt das Gericht an, dass die ein gewisses Niveau an zugänglicher Information voraussetzende „verantwortliche Teilhabe der Bürger" an der Volkswillensbildung zu einer stärkeren Akzeptanz des Staates führen würde.[383] Aber auch zwischen der durch staatliche Öffentlichkeit ermöglichten Kontrolle und dem Vertrauen der Bürger lassen sich in der verfassungsgerichtlichen Rechtsprechung Bezüge herstellen. Denn das Gericht geht in mehreren Entscheidungen davon aus, dass Vertrauen nur durch Kontrolle ermöglicht werde, welche ihrerseits auf eine grundsätzliche Nachvollziehbarkeit angewiesen ist.[384]

Schließlich hat die Öffentlichkeit des Staates drittens eine *Deliberationsfunktion* und dient damit zugleich demokratischer *Rationalisierung* und *Integration*.[385] Dass die Öffentlichkeit eines Entscheidungsfindungsprozesses zu einer ausgewogeneren und oftmals durchdachteren Sachentscheidung führt, wird schon

---

[380] BVerfGE 40, 296 (327); 118, 277 (353).

[381] Diesem Zusammenhang hat sich *Drefs* ausführlich gewidmet. Nach seiner Untersuchung ist das Gebot der Akzeptanz grundsätzlich geeignet, eine Ausnahme vom Grundsatz der staatsfreien Willensbildung zu begründen *Drefs*, Die Öffentlichkeitsarbeit des Staates und die Akzeptanz seiner Entscheidung, 2019, S. 259.

[382] BVerfGE 44, 125 (147).

[383] BVerfGE 44, 125 (147 ff.). Insbesondere bei unpopulären Maßnahmen ermögliche die Öffentlichkeitsarbeit Verständnis seitens der Bürger: „Je mehr der Einzelne auf diese Weise zur eigenen Beurteilung aufgerufen und in ihm das Bewußtsein wachgehalten wird, als selbstverantwortliches Glied der Rechtsgemeinschaft die Gestaltung, Ausformung und Konkretisierung der für alle verbindlichen Rechtsordnung zu beeinflussen und an den grundlegenden politischen Entscheidungen beteiligt zu sein, um so leichter wird es ihm, den vom Grundgesetz verfaßten Staat, der ihm diese Möglichkeiten eröffnet, als seinen Staat anzunehmen".

[384] Beispielhaft BVerfGE 40, 296 (327); 123, 39 (69).

[385] Dazu allgemein *Grzeszick*, VVDStRL 71 (2012), S. 49 (62 ff.); *Kotzur*, in: *von Münch/Kunig*-GG, 2021, Art. 20 Rn. 50 ff.; vgl. auch *Hesse*, Grundzüge des Verfassungsrechts, 1995, S. 118.

ebenso lange hervorgehoben wie die anderen bisher dargestellten Wirkungen staatlicher Öffentlichkeit. Geleitet von den Vorgängen auf der Agora führt bereits Bentham in der Diskussion um die Parlamentsöffentlichkeit das Argument an, dass die Kompetenz in allen Sachfragen sich nicht ausschließlich in der Volksvertretung vereinigen könne. Deshalb sei eine öffentliche und außerparlamentarische Diskussion förderlich.[386] Welcker betont dann den Aspekt, dass eine öffentliche Auseinandersetzung den geistigen Mehrwert einer jeden öffentlichen Entscheidungsfindung befördern würde.[387] Der Grund hierfür ist in der hohen Wahrscheinlichkeit zu sehen, dass eine öffentlich geäußerte Auffassung niemals die einzige ihrer Art bleiben wird, sondern nahezu zwangsläufig durch weitere Meinungen aufgegriffen und verbessert werden wird.[388] Deshalb komme einer Entscheidung auch allgemein eine höhere Richtigkeitsvermutung zu, wenn sie einem öffentlichen Verfahren entsprungen ist, ohne dass sich Kritiker gegen sie durchsetzen konnten.[389] Bei Smend ist für den Parlamentarismus ein „dynamisch-dialektische[r]“ Integrationsfaktor wesenstypisch, der auf Auseinandersetzung von Gegensätzen und politische Wahrheitsgewinnung gerichtet ist.[390] Dieses Integrationsmoment sieht die Rechtsprechung des Bundesverfassungsgerichts durch Öffentlichkeit gewährleistet, wenn es hinsichtlich des parlamentarischen Verfahrens ausführt, dass die Öffentlichkeit der Auseinandersetzung und Entscheidungssuche besondere Möglichkeiten des Ausgleichs widerstreitender Interessen schafft.[391] Darüber hinaus findet der Gedanke, dass die Befassung eines größeren Personenkreises zu einer Entscheidungsverbesserung führt, auch an anderer Stelle Niederschlag in der Rechtsordnung. Denn nicht ohne Grund ist die Entscheidungsfindung innerhalb der drei Gewalten in der Regel dann einem grö-

---

386 *Bentham*, in: The Works of Jeremy Bentham II, 1843, S. 299 (312).

387 Etwa: „Durch die freie Entwickelung, durch die Reibungen und Kämpfe der Geister werden die geistigen Kräfte zu ihrer höchsten Gesundheit und praktischen Tüchtigkeit entwickelt.“ *Welcker*, in: Staatslexikon X, 1848, S. 246 (270).

388 *Krüger*, Allgemeine Staatslehre, 1966, S. 445: Es „kann [...] nach den Gesetzen der Wahrscheinlichkeit nicht ausbleiben, daß ein zweiter, dritter usf. in der gleichen Sache Meinender die ‚Gründe‘ finden und geltendmachen wird, die der erste Meinende übersehen hat, und da nach dem Optimismus dieser Konzeption das Gute und das Wahre sich geradezu zwangsläufig durchsetzen müssen, sobald sie nur erkannt und ausgesprochen sind, so kann es nicht ausbleiben daß sich aus der Diskussion die richtigen Gründe schließlich herauskristallisieren und sich die auf ihnen beruhende wahre Meinung durchsetzt.“ Ebenso *Schmitt*, Die geistesgeschichtliche Lage des heutigen Parlamentarismus, 1926, S. 46, der von „freie[m] Kampf“ und „Wettbewerb [...] der Meinungen“ spricht.

389 *Leisner*, Der unsichtbare Staat, 1994, S. 63.

390 *Smend*, in: Staatsrechtliche Abhandlungen, 1968, S. 68 (85). Die Schrift „Die politische Gewalt im Verfassungsstaat und das Problem der Staatsform“ erschien bereits 1923.

391 BVerfGE 40, 237 (249); 70, 324 (355); 84, 304 (329). Ausgehend von diesen Grundlagen erklärt das BVerfG die Parlamentsöffentlichkeit zu einem „wesentliche[n] Element des demokratischen Parlamentarismus“, so zuerst in BVerfGE 70, 324 (355).

ßeren Personenkreis zugewiesen, je mehr oder je gewichtigere Interessen berührt sind.[392]

2. Öffentlichkeit und Rechtsstaatsprinzip

a) Der historische Zusammenhang zweier Postulate des Liberalismus: Reduktion des Rechtsstaatsgedankens und Relativierung liberaler Öffentlichkeitsforderungen

Für die Analyse rechtsstaatlicher Öffentlichkeitsgebote ist zunächst entscheidend, dass die Entwicklung des 19. Jahrhunderts, auf die bereits an früherer Stelle der Untersuchung Bezug genommen wurde,[393] gleichermaßen für die heutige Wahrnehmung von Öffentlichkeit wie auch Rechtsstaatlichkeit prägend war. Ungeachtet der Tatsache, dass die Forderung nach der Öffentlichkeit des Staates im allgemeinen Bewusstsein primär als demokratische Forderung begriffen wird,[394] gerät dabei zuweilen aus dem Blick, dass Öffentlichkeit und Rechtsstaatlichkeit ideengeschichtlich auf das Engste miteinander verwoben sind. Nicht zufällig wird die erstmalige Verwendung des Rechtsstaatsbegriffs Welcker[395] zugeschrieben,[396] ebenjenem liberalen Theoretiker, aus dessen Feder das wohl umfangreichste Plädoyer[397] für die Öffentlichkeit des Staates im Deutschland des 19. Jahrhunderts stammt. Mit rechtsstaatlichem Denken war dabei zunächst vor allem die staatsformprägende Vorstellung des „Vernunftsrechtsstaat[s]"[398] verbunden, der als herrschaftsbegrenzender Gegenentwurf zum opportunistischen Allmachtsanspruch des fürstlichen „Wohlfahrtsstaates" zu verstehen ist.[399] Als dominierendes Motiv rechtsstaatlichen Denkens des frühen 19. Jahrhunderts festigte sich die Durchsetzung der Superiorität vernunftabgeleiteten Rechts über die Politik[400] unter gleichsamer Schaffung und Verteidigung einer privaten Freiheits-

392 Im Bereich der Rechtsprechung ist hier an die unterschiedliche Kompetenzzuweisung zwischen Einzelrichter und Kollegialgericht zu denken. Diesen Gedanken verallgemeinernd *Haymann*, in: Festgabe für Rudolf Stammler, 1926, S. 395 ff.

393 Dazu oben Kap. 3 bei Fn. 150 ff.

394 Dies betont auch *Sobota*, Das Prinzip Rechtsstaat, 1997, S. 140.

395 So die Überschrift „Gesetze, Recht und Staat der Vernunft (Rechtsstaat)" bei *Welcker*, Die letzten Gründe von Recht, Staat und Strafe, 1813, S. 26.

396 *Böckenförde*, in: Festschrift für Adolf Arndt zum 65. Geburtstag, 1969, S. 53 (54).

397 Zu ihm eingehend *Wegener*, Der geheime Staat, 2006, S. 174 ff.

398 *Böckenförde*, in: Festschrift für Adolf Arndt zum 65. Geburtstag, 1969, S. 53 (55). Sinnbildlich hierfür ist der Zusammenhang, in dem *Welcker* den Rechtsstaatsbegriff zuerst gebrauchte. Siehe Kap. 3 Fn. 395.

399 *Böckenförde*, in: Festschrift für Adolf Arndt zum 65. Geburtstag, 1969, S. 53 (54 ff.); *Grzeszick*, in: D/H/S-GG, Stand August 2023, Art. 20 VII, Rn. 3 ff.

400 „[A]lle Politik muß ihr Knie vor dem [Recht] beugen": *Kant*, Zum ewigen Frieden, 2011, S. 59. Den Gedanken der Herrschaft über Politik stellt auch *Böckenförde*, in: Festschrift für Adolf Arndt zum 65. Geburtstag, 1969, S. 53 (75–76) heraus.

sphäre der Einzelnen.[401] Die unverkennbare Beheimatung dieser rechtsstaatlichen Leitmotive in der vernunftrechtlichen Staatstheorie Kants[402] ist zugleich Beleg für ihre Herkunftsverwandtschaft[403] mit der Forderung nach staatlicher Öffentlichkeit: so war die normativ verstandene Publizität bei Kant gleichermaßen Vehikel zur Moralisierung wie auch Verrechtlichung der Politik. Entsprechend dieser Vorprägung dominierten in der nunmehr eher juristisch geführten deutschen Öffentlichkeitsdiskussion des frühen 19. Jahrhunderts die Argumente, die nach einem heutigen Verständnis dem Rechtsstaat zuzuordnen wären. Allen voran zu nennen sind hier die Ausführungen einer durch Öffentlichkeit ermöglichten rechtsstaatlich begründeten Staatskontrolle bei Welcker.[404] Die hinter der Rechtsstaatsidee stehende vernunftrechtsgeleitete Gerechtigkeitsvorstellung trat nun jedoch zunehmend in den Hintergrund. Dies nahm seinen Anfang im eher pragmatischen rechtsstaatlichen Vernunftbegriffs bei Mohl[405] bevor der konservativ-göttliche Pragmatismus Stahls[406] dem Rechtsstaat seinen liberalen Anstrich nahm und ihn monarchiekompatibel machte. Diese Entwicklung, die zumeist als „Formalisierung des Rechtsstaatsbegriffs"[407] bezeichnet wird und auf einer Linie mit den allgemein positivistischen Tendenzen in der deutschen Rechtswissenschaft in der zweiten Hälfte des 19. Jahrhunderts steht, führte dazu, dass der Rechtsstaatlichkeit nun primär formal-organisatorische Elemente zugeordnet wurden, welche – anders als einige inzwischen realisierte originär-rechtsstaat-

---

[401] *Böckenförde*, in: Festschrift für Adolf Arndt zum 65. Geburtstag, 1969, S. 53 (54 ff.); *R. Dreier*, JZ 1985, S. 353 (354).

[402] Dazu etwa *Dietze*, Kant und der Rechtsstaat, 1982; *Schmidt-Aßmann*, in: HStR II, 2004, S. 541 (549); *Grzeszick*, in: D/H/S-GG, Stand August 2023, Art. 20 VII, Rn. 7 ff.; *Trentmann*, JuS 2017, S. 979 (981 ff.).

[403] Auch *Böckenförde*, in: Festschrift für Adolf Arndt zum 65. Geburtstag, 1969, S. 53 (59) zählt die Öffentlichkeit als Vehikel der Vernunftgewähr zum Kernbestand des frühen Rechtsstaatsbegriffs. Vgl. auch *Keienburg*, Immanuel Kant und die Öffentlichkeit der Vernunft, 2011.

[404] *Welcker*, in: Staatslexikon X, 1848, S. 246 (273 ff.).

[405] *Mohl*, Die Polizeiwissenschaft nach den Grundsätzen des Rechtsstaates I, 1844. Dazu *Sobota*, Das Prinzip Rechtsstaat, 1997, S. 308.

[406] Zu ihm bereits oben die Nachweise in Kap. 3 Fn. 318 sowie allgemein *Füssl*, Professor in der Politik, Friedrich Julius Stahl (1802–1861), 1988, S. 25, 36. Seinen Einfluss auf das deutsche Rechtsstaatsverständnis stellt etwa *Sobota*, Das Prinzip Rechtsstaat, 1997, S. 319 ff. heraus. Schon *Smend*, in: Gedächtnisschrift für Walter Jellinek, 1955, S. 11 (17–18) wies darauf hin, dass der Konservatismus *Stahls* durchaus Auswirkungen auch auf den deutschen Öffentlichkeitsbegriff hatte. In Verbindung mit seinem rechtsstaatlichen Wirken kann das durchaus als weiteres Indiz für die originäre Rechtsstaatsbezogenheit von Öffentlichkeit gelten.

[407] So etwa *Grzeszick*, in: D/H/S-GG, Stand August 2023, Art. 20 VII, Rn. 4; *Schmidt-Aßmann*, in: HStR II, 2004, S. 541 (549). Die Unterscheidung zwischen formellem und materiellem Rechtsstaat relativierend *MacCormick*, JZ 1984, S. 65 (67 ff.).

liche Postulate – noch zu erreichen waren; vor allem die umfassende Rechtsbindung der Verwaltung wird dabei regelmäßig genannt.[408]

Wie bereits an früher Stelle der Untersuchung beschrieben, war der spätestens seit der gescheiterten Revolution von 1848 überhandnehmende bürgerliche Pragmatismus auch für das Verstummen der Öffentlichkeitsforderung jenes Staatsbereichs verantwortlich, dessen Publizität bislang keinen Niederschlag im positiven Recht gefunden hatte und sich auch nicht mit der Monarchie hätte vereinbaren lassen, nämlich der Exekutive.[409] So ist der primär rechtsstaatliche Bezug, der der Gerichtsöffentlichkeit bis heute anhaftet, auch darauf zurückzuführen, dass sowohl die Debatte um die Einführung der Gerichtsöffentlichkeit wie auch die ersten positivrechtlichen Umsetzungen in den deutschen Ländern bereits in der ersten Hälfte des 19. Jahrhunderts erfolgten – also noch vor Formalisierung des Rechtsstaatsbegriffs und Verstummen der Öffentlichkeitsforderungen.

Wie ein Blick auf die Rechts- und Verfassungsgeschichte der Moderne zeigt, ist die Forderung nach der grundsätzlichen Öffentlichkeit des Staates ungeachtet der primär demokratischen Bezüge zur Öffentlichkeit des politischen Lebens in der Antike ideengeschichtlich betrachtet also zuvörderst rechtsstaatliches Postulat, das der vernunftrechtlichen Rechtsstaatsidee des frühen 19. Jahrhunderts verschrieben war. Es kommt nicht von ungefähr, dass Teile dieser Öffentlichkeitsforderungen bis heute unbestritten zum Kernbestand nicht nur deutschen rechtsstaatlichen Denkens gezählt werden.[410] Die formalistische Entleerung des Rechtsstaatsbegriffs und das Verstummen der Öffentlichkeitsforderungen in der zweiten Hälfte des 19. Jahrhunderts lässt sich als parallele Entwicklung[411] beschreiben.

b) Die Öffentlichkeit des Staates als Querschnitt rechtsstaatlicher Verbürgungen

Im Gegensatz zu der nicht immer gewürdigten ideengeschichtlichen Parallele wurde in der Literatur schon hinreichend beleuchtet, dass eine Vielzahl regel-

---

[408] Dazu allgemein *Böckenförde*, in: Festschrift für Adolf Arndt zum 65. Geburtstag, 1969, S. 53 (59 ff.); *R. Dreier*, JZ 1985, S. 353 (354); *Grzeszick*, in: D/H/S-GG, Stand August 2023, Art. 20 VII, Rn. 4 ff.; *von Arnauld*, in: Verfassungstheorie, 2010, S. 703 (706 ff.).

[409] Dazu schon oben Kap. 3 bei Fn. 155 ff. Vgl. auch *Wahl*, in: HStR I, 2003, S. 45 (56 ff.).

[410] So für die Öffentlichkeit der Gesetze *MacCormick*, JZ 1984, S. 65 (68 ff.) unter Bezugnahme auf *Fuller*, The Morality of Law, 1964, S. 49 ff. Vgl. auch *Böckenförde*, in: Festschrift für Adolf Arndt zum 65. Geburtstag, 1969, S. 53 (58).

[411] Zutreffend daher *Zacher*, VVDStRL 25 (1967), S. 308 (355): „Die Forderung nach Publizität stand an der Wiege des modernen Rechtsstaates. Sie wurde später durch die konkrete Publizität einzelner rechtsstaatlicher Institutionen absorbiert. Wo aber diese Institutionen die notwendige Publizität nicht mehr sichern, muß man sich ihrer als eines ursprünglichen und eigenständigen rechtsstaatlichen Wertes wieder erinnern".

mäßig dem Rechtsstaat zugeschriebener Gehalte auf eine Öffentlichkeit des Staates angewiesen ist.[412] Sie seien hier nur in der gebotenen Kürze skizziert und systematisiert.

Die Öffentlichkeit des Staates weist erstens einen Bezug zu einer Reihe rechtsstaatlicher Garantien auf, die sich dem Gebot der Rechtssicherheit zuordnen lassen, das wesentlicher Bestandteil des freiheitlichen Rechtsstaates ist.[413] An vorderster Stelle zu nennen ist hier das Gebot der Normöffentlichkeit, das – über die verfassungstextliche Normierung des Art. 82 Abs. 1 GG hinaus – als allgemeine rechtsstaatliche Geltungsbedingung – jedenfalls von allgemeinverbindlichen Normen mit Außenwirkung – zu verstehen ist und sicherstellen soll, dass die Allgemeinheit mit zumutbarem Aufwand Kenntnis vom geltenden Recht nehmen kann. Damit die Rechtsunterworfenen ihr Verhalten an der Rechtslage ausrichten können, wird das eher formelle rechtsstaatliche Erfordernis der Normöffentlichkeit in inhaltlicher Hinsicht ergänzt um das Gebot der Bestimmtheit und Klarheit von Rechtsnormen, das den Normgeber – jeweils abhängig von Art und Schwere der in Rede stehenden Grundrechtsbetroffenheit – verpflichtet, Rechtsnormen so bestimmt zu fassen, wie mit Blick auf Normzweck und Regelungsgegenstand möglich.[414] Gerade jenseits der gebundenen Verwaltung wird administratives Handeln hierdurch fassbar gemacht.[415] Die rechtstaatlichen Erfordernisse der Berechenbarkeit und Voraussehbarkeit staatlichen Handelns flankieren die normbezogenen Bestimmtheitsanforderungen und machen die Staatstätigkeit allgemein fassbar.[416]

Rechtsstaatliche Öffentlichkeit dient daher erstens der generellen Schaffung von Rechtssicherheit bei Normerlass und -vollstreckung für die Gesamtheit der Rechtsunterworfenen, also der Allgemeinheit. Dem Rechtsstaatsprinzip sind neben diesen allgemeinen Vorgaben zweitens Publizitätsanforderungen für die von staatlichen Maßnahmen konkret Betroffenen zu entnehmen. Rechtsstaatliche Justizgewährungspflichten liefen leer, wenn nicht auf einer vorgelagerten Ebene

---

412 Vgl. nur *Marcic*, in: Richter und Journalisten, 1965, S. 153 ff.; *Jerschke*, Öffentlichkeitspflicht der Exekutive und Informationsrecht der Presse, 1971, S. 77 ff.; aus der jüngeren Literatur etwa *Scherzberg*, Die Öffentlichkeit der Verwaltung, 2000, S. 320 ff.; *Lederer*, Open Data, 2015, S. 391 ff.; *Drefs*, Die Öffentlichkeitsarbeit des Staates und die Akzeptanz seiner Entscheidung, 2019, S. 63 ff.

413 So schon BVerfGE 2, 380 (403). Siehe auch *Sobota*, Das Prinzip Rechtsstaat, 1997, S. 506–507.

414 BVerfGE 49, 168 (181); 86, 288 (311). Dazu auch *Sobota*, Das Prinzip Rechtsstaat, 1997, S. 132 ff. Diese inhaltlichen Normanforderungen setzen die Veröffentlichung von Normen voraus. Vgl. schon *Friedrich*, Der Verfassungsstaat der Neuzeit, 1953, S. 57 ff.

415 BVerfGE 114, 1 (53–54).

416 *Leisner*, Der unsichtbare Staat, 1994, S. 50 ff. Vgl. auch *Martens*, Öffentlich als Rechtsbegriff, 1969, S. 67–68; *Jerschke*, Öffentlichkeitspflicht der Exekutive und Informationsrecht der Presse, 1971, S. 79–80; *Scherzberg*, Die Öffentlichkeit der Verwaltung, 2000, S. 321.

sichergestellt wäre, dass die Betroffenen von staatlichen Maßnahmen über die Informationen verfügen, die für eine Entscheidung über die Verfolgung ihrer subjektiven Rechte nötig sind.[417] Neben einer Offenlegung der Gründe für staatliches Handeln[418] kann diese staatliche Verantwortung für die individuelle Rechtsverwirklichung bei heimlichen Grundrechtseingriffen auch zur Folge haben, dass den Betroffenen der Grundrechtseingriff überhaupt erst zur Kenntnis zu bringen oder zumindest die Möglichkeit zur Kenntnisnahme einzuräumen ist.[419] Bei diesen rechtsstaatlichen Öffentlichkeitspostulaten steht also die individuelle Rechtsverwirklichung im Vordergrund. Wenngleich damit eine Grenzziehung zu demokratischen Öffentlichkeitsgehalten beschritten ist, ist rechtsstaatliche Öffentlichkeit drittens kontrollbezogen. Der Rechtsstaat als rationalisierendes Konzept lebt von der Vorstellung, dass die rechtsgebundene Staatsgewalt sowohl im staatlichen Binnenbereich, wie auch im Verhältnis zum Bürger[420] nicht nur durch „präventive" Rechtsbindung und „formelle" Rechtsschutzgewährleistung, sondern auch durch effektive Überprüfbarkeit und Kontrolle gemäßigt wird.[421] Besonderer Bedeutung kommt hier der traditionell[422] dem Rechtsstaat zugeordneten Gewaltenteilung zu, deren inzwischen gefestigte Lesart eine gegenseitige Hemmung durch wechselseitige Kontrolle und Beschränkung gebietet.[423] Obwohl die Gewaltenteilung bekanntermaßen auch Grundlage von Nichtöffentlichkeit sein kann,[424] setzt eine kontrollwirksame Auslegung[425] von Rechtsstaatsprinzip und Gewaltenteilung schließlich die grundsätzliche Öffentlichkeit des Handelns im Interesse effektiver Kontrolle voraus.[426]

---

417 BVerfGE 44, 125 (148). Dazu etwa *Kunig*, Das Rechtsstaatsprinzip, 1986, S. 368 ff., der jedoch auf Art. 19 Abs. 4 GG abstellt; vgl. auch *Gurlit*, Die Verwaltungsöffentlichkeit im Umweltrecht, 1989, S. 113 ff. Anders *Scherzberg*, Die Öffentlichkeit der Verwaltung, 2000, S. 326 ff.; *Jestaedt*, AöR 126 (2001), S. 204 (219).

418 „Rechtsstaatliche[r] Grundsatz [...], daß der Staatsbürger, in dessen Rechte eingegriffen wird, einen Anspruch darauf hat, die Gründe dafür zu erfahren; denn nur dann kann er seine Rechte sachgemäß verteidigen": BVerfGE 6, 32 (44).

419 In jüngerer Rechtsprechung betont das BVerfG hier die Bedeutung des Grundsatzes der Verhältnismäßigkeit BVerfGE 141, 220 (282); vgl. auch BVerfGE 133, 277 (366–367).

420 Dazu *Scherzberg*, Die Öffentlichkeit der Verwaltung, 2000, S. 328 ff.

421 Zum Zusammenhang von Rechtsstaat und Kontrolle eingehend *Meyn*, Kontrolle als Verfassungsprinzip, 1982, S. 314 ff.

422 Siehe aber *C. Möllers*, AöR 132 (2007), S. 493 ff.

423 *Hesse*, Grundzüge des Verfassungsrechts, 1995, S. 208 ff.; *Sobota*, Das Prinzip Rechtsstaat, 1997, S. 70 ff.; *Volkmann*, Grundzüge einer Verfassungslehre der Bundesrepublik Deutschland, 2013, S. 266.

424 Vgl. hier nur *Wischmeyer*, Die Verwaltung 51 (2018), S. 393 ff.

425 BVerfGE 67, 100 (130).

426 *Leisner*, Öffentlichkeitsarbeit der Regierung im Rechtsstaat, 1966, S. 50 ff.; *Voßkuhle*, in: HStR III, 2005, S. 425 (469), S. 328 ff.; *Lederer*, Open Data, 2015, S. 400 ff.; *Drefs*, Die Öffentlichkeitsarbeit des Staates und die Akzeptanz seiner Entscheidung, 2019, S. 64 ff.

c) Allgemeines Rechtsstaatsprinzip und grundsätzliche Öffentlichkeit des Staates – normative Lokalisierung rechtsstaatlicher Öffentlichkeit

Wenn staatliche Öffentlichkeit nach Vorstehendem als Querschnitt rechtsstaatlicher Verbürgungen bezeichnet werden kann, schließt sich die Frage an, ob rechtsstaatliche Öffentlichkeit über ihre Gewährleistung durch die jeweiligen rechtsstaatlichen Einzelverbürgungen hinausreicht. Mangels ausdrücklicher Verankerung eines Rechtsstaatsprinzips im Grundgesetz[427] ist hierbei zunächst das Rechtsstaatsverständnis offenzulegen.

Ungeachtet der Formalisierung des Rechtsstaatsbegriffs im 19. Jahrhundert ist der Rechtsstaat des Grundgesetzes als materielle Gewährleistungen einschließendes Prinzip mit auch überindividueller Schutzrichtung positiviert worden.[428] Der in Verfassungsrechtsprechung und dem überwiegenden Teil der Literatur verbreiteten Lesart des Grundgesetzes ist dahingehend zu folgen, dass der Rechtsstaat nicht in den rechtsstaatlichen Einzelgewährleistungen aufgeht, Art. 28 Abs. 1 Satz 1, 20 Abs. 1 GG vielmehr ein allgemeines[429] Rechtsstaatsprinzip mit eigener Bedeutung entnehmbar ist, dessen Kerngehalt in der Gewährleistung nomokratischer Machtbegrenzung[430] gesehen werden kann.[431]

Unter diesen Voraussetzungen kann selbst unter Berücksichtigung der besonderen Ableitungsschwäche des Rechtsstaatsprinzips[432] davon ausgegangen werden, dass staatliche Öffentlichkeit nicht nur von einigen dem Rechtsstaatsprinzip zugeordneten Einzelverbürgungen gefordert wird, sondern insgesamt zum Kern-

[427] Insofern zutreffend *Kunig*, Das Rechtsstaatsprinzip, 1986, S. 63 ff.

[428] *Hesse*, in: Festschrift Smend, 1962, S. 71 (88 ff.); *Böckenförde*, in: Festschrift für Adolf Arndt zum 65. Geburtstag, 1969, S. 53 (72 ff.); *Grzeszick*, in: D/H/S-GG, Stand August 2023, Art. 20 VII, Rn. 4; *Schmidt-Aßmann*, in: HStR II, 2004, S. 541 (552); *Trentmann*, JuS 2017, S. 979 ff.

[429] Zur Diskussion um das summative und integrale Verständnis von Verfassungsprinzipien und den Zusammenhang zum Begriff des „allgemeinen Verfassungsprinzips" schon oben Kap. 2 bei Fn. 271 ff.

[430] Vgl. insbesondere *von Arnauld*, in: Verfassungstheorie, 2010, S. 703 (713 ff.); *Volkmann*, Grundzüge einer Verfassungslehre der Bundesrepublik Deutschland, 2013, S. 257.

[431] *Schmidt-Aßmann*, in: HStR II, 2004, S. 541 (543 ff.); *Sobota*, Das Prinzip Rechtsstaat, 1997, insb. S. 399 ff.; *von Arnauld*, in: Verfassungstheorie, 2010, S. 703 (705); *Leisner-Egensperger*, JRE 21 (2013), S. 99 ff.; *Grzeszick*, in: D/H/S-GG, Stand August 2023, Art. 20 VII, Rn. 42 ff.; *Schulze-Fielitz*, in: *Dreier*-GG, 2015, Art. 20 (Rechtsstaat) Rn. 45; *Kloepfer*, Verfassungsrecht I, 2011, S. 298 ff.; *Lederer*, Open Data, 2015, S. 392 ff. Aus der Rechtsprechung etwa BVerfGE 42, 263 (305). Die Gegenansicht wurde maßgeblich von *Kunig*, Das Rechtsstaatsprinzip, 1986, insb. S. 457 ff. formuliert. Zustimmend zunächst etwa *Isensee*, in: HStR IX, 1997, S. 483 ff., der dieses Verständnis inzwischen jedoch aufgegeben hat, ders., in: HStR IX, 2011, S. 265 (330).

[432] BVerfGE 57, 250 (276): „Bei der Weite und Unbestimmtheit des Rechtsstaatsprinzips ist dabei mit Behutsamkeit vorzugehen; denn es ist grundsätzlich Sache des Gesetzgebers, zwischen möglichen Alternativen bei der normativen Konkretisierung eines Verfassungsgrundsatzes zu wählen".

bestand allgemeiner Rechtsstaatlichkeit zu zählen ist.[433] Dafür spricht insbesondere die Entwicklungsgeschichte. Wie gesehen ist die Forderung nach umfassender Publizität der Staatlichkeit eng mit der vernunftrechtlichen Rechtsstaatsidee des frühen 19. Jahrhunderts verbunden, die ungeachtet der Formalisierung des Rechtsstaatsbegriffs in der zweiten Hälfte des 19. Jahrhunderts durch den Verfassungsgeber im Sinne auch materieller Gerechtigkeit[434] – also unter Einschluss des diesem Rechtsstaatsbegriffs immanenten Öffentlichkeitspostulats – positiviert wurde. Daneben erweist sich die grundsätzliche Öffentlichkeit als vor dem Hintergrund des rechtsstaatlichen Erfordernis umfassender Kontrollierbarkeit und Überprüfbarkeit der staatlichen Machtausübung[435] unabdingbar. Wie schon angesprochen, kann es keine tatsächlich wirksame Kontrolle ohne die grundsätzliche Öffentlichkeit der Staatsgewalt geben.

Das grundgesetzliche Rechtsstaatsprinzip umfasst daher das die öffentliche Gewalt bindende[436] grundsätzliche Gebot faktisch öffentlicher Staatlichkeit. Entsprechend der nomokratischen Zweckrichtung des allgemeinen Rechtsstaatsprinzips und übereinstimmend mit seiner historischen Prägung dient rechtsstaatliche Öffentlichkeit primär der Durchsetzung des Primats des Rechts und wirkt als kontrollermöglichendes, disziplinierendes und rationalisierendes[437], kurz: machtbegrenzendes Element. Da der Rechtsstaat des Grundgesetzes formgebendes Merkmal mit auch überindividueller Schutzrichtung ist, bildet die Allgemeinheit den Adressatenkreis rechtsstaatlicher Öffentlichkeit.[438] Daneben hat rechtsstaatliche Öffentlichkeit jedoch auch eine bedeutsame individuelle Schutzrichtung, die den konkret von staatlicher Machtausübung Betroffenen die Wahrung ihrer subjektiven Rechtspositionen ermöglicht.[439]

---

433 *Häberle*, in: Die Verfassung des Pluralismus, 1980, S. 126 (130); *Sobota*, Das Prinzip Rechtsstaat, 1997, S. 498; *Scherzberg*, Die Öffentlichkeit der Verwaltung, 2000, S. 320 ff.; *Rösch*, Geheimhaltung in der rechtsstaatlichen Demokratie, 1999, S. 63 ff.; *Kischel*, Die Begründung, 2003, S. 72; *Lederer*, Open Data, 2015, S. 405 ff.; *Drefs*, Die Öffentlichkeitsarbeit des Staates und die Akzeptanz seiner Entscheidung, 2019, S. 69. Anders im Rahmen seines Ansatzes naturgemäß *Kunig*, Das Rechtsstaatsprinzip, 1986, S. insb. 457 ff. Aus der Rechtsprechung BVerfGE 40, 296 (327); 123, 39 (69–70); auf die Judikative bezogen BVerfGE 103, 44 (63).

434 So *Schulze-Fielitz*, in: *Dreier*-GG, 2015, Art. 20 (Rechtsstaat) Rn. 50.

435 BVerfGE 123, 39 (69–70). Zur kontrollfreundlichen Auslegung der Verfassung bereits oben den Nachweis in Kap. 3 Fn. 425.

436 *Schulze-Fielitz*, in: *Dreier*-GG, 2015, Art. 20 (Rechtsstaat) Rn. 223.

437 Vgl. *Grzeszick*, VVDStRL 71 (2012), S. 49 (51 ff.).

438 Dazu nur *Hesse*, in: Festschrift Smend, 1962, S. 71 (88 ff.); *Sobota*, Das Prinzip Rechtsstaat, 1997, S.498–499; *Lederer*, Open Data, 2015, S. 431.

439 Gemeinhin werden rechtsstaatliche Öffentlichkeitspostulate eher dem Schutz individueller Rechte zugeordnet. Vgl. dazu auch die Differenzierung bei *Gröschner*, VVDStRL 63 (2004), S. 344 (354 ff.). Jedenfalls bis um die Jahrtausendwende dienten die wesentlichen Öffentlichkeitinstrumente der Bürger im Verhältnis zur Verwaltung eher individualschützenden rechtsstaatlichen Verbürgungen. Hier kann beispielhaft auf die Erwägungen bei Einführung des § 29 VwVfG in BT-Drs. 7/910, S. 53 oder die

3. Öffentlichkeit und Republikprinzip

Obwohl die dem Staatsnamen in Art. 20 Abs. 1 GG entnommene grundgesetzliche Entscheidung für die Republik gemeinhin als „Republikprinzip“[440] bezeichnet wird, weist der dieser Verfassungsnorm[441] nach der tradierten Lesart beigemessene Gehalt eher regelhafte Struktur auf: So erschöpfe sich die normative Dimension dieses Verfassungsgehalts nach der hergebrachten Interpretation[442] bekanntlich in der Negation der Monarchie.[443] Dass einem ehemals wirkmächtigen Postulat nun unter dem Grundgesetz gemeinhin eine derart reduzierte Bedeutung[444] beigemessen wird, erklärt sich mit der begrifflichen Metamorphose des Republikbegriffs, der sich parallel zu den strukturellen Errungenschaften und den Veränderungen der Wirklichkeit wandelte, auf welche sich die mit dem Republikbegriff jeweils artikulierten Postulate bezogen.[445] Ohne dass an dieser Stelle eine vertiefte Auseinandersetzung mit der Ideengeschichte des Republikprinzips erfolgen kann, impliziert die geschichtliche Volatilität des Republikbegriffs nicht zwingend die Ungeeignetheit als allgemeines Verfassungsprinzip. Dies muss insbesondere mit Blick auf die zukunftssichernde Funktion (allgemeiner) Verfassungsprinzipien gelten. Denn obwohl dem Republikprinzip auch in jüngeren Veröffentlichungen nicht immer eigenständige Bedeutung beigemessen wird,[446] befindet sich eine Auffassung im Vordringen, die dem Republikprinzip über die Negation der Monarchie bzw. des dynastischen Prinzips hinaus im Sinne eines sog. materiellen Republikbegriffs als historisches Kondensat die Gemeinwohlverpflichtung aller staatlichen Gewalt entnimmt.[447] Gerade vor dem Hinter-

---

Überlegungen in BVerfGE 101, 106 (122 ff.) zum In-camera-Verfahren verwiesen werden. Vgl. im Übrigen die rechtsstaatlichen Öffentlichkeitsanforderungen des BVerfG bei heimlichen Grundrechtseingriffen in Kap. 3 Fn. 419.

440 Bisweilen auch „Republikanisches Prinzip“ genannt; so etwa *Engels*, in: *Sachs*-GG, 2021, Art. 28 Rn. 14.

441 Die normative Dimension des Republikprinzips jedoch schlechterdings bezweifelnd *Hain*, in: M/K/S-GG, 2018, Art. 79 Rn. 139.

442 Vgl. nur *Stern*, Staatsrecht I, 1984, S. 575 ff.; *Dreier*, in: ders.-GG, 2015, Art. 20 (Republik) Rn. 20 ff.; *Jarass*, in ders./*Pieroth*-GG, 2022, Art. 20 Rn. 21; vgl. auch *Jestaedt*, Demokratieprinzip und Kondominialverwaltung, 1993, S. 173.

443 *Robbers*, in: Festschrift für Roman Herzog, 2009, S. 379 (390–391).

444 *Isensee*, JZ 1981, S. 1: „verfassungsrechtliche[s] Fossil“; zur Wahrnehmung des Republikprinzips belegreich auch *Nowrot*, Das Republikprinzip in der Rechtsordnungengemeinschaft, 2014, S. 17 ff.

445 Besonders plastisch sind die Überschneidungen zu Rechtsstaat und Demokratie; zum Ganzen entwicklungsgeschichtlich *Isensee*, JZ 1981, S. 1 (3 ff.).

446 So sind hier die Sammelbände *Herdegen*/*Poscher*/*Masing*/*Gärditz* (Hrsg.), Handbuch des Verfassungsrechts, 2021 oder auch *Depenheuer*/*Grabenwarter* (Hrsg.), Verfassungstheorie, 2010, zu nennen, die Verfassungsprinzipien bzw. Verfassungsinhalten jeweils einen eigenen Abschnitt widmen, ohne dabei jedoch das Republikprinzip abzuhandeln.

447 Vgl. etwa *Hesse*, Grundzüge des Verfassungsrechts, 1995, S. 56; *Gröschner*, in: HStR II, 2004, S. 369 (370 ff.); *Anderheiden*, Gemeinwohl in Republik und Union,

grund, dass die immer noch vorherrschende Auffassung zum Demokratieprinzip materielle Elemente – jedenfalls im Rahmen der demokratischen Legitimation – aus diesem verbannt, lassen sich die damit beschrittenen Spannungen zum Demokratieprinzip nicht als Argument gegen ein materielles Republikverständnis nutzbar machen.[448] Überschneidungspunkte zu anderen Normen stellen den normativen Selbststand von Verfassungsprinzipien weder abstrakt und auch nicht im Falle des Republikprinzips[449] in Frage.

Die mit Blick auf die römische Republik[450] artikulierte Cicerosche Wendung „res publica res populi" als Zielbestimmung staatlicher Herrschaft[451] des Inhalts, dass staatliche Herrschaft nicht Privatsache (res privata) der Herrschenden, sondern stets am gemeinsamen Interesse Aller auszurichten ist, erweist sich trotz der späteren begriffs- und ideengeschichtlichen Oszillationen des Republikbegriffs auch unter dem Grundgesetz als geeignet,[452] den verbindlichen und selbständigen Begriffskern der Republik als Verfassungsprinzip zu bilden.[453] Trotz dieses eigenständigen Inhalts und der daraus folgenden intrinsischen Direktionskraft der Republik ist jedoch mit Blick auf den im Vergleich – etwa zum Rechtsstaatsprinzip – nochmals höheren Abstraktionsgrad zuzugeben, dass sich im Regelfall nicht isoliert auf das Republikprinzip Bezug nehmen lassen wird, es vielmehr grundsätzlich eines (absichernden) Rückgriffs auf andere Verfassungsnormen[454] bedarf.

Nähert man sich nun dem Republikprinzip in dieser Bedeutung, so liegt seine Relevanz für die Öffentlichkeit des Staates nicht fern, was schon ein kurzer Blick auf die ideengeschichtliche Genese der Republik zeigt. Vor ihrer rechtsstaat-

---

2006, S. 225 ff., 273 ff.; *Robbers*, in: Festschrift für Roman Herzog, 2009, S. 379 (385 ff.); *Hartmann*, AöR 134 (2009), S. 1 (3); *Nowrot*, Das Republikprinzip in der Rechtsordnungengemeinschaft, 2014, S. 361 ff.; *Sommermann*, in: M/K/S-GG, 2018, Art. 20 Rn. 12 ff.; *Lederer*, Open Data, 2015, S. 384 ff.; *Morlok/Michael*, Staatsorganisationsrecht, 2023, S. 151 ff., 154–155; *Kotzur*, in: *von Münch/Kunig*-GG, 2021, Art. 20 Rn. 38 ff.

448 So aber *Dreier*, in: ders.-GG, 2015, Art. 20 (Republik) Rn. 21 ff. Vgl. auch die Replik bei *Gröschner*, in: HStR II, 2004, S. 369 (404 ff.).

449 Dazu etwa *Anderheiden*, Gemeinwohl in Republik und Union, 2006, S. 293 ff.; *Nowrot*, Das Republikprinzip in der Rechtsordnungengemeinschaft, 2014, S. 496 ff.

450 Zur Bedeutung von Publizität in der römischen Republik *Gröschner*, VVDStRL 63 (2004), S. 344 (353–354).

451 Dazu *Gröschner*, in: HStR II, 2004, S. 369 (403 ff.); *Isensee*, JZ 1981, S. 1 (3 ff.).

452 Obwohl noch hinsichtlich eines „materiellen Republikverständnis" zurückhaltend, lautete bereits der Befund von *Isensee*, JZ 1981, S. 1 (8), dass der Republikbegriff in diesem Sinne „Lebenskraft behalten" habe.

453 *Gröschner*, in: HStR II, 2004, S. 369 (403 ff.); *Nowrot*, Das Republikprinzip in der Rechtsordnungengemeinschaft, 2014, S. 361 ff.

454 Insoweit zutreffend *Grzeszick*, in: D/H/S-GG, Stand August 2023, Art. 20 III Rn. 1 ff., 8, dessen Ansicht sich durchaus als zwischem „formellem" und „materiellem" Republikverständnis vermittelnd bezeichnen lässt.

lichen Prägung im Laufe der ersten Hälfte des 19. Jahrhunderts[455] hatte die Öffentlichkeit des Staates einen primär republikanischen Anstrich. So ist die Republik im obigen Sinne als Gegenentwurf zur von Machiavelli theorisierten absoluten Monarchie zu verstehen. Die Privatinteressen der Fürsten konnten durch arcana rei publicae gegenüber den Herrschaftsunterworfenen effektiv verschleiert werden und vermittelt durch die opportunistische Staatsraison einer staatstheoretischen Rechtfertigung zugeführt werden.[456] Strategische Geheimhaltung war hier Mittel zur bewussten Gemeinwohlumgehung.

Die ungebrochene aber unterschätzte Aktualität dieses Bedeutungskerns des republikanischen Prinzips lässt sich in Bezug auf die Forderung nach Öffentlichkeit staatlicher Herrschaft in zweifacher Hinsicht in Stellung bringen: Zum einen kann dem Republikprinzip in einem negativen Sinne die mit der Negation der monarchischen Staatsform einhergehende grundsätzliche Missbilligung der besonders in der absoluten Monarchie kultivierten umfassenden Geheimhaltung entnommen werden. In einem positiven Sinne folgt aus der republikanischen Gemeinwohlverpflichtung zweitens die Behandlung aller politischen Vorgänge als öffentliche Angelegenheiten. Staatliche Herrschaft ist weder Selbstzweck, noch am Interesse der Herrschenden auszurichten, sondern eigene Angelegenheit des Volkes, folglich stets auf dieses zu beziehen.[457] Diese republikanische Zuweisung staatlicher Herrschaft auf das Volk bedingt das objektiv-verfassungsrechtliche Gebot grundsätzlicher informatorischer Zugänglichkeit aller öffentlicher Angelegenheiten und beruht letztlich auf der bereits im zweiten Anhang der Friedensschrift Kants herausgestellten Prämisse, dass das gemeine Wohl sich eher in der Öffentlichkeit realisieren wird. Zu Recht wird die Forderung nach Öffentlichkeit staatlicher Herrschaft daher in der Literatur dem Republikprinzip entnommen,[458] teilweise sogar als Subprinzip des Republikprinzips bezeich-

---

455 Dazu oben Kap. 3 bei Fn. 394 ff.

456 Vgl. hier nur *Schmitt*, Die geistesgeschichtliche Lage des heutigen Parlamentarismus, 1926, S. 47 ff.; *Marcic*, in: Richter und Journalisten, 1965, S. 153 (175 ff.); *Stolleis*, in: Staat und Staatsräson in der frühen Neuzeit: Studien zur Geschichte des öffentlichen Rechts, 1990, S. 37 ff.

457 Bereits den Gemeinwohlbezug hervorhebend *Welcker*, in: Staatslexikon X, 1848, S. 246 (249 ff.).

458 *Frankenberg*, in: AK-GG I, 1984, Art. 20 Abs. I–III, I Rn. 22; *Häberle*, in: Die Verfassung des Pluralismus, 1980, S. 126 (130); *Rösch*, Geheimhaltung in der rechtsstaatlichen Demokratie, 1999, S. 67 ff.; *Gröschner*, VVDStRL 63 (2004), S. 344 (353 ff.); *Anderheiden*, Gemeinwohl in Republik und Union, 2006, S. 340 ff.; *Horn*, VVDStRL 68 (2009), S. 413 (439 ff.); *Nowrot*, Das Republikprinzip in der Rechtsordnungengemeinschaft, 2014, S. 422 ff.; *Lederer*, Open Data, 2015, S. 38; *Gärditz*, in: Festschrift für Hans-Ullrich Paeffgen, 2015, S. 439 (468 ff.); *Drefs*, Die Öffentlichkeitsarbeit des Staates und die Akzeptanz seiner Entscheidung, 2019, S. 70. Anders aus der jüngeren Literatur jedoch *Hilpert*, Begründungspflicht des Bundesverfassungsgerichts?, 2019, S. 354 ff. und *A. A. Schmidt*, Ausschussöffentlichkeit im Deutschen Bundestag, 2021, S. 158–159, der den ideengeschichtlichen Zusammenhang zwischen Öffentlichkeit und Republik ausblendet.

net.[459] Es kommt nicht von ungefähr, dass selbst das in Bezug auf das Republikprinzip gemeinhin äußerst zurückhaltende Bundesverfassungsgericht dieses Prinzip bislang nur einmal bei der Verfassungsauslegung nutzbar machte,[460] nämlich als es zur Begründung des Gebots der Öffentlichkeit der Wahl ausführte, dass die Wahl „[i]n der Republik“ „gemeinschaftliche Angelegenheit aller Bürger“[461] sei.

Abschließend sei hier auch mit Blick auf die zwischen den Republikbegriffen vermittelnde Ansicht[462] bemerkt, dass die dem Republikprinzip entnommene Öffentlichkeitsbezogenheit des Staates von ihrer Reichweite her nicht über die aus Demokratie- und Rechtsstaatsprinzip folgende Öffentlichkeitsgebot des Staates hinausgeht,[463] sondern um den Gemeinwohlbezug staatlicher Öffentlichkeit erweitert wird.

4. Die Entbehrlichkeit weiterer Gehalte

Neben den soeben dargestellten Verfassungsgehalten werden im Schrifttum regelmäßig noch mindestens zwei weitere Verfassungsnormen als Fundament objektiv-verfassungsrechtlichen Publizität bemüht. Diese Normen seien nachfolgend kurz dargestellt, scheiden aber bei genauerem Hinsehen als Grundlage staatlicher Öffentlichkeit aus.

a) Sozialstaatsprinzip

Mit jeweils verschiedentlicher Akzentuierung wird das Sozialstaatsprinzip im Zusammenhang mit Öffentlichkeitspflichten genannt, weil es den Staat einerseits dazu verpflichte, im Bereich der sozialstaatlichen Leistungsverwaltung ein besonders verständliches Aufklärungs- und Beratungsangebot zu schaffen.[464] Auch habe sich die Kommunikationsstruktur in der Informationsgesellschaft dahingehend verändert, dass gesellschaftliche Kommunikation nunmehr von einem erhöhten Wissens- und Technologiebedarf abhänge; das Sozialstaatsprinzip erlege zumindest dem Gesetzgeber vor diesem Hintergrund eine Infrastrukturverantwor-

---

[459] *Nowrot*, Das Republikprinzip in der Rechtsordnungengemeinschaft, 2014, S. 422 ff.

[460] Dazu etwa *Nowrot*, Das Republikprinzip in der Rechtsordnungengemeinschaft, 2014, S. 424; *Dreier*, in: ders.-GG, 2015, Art. 20 (Republik) Rn. 20.

[461] BVerfGE 123, 39 (69).

[462] Zu ihr oben Kap. 3 Fn. 454.

[463] In dieser Hinsicht trotz eines abweichenden Republikverständnisses übereinstimmend *Häberle*, in: Die Verfassung des Pluralismus, 1980, S. 126 (130); *Müller-Neuhof*, Verfassung als Nachricht, 2012, S. 142; *Lederer*, Open Data, 2015, S. 390.

[464] Im Bereich der Sozialstaatlichkeit bezeichnete bereits *Jerschke*, Öffentlichkeitspflicht der Exekutive und Informationsrecht der Presse, 1971, S. 83–85 Öffentlichkeit als „systemimmanente Notwendigkeit“.

tung für die Schaffung der nötigen informationellen und technologischen Grundlagen auf und streite für „weitestgehende Öffnung staatlicher Datenbestände".[465]

So zutreffend diese Erwägungen sein mögen, erweisen sie sich jedoch nicht von hinreichender inhaltlicher oder funktionaler Spezifität, um die objektivrechtliche Öffentlichkeit des Staates auf ein breiteres Fundament stellen zu können. So ist die Verantwortung des Staates zur Gewährleistung einer informationellen Grundversorgung bereits durch das Demokratieprinzip, respektive die objektiv-rechtliche Dimension der Informationsfreiheit gewährleistet. Auch lässt sich der Sozialstaatsbezug von Öffentlichkeit im Vergleich zu den bereits oben erörterten Verfassungsprinzipien nicht auf eine vergleichbar enge ideengeschichtliche Verknüpfung zurückführen, die es rechtfertigen würde, von einem eigenständigen Sozialstaatsbezug von Öffentlichkeit zu sprechen.[466]

b) Kommunikationsgrundrechte – insbesondere der „objektiv-rechtliche" Gewährleistungsgehalt der Informationsfreiheit (Art. 5 Abs. 1 Satz 1 Hs. 2 GG)

Zur Begründung eines staatlichen Öffentlichkeitsgebots wird daneben zum Teil auf Grundrechte rekurriert. Allen voran zu nennen sind hier die Kommunikationsgrundrechte aus Art. 5 Abs. 1 GG und insbesondere das Grundrecht der Informationsfreiheit (Art. 5 Abs. 1 Satz 1 Hs. 2 GG). So wurde dieses Grundrecht neben Demokratie und Rechtsstaat als eine der „drei Säulen" des grundgesetzlichen Öffentlichkeitsgebots bezeichnet, wobei diese Sichtweise sich maßgeblich auf eine Interpretation des „objektiv-rechtlichen"[467] Gewährleistungsgehalts dieses Grundrechts[468] stützt.[469] Auch fänden demokratische und rechtsstaatliche Öf-

---

465 Mit jeweils verschiedentlicher Akzentuierung etwa *Gurlit*, Die Verwaltungsöffentlichkeit im Umweltrecht, 1989, S. 115 ff.; *Schoch*, VVDStRL 57 (1998), S. 158 (187); *Scherzberg*, Die Öffentlichkeit der Verwaltung, 2000, S. 332 ff.

466 So vom Ergebnis her auch *Kugelmann*, Die informatorische Rechtsstellung des Bürgers, 2001, S. 38 ff.; *Lederer*, Open Data, 2015, S. 318; in diesem Sinne auch *Drefs*, Die Öffentlichkeitsarbeit des Staates und die Akzeptanz seiner Entscheidung, 2019, S. 69, der sozialstaatliche Erwägungen bei der Auslegung des Rechtsstaatsprinzips zugrunde legt.

467 Im Schrifttum wurde hinlänglich präzisiert, dass auch subjektive Rechte objektiv geltendes Recht sind, weshalb die Rede von objektiven Grundrechtsgehalten zumindest irreführend ist. Vgl. dazu nur *H. Dreier*, Jura 1994, S. 505 (509); *Masing*, Die Mobilisierung des Bürgers für die Durchsetzung des Rechts, 1997, S. 148 ff., 159 ff. Zusätzlich abzugrenzen ist diese Grundrechtsdimension von dem gleichfalls „objektiven", normtheoretischen Gegenstück des subjektiven Rechts, welches „rechtslogisch vorrangig" ist: *Schwabe*, Probleme der Grundrechtsdogmatik, 1977, S. 13; *Stern*, Staatsrecht III/1, 1988, S. 545, 908 ff.; *Scherzberg*, Die Öffentlichkeit der Verwaltung, 2000, S. 336–337.

468 Während in der Praxis zunächst die Bedeutung der Informationsfreiheit als Abwehrrecht überwog, lässt sich – gerade mit Blick auf den infolge des Übergangs von der Industrie- zur Informationsgesellschaft steigenden Informationsbedarf – im Schrifttum beobachten, dass mehr und mehr die objektive Gewährleistungsverantwortung des Staates betont wird. Besonders deutlich *Degenhart*, in: BK-GG, Stand Dezember 2023,

fentlichkeit „in der Informationsfreiheit […] ihr gemeinsames, tragendes Fundament".[470]

Aus ideengeschichtlicher Perspektive scheint sich eine grundrechtliche Unterfütterung staatlicher Öffentlichkeit vom Ansatz her zunächst aufzudrängen. Es sei daran erinnert, dass Öffentlichkeit auch eine freiheitsrechtliche Bedeutung zu eigen ist. So wurde unter dem Begriff der Öffentlichkeit obrigkeitliche Zurückhaltung und die Gewährung einer zensurfreien Sphäre der öffentlichen Meinungsbildung adressiert, also die Institutionalisierung der Meinungs- und Pressefreiheit postuliert.[471] Die gleichrangige Stützung objektiv-verfassungsrechtlicher Öffentlichkeit auf das Demokratieprinzip und das Grundrecht der Informationsfreiheit vermag gleichwohl nicht zu überzeugen. Denn der methodische Maßstab der Spezifität gebietet, dass die auf der gleichen Ordnungsebene befindlichen Gehalte einen in der Sache jeweils verschiedenen Regelungsgehalt aufweisen

---

Art. 5 Abs. 1 Rn. 178: „objektive Verpflichtung zur Herstellung von *Öffentlichkeit als Verfassungsdirektive*" (Hervorhebung im Original); vgl. auch *Schoch*, VVDStRL 57 (1998), S. 158 (200); *Hoffmann-Riem*, in: AK-GG I, 1984, Art. 5 Abs. 1, 2 Rn. 98: „*Sicherung des unabdingbaren Mindestmaßes an Zugänglichkeit*" (Hervorhebung im Original); *Kube*, in: HStR IV, 2006, S. 843 (856 ff.); *Scherzberg*, Die Öffentlichkeit der Verwaltung, 2000, S. 336 ff.; *Lederer*, Open Data, 2015, S. 438 ff.; zurückhaltender *Wendt*, in: *von Münch/Kunig*-GG, 2021, Art. 5 Rn. 56. Anders die Akzentuierung bei *Starck/Paulus*, in: M/K/S-GG, 2018, Art. 5 Rn. 104: „Vorrang der *subjektiv-rechtlichen Seite* der Informationsfreiheit" (Hervorhebung im Original); *Schulze-Fielitz*, in: *Dreier*-GG, 2015, Art. 5 Abs. 1–2 Rn. 213.

[469] So *Lederer*, Open Data, 2015, S. 493. Bereits *Jerschke*, Öffentlichkeitspflicht der Exekutive und Informationsrecht der Presse, 1971, S. 92 ff. stellte maßgeblich auf grundrechtliche Öffentlichkeitsgebote ab. Aus dem jüngeren Schrifttum übereinstimmend *A. A. Schmidt*, Ausschussöffentlichkeit im Deutschen Bundestag, 2021, S. 160 ff. Vgl. auch die grundrechtlichen Bezüge bei *Bröhmer*, Transparenz als Verfassungsprinzip, 2004, S. 196 ff. Aber auch jenseits der in diesem Zusammenhang regelmäßig genannten weisen verschiedene andere Grundrechte einen Öffentlichkeitsbezug auf. Verwiesen sei hier nur auf den bekanntermaßen von der Kunstfreiheit (Art. 5 Abs. 3 Satz 1 GG) geschützten „Wirkbereich", der die Zugänglichmachung bzw. öffentliche Verbreitung des Kunstwerkes schützt. Dazu grundlegend BVerfGE 30, 173 (189). Vgl. zu diesem Öffentlichkeitsbezug auch *Vesting*, NJW 1996, S. 1111 ff. Auch wenn sich bei vielen weiteren Grundrechten Öffentlichkeitsbezüge herstellen ließen, erweisen sie sich jedoch im Ergebnis als zu allgemein, um eine objektiv-rechtliche Öffentlichkeitspflicht des Staates auf sie zu stützen. Ähnlich *Scherzberg*, Die Öffentlichkeit der Verwaltung, 2000, S. 348.

[470] *Lederer*, Open Data, 2015, S. 509.

[471] Zur freiheitsrechtlichen Dimension von Öffentlichkeit schon *Welcker*, in: Staatslexikon X, 1848, S. 246 (247 ff.); *Ridder*, in: Die Grundrechte II, 1954, S. 243 (249 ff.); *Smend*, in: Gedächtnisschrift für Walter Jellinek, 1955, S. 11 (14); *Hölscher*, in: Geschichtliche Grundbegriffe IV, 1978, S. 413 (446). Zur Pressefeiheit *Scheuner*, VVDStRL 22 (1965), S. 1 (28 ff., 69 ff.); eingehend auch *Wegener*, Der geheime Staat, 2006, S. 92 ff., 158 ff., 258 ff.; *Schulze-Fielitz*, in: *Dreier*-GG, 2015, Art. 5 Abs. 1–2 Rn. 2 ff. Es liegt daher nahe, den freilich recht abstrakten Öffentlichkeitsbezug bereits dem freiheitlichen Wesen der Grundrechte insgesamt zu entnehmen. Eine konkrete Ausprägung davon ist etwa das Gebot, heimliche Grundrechtseingriffe den Betroffenen zur Kenntnis zu bringen.

müssen.[472] Lässt sich diese Spezifität entsprechend der obigen Ausführungen zu Demokratie-, Rechtsstaats- und Republikprinzip bei diesen Verfassungsnormen jeweils bejahen, bestehen bei näherer Betrachtung des Verhältnisses von Demokratieprinzip und dem Grundrecht der Informationsfreiheit doch erhebliche Zweifel. Das gilt umso mehr vor dem Hintergrund der Verlagerung der Diskussion in den „objektiv-rechtlichen" Normbereich der Informationsfreiheit.

Da „objektive" Grundrechtsgehalte ohne die Möglichkeit ihrer subjektiv-rechtlichen Beanspruchung wertlos sind,[473] ist für das Verhältnis der grundrechtlichen Gewährleistungsgehalte mit der verbreiteten Ansicht anzunehmen, dass die Bedeutung des „objektiv-rechtlichen" Gehalts primär in einer Verstärkung der subjektiven Dimension zu sehen ist,[474] wobei in der „objektiv-rechtlichen" Grundrechtsdimension vor allem überindividuelle Erwägungen eine Rolle spielen.[475] Aus diesem Grund liegt es – nun gemünzt auf das Grundrecht der Informationsfreiheit – nahe, dass gerade dieses verstärkende Element, die „objektive" Dimension der Informationsfreiheit, der besonderen demokratischen Bedeutung dieses Freiheitsrechts verpflichtet ist. Die Beantwortung der hier interessierenden Frage, ob staatliche Öffentlichkeit neben das Demokratieprinzip auch auf die Informationsfreiheit zu stützen ist, wird also unter Berücksichtigung der Spezifitätsmaxime durch das Verhältnis dieser beiden Verfassungsnormen präjudiziert. Entscheidend ist hier, dass Demokratieprinzip und Kommunikationsgrundrechte aus Sicht des objektiven Verfassungsrechts nicht selbständig nebeneinander stehen. Denn obwohl dies naheliegen mag, lässt sich das Verhältnis von Demokratieprinzip und Informationsfreiheit nicht mit dem Gegenüber von individueller und kollektiver Freiheit charakterisieren.[476] So ist der Gedanke individueller Selbstbestimmung nicht erst den (Kommunikations-)Grundrechten, sondern bereits auf einer höheren Ebene dem Demokratieprinzip zuzuordnen.

Diese teleologischen Bezüge des Grundrechts der Informationsfreiheit streiten deshalb gegen eine Fundierung der verfassungsrechtlichen Öffentlichkeit des Staates nebeneinander auf Demokratieprinzip und Informationsfreiheit.[477] Verstärkt man den subjektiv-rechtlichen Gehalt der Informationsfreiheit durch objek-

---

472 Zum Maßstab der Spezifität *Sobota*, Das Prinzip Rechtsstaat, 1997, S. 419 ff. Vgl. auch bereits oben Kap. 2 bei Fn. 212.

473 In diese Richtung *Hesse*, Grundzüge des Verfassungsrechts, 1995, S. 133 ff.

474 *Stern*, Staatsrecht III/1, 1988, S. 795; *Herdegen*, in: D/H/S-GG, Stand August 2023, Art. 1 Abs. 3 Rn. 18: „die objektive Grundrechtsdimension [ist] dem Schutz subjektiver Rechte zumindest im Grundsatz nachgeordnet"; *Starck*, in: M/K/S-GG, 2018, Art. 1 Rn. 181; *Lederer*, Open Data, 2015, S. 442. Vgl. auch BVerfGE 7, 198 (205) „Verstärkung der Geltungskraft der Grundrechte".

475 So *Kahl*, in: Verfassungstheorie, 2010, S. 807 (833–834).

476 Eingehend dazu *Unger*, Das Verfassungsprinzip der Demokratie, 2008, S. 252 ff.; *Dreier*-GG, 2015, Art. 20 (Demokratie) Rn. 148.

477 Richtig daher der Ansatz von *Drefs*, Die Öffentlichkeitsarbeit des Staates und die Akzeptanz seiner Entscheidung, 2019, S. 57 ff.

tives Verfassungsrecht, namentlich das Demokratieprinzip, und stellt dieses Grundrecht bei der Verfassungsauslegung zugleich selbständig neben das Demokratieprinzip, liegt darin nicht nur eine Missachtung des Verhältnisses zwischen objektivem und subjektiven Recht,[478] sondern im Ergebnis auch ein Zirkelschluss. Da das Öffentlichkeitsgebot des objektiven Verfassungsrechts durch die Informationsfreiheit aus dieser Sicht nicht auf ein breiteres Fundament gestellt wird, ist ihrer Bedeutung für den Umfang staatlicher Öffentlichkeit lediglich auf einer nachgeordneten, inhaltlichen Ebene – nämlich im Rahmen der Auslegung – Rechnung zu tragen.

II. Geltung von Öffentlichkeit als ungeschriebene Verfassungsnorm

Nachdem nun das normative Fundament staatlicher Publizität beleuchtet wurde, stellt sich die im Schrifttum bislang unterbelichtete Frage nach der normativen Qualität dieser Öffentlichkeitsgebote. So könnte es sich bei ihnen entweder jeweils um im Wege der Verfassungsinterpretation gewonnene, nebeneinander bestehende Konkretisierungen von Verfassungsnormen handeln. Möglicherweise jedoch ist von der Existenz einer einheitlichen Norm des ungeschriebenen Verfassungsrechts auszugehen.[479] Hierzu sollen die soeben vorgefundenen Ergebnisse in einem ersten Schritt anhand der bereits an früher Stelle der Untersuchung herausgearbeiteten Indizien gewürdigt werden (dazu 1.). Weil gesehen werden wird, dass diese Indizien die Existenz einer Verfassungsnorm plausibilisieren, wird sodann der entscheidenden Frage nach dem Geltungsgrund nachgegangen werden (dazu 2.), bevor schließlich die verbleibenden Voraussetzungen (ungeschriebenen) Verfassungsrechts untersucht werden sollen (dazu 3.).

1. Die Indizierung der Normqualität staatlicher Öffentlichkeit

Wendet man sich zunächst dem Ergebnis der Analyse des Verfassungstexts zu, sei in Erinnerung gerufen, dass punktuelle, an Legislative und Exekutive adressierte Öffentlichkeitsgebote identifiziert werden konnten. Herauszuheben war hier das Gebot der Verhandlungsöffentlichkeit des Bundestagsplenums, dessen Bedeutung über seine ausdrückliche Normierung in Art. 42 Abs. 1 Satz 1 GG hinaus auch in anderen Verfassungsbestimmungen nachweisbar war. Die ebenfalls schon im Rahmen der Textbetrachtung offenbar gewordenen teleologischen Bezüge einiger Öffentlichkeitsgebote zu Demokratie- und Rechtsstaatsprinzip konnten in der Folge dahingehend verdichtet werden, dass Demokratie- und

---

[478] Dazu mit Blick auf die Rechtsprechung des BVerfG kritisch *Lepsius*, in: Das entgrenzte Gericht, 2011, S. 159 (182 ff.).

[479] Zur Bedeutung dieser Unterscheidung bereits oben Kap. 2 bei Fn. 31 ff.

Rechtsstaatsprinzip das grundsätzliche Gebot der Öffentlichkeit der Gesamtstaatlichkeit zu entnehmen ist. Zudem wurde auch das Republikprinzip nutzbar gemacht, dem eine parallele Forderung und die teleologische Erweiterung um den Gemeinwohlbezug von Öffentlichkeit entnehmbar war.

Dass sich staatliche Öffentlichkeitsforderungen auf einen Querschnitt an Verfassungsgrundentscheidungen stützen können, zeugt – ebenso wie ihre Adressierung an den Gesamtstaat – von einem hohen Maß inhaltlicher Reichweite und Abstraktion. Dies spricht im Ausgangspunkt eher dafür, dass es sich bei den identifizierten Gehalten nicht bloß um im Wege der Verfassungsinterpretation konkretisiertes Verfassungsrecht handelt,[480] sondern legt die Existenz einer ungeschriebenen Verfassungsnorm nahe. Vorbehaltlich der positiven Beantwortung der Frage nach dem normativen Geltungsgrund wäre das objektiv-rechtliche Öffentlichkeitsgebot des Staates damit nicht nur abgeleitete Verfassungsaussage, sondern eigene Verfassungsnorm, was insbesondere mit einer Bindungswirkung auch für die Verfassungsgerichtsbarkeit einherginge. Diese Vermutung eines normativen Verständnisses staatlicher Publizität entspricht jedenfalls der verbreiteten Terminologie in Rechtsprechung und Literatur, wonach Öffentlichkeit häufig als (demokratisches) „Prinzip" bezeichnet wird.

2. Der Geltungsgrund staatlicher Öffentlichkeit unter dem Grundgesetz

Trotz dieser Indizierung und der inzwischen verbreiteten Annahme verfassungsnormativer Öffentlichkeit im Schrifttum kann nicht einfach übergangen werden, dass sich dem Verfassungstext kein ausdrückliches, an den Gesamtstaat adressiertes Öffentlichkeitsgebot entnehmen lässt. Wegen der grundsätzlichen Vermutung für die Abgeschlossenheit des Verfassungstexts[481] ist die Identifikation einer ungeschriebenen Verfassungsnorm in hohem Maße rechtfertigungsbedürftig. Ungeschriebenes Verfassungsrecht erlangt seine normative Verbindlichkeit von der Rechtsquelle her.[482] Daher muss sich die Frage nach dem Geltungsgrund einer Norm positiv beantworten lassen. Ohne Zweifel ist hierbei zunächst eine subjektiv-normgeberische Perspektive einzunehmen,[483] sodass in jedem Fall eine Befassung mit dem Willen und den Motiven des historischen Verfassungsgebers vorangestellt werden muss.[484]

---

480 Zum Ganzen *H. A. Wolff*, Ungeschriebenes Verfassungsrecht unter dem Grundgesetz, 2000, S. 244 ff.

481 Dazu oben Kap. 2 bei Fn. 18.

482 Allgemein dazu *H. A. Wolff*, Ungeschriebenes Verfassungsrecht unter dem Grundgesetz, 2000, S. 398 ff.

483 Vgl. nur *Reimer*, Verfassungsprinzipien, 2001, S. 81 ff.; *Hillgruber*, in: Verfassungstheorie, 2010, S. 505 (512); *Bäcker*, AöR 143 (2018), S. 339 (368 ff.).

484 Dazu bereits oben Kap. 2 bei Fn. 188.

Bereits an früherer Stelle der Untersuchung wurde aufgezeigt, dass die verfassungsgeschichtliche Entwicklung von Öffentlichkeit der verschiedenen Teile der Staatsgewalt sehr unterschiedlich verlief.[485] Um diesen historischen Besonderheiten Rechnung zu tragen, soll die Frage nach dem Geltungsgrund gewaltenspezifisch untersucht werden.[486]

a) Die grundsätzliche Öffentlichkeit von Legislative und Judikative als Normen ungeschriebenen Verfassungsrechts

Wie bereits beschrieben, wird ungeschriebenes Verfassungsrecht in insbesondere zwei Fällen für möglich gehalten, die eine jeweils verschiedene methodische Vorgehensweise verlangen:[487] Einerseits, wenn der fragliche Reglungsgegenstand zwar vom Willen des Verfassungsgebers umfasst war, gleichwohl von einer Regelung abgesehen wurde, weil sie entweder selbstverständlich oder durch andere Normen mitgesetzt schien. Daneben wird die Möglichkeit ungeschriebenen Verfassungsrechts heute ausnahmsweise auch bei Fehlen des verfassungsgeberischen Willens bejaht.[488] In ersterem Falle muss die subjektive Annahme des Verfassungsgebers lediglich „freigelegt"[489] werden. Es soll also deduktiv vorgegangen und der Nachweis der Positivierung unter Rückgriff auf die Methoden der Verfassungsinterpretation erbracht werden.[490]

Nachfolgend soll hier die These belegt werden, dass Parlaments- und Gerichtsöffentlichkeit unter dem Grundgesetz Geltung als ungeschriebene Verfassungsnormen beanspruchen, weil sie vom Verfassungsgeber zwar nicht ausdrücklich, aber doch stillschweigend als Normen der Verfassung gesetzt wurden. Befasst man sich mit den Materialien zur Entstehung des Grundgesetzes, ist es für ein sachgerechtes Verständnis des Regelungszusammenhangs ratsam, den Fokus vorab auf zwei verfassungsgeberische Leitgedanken zu lenken, die den Ausschussberatungen des Parlamentarischen Rats insgesamt zugrunde lagen, gerade aber im Zusammenhang mit der Diskussion um die Parlaments- und Gerichts-

---

[485] Dazu oben Kap. 3 bei Fn. 145 ff.

[486] Anders der Ansatz bei *A. A. Schmidt*, Ausschussöffentlichkeit im Deutschen Bundestag, 2021, S. 173 ff.

[487] *H. A. Wolff*, Ungeschriebenes Verfassungsrecht unter dem Grundgesetz, 2000, S. 380 ff.; *Reimer*, Verfassungsprinzipien, 2001, S. 116, 199 ff. Dazu bereits oben Kap. 2 Fn. 18 ff., 184 ff.

[488] *H. A. Wolff*, Ungeschriebenes Verfassungsrecht unter dem Grundgesetz, 2000, S. 380 ff.; *Reimer*, Verfassungsprinzipien, 2001, S. 115 ff., 404 ff.

[489] *Reimer*, Verfassungsprinzipien, 2001, S. 398 ff.

[490] Vgl. *Jestaedt*, Grundrechtsentfaltung im Gesetz, 1999, S. 104; ders., in: Verfassungstheorie, 2010, S. 4 (39–40); *Lenz*, Kommunalverwaltung und Demokratieprinzip, 2020, S. 30. Eine induktive Vorgehensweise im Fall mitgesetzten Rechts für möglich haltend *H. A. Wolff*, Ungeschriebenes Verfassungsrecht unter dem Grundgesetz, 2000, S. 419–420.

öffentlichkeit besondere Beachtung verdienen. So war die Verfassungsentstehung erstens von einem Kontinuitätsanspruch getragen.[491] Sofern sich bestimmte Rechts- oder Verfassungsnormen – insbesondere mit Blick auf den (auch) verfassungsrechtlich ermöglichten Niedergang der Weimarer Republik – nicht als ungeeignet erwiesen hatten oder aus anderen Gründen eine Änderung erforderlich machten, diente die den Abgeordneten des Parlamentarischen Rates weithin geläufige Rechtslage der Weimarer Republik als gedankliche Blaupause für die Verfassungsgestaltung. Die Verfassung sollte ein Fortgelten des Rechts der Weimarer Republik ermöglichen, ohne aber zugleich die Weimarer Rechtslage in jedem Fall auf verfassungsrechtliche Ebene zu heben. Zweitens sollte die zu entwerfende Verfassung die einfachrechtliche Ausgestaltung oder Konkretisierung nicht in zu hohem Maße begrenzen und dem einfachen Gesetzgeber damit einen weiten Spielraum eröffnen.[492] Es darf hier auch nicht vergessen werden, dass die Entstehung des Grundgesetzes von nicht unerheblichem Zeitdruck geprägt war und deshalb von vornherein schon nicht alle potentiell regelungsbedürftigen Fragen geregelt werden konnten.

aa) Parlamentsöffentlichkeit als mitgesetztes Recht

Dass das Parlamentsplenum nach der Verfassung zwingend öffentlich zu verhandeln hat, entsprach bereits bei Verfassungsgebung der deutschen Verfassungstradition und war im Parlamentarischen Rat folglich auch nicht Gegenstand von grundsätzlichen Diskussionen. Jedenfalls die Öffentlichkeit der Plenumsverhandlungen war aus Sicht der Verfassungsgeber selbstverständlich.[493] Nach gefestigter Lesart ist das Merkmal „verhandelt“ i. S. v. Art. 42 Abs. 1 Satz 1 GG dabei weit auszulegen und umfasst über die eigentliche Diskussion hinaus den gesamten Vorgang im Plenum von der Beratung bis hin zur Beschlussfassung.[494] Abweichend von dem bayerischen Vorentwurf eines Grundgesetzes,[495] der Praxis in

---

491 Vgl. dazu Art. 123 Abs. 1 GG: „Recht aus der Zeit vor dem Zusammentritt des Bundestages gilt fort, soweit es dem Grundgesetze nicht widerspricht“.

492 Prägnant hier die bereits oben zitierte Aussage des Abgeordneten *de Chapeaurouge*: „Ich möchte durch das Grundgesetz die Sache nicht töten“ abgedruckt bei *Büttner/Wettengel*, Der Parlamentarische Rat XIII, 2002, S. 1423. Im verfassungsrechtlichen Schrifttum wird diese Eigenheit mit dem zurückhaltenden Regelungsanspruch der Verfassung beschrieben. Dazu etwa *Reimer*, Verfassungsprinzipien, 2001, S. 107 ff.

493 *Büttner/Wettengel*, Der Parlamentarische Rat XIII, 2002, S. 35, 181: „Die Art. 52 und 53 [HChE; Anmerkung Verf.] sind unbestritten.“ Dazu auch bereits oben Kap. 3 bei Fn. 167 ff.

494 Vgl. hier nur BVerfGE 89, 291 (303). Zu dieser Auslegung auch bereits oben Kap. 3 bei Fn. 14 ff.

495 So war die Öffentlichkeit der Bundestagsausschüsse in Art. 23 Abs. 3 des bayerischen Entwurfs vorgesehen. Die Öffentlichkeit hätte von zwei Dritteln der Ausschussmitglieder oder auf Verlangen der Regierung ausgeschlossen werden können. Diese Vorschrift wurde aber bereits nicht in den Herrenchiemseer Entwurf übernommen. Vgl. *Bucher*, Der Parlamentarische Rat II, 1981, S. 11.

einigen Bundesländern und auch neuerer landesverfassungsrechtlicher Regelungen[496] sowie entgegen einiger Forderungen aus der Literatur zum Grundgesetz[497] nach nahezu einhelliger Auffassung[498] jedoch nicht die Parlamentsausschüsse. Gerade vor diesem Hintergrund stellt sich die Frage, ob nach dem Willen der Grundgesetzgeber einzig das Bundestagsplenum zur Verhandlungsöffentlichkeit verpflichtet werden sollte, ob die verfassungsrechtliche Öffentlichkeitsbezogenheit des Parlaments sich mithin in Art. 42 Abs. 1 Satz 1 GG erschöpft.

So könnte gegen eine positiv-verfassungsrechtliche Öffentlichkeitsunterwerfung der gesamten Legislative ins Feld geführt werden, dass der Verfassungsgeber bewusst nur einen kleinen Ausschnitt des Parlamentsverfahren – überspitzt formuliert – als Ausnahme positiviert habe. Denn in der Tat wurde nicht erst unter Geltung des Grundgesetzes, sondern bereits im Parlamentarischen Rat vereinzelt gefordert, dass Parlamentsausschüsse öffentlich tagen müssten.[499] Dass dies nicht umgesetzt wurde, könnte als bewusste und bindende Negativentscheidung[500] des Verfassungsgebers gegen die Öffentlichkeit der Legislative insge-

---

[496] Gerade in Bayern und Berlin hat die geschäftsordnungsmäßige Sitzungsöffentlichkeit der Landtagsausschüsse Tradition. Dazu mit Hinweis auf die Unterschiede zur Bundesebene *Hett*, Die Öffentlichkeit der Parlamentsverhandlungen, das Grundrecht der Informationsfreiheit und Informationspflichten der Exekutive, 1987, S. 198 ff.; *Morlok*, in: *Dreier*-GG, 2015, Art. 42 Rn. 24. Inzwischen ist die Ausschussöffentlichkeit auch in einigen Landesverfassungen enthalten. Vgl. Art. 44 Abs. 1 Satz 2 VvB; Art. 23 Abs. 3 Satz 1 Verf SH.

[497] So bereits *Linck*, DÖV 1973, S. 513 (516 ff.), der mit Blick auf die zunehmende Verlagerung von Beratungen in die Ausschüsse zumindest die Öffentlichkeit selbständiger Ausschussberatungen forderte. Vgl. auch *Zeh*, in: Parlamentsrecht und Parlamentspraxis, 1989, S. 917 (933); *Pünder*, VVDStRL 72 (2013), S. 191 (241 ff.); *Morlok*, in: *Dreier*-GG, 2015, Art. 42 Rn. 24 ff.

[498] Vgl. nur *Morlok*, in: *Dreier*-GG, 2015, Art. 42 Rn. 24.

[499] So etwa die Forderung des Abgeordneten *Katz* in der 20. Sitzung des Ausschusses für Organisation des Bundes am 5. November 1948. Die Diskussion findet sich abgedruckt bei *Büttner/Wettengel*, Der Parlamentarische Rat XIII, 2002, S. 742 ff.

[500] Dazu allgemein *Reimer*, Verfassungsprinzipien, 2001, S. 425, 132 ff., der jedoch davon auszugehen scheint, dass jede bewusste Nichtaufnahme eines Normsatzes in die schriftliche Verfassung zugleich eine normative Sperrwirkung für die Annahme einer entsprechenden ungeschriebenen Verfassungsnorm auslösen würde. Obwohl dem grundsätzlich zuzustimmen ist, muss diese Annahme in ihrer Absolutheit hinterfragt werden. Denn in den teils unter erheblichem Zeitdruck stehenden Beratungen der Ausschüsse des Parlamentarischen Rates ging es primär darum, eine rechtliche Rahmenordnung zu schaffen, die entweder ein Fortgelten der vorkonstitutionellen Rechtslage ermöglicht oder dem einfachen Gesetzgeber innerhalb des zu schaffenden verfassungsrechtlichen Rahmens möglichst freie Hand lässt. Dazu bereits oben Kap. 3 bei Fn. 491. Lässt sich entstehungsgeschichtlich plausibel machen, dass die Nichtaufnahme eines Gehaltes in die Verfassungsurkunde nicht aus inhaltlichen Zweifeln an der beabsichtigten Normativität erfolgte, sondern die Aufnahme eines selbstverständlichen Gehalts etwa aus regelungssystematischen Gründen unterblieb – beispielsweise um eine einfachrechtliche Beschränkbarkeit des jeweiligen Gehalts zu ermöglichen –, ist die Annahme einer die verfassungsgeberischen Prämissen wahrenden ungeschriebenen Verfassungsnorm nicht von

samt zu verstehen sein, was zur Folge hätte, dass die Öffentlichkeit nach dem verfassungsgeberischen Willen nur auf einen spezifischen Teil der Legislative, nämlich das Plenum, begrenzt wäre.[501] Das wirft die Frage nach den Motiven der Grundgesetzgeber gegen ein ausdrückliches Gebot der Sitzungsöffentlichkeit der Bundestagsausschüsse auf.

Dass die Verfassungsgeber die Verhandlungsöffentlichkeit ausdrücklich nur für das Plenum vorsahen, beruht auf der geradezu traditionellen Erwägung, dass die Nichtöffentlichkeit von Kollektiventscheidungen – insbesondere kleinerer Gremien – die Kompromissbereitschaft der Beteiligten erhöht, der Entscheidungsverlagerung in informelle Gesprächskreise Vorschub leistet und allgemein der Wahrheitsermittlung in der Sache zuträglich ist.[502] Die Konzeption der Verfassungsregelungen zur Parlamentsöffentlichkeit erfolgte vor dem Hintergrund der bereits in Weimar nicht sitzungsöffentlich tagenden Reichstagsausschüsse[503].[504] Auch die Fachausschüsse des Parlamentarischen Rates selbst tagten nichtöffentlich,[505] was später im Plenum allerdings zumindest teilweise als Fehler betrachtet wurde.[506] Bei der Entscheidung über die Ausschussöffentlichkeit ging es jedoch gerade nicht darum, die Gegenstände der Ausschussberatung einer grundsätz-

---

vornherein abzulehnen. Diese Möglichkeit deshalb zu Recht anerkennend *H. A. Wolff*, Ungeschriebenes Verfassungsrecht unter dem Grundgesetz, 2000, S. 382 ff.

501 In diese Richtung *Groh*, in: *von Münch/Kunig*-GG, 2021, Art. 42 Rn. 15. Dazu unten Kap. 3 Fn. 512.

502 Aus der Literatur dazu *Friesenhahn*, VVDStRL 16 (1958), S. 9 (32): „die verschlossenen Türen kommen der Qualität der von den Ausschüssen geleisteten Arbeit nur zugute"; *Dieterich*, Die Funktion der Öffentlichkeit der Parlamentsverhandlungen im Strukturwandel des Parlamentarismus, 1970, S. 106; *Isensee*, in: HStR XII, 2014, S. 483 (534): „Der politische Einigungsprozeß durch Kompromissfindung verträgt in der kritischen Entscheidungsphase keine Publizität; das ist ein politisches Sachgesetz"; zustimmend *Manca*, in: Verfassung und Öffentlichkeit in der Verfassungsgeschichte (Der Staat Beiheft 25), 2020, S. 161 (179); *Zeh*, in: Parlamentsrecht und Parlamentspraxis, 1989, S. 1087 (1098); vgl. auch *Jestaedt*, AöR 126 (2001), S. 204 (230 ff.).

503 Anders bekanntlich die Untersuchungsausschüsse, Art. 34 WRV.

504 *Büttner/Wettengel*, Der Parlamentarische Rat XIII, 2002, S. 742.

505 Siehe § 21 Abs. 1 der Geschäftsordnung des Parlamentarischen Rates.

506 Vgl. die Ausführungen des Abgeordneten *Katz* im Plenum des Parlamentarischen Rates: „[I]ch wüßte nicht ein Wort, das nicht hätte in voller Öffentlichkeit gesagt werden können und ich glaube es wäre von uns allen klüger gewesen, wenn wir die *Öffentlichkeit* auch für die Ausschußsitzungen von vornherein hergestellt hätten", abgedruckt bei *Werner*, Der Parlamentarische Rat IX, 1996 S. 230. Die teilweise Intransparenz des grundgesetzlichen Entstehungsprozesses resultiert dabei nicht zuletzt aus dem Diskretionsanspruch der Militärgouverneure bei der Kommunikation ihrer Vorstellungen an eine zu entwerfende Verfassung gegenüber der deutschen Delegation. Eindrücklich dazu die Diskussion um den Ausschluss der Öffentlichkeit und den Beschluss der Vertraulichkeit im Vorfeld der Sitzung des (an sich öffentlich tagenden) Hauptausschusses am 18. Dezember 1948. In dieser Sitzung sollte *Adenauer* Bericht über ein Treffen mit den Militärgouverneuren erstatten. Dazu *Feldkamp*, Der Parlamentarische Rat XIV/I, 2009, S. 825 ff.

lichen Geheimhaltung zu unterwerfen,[507] sondern in Übereinstimmung mit obig skizzierten Motiven eine diskussionsöffnende Sitzungsvertraulichkeit herzustellen, die im Anschluss eine publikumsöffentliche Plenumsdebatte ermöglicht. Die durch die Verfassung nicht gewährleistete Zugänglichkeit der Bundestagsausschüsse ist deshalb als „Bedingung von Offenheit"[508] zu verstehen.

In diesem Zusammenhang ist es hilfreich, die Entscheidung über den Umfang parlamentarischer Öffentlichkeit unter Berücksichtigung der beiden eingangs herausgestellten[509] verfassungsgeberischen Leitgedanken zu betrachten. So waren die Mitglieder des Ausschusses des Parlamentarischen Rates einerseits bemüht, eine mit dem Geschäftsordnungsrecht der Weimarer Republik übereinstimmende Rechtslage zu ermöglichen,[510] ohne durch die Verfassung dabei aber zu weitreichende Vorgaben machen zu wollen.[511] Obwohl aus der Systematik der Verfassungsvorschriften von der überwiegenden Auffassung zutreffend die grundsätzliche Herausnahme der Ausschüsse aus dem ausdrücklichen Gebot der Plenumsöffentlichkeit (Art. 42 Abs. 1 Satz 1 GG) gefolgert wird, sollte es durch den

---

[507] Schon in der Weimarer Republik sah die Geschäftsordnung des Reichstages in der Fassung vom 12. Dezember 1922 in § 34 Abs. 2 (abgedruckt in: *Bureau des Reichstags*, Reichstags-Handbuch III, 1925, S. 79) vor, dass „Ausschüsse […] für Teile ihrer Verhandlungen oder für bestimmte Mitteilungen […] die Vertraulichkeit beschließen" können. Auch in der Geschäftsordnung des Parlamentarischen Rates wurde diese Formulierung in § 21 Abs. 2 übernommen; vgl. oben den Nachweis in Kap. 3 Fn. 505. Eine entsprechende Reglung fand sich auch in § 73 Abs. 6 der GO-BT in ihrer ursprünglichen Fassung BGBl. II 1952, S. 389 (397). Daraus folgt im Umkehrschluss, dass die Gegenstände der Ausschussberatung grundsätzlich nicht der Geheimhaltung unterliegen. Davon zu trennen ist jedoch die Frage, in welchem Maße die Protokolle nichtöffentlicher Ausschusssitzungen für die Allgemeinheit auch zugänglich sind. Aber auch hier regelt § 73 Abs. 2 Satz 1 GO-BT, dass Protokolle über nichtöffentliche Ausschusssitzungen nicht automatisch als Verschlusssachen einzustufen sind. Zu den Modalitäten der Kenntnisnahme vgl. § 73 Abs. 3 i.V.m. Anhang 1 GO-BT, der auch den presserechtlichen Zugangsanspruch begrenzen soll OVG Berlin-Brandenburg, Beschluss vom 20.01.2015 – OVG 6 S 42.14.

[508] *Jestaedt*, AöR 126 (2001), S. 204 (230 ff.).

[509] Siehe Kap. 3 Fn. 484.

[510] Im Zusammenhang mit der Diskussion um die Öffentlichkeit der Untersuchungsausschüsse in der 20. Sitzung des Ausschusses für Organisation des Bundes am 5. November 1948 entgegnete der Abgeordneten *Löbe* auf die bereits oben hervorgehobene Forderung des Abgeordneten *Katz* für eine generelle Ausschusszugänglichkeit: „Das [die generelle Ausschussöffentlichkeit; Anmerkung Verf.] ist bisher nie üblich gewesen", abgedruckt bei *Büttner/Wettengel*, Der Parlamentarische Rat XIII, 2002, S. 742.

[511] Wie bereits mehrfach angesprochen, ging es im Kontext der Untersuchungsausschüsse teilweise auch um die generelle Ausschussöffentlichkeit. Im Anschluss an diesen Exkurs führt wiederum der Abgeordnete *Katz* aus: „Wir sagen besser darüber gar nichts. Das wird später wahrscheinlich in der Geschäftsordnung des Bundestages stehen. Darüber wird in der Verfassung am besten nichts gesagt.", abgedruckt bei *Büttner/Wettengel*, Der Parlamentarische Rat XIII, 2002, S. 742. Mit Blick auf den bereits oben Kap. 3 Fn. 484 thematisierten generellen Willen des Verfassungsgebers ist hier nicht von einer bindenden Negativentscheidung auszugehen.

Verfassungsgeber gerade nicht verfassungsrechtlich unterbunden werden, dass der Bundestag im Rahmen seiner Geschäftsordnungsautonomie (Art. 40 Abs. 1 Satz 2 GG) eine Sitzungsöffentlichkeit der Bundestagsausschüsse festlegt.[512] Die Herausnahme der Ausschüsse aus dem Öffentlichkeitsgebot des Art. 42 Abs. 1 Satz 1 GG dient teleologisch nicht zuletzt der ungestörten Verhandlungsöffentlichkeit des Plenums. So sind die verfassungsgeberischen Erwägungen zur Öffentlichkeit des Parlaments und seiner Ausschüsse nicht isoliert, sondern als Ganzes zu betrachten. Aus entstehungsgeschichtlicher Perspektive ist deshalb mit Blick auf die Ausschussöffentlichkeit nicht von einer Ausnahme des Öffentlichkeitsgrundsatzes im Sinne eines Arkanprinzips auszugehen, sondern von einer Ausgestaltung legislativer Öffentlichkeit. Das tradierte Maß der Ausschusszugänglichkeit unter dem Grundgesetz sollte deshalb auch zutreffend nicht als Geheimheit[513], sondern abgestufte Form der Öffentlichkeit[514] in Gestalt einer Berichts- oder Erklärungsöffentlichkeit bezeichnet werden.[515] Ausgehend von einem über die Saalöffentlichkeit hinausgehenden Öffentlichkeitsverständnis im Sinne des faktischen Öffentlichkeitsbegriffs lässt sich daher von einem allgemeinen legislativen Öffentlichkeitsgebot sprechen, das der Entscheidung des Verfassungsgebers über die Parlamentsöffentlichkeit in den Vorschriften des Art. 42

---

512 Unzutreffend deshalb *Groh*, in: *von Münch/Kunig*-GG, 2021, Art. 42 Rn. 15 nach der die „*Nichtöffentlichkeit von Ausschusssitzungen*" „ein *verfassungsrechtlicher Grundsatz*" sei (Hervorhebungen im Original). Diese sich auf einen Umkehrschluss mit Art. 44 Abs. 1 GG berufende Gegenauffassung ist entstehungsgeschichtlich nicht haltbar und verkennt, dass nicht jeder Entscheidung des Verfassungsgebers, eine bestimmte Fragestellung nicht in der Verfassung zu regeln zugleich Normwirkung zuzuerkennen ist. Dazu bereits oben in Kap. 3 Fn. 500. Während das bemühte systematische Argument zweifelsohne für die Bestimmung des Anwendungsbereichs von Art. 42 Abs. 1 Satz 1 GG fruchtbar ist, ist es gerade mit Blick auf den reduzierten Normanspruch der Verfassung jedoch für sich genommen nicht geeignet, einen „Verfassungsgrundsatz" zu begründen. Anzumerken ist hier auch, dass bereits in der 5. Wahlperiode eine geschäftsordnungsrechtliche Einführung der Ausschussöffentlichkeit diskutiert wurde. Dazu etwa BT-Drs. 5/4373, S. 8–9; *Troßmann*, Parlamentsrecht, 1977, S. 509. Soweit den Ausschussprotokollen (PA-DBT 3101 A5/1) entnehmbar, wurde der Einwand der Verfassungswidrigkeit weitergehender Ausschussöffentlichkeit in diesem Zusammenhang nicht erhoben. Auch später wurde die Diskussion um die Ausschussöffentlichkeit fortgeführt, vgl. etwa BT-Drs. 18/3045. Für ein fakultatives Gebot der Sitzungen der Bundestagsausschüsse im Geschäftsordnungsrecht daher zutreffend *Kißler*, Die Öffentlichkeitsfunktion des Deutschen Bundestages, 1976, S. 330; *H. H. Klein/Schwarz*, in: D/H/S-GG, Stand August 2023, Art. 42 Rn. 52; *Schliesky*, in: M/K/S-GG, 2018, Art. 42 Rn. 33; *Müller-Terpitz* in: BK-GG, Stand Dezember 2023, Art. 42 Rn. 57.

513 Zumindest missverständlich *Kluth*, in *Schmidt-Bleibtreu/Hofmann/Henneke*-GG, 2022, Art. 42 Rn. 3.

514 Zur Terminologie *Linck*, ZParl 23 (1992), S. 673 (677 ff.).

515 *Linck*, DÖV 1973, S. 513 (515); *Kißler*, Die Öffentlichkeitsfunktion des Deutschen Bundestages, 1976, S. 328 ff.; *H. H. Klein/Schwarz*, in: D/H/S-GG, Stand August 2023, Art. 42 Rn. 44. Für ein auch Ausschüsse umfassendes Öffentlichkeitsgebot neuerdings *A. A. Schmidt*, Ausschussöffentlichkeit im Deutschen Bundestag, 2021, S. 260 ff., der das aber nicht Art. 42 Abs. 1 GG, sondern einer Verdichtung des allgemeinen Öffentlichkeitsgrundsatzes entnimmt.

Abs. 1 Satz 1, 42 Abs. 3, 44 Abs. 1 Satz 1 GG wie auch der gestrichenen Vorschrift über den ständigen Ausschuss nach Art. 45 Abs. 1 GG a. F.[516] zugrunde lag.

Dass die Öffentlichkeit der Legislative nach dem Willen der Verfassungsgeber über die Sitzungsöffentlichkeit des Parlaments hinausgeht, wird schließlich dadurch untermauert, dass die Vorschriften über die Öffentlichkeit des Bundestagsplenums und der Parlamentsausschüsse auf einer mindestens bis in die Weimarer Republik[517] zurückreichende Systematik beruhen. Zwischen unmittelbarer Saalzugänglichkeit und durch die Geheimschutzordnung[518] abgesicherter Geheimhaltung existiert eine Vielzahl an Nuancierungen, nach denen eine möglichst weitgehende Öffentlichkeit der Legislative in abgestufter Form auch jenseits der Sitzungsöffentlichkeit des Plenums möglich ist und die insofern Beleg für den allgemeinen legislativen Öffentlichkeitsbezug sind.[519] Gerade mit Blick darauf, dass durch die Publikumsöffentlichkeit des Plenums ersichtlich nur ein kleiner Ausschnitt parlamentarischer Tätigkeit abbildbar ist, kann nicht die Rede davon sein, dass der verfassungsrechtlichen Öffentlichkeitsbezogenheit des Parlaments nach dem Willen der Verfassungsgeber mit der Verhandlungsöffentlichkeit des Plenums Genüge getan ist.[520] Die im Parlamentarischen Rat nur in Einzelfragen

---

516 So trat der ständige Ausschuss einzig nach der Parlamentsauflösung im Jahr 1972 zusammen. Obwohl hinsichtlich der Sitzungsöffentlichkeit des Ausschusses kein Konsens herrschte, tagte er weitgehend öffentlich. Dazu *Blischke*, Der Staat 12 (1973), S. 65 (83 ff.); *Busch*, ZParl 4 (1973), S. 213 (insb. 230 ff.).

517 In der Weimarer Republik ordnete die Verfassung nicht nur die Plenumsöffentlichkeit (Art. 29 WRV) an, sondern sah mit Art. 34 Abs. 1 Satz 2 WRV bereits die öffentliche Beweiserhebung der Untersuchungsausschüsse vor. Auch der Ausschuss für auswärtige Angelegenheiten hatte nach der Verfassung (Art. 35 Abs. 1 Satz 2 WRV) die Möglichkeit, die Öffentlichkeit zuzulassen. Ein Blick auf die Ebene des Geschäftsordnungsrechts zeigt, dass die Ausschüsse in Weimar zwar nichtöffentlich tagten, die Gegenstände der Ausschussberatung jedoch grundsätzlich nicht geheim waren (dazu bereits Kap. 3 Fn. 507). § 34 Abs. 1 Satz 2 der Reichstagsgeschäftsordnung vom 12. Dezember 1922 ermöglichte die bis heute erhaltene Zugänglichkeit der Ausschüsse für nicht dem Ausschuss angehörige Abgeordnete, was ebenfalls als verminderte Form der Öffentlichkeit gesehen werden kann. Schließlich lautete schon der Titel von § 34 der Reichstagsgeschäftsordnung vom 12. Dezember 1922, der die Nichtöffentlichkeit der Ausschusssitzungen festlegte, „Beschränkung der Öffentlichkeit“ vgl. *Bureau des Reichstags*, Reichstags-Handbuch III, 1925, S. 79.

518 Gemeint ist hier die Geheimschutzordnung des Deutschen Bundestages, vgl. Anlage 3 GO-BT.

519 So sah schon § 73 Abs. 2 GO-BT in der Ursprungsfassung (BGBl. II 1952, S. 389 [396]) die Möglichkeit vor, auf Antrag der nichtöffentlichen Ausschusssitzung eine öffentliche Informationssitzung voranzustellen. Auch in der heutigen Fassung der GO-BT finden sich viele Vorschriften, die auch jenseits des Anwendungsbereichs von Art. 42 Abs. 1 Satz 1 GG möglichst weitgehende Öffentlichkeit verlangen oder ermöglichen. Vgl. etwa §§ 69 Abs. 1 Satz 2; 69 Abs. 2 Satz 1; 69 Abs. 2 Satz 3; 69a; 70 GO-BT.

520 Denn die allgemeine Wahrnehmbarkeit des Parlaments wird in der Praxis nur zu einem geringen Teil durch die Verhandlungsöffentlichkeit des Parlaments in Gestalt der räumlichen Zugänglichmachung bewirkt. So dürfte der parlamentarischen Öffentlich-

diskutierte Öffentlichkeitsbezogenheit des Parlaments ist vielmehr Beleg für die Positivierung der vom Grundsatz her unbestrittenen bereits vorverfassungsrechtlichen Einsicht,[521] dass demokratische Repräsentation und moderner Parlamentarismus die allgemeine und grundsätzliche Wahrnehmbarkeit und Zugänglichkeit der Legislative gebieten.[522]

Das allgemeine Öffentlichkeitsgebot der Legislative ist daher als mitgesetztes Verfassungsrecht anzusehen, also solches, das durch den Verfassungsgeber zwar nicht ausdrücklich, aber stillschweigend mitgeregelt wurde, weil es den gleichermaßen verbindlichen wie übergreifenden Sinnzusammenhang von Verfassungsnormen bildet[523].

bb) Gerichtsöffentlichkeit als selbstverständliches Recht

An früherer Stelle der Untersuchung wurde angesprochen, dass die Öffentlichkeit der Gerichte aus rechtsgeschichtlicher Sicht selbstverständlich ist.[524] So wurde schon die Aufnahme der Gerichtsöffentlichkeit in § 178 der Paulskirchenverfassung als „gänzlich unbestrittene Selbstverständlichkeit“[525] mit „deutlich deklaratorische[m] Charakter“[526] bezeichnet. Die ersten beiden in Geltung gesetzten gesamtdeutschen Verfassungen enthielten in ihrem Text zwar keine ausdrückliche Bestimmung zur Gerichtsöffentlichkeit. Das ist jedoch für sich genommen kein Beleg für die normative Existenzlosigkeit der Gerichtsöffentlichkeit unter dem Grundgesetz.

Wenn um die Jahrtausendwende und auch in jüngerer Zeit wieder vermehrt der Frage nach der Existenz eines „Verfassungsgrundsatzes“ der Gerichtsöffentlich-

---

keitsarbeit und der amtlichen Parlamentsberichterstattung in Gestalt der Parlamentsdokumentation und der Veröffentlichung von Drucksachen neben der Gewährleistung einer Berichterstattungsöffentlichkeit weit höhere Bedeutung zukommen. Dazu etwa *Kißler*, in: Parlamentsrecht und Parlamentspraxis, 1989, S. 993 (1001 ff.); *H. H. Klein/Schwarz*, in: D/H/S-GG, Stand August 2023, Art. 42 Rn. 54 ff.; dazu ebenso – wenn auch von der Terminologie abweichend – *Schliesky*, in: Parlamentsrecht, 2016, S. 204 (228–229); *Krüper*, in: Parlamentsrecht, 2016, S. 1178 (1184 ff.).

521 Dazu bereits oben Kap. 3 bei Fn. 167 ff.

522 Im Ergebnis übereinstimmend *Linck*, ZParl 23 (1992), S. 673 ff.: „Verfassungsgrundsatz der allgemeinen Parlamentsöffentlichkeit“; *Pünder*, VVDStRL 72 (2013), S. 191 (242); *A. A. Schmidt*, Ausschussöffentlichkeit im Deutschen Bundestag, 2021, S. 173 ff., 255 ff.

523 Dazu allgemein *H. A. Wolff*, Ungeschriebenes Verfassungsrecht unter dem Grundgesetz, 2000, S. 389 ff.; 404 ff.

524 Dazu bereits oben Kap. 3 bei Fn. 174 ff.

525 *Alber*, Die Geschichte der Öffentlichkeit im deutschen Strafverfahren, 1974, S. 145.

526 *Alber*, Die Geschichte der Öffentlichkeit im deutschen Strafverfahren, 1974, S. 148.

keit[527] nachgegangen wird, ist in der Diskussion zweifellos unterbelichtet, dass die Verhandlungsöffentlichkeit der Gerichte noch in Art. 134 des Herrenchiemseer Verfassungsentwurfs (HChE)[528] enthalten war. Unter Berücksichtigung der Gründe für die Herausnahme der Vorschrift im Parlamentarischen Rat zeigt sich, dass auch die Gerichtsöffentlichkeit von den Verfassungsgebern als selbstverständlich vorausgesetzt wurde.

(1) Grundlagen und Vorgeschichte von Art. 134 HChE

Die Aufnahme in den Entwurf beruhte dabei auf Vorschriften aus den vorkonstitutionellen Verfassungen von Bayern[529] und Baden[530],[531] welche die Gerichtsöffentlichkeit beide gleichlautend[532] anordneten. Außerdem fußte Art. 134 HChE auf Art. 86 des Bayerischen Entwurfs eines Grundgesetzes[533], der eine Arbeitsgrundlage des Verfassungskonvents bildete.[534]

Sowohl die Bayerische Verfassung, als auch der Bayerische Entwurf eines Grundgesetzes basierten dabei maßgeblich auf der Vorarbeit Wilhelm Hoegners[535], der als bayerischer Ministerpräsident und Vorsitzender des Vorbereitenden Verfassungsausschusses amtierte und bereits bei Zusammentritt des Ausschusses am 8. März 1946 einen Vorentwurf einer „Verfassung des Volksstaates

---

[527] *Britz*, Fernsehaufnahmen im Gerichtssaal, 1999, S. 209 ff., 229; *von Coelln*, Zur Medienöffentlichkeit der Dritten Gewalt, 2005, S. 161 ff., 220 ff.; *Hirzebruch*, Öffentlichkeit und Neue Medien im gerichtlichen Verfahren, 2018, S. 178; *Troßbach*, Öffentlichkeit und Geheimhaltung im Verwaltungsprozess, 2019, S. 44; *Bernzen*, Gerichtssaalberichterstattung, 2020, S. 124 ff. Vgl. dazu noch unten Kap. 4 bei Fn. 431 ff.

[528] Abgedruckt bei *Bucher*, Der Parlamentarische Rat II, 1981, S. 611.

[529] Art. 90 der Verfassung des Freistaates Bayern vom 2. Dezember 1946 (BayGVBl. 1946, S. 333).

[530] Vgl. Art. 117 der Verfassung des Landes Baden vom 18. Mai 1947 (Regierungsblatt der Landesregierung Baden 1947, S. 129 ff.).

[531] *Bucher*, Der Parlamentarische Rat II, 1981, S. 629.

[532] „Die Verhandlungen vor allen Gerichten sind öffentlich. Bei Gefährdung der Staatssicherheit oder der öffentlichen Sittlichkeit kann die Öffentlichkeit durch Gerichtsbeschluß ausgeschlossen werden".

[533] Abgedruckt bei *Bucher*, Der Parlamentarische Rat II, 1981, S. 32; dort in Art. 86 des bayerischen Entwurfes.

[534] Dieser Entwurf wurde von bayerischen Sachverständigen im Vorfeld des Konvents erarbeitet. Es handelte sich nach dem Tätigkeitsbericht des Ausschusses für Verfassungsfragen dabei nicht um eine Vorlage der bayerischen Staatsregierung, sondern der Entwurf sollte „die Eröffnung des Gedankenaustausches […] erleichtern" *Verfassungsausschuss der Ministerpräsidenten-Konferenz der westlichen Besatzungszonen*, Bericht über den Verfassungskonvent auf Herrenchiemsee vom 10. bis 23. August 1948, 1948, S. 4.

[535] Zur Person: *Hoegner* floh 1933 zunächst nach Österreich, befand sich von 1934–1945 im Exil in der Schweiz und wurde nach seiner Rückkehr am 6. Juni 1945 mit dem Wiederaufbau der Justizverwaltung in Bayern beauftragt, *Gelberg*, Quellentexte zur bayerischen Geschichte III, 2004, S. 21.

Bayern"[536] vorgelegt hatte, welcher wiederum auf die Arbeiten während seiner Zeit im Schweizer Exil zurückging,[537] und die Gerichtsöffentlichkeit in Art. 55 bereits nahezu[538] so enthielt, wie sie auch später in Art. 90 der Bayerischen Verfassung aufgenommen wurde, wo sie bis heute unverändert in Geltung[539] ist.

Der letztlich in den Entwurf des Verfassungskonvents aufgenommene Art. 134 HChE stimmte zu großen Teilen mit diesen Modellvorschriften überein. Man entschied sich jedoch dazu, die Vorschrift in zwei Absätze zu unterteilen. In Art. 134 Abs. 1 HChE wurde der Grundsatz festgehalten: „Die Verhandlungen vor allen Gerichten sind öffentlich."[540] Mit dieser ausdrücklichen Hervorhebung der Gerichtsöffentlichkeit wollte der Verfassungskonvent ihrer weitreichenden Einschränkung im nationalsozialistischen Deutschland Rechnung tragen und damit sicherstellen, dass die zu entwickelnde deutsche Verfassung ein öffentliches Gerichtsverfahren als unmittelbar geltendes Recht anordnet.[541] Vor diesem Hintergrund entschied man sich dazu, die von Hoegner – seines Zeichens Verfolgter des Hitler-Regimes[542] – im Rahmen der bayerischen Verfassungsdiskussion entworfene Formulierung in den Herrenchiemseer Entwurf zu integrieren. Lediglich in Einzelfällen sollten „unvermeidliche Ausnahmen" zugelassen werden.[543] Der Ausschluss der Öffentlichkeit wurde in Art. 134 Abs. 2 HChE geregelt. Übereinstimmend mit den Modellvorschriften war vorgesehen, dass die Öffentlichkeit bei Gefährdung der Staatssicherheit und der „öffentlichen Sittlichkeit" per Gerichtsbeschluss ausgeschlossen werden kann (Art. 134 Abs. 2 Satz 1 HChE). Über die Vorlagen hinaus wurde im Konvent in Anlehnung an § 171 des Gerichtsverfassungsgesetzes vom 27. Januar 1877[544] einzig die Möglichkeit hinzugefügt, in „Ehesachen" eine entsprechende Regelung zum Ausschluss der Öffentlichkeit durch ein Gesetz zu treffen (Art. 134 Abs. 2 Satz 2 HChE),[545] was ausweislich

---

536 Abgedruckt bei *Gelberg*, Quellentexte zur bayerischen Geschichte III, 2004, S. 41 ff.

537 *Gelberg*, Quellentexte zur bayerischen Geschichte III, 2004, S. 9 ff.

538 Nur das Wort „vorübergehend" wurde gestrichen. Art. 55 der „Verfassung des Volksstaates Bayern" lautete nämlich: „Die Verhandlungen vor allen Gerichten sind öffentlich. Bei Gefährdung der Staatssicherheit oder der öffentlichen Sittlichkeit kann die Öffentlichkeit durch Gerichtsbeschluß vorübergehend ausgeschlossen werden." *Gelberg*, Quellentexte zur bayerischen Geschichte III, 2004, S. 52.

539 Dazu *H. A. Wolff*, in: *Lindner/Möstl/Wolff*, Verfassung des Freistaates Bayern, 2017, Art. 90 Rn. 3; *Schulz*, in: *Meder/Brechmann*, Die Verfassung des Freistaates Bayern, 2020, Art. 90 Rn. 1 ff.

540 Abgedruckt bei *Bucher*, Der Parlamentarische Rat II, 1981, S. 611.

541 *Bucher*, Der Parlamentarische Rat II, 1981, S. 629.

542 Vgl. Kap. 3 Fn. 535.

543 *Bucher*, Der Parlamentarische Rat II, 1981, S. 629.

544 RGBl. 1877, S. 41 ff. (72). § 171 des Gerichtsverfassungsgesetzes sah bereits in seiner ursprünglichen Fassung vor, die Öffentlichkeit in Ehesachen auf Antrag der Parteien auszuschließen.

545 Abgedruckt bei *Bucher*, Der Parlamentarische Rat II, 1981, S. 611.

der Entwurfsbegründung dem Schutz höchstpersönlicher Angelegenheiten dienen sollte.[546] Während in der Gerichtsöffentlichkeit im Prozess der bayerischen Verfassungsgebung – ähnlich wie bereits im Siebenerausschuss vor der Frankfurter Nationalversammlung[547] – noch ein „selbstverständliche[r] Grundsatz" und eine „Kulturnorm" gesehen wurde, die klarstellungshalber[548] und widerspruchslos in die Verfassung aufgenommen wurde,[549] gab die unglückliche Formulierung von Art. 134 Abs. 2 HChE im Parlamentarischen Rat letztlich den entscheidenden Anstoß, Art. 134 HChE ersatzlos zu streichen.

(2) Die Diskussion im Parlamentarischen Rat

In der siebenten Sitzung des Ausschusses für Verfassungsgerichtshof und Rechtspflege am 6. Dezember 1948 wandte der Abgeordnete de Chapeaurouge zunächst ein, dass auch in Familiensachen eine Beschränkungsmöglichkeit in der Verfassung zweckmäßig sei.[550] Weil im Ausschuss Konsens darüber zu herrschen schien, dass Gerichte grundsätzlich zur öffentlichen Verhandlung verpflichtet werden sollen, gleichwohl Zweifel an der einfachgesetzlichen Beschränkbarkeit auftraten, wurde in der Folge zunächst die Möglichkeit erwogen, die Gerichtsöffentlichkeit nur für urteilsfällende, in der Terminologie des GVG „erkennende […] Gericht[e]"[551], anzuordnen.[552] Dem Ausschussvorsitzenden Strauß fiel jedoch erst danach auf, dass nicht nur der Anwendungsbereich dieser Bestimmung sehr weit gefasst war, sondern im Verfassungskonvent zudem die Möglichkeit zum Ausschluss der Öffentlichkeit wegen der Gefährdung bedeutender Betriebs- und Geschäftsgeheimnisse übersehen wurde.[553] Angesichts der starken regelhaften Formulierung von Art. 134 Abs. 1 HChE mittels eines Vollverbs[554]: „Die Ver-

---

546 *Bucher*, Der Parlamentarische Rat II, 1981, S. 629.

547 *Alber*, Die Geschichte der Öffentlichkeit im deutschen Strafverfahren, 1974, S. 145 ff. Vgl. auch den Nachweis in Kap. 3 Fn. 526.

548 Dass der bayerische Verfassungsgeber mit Art. 90 der bayerischen Verfassung keine Veränderung der (vorkonstitutionellen) Rechtslage herbeiführen wollte, entspricht der herrschenden Meinung in Rechtsprechung und Literatur. Siehe dazu BayVerfGHE 5, 30 (39); 43, 107 ff.; *H. A. Wolff*, in: *Lindner/Möstl/Wolff*, Verfassung des Freistaates Bayern, 2017, Art. 90 Rn. 7; *Schulz*, in: *Meder/Brechmann*, Die Verfassung des Freistaates Bayern, 2020, Art. 90 Rn. 1.

549 Siehe den Verlauf der dritten Sitzung des Verfassungs-Ausschusses vom 19. Juli 1946: Stenographische Berichte über die Verhandlungen des Verfassungs-Ausschusses der Bayerischen Verfassungsgebenden Landesversammlung I, 1946, S. 67.

550 *Büttner/Wettengel*, Der Parlamentarische Rat XIII, 2002, S. 1423.

551 § 169 Abs. 1 S. 1 GVG.

552 *Büttner/Wettengel*, Der Parlamentarische Rat XIII, 2002, S. 1423–1424.

553 *Büttner/Wettengel*, Der Parlamentarische Rat XIII, 2002, S. 1424. Bei wortlautgetreuer Anwendung der Entwurfsfassung wäre der Ausschluss der Öffentlichkeit im Interesse grundrechtlichen Geheimnisschutzes insgesamt nicht möglich gewesen.

554 Die Frankfurter Reichsverfassung (Art. 10, § 178) und die preußische Verfassung von 1848 bedienten sich hier noch einer schwächeren Modalkonstruktion.

handlungen vor allen Gerichten sind öffentlich"[555] entbrannten Zweifel darüber, ob die einfachgesetzliche Konkretisierung der Ausschlussgründe bzw. die Fortgeltung der vorkonstitutionellen Regeln der Gerichtsverfassung in der Folge nicht möglicherweise Probleme aufwerfen könnte.[556]

Anstatt deshalb dem Prinzipiencharakter der Gerichtsöffentlichkeit, über den der Sache nach kein Zweifel bestand, durch die Betonung seiner Einschränkbarkeit Ausdruck zu verleihen, wurde zuerst erwogen, die in Art. 134 Abs. 2 HChE vorgesehenen Regelung zum Ausschluss der Öffentlichkeit unter Beibehaltung von Art. 134 Abs. 1 HChE zu streichen und die Vorschriften zum Ausschluss der Öffentlichkeit in das GVG zu verlagern.[557] Wegen der definitiven Formulierung des Art. 134 Abs. 1 HChE, die zudem auch nicht berücksichtigte, dass der anvisierte Anwendungsbereich im Verfassungsentwurf wortlautgemäß weiter gefasst war, als die Gerichtsöffentlichkeit nach der tradierten Auslegung der vorkonstitutionellen Vorschrift im GVG bisher einfachrechtlich galt,[558] entschied man sich letztendlich auf einen Vorschlag des Vorsitzenden hin dazu, den ganzen Artikel ersatzlos zu streichen. Der Abgeordnete Laforet konstatierte daraufhin abschließend: „Der Rechtsstaat wird dadurch nicht berührt."[559]

(3) Die Gerichtsöffentlichkeit als normative Prämisse des Grundgesetzgebers

Da Verfassungen Normgefüge sind, die zwar einerseits eine besondere historische Prägung aufweisen, andererseits aber – wie sonstige Rechtsnormgefüge auch – durch die Umstände und Notwendigkeiten im Zeitpunkt ihrer Entstehung geprägt werden, kann es aus Sicht des Verfassungsgebers opportun sein, bestimmte bei Verfassungsgebung redundant erscheinende Fragen nicht in die Verfassungsurkunde aufzunehmen, ohne dem in Rede stehenden Gehalt mit dieser Entscheidung aber die Normativität absprechen zu wollen. Vor diesem Hintergrund sind selbstverständliche Normen, also bei Normgebung als Verfassungsrechtssatz unbestrittene Verfassungsgehalte, bei denen aus regelungstechnischen Gründen oder wegen ihrer besonderen Bedeutung eine Aufnahme in den Verfas-

---

[555] Nachweis siehe Kap. 3 Fn. 528.

[556] *Büttner/Wettengel*, Der Parlamentarische Rat XIII, 2002, S. 1424.

[557] *Büttner/Wettengel*, Der Parlamentarische Rat XIII, 2002, S. 1424.

[558] Schon § 170 der ursprünglichen Fassung des Gerichtsverfassungsgesetzes vom 27. Januar 1877, RGBl. 1877, S. 41 ff. (72) lautete entsprechend der heutigen Terminologie (zu ihr siehe oben Kap. 3 bei Fn. 551): „Die Verhandlung *vor dem erkennenden Gerichte*, einschließlich der Verkündung der Urtheile und Beschlüsse desselben, erfolgt öffentlich" (Hervorhebung Verf.). Die Formulierung der Vorschrift beruht im Wesentlichen auf einer Entwurfsformulierung aus dem Jahr 1874. Vgl. *C. Hahn*, Die gesamten Materialien zu den Reichs-Justizgesetzen I, 1883, S. 1758.

[559] *Büttner/Wettengel*, Der Parlamentarische Rat XIII, 2002, S. 1424.

sungstext unterblieben ist, als eine Fallgruppe ungeschriebenen Verfassungsrechts anzuerkennen.[560]

Bei näherer Betrachtung der verfassungsgeschichtlichen Ausgangslage sowie der Erwägungen des Verfassungskonvents und des Parlamentarischen Rates ist der Grundsatz der Gerichtsöffentlichkeit nach diesem Maßstab als ungeschriebenes weil selbstverständliches Verfassungsrecht anzusehen.[561] Dass die Gerichtsöffentlichkeit im Parlamentarischen Rat aus dem Verfassungsentwurf gestrichen wurde, ist im Ergebnis nämlich keinesfalls auf Zweifel am Grundsatz der Öffentlichkeit,[562] sondern auf die nicht mit der vorkonstitutionellen Rechtslage harmonierende Formulierung von Art. 134 HChE zurückzuführen, die im weiteren Prozess der Verfassungsgebung Zweifel über Reichweite und Beschränkbarkeit des an sich unbestrittenen Grundsatzes hervorrief.

Anders als für die Akteure der bayerischen Verfassungsgebung und des Herrenchiemseer Konvents, die den deklaratorischen Charakter der Bestimmung nicht in Zweifel zogen[563] und im „Grundsatz der Öffentlichkeit der Gerichtsverhandlungen" ausweislich der Entwurfsbegründung ein „wichtiges Prinzip des Rechtsstaats" sahen, das als „unmittelbar geltendes Recht" hervorgehoben und „unter den Schutz des Grundgesetzes" gestellt werden müsse,[564] stand für die Mitglieder des Ausschusses für Verfassungsgerichtshof und Rechtspflege im Parlamentarischen Rat bei der Entscheidung über die textliche Aufnahme der Gerichtsöffentlichkeit nicht die gedankliche Opposition zur Gerichtspraxis des „Dritten Reichs" im Vordergrund. Stattdessen waren sie ersichtlich von der Be-

---

560 Grundlegend *H. A. Wolff*, Ungeschriebenes Verfassungsrecht unter dem Grundgesetz, 2000, S. 382 ff., 408 ff. Ähnlich *Reimer*, Verfassungsprinzipien, 2001, S. 116, 199 ff.

561 Vom Ergebnis wie hier *Strauch*, in: Festschrift für Walter Mallmann, 1978, S. 345 (351–352). Anders *Kunig*, Das Rechtsstaatsprinzip, 1986, S. 371, der meint, dass es eines „ungeschriebenen Verfassungsgrundsatz" nicht bedürfe, weil die Gerichtsöffentlichkeit „bereits dem Rechtsprechungsbegriff des Grundgesetzes" entnehmbar sei. Diese zurückzuweisende Ansicht muss vor dem Hintergrund seines Forschungsanliegens betrachtet werden, nämlich der Grundlegung eines summativen Rechtsstaatsverständnis auf Grundlage des Überflüssigkeitseinwands. Die These, dass die Anerkennung eines (allgemeinen) Rechtsstaatsprinzips überflüssig sei, lässt sich nämlich nur auf Kosten der Überfrachtung der geschriebenen Verfassung durchhalten. Auch ignoriert sie die Direktionswirkung allgemeiner Verfassungsprinzipien. Die Anerkennung ungeschriebenen Verfassungsrechts erweist sich insofern als weniger fehleranfällig.

562 Wie bereits angesprochen war zu keinem Zeitpunkt strittig, dass Gerichte öffentlich zu verhandeln haben. Der Stellenwert, den die Gerichtsöffentlichkeit im Parlamentarischen Rat genoss, wurde auch bei der Diskussion um die Formulierung der Ausnahmeregelungen offenbar, die zunächst entbrannte. So äußerte der Abgeordnete *Greve* etwa, dass es zu weitgehend wäre, im Grundgesetz die Möglichkeit vorzusehen per Bundesgesetz pauschal „in Familiensachen" die Öffentlichkeit auszuschließen. Dazu *Büttner/Wettengel*, Der Parlamentarische Rat XIII, 2002, S. 1423.

563 Dazu oben Kap. 3 Fn. 548.

564 *Bucher*, Der Parlamentarische Rat II, 1981, S. 629.

strebung getragen, die Fortgeltung der (vorkonstitutionellen) einfachgesetzlichen Regelungen der Gerichtsverfassung zum Ausschluss der Gerichtsöffentlichkeit nicht durch eine unklare oder unausgewogene Verfassungsvorschrift zu torpedieren. Letztlich also ging es bei der Streichung von Art. 134 HChE um die Umsetzung des zurückhaltenden Regelungsanspruchs der Verfassung[565] im Verhältnis zum einfachen Recht.[566]

Angesichts des im Zeitpunkt der Verfassungsgebung noch allgegenwärtigen nationalsozialistischen Unrechts und der engen theoretischen Verflechtung von Rechtsstaatlichkeit und Gerichtsöffentlichkeit ist es nur schwer vorstellbar, dass die Abgeordneten den Rechtsstaat trotz der vollständigen textlichen Herausnahme von Art. 134 HChE als nicht tangiert ansehen konnten, ohne davon auszugehen, dass der Öffentlichkeit des Gerichtsverfahrens die Qualität einer Verfassungsnorm zukommen sollte. Bereits 100 Jahre zuvor, nämlich bei Entstehung der Paulskirchenverfassung, war die Gerichtsöffentlichkeit unbestrittene Selbstverständlichkeit.[567] Deshalb verwundert es auch nicht, dass der Verfassungscharakter der Gerichtsöffentlichkeit im Parlamentarischen Rat zu keiner Zeit in Frage gestellt wurde.[568]

Dass in der Nichtaufnahme der Gerichtsöffentlichkeit keine Negativentscheidung[569] hinsichtlich der Normqualität zu sehen ist, die Gerichtsöffentlichkeit nach dem ursprünglichen Willen des Verfassungsgebers vielmehr übereinstimmend mit der Absicht des Herrenchiemseer Konvents unmittelbar geltendes (Verfassungs-)Recht darstellen sollte,[570] wird abschließend dadurch plausibilisiert, dass sich die rechtstheoretische Diskussion um Normativität und Beschränkbarkeit von Grundsätzen bzw. Prinzipien zur Zeit der Verfassungsgebung allenfalls in einem Frühstadium befand, was die regelungstechnischen Unsicherheiten der Beschränkbarkeit grundsätzlicher Normen aus heutiger Sicht nachvollziehbar erscheinen lässt.[571]

---

[565] Der zurückhaltende Normanspruch ist Charakteristik des Grundgesetzes. Dazu *Reimer*, Verfassungsprinzipien, 2001, S. 98 ff.

[566] Prägnant in diesem Zusammenhang die Aussage des Abgeordneten *de Chapeaurouge*: „Ich möchte durch das Grundgesetz die Sache nicht töten." *Büttner/Wettengel*, Der Parlamentarische Rat XIII, 2002, S. 1423.

[567] Dazu oben Kap. 3 Fn. 524.

[568] Die Bedeutung des öffentlichen Gerichtsverfahrens für den Verfassungsgeber lässt sich überdies daran ablesen, dass die Abgeordneten zunächst nur den Grundsatz aus Art. 134 Abs. 1 HChE, nicht aber die Regeln zur Beschränkung der Öffentlichkeit (Art. 134 Abs. 2 HChE) in die Verfassung übernehmen wollten, wovon dann aber letztendlich aufgrund der dargestellten regelungstechnischen Überlegung Abstand genommen wurde.

[569] Dazu bereits oben Kap. 3 Fn. 500.

[570] Siehe dazu den Nachweis in Kap. 3 Fn. 541.

[571] Die hier vertretene These, dass die Nichtaufnahme der Gerichtsöffentlichkeit in den Text des Grundgesetzes mit Zweifeln an der (einfachrechtlichen) Beschränkbarkeit zu erklären ist, entspricht dem wesentlichen Argument, das in der Literatur gegen eine

b) Die Öffentlichkeit der Exekutive als Norm ungeschriebenen Verfassungsrechts?

aa) Verfassungsdogmatische Ausgangslage: Das klassische Verständnis

Schon im Rahmen der verfassungsgeschichtlichen Annäherung wurde festgestellt, dass die Öffentlichkeitsbezogenheit der Exekutive im deutschen Verfassungsrecht von einer gewissen Ambivalenz geprägt ist. Ein Blick auf das Schrifttum zum Grundgesetz bestätigt dies. So wurde in der Literatur zwar schon recht früh anerkannt, dass die Verfügbarkeit von Informationen – gerade aus dem Bereich der Exekutive – im demokratischen Staat unverzichtbar ist.[572] Auf Linie dessen, was jedenfalls bis zur Jahrtausendwende als herrschende Meinung bezeichnet werden kann, wurden und werden gleichwohl bis in jüngere Zeit hinein qualitative Unterschiede im Vergleich zur Öffentlichkeit von Legislative und Judikative betont, die sich dahingehend abstrahieren lassen, dass einem vergleichbaren „allgemeinen" verfassungsrechtlichen Öffentlichkeitsgebot hinsichtlich Regierung und Verwaltung regelmäßig die Existenz abgesprochen wurde (klassisches Verständnis).[573] Ein über konkrete Verfassungsbestimmungen hinausgehendes insbesondere exekutives Öffentlichkeitsgebot bestehe nicht. Diese Sichtweise kann als einordnende Reaktion auf das bereits seit längerem in der Rechtsprechung[574] anerkannte allgemeine Öffentlichkeitsprinzip der Demokratie begriffen werden.[575] Mit Blick auf dieses vom Bundesverfassungsgericht identifizierte Prinzip sei staatliche Öffentlichkeit nur dann herzustellen, wenn Verfassungsein-

---

verfassungsrechtliche Anerkennung der Gerichtsöffentlichkeit ins Feld geführt wird. So könne man aufgrund der immanenten Beschränkungsnotwendigkeit nicht vom Verfassungsrang der Gerichtsöffentlichkeit ausgehen. Dazu die Nachweise bei *von Coelln*, Zur Medienöffentlichkeit der Dritten Gewalt, 2005, S. 220 Fn. 361. In Richtung des hiesigen Verständnisses von Gerichtsöffentlichkeit auch BVerfG, Beschluss vom 03. Juni 2022 – 1 BvR 2103/16 – Rn. 44 nach juris.

[572] Vgl. etwa *Ridder*, in: Staatsgeheimnis und Pressefreiheit, 1964, S. 21 (32); ders., JZ 1965, S. 35 (36); *Düwel*, Das Amtsgeheimnis, 1965, S. 111 ff.; *Leisner*, Öffentlichkeitsarbeit der Regierung im Rechtsstaat, 1966, S. 82 ff., 121 ff.; *Windsheimer*, Die „Information" als Interpretationsgrundlage für die subjektiven öffentlichen Rechte des Art. 5 Abs. 1 GG, 1968, S. 32 ff.; *Ridder*, in: Festschrift für Erwin Stein, 1969, S. 57 (59 ff.); *Jerschke*, Öffentlichkeitspflicht der Exekutive und Informationsrecht der Presse, 1971, S. 64 ff.; *Kempen*, Grundgesetz, amtliche Öffentlichkeitsarbeit und politische Willensbildung, 1975, S. 214 ff.

[573] *Martens*, Öffentlich als Rechtsbegriff, 1969, S. 59 ff., 70 ff.; *Brohm*, in: HStR II, 1998, S. 207 (244 ff.); *Schoch*, VVDStRL 57 (1998), S. 158 (201); *Pieroth*, in: Festschrift Hoppe, 2000, S. 195 (197 ff.); *Jestaedt*, AöR 126 (2001), S. 204 (220); *Kloepfer*, in: HStR III, 2005, S. 389 (415–417); *Jarass*, in ders./*Pieroth*-GG, 2022, Art. 20 Rn. 18; *Robbers*, in: BK-GG, Stand Dezember 2023, Art. 20 Rn. 638; aus der Rechtsprechung etwa BVerwG, Beschluss vom 13. November 1990 – 7 B 85/90 – Rn. 8 nach juris; BVerwG, Beschluss vom 08. Mai 2018 – 4 B 22/18 – Rn. 7 nach juris.

[574] So bekanntlich zuerst in BVerfGE 70, 324 (358).

[575] Deutlich *Kloepfer*, in: HStR III, 2005, S. 389 (415): „Dem Grundgesetz [ist] ein allgemeines Publizitätsgebot nicht zu entnehmen. Auch das BVerfG geht insoweit (lediglich) von einem ‚allgemeinen Öffentlichkeitsprinzip der Demokratie' aus".

zelnormen dies im Einzelfall anordneten. Diese allgemeine (demokratische) Öffentlichkeit befände sich demnach auf eher ideeller Ebene und zeitigte für sich genommen keine Rechtsfolgen (Folgenlosigkeitsannahme).[576] Trotz dieses verfestigten Meinungsstandes konnte bereits eingangs ein gewisser Stimmungswandel in der verfassungsrechtlichen Literatur festgestellt werden, der mit dem von außen an das deutsche Recht herangetragenen Paradigmenwechsel bei der Verwaltungsöffentlichkeit in Verbindung steht. Bekanntlich wurde dem deutschen Verwaltungsrecht angestoßen durch das Recht der EG seit Beginn der 90er Jahre eine schrittweise Abkehr vom tradierten Prinzip der beschränkten Aktenöffentlichkeit abgenötigt, die jedenfalls auf Bundesebene bislang[577] ihren Höhepunkt in der Verabschiedung des IFG im Jahre 2005[578] fand. Im Zusammenhang mit der rechtspolitischen Diskussion im Vorfeld der Einführung des IFG wurde zunehmend auch das Verfassungsrecht als Argument bemüht. Die bereits länger in der verfassungsrechtlichen Literatur vertretene Meinung, die insbesondere Demokratie- und Rechtsstaatsprinzip eine auch Regierung und Verwaltung umfassende grundsätzliche Pflicht zu öffentlichem Handeln entnahm,[579] wurde nun verstärkt aufgegriffen.[580] Diese Sichtweise kann heute als weit verbreitet bezeichnet werden. Der Meinungsumschwung in der verfassungsrechtlichen Literatur wurde zwar vereinzelt ansatzweise mit methodischen Überlegungen rückgekoppelt, die geeignet wären, die nunmehrige Existenz einer im Bereich der Exekutive Wirkung entfaltenden Verfassungsnorm zu erklären.[581] Zumeist aber

[576] Dass staatliche Öffentlichkeit eher den ideellen, also nicht normativen, Schichten der Verfassung zuzurechnen wäre, entspricht einer zum Demokratieprinzip vertretenen Meinung. Dazu bereits oben Kap. 3 bei Fn. 254.

[577] Zu den gegenwärtigen Reformbestrebungen und ihren verfassungsrechtlichen Implikationen eingehend im 5. Kapitel.

[578] Vgl. BGBl. I 2005, S. 2722 ff.

[579] *A. Arndt*, NJW 1961, S. 897: „Prinzip der Öffentlichkeit staatlichen Handelns"; *Windsheimer*, Die „Information" als Interpretationsgrundlage für die subjektiven öffentlichen Rechte des Art. 5 Abs. 1 GG, 1968, S. 32 ff.; *Ridder*, in: Staatsgeheimnis und Pressefreiheit, 1964, S. 21 (32); *Ridder*, JZ 1965, S. 35 (36); *Rauschning*, Die Sicherung des Bestands von Verfassungsrecht, 1969, S. 182 ff.; *Häberle*, Politische Bildung 3 (1970), S. 3 ff.; *Jung*, Akteneinsichts- und Informationsrechte des Bürgers, 1970, S. 72 ff.; *Jerschke*, Öffentlichkeitspflicht der Exekutive und Informationsrecht der Presse, 1971, S. 64 ff.

[580] Vgl. hier nur *Rösch*, Geheimhaltung in der rechtsstaatlichen Demokratie, 1999, S. 49 ff., 71 ff.; *Scherzberg*, Die Öffentlichkeit der Verwaltung, 2000, S. 289 ff.; *Bröhmer*, Transparenz als Verfassungsprinzip, 2004, S. 33 ff.

[581] So rekurrierte etwa *Kahl*, in: Herausforderungen an das Recht der Informationsgesellschaft – 36. Tagung der Wissenschaftlichen Mitarbeiterinnen und Mitarbeiter der Fachrichtung „Öffentliches Recht", 1996, S. 9 ff. auf die (zweifelhafte) methodische Erscheinung des „Verfassungswandels". Zu ihr bereits oben Kap. 2 bei Fn. 128. Daneben deutet etwa *Schmidt-Aßmann*, Das allgemeine Verwaltungsrecht als Ordnungsidee, 2006, S. 108–109 an, dass sich durch die gemeinschaftsrechtliche Entwicklung ein „allgemeiner Rechtsgrundsatz" der Verwaltungsöffentlichkeit herausbilden würde. Aus der jüngeren Literatur nun methodisch begrüßenswert *A. A. Schmidt*, Ausschussöffentlichkeit im Deutschen Bundestag, 2021, S. 173 ff.

wurden Demokratie- und Rechtsstaatsprinzip im Wege der Verfassungsinterpretation – also einer deduktiven Vorgehensweise – ein auch auf die Exekutive erstrecktes, bisweilen als „Prinzip“ bezeichnetes Öffentlichkeitsgebot entnommen. Da im Wege der Verfassungsinterpretation aus Verfassungsnormen deduzierte Gehalte ohne Beantwortung der Frage nach ihrem normativen Geltungsgrund aus methodischer Sicht noch keine Verfassungsnormen sind, die lange weit überwiegenden Auffassung die Existenz einer entsprechenden Verfassungsnorm im Exekutivbereich zudem leugnete, soll hier nachfolgend der Frage nachgegangen werden, ob unter der gegenwärtigen Verfassungsordnung von einer die Exekutive allgemein zu Öffentlichkeit verpflichtenden Verfassungsnorm auszugehen ist. Auch hier soll der Wille des Verfassungsgebers den Ausgangspunkt der Betrachtung markieren.

bb) Keine Ableitbarkeit des Gebots faktischer Öffentlichkeit der Exekutive aus dem historischen Willen des Verfassungsgebers

Der klassischen Literaturansicht zum Trotz könnte daran gedacht werden, den Geltungsgrund normativ-exekutiver Öffentlichkeit im subjektiven Willen des Verfassungsgebers zu sehen. Denn zweifelsfrei enthält das Grundgesetz Normen, die die Exekutive zu Öffentlichkeit verpflichten. Hier drängen sich vor allem zwei Anknüpfungspunkte auf. Denn schon vergleichsweise früh wurde in der Literatur[582] anerkannt und durch die Rechtsprechung bestätigt, dass sich die Bundesregierung zur Aufrechterhaltung des staatstragenden demokratischen Grundkonsenses regierungsamtlicher Öffentlichkeitsarbeit nicht nur bedienen darf, sondern auch muss.[583] Auch diese verbreitete Sichtweise wurde bisweilen auf eine grundsätzliches Öffentlichkeitsgebot der Staatstätigkeit gestützt.[584] Bedenkt man, dass zweitens schon unter der Weimarer Reichsverfassung jedenfalls von einer bedeutsamen Literaturansicht das Interpellationsrecht als verfassungsrechtlich durch die Vorschrift zum Zitierrecht (Art. 33 Abs. 1 WRV) fundiert betrachtet wurde,[585] könnte dies dazu verleiten, dem Verfassungsgeber einen Art. 43 Abs. 1 GG zugrunde liegenden entsprechenden Fortgeltungswillen zu unterstellen.[586]

[582] Vgl. insbesondere *Leisner*, Öffentlichkeitsarbeit der Regierung im Rechtsstaat, 1966, S. 82 ff.

[583] BVerfGE 44, 125 (147 ff.) unter Bezugnahme auf BVerfGE 20, 56 (100).

[584] Deutlich etwa das demokratische Gebot der „Volksnähe des Staatshandelns“ als „ein oberster Auslegungsgrundsatz für alles Verfassungsrecht“ bei *Leisner*, Öffentlichkeitsarbeit der Regierung im Rechtsstaat, 1966, S. 82 ff. Ähnlich *Windsheimer*, Die „Information“ als Interpretationsgrundlage für die subjektiven öffentlichen Rechte des Art. 5 Abs. 1 GG, 1968, S. 32 ff. Vgl. im Übrigen die Belege oben Kap. 3 in Fn. 579.

[585] Dazu bereits oben Kap. 3 bei Fn. 194 ff.

[586] Gerade vor dem Hintergrund, dass parlamentarische Kontrolle unter dem Grundgesetz gegenüber der Weimarer Verfassung gestärkt werden sollte, könnte sich dies aufdrängen. Dazu nur *Meyn*, Kontrolle als Verfassungsprinzip, 1982, S. 144 ff.

Dies ist hier insofern von Bedeutung, als dass die Anerkennung eines verfassungsrechtlich unterfütterten Interpellationsrechts eine zumindest grundsätzliche verfassungsrechtliche Pflicht der Regierung zur Herstellung von Öffentlichkeit gegenüber dem Parlament implizieren muss, die dann aus dieser Sicht dem verfassungsgeberischen Willen entnehmbar wäre.

Beides kann hier jedoch nicht weiterhelfen. Denn zum einen ist bereits mehr als fraglich, ob – etwa aufgrund der Beratungen des Parlamentarischen Rates – zutreffend von einer subjektiv vom Verfassungsgeber gewollten Pflicht zur Öffentlichkeitsarbeit gesprochen werden kann. Auch wenn Teile der Literatur dies auf eine noch recht allgemein gehaltene Pflicht zu öffentlichem Staatshandeln stützten, bestand diese Regierungspflicht entsprechend des tradierten parlamentszentrierten Demokratiekonzepts daneben primär dem Bundestag gegenüber, was Rückschlüsse auf eine Öffentlichkeitsbezogenheit gegenüber dem Volk erschwert. Auch die Heranziehung des Interpellationsrechts verspricht bei näherer Betrachtung keinen Erfolg. Zwar folgt aus der Verfassungsentscheidung für das parlamentarische Regierungssystem die grundsätzliche Kontrollaufgabe des Parlaments – angesichts der bereits an früherer Stelle der Untersuchung eingehend dargestellten konstitutionellen Prägung parlamentarischer Kontrollrechte im Allgemeinen und der auch unter dem Grundgesetz nur sukzessiven Fortentwicklung des Interpellationsrechts erst durch die Rechtsprechung im Besonderen kann unter Berücksichtigung der historischen Genese nicht widerspruchsfrei von einer Entscheidung der Grundgesetzgeber für grundsätzliche exekutive Öffentlichkeit ausgegangen werden. Es bestätigt sich daher der bereits der geschriebenen Verfassung entnommene Eingangsbefund, dass exekutive Öffentlichkeit allenfalls punktuell vom Willen der Verfassungsgeber getragen war. Hinsichtlich eines an die gesamten Exekutive adressierten Öffentlichkeitsgebots ist aus historischer Perspektive vom Fehlen einer Entscheidung des Verfassungsgebers auszugehen.[587]

cc) Begründung im Wege der Verfassungsfortbildung

Während sich für Legislative und Judikative aus der grundsätzlich einzunehmenden subjektiven Perspektive[588] des Normgebers ein Normgeltungswillen für die grundsätzliche Öffentlichkeit deduzieren ließ, musste dies für die Exekutive verneint werden. Nachfolgend soll untersucht werden, ob sich eine die Exekutive grundsätzlich zu Öffentlichkeit verpflichtende Verfassungsnorm im Wege der Verfassungsfortbildung begründen lässt. Das setzte jedoch voraus, dass sich abweichend vom Regelfall nicht die Sicht des Verfassungsgebers, sondern ein ob-

---

[587] In Bezug auf die Exekutive vom Ergebnis übereinstimmend, anders als nach der hiesigen Vorgehensweise aber nicht nach den Gewalten differenzierend *A. A. Schmidt*, Ausschussöffentlichkeit im Deutschen Bundestag, 2021, S. 177–178.

[588] Dazu bereits oben Kap. 3 Fn. 484.

jektiver Maßstab anlegen ließe.[589] Diese wurde oben unter methodischen Gesichtspunkten für theoretisch möglich gehalten.[590] Damit ist jedoch noch nicht gesagt, dass auch im konkreten Fall abweichend vom Grundsatz eine objektive Perspektive eingenommen werden kann.

(1) Möglichkeit der Verfassungsfortbildung im konkreten Fall

Die subjektiv-historische Perspektive könnte deshalb vorliegend allenfalls unter erschwerten Bedingungen verlassen werden, müsste hinsichtlich einer die Exekutive zu grundsätzlicher Öffentlichkeit verpflichtenden Verfassungsnorm von einer bindenden Negativentscheidung des Verfassungsgebers[591] ausgegangen werden. Da es unter Berücksichtigung des bisherigen Befunds nicht von vornherein ausgeschlossen werden kann, dass entweder das Gegenteil – also die Geheimhaltung der Exekutive – positiviert wurde oder der bewussten Nichtaufnahme exekutiver Öffentlichkeit hier Bindungswirkung zuerkannt werden muss, sollen diese Fragen im Vorfeld des beabsichtigten Perspektivwechsels beleuchtet werden. So könnte die fehlende Deduzierbarkeit grundsätzlicher exekutiver Öffentlichkeit den Schluss nahelegen, die Nichtöffentlichkeit der Exekutive erwüchse nach dem Willen des Normgebers in verfassungsrechtlicher Normkraft. Gerade vor dem Hintergrund der tradierten Regelgeheimhaltung im deutschen Verwaltungsrecht und der in der Bundesrepublik erst lange im behördlichen Ermessen stehenden Gewährung von Akteneinsicht im Verwaltungsverfahren und dem sodann knapp 30 Jahre geltenden Prinzip der beschränkten Aktenöffentlichkeit,[592] wird man aus verfassungsgeberischer Perspektive doch unterstellen können, dass die verwaltungsrechtliche Arkanmaxime entsprechend der vorkonstitutionellen Rechtslage auch unter dem Grundgesetz möglich sein sollte.[593]

Auf Grundlage einer entstehungsgeschichtlichen Betrachtung erscheint die Annahme eines exekutiven Arkanprinzips als Verfassungsnorm jedoch aus mehreren Gründen abwegig. Nimmt man mit der heute herrschenden Sichtweise an,

---

589 Dieser rechtfertigungsbedürftige methodische Perspektivwechsel wird nicht immer mit hinreichender Klarheit vollzogen.

590 Zur Verfassungsfortbildung oben Kap. 2 bei Fn. 184 ff.

591 Dazu bereits oben Kap. 3 Fn. 500.

592 Zur Geschichte der Regelgeheimhaltung eindrücklich *Wegener*, Der geheime Staat, 2006, insb. S. 312 ff.; vgl. im Übrigen *Czybulka*, Die Legitimation der öffentlichen Verwaltung, 1989, S. 281 ff.; *König*, DÖV 2000, S. 45 (46 ff.); *Guckelberger*, VerwArch 97 (2006), S. 62 (73 ff.); *Gusy*, in: Grundlagen des Verwaltungsrechts I, 2022, S. 1661 (1676); *Troidl*, Akteneinsicht im Verwaltungsrecht, 2020, S. 1 ff.

593 Zu den Gründen für die „erneuerte Kontinuität der geheimen Verwaltung" eingehend *Wegener*, Der geheime Staat, 2006, S. 373 ff., der nicht zuletzt die sich aus den Erfahrungen der NS-Zeit speisende Sorge vor der Manipulationsanfälligkeit der öffentlichen Meinung als Grund für die Fortgeltung der Nichtöffentlichkeit der Verwaltung anführt.

dass der Verfassungsgeber in Art. 43 Abs. 1 GG kein Interpellationsrecht niederlegen wollte, wird man zunächst umgekehrt unterstellen können, dass das bereits in Weimar geschäftsordnungsrechtlich normierte Interpellationsrecht des Reichstags unbenommen seiner konstitutionell-monarchischen Tradition jedenfalls nicht durch eine grundsätzliche verfassungsrechtliche Geheimhaltungspflicht von Verfassungs wegen blockiert werden sollte. Daneben wurde im Parlamentarischen Rat zwar ein Antrag der „Aktionsgruppe Heidelberg“[594] zur Schaffung eines verfassungsrechtlichen Auskunftsanspruchs von Presse und Rundfunk gegenüber „politischen Vertretungen, Behörden und allen sonstigen vom Volk gestellten Organen“ abgelehnt und vom Abgeordneten Theodor Heuss gar als „alberne Formel“ bezeichnet.[595] Dass über die Negation eines subjektiv-rechtlichen Auskunftsanspruchs hinaus auch grundsätzliche objektiv-verfassungsrechtliche Geheimhaltung gewollt war, ist aber weder aus den Verfassungsmaterialien ersichtlich, noch erscheint eine solche Annahme plausibel. In dieser Grundsätzlichkeit wäre eine Verfassungsnorm nämlich weder mit dem Demokratieprinzip im Allgemeinen noch den Verantwortungs- und Kontrollbeziehungen, die nach der hergebrachten Interpretation des demokratischen Legitimationsgebots die Grundlage der Legitimation exekutiver Staatsgewalt bilden, zu vereinbaren.[596]

Daher bliebe zu erwägen, ob der Nichtaufnahme grundsätzlicher Öffentlichkeit Sperrwirkung im Sinne einer bindenden Negativentscheidung zuzuerkennen wäre. Hierfür sind allerdings keine Hinweise aus dem Entstehungsprozess der Verfassung ersichtlich. Bedient man sich der oben[597] herausgestellten Leitmotive der Verfassungsgeber, wird man an einer solchen verbindlichen Negativentscheidung auch zweifeln müssen. Denn wegen des reduzierten Regelungsanspruchs der Verfassung und der bei Verfassungsgebung intendierten weitreichenden gesetzgeberischen Regelungsmacht kann alleine aus den vorkonstitutionellen einfachrechtlichen Prämissen des Verfassungsgebers – hier in Gestalt der verwaltungsrechtlichen Arkantradition – nicht auf eine subjektiv gewollte verfassungsrechtliche Zementierung dieses einfachrechtlichen Zustands geschlossen werden. Unbenommen der Geheimhaltungshistorie lässt sich die subjektive Haltung des

---

594 Diese Gruppe war ein um den Ökonomen *Alfred Weber*, Bruder von *Max Weber*, gebildeter Diskussionskreis für Wissenschaftler, Politiker und Intellektuelle zur Zukunft Deutschlands, die unter dem Namen „Heidelberger Aktionsgruppe zur Demokratie und zum Freien Sozialismus“ auch eine Schriftenreihe herausgab. Vgl. etwa *Mugdan*, Die Neutralität Deutschlands und der Friede: Beiträge zur Bildung einer öffentlichen Meinung in Deutschland, 1947.

595 Die Diskussion findet sich abgedruckt bei *Pikart/Werner*, Der Parlamentarische Rat V, 1993, S. 766 ff.

596 Vgl. bereits die gegenteilige Auffassung bei *Ridder*, in: Die Grundrechte II, 1954, S. 243 (276–277); *Düwel*, Das Amtsgeheimnis, 1965, S. 123 ff.; *Rösch*, Geheimhaltung in der rechtsstaatlichen Demokratie, 1999, S. 158; *Scherzberg*, Die Öffentlichkeit der Verwaltung, 2000, S. 357; *Wegener*, Der geheime Staat, 2006, S. 458 ff. Ernstzunehmende Gegenstimmen sind nicht ersichtlich.

597 Siehe oben Kap. 3 bei Fn. 491 ff.

Verfassungsgebers zur grundsätzlichen Öffentlichkeit der Exekutive auf der Ebene des objektiven Verfassungsrechts resümierend als neutral bezeichnen. Zwar sollte exekutive Geheimhaltung durchaus durch die zu entwickelnde Verfassung toleriert werden, die Exekutive sollte aber weder grundsätzlich zu Öffentlichkeit noch zu Geheimhaltung verpflichtet werden. Es ist hier deshalb nicht von vornherein ausgeschlossen, die subjektive Perspektive des Normgebers zu verlassen.

(2) Keine induktive Begründbarkeit grundsätzlicher exekutiver Öffentlichkeit

Die wesentliche Schwierigkeit des Induktionsverfahrens besteht in der Bildung der normativen Induktionsbasis, die als Grundlage des sich anschließenden normbegründenden Verallgemeinerungsschlusses dient. Die allenfalls punktuellen verfassungstextlichen Öffentlichkeitsgebote im Bereich der Exekutive scheiden vorliegend als Anknüpfungspunkte des Verallgemeinerungsschlusses aus, weil sie nicht von hinreichender Breite sind, um den sicheren Schluss auf ein grundsätzliches exekutives Publizitätsgebot zuzulassen.

Da die grundsätzliche Öffentlichkeit von Legislative und Judikative dem Willen des Verfassungsgebers im Wege der Deduktion entnommen werden konnte, könnte daran gedacht werden dieses Öffentlichkeitsgebot im Wege der Induktion auf die Exekutive zu erstrecken. Nach Ansicht von Reimer kämen als normative Basis der Induktion wohl grundsätzlich nur „Verfassungseinzelnormen"[598] in Betracht.[599] Verfassungsprinzipien hingegen eigneten sich nicht als Induktionsbasis, sei die sich in diesem Fall am Ende des Induktionsschlusses ergebende Verfassungsnorm aufgrund ihrer Abstraktionshöhe nicht rechtssicher handhabbar.[600] Ausgehend von dieser Auffassung würde eine Induktion hier ausscheiden. Unabhängig davon ist die angedachte Induktion aber jedenfalls aus anderen Gründen ausgeschlossen. Stützte man exekutive Publizität auf eine Verallgemeinerung legislativer und judikativer Öffentlichkeit, läge darin ein logischer Fehler. Denn die Induktionsbasis muss sich inhaltlich stets mit der Induktionshypothese decken.[601] So können die Öffentlichkeitspflichten von Legislative und Judikative beim besten Willen nicht als konkrete Ausprägungen[602] exekutiver Öffentlichkeit verstanden werden.

---

[598] Hierunter versteht er die im Vergleich zu Verfassungsprinzipien gegenständlich konkreteren und regelmäßig geschriebenen Normen der Verfassung.

[599] *Reimer*, Verfassungsprinzipien, 2001, S. 413 Fn. 190.

[600] *Reimer*, Verfassungsprinzipien, 2001, S. 413. Basierend auf dieser Annahme wurde die normative Begründung eines gesamtstaatlichen Öffentlichkeitsgebots im Wege der Induktion neuerdings verneint, *A. A. Schmidt*, Ausschussöffentlichkeit im Deutschen Bundestag, 2021, S. 179.

[601] *Reimer*, Verfassungsprinzipien, 2001, S. 416.

[602] Allenfalls wäre es möglich, aus der gebotenen Öffentlichkeit von Legislative und Judikative auf ein darüber liegendes Öffentlichkeitsgebot der Staatsgewalt zu schließen,

(3) Begründung grundsätzlicher exekutiver Öffentlichkeit

Ein die Exekutive einschließendes grundsätzliches Öffentlichkeitsgebot konnte schon an früherer Stelle der Untersuchung Demokratie-, Rechtsstaats- und Republikprinzip im Rahmen einer vorrangig deduktiven Vorgehensweise entnommen werden. Es sei deshalb nochmal darauf hingewiesen, dass ungeschriebenes Verfassungsrecht induktiv, aber auch deduktiv begründbar ist. Dies ist Ausdruck der bereits zuvor getroffenen Feststellung, dass die an der Methode getroffene Abgrenzung zwischen ungeschriebenem Verfassungsrecht und der Verfassung im Wege der Verfassungsinterpretation entnommenen Gehalten nicht trennscharfer Natur ist.[603] Um gleichwohl Sicherheit über die mögliche Normqualität exekutiver Öffentlichkeit zu erlangen, sollen in der Folge verschiedene Ansatzpunkte beleuchtet werden, die in ihrer Kombination Aufschluss versprechen.

Zunächst ist hier auf die bisherigen Ergebnisse der Untersuchung Bezug zu nehmen, aus denen bereits eingangs die Indizierung der Normqualität staatlicher Öffentlichkeit gefolgert werden konnte. So spricht die Fundierung auf Staatsstrukturprinzipien für das Vorliegen ungeschriebenen Verfassungsrechts, insbesondere bei steigender Verfassungstextferne.[604] Entsprechend der bereits dargestellten Normstruktur der wohl bedeutsamsten verfassungsrechtlichen Normtypen als Querschnittsnormen sind auch inhaltliche Weite und Grundsätzlichkeit eines Gehalts Indizien dafür, dass es sich um einen Fall ungeschriebenen Verfassungsrechts handelt. Unter Zugrundelegung dieser Kriterien kann man von der Zugehörigkeit exekutiver Öffentlichkeit zum ungeschriebenen Verfassungsrecht ausgehen. Aufgrund der allenfalls punktuellen Öffentlichkeitsgebote in der geschriebenen Verfassung lässt sich auch von einer erheblichen Textferne sprechen. Auch die parallele Fundierung des Öffentlichkeitsgebots auf Demokratie-, Rechtsstaats- und Republikprinzip als hochabstrakte Strukturprinzipien, die teilweise Unverzichtbarkeit für die Realisierung normativer Gehalte sowie die auch inhaltliche Grundsätzlichkeit und Reichweite spricht für die Normqualität exekutiver Öffentlichkeit. Diese Indizien verdichten sich, betrachtet man die oben angesprochene dogmatische Rechtfertigung der Rechtsfortbildung im Verfassungsrecht in Gestalt des Gleichbehandlungs- und Konsistenzpostulats des Rechts.[605] Wenn sich gegenüber Legislative und Judikative ein als ungeschriebenes Verfassungsrecht anzusehendes Gebot faktischer Öffentlichkeit entnehmen ließ, so ist die

aus dem sodann die Öffentlichkeit der Exekutive zu deduzieren wäre. Da die Induktion als Wahrscheinlichkeitsurteil nicht logisch zwingend ist und die Fehleranfälligkeit durch die Weite der angedachten Induktionsbasis zudem noch verstärkt wird (dazu Kap. 3 Fn. 600), scheidet die Induktion hier jedoch aus.

603 Dazu bereits oben Kap. 2 bei Fn. 184 ff.

604 *H. A. Wolff*, Ungeschriebenes Verfassungsrecht unter dem Grundgesetz, 2000, S. 244 ff., 250 ff.

605 Dazu oben Kap. 2 bei Fn. 184 ff.

Frage nach dem Grund für diese Andersbehandlung der Exekutive durchaus legitim. Zwar ist dies mit Blick auf die Geschichte exekutiver Öffentlichkeit und die durch den Verfassungsgeber beabsichtigte Billigung der verwaltungsrechtlichen Arkanpraxis erklärbar, aber entsprechend des obigen Ergebnisses zur Deduktion exekutiver Öffentlichkeit aus den genannten Strukturprinzipien bei Anlegung eines objektiven Maßstabs nicht normativ zu rechtfertigen.

Weil die Voraussetzungen einer lückenschließenden Verfassungsfortbildung hier erfüllt sind, handelt es sich bei der obigen Deduktion exekutiver Öffentlichkeit aus Demokratie-, Rechtsstaats und Republikprinzip, nicht um verfassungskonkretisierende, sondern verfassungsfortbildende Deduktion, dessen Produkt ungeschriebenes Verfassungsrecht ist. Diese Notwendigkeit der Verfassungsfortbildung besteht auch aus Sicht des verfassungsändernden Gesetzgebers. So ließ sich im Anschluss an die Betrachtung des Verfassungstexts von einer Öffentlichkeitstendenz des verfassungsändernden Gesetzgebers sprechen. Gerade die durch den verfassungsändernden Gesetzgeber im Interesse parlamentarischer Kontrolle und Beteiligung in Art. 13 Abs. 6 Satz 1, 23 Abs. 2 Satz 2 GG geschaffenen Berichts- bzw. Unterrichtungspflichten der Regierung gegenüber dem Parlament dokumentieren, dass auch der verfassungsändernde Gesetzgeber die subjektiv-normgeberische Neutralität des Verfassungsrechts hinsichtlich exekutiver Öffentlichkeit für überholt hält und die informatorische Vormachtstellung der Exekutive durch positiv-verfassungsrechtliche Öffentlichkeit beschränken will. Auch die übrigen in diesem Zusammenhang genannten Normen legen die Existenz einer insoweit überwölbenden Verfassungsnorm nahe. Unter Berücksichtigung des von Wolff[606] herausgearbeiteten Entscheidungsmerkmals der bei gleicher Bindungswirkung gesteigerten Geltungskraft ungeschriebenen Verfassungsrechts ist nicht erklärbar, weshalb der im Bereich der Exekutive besonders spürbare Öffentlichkeitsbedarf durch ein bundesverfassungsgerichtliches Judikat beseitigbar sein sollte. Gerade die Informationsabhängigkeit der Demokratie und die deshalb tiefe Verwurzelung von (exekutiver) Öffentlichkeit im Demokratieprinzip streiten dafür, exekutive Öffentlichkeit als dauerhaft mit gleicher Geltungskraft wie ihre Ursprungsnormen ausgestattet zu sehen. Wendet man sich der Sichtweise derer zu, die eine normative Öffentlichkeitsbezogenheit der Exekutive verneinten, kann festgestellt werden, dass die Existenz verfassungsnormativer Öffentlichkeit häufig mit Blick auf die Vorstellung bestritten wurde, dass aus der Anerkennung einer allgemeinen normativen Publizitätspflicht der Exekutive gegenüber dem Volk konkrete verfassungsrechtliche Pflichten erwüchsen, die insbesondere der Verwaltung Maßnahmen abnötigten, welche unter der grundgesetzlichen Staatsorganisation einzig dem Gesetzgeber zustünden und die Ausgestaltung oder Be-

606 *H. A. Wolff*, Ungeschriebenes Verfassungsrecht unter dem Grundgesetz, 2000, S. 294ff.

schränkung exekutiver Öffentlichkeit erschwerten.[607] Unabhängig von den noch genauer zu behandelnden inhaltlichen Anforderungen verfassungsnormativer Öffentlichkeit sei hier nur bemerkt, dass dieses auch gegen die Annahme verfassungsrechtlicher Gerichtsöffentlichkeit vorgebrachte Argument[608] als solches nicht die Existenz ungeschriebenen Verfassungsrechts in Frage stellen kann. Wie bereits an früherer Stelle der Untersuchung beleuchtet, kennt das Verfassungsrecht Normtypen, die fähig sind, dem begrenzten Regelungsanspruch der Verfassung und dem daraus folgenden gesetzgeberischen Konkretisierungsprimat[609] über ihre Normstruktur Rechnung zu tragen. Daraus folgt, dass diese Argumente nicht geeignet sind, den Normcharakter exekutiver Öffentlichkeit in Frage zu stellen. Ihnen ist auf inhaltlicher Ebene Rechnung zu tragen.

Es kann deshalb festgehalten werden, dass exekutive Öffentlichkeit zwar nicht vom historischen Verfassungsgeber positiviert wurde, der Verfassung aber als ungeschriebene Verfassungsnorm parallel zur Öffentlichkeit von Legislative und Judikative im Wege verfassungsfortbildender Deduktion[610] aus Demokratie-, Rechtsstaats- und Republikprinzip zu entnehmen ist. Vorbehaltlich der weiteren Prüfung ist exekutive Öffentlichkeit als Teil des ungeschriebenen Verfassungsrechts anzusehen und im Verhältnis zum geschriebenen Verfassungsrecht nicht nur von gleicher Bindungswirkung, sondern auch von gleicher Geltungskraft.[611]

3. Normativer Selbststand und Zentralnormqualität gesamtstaatlicher Öffentlichkeit

Bei der methodischen Annäherung wurde gesehen, dass eine Norm nur als solche gelten kann, wenn sie einen gegenüber den Normen ihres Normumfelds eigenen Gehalt aufweist. Diese letztlich aus der Spezifitätsmaxime[612] des Rechts folgende Anforderung wird im verfassungsrechtlichen Schrifttum zunehmend unter der Kategorie des Selbst- oder Eigenstands von Normen beleuchtet.[613] Obwohl sich die Öffentlichkeit von Legislative und Judikative nach dem hier vertretenen Ansatz auf einen impliziten Setzungsakt des historischen Verfassungsgebers stützen kann, wird ihr dogmatisches Fundament weiterhin von Demokratie-,

---

[607] Vgl. etwa die Annahme bei *Grzeszick*, in: D/H/S-GG, Stand August 2023, Art. 20 II Rn. 26 ff., in der Literatur werde eine „*Rechtsregel der Verwaltungstransparenz*" (Hervorhebung im Original) gefordert. In diese Richtung auch *Kloepfer*, in: HStR III, 2005, S. 389 (416–417); *Jestaedt*, AöR 126 (2001), S. 204 (220). Aus der Rechtsprechung vgl. BVerwG, Beschluss vom 08. Mai 2018 – 4 B 22/18 – Rn. 7 nach juris.

[608] Dazu bereits oben Kap. 3 Fn. 571.

[609] *Göldner*, Verfassungsprinzip und Privatrechtsnorm, 1969, S. 189.

[610] So im Ergebnis auch *A. A. Schmidt*, Ausschussöffentlichkeit im Deutschen Bundestag, 2021, S. 179, der jedoch nicht zwischen den Gewalten differenziert.

[611] Zu dieser Unterscheidung bereits Kap. 2 bei Fn. 26.

[612] Dazu *Sobota*, Das Prinzip Rechtsstaat, 1997, S. 419 ff.

[613] Dazu oben die Nachweise in Kap. 2 Fn. 213.

Rechtsstaats- und Republikprinzip gebildet. Um zu klären, ob die insofern parallele und ihrerseits aus einem Induktionsschluss folgende Forderung nach Öffentlichkeit der Staatsgewalt insgesamt Ausfluss einer selbständigen Norm des Verfassungsrechts ist, soll zunächst das Verhältnis zwischen den angesprochenen Ursprungsnormen beleuchtet werden. Denn es ließe sich argumentieren, dass der Gehalt einer den Staat grundsätzlich zu Öffentlichkeit verpflichtenden ungeschriebenen Verfassungsnorm bereits vollumfänglich den Prinzipien zu entnehmen sei, aus denen sie sich ableitet, weshalb dieser Norm dann nach der Spezifitätsmaxime der Eigenstand zu versagen wäre.[614]

a) Verhältnis von Demokratie- und Rechtsstaatsprinzip

Aufgrund der klassischerweise zuvörderst demokratischen Verortung von Öffentlichkeit wird das Demokratieprinzip auch heute noch als primäre Grundlage eines Publizitätsgebots betrachtet. Insbesondere nach der traditionellen Lesart wurde und wird das Maß der insoweit geforderten Öffentlichkeit daher teilweise isoliert dem Demokratieprinzip unter Ausblendung oder teleologischer Isolierung von rechtsstaatlicher Öffentlichkeit entnommen.[615] Andere hingegen betrachten die zumindest den Prinzipien von Demokratie und Rechtsstaat entnommene Öffentlichkeit als homogenes Verfassungsgebot.[616] Das Bundesverfassungsgericht spricht wahlweise vom allgemeinen Öffentlichkeitsprinzip der Demokratie[617] oder vom „die Demokratie prägenden Transparenzgebot […]“[618], während das

---

[614] Vgl. dazu die Ausführungen von *Sobota*, Das Prinzip Rechtsstaat, 1997, S. 435 ff. zum Rechtsstaatsprinzip. Die hier beabsichtigte Verhältnisbestimmung ist jedenfalls von nicht zu leugnender Relevanz, wird die Auslegung von abgeleiteten Verfassungsgehalten doch maßgeblich durch die Teleologie der Ursprungsnormen bestimmt und beschränkt. Allgemein dazu *Reimer*, Verfassungsprinzipien, 2001, S. 187 unter Bezug auf *Kriele*, VVDStRL 29 (1971), S. 46 (67).

[615] In diese Richtung *Martens*, Öffentlich als Rechtsbegriff, 1969, S. 59 ff.; *Kriele*, VVDStRL 29 (1971), S. 46 (67); *Kißler*, Die Öffentlichkeitsfunktion des Deutschen Bundestages, 1976, S. 68–69; *Grzeszick*, in: D/H/S-GG, Stand August 2023, Art. 20 II Rn. 22; *Ostermann*, Transparenz und öffentlicher Meinungsbildungsprozess, 2019, S. 327.

[616] So etwa *Häberle*, Politische Bildung 3 (1970), S. 3 ff.; ders., in: Die Verfassung des Pluralismus, 1980, S. 126 (132), der von „der *einen* konstitutionellen Publizität des GG“ spricht (Hervorhebung im Original); *Jerschke*, Öffentlichkeitspflicht der Exekutive und Informationsrecht der Presse, 1971, S. 116; *Rösch*, Geheimhaltung in der rechtsstaatlichen Demokratie, 1999, S. 71; *Gröschner*, VVDStRL 63 (2004), S. 344 (357 Fn. 48), nach dem es sich bei den einzelnen Elementen um „integrale Eigenheiten, nicht aber isolierbare ‚Elemente‘“ handele; *Drefs*, in: Informationen der öffentlichen Hand – Zugang und Nutzung, 2016, S. 89 (102).

[617] BVerfGE 70, 324 (358); 77, 1 (48); 103, 44 (63); 124, 78 (125–126); 131, 152 (206). In einer früheren Entscheidung BVerfGE 67, 100 (136) taucht erstmals der Begriff „Öffentlichkeitsprinzip“ im Zusammenhang mit Fragen der Öffentlichkeit und des Geheimnisschutzes im Rahmen des Untersuchungsausschussverfahrens in den Ausführungen des Gerichts auf.

[618] BVerfGE 130, 318 (360).

Rechtsstaatsprinzip vom Gericht zwar teilweise bei der Auslegung neben das Demokratieprinzip gestellt wurde, ohne rechtsstaatliche Öffentlichkeit aber ausdrücklich als „Prinzip“ zu bezeichnen.[619]

Die Anerkennung einer einheitlichen auf Demokratie- und Rechtsstaatsprinzip gestützten Verfassungsnorm darf jedenfalls nicht dazu führen, dass das Verhältnis dieser Prinzipien zueinander verwischt und ihre Grenzziehung erschwert wird.[620] Auch einem Ordnungs- und Systematisierungsgedanken zufolge muss eine Rückwirkung der neu gewonnenen selbständigen Norm auf ihre Ursprungsnormen durch diese kombinierte Ableitung verhindert werden.[621] Hierfür ist ein Blick auf das abstrakt-dogmatische Verhältnis von Rechtsstaat und Demokratie zu werfen. Denn ungeachtet ihrer teleologischen Polarität haben nicht zuletzt die Erfahrungen totalitären Machtmissbrauchs zu einer Verzahnung von Rechtsstaat und Demokratie unter dem Grundgesetz geführt.[622] Die gegenwärtige Demokratie ist infolgedessen als rechtsstaatliche anzusehen.[623] Diese für Verfassungsprinzipien typische Verflechtung führt jedoch nicht zur völligen Relativierung ihrer dogmatischen Abgrenzbarkeit: So wird die Zuordnung gemeinhin danach getroffen, dass dem Demokratieprinzip die Legitimation der Staatsgewalt und ihr striktes Ausgehen vom Volk zugeschrieben wird, während das auf Nomokratie gerichtete Rechtsstaatsprinzip die so legitimierte Staatsgewalt im Zusammenspiel mit den rechtsstaatlichen Einzelverbürgungen inhaltlich begrenzt.[624] Entsprechend ihrer

---

[619] „Das demokratische und rechtsstaatliche Prinzip [...] [verlangt,] daß der gesamte Willensbildungsprozeß für den Bürger durchschaubar ist und das Ergebnis vor den Augen der Öffentlichkeit beschlossen wird“: BVerfGE 40, 296 (327). Ähnlich 123, 39 (69–70). Auf die Judikative bezogen BVerfGE 103, 44 (63): „Der im Gerichtsverfassungsrecht enthaltene Grundsatz der Öffentlichkeit mündlicher Verhandlungen ist ein Bestandteil des Rechtsstaatsprinzips. Auch entspricht er dem allgemeinen Öffentlichkeitsprinzip der Demokratie“.

[620] Dazu in anderem Zusammenhang *C. Möllers*, VerwArch 90 (1999), S. 187 (201); *Unger*, Das Verfassungsprinzip der Demokratie, 2008, S. 236–237, 278–280.

[621] Vgl. schon den Einwand bei *Kriele*, VVDStRL 29 (1971), S. 46 (67).

[622] *Stern*, Staatsrecht I, 1984, S. 623 ff.; *Böckenförde*, in: HStR II, 2004, S. 429 (485 ff.); *Hesse*, Grundzüge des Verfassungsrechts, 1995, S. 118 ff. Tendenziell etwas zurückhaltender *Unger*, Das Verfassungsprinzip der Demokratie, 2008, S. 237: „Verschränkungen beider Verfassungsprinzipien sind Ergebnis erst ihrer gegenseitigen Zuordnung im ‚demokratischen Rechtsstaat‘, nicht schon Ausfluß der Verfassungsprinzipien selbst“.

[623] So BVerfGE 68, 1 (87): „Die Demokratie, die das Grundgesetz verfaßt hat, ist eine *rechtsstaatliche* Demokratie, und das bedeutet im Verhältnis der Staatsorgane zueinander vor allem eine *gewaltenteilende* Demokratie“ (Hervorhebungen im Original). Anders noch *Schmitt*, Verfassungslehre, 2017, S. 200 ff., der den Rechtsstaat nicht als politisches Formprinzip verstand und Rechtsstaat und Demokratie isoliert betrachtete.

[624] Griffig *C. Möllers*, VerwArch 90 (1999), S. 187 (201): „dogmatische Unterscheidung zwischen dem [...] Demokratieprinzip, das gebietet, wer entscheidet (das Staatsvolk), und dem Rechtsstaatsprinzip, das gebietet, wie entschieden wird“. Ähnlich *Dreier*, in: ders.-GG, 2015, Art. 20 (Demokratie) Rn. 147; *Unger*, Das Verfassungsprinzip der Demokratie, 2008, S. 236–237. Allgemein zur Polarität von Verfassungsprinzi-

gegenseitigen Verschmelzung sind deshalb nicht sämtliche Überlappungen zwischen diesen Prinzipien als undogmatisch abzulehnen.[625] Besonders deutlich ist das beim traditionell dem Rechtsstaat[626] zugeordneten Grundsatz der Gewaltenteilung, treffender: der Gewaltengliederung[627], der nach richtiger Lesart nicht nur eine strikt machtbegrenzende, sondern gleichfalls eine im parlamentarischen Regierungssystem[628] besonders spürbare demokratische Dimension aufweist und daher richtigerweise als eigenständiges Verfassungsprinzip anzusehen ist.[629]

Da die sich verbreitende Einsicht, dass das tradierte Modell demokratischer Legitimation einer Ergänzung bedarf, unweigerlich zu stärker werdenden Überschneidungen zwischen Demokratie- und Rechtsstaatsprinzip führt,[630] wird man zur Aufrechterhaltung der dogmatischen Unterscheidung dieser Prinzipien aber gleichwohl eine Grenze ziehen müssen. Aufgrund der angesprochenen zuvörderst inhaltlichen Prägung der Rechtsstaatlichkeit ist von einer abzulehnenden dogmatischen Verwischung jedenfalls dann auszugehen, wenn sich die systemimmanenten Überlappungen so verdichtet haben, dass es zu einer demokratischen Aufladung rechtsstaatlich-inhaltlicher Entscheidungsmaßstäbe kommt.[631]

Die gleichermaßen Demokratie- wie Rechtsstaatsprinzip zu entnehmende grundsätzliche verfassungsrechtliche Verpflichtung aller Staatsgewalt zu faktischer Öffentlichkeit führt bei Lichte betrachtet nicht zu einer solchen abzulehnenden dogmatischen Verwässerung. Denn die ausgemachten rechtsstaatlichen Öffentlichkeitsbezüge als solche verwirklichen noch keine inhaltlichen Vorgaben, sie sind höchstens inhaltlichen Verbürgungen vorgelagerte, insbesondere kontrollermöglichende und als solche inhaltsneutrale Gewährleistungen. Besonders deutlich ist dieser demokratisch-rechtsstaatliche bzw. gewaltenteilige Doppelbe-

---

pien *Achterberg*, Der Staat 8 (1969), S. 159 (166 ff.): „Äußere Antinomie". Vgl. dazu auch bereits oben die Nachweise in Kap. 2 Fn. 135.

625 Vgl. auch die Überlegungen bei *Classen*, Demokratische Legitimation im offenen Rechtsstaat, 2009, S. 37 ff. Für den Grundsatz der Verhältnismäßigkeit als Ausfluss des Verhältnisses von Rechtsstaat und Demokratie jedenfalls *Unger*, Das Verfassungsprinzip der Demokratie, 2008, S. 237.

626 Insbesondere bei *C. Möllers*, AöR 132 (2007), S. 493 (509) wird die Gewaltengliederung indes als „eigenständige Organisationsregel" mit demokratischem und rechtsstaatlichem Bezug verstanden.

627 *C. Möllers*, Gewaltengliederung, 2005, insb. S. 65 ff.

628 Dazu *H. Dreier*, Hierarchische Verwaltung im demokratischen Staat, 1991, S. 131 ff.

629 *Hesse*, Grundzüge des Verfassungsrechts, 1995, S. 208 ff., 214–215; *Di Fabio*, in: HStR II, 2004, S. 613 (615); *C. Möllers*, AöR 132 (2007), S. 493 (496–497, 502 ff.); *Poscher*, in: Grundlagen des Verwaltungsrechts I, 2012, S. 543 (554–555); *Thiele*, Der gefräßige Leviathan, 2019, S. 259–262; *C. Schröder*, JuS 2022, S. 122 (125).

630 Vgl. etwa *Trute*, in: Grundlagen des Verwaltungsrechts I, 2022, S. 551 (594).

631 So übereinstimmend von *C. Möllers*, VerwArch 90 (1999), S. 187 (201); *Unger*, Das Verfassungsprinzip der Demokratie, 2008, S. 236–237, 278–280 im Falle der Output-Legitimation angenommen.

zug von Öffentlichkeit in Gestalt des parlamentarischen Interpellationsrechts. Entsprechend wurde in der Rechtsprechung des Bundesverfassungsgerichts zunächst eher die machtbegrenzende Dimension betont, das Interpellationsrecht also eher gewaltenteilig-rechtsstaatlich fundiert, bevor es erst in jüngeren Entscheidungen in den Zusammenhang demokratischer Legitimation gestellt wurde.[632] Die hierin zutage tretende zunehmende demokratische Unterfütterung traditionell eher dem Rechtsstaatsprinzip zugeordneter Kontrolle durch die Verpflichtung aller Staatsgewalt zu Öffentlichkeit erweist sich aus dieser Sicht nicht als der obigen dogmatischen Zuordnung von Rechtsstaat und Demokratie gegenläufig, sie ist vielmehr Ausprägung der in der Verfassung angelegten demokratisch-rechtsstaatlichen Konnexität und entspricht dem hier zugrunde gelegten Demokratieverständnis mit der Legitimationsergänzung des tradierten demokratischen Legitimationsmodells durch staatliche Öffentlichkeit. Eine klare Differenzierung zwischen demokratischer und rechtsstaatlicher Öffentlichkeit erscheint im Ergebnis nicht nur praktisch schwierig, sondern auch unnötig.

b) Verhältnis des Republikprinzips zu Demokratie- und Rechtsstaatsprinzip

Obwohl das Republikprinzip im Laufe seiner bewegten Geistesgeschichte durchaus auch mit dem Rechtsstaatsprinzip in Konkurrenz trat,[633] sind seine vordergründigen dogmatische Berührungspunkte nunmehr im Bereich des Demokratieprinzips anzusiedeln. Nach dem hiesigen Verständnis wurde dem unter dem Grundgesetz positivierten Republikprinzip ein im Gefüge der Verfassungsprinzipien eigenständiger Normgehalt in Gestalt der Gemeinwohlverpflichtung aller Staatsgewalt entnommen. Ungeachtet der inhaltlichen Kongruenz der dem Republikprinzip entnommenen Forderung nach faktischer Öffentlichkeit der Staatsgewalt mit dem demokratisch-rechtsstaatlichen Öffentlichkeitspostulat nimmt die Republik im Kanon dieser Verfassungsprinzipien in zweifacher Hinsicht eine eigenständige Rolle ein. Erst dem Republikprinzip ist die teleologische Ergänzung um die Gemeinwohlfunktion staatlicher Öffentlichkeit zu entnehmen. Das Gleiche gilt für die informatorisch-gemeinwohlorientierte Zuweisung aller öffentlichen Angelegenheiten zum Volk.[634] So folgt aus der republikanischen Gemein-

---

[632] Grundlegend die Ausführungen in BVerfGE 137, 185 (230 ff.).

[633] So hat das Rechtsstaatsprinzip einige ursprünglich republikanische Wertungen aufgenommen. Dazu *Isensee*, JZ 1981, S. 1 (3 ff.).

[634] Trotz dieser spezifisch-republikanischen Bedeutung – jedenfalls nach der hier zugrunde gelegten Lesart des Demokratieprinzips – hingegen wohl zu weitgehend die Sichtweise bei *Anderheiden*, Gemeinwohl in Republik und Union, 2006, S. 335 ff., 347, 356 nach dem „das kollektive Gut der informierten Öffentlichkeit weder aus dem Demokratieprinzip […] oder dem Rechtsstaatsprinzip allein oder zusammen ableitbar" wäre, insoweit vielmehr einzig das Republikprinzip einschlägig sei. Vgl. etwa BVerfGE 103, 44 (65) sowie die demokratischen Rückkopplungen bei *Drefs*, Die Öffentlichkeitsarbeit des Staates und die Akzeptanz seiner Entscheidung, 2019, S. 38 ff.; *Ostermann*,

wohlverpflichtung der Staatsgewalt, dass auch ihre Ausübung durch die repräsentativ-demokratisch bestimmten und legitimierten Organe Angelegenheit des Volkes bleibt und sich daher grundsätzlich vor den Augen aller abspielen muss. Aufgrund dieser beiden republikanischen Öffentlichkeitsdimensionen ist das Republikprinzip daher auch unter Berücksichtigung der Spezifitätsmaxime neben Demokratie und Rechtsstaatsprinzip zu stellen.

c) Folgerungen

Als Charakteristik normativen Selbststands wurde eingangs ein gegenüber der normativen Umwelt eigener Normgehalt herausgestellt. Dieser ergibt sich hier mit Blick darauf, dass sich das abstrakte Gewicht bei gleichgerichteten Verfassungsgehalten verstärkt.[635] So beziehen „Mischprinzipien" im Verfassungsrecht die für ihren Eigenstand notwendige Spezifität aus diesem die einzelnen Ursprungsnormen überschießenden Wirkbereich gegenseitiger Verstärkung.[636] Gerade die beleuchtete Stellung von Öffentlichkeit am in der Verfassung angelegten Überschneidungsbereich der Prinzipien von Demokratie sowie Rechtsstaat und Gewaltenteilung illustriert, dass sich die einzelnen Ursprungsnormen aus dogmatischer Sicht nicht voneinander isolieren lassen, vielmehr als einheitliches Ganzes zu betrachten sind. Unter Wahrung der jeweiligen normeigenen Teleologie sowie übereinstimmend mit der geistesgeschichtlichen Entwicklung dieser Prinzipien verstärken die legitimatorische Ausrichtung des Demokratieprinzips, der machtbegrenzende Anspruch des Rechtsstaatsprinzips und die Gemeinwohlverpflichtung des Republikprinzips die ihnen parallel entnehmbare Forderung nach staatlicher Öffentlichkeit, welche damit trotz ihrer Akzessorietät zu den Ursprungsnormen als selbständige Verfassungsnorm anzusehen ist.[637]

Fraglich ist jedoch, ob die ungeschriebene Verfassungsnorm auch als Verfassungsprinzip in Betracht kommt. Denn nach der Definition Reimers können nur

---

Transparenz und öffentlicher Meinungsbildungsprozess, 2019, S. 328 ff. oder *Mast*, Staatsinformationsqualität, 2020, S. 114 ff.

[635] *Sieckmann*, Regelmodelle und Prinzipienmodelle des Rechtssystems, 1990, S. 167; *Reimer*, Verfassungsprinzipien, 2001, S. 496.

[636] „Während das Subprinzip i. e. S. (als Derivat *eines* Hauptprinzips) inhaltlich nie weiter reichen kann als dieses, ist das Mischprinzip gerade durch die Grenzüberschneidung gekennzeichnet." *Reimer*, Verfassungsprinzipien, 2001, S. 187 (Hervorhebung im Original); grundsätzlich zustimmend *Nowrot*, Das Republikprinzip in der Rechtsordnungengemeinschaft, 2014, S. 500; *A. A. Schmidt*, Ausschussöffentlichkeit im Deutschen Bundestag, 2021, S. 181.

[637] In diese Richtung bereits *Rösch*, Geheimhaltung in der rechtsstaatlichen Demokratie, 1999, S. 355–358; *Bröhmer*, Transparenz als Verfassungsprinzip, 2004, S. 374–375; *Lederer*, Open Data, 2015, S. 439; *A. A. Schmidt*, Ausschussöffentlichkeit im Deutschen Bundestag, 2021, S. 156–158, 182. Für ein homogenes Öffentlichkeitsgebot vgl. schon die Nachweise oben in Kap. 3 Fn. 616.

Zentralnormen der Verfassung als Verfassungsprinzipien begriffen werden. Anders als Verfassungseinzelnormen haben diese über ihre bloße Normativität hinaus „zentrale Bedeutung für die Verfassung" und prägen selbige, was sich an ihrer „Querschnittswirkung" und der „Abstraktheit" ihrer Formulierung, also darin manifestiert, dass sie nicht nur gegenstandsbezogen sind.[638] Im Ausgangspunkt scheint das auf die vorgefundene Verfassungsnorm zuzutreffen, da das Gebot faktischer Öffentlichkeit der Staatsgewalt insgesamt ein gleichermaßen weitreichendes wie auch inhaltlich hochabstraktes Verfassungsgebot darstellt. Anknüpfend an die Feststellung Reimers, nach der Subprinzipien als aus Verfassungsprinzipien abgeleitete Verfassungsnormen aufgrund ihrer gegenständlichen Begrenztheit im Regelfall keine Zentralnormqualität besäßen,[639] wurde in jüngerer Zeit jedoch bestritten, dass die Öffentlichkeit der Staatsgewalt als Verfassungsprinzip anzusehen respektive zu bezeichnen sei. Stattdessen solle lediglich von einem „Verfassungsgrundsatz" der Öffentlichkeit gesprochen werden.[640] Dabei bleibt schon vom Ansatz her im Unklaren, welche Folgen hieraus neben der rein terminologischen Unterscheidung auf Ebene der Normstruktur zu ziehen sind. Auch wird die ohnehin schon mehrschichtige Semantik des Begriffs „Verfassungsgrundsatz", gerade auch mit Blick auf die „Grundsätze" im Sinne von Art. 79 Abs. 3 GG, mit der Bezeichnung von Subprinzipien noch weiter verwischt.[641] Zwar ist zuzugeben, dass aus anderen Verfassungsnormen abgeleitete Verfassungsaussagen, insbesondere Subprinzipien, im Regelfall nicht als Zentralnormen bezeichnet werden sollten.[642] Für „Mischprinzipien"[643] als eine Sonderform der Subprinzipien, nämlich solche, die ihren normativen Gehalt aus verschiedenen insoweit gleichgerichteten Verfassungsprinzipien beziehen, kann dies

---

638 Grundlegend *Reimer*, Verfassungsprinzipien, 2001, S. 255.

639 *Reimer*, Verfassungsprinzipien, 2001, S. 257, 185–189.

640 *A. A. Schmidt*, Ausschussöffentlichkeit im Deutschen Bundestag, 2021, S. 174 ff. Anders insoweit die Terminologie in der verfassungsgerichtlichen Judikatur. So wurden in BVerfGE 70, 324 (358) die aus einem allgemeinem „Prinzip" abgeleiteten Aussagen als „Grundsatz" bezeichnet: „der Grundsatz der Budgetöffentlichkeit [gilt] als Verfassungsgrundsatz. Er folgt aus dem allgemeinen Öffentlichkeitsprinzip der Demokratie".

641 Zu den verschiedenen Bedeutungen des Begriffs „Verfassungsgrundsatz" *Reimer*, Verfassungsprinzipien, 2001, S. 270–271, nach dem die Begriffe „Verfassungsgrundsatz" und „Verfassungsprinzip" auch synonym gebraucht werden. Auch mit Blick hierauf erweist sich der Begriff des Verfassungsgrundsatzes als ungeeignet für eine begriffliche Nuancierung gegenüber dem Verfassungsprinzip.

642 Bezeichnete man auch abgeleitete Verfassungsgehalte gleich ihrer Ursprungsnorm als Prinzip, würde damit das Risiko eingegangen, das dem Ordnungsgedanken des Rechts innewohnende Verhältnis zwischen Abstraktion und Konkretisierung zu verletzen. Stellte man Subprinzipien auf dieselbe Abstraktionsebene, bestünde die Gefahr Rechtsfolgen zu generieren, die der Ursprungsnorm im Gepräge ihrer sonstigen Subprinzipien fremd sind. In diesem Sinne besitzt die terminologische Unterscheidung eine Warnfunktion. Dazu allgemein *Sobota*, Das Prinzip Rechtsstaat, 1997, S. 411 ff.

643 Zu ihnen grundlegend *Reimer*, Verfassungsprinzipien, 2001, S. 187.

jedoch nicht ohne Weiteres angenommen werden. Die parallele Fundierung von Mischprinzipien auf mehrere Verfassungsprinzipien kann umgekehrt als Indiz für die Zentralnormqualität des Verfassungsgehalts gedeutet werden, da der Gehalt der Verfassung unter verschiedenen normativen Gesichtspunkten, also nicht nur punktuell, entnehmbar ist. Die grenzüberschreitende Dimension von Mischprinzipien impliziert in diesem Sinn ihre Verfassungszentralität. Über diese normtheoretische Indizierung hinaus ist das grundsätzliche Öffentlichkeitsgebot auch aus inhaltlicher Sicht keine bloß bereichsbezogene, sondern die Staatsgewalt in Gänze erfassende Regelung und daher als Zentralnorm anzusehen.

III. Zur Struktur des Öffentlichkeitsgebots

Bereits diejenigen Autoren, die grundsätzlicher staatlicher Öffentlichkeit recht früh offen gegenüberstanden, titulierten dieses Gebot gemeinhin als „Prinzip“[644] oder wiesen auf dessen prinzipielle[645] Geltung hin. Dies dürfte nicht zuletzt an der Konzeption und Terminologie Kants gelegen haben, welcher staatliche Publizität bekanntlich an der Schnittstelle von Ethik und Recht verortete und die von ihm so verstandene gleichsam moralisch-juridische wie auch juristische Norm bereits als Prinzip bezeichnete.[646] Auch das Bundesverfassungsgericht spricht schon länger von einem allgemeinen demokratischen Öffentlichkeitsprinzip. Zweifel gegenüber der Geltung eines prinzipienförmigen verfassungsrechtlichen Öffentlichkeitsgebots werden weniger in Bezug auf Legislative und Judikative[647], sondern vor allem im Bereich der Exekutive erhoben. So wird neben der vollständigen Negation eines exekutiven Öffentlichkeitsgebots nach einem klassischen Verständnis alternativ auch die Bedeutung exekutiver Öffentlichkeit mit der Folgenlosigkeitsannahme relativiert.[648] Andere betonen, dass das Öffentlichkeitsgebot nur abgeschwächt für die oder innerhalb der Exekutive gelte.[649]

---

644 Ohne Anspruch auf Vollständigkeit etwa *A. Arndt*, NJW 1961, S. 897; *Marcic*, in: Richter und Journalisten, 1965, S. 153 (196); *Häberle*, Politische Bildung 3 (1970), S. 3 ff.; ders., in: Die Verfassung des Pluralismus, 1980, S. 126 (130); *Kriele*, VVDStRL 29 (1971), S. 46 (67); *Jerschke*, Öffentlichkeitspflicht der Exekutive und Informationsrecht der Presse, 1971, S. 116; *Leisner*, Der unsichtbare Staat, 1994, S. 58 ff., 78.

645 So *Ridder*, in: Staatsgeheimnis und Pressefreiheit, 1964, S. 21 (33).

646 *Kant*, Zum ewigen Frieden, 2011, S. 60, 65.

647 Im Schrifttum hält sich jedoch eine Literaturansicht, die auch den Verfassungscharakter der Gerichtsöffentlichkeit bestreitet. Diese ist mit Blick auf die oben Kap. 3 bei Fn. 524 ff. getroffenen entstehungsgeschichtlichen Feststellungen nur schwer haltbar. Dazu noch unten Kap. 4 bei Fn. 431.

648 Dazu oben Kap. 3 bei Fn. 572 ff.

649 Vgl. nur *Rotta*, Nachrichtensperre und Recht auf Information, 1986, S. 58 ff., 122; *von Coelln*, Zur Medienöffentlichkeit der Dritten Gewalt, 2005, S. 176; *Jarass*, in: ders./*Pieroth*-GG, 2022, Art. 20 Rn. 18. Aus der älteren Literatur etwa *Martens*, Öffentlich als Rechtsbegriff, 1969, S. 70 ff.

1. Geltung eines prinzipienförmigen Öffentlichkeitsgebots für die gesamte Exekutive?

Oben wurde gesehen, dass Verfassungsprinzipien durch die Art und Weise charakterisiert werden, auf die sie Rechtsfolgen generieren. Sie sind hinsichtlich ihrer Folgen nicht vollständig vorherbestimmt. So lässt sich bei Verfassungsprinzipien in Ansehung der abstrakten Norm nicht abschließend vorhersagen, welche Rechtsfolgen sie entfaltet. Dem ersten Anschein nach besitzen Verfassungsprinzipien deshalb häufig keine Rechtsfolgen.[650] Berücksichtigt man diese Eigenheit des Verfassungsprinzips sowie die in der Wissenschaft traditionell vorherrschende Skepsis gegenüber prinzipienförmigen Normstrukturen könnte die Folgenlosigkeitsannahme auf die häufig eher subtile Wirkweise eines Verfassungsprinzips hindeuten und die Existenz eines prinzipiellen exekutiven Öffentlichkeitsgebots nahelegen. Dennoch dokumentieren in Entscheidungen von Bundesverfassungs- und Bundesverwaltungsgericht notwendig gewordene Feststellungen, dass die Exekutive sich zur Abwehr von Auskunfts- und Informationsrechten bis in die jüngere Vergangenheit auf eine verfassungsgrundsätzliche Geheimhaltung bestimmter besonders informationssensibler Bereiche berufen hat.[651] Es soll hier deshalb der Frage nachgegangen werden, ob das objektive Verfassungsrechts tatsächlich die gesamte Exekutive einem prinzipienhaften Öffentlichkeitsgebot unterwirft oder nicht möglicherweise tatbestandliche Herausnahmen oder Abschichtungen existieren. Hierfür ist zunächst das klassische Verständnis zu beleuchten.

a) Klassisches Verständnis: Exekutive Arkanbereiche und Geheimhaltungsermessen

Schon vor längerem wurde regierungsamtliche Öffentlichkeitsarbeit als verfassungsrechtliche Notwendigkeit anerkannt.[652] Die Informationshoheit der Exekutive, also die Befugnis, darüber zu entscheiden, ob und welche Informationen zugänglich gemacht werden, aber gleichwohl nicht relativiert. Denn nach dem klassischen Verständnis existiert keine allgemeine verfassungsrechtliche Informationszuordnung, die das Verhältnis der Exekutive zu Öffentlichkeit und Geheimhaltung bestimmt. Trotz des im Einzelnen erheblich divergierenden Rechtsrahmens weist die Entwicklung des Informationsverhältnisses der Exekutive zum Parlament, zur Presse und zum Volk aus verfassungsrechtlicher Sicht erhebliche Parallelen auf.

---

[650] Grundlegend *Reimer*, Verfassungsprinzipien, 2001, S. 257 ff.

[651] Vgl. etwa BVerfGE 124, 161 (168, 193 ff.); 137, 185 (214 ff., 235 ff.); 146, 1 (24 ff., 40 ff.). Aus der Rechtsprechung des BVerwG etwa Beschluss vom 20. Juli 2015 – 6 VR 1/15, Rn. 6 nach juris; durch BVerwG, Urteil vom 18. September 2019 – 6 A 7/18 – BVerwGE 166, 303 (307 ff., 310 ff.) aufgegeben. Im Kontext von einer Entscheidung nach § 99 Abs. 2 VwGO für einen Beurteilungsspielraum auch BVerwGE 136, 345 (350).

[652] BVerfGE 44, 125 (147).

Denn selbst nach der vergleichsweisen frühen Anerkennung des verfassungsrechtlichen Charakters parlamentarischer Informationsrechte wurde der Exekutive hinsichtlich des Umfangs der Informationserteilung von einer starken Literaturansicht noch bis in die 80er Jahre hinein Ermessen eingeräumt.[653] Auch gegenüber Auskunftsverlangen der Presse und von Bürgern wurde und wird der Exekutive hier Ermessen zugestanden. So entsprach es bis zum Inkrafttreten des VwVfG im Jahr 1977, als aus primär rechtsstaatlichen Erwägungen[654] mit § 29 das Prinzip der beschränkten Aktenöffentlichkeit normiert wurde, der herrschenden, wenn auch bestrittenen Auffassung in Rechtsprechung und Literatur, dass – jenseits einiger Sondervorschriften[655] – auch für Beteiligte am Verwaltungsverfahren die Gewährung von Akteneinsicht oder die Erteilung von Auskünften in das pflichtgemäße Ermessen der Behörde gestellt sei.[656] Da das Verfassungsrecht hier nach der ganz überwiegenden Auffassung keine Lenkungswirkung entfaltet,[657] führten die beamtenrechtlichen Amtsverschwiegenheitspflichten zu einer faktischen „Höherbewertung" der Geheimhaltungsinteressen, was einen Nährboden für die Bildung einer eher feindlichen Grundeinstellung gegenüber allgemeinen Einsichtsbegehren bot.[658] Ähnlich war die Situation im Bereich der

---

653 Zu dieser Entwicklung schon oben Kap. 3 bei Fn. 182 ff.

654 BT-Drs. 7/910, S. 53. Dazu auch *Czybulka*, Die Legitimation der öffentlichen Verwaltung, 1989, S. 281; *Wegener*, Der geheime Staat, 2006, S. 383–384.

655 Eine Übersicht findet sich etwa bei *Jung*, Akteneinsichts- und Informationsrechte des Bürgers, 1970, S. 50 ff.

656 BVerwGE 12, 296 ff.: „Einsichtnahme in amtliche Akten oder die Erteilung von Abschriften aus solchen kann eine Privatperson von einer Behörde grundsätzlich nicht verlangen." BVerwGE 30, 154 ff.: „Diese herrschende Meinung verneint zwar einen allgemeinen (strikten) Anspruch auf Aktenvorlage und Akteneinsicht, nimmt jedoch [...] immerhin an, daß die Gewährung von Akteneinsicht im pflichtgemäßen Ermessen der Verwaltungsbehörden steht und hieran [...] ein Recht auf fehlerfreie Ausübung des Ermessens anknüpft." Vgl. auch BT-Drs. 7/910, S. 52. Aus der Literatur etwa *Düwel*, Das Amtsgeheimnis, 1965, S. 114. *Krieger*, Das Recht des Bürgers auf behördliche Auskunft, 1972, S. 72 ff. spricht zutreffend vom „Ermessensprinzip". Zum Ganzen auch *Widhofer-Mohnen*, VR 1980, S. 285 ff. Nach der Einführung des Akteneinsichtsrechts für Beteiligte wurde ein allgemeiner Auskunftsanspruch Dritter, die ein berechtigtes Interesse nachweisen konnten, wiederum in das pflichtgemäße Ermessen der Behörde gestellt. Vgl. etwa BVerwG, Urteil vom 16. September 1980 – 1 C 52/75 – NJW 1981, S. 535 (537); *Trantas*, Akteneinsicht und Geheimhaltung im Verwaltungsrecht, 1998, S. 261 ff.; *Wegener*, Der geheime Staat, 2006, S. 7 ff.

657 *Trantas*, Akteneinsicht und Geheimhaltung im Verwaltungsrecht, 1998, S. 302 ff.; *Rossi*, Informationszugangsfreiheit und Verfassungsrecht, 2004, S. 92; ders., in: Transparenz contra Geheimhaltung in Staat, Verwaltung und Wirtschaft, 2015, S. 43 (50); vgl. auch *Meinel*, Selbstorganisation des parlamentarischen Regierungssystems, 2019, S. 239 nach dem „‚Transparenz' [...] ebensosehr und ebensowenig demokratisch wie ihr Gegenteil" sei. Zu dieser Indifferenzannahme auch noch unten Kap. 5 bei Fn. 20.

658 *Krieger*, Das Recht des Bürgers auf behördliche Auskunft, 1972, S. 38 ff., 42; *Düwel*, Das Amtsgeheimnis, 1965, S. 111 ff.; *Scherer*, Verwaltung und Öffentlichkeit, 1978, S. 17 ff.

Presse. Zwar normierten einige Landespressegesetze bereits seit kurz nach Inkrafttreten des Grundgesetzes einfachrechtliche Auskunftsansprüche gegen Behörden.[659] Auch wurde dem objektiv-rechtlichen Gewährleistungsgehalt der Pressefreiheit (Art. 5 Abs. 1 Satz 2 GG) schon länger eine staatliche Verantwortung für die hinreichende Informiertheit der Presse entnommen, die auch als „Öffentlichkeitspflicht" bezeichnet wurde.[660] Bis zum Jahr 2013 entsprach es der ständigen bundesverwaltungsgerichtlichen Rechtsprechung, dass Behörden zwar kraft objektiven Verfassungsrechts zur Erteilung von Auskünften an die Presse verpflichtet wären, selbige aber keinen entsprechenden subjektiv-rechtlichen Anspruch besäße.[661] Diese objektiv-verfassungsrechtliche Pflicht wurde primär als Gesetzgebungsauftrag gedeutet und konnte von der Exekutive allenfalls dann verletzt werden, „wenn die Verwaltung, wenn die Regierung [...] Auskünfte an Presse und Rundfunk allgemein verweigerte oder wenn eine Behörde grundlos die Beziehungen zwischen den Vertretern der Presse und dem Amt abbrechen oder erschweren würde".[662] Auch die bestehenden presserechtlichen Auskunftsansprüche des einfachen Rechts waren nicht vollständig justiziabel, da den Behörden hinsichtlich des Umfangs der Auskunftsgewährung und des Maßes an Geheimhaltung ein Einschätzungsspielraum zugestanden wurde.[663] Die Divergenzen im Vergleich zur vollends durch verfassungsrechtliche Zurückhaltung gekennzeichneten Informationsbeziehung der Bürger zur Verwaltung waren daher im

---

[659] So § 3 Abs. 1 des Hessischen Gesetzes über Freiheit und Recht der Presse (GVBl. 1949, S. 75) und § 4 Abs. 1 des Bayerischen Gesetzes über die Presse (GVBl. 1949, S. 243 ff. [244]). Siehe dazu *R. Groß*, Verschwiegenheitspflicht der Bediensteten und Informationsrecht der Presse, 1964, S. 21–22; *Leisner*, Öffentlichkeitsarbeit der Regierung im Rechtsstaat, 1966, S. 123.

[660] Vgl. *Ridder*, in: Die Grundrechte II, 1954, S. 243 (275–276); BVerfGE 20, 162 (175 ff.). Siehe auch *Scheuner*, VVDStRL 22 (1965), S. 1 (78).

[661] So noch BVerwGE 70, 310 (311 ff.). Aus der Literatur *Scheuner*, VVDStRL 22 (1965), S. 1 (78); *Geiger*, in: Festschrift für Adolf Arndt zum 65. Geburtstag, 1969, S. 119 (133 ff.); *Martens*, Öffentlich als Rechtsbegriff, 1969, S. 67; *Starck*, AfP 9 (1978), S. 171 (175). Die Gegenauffassung wurde etwa von *Jerschke*, Öffentlichkeitspflicht der Exekutive und Informationsrecht der Presse, 1971, S. 168 ff., 223 ff. vertreten. Vgl. auch *R. Groß*, DÖV 1997, S. 133 (134–136). Auch im jüngeren Schrifttum wird die Existenz eines verfassungsrechtlichen Auskunftsanspruchs aber bestritten. So etwa *Blome*, NVwZ 2016, S. 1211 ff.; *Rhein*, Informationsansprüche gegen Parlamente, 2020, S. 178 ff. Zum Ganzen noch unten Kap. 5 bei Fn. 87 ff.

[662] So *Geiger*, in: Festschrift für Adolf Arndt zum 65. Geburtstag, 1969, S. 119 (133); ähnlich *Leisner*, Öffentlichkeitsarbeit der Regierung im Rechtsstaat, 1966, S. 124; *Starck*, AfP 9 (1978), S. 171 (175); restriktiver *Ridder*, in: Die Grundrechte II, 1954, S. 243 (276), nachdem den „Verfassungsvorschriften über die Informationsfreiheit" eine „Aufforderung an den Gesetzgeber und auch unmittelbar an die Behörden" darstellten, „*den Nachrichtenorganisationen großzügig und wohlwollend Auskunft zu erteilen*" (Hervorhebung Verf.).

[663] So ausdrücklich *Starck*, AfP 9 (1978), S. 171 (177). Vgl. auch *Ridder*, in: Das Recht auf Information, 1967, S. 19 (23 ff.); *Rotta*, Nachrichtensperre und Recht auf Information, 1986, S. 97; *Wegener*, Der geheime Staat, 2006, S. 19–20.

Ergebnis deutlich geringer als die Lage des einfachen Rechts nahe gelegt hätte.[664]

Auch im verwaltungsgerichtlichen Verfahren bestand lange eine faktische Informationshoheit der Exekutive. Verweigerte die oberste Aufsichtsbehörde die Übermittlung von Urkunden, Akten oder die Erteilung von Auskünften nach § 99 Abs. 1 Satz 2 VwGO im gerichtlichen Verfahren, genügte es nach § 99 Abs. 2 Satz 1 VwGO a. F., dass die Behörde das Vorliegen von Geheimhaltungsgründen gegenüber dem durch gesonderten Beschluss hierüber entscheidenden Gericht der Hauptsache glaubhaft machte.[665] Dabei musste sich gänzlich auf die behördlichen Ausführungen verlassen werden, denn weder das Hauptsachegericht noch das Beschwerdegericht konnten Einsicht in die behördlichen Akten nehmen. Trotz der Kritik dieses faktischen Beurteilungsspielraums aus dem Schrifttum[666] bedurfte es eines Judikats des Bundesverfassungsgerichts[667], um den Gesetzgeber zu einer Neufassung von § 99 Abs. 2 VwGO und der Einführung des In-camera-Verfahrens zu veranlassen.[668] Abermals gaben hier keine demokratischen, sondern rechtsstaatliche Erwägungen den Ausschlag.[669]

Es lässt sich verallgemeinernd festhalten, dass den Informations- bzw. Auskunftsrechten von Abgeordneten, der Presse und dem Volk gegenüber der Exekutive, sofern sie überhaupt verfassungsrechtlich anerkannt wurden und werden, traditionell jedenfalls kein vollständig justiziables objektiv-verfassungsrechtliches Öffentlichkeitsgebot zugrunde lag, was sich gerade bei besonders sensiblen Bereichen exekutiver Staatstätigkeit manifestierte, die damit grundsätzlicher Geheimhaltung unterlagen. Im Schatten dieser normativen Zurückhaltung des Verfassungsrechts konnte sich die Vorstellung verfestigen, bestimmte Bereiche unterlägen grundsätzlicher Geheimhaltung und wären damit abstrakt-generell vom Zugriff des Parlaments aber auch der Presse auszunehmen. Diese Annahme

---

664 In diese Richtung bereits *Leisner*, Öffentlichkeitsarbeit der Regierung im Rechtsstaat, 1966, S. 125: „Was rechtlich durchsetzbare Ansprüche auf Information anbelangt, so ist also im Ergebnis kaum mehr institutionalisiert worden, als was auch der einzelne verlangen kann“; vgl. auch *Krieger*, Das Recht des Bürgers auf behördliche Auskunft, 1972, S. 37 ff. sowie *Scherer*, Verwaltung und Öffentlichkeit, 1978, S. 24–26, der betont, dass das „Geheimhaltungsprinzip mit Öffentlichkeitsvorbehalt“ auch im Verhältnis zur Presse gegolten hätte.

665 Vgl. BGBl. I 1960, S. 17 ff. (29).

666 So etwa *Ziegler*, ZRP 1988, S. 25 (26 ff.).

667 BVerfGE 101, 106.

668 Dazu auch *Troßbach*, Öffentlichkeit und Geheimhaltung im Verwaltungsprozess, 2019, S. 102 ff., 279 ff., der weitergehenden Reformbedarf ausmacht, da das geltende Recht zu einer Reduktion demokratischer und rechtsstaatlicher Kontrolle führen würde.

669 BT-Drs. 14/6393, S. 10; BVerfGE 101, 106 (122 ff.). Aufschlussreich ist in diesem Zusammenhang, dass der Anwendungsbereich des neugefassten § 99 Abs. 2 VwGO nach dem Willen der Bundesregierung auf Fälle mit dem Klageziel der Informationserteilung beschränkt gewesen wäre (dazu BT-Drs. 14/7474, S. 14). Dies ist Ausdruck exekutiver Reformskepsis im Bereich der Verwaltungspublizität.

dürfte nicht zuletzt durch die Rezeption des „Kernbereichs exekutiver Eigenverantwortung“ befeuert worden sein, den das Bundesverfassungsgericht in einer noch näher zu behandelnden Entscheidung zum Untersuchungsausschussrecht aus der Taufe hob und der in der Literatur die Vorstellung hervorrief, dass dieser Kernbereich einem dem Zugriff durch Untersuchungsausschüsse absolut entzogenen Geheimbereich begründe.[670]

Aufgrund des evidenten Geheimhaltungsbezugs waren die Auswirkung dieser exekutiven Informationshoheit im Bereich der Nachrichtendienste[671] naturgemäß besonders deutlich zu spüren. Das sich zwar bereits früh abzeichnende politische Bewusstsein, die Nachrichtendienste der allgemeinen Kontrolle im parlamentarischen Regierungssystem zu unterwerfen,[672] war von Anfang an durch die Inkompatibilität der bestehenden Kontrollinstitute mit nachrichtendienstlichem Geheimnisschutz gehemmt,[673] weshalb sich auf Seiten der Dienste eine ihrem operativem Vorgehen entsprechende öffentlichkeitsfeindliche Geheimdienstmentalität[674] festigen konnte.[675] Es lässt sich ohne jede Zuspitzung sagen, dass jedenfalls bis in die 80er Jahre hinein eine ihrem Namen gerecht werdende parlamentarische Kontrolle der Nachrichtendienste nicht stattfand und de facto eine

---

670 Vgl. etwa *Memminger*, DÖV 1986, S. 15 (20 ff.); *Busse*, DÖV 1989, S. 45 (49 ff.); *Engels*, Jura 1990, S. 71 (75). Einen abwägungsfesten Kernbereich zumindest noch erwägend *Hecker*, DVBl 2009, S. 1239 (1241–1242). Anders wohl bereits *Böckenförde*, AöR 103 (1978), S. 1 (16–18), der selbst an der *Flick*-Entscheidung mitwirkte. Zum Ganzen übersichtlich *Engels*, Jura 1990, S. 71 (74–76); *Cancik*, ZParl 45 (2014), S. 885 (893 ff.); *Brocker*, Lux in arcana, 2014, S. 16 ff. Zum Kernbereich exekutiver Eigenverantwortung noch unten Kap. 4 bei Fn. 240 ff.

671 Mit dem verfassungsrechtlich nicht definierten Begriff der „nachrichtendienstlichen Tätigkeit“ im Sinne des Art. 45d GG sind gesammelt die Tätigkeit des Bundesnachrichtendienstes (BND), des Bundesamts für Verfassungsschutz (BfV) und des Bundesamts für den Militärischen Abschirmdienst (MAD) zusammengefasst. Dazu auch *Hermes*, in: *Dreier*-GG, 2015, Art. 45d Rn. 22 ff. Dieses Verständnis wird hier zugrunde gelegt, wenn auf Nachrichtendienste Bezug genommen wird.

672 *C. Arndt*, in: Parlamentsrecht und Parlamentspraxis, 1989, S. 1369.

673 Zu diesen Spannungsverhältnis etwa *Friesenhahn*, in: Verfassungsschutz und Rechtsstaat, 1981, S. 87 (88 ff.); *Hirsch*, Die Kontrolle der Nachrichtendienste, 1996, S. 61 ff.

674 Dazu eindrücklich *Schwagerl*, Verfassungsschutz in der Bundesrepublik Deutschland, 1985, S. 276 ff.

675 Zur Geschichte der parlamentarischen Kontrolle der Nachrichtendienste etwa *Hirsch*, Die Kontrolle der Nachrichtendienste, 1996, S. 39 ff.; *P. Wolff*, in: Nachrichtendienste im demokratischen Rechtsstaat, 2018, S. 69 (82–83); *Waldhoff*, in: Reform der Nachrichtendienste zwischen Vergesetzlichung und Internationalisierung, 2019, S. 73 (S. 76 ff.). Aussagekräftig ist in diesem Zusammenhang, dass sowohl die Aufnahme nachrichtendienstlicher Tätigkeit wie auch ihre Kontrolle von erst nachträglicher Verrechtlichung gekennzeichnet war. So wurde der Vorläufer des späteren Auslandsgeheimdiensts in Gestalt der „Organisation Gehlen“ aktiv, bevor es für die Tätigkeit eine gesetzliche Grundlage gab. Entsprechendes galt für das sog. Parlamentarische Vertrauensmännergremium. Zu letzterem etwa *H. A. Wolff*, in: BK-GG, Stand Dezember 2023, Art. 45d Rn. 1 ff.; *C. Arndt*, in: Parlamentsrecht und Parlamentspraxis, 1989, S. 1369 (1372 ff.). Zur Geschichte des BND vgl. nur *Hirsch*, ebd. S. 27 ff., 39 ff.

Regelgeheimhaltung galt.[676] Parallel zur Geschichte des Interpellationsrechts, das insoweit prototypisch für die Geschichte parlamentarischer Kontrolle steht und von einer nur kleinschrittigen Stärkung geprägt war, wurde auch nachrichtendienstliche Kontrolle nicht zuletzt durch die Rechtsprechung konsolidiert.

b) Etablierung eines Abwägungsmodells durch die Judikatur von Bundesverfassungs- und Bundesverwaltungsgericht

Dieses traditionelle Informationsvakuum wurde von der Rechtsprechung schrittweise aufgebrochen. Inzwischen nämlich legen Bundesverfassungs- und Bundesverwaltungsgericht übereinstimmend eine allgemeine Informationszuweisung des objektiven Verfassungsrechts zugrunde, die die gesamte Exekutive erfasst und die verfassungsrechtlichen Auskunfts- und Informationsrechte von Parlament und Presse inhaltlich determiniert. Zweifelsohne in tatsächlicher Hinsicht angestoßen durch den erstmaligen Einzug der Partei DIE GRÜNEN, welche später als Fraktion in den für die Regierungskontrolle bedeutsamen verfassungsgerichtlichen Verfahren der Parlamentsinformation als Antragstellerin fungierte, erfuhren parlamentarische Informationsrechte ab den 80er Jahren eine deutliche Stärkung durch das Bundesverfassungsgericht.[677] Seit der *Flick*-Entscheidung zum Untersuchungsausschussrecht begann das Gericht, ein abstraktes, die konkreten Informationsrechte, insbesondere Interpellations- und Untersuchungsrecht aber auch das Unterrichtungsrecht aus Art. 23 Abs. 2 Satz 2 GG, überspannendes informatorisches Grundverständnis im Sinne eines allgemeinen Regel-Ausnahme-Verhältnisses zugunsten des Parlaments zugrunde zu legen und zu schärfen.[678] Parallel zur Rechtsprechung wurde auch in der Literatur ein parlaments-

---

[676] Die Frühform der Nachrichtendienstkontrolle in Gestalt des 1956 von *Adenauer* geschaffenen „Parlamentarischen" Vertrauensmännergremiums besaß keine rechtliche Handhabe, andere als von der Regierung für opportun gehaltene Informationen zu erlangen. Dazu den Bericht der Enquete-Kommission Verfassungsreform BT-Drs. 7/5924, S. 60ff., insb. 61; sowie *Borgs-Maciejewski*, ZRP 1997, S. 361 ff. Auch die schlussendlich im Jahr 1978 geschaffene Nachfolgeeinrichtung, die Parlamentarische Kontrollkommission (PKK), musste von der Bundesregierung zwar „umfassend" unterrichtet werden, „Zeit, Art und Umfang der Unterrichtung" waren jedoch lediglich „unter Beachtung des notwendigen Schutzes des Nachrichtenzugangs *durch die politische Verantwortung der Bundesregierung bestimmt*": § 2 Abs. 1 und 2 des Gesetzes über die parlamentarische Kontrolle nachrichtendienstlicher Tätigkeit des Bundes (BGBl. I 1978, S. 453) (Hervorhebung Verf.). Vgl. auch *H. H. Klein*, in: D/H/S-GG, Stand August 2023, Art. 45d Rn. 3 ff.; *H. A. Wolff*, in: BK-GG, Stand Dezember 2023, Art. 45d Rn. 1 ff.

[677] Vgl. auch *Hölscheidt*, Frage und Antwort im Parlament, 1992, S. 11.

[678] Gerade die sukzessive Annäherung und Verzahnung des Aktenvorlagerechts parlamentarischer Untersuchungsausschüsse mit dem Interpellationsrecht veranschaulicht diese Entwicklung. Dazu auch *Lepsius*, RuP 2016, S. 137 ff. In jüngerer Zeit hat das BVerfG, Urteil vom 26. Oktober 2022 – 2 BvE 3/15, 2 BvE 7/15 – NVwZ 2023, S. 54 (Rn. 122 ff.) die Anforderungen an die Substantiierung von Geheimhaltungsgründen auf das Unterrichtungsrecht aus Art. 23 Abs. 2 Satz 2 GG angewandt.

freundlicherer Kurs eingeschlagen.[679] So lässt sich in der Folge beobachten, dass der verfassungsrechtliche Charakter des Interpellationsrechts und die korrespondierende Antwortpflicht soweit ersichtlich nicht mehr bestritten wurden und sich die Ableitung des Interpellationsrechts aus dem Abgeordnetenstatus als herrschend etablierte.[680] Auch wenn es im Schrifttum nicht für möglich gehalten wurde,[681] verstärkte das Bundesverfassungsgericht seinen Kurs zur Stärkung der Informationsrechte nach der Jahrtausendwende nochmals. Auch diejenigen, die im Jahr 1993 gegen die letztlich gescheiterte Bestrebung[682], ein parlamentarisches Auskunftsrecht in einen neuen Art. 43 Abs. 1 Satz 2 GG aufzunehmen, einwandten, ein Auskunftsrecht sei „kaum justiziabel",[683] wurden vom Bundesverfassungsgericht in zahlreichen Judikaten eines Besseren belehrt.[684] So hatte das Bundesverfassungsgericht mehrmals die Grenzen der Auskunftspflicht zu bestimmen, wobei die Anforderungen an die Gründe zur Vorenthaltung von Informationen sukzessive geschärft wurden. Zudem legte das Gericht nunmehr ein im Bereich der Regierungszuständigkeit umfassendes, auch informationssensible Bereiche erfassendes Verständnis der Parlamentsinformation zugrunde. Während das Interpellationsrecht zuvor vor allem auf die Gewaltenteilung gestützt wurde, rekurrierte das Gericht zur Begründung des umfassenden Informationsrechts nunmehr auch auf das Demokratieprinzip und die Legitimationsbedürftigkeit

---

679 Während *Achterberg*, Parlamentsrecht, 1984, S. 462 ff. kurz zuvor noch eine Antwortpflicht weitgehend verneinte, wandelte sich die Stimmung in der Literatur parallel zur Judikatur des BVerfG. Eindrücklich etwa die Entscheidungsbesprechung bei *W. Schmidt*, DÖV 1986, S. 236 ff. Vgl. auch *Magiera*, in: Parlamentsrecht und Parlamentspraxis, 1989, S. 1421 (1436 ff.); *Weis*, DVBl 1988, S. 268 (270–271). Zuvor hatte bereits *Linck*, DÖV 1983, S. 957 ff. ein dem heutigen Regel-Ausnahme-Verhältnis sehr nahe kommendes Konzept vorgelegt. Auch die Bundesregierung bekannte sich im Jahr 1989 zu einer Antwortpflicht als sie nach einer kleinen Anfrage erklärte, sie gehe nicht davon aus, dass die Beantwortung in ihr Belieben gestellt sei (BT-Drs. 11/3806). Dazu auch *Hölscheidt*, Frage und Antwort im Parlament, 1992, S. 27 ff.

680 BVerfGE 70, 324 (355). Dazu auch *Meinel*, Selbstorganisation des parlamentarischen Regierungssystems, 2019, S. 241 ff. Die Ableitung des Interpellationsrechts aus Art. 38 Abs. 1 Satz 2 GG entspricht der heute herrschenden Meinung. Vgl. nur *Lorz/ Richterich*, in: Parlamentsrecht, 2016, S. 1063 (1091 ff.); *H. H. Klein*, in: D/H/S-GG, Stand August 2023, Art. 43 Rn. 82 ff.; *Morlok*, in: *Dreier*-GG, 2015, Art. 38 Rn. 158.

681 „Klarer und ‚parlamentsfreundlicher' kann man die Informationsbeziehung zwischen der Legislative und der Exekutive kaum ausgestalten, ohne zugleich die Arbeitsfähigkeit der Regierung in Frage zu stellen oder allzu stark einzuschränken." *Schneider*, in: Festschrift 50 Jahre Bundesverfassungsgericht II, 2001, S. 627 (634).

682 Zuvor hatte bereits *von Einem*, Die Auskunftspflicht der Regierung gegenüber dem Parlament, 1977, S. 140 ff. die ausdrückliche Verankerung parlamentarischer Informationsrechte im Grundgesetz gefordert. Ablehnend hingegen *Vogelgesang*, ZRP 1988, S. 5 (9–10).

683 BT-Drs. 12/6000, S. 91–92. Dazu auch *Deutscher Bundestag*, Materialien zur Verfassungsdiskussion und zur Grundgesetzänderung in der Folge der deutschen Einigung I, 1996, S. 471 ff., 609 ff.

684 BVerfGE 124, 78; 124, 161; 137, 185; 146, 1; 147, 50.

allen staatlichen Handelns, wobei die Parlamentsinformation ausdrücklich auch als Faktor im Gefüge demokratischer Legitimation betrachtet wird.[685]

Die jüngere Judikatur des Bundesverwaltungsgerichts ist von einer deutlichen Annäherung des Informationsverhältnisses der Exekutive zur Presse an diese Rechtsprechung zur Parlamentsinformation gekennzeichnet. Bekanntlich änderte das Bundesverwaltungsgericht im Jahr 2013 unter starker Kritik aus dem Schrifttum[686] aber vom Bundesverfassungsgericht unbeanstandet[687] seine Rechtsprechung und entschied, dass die Presse in Ermangelung einer einfachrechtlichen Regelung gegenüber Bundesbehörden einen unmittelbar aus Art. 5 Abs. 1 Satz 2 GG folgenden Auskunftsanspruch besäße.[688] Das Gericht begrenzte den nun erstmals unmittelbar der Verfassung entnommenen Anspruch sogleich mithilfe des verfassungsdogmatisch zwar zweifellos berechtigten, aber der Pressefreiheit in der Konsequenz abträglichen[689] Kriteriums des „Minimalstandards"[690] im Wesentlichen auf den Umfang der Ansprüche nach den Landespressegesetzen.[691] Das Bundesverwaltungsgericht stellte zunächst fest, dass der verfassungsunmittelbare Auskunftsanspruch „durch Vertraulichkeitsinteressen ausgeschlossen [sei], die der Gesetzgeber für die gegebene Sachkonstellation als Ausschlussgrund normieren dürfte",[692] womit es die Reichweite des verfassungsunmittelbaren An-

---

685 So erstmalig begründet in der Entscheidung BVerfGE 137, 185 (232 ff.). Zuvor bereits *Teuber*, Parlamentarische Informationsrechte, 2007, S. 192 ff.

686 Vor allem die (recht knappe) Begründung sah sich intensiver Kritik ausgesetzt. Zu den kompetenzrechtlichen Erwägungen sehr kritisch *B. Huber*, NJW 2013, S. 1010, der im konkreten Fall ein Vorgehen nach dem Berliner Landesrecht bevorzugt. *Kloepfer*, JZ 2013, S. 892 (893) spricht von einer „letztlich unhaltbaren" Entscheidung. Aus eher pressefreundlicher Sicht wurde zudem die Verkürzung der Pressefreiheit mit dem Kriterium des Minimalstandards kritisiert. In diese Richtung etwa *Partsch*, NJW 2013, S. 2858 (2859–2860); *Klemm/Schlüter*, AfP 46 (2015), S. 306 ff.

687 BVerfG, Beschluss vom 8. September 2014 – 1 BvR 23/14 – NJW 2014, S. 3711 (3712).

688 BVerwGE 146, 56 (63 ff.). Zu Ausgangspunkt und Folgen dieser Rechtsprechung *Schnabel*, NJW 2016, S. 1692 ff.

689 Vgl. etwa die Kritik bei *Klemm/Schlüter*, AfP 46 (2015), S. 306 (307–308).

690 BVerwGE 146, 56 (64). Wohl in Anlehnung an *Breuer*, in: Festgabe aus Anlaß des 25jährigen Bestehens des Bundesverwaltungsgerichts, 1978, S. 89 (119) „notwendige[r] Minimalstandard tatsächlicher Sicherungen". Vgl. auch *Jarass*, AfP 10 (1979), S. 228 (230–231); *Hoffmann-Riem*, in: AK-GG I, 1984, Art. 5 Abs. 1, 2 Rn. 99. Dieses Kriterium tauchte bereits in der Entscheidung BVerwGE 70, 310 (311 ff.) in der Rechtsprechung des Gerichts auf, als es den verfassungsunmittelbaren Anspruch noch ablehnte: So gewährleisteten die Landespressegesetze einen hinreichenden informatorischen Minimalstandard.

691 Nach vom BVerfG, Beschluss vom 27. Juli 2015 – 1 BvR 1452/13 – NVwZ 2016, S. 50 (51) bestätigter Auffassung des BVerwG sei eine Verletzung der Pressefreiheit solange nicht ersichtlich, wie der verfassungsunmittelbare Anspruch nicht hinter den presserechtlichen Ansprüchen zurückbliebe. Dazu auch *Schnabel*, NJW 2016, S. 1692 (1694 ff.).

692 BVerwGE 151, 348 (355–356).

spruchs damit an den nicht ausgeübten, also hypothetischen, Regelungsspielraum des auch nach der Entscheidung aus dem Jahr 2013 untätig gebliebenen Bundesgesetzgebers koppelte. Zwar ohne ausdrücklich auf die Bereichsausnahme der Nachrichtendienste im Informationsfreiheitsrecht (§ 3 Nr. 8 IFG) zu rekurrieren, aber sicherlich unter dem Eindruck einfachgesetzlicher Zulässigkeit grundsätzlicher Arkanbereiche zog das Gericht die Grenzen des verfassungsunmittelbaren Anspruchs im Bereich der Nachrichtendienste kurz darauf eng. Der Gesetzgeber sei jedenfalls hinsichtlich operativer Vorgänge im BND, zu denen die Zusammenarbeit mit ausländischen Geheimdiensten zu zählen wäre, nicht verpflichtet, einen Abwägungstatbestand vorzusehen, sondern könne den Auskunftsanspruch in diesem Bereich vollständig ausschließen. Auf der Linie des nachrichtendienstlichen Vorbringens folgert das Gericht schon aus dem hypothetischen Regelungsspielraum des Gesetzgebers, dass solche Informationen über operative Vorgänge des BND mit dem verfassungsunmittelbaren Auskunftsanspruch generell nicht erlangt werden könnten,[693] was in der Folge auch für andere Nachrichtendienste als naheliegend[694] betrachtet wurde.

Diese anfänglich zurückhaltende bis restriktive Handhabung des Auskunftsanspruchs mit dem insoweit bestimmenden Kriterium des Minimalstandards sowie der Möglichkeit grundsätzlicher Arkanbereiche gab das Gericht zugunsten einer insgesamt pressefreundlicheren Tendenz aber schon bald auf.[695] Im Jahr 2019 stellte es in dieser Deutlichkeit dann erstmalig fest, dass dem verfassungsunmittelbaren Auskunftsanspruch „das Modell einer umfassenden Abwägung zwischen dem Informationsinteresse der Presse und den einer Auskunftserteilung entgegenstehenden öffentlichen oder privaten Interessen zu Grunde“ liegen würde.[696] Dabei erteilte es einer aus Sicht des BND bestehenden nachrichtendienstlichen Bereichsausnahme entsprechend § 3 Nr. 8 IFG auf Ebene der Verfassung eine

---

693 BVerwG, Beschluss vom 20. Juli 2015 – 6 VR 1/15 – Rn. 8 ff. nach juris. Beim Verfahren nach § 99 Abs. 2 VwGO ebenfalls in diese Richtung BVerwGE 136, 345 (350).

694 So für das BfV: OVG Münster, Beschluss vom 17. März 2017 – 15 B 1112/15 – NJW 2017, S. 3458 (3460–3461).

695 Schon in BVerwGE 154, 222 (225 ff.) wird die Begrenzung auf den Minimalstandard nicht mehr erwähnt. Ausdrücklich distanzierend dann BVerwG, Urteil vom 8. Juli 2021 – 6 A 10/20 – Rn. 18 nach juris. Außerdem wurde festgestellt, dass jedenfalls bei abgeschlossenen Sachkomplexen, die bereits mehrere Jahrzehnte zurückliegen, eine Abwägung in Betracht komme: BVerwG, Beschluss vom 17. November 2016 – 6 A 3/15 – Rn. 23 ff. nach juris. Vgl. auch OVG Münster, Beschluss vom 17. März 2017 – 15 B 1112/15 – NJW 2017, S. 3458 (3463); Urteil vom 10. September 2019 – 15 A 2751/15 – NVwZ 2020, S. 1610 (1613). Auch folgte das Gericht der ausufernden Annahme grundsätzlicher Geheimbereiche jedoch nicht immer und hielt abgesehen vom „operativen“ Bereich eine Abwägung im Einzelfall für erforderlich. Vgl. etwa BVerwG, Beschluss vom 26. Oktober 2017 – 6 VR 1/17 – Rn. 18 nach juris.

696 BVerwGE 166, 303 (305 ff.).

ausdrückliche Absage.[697] Anders als nach der vorherigen Rechtsprechung für operative Vorgänge im BND angenommen, seien auch keine Funktionsbereiche nachrichtendienstlicher Tätigkeit von vornherein als abwägungsfest zu betrachten.[698] Auch ein aus Sicht des BND bestehender Einschätzungsspielraum hinsichtlich der Sicherheitsrelevanz angefragter Auskünfte wurde verneint – die bei Auskunftsverweigerung stets darzulegenden Gründe seien „grundsätzlich in tatsächlicher und rechtlicher Hinsicht vollumfänglich zu überprüfen".[699] Jedenfalls mit grundrechtlich fundierten Geheimhaltungsinteressen müsse zudem praktische Konkordanz hergestellt werden.[700]

Lag die Informationshoheit nach einem klassischen Verständnis in den Händen der Exekutive, die hinsichtlich der Einschätzung über das Vorliegen von Geheimhaltungsgründen ein hohes Maß an Eigenverantwortlichkeit besaß und von einem nur schwer durchdringbaren Geheimbereich profitierte, schärften sowohl Bundesverfassungs- wie auch später Bundesverwaltungsgericht das Informationsverhältnis der Exekutive gegenüber Parlament und Presse sukzessive. Dies wurde nicht zuletzt deshalb nötig, weil die auskunfts- bzw. informationspflichtigen Stellen gegenüber beiden Akteuren in der Rechtsprechung bereits anerkannte verfassungsrechtliche Vertraulichkeitsinteressen, etwa den Kernbereich exekutiver Eigenverantwortung, aufgriffen und diese im Schatten der traditionellen Zurückhaltung des objektiven Verfassungsrechts als grundsätzliche exekutive Geheimbereiche verstanden wissen wollten. Gerade die Entscheidung des Bundesverfassungsgerichts zu parlamentarischen Informationsbegehren hinsichtlich nachrichtendienstlicher Informationen über das Oktoberfestattentat aus dem Jahr 2017[701] und die zitierte bundesverwaltungsgerichtliche Entscheidung aus dem Jahr 2019[702] weisen hier inhaltliche und zeitliche Parallelen auf. Die in beiden Entscheidungen übereinstimmende Ablehnung grundsätzlicher exekutiver Geheimbereiche zugunsten einer einzelfallbezogenen Prüfung möglicher Geheimhaltungsgründe auch bei nachrichtendienstlichem Bezug[703] sind hier wie der in der Folge zunehmende Rekurs des Bundesverwaltungsgericht auf die bundesverfassungsgerichtliche Judikatur zur Parlamentsinformation[704] Beleg für die Annäherung der

[697] BVerwGE 166, 303 (307–308, 310). Bestätigt in BVerwG, Beschluss vom 10. Mai 2022 – 6 A 9/21 – NVwZ 2022, S. 1055 (1056–1057): „Eine Bereichsausnahme des Auskunftsanspruchs zugunsten des Bundesnachrichtendienstes gibt es nicht".

[698] BVerwGE 166, 303 (310).

[699] BVerwGE 166, 303 (308 ff.). Hierbei berief sich der BND der Sache nach auf den in BVerfGE 68, 1 (97) anerkannten exekutiven Beurteilungsspielraum.

[700] BVerwGE 166, 303 (310). Dazu noch unten Kap. 3 Fn. 770.

[701] BVerfGE 146, 1.

[702] BVerwGE 166, 303 ff.

[703] BVerfGE 146, 1 (54); BVerwGE 166, 303 (310). Vgl. auch BVerfG, Urteil vom 14. Dezember 2022 – 2 BvE 8/21– Rn. 68 ff. nach juris.

[704] Vgl. etwa: BVerwGE 166, 303 (309–310); BVerwG, Beschluss vom 3. Januar 2020 – 20 F 13/17 – Rn. 26, 28 nach juris; BVerwG, Beschluss vom 3. Dezember

Rechtsprechung zum verfassungsunmittelbaren Auskunftsanspruch der Presse an die Karlsruher Judikatur.[705] In beiden Bereichen übereinstimmend geht die Rechtsprechung nicht von einer „offenen" Abwägung zwischen Offenlegungs- und Vertraulichkeitsinteressen aus, sondern entsprechend des skizzierten Regel-Ausnahme-Verhältnisses von einem Auskunfts- bzw. „Informationsgewährungsgebot mit Geheimhaltungsvorbehalt".[706] Soweit die Voraussetzungen des geltend gemachten subjektiven Rechts erfüllt sind und die Exekutive im Einzelfall nicht plausibel darlegen kann, dass verfassungsrechtliche Geheimhaltungsgründe vorliegen, denen nach einer Abwägung vor den geltend gemachten Auskunfts- bzw. Informationsansprüchen der Vorrang einzuräumen ist, besteht dementsprechend eine verfassungsrechtliche Pflicht zur Auskunfts- bzw. Informationserteilung.

Aus dieser Sicht liegt der Rechtsprechung zu parlamentarischen Informationsrechten sowie dem Presseauskunftsanspruch eine objektive Verfassungsnorm mit der Struktur eines Finalprogramms voraus, die die verfassungsrechtlichen Informationsrechte im Sinne eines Regel-Ausnahme-Verhältnisses zugunsten von Öffentlichkeit vorprogrammiert. Da der Öffentlichkeit grundsätzlich entzogene Geheimbereiche in diesem einzelfallorientierten Modell prinzipieller Öffentlichkeit nach der jüngeren Rechtsprechung nicht existieren, lässt sich das zur Prüfung stehende durchgehende Öffentlichkeitsgebot nach diesem Verständnis bejahen.

c) Maßgebliches Verständnis: Keine verfassungsgrundsätzlichen Geheimbereiche der Exekutive

Setzt man an Normgehalt und Teleologie der Verfassungsprinzipien an, die Publizität fordern, lässt sich eine tatbestandliche Herausnahme grundsätzlicher exekutiver Geheimbereiche nicht begründen. Das Demokratieprinzip ist auf die Legitimation aller Staatsgewalt gerichtet, das Rechtsstaatsprinzip stellt ihre umfassende Rechtsbindung sicher und das Republikprinzip verpflichtet staatliche Herrschaft insgesamt auf das gemeine Wohl. Auch wenn die einer aufklärerischen Lichtmetaphorik entspringende Assoziation des Staatsgeheimnisses mit obrigkeitlicher Willkür und Machtmissbrauch im modernen Verfassungsstaat einer differenzierteren Wahrnehmung gewichen ist, haben grundsätzliche staatliche Ge-

2020 – 6 A 3/20 – Rn. 16, 17 nach juris; BVerwG, Urteil vom 13. Januar 2022 – 6 A 7/20, 6 A 8/20 – Rn. 45 nach juris.

[705] Aber auch über den Bereich der Presse hinaus ist die Rechtsprechung des BVerwG zum Verhältnis von Öffentlichkeit und exekutiver Geheimhaltung durch eine Parallelität zu den Entscheidungen des BVerfG gekennzeichnet. Vgl. etwa die ähnlichen Anforderungen an die Begründung der Herausgabeverweigerung im Verfahren nach § 99 Abs. 2 VwGO (BVerwGE 136, 345 [350]) zur Begründungstiefe bei der Ablehnung parlamentarischer Informationsrecht in den kurz zuvor ergangenen Entscheidungen BVerfGE 124, 78; 124, 161. Zur Annäherung eher kritisch *Rhein*, GSZ 2020, S. 36 (37).

[706] So zum Auskunftsanspruch der Presse *Hofmann*, NVwZ 2020, S. 310 (311).

heimbereiche jedoch auch vollkommen nüchtern betrachtet stets Lücken im Kontrollgefüge zur Folge. Da Legitimationsketten bei informationssensiblen Erscheinungsformen der Staatsgewalt, etwa nachrichtendienstlicher Tätigkeit, ohnehin bereits weniger transparent sind, ist das Bedürfnis nach demokratischer Legitimation gerade hier aber besonders hoch.[707] Insofern lässt sich eine Andersbehandlung gegenüber sonstigen Formen exekutiver Staatsgewalt nicht rechtfertigen[708] – staatliche Geheimbereiche müssen insbesondere aus Sicht des Demokratieprinzips stets eine rechtfertigungsbedürftige Ausnahmen bleiben.[709] Das gilt umso mehr, weil sich exekutiver Geheimhaltungsbedarf, der zunehmenden Klassifizierung typischer Geheimhaltungsgründe im Schrifttum[710] zum Trotz, einer abstrakt-generellen Definition entzieht. Da grundsätzliche verfassungsrechtliche Geheimbereiche im Zweifel also weiter reichen würden, als im Einzelfall notwendig, stehen sie im Widerspruch zur richtigerweise anzulegenden kontrollfreundliche Auslegung[711] der Verfassung. Das in der Rechtsprechung zugrunde gelegte moderne Verständnis exekutiver Öffentlichkeit verdient daher den Vorzug. Es ist damit auch Ausdruck eines vom Demokratieprinzip ausgehenden zeitgemäßen Verständnisses von Norm- und Legitimationsstrukturen.[712] Das aus Sicht des Demokratieprinzips letztlich dem Volk[713] gegenüber bestehende Öffentlichkeitsgebot der gesamten Exekutive begründet ein Abwägungsgebot und damit einhergehend eine Rechtfertigungslast für das Vorliegen verfassungsrechtlicher Geheimhaltungsgründe. Es determiniert subjektive Auskunfts- und Informationsansprüche dahingehend, dass entsprechend der Sichtweise der Rechtsprechung auf Ebene der Verfassung ein nicht durch abstrakt-tatbestandliche Ausnahmen begrenztes Abwägungsmodell besteht.[714]

---

707 In diese Richtung BVerfGE 137, 185 (233 ff.).

708 In diese Richtung zuletzt auch BVerfGE 154, 152 (238): „Für die Handlungsgrundlagen und Grenzen der nachrichtendienstlichen Befugnisse kann es im demokratischen Rechtsstaat eine prinzipielle Geheimhaltung nicht geben." Dazu auch bereits *Gusy*, ZRP 2008, S. 36 (37–38).

709 Im Ergebnis übereinstimmend *Brocker*, Lux in arcana, 2014, S. 21, 35–36; *Jaus*, Öffentliche Belange als Schranken von Informationszugangsansprüchen, 2016, S. 165 ff. Vgl. auch die Nachweise in Kap. 4 Fn. 32. Kritischer dagegen *Schoch*, in: ders., IFG-Kommentar, 2016, Einl. Rn. 83.

710 Vgl. insbesondere *Wischmeyer*, Die Verwaltung 51 (2018), S. 393 (397 ff.). Zuvor schon *Jestaedt*, AöR 126 (2001), S. 204 (221 ff.). Zur Systematisierung der Geheimhaltung noch unten Kap. 4 bei Fn. 176 ff.

711 BVerfGE 67, 100 (130).

712 Dazu schon *Albers*, in: Sommersymposium Informationsfreiheit, 2004, S. 31 (42–45).

713 In diese Richtung bereits *Kempen*, Grundgesetz, amtliche Öffentlichkeitsarbeit und politische Willensbildung, 1975, S. 220.

714 Klarstellungshalber sei hier jedoch angemerkt, dass aus dieser Ablehnung grundsätzlicher exekutiver Geheimbereiche auf Ebene der Verfassung keinesfalls gefolgert werden kann, dass der Gesetzgeber selbige nicht gegenüber Presse und Allgemeinheit vorsehen können dürfte. Vgl. dazu noch unten Kap. 5 bei Fn. 191 ff.

Anders als es das Bundesverfassungsgericht in jüngerer Zeit angedeutet hat, gilt das allerdings auch für den Bereich der Rüstungsexporte.[715] Denn der traditionell weite Spielraum der Bundesregierung für die Gestaltung der auswärtigen Beziehungen[716] vermag eine abstrakt-generelle, also bereits tatbestandliche Herausnahme der Genehmigung von Rüstungsexporten (Art. 26 Abs. 2 GG) im Allgemeinen und Vorgängen im Bundessicherheitsrat im Besonderen nicht zu begründen. Neben der bereits erwähnten Legitimationsproblematik verbietet sich die Annahme eines tatbestandlichen Geheimbereichs auch wegen des in diesem Gebiet gemeinhin hohen öffentlichen Informationsinteresses sowie mit Blick auf ein auch rechtsstaatlich mitfundiertes Kontrollbedürfnis. Nähme man Rüstungsexporte generell vom exekutiven Öffentlichkeitsgebot aus, entstünde hierdurch bei den Handlungsträgern ein Gefühl des Unbeobachtetseins, wodurch ein potentiell günstiges Umfeld für die Begehung von Rechtsverstößen geschaffen würde.[717] Legitimen verfassungsrechtlichen Vertraulichkeitsinteressen lässt sich auch im Bereich der Rüstungsexporte auf Einzelfallebene Rechnung tragen. Zwar führt die Gemengelage aus den hier regelmäßig betroffenen vor allem außenpolitisch begründeten Geheimhaltungsinteressen dazu, dass eine Abwägung häufig zu Lasten des parlamentarischen Informationsrechts und damit zulasten von Öffentlichkeit ausgehen wird. Die in diesem Zusammenhang vom Bundesverfassungsgericht herausgearbeitete schematische Typisierung für Vorgänge im Bundessicherheitsrat darf jedoch nicht als verfassungsgrundsätzlicher Geheimbereich gedeutet werden. Übereinstimmend mit dem Ansatz der Rechtsprechung ist die auf Basis der Verfassung getroffene Abwägungsentscheidung der Exekutive vom Grundsatz her nämlich vollständig gerichtlich überprüfbar. Denn das Fehlen konditionaler Normstrukturen bewirkt einen erheblichen Zuwachs exekutiver Handlungsspielräume,[718] die gerade wegen der Relevanz informationssensibler Randbereiche für die Exekutivkontrolle mit der vollständigen Justiziabilität von Abwägungsentscheidungen zu kompensieren ist. Anders als für den Gesetzgeber greift für die auf Basis der Verfassung abwägende Exekutive nur in Ausnahmefällen ein Beurteilungsspielraum ein.[719]

---

715 BVerfG, Urteil vom 14. Dezember 2022 – 2 BvE 8/21 – Rn. 68 nach juris. Diese Sichtweise beruht auf einem zu restriktiven Verständnis der Kernbereichsdogmatik aus der Entscheidung BVerfGE 137, 185. Kritisch bereits *von Achenbach*, JZ 2015, S. 96ff. Vgl. auch *C. Möllers*, JZ 2017, S. 271ff. Zum Ganzen noch unten Kap. 4 bei Fn. 240ff.

716 BVerfGE 121, 135 (158). In der Vergangenheit hat das BVerfG die Justiziabilität der auswärtigen Gewalt sehr stark eingeschränkt. Vgl. etwa BVerfGE 68, 1 (97).

717 Dazu *Cancik*, ZParl 45 (2014), S. 885 (898ff.); *von Achenbach*, ZParl 48 (2017), S. 491 (511).

718 Dazu allgemein *Franzius*, in: Grundlagen des Verwaltungsrechts I, 2022, S. 193 (196ff.).

719 So kann die gerichtliche Kontrolldichte insbesondere bei Einschätzungs- oder Prognoseentscheidungen mit außenpolitischem Bezug reduziert sein. Dazu den Nachweis in Kap. 3 Fn. 716.

Sicherlich bewirkt das allgemeine informatorische Regel-Ausnahme-Verhältnis, wie es das Bundesverfassungsgericht nunmehr den Informationsbeziehungen von Parlament und Regierung insgesamt zugrunde legt, eine Verwischung der klassischen Parlamentsfunktionen und eine Veränderung der Kontrollarchitektur im parlamentarischen Regierungssystem, insbesondere eine Annäherung der einzelnen Kontrollinstrumente.[720] Abgesehen davon, dass die Parlamentsfunktionen aber keine klar definierten Funktionszuweisungen sind,[721] sondern ohnehin deskriptive Kategorien, die der zeitgeschichtlichen Wandlung durch politische Realitäten unterliegen, verdient die Tendenz des Bundesverfassungsgerichts auch aus anderen Gründen Beifall. Diese Judikatur ist nämlich letztlich Ausdruck der Tatsache, dass die Möglichkeiten exekutiven Wissenszugriffs einer materiellen Stärkung bedurften und die demokratische Legitimation der Verwaltung – jedenfalls bei Anlegung eines zeitgerechten Demokratieverständnisses – nicht mehr durch den bloßen Bestand förmlicher Verantwortungs- und Kontrollbeziehungen im parlamentarischen Regierungssystems bewirkt werden kann. Denn mit abstrakt-generellen Regeln und pauschaler Fallgruppenbildung lassen sich die Informationsbeziehungen zwischen Regierung und Parlament nicht sachgerecht erfassen.[722]

Die Rechtsprechung muss auch vor dem Hintergrund betrachtet werden, dass der verfassungsrechtliche Anpassungsbedarf in Bezug auf Oppositionsrechte im Allgemeinen und Informationsrechte im Besonderen bereits in der ab 1992 tagenden Gemeinsamen Verfassungskommission weithin anerkannt war. Dass die diskutierte Pflicht der Bundesregierung, Anfragen der einzelnen Abgeordneten „unverzüglich und vollständig" zu beantworten, nicht in einen neuen Art. 43 Abs. 1 Satz 2 GG aufgenommen wurde, lag unter anderem daran, dass durch die angedachte Regelung eine zu weitgehende Kernbereichsberührung befürchtet wurde.[723] Die Nichtaufnahme in die Verfassung dürfte damit auch an den macht-

[720] Dazu insgesamt kritisch *Meinel*, Der Staat 60 (2021), S. 43 (70 ff.), der eine „fundamentale Ambivalenz im Umgang des BVerfG mit der politischen Form der parlamentarischen Regierung" konstatiert und die Vermutung aufstellt, diese Rechtsprechungstendenz sei maßgeblich durch die machtpolitischen Gegebenheiten der Großen Koalition katalysiert worden.

[721] In diese Richtung auch *Schliesky*, in: Parlamentsrecht, 2016, S. 204 (206).

[722] Dies einräumend auch *Meinel*, Selbstorganisation des parlamentarischen Regierungssystems, 2019, S. 245–246, der anmerkt, dass sich vor allem die Bedeutung der zeitlichen Dimension parlamentarischer Informationsbegehren einer regelförmigen Normierung entzieht.

[723] Zum Ganzen BT-Drs. 12/6000, S. 91–92; *Deutscher Bundestag*, Materialien zur Verfassungsdiskussion und zur Grundgesetzänderung in der Folge der deutschen Einigung I, 1996, S. 471 ff., 609 ff. insb. 613., 1059 ff. Vgl. dazu auch die Stellungnahmen der Sachverständigen, die sich für die Stärkung der Oppositions- und Informationsrechte aussprachen: *Deutscher Bundestag*, Materialien zur Verfassungsdiskussion und zur Grundgesetzänderung in der Folge der deutschen Einigung II, 1996, insb. S. 197 ff., 200 ff., 211. Hervorzuheben ist hier insbesondere die Stellungnahme von *Degenhart*, in:

politischen Verhältnissen im parlamentarischen Regierungssystem gescheitert sein. Die deutliche Annäherung und Verzahnung der Informationsrechte des Parlaments, die sich zunehmend auch auf das Unterrichtungsrecht aus Art. 23 Abs. 2 Satz 2 GG erstreckt,[724] ist im Ergebnis[725] insofern zustimmungswürdig, als dass all diese Rechte richtigerweise Ausfluss der allgemeinen verfassungsrechtlichen Informationszuordnung sind. Solange ihre unterschiedlichen Voraussetzungen sowie ihr möglicherweise abweichender Umfang gewahrt werden,[726] ist die hierdurch bewirkte Stärkung der Parlamentsinformation zu begrüßen.

Zu begrüßen ist auch, dass das Bundesverwaltungsgericht seine anfängliche Zagheit bei der Auslegung des verfassungsunmittelbaren Auskunftsanspruchs der Presse in Gestalt des auslegungsbestimmenden Merkmals des „Minimalstandards“ abgelegt hat, welches die Stellung der Presse im Ergebnis schwächte.[727] Ausgehend von der Grunderwägung, dass demokratische Kontrolle nicht beim Parlament monopolisiert ist[728] und der durch das „Nadelöhr“[729] der parlamentarischen Regierungsverantwortlichkeit verlaufende legitimatorische Parlamentsmonismus aufgelockert werden sollte, erweisen sich auch verfassungsunmittelbare Auskunftsansprüche der Presse – sofern man diese mit der Rechtsprechung anerkennt – als Ausfluss eines letztlich dem Volk gegenüber bestehenden demokratischen Öffentlichkeitsgebots der Exekutive. Zwar führen die im Bereich der Presse nicht existierenden Instrumente parlamentarischen Geheimnisschutzes dazu, dass parlamentarische Informationsbegehren bei informationssensiblen Angelegenheiten regelmäßig weitergehenden Zugriff versprechen. Ein verfassungsrechtliches „Abstandsgebot“ in dem Sinne, dass dem Parlament im Vergleich zu anderen Akteuren stets ein Mehr an Informationen zustünde, besteht jedoch nicht.[730]

Materialien zur Verfassungsdiskussion III, 1996, S. 448 (449–450), der eine Aufnahme des Interpellationsrechts in die Verfassung begrüßte. Durch das bloße Bestehen von Kontrollrechten könne von einer Verletzung des Kernbereichs nicht die Rede sein. Damit legt er ein zutreffendes Prinzipienverständnis zugrunde, wie es auch das BVerfG in der Folge entwickelte.

724 Vgl. schon die Nachweise in Kap. 3 Fn. 678.

725 Durchaus kritisieren mag man die bundesverfassungsgerichtliche Umstellung der Begründung und des Antragsgegners beim Interpellationsrecht. Dazu *Meinel*, Selbstorganisation des parlamentarischen Regierungssystems, 2019, S. 241 ff. Aber auch diese Kritik lässt sich mit einem Blick auf die gescheiterten Reformbestrebungen relativieren.

726 Unterschiede können sich insbesondere aus der Unterscheidung parlamentarischer Selbst- und Fremdinformationsrechte ergeben. So vermittelt das Interpellationsrecht regelmäßig kein Akteneinsichtsrecht, was jedoch bereits vor dem BVerfG geltend gemacht wurde. Vgl. dazu unten den Nachweis in Kap. 4 Fn. 141.

727 Dazu nur *Klemm/Schlüter*, AfP 46 (2015), S. 306 ff.

728 Dazu oben Kap. 3 bei Fn. 347.

729 *Trute*, in: Grundlagen des Verwaltungsrechts I, 2022, S. 551 (580).

730 So *Schnabel/Freund*, DÖV 2012, S. 192 (195) in Bezug auf den Informationszugang nach dem IFG.

Es ist auch verfassungsrechtlich nicht erklärbar, weshalb das bloß theoretische Bestehen eines (bewusst) nicht ausgeübten gesetzgeberischen Regelungsspielraums einen abstrakten Geheimbereich begründen können soll,[731] so wie ihn das Bundesverwaltungsgericht nach seiner ursprünglichen Sicht für „operative Vorgänge“ des BND angenommen hat. Es liegt vielmehr die Vermutung nah, dass das Gericht durch die bei Auskunftsbegehren nach den Landespressegesetzen in diesem Bereich regelmäßig überwiegenden Vertraulichkeitsinteressen sowie in Ansehung von § 3 Nr. 8 IFG zu dieser opportunistischen Feststellung bewogen wurde. Legitimen Geheimhaltungsinteressen im nachrichtendienstlichen Bereich kann durch eine Beschränkung des verfassungsunmittelbaren Anspruchs nach Maßgabe einer Abwägung Rechnung getragen werden.[732] Da Schutzlücken also nicht zu befürchten sind, ist der nunmehrigen Berichtigung dieser Judikatur beizupflichten.

Die tatbestandliche Erstreckung des Öffentlichkeitsgebots auf die gesamte Exekutive hat freilich einen Einzelfallbezug in dem Sinne zur Folge, dass Konflikte zwischen Öffentlichkeits- und Vertraulichkeitsinteressen in Ansehung der Umstände konkreter Konfliktsituationen zu lösen sind.[733] Gerade die Judikate von Bundesverfassungs- und Bundesverwaltungsgericht sind Ausdruck eines solches Verständnisses. Sie dokumentieren, dass die Exekutive – soweit sie verfassungsrechtlichen Auskunfts- oder Informationsbegehren ausgesetzt ist – in Abwesenheit verfassungskonkretisierender Vorschriften eine einzelfallorientierte Bewertung vorzunehmen hat, die gerichtlich voll überprüfbar ist. Es ist in diesem Sinne kein Zufall, dass sich diejenigen Judikate, denen die wichtigsten Aussagen zur Öffentlichkeitsbezogenheit der Exekutive zu entnehmen sind, im informationssensiblen Bereich bewegen, etwa nachrichtendienstlichen Bezug haben. Wie so oft erhält eine Regel im Verfassungsrecht „erst von den Ausnahmen her“ ihren wahren Sinn.[734] Gerade die mehrfach als Formulierung abstrakter Geheimbereiche missverstandene Tendenz des Bundesverfassungsgerichts zu schematischen Typisierungen[735] berechtigter exekutiver Geheimhaltungssituationen veranschaulicht hier, dass Einzelfallgerechtigkeit nicht unbedingt auf Kosten der Rechtssicherheit gehen muss. Die demokratischen und rechtsstaatlichen Zugewinne durch die auf diese Weise ermöglichten flexiblen und interessengerechten Entscheidungen vermögen vermeintliche Rechtssicherheitsverluste zu rechtfertigen.

---

[731] Anders insoweit die auf § 9 KWG gestützte abwägungsfeste Grenze des verfassungsunmittelbaren Presseauskunftsanspruchs: BVerwGE 167, 319 (327).

[732] Dazu unten Kap. 4 bei Fn. 321 ff.

[733] Der Einzelfallbezug bewog *Rösch*, Geheimhaltung in der rechtsstaatlichen Demokratie, 1999, S. 160 ff. zur Ablehnung der Prinzipieneigenschaft. Dies ebenfalls betonend, insgesamt weniger kritisch dagegen *Jarass*, AfP 10 (1979), S. 228 (230–231).

[734] In Anlehnung an *E. R. Huber*, Deutsche Verfassungsgeschichte III, 1988, S. 16.

[735] Diese Tendenz betont auch *Wischmeyer*, Die Verwaltung 51 (2018), S. 393 (421).

2. Optimierungscharakter des Öffentlichkeitsgebots

Erweist sich das Öffentlichkeitsgebot der Staatsgewalt nach diesen Feststellungen als durchgängig final programmierte Norm, drängt sich sogleich die Frage nach ihrer inhaltlichen Stoßrichtung auf. So werden Prinzipien in der rechtstheoretischen Diskussion anknüpfend an Alexy bekanntlich als Optimierungsgebote, also als Normen verstanden, deren Normstruktur nicht gebietet, dass das von ihnen angeordnete Ziel absolut zu realisieren wäre, sondern nur relativ zu den rechtlichen und tatsächlichen Möglichkeiten des konkreten Falles in möglichst hohem Maße. Nach diesem Verständnis sind Prinzipien nicht nur abwägungsfähig, sondern normstrukturell auf Relativierung ihrer selbst angelegt.

Obwohl oder vielleicht auch gerade weil Alexy sein Prinzipienverständnis in Ansehung der grundrechtlichen Abwägungspraxis des Bundesverfassungsgerichts entwickelte, polarisiert die Anwendung dieses Normverständnisses im Verfassungsrecht. In Auseinandersetzung mit der Kritik konnte gesehen werden, dass sich eine Definition des Verfassungsprinzips anhand des Optimierungskriteriums verbietet. Es räumen jedoch selbst Kritiker der Theorie Alexys ein, dass das objektive Verfassungsrecht Normen mit der Struktur des Optimierungsgebots kennt.[736] Der Optimierungscharakter muss sich jedoch stets aus dem Norminhalt ergeben.[737]

Die Frage, ob das Demokratieprinzip insgesamt als Optimierungsgebot aufzufassen ist, wird unterschiedlich beantwortet.[738] Zwar besitzt das Demokratieprinzip zumindest in Teilen ohne Zweifel Prinzipiencharakter,[739] jedoch lassen sich die bei einem formal-monistischen Demokratieverständnis im Vordergrund stehenden organisations- und verfahrensrechtlichen Gehalte nicht ohne Weiteres mit einem Optimierungscharakter vereinbaren.[740] Zudem hat das in der gerichtlichen Kontrollpraxis aufgegriffene Kriterium des „hinreichenden Legitimationsniveaus“ die Vorstellung hervorgerufen, es gebe einen Punkt maximal geforderter Demo-

---

736 Vgl. hier nur *Lerche*, in: Festschrift für Stern, 1997, S. 197 (206).

737 Zum Ganzen bereits oben Kap. 2 bei Fn. 132 ff.

738 Dafür *Bryde*, in: Demokratie und Grundgesetz, 2000, S. 59 ff.; *Schliesky*, Souveränität und Legitimität von Herrschaftsgewalt, 2004, S. 611 ff.; *Wegener*, Der geheime Staat, 2006, S. 434; *Droege*, DÖV 2009, S. 649 (654); *Trute*, in: Grundlagen des Verwaltungsrechts I, 2022, S. 551 (565–566). Dagegen *Bowitz*, Das Demokratieprinzip als eigenständige Grundlage richterlicher Entscheidungsbegründungen, 1984, S. 51; *Jestaedt*, Demokratieprinzip und Kondominialverwaltung, 1993, S. 585 ff.; *Grzeszick*, in: D/H/S-GG, Stand August 2023, Art. 20 II Rn. 158 ff.; *Reimer*, Verfassungsprinzipien, 2001, S. 488–489; *Waldhoff*, JZ 2009, S. 144 (146–147); *Lenz*, Kommunalverwaltung und Demokratieprinzip, 2020, S. 99.

739 *Unger*, Das Verfassungsprinzip der Demokratie, 2008, S. 158–161. Zustimmend *Trute*, in: Grundlagen des Verwaltungsrechts I, 2022, S. 551 (565–566).

740 Hierzu im Zusammenhang mit der Gewaltenteilung *C. Möllers*, AöR 132 (2007), S. 493 (506–507). Anders dagegen das Grundverständnis bei *C. Schröder*, JuS 2022, S. 23 (25), der der Gewaltenteilung Optimierungscharakter zuzuerkennen scheint.

kratisierung.[741] Aber unabhängig davon, ob man Demokratieprinzip oder Legitimationsgebot in Gänze als Optimierungsgebot verstehen kann, ist demokratische Öffentlichkeit offensichtlich nicht auf die Herstellung eines Minimalstandards gerichtet. Nach obigen Feststellungen dient die demokratisch motivierte Herstellung von Öffentlichkeit vor allem der Information des Staatsvolks im Hinblick auf eine freie Wahlentscheidung. Darüber hinaus ist die grundsätzliche Wahrnehmbarkeit der Staatsgewalt unabdingbare Voraussetzung für die Existenz einer öffentlichen Meinung. Wenn vereinzelt auch der Einwand geäußert wurde, eine zu weitgehende Öffentlichkeit könne für die Bürger im Einzelfall überfordernd wirken,[742] erscheint die Annahme eines Zustands genügender Öffentlichkeit aus dieser Perspektive fernliegend.[743] Mit Blick auf die im Vordergrund stehende Informationsvermittlung führt ein Zugewinn an Information stets dazu, dass demokratischen Grundvorstellungen in höherem Maße entsprochen wird. Denn je höher das Informationsniveau ist, desto freier und selbstbestimmter kann eine Wahlentscheidung erfolgen. Auch führt ein „Mehr" an staatlicher Öffentlichkeit entsprechend der vertrauens- und akzeptanzsteigernden Wirkung von Öffentlichkeit jedenfalls theoretisch zu einer stärkeren Aufrechterhaltung des staatstragenden demokratischen Grundkonsenses. Demokratische Öffentlichkeit ist kein abstrakt perfektibles Gebot, sondern jeweils soweit zu realisieren, wie es entgegenstehende Geheimhaltungs- oder Vertraulichkeitsinteressen zulassen.[744] Aus der in dieser Hinsicht übereinstimmenden Finalität von Rechtsstaats- und Republikprinzip[745] folgt nichts Anderes. Auch sie fordern nicht die Herstellung eines be-

---

[741] Dazu *Trute*, in: Grundlagen des Verwaltungsrechts I, 2022, S. 551 (565 ff.); BVerfGE 119, 331 (392–393).

[742] So im Kontext der Ausschussöffentlichkeit *Magiera*, Parlament und Staatsleitung in der Verfassungsordnung des Grundgesetzes, 1979, S. 155.

[743] Dass dem Demokratieprinzip keine abstrakte Grenze der Öffentlichkeit zu entnehmen ist, betont auch *Jarass*, AfP 10 (1979), S. 228 (230).

[744] In diese Richtung des Optimierungscharakters schon *Häberle*, Öffentliches Interesse als juristisches Problem, 1970, S. 124: „Optimum an Publizität", 710; *Kriele*, VVDStRL 29 (1971), S. 46 (68): „soviel Transparenz wie möglich"; *Scholz*, NJW 1973, S. 481 bezeichnete die „*höchstmöglich transparente* [...], *zugängliche* [...]" Verwaltung als „Verfassungsrechtliche Grundvorstellung" (Hervorhebung im Original); *Stettner*, in: Der Verwaltungsstaat im Wandel – Festschrift für Franz Knöpfle zum 70. Geburtstag, 1996, S. 351 (362): „(objektive) Verpflichtung größtmöglicher Transparenz aller staatlichen Handlungen". Öffentlichkeit ausdrücklich als Optimierungsgebot behandelnd dann *Rösch*, Geheimhaltung in der rechtsstaatlichen Demokratie, 1999, S. 158 ff.; *Lederer*, Open Data, 2015, S. 256; *Drefs*, Die Öffentlichkeitsarbeit des Staates und die Akzeptanz seiner Entscheidung, 2019, S. 50, 114. Vgl. auch *Gusy*, in: Grundlagen des Verwaltungsrechts I, 2022, S. 1661 (1666, 1675).

[745] Dass das Rechtsstaatsprinzip Quelle von Optimierungsgeboten ist, nehmen etwa *Schulze-Fielitz*, in: *Dreier*-GG, 2015, Art. 20 (Rechtsstaat) Rn. 43, 44, 130; *Pernice*, Billigkeit und Härteklauseln im öffentlichen Recht, 1991, S. 390–391; *Leisner-Egensperger*, JRE 21 (2013), S. 99 (100) an. Dem Republikprinzip entnimmt *Nowrot*, Das Republikprinzip in der Rechtsordnungengemeinschaft, 2014, S. 426 das Gebot der optimalen Ausrichtung staatlicher Entscheidungsprozesse am Öffentlichkeitsgrundsatz. All-

stimmten Zustands der Öffentlichkeit, sondern die stetige Maximierung öffentlicher Ausübung der Staatsgewalt.[746]

Induktiv bestätigen lässt sich dieser Befund durch einen Blick auf die Regelungstechnik des Verfassungsrechts und des verfassungskonkretisierenden Unterverfassungsrechts. So spricht ein vor allem im Bereich von Legislative und Judikative nachweisbares tradiertes Regelungsmodell der Ausnahmen und Rückausnahmen dafür, dass das Verfassungsrecht in Konkretisierung des Öffentlichkeitsgebots auf eine möglichst weitgehende Öffentlichkeit dringt. Im Kontext der Parlamentsöffentlichkeit sei hier auf die teils verfassungsrechtlichen,[747] teils geschäftsordnungsrechtlichen[748] Regelungen verwiesen, die auch in den regelmäßig nicht sitzungsöffentlich tagenden Parlamentsgremien über die Berichts- und Erklärungsöffentlichkeit hinausgehende Öffentlichkeitsformen zulassen oder anordnen.[749] Ähnliches lässt sich im Bereich der Judikative feststellen. Auch hier erfolgen die einfachrechtlichen Konkretisierungen der allgemeinen verfassungsrechtlichen Gerichtsöffentlichkeit nicht nach dem Schema „Alles-oder-nichts", sondern in einem differenzierten Modell, das auf die Gewährung möglichst weitgehender Öffentlichkeit gerichtet ist. Das ist bereits im Bereich der Verhandlungsöffentlichkeit sichtbar.[750] Aber auch die inzwischen gefestigte und in jüngerer Zeit wieder vermehrt im Fokus stehende Relativierung des richterlichen Beratungsgeheimnisses (§ 43 DRiG[751]) durch die Möglichkeit der Veröffentli-

gemein zum Republikprinzip als Optimierungsgebot zuvor bereits *Gröschner*, in: HStR II, 2004, S. 369 (403–404).

746 Dass *H. A. Wolff*, in: Nachrichtendienste im demokratischen Rechtsstaat, 2018, S. 69 (87–88) den Optimierungscharakter parlamentarischer Kontrolle nachvollziehbarerweise ablehnt, weil quantitative Kontrollmaximierung verfassungsrechtlich nicht gefordert sei, ist mit dem hiesigen Befund nicht unvereinbar. Auch wenn bei rechtsstaatlicher Öffentlichkeit die Kontrollermöglichung im Vordergrund steht, führt das rechtsstaatliche Gebot zu möglichst weitgehender Öffentlichkeit nämlich nicht dazu, dass Kontrolle möglichst in jedem Fall auszuüben wäre.

747 Art. 44 Abs. 1 Satz 1 GG; 42 Abs. 3 Alt. 2 GG. Vgl. im Übrigen Art. 35 Abs. 1 Satz 2 WRV.

748 §§ 69 Abs. 1 Satz 2; 69 Abs. 2 Satz 1; 69 Abs. 2 Satz 3; 69a; 70 GO-BT.

749 Dazu oben Kap. 3 bei Fn. 515 ff.

750 Vgl. etwa §§ 169 Abs. 1 Satz 3, Abs. 2 Satz 1, Abs. 3 Satz 1; 170 Abs. 1 Satz 2, Abs. 1 Satz 3, Abs. 2; 171b Abs. 1 Satz 2, Abs. 4; 173 Abs. 1; 174 Abs. 1 Satz 2; 175 Abs. 2 GVG. Insgesamt sind die Vorschriften über die Gerichtsöffentlichkeit demnach ein differenziertes und abgestuftes Modell aus „Kann"-, „Soll"- und „Ist"-Vorschriften, die das richterliche Ermessen unter Wahrung öffentlicher und privater Vertraulichkeitsinteressen in Richtung der Herstellung möglichst weitgehender Öffentlichkeit lenken. Auch die mehrmalige Verwendung des Wortes „soweit" in § 171b GVG dokumentiert, dass eine Beschränkung der Öffentlichkeit wegen der Persönlichkeitsrechte Verfahrensbeteiligter nur so weit gehen darf, wie im Einzelfall geboten.

751 Bereits *Vollkommer*, JR 1968, S. 241 (242 ff.) empfahl die Zulassung der Veröffentlichung von Sondervoten und zwar nicht nur des BVerfG, sondern insgesamt.

chung von Sondervoten bei Entscheidungen des Bundesverfassungsgerichts (§ 30 Abs. 2 Satz 1 BVerfGG) entspricht diesem Schema.[752]

Die unterverfassungsrechtlichen Normen, die exekutive Öffentlichkeit betreffen, weisen eine vergleichbar differenzierte Regelungsweise auf.[753] Mit der Systematik abgestufter Öffentlichkeiten,[754] die schon seit längerem in der Rechtsprechung nachweisbar ist, verfolgt das Bundesverfassungsgericht auch auf Ebene der Verfassung ein ähnliches, Einschränkungen zulassendes Modell. Scheiterte die Kontrolle der Nachrichtendienste in den Anfängen der Bundesrepublik nicht zuletzt an den fehlenden Möglichkeiten parlamentarischen Geheimnisschutzes,[755] ist mindestens seit der *Flick*-Entscheidung des Bundesverfassungsgerichts[756] die Tendenz sichtbar geworden, dass das Bundesverfassungsgericht bei der parlamentarischen Kontrolle der Exekutive anstatt vollständiger Geheimhaltung zunächst die Herstellung von Öffentlichkeit an einen kleineren, insoweit privilegierten, Personenkreis verlangt. Wie schon in dieser Entscheidung eher beiläufig erwähnt,[757] in einer kurz darauffolgenden dann näher ausgeführt, kommt hierfür erstens die Einsetzung besonderer nichtöffentlich tagender Untergremien des Parlaments in Betracht.[758] Da mit der Verlagerung von Parlamentskontrolle und -information in kleinere Gremien jedoch stets ein Eingriff in Abgeordnetenrechte verbunden ist, muss diese Delegation auf „wenige Ausnahmen

[752] Dazu nun monographisch *M. K. Klatt*, Das Sondervotum beim Bundesverfassungsgericht, 2022.

[753] Vgl. etwa §§ 1 Abs. 1 Satz 1, 3 ff. IFG; §§ 2 Abs. 1, 3 UIG; §§ 10 Abs. 1, 11 Abs. 6, 12 ff. BArchG; § 4 Abs. 2 SÜG; § 35 Abs.1 SÜG i.V.m. § 15 Abs. 1 Satz 3 VSA: „Von einer Einstufung als Verschlusssache ist *nur* Gebrauch zu machen, *soweit dies notwendig ist*“ (Hervorhebungen Verf.).

[754] Allgemein dazu *Gusy*, ZRP 2008, S. 36 (38); *Waldhoff*, in: Reform der Nachrichtendienste zwischen Vergesetzlichung und Internationalisierung, 2019, S. 73 (80 ff.); *Wischmeyer*, Die Verwaltung 51 (2018), S. 393 (405–407).

[755] Dazu oben die Nachweise in Kap. 3 Fn. 673.

[756] In BVerfGE 67, 100 (138 ff.) machte das Gericht detaillierte Vorschläge, wie vorgegangen werden könne, wenn dem Herausgabeverlangen von Untersuchungsausschüssen im konkreten Fall begründete exekutive Vertraulichkeitsinteressen entgegenstehen. Bereits hier regte das Gericht das sog. „Vorsitzendenverfahren“ an, also die Gewährung von Akteneinsicht an den Ausschussvorsitzenden und seinen Stellvertreter (so bezeichnet dann in BVerfGE 124, 78 [137, 139]).

[757] BVerfGE 67, 100 (135–136).

[758] Auf dieser Linie bestätigte das Gericht in BVerfGE 70, 324 (358 ff.) kurz darauf, dass der Grundsatz der Budgetöffentlichkeit der haushaltsrechtlichen Überprüfung der Wirtschaftspläne von Nachrichtendiensten in einer besonderen Kommission nicht entgegenstehe, was anschließend zur gesetzlichen Normierung dieser Praxis in § 10a BHO führte. Dazu *C. Arndt*, in: Parlamentsrecht und Parlamentspraxis, 1989, S. 1369 (1370). Vgl. aber auch die Sondervoten der Richter *Mahrenholz* und *Böckenförde* BVerfGE 70, 324 (366 ff.), die vor allem mit Blick auf die Besetzung des Gremiums eine Verletzung der Minderheitenrechte annehmen.

mit begrenztem Anwendungsbereich beschränkt bleiben und zwingend erforderlich sein".[759]

Darüber hinaus kommt zweitens eine Gewährung von Informationen unter Anwendung der Geheimschutzordnung des Deutschen Bundestages (GSO)[760] in Betracht, welche in Anlehnung an die Verschlusssachenanweisung des Bundesministerium des Innern entwickelt wurde[761] und sich nur auf den ersten Blick als Widerspruch zum öffentlichkeitsgeprägten Parlamentarismus darstellt. Wie sich auf die geschriebene Verfassung zurückführen lässt,[762] ist die Geheimschutzordnung vielmehr

> „Ausdruck der Tatsache, daß das Parlament ohne eine Beteiligung am geheimen Wissen der Regierung weder das Gesetzgebungsrecht noch das Haushaltsrecht noch das parlamentarische Kontrollrecht gegenüber der Regierung auszuüben"

vermag.[763] Auch sind die Bestimmungen zum Geheimnisschutz nötig, weil das Staatswohl im grundgesetzlichen Regierungssystem nicht allein der Bundesregierung, sondern gemeinsam mit dem Parlament anvertraut ist.[764]

Die Handhabung der Systematik abgestufter Öffentlichkeiten in der Rechtsprechung[765] als „Form [...] der Informationsvermittlung"[766] oder „milderes Mittel"[767] gegenüber der vollständigen Geheimhaltung bei der Herstellung praktischer Konkordanz zwischen auf Öffentlichkeit gerichteten parlamentarischen Informationsrechten und verfassungsrechtlich fundierten Geheimhaltungsinteressen[768] zeigt[769], dass das Bundesverfassungsgericht und inzwischen auch das Bundesverwaltungsgericht[770] übereinstimmend mit dem hiesigen Verständnis von

---

[759] BVerfGE 130, 318 (360); 137, 185 (262); 147, 50 (129 ff.). Dazu auch bereits in BVerfGE 70, 324 (359).

[760] Vgl. Anlage 3 GO-BT. Zur Geheimschutzordnung allgemein *Jahn/Engels*, in: Parlamentsrecht und Parlamentspraxis, 1989, S. 619 ff.

[761] BVerfGE 67, 100 (135).

[762] So auch BVerfGE 137, 185 (264): „in der Verfassung [...] angelegt". Vgl. hier nur Art. 45a Abs. 1, Abs. 3; 45d GG. In diese Richtung auch bereits BVerfGE 67, 100 (135).

[763] BVerfGE 67, 100 (135).

[764] So bereits BVerfGE 67, 100 (136).

[765] Zur Vereinbarkeit abgestufter Öffentlichkeit des Bundestags mit Art. 38 Abs. 1 Satz 2 GG vgl. BVerfGE 130, 318 (342 ff., 359).

[766] BVerfGE 124, 161 (193).

[767] BVerfGE 147, 50 (131).

[768] So ausdrücklich BVerfGE 146, 1 (54 ff.).

[769] Zum Zusammenhang von Verhältnismäßigkeit, praktischer Konkordanz und *Alexys* Prinzipientheorie *Schladebach*, Der Staat 53 (2014), S. 263 (269 ff.). Dazu auch bereits oben Kap. 2 bei Fn. 138.

[770] Jedenfalls bei der Kollision des presserechtlichen Auskunftsanspruchs mit privaten Geheimhaltungsbelangen verlangt das BVerwG ausdrücklich die Herstellung praktischer Konkordanz. Anknüpfend an BVerwGE 166, 303 (308 ff.) rekurriert das Gericht nun regelmäßig auf diesen Grundsatz. So zuletzt BVerwG, Urteil vom 8. Juli 2021 –

Demokratie jedenfalls exekutive Öffentlichkeit als Optimierungsgebot behandeln. Aus dem Verwaltungsprozess ist das In-camera-Verfahren bekannt, das eine abgestufte Öffentlichkeit ermöglicht und sich damit ebenfalls als Ausprägung des Optimierungsgedankens gedeutet werden kann.

Die Ursprungsnormen des Öffentlichkeitsgebots insbesondere das Demokratieprinzip, aber auch Rechtsstaats- und Republikprinzip streiten im Ergebnis für eine möglichst weitgehende Veröffentlichung der Staatsgewalt. Dieser Befund wird bei einer Betrachtung des verfassungskonkretisierenden Rechts in Ansehung der Regelungstechnik der Ausnahmen und Rückausnahmen sowie der Systematik abgestufter Öffentlichkeiten induktiv bestätigt. Zwar wurde die Verfassungsnormativität insbesondere exekutiver Öffentlichkeit in Frage gestellt. Soweit ersichtlich existieren jedoch keine Stimmen, die Öffentlichkeit als Verfassungsnorm anerkennen, aber ihren Optimierungscharakter in Frage stellen. Da das Verfassungsrecht ohne Zweifel auf Optimierung gerichtete Normen kennt,[771] stehen die bereits beleuchteten grundsätzlichen Vorbehalte gegen das Verständnis von Verfassungsnormen als Optimierungsgebote dem nicht entgegen.[772]

IV. Ergebnis: Das Gebot faktischer Öffentlichkeit der Staatsgewalt als ungeschriebenes Verfassungsprinzip und Staatszielbestimmung

Nach alledem lässt sich festhalten, dass die den Prinzipien von Demokratie, Rechtsstaat und Republik parallel entnehmbare Forderung nach faktischer Öffentlichkeit der Staatsgewalt nicht bloß Ergebnis von Verfassungsauslegung ist. Es konnte nachgewiesen werden, dass sich diese Forderung im Bereich von Legislative und Judikative als Geltungsgrund auf den stillschweigenden Setzungsakt des historischen Verfassungsgebers stützen kann. Im Bereich der Exekutive ergibt

6 A 10/20 – Rn. 21 nach juris. Legt man die Definition des BVerwG solcher einfachrechtlicher Regelungen als Optimierungsgebote zugrunde, die eine „möglichst weitgehende Beachtung bestimmter Belange forder[n]“ (BVerwGE 71, 163 [165]), verlangt das Gericht auch in anderen Bereichen die Herstellung praktischer Konkordanz. So etwa im In-camera-Verfahren, wenn es, abermals im Kontext privater Geheimhaltungsinteressen, ausführt: „Die vollständige Verweigerung der Vorlage eines Aktenstücks ist *nur dann gerechtfertigt*, wenn die bei Beachtung des Verhältnismäßigkeitsgrundsatzes vorrangige (Teil-)Schwärzung der Unterlagen dem gebotenen Schutz nicht ausreichend Rechnung trägt“ (BVerwG, Beschluss vom 24. November 2015 – 20 F 4.14 – Rn. 23 nach juris [Hervorhebung Verf.]). Nicht zuletzt wegen der nachweisbaren Annäherung an die bundesverfassungsgerichtliche Rechtsprechung zur Parlamentsinformation (vgl. oben Kap. 3 Fn. 704, 705) und dem oben dargelegten Verständnis auch öffentlicher Vertraulichkeitsinteressen als umfassend abwägungsfähig stellt das Gericht tatsächlich auch mit solchen Interessen praktische Konkordanz her.

[771] Dazu oben Kap. 2 bei Fn. 146ff.

[772] Nach den obigen Ergebnissen erwies sich das gesetzgeberische Konkretisierungsprimat als verfassungsdogmatischer Schutzschild gegen die Konstitutionalisierung der Rechtsordnung. Dazu oben Kap. 2 bei Fn. 168.

sich ihre Normqualität im Wege der Verfassungsfortbildung. Das sich für die gesamte Staatsgewalt aus einem Induktionsschluss ergebende Verfassungsgebot besitzt insgesamt die Qualität einer ungeschriebenen Verfassungsnorm. Es ist mithin auch für die Rechtsprechung des Bundesverfassungsgerichts bindend und kann nicht durch ein Judikat des Gerichts beseitigt werden. Da neben der Zentralnormqualität auch festgestellt werden konnte, dass das Öffentlichkeitsgebot hinsichtlich seiner Rechtsfolgen nicht vorherbestimmt ist, erweist es sich nach der von Reimer entwickelten und als sachgerecht befundenen Definition als Verfassungsprinzip. Dem Verfassungsprinzip kommt darüber hinaus ein Optimierungsauftrag zu. Es verpflichtet den Staat und insbesondere den zuvörderst zu seiner Konkretisierung berufenen Gesetzgeber, relativ zu den rechtlichen und tatsächlichen Möglichkeiten die weitestmögliche allgemeine Wahrnehmbarkeit und Zugänglichkeit des Staates herzustellen. Wegen dieser Optimierungsausrichtung kann das Öffentlichkeitsprinzip übereinstimmend mit den obigen Ausführungen zu diesem Normtyp als ungeschriebene Staatszielbestimmung[773] bezeichnet werden. Ihr Inhalt und ihre Grenzen seien in der Folge dargestellt.

[773] In diese Richtung bereits *Jarass*, AfP 10 (1979), S. 228 (230–231), der die aus dem Demokratieprinzip abgeleitete Öffentlichkeitsforderung als „Verfassungsdirektive" versteht.

Viertes Kapitel

Inhalt und Grenzen des Öffentlichkeitsprinzips

A. Konturierung der Normmerkmale

Der Inhalt des Öffentlichkeitsprinzips als abgeleiteter Verfassungsaussage folgt aus seinen Ursprungsnormen, den Verfassungsprinzipien von Demokratie, Rechtsstaat und Republik. Im Kreise dieser Verfassungsgehalte kommt dem Demokratieprinzip wegen seines besonders deutlichen Öffentlichkeitsbezugs eine herausgehobene Stellung zu. Angesichts der auch in jüngerer Zeit teilweise abweichenden Terminologie in Literatur und Rechtsprechung sei hier zunächst nochmal darauf hingewiesen, dass der Begriff der Transparenz nach dem hiesigen Verständnis im faktischen Öffentlichkeitsbegriff aufgeht. Der Öffentlichkeitsbegriff als Postulat an der Schnittstelle von Demokratie, Rechtsstaat und Republik enthält im Verfassungsrecht aufgrund seiner gerade im Bereich der Parlamentsöffentlichkeit präsenten Verfassungstradition teleologische und funktionale Wertungen, die dem Transparenzbegriff als jüngerem Rechtsbegriff fremd sind. Schon unter Ordnungs- und Abstraktionsgesichtspunkten,[1] die im Verfassungsrecht besonderes Gewicht besitzen, ist der faktische Öffentlichkeitsbegriff deshalb dem Transparenzbegriff vorzuziehen.[2]

---

[1] Dazu *Sobota*, Das Prinzip Rechtsstaat, 1997, S. 411 ff.

[2] Teilweise wird der Begriff der Transparenz dabei als eine inhaltlich weitgehendere oder verabsolutierte Öffentlichkeitsforderung betrachtet, so etwa bei *Kluth*, in *Schmidt-Bleibtreu/Hofmann/Henneke*-GG, 2022, Art. 42 Rn. 5, nach dem das Öffentlichkeitsprinzip „Teil des umfassenderen Transparenzprinzips" sei. In diese Richtung auch *Schliesky*, in: Parlamentsrecht, 2016, S. 204 (229 ff.); ders., in: M/K/S-GG, 2018, Art. 42 Rn. 23. In Richtung eines abweichenden Transparenzbegriffs auch *Wischmeyer*, Die Verwaltung 51 (2018), S. 393 (405). Wenn das BVerfG in BVerfGE 130, 318 (360) „den Grundsatz der Budgetöffentlichkeit" „als Ausprägung des die Demokratie prägenden Transparenzgebotes" versteht, so dürfte damit im Angesicht der Terminologie in BVerfGE 70, 324 (358) hingegen mit einer sprachlichen Variation das vom Gericht zuvor noch so bezeichnete allgemeine demokratische Öffentlichkeitsprinzip gemeint sein. Auch *Brocker*, ZParl 51 (2020), S. 934 konstatiert im Kontext der Parlamentsöffentlichkeit kritisch, dass das Öffentlichkeitsprinzip zunehmend zum Transparenzprinzip „umgetauft" werde. Für die Vorzugswürdigkeit des Öffentlichkeitsbegriffs spricht außerdem folgende Erwägung: Beim Transparenzbegriff stand aufgrund der gemeinschaftsrechtlichen Vorgaben zunächst der Individualbezug – genauer: die Vorstellung individueller Informationszugangsansprüche – im Vordergrund (dazu etwa *Gröschner*, VVDStRL 63 (2004), S. 344 [354 ff.]). Vor dem Hintergrund der immer weiter im Aufwind befindlichen (Landes-)Transparenzgesetzgebung (hierzu unten Kap. 4 bei Fn. 127 ff.) steht zu erwarten, dass der Transparenzbegriff den Individualbezug ein Stück weit einbüßen und

I. Öffentlichkeitsobjekt: Staatsgewalt

Aus einem Querschnitt der Ursprungsnormen ergab sich als Öffentlichkeitsobjekt die Staatsgewalt. Übereinstimmend mit der herrschenden Auffassung zum Demokratieprinzip ist hierbei ein weites Verständnis von Staatsgewalt angezeigt. Über das „amtliche Handeln mit Entscheidungscharakter"[3] im engeren Sinne hinaus umfasst dieses Verständnis alles amtliche Handeln unabhängig von Außenwirkung, Rechts- und Handlungsform[4] sowie einschließlich der Wahrnehmung hoheitlicher Aufgaben durch Private jedenfalls in Form der Beleihung.[5] Ein Bagatellvorbehalt, wie bisweilen für die Legitimationsbedürftigkeit der Staatsgewalt angenommen, ist abzulehnen.[6] Das deckt sich mit dem Normgehalt der Prinzipien von Rechtsstaat und Republik, denen als Öffentlichkeitsobjekt insoweit parallel das Staatshandeln insgesamt entnehmbar ist.[7] Auch entspricht dieses weite Verständnis den obigen Feststellungen, wonach sich Öffentlichkeit tatbestandlich auf staatliches Handeln insgesamt erstreckt und abstrakt-generelle Geheimbereiche innerhalb der Staatlichkeit nicht existieren. Wie sogleich noch näher darzustellen ist, folgt daraus jedoch weder, dass jede Erscheinungsform staatlichen Handelns in gleichem Maße öffentlich stattzufinden hätte, noch dass jeweils eine bestimmte Form der Öffentlichkeit vorgeschrieben wäre.

II. Adressatenkreis: Demokratisches Staatsvolk oder rechtsstaatliche Allgemeinheit?

Das Demokratieprinzip drängt den Staat zu grundsätzlicher Öffentlichkeit, weil sich die Staatsgewalt andernfalls nicht legitimieren ließe. Als Referenzgröße für demokratische Öffentlichkeit setzt das Demokratieprinzip daher das Subjekt demokratischer Legitimation, also das Staatsvolk, fest.

Bei rechtsstaatlicher Öffentlichkeit bieten sich zwei Perspektiven. Ein Teil rechtsstaatlicher Publizitätsgarantien bezieht sich auf die Wahrnehmung individueller Rechte. Der Adressatenkreis wird hier von dem jeweils konkret zur

---

Transparenz zusätzlich mit staatlichen Veröffentlichungspflichten assoziiert werden wird. Diese begriffliche Wandlung ist Beleg für die Daseinsberechtigung abstrakter Oberbegriffe im Verfassungsrecht. Ähnlich wie hier auch das Verständnis von *Häberle*, VVDStRL 63 (2004), S. 445–446 (Ausspr.). Dazu bereits oben Kap. 1 bei Fn. 146.

[3] So zuerst BVerfGE 83, 60 (70); zuletzt BVerfGE 147, 50 (134).

[4] *Böckenförde*, in: HStR II, 2004, S. 429 (436–437).

[5] Dazu nur *Schmidt-Aßmann*, AöR 116 (1991), S. 329 (339 ff.).

[6] So auch *Grzeszick*, in: D/H/S-GG, Stand August 2023, Art. 20 II, Rn. 90 ff.; *Sommermann*, in: M/K/S-GG, 2018, Art. 20 Rn. 145 ff.; *Schliesky*, Souveränität und Legitimität von Herrschaftsgewalt, 2004, S. 263 ff.; *Lederer*, Open Data, 2015, S. 352; *J. Schröder*, JA 2017, S. 809 (812).

[7] *Sobota*, Das Prinzip Rechtsstaat, 1997, S. 498–499; *Anderheiden*, Gemeinwohl in Republik und Union, 2006, S. 340 ff.; *Nowrot*, Das Republikprinzip in der Rechtsordnungengemeinschaft, 2014, S. 422 ff.

Rechtswahrnehmung berufenen Personenkreis gebildet. Wie gezeigt wurde, ist der überindividuellen Dimension[8] des Rechtsstaatsprinzips aber auf einer höheren Ebene die nomokratisch motivierte Forderung nach grundsätzlicher Öffentlichkeit gegenüber der Allgemeinheit zu entnehmen, die sich als Adressatin rechtsstaatlicher Öffentlichkeit erwies.[9] Der Adressatenkreis demokratischer und rechtsstaatlicher Öffentlichkeit ist damit nicht deckungsgleich.

Nach der vorherrschenden Auffassung wird als Ausgangspunkt demokratischer Legitimation – und damit zugleich Bezugspunkt demokratischer Öffentlichkeit – das Staatsvolk als die Gesamtheit aller deutschen Staatsangehörigen verstanden.[10] Das Rechtsstaatsprinzip hingegen setzt die Legitimation der Staatsgewalt voraus und unterwirft sie in Gänze der Herrschaft des Rechts. Deshalb kommt es beim Rechtsstaat auch nicht auf die formelle Zuschreibung zum Staatsvolk an. Hier steht vielmehr das Merkmal der Betroffenheit von staatlicher Herrschaft im Vordergrund. Das Demokratieprinzip setzt damit spezifischere Anforderungen an den Adressatenkreis als das Rechtsstaatsprinzip. Teilweise wird zwar mit überzeugenden Argumenten für die Auflockerung des Volksbegriffs plädiert.[11] Im Rahmen der hiesigen Untersuchung kann den auf einem weiteren Volksbegriff aufbauenden Ansätzen der „Betroffenendemokratie“ jedoch nicht gefolgt werden. Auch kann Art. 28 Abs. 1 Satz 3 GG nicht entnommen werden, dass sich zur Legitimation der Bundesstaatsgewalt grundsätzlich an die Herrschaftsbetroffenheit anknüpfen ließe. Das ist aber auch nicht nötig. Denn der geschriebenen Verfassung sind etwa mit Art. 42 Abs. 1 Satz 1, 52 Abs. 3 Satz 3, 5 Abs. 1 Satz 1 Hs. 2 GG ohne Zweifel demokratisch motivierte Öffentlichkeitspostulate zu entnehmen, bei denen der Adressatenkreis über das Staatsvolk im obigen Sinn hinausgeht. Es kommt also durchaus in Betracht, die Öffentlichkeitsverpflichtung des Staates nicht nur gegenüber dem Staatsvolk, sondern der Allgemeinheit anzunehmen. Anders wäre dies nur zu bewerten, wenn es hierdurch zu einer Verschiebung des Legitimationssubjekts käme, die Staatsgewalt also ausgehend von der (herrschaftsbetroffenen) Allgemeinheit legitimiert würde. Im Rahmen des hier vertretenen zwischen den Demokratieverständnissen vermittelnden Modells kommt Öffentlichkeit jedoch schon gar nicht die Fähigkeit zu, von sich aus Staatsgewalt zu legitimieren. Mit ihrer legitimationsergänzenden Wirkung kann Öffentlichkeit lediglich im Einzelfall Legitimationsdefizite beheben, die bei der demokratischen Legitimation mit der hergebrachten Trias der Legitimationsfor-

---

[8] *Hesse*, in: Festschrift Smend, 1962, S. 71 (88 ff.).

[9] Dazu oben Kap. 3 bei Fn. 438.

[10] Vgl. hier nur *Böckenförde*, in: HStR II, 2004, S. 429 (445 ff., 461); *C. Möllers*, in: Handbuch des Verfassungsrechts, 2021, S. 317 (327–329).

[11] Vgl. *Haverkate*, Verfassungslehre, 1992, S. 330 ff.; *Bryde*, StWStPr 1994, S. 305 (307 ff., 321 ff.); *Morlok*, in: Festschrift 50 Jahre Bundesverfassungsgericht II, 2001, S. 559 (576 ff.); *Schliesky*, Souveränität und Legitimität von Herrschaftsgewalt, 2004, S. 265 ff.; *Trute*, in: Grundlagen des Verwaltungsrechts I, 2022, S. 551 (566 ff.).

men bestehen. Da Ausgangspunkt der demokratischen Legitimation dementsprechend weiterhin die Legitimationssubjekte nach dem klassischen Verständnis bleiben,[12] wird die beim Staatsvolk monopolisierte Trägerschaft der Staatsgewalt hierdurch nicht unterminiert. Das Demokratieprinzip steht der Ausrichtung des ungeschriebenen verfassungsrechtlichen Publizitätsgebots des Staates auf die Allgemeinheit also nicht entgegen.[13] Zur Definition von Allgemeinheit kann auf die in dieser Hinsicht mit dem faktischen Öffentlichkeitsbegriff übereinstimmenden Wertungen von Art. 42 Abs. 1 Satz 1, 52 Abs. 3 Satz 3, 5 Abs. 1 Satz 1 Hs. 2 GG zurückgegriffen werden: Das ungeschriebene Öffentlichkeitsprinzip besteht demnach gegenüber der Allgemeinheit im Sinne eines „individuell nicht bestimmbaren Personenkreis[es]“.[14] Die prinzipielle Inbezugnahme der Allgemeinheit schließt eine Reduzierung des Adressatenkreises bei Konkretisierung oder Anwendung des Verfassungsprinzips jedoch nicht absolut aus. An dieser Stelle sei nur auf die bereits angesprochene Systematik abgestufter Öffentlichkeiten verwiesen.[15]

III. Das Staatsziel der faktischen Öffentlichkeit der Staatsgewalt für die Allgemeinheit

Konnten mit Öffentlichkeitsobjekt und Adressatenkreis nun die tatbestandlichen Parameter ungeschriebener staatlicher Öffentlichkeit konkretisiert werden, muss sich bei der Frage, welche Anforderungen das Öffentlichkeitsprinzip an die Zuordnung der Staatsgewalt zur Allgemeinheit trifft, zunächst der normstrukturelle Charakter dieses Verfassungsgebots vergegenwärtigt werden. Wie oben aus-

---

12 Dass bei der Legitimation im Einzelfall auch über den klassischen Volksbegriff hinaus gegangen werden kann, wird etwa im Rahmen der sog. autonomen Legitimation angenommen, wobei zur Kompensation maßgeblich auf den Gedanken der Eigenverantwortung rekurriert wird. Dazu mit verschiedenen Ansätzen *Schmidt-Aßmann*, AöR 116 (1991), S. 329 (376 ff.); deutlich *Emde*, Die demokratische Legitimation der funktionalen Selbstverwaltung, 1991, S. 382 ff., 389: „Es gibt zwar keine Form demokratischer Legitimation, die am Staatsvolk vorbeiführt, wohl aber gibt es Legitimationsformen, die ihren personalen Bezugspunkt nicht allein im Staatsvolk haben“. Letztlich sind diese Ansätze Ausdruck der Grenzen des klassischen Legitimationsmodells. Dazu auch *Trute*, in: Grundlagen des Verwaltungsrechts I, 2022, S. 551 (564 ff.).

13 Im Ergebnis ebenso *Lederer*, Open Data, 2015, S. 363–364. Übereinstimmend damit entkräftet *Rossi*, Informationszugangsfreiheit und Verfassungsrecht, 2004, S. 179–181 zutreffend aus subjektiv-rechtlicher Sicht die Sichtweise von *Angelov*, Grundlagen und Grenzen eines staatsbürgerlichen Informationszugangsanspruchs, 2000, S. 216 ff., nach der grundsätzlich nur Staatsbürger in den Adressatenkreis aus dem Demokratieprinzip abgeleiteter Publizität einzubeziehen seien.

14 So die Definition in BVerfGE 27, 71 (83) aus der Rechtsprechung zu Art. 5 Abs. 1 Satz 1 Hs. 2 GG. Das stimmt mit dem Adressatenkreis von Art. 42 Abs. 1 Satz 1 GG überein. Dazu nur *Magiera*, Parlament und Staatsleitung in der Verfassungsordnung des Grundgesetzes, 1979, S. 150.

15 Dazu oben Kap. 3 bei Fn. 754 ff.

geführt, ist das Öffentlichkeitsgebot eine ungeschriebene Staatszielbestimmung. Staatszielbestimmungen sind Prototypen final strukturierter Normen, setzen aber nicht bloß einen Minimalstandard, sondern verlangen, dass das von ihnen normierte Ziel relativ zu den rechtlichen und tatsächlichen Möglichkeiten in möglichst hohem Maße realisiert wird. Sie enthalten ein Optimierungsgebot. Für Staatszielbestimmungen als Finalprogramme ist daher charakteristisch, dass das von ihnen angeordnete Ziel zwar in verfassungsrechtlicher Verbindlichkeit erwächst, ihnen hinsichtlich der konkreten Mittel zur Zielerreichung aber keine definitive Aussage zu entnehmen ist.[16]

1. Haupttelos des Öffentlichkeitsprinzips: Informationsverteilung zwischen Staat und Gesellschaft

Will man die Anforderungen des Staatsziels konkretisieren, ist im Ausgangspunkt zu beachten, dass schon die Merkmale „Staatsgewalt“ und „Allgemeinheit“ auf die tradierte Zuordnung[17] zwischen Staat und Gesellschaft verweisen. Diese staatstheoretische Unterscheidung hat staatsrechtliche Bedeutung, da das Grundgesetz auf ihr aufbaut und sie ein Erklärungs- und Abgrenzungsmodell für die kategorialen rechtlichen Unterschiede zwischen staatlichem und gesellschaftlichem Handeln bietet.[18] Gerade die staatlich-gesellschaftlichen Informations- und Kommunikationsbeziehungen werden vielfach auf Basis dieser Unterscheidung veranschaulicht.[19] Wegen der repräsentativdemokratischen Trennung zwischen Volks- und Staatswillensbildung sowie der Angewiesenheit der selbstbestimmten Bürger auf Informationen[20] des Staates bildet die Unterscheidung hier einen tragfähigen Rahmen. Auch lässt sich auf ihrer Grundlage das verfassungsrechtliche

[16] Dazu oben Kap. 2 bei Fn. 146 ff.

[17] Wie bereits zuvor angedeutet, ist diese der Verfassung voraus liegende Unterscheidung fundamental. Sie ist jedoch nicht im Sinne einer strikt-dualistischen Trennung zu verstehen, da die Verfassung viele Überschneidungspunkte zwischen Staat und Gesellschaft kennt, die sich nicht in einem dichotomen Schema abbilden lassen. Verwiesen sei hier nur auf die vielschichtige Realität staatlich-gesellschaftlicher Kommunikation und Information. Dazu hier nur *Lederer*, Open Data, 2015, S. 166 ff.; *Mast*, Staatsinformationsqualität, 2020, S. 49 ff.

[18] Vgl. hier nur *Böckenförde*, in: Staatslexikon V, 1989, S. 227 ff.; *Rupp*, in: HStR II, 2004, S. 879 ff.

[19] Vgl. etwa die Bezüge bei *Schoch*, VVDStRL 57 (1998), S. 158 (160 ff.); *Depenheuer*, in: Öffentlichkeit und Vertraulichkeit: Theorie und Praxis der politischen Kommunikation, 2001, S. 7 (9); *Grzeszick*, in: Öffentlichkeit und Vertraulichkeit: Theorie und Praxis der politischen Kommunikation, 2001, S. 21 (24); *Fassbender*, in: HStR IV, 2006, S. 243 (274 ff.); *Horn*, VVDStRL 68 (2009), S. 413 (435 ff.); *Gusy*, in: Grundlagen des Verwaltungsrechts II, 2012, S. 235 (242 ff.).

[20] Allgemein zur Bedeutung von Information im Verfassungsrecht *Stettner*, in: Der Verwaltungsstaat im Wandel – Festschrift für Franz Knöpfle zum 70. Geburtstag, 1996, S. 351 ff.; *Fassbender*, in: HStR IV, 2006, S. 243 ff. Zur theoretischen und begrifflichen Sicht vgl. *Albers*, Rechtstheorie 33 (2002), S. 61 ff.

Gebot der Geheimhaltung grundrechtlich geschützter Informationen, also solcher aus dem rein gesellschaftlichen Bereich, erklären.[21] Gemünzt auf die Unterscheidung von Staat und Gesellschaft kann staatliche Öffentlichkeit inhaltlich so verstanden werden, dass alle Vorgänge aus dem staatlichen Bereich grundsätzlich aus Warte der Gesellschaft wahrnehmbar und zugänglich sein müssen. Das Öffentlichkeitsprinzip betrifft damit die Informationsverteilung zwischen Staat und Gesellschaft.

2. Das Regel-Ausnahme-Verhältnis zwischen Öffentlichkeit und Geheimhaltung als informatorisches Verteilungsprinzip der Verfassung

Indem schon die frühen Öffentlichkeitstheoretiker Bentham[22] und Fichte[23] betonen, dass staatliche Publizität nicht absoluter Natur sein kann, schafften sie die Grundlage für ein prinzipielles Öffentlichkeitsverständnis. Dieses prinzipielle Öffentlichkeitspostulat wurde zunächst allenfalls als überpositives Prinzip verstanden. Mit der vorausgegangenen Betrachtung konnte der Nachweis der positiven Geltung eines Ausnahmen einschließenden Gebots faktischer Öffentlichkeit der Staatsgewalt unter dem Grundgesetz erbracht werden. Neben den Prinzipien von Demokratie und Rechtsstaat, deren Tragweite eher geläufig ist, verdient hier eine weithin unterschätzte normative Dimension des Republikprinzips nochmals hervorgehoben zu werden. So ruft das Republikprinzip in Erinnerung, dass die Ausübung staatlicher Herrschaft kein Selbstzweck, sondern Sache des Volkes ist. Unter der grundgesetzlichen Ordnung gibt es keinen Staat um des Staates willen.[24] Dem Republikprinzip ist vor diesem Hintergrund die Klassifizierung aller öffentlichen Angelegenheiten als res publicae im Sinne ihrer informatorischen Zuweisung auf den gesellschaftlichen Bereich zu entnehmen, was einen Zustand grundsätzlicher Öffentlichkeit bedingt.[25]

Dass die Akkumulation staatlichen Wissens ein Herrschaftsfaktor ersten Ranges ist und daher eines verfassungsrechtlichen Gegenwichts bedarf, wurde schon

---

[21] Einfachrechtliche Ausprägung davon ist etwa § 30 VwVfG. Vgl. dazu schon *Jestaedt*, AöR 126 (2001), S. 204 (221); *Gusy*, in: Festschrift für Franz-Josef Peine, 2016, S. 423 (428 ff.) „*Intransparenz der Privaten*“ (Hervorhebung im Original).

[22] *Bentham*, in: The Works of Jeremy Bentham II, 1843, S. 299 (314–315).

[23] *Fichte*, Grundlage des Naturrechts, 1796, S. 202–203.

[24] Art. 1 Abs. 1 HChE lautete noch: „Der Staat ist um des Menschen willen da, nicht der Mensch um des Staates willen.“

[25] Diese republikanische Bedeutung betonte schon *Welcker*, in: Staatslexikon X, 1848, S. 246 (249–250). Dazu hier nur *Frankenberg*, in: AK-GG I, 1984 Art. 20 Abs. I–III, I Rn. 22; *Gröschner*, VVDStRL 63 (2004), S. 344 (353 ff.); *Gärditz*, in: Festschrift für Hans-Ullrich Paeffgen, 2015, S. 439 (468 ff.). Tendenziell übereinstimmend, aber die Bedeutung des Republikprinzips anders als hier von den übrigen Verfassungsprinzipien isolierend *Anderheiden*, Gemeinwohl in Republik und Union, 2006, S. 335 ff. Dazu auch bereits oben Kap. 3 bei Fn. 440 ff.

von Max Weber im Rahmen seiner Bürokratiekritik artikuliert.[26] Die Bestrebungen innerhalb der Sachverständigenkommission „Staatszielbestimmungen/Gesetzgebungsaufträge“ zwischen 1982 und 1983, das in der Informationsgesellschaft noch weiter anwachsende[27] Informationsgefälle durch eine Reform des objektiven Verfassungsrechts einzuhegen und das Staatsziel der „Informationsverteilung in Staat und Gesellschaft“ in das Grundgesetz aufzunehmen, waren auf Bundesebene[28] zwar nicht von Erfolg gekrönt.[29] Das ändert jedoch nichts daran, dass die Informationsverteilung zwischen Staat und Gesellschaft ein Anliegen des geltenden Verfassungsrechts ist.[30] So lässt sich das Verhältnis des Staates zu Öffentlichkeit und Geheimheit nach den rechtlichen[31] Vorgaben der Verfassung als ein Regel-Ausnahme-Verhältnis beschreiben.[32] Die zentrale nor-

[26] Vgl. hier nur *Weber*, Wirtschaft und Gesellschaft II, 1964, S. 730 ff.

[27] Zu den Verschiebungen der Informationsgesellschaft vgl. etwa *Schoch*, VVDStRL 57 (1998), S. 158 (160 ff.); *Voßkuhle*, in: Verwaltungsrecht in der Informationsgesellschaft, 2000, S. 349 (378 ff.); *Holznagel*, VVDStRL 68 (2009), S. 381 (388 ff.); *Lederer*, Open Data, 2015, S. 141 ff.

[28] In den Landesverfassungen existieren Regelungen, die das Informationsverhältnis des Staates, insbesondere der Exekutive, zur Gesellschaft regulieren. Eher mit objektivrechtlichem Anstrich regelt Art. 56 HVerf: „Die Verwaltung ist an Gesetz und Recht gebunden. Sie ist dem Wohl der Allgemeinheit und den Grundsätzen der Bürgernähe und Transparenz verpflichtet. Sie macht die bei ihr vorhandenen Informationen zugänglich und veröffentlicht gesetzlich bestimmte Informationen, soweit dem nicht öffentliche Interessen, Rechte Dritter oder gesetzliche Vorschriften entgegenstehen. Das Nähere regelt ein Gesetz.“ Ähnlich Art. 53 Verf SH. Demgegenüber mit subjektiv-rechtlichem Anstrich Art. 21 Abs. 4 BbgVerf. Allgemein zu Divergenzen zwischen objektivem Bundes- und Landesverfassungsrecht *D. Hahn*, Staatszielbestimmungen im integrierten Bundesstaat, 2010, S. 320 ff.

[29] Dazu *Bundesminister des Innern/Bundesminister der Justiz*, Staatszielbestimmungen/Gesetzgebungsaufträge – Bericht der Sachverständigenkommission, 1983, S. 132 ff., 135. Im Rahmen der noch recht abstrakt geführten Diskussion wurde erwogen, möglichen Informationsvorsprüngen zentraler Exekutivorgane mit einer neu zu schaffenden Verfassungsbestimmung zu begegnen. Die Kommission konnte sich jedoch nicht auf eine Empfehlung einigen.

[30] Bereits *Leisner*, Öffentlichkeitsarbeit der Regierung im Rechtsstaat, 1966, S. 82 ff. deutete das Demokratieprinzip als Staatsziel im Sinne der „Volksnähe des Staatshandelns“ und entnahm diesem Staatsziel die Pflicht der Regierung zur Information über ihre Tätigkeit. Vgl. auch *C. Möllers*, Gewaltengliederung, 2005, S. 59 ff. „Legitimation durch Informationsverteilung“.

[31] Das Regel-Ausnahme-Verhältnis dagegen der Ebene der Verfassungstheorie zuordnend *Jestaedt*, AöR 126 (2001), S. 204 (220). Zustimmend wohl noch *Wischmeyer*, Die Verwaltung 51 (2018), S. 393 (395).

[32] Ein verfassungsrechtliches Regel-Ausnahme-Verhältnis betonen etwa *Marcic*, in: Richter und Journalisten, 1965, S. 153 (196–198); *Kriele*, VVDStRL 29 (1971), S. 46 (68); *Häberle*, in: Die Verfassung des Pluralismus, 1980, S. 126 (128 ff.); *Hoffmann-Riem*, in: AK-GG I, 1984 Art. 5 Abs. 1, 2 Rn. 99; *Leisner*, Der unsichtbare Staat, 1994, S. 58 ff., 78–79; *Stettner*, in: Der Verwaltungsstaat im Wandel – Festschrift für Franz Knöpfle zum 70. Geburtstag, 1996, S. 351 (354); *Rösch*, Geheimhaltung in der rechtsstaatlichen Demokratie, 1999, 205 *Scherzberg*, Die Öffentlichkeit der Verwaltung, 2000, S. 357–358; *Meinel*, KJ 2004, S. 413 (421); *C. Möllers*, Gewaltengliederung, 2005, S. 62–63; *Fassbender*, in: HStR IV, 2006, S. 243 (283); *Wegener*, Der geheime Staat,

mative Dimension des ungeschriebenen Öffentlichkeitsprinzips ist die verfassungsrechtliche Verankerung dieses Regel-Ausnahme-Verhältnisses.

Normiert das Öffentlichkeitsprinzip in diesem Sinn die informatorische Zuweisung aller staatlichen Angelegenheiten auf die Gesellschaft, drängt sich eine Anlehnung[33] an das auf einem dualistischen Verständnis von Staat und Gesellschaft aufbauende rechtsstaatliche Verteilungsprinzip, wie Carl Schmitt[34] es formuliert hat, auf. Nach diesem Verteilungsprinzip sei die „Freiheit des einzelnen prinzipiell unbegrenzt, während die Befugnis des Staates zu Eingriffen in diese Sphäre prinzipiell begrenzt ist".[35] Zur Sichtbarmachung des skizzierten Regel-Ausnahme-Verhältnisses und zur Betonung der hieraus folgenden Rechtfertigungslasten kann das ungeschriebene Öffentlichkeitsprinzip deshalb als *informatorisches Verteilungsprinzip der Verfassung* bezeichnet werden. Im Unterschied zu der in dieser Hinsicht zutreffend kritisierten[36] Deutung Schmitts basiert das informatorische Verteilungsprinzip aber nicht auf einem dualistischen Verständnis von Staat und Gesellschaft, sondern ist Ausdruck einer komplementären[37] und durch wechselseitige Überschneidungen gekennzeichneten Beziehung. Ebenso wie staatliche Eingriffe in die Freiheitssphäre des Einzelnen verfassungsrechtlich zu rechtfertigen sind, ist die Geheimhaltung staatlicher Vorgänge rechtfertigungsbedürftig. Auch das Bundesverfassungsgericht hat damit übereinstimmend in einer jüngeren Entscheidung betont, dass Geheimhaltung kein Selbstzweck sein kann.[38] Nach der verfassungsrechtlichen Regelvorstellung sind alle Vorgänge, die die Ausübung der Staatsgewalt betreffen, für die Allgemeinheit grundsätzlich faktisch öffentlich, also wahrnehmbar bzw. zugänglich. Die Geheimhaltung von Vorgängen, Verfahren, Entscheidungen oder schlicht Informationen aus dem Bereich der Staatstätigkeit muss auf ein Geheimhaltungsinteresse rückführbar sein, das seinen Grund im Verfassungsrecht hat.

2006, 422 ff.; *Gusy*, DVBl 2013, S. 941 ff.; *Nowrot*, Das Republikprinzip in der Rechtsordnungengemeinschaft, 2014, S. 426–427; *Lederer*, Open Data, 2015, S. 500; *Drefs*, Die Öffentlichkeitsarbeit des Staates und die Akzeptanz seiner Entscheidung, 2019, S. 72; *Ostermann*, Transparenz und öffentlicher Meinungsbildungsprozess, 2019, S. 388; *Barczak*, DÖV 2020, S. 997.

33 Einen Bezug zum rechtsstaatlichen Verteilungsprinzip im Zusammenhang mit staatlicher Öffentlichkeit stellten schon *Jestaedt*, AöR 126 (2001), S. 204 (220), der das Regel-Ausnahme-Verhältnis aber bekanntlich auf Ebene der Verfassungstheorie ansiedelte; sowie *Wegener*, Der geheime Staat, 2006, S. 424 ff., der die Informationsfreiheit als „demokratisches Verteilungsprinzip" bezeichnete.

34 *Schmitt*, Verfassungslehre, 2017, S. 126 ff. Zum rechtsstaatlichen Verteilungsprinzip kritisch *Hesse*, in: Festschrift Smend, 1962, S. 71 (87 Fn. 49); *Sobota*, Das Prinzip Rechtsstaat, 1997, S. 29 ff.; *Volkmann*, Grundzüge einer Verfassungslehre der Bundesrepublik Deutschland, 2013, S. 262.

35 *Schmitt*, Verfassungslehre, 2017, S. 126 ff.

36 Siehe die Nachweise in Kap. 4 Fn. 34.

37 *Böckenförde*, in: Staatslexikon V, 1989, S. 227 (230).

38 BVerfGE 154, 152 (239).

Die Anlehnung an das Schmittsche Verteilungsprinzip besitzt zugleich Erklärungspotential für die Umkehr des Rechtfertigungsgefälles und das Eingreifen des Grundrechtsschutzes bei Informationen aus dem Bereich der Gesellschaft. In Ermangelung einer ausnahmsweisen Rechtfertigung sind diese gesellschaftlichen Informationen grundsätzlich geheim.[39] Das informatorische Verteilungsprinzip bringt die Tatsache zum Ausdruck, dass Datenschutz und staatliche Öffentlichkeit „zwei Seiten einer Medaille"[40] sind. Wie schon das durch Überschneidungen gekennzeichnete Verhältnis von Staat und Gesellschaft nahe legt, haben viele Informationen aus der staatlichen Sphäre zugleich gesellschaftlichen Bezug. Hieraus resultiert ein typisches[41], im Wege der Abwägung zu lösendes Spannungsverhältnis zwischen objektiv-verfassungsrechtlicher Öffentlichkeit und in den Händen des Staates liegender[42] grundrechtlicher Privatheit, das zu einer Modifikation des informatorischen Verteilungsprinzips führt.

3. Verbindliche Wirkung des Staatsziels möglichst weitgehender Wahrnehmbarkeit und Zugänglichkeit staatlichen Handelns für die Allgemeinheit

Ohne damit die in der Folge nach Adressaten differenzierende Konkretisierung der Wirkweise vorwegzunehmen, können dem Verfassungsprinzip zwei abstrakte Wirkrichtungen entnommen werden. Hier lässt sich eine allgemeine Handlungsmaxime und ein Abwägungsauftrag unterscheiden.

a) Allgemeine Handlungsmaxime

Freilich auf einer Stufe recht hoher Abstraktion und ohne dass hieraus konkrete staatliche Handlungspflichten erwüchsen, ist dem Öffentlichkeitsprinzip erstens eine allgemeine Handlungsmaxime[43] zu entnehmen, die die Staatsgewalt insgesamt dazu anhält, ihr Handeln möglichst öffentlich zu gestalten. Diese allgemeine Maxime entfaltet ihre Direktionskraft zunächst dort, wo keine konkreteren gesetzlichen Handlungsvorgaben bestehen.

Auf diese Weise macht das Öffentlichkeitsprinzip allgemeine Vorgaben für die Arbeitsweise des Staates. Gerade in Bereichen, in denen das jeweilige Verfahrensrecht keine oder weniger dichte Regelungen enthält, etwa außerhalb des förmlichen Verwaltungsverfahrens, ist die Nachvollziehbarkeit des Staatshan-

---

[39] Dazu schon oben die Nachweise in Kap. 4 Fn. 21.

[40] So für die Informationsfreiheit *Caspar*, DÖV 2013, S. 371 (374).

[41] *Wischmeyer/Herzog*, NJW 2020, S. 288 ff.

[42] Vgl. etwa *Wischmeyer*, Die Verwaltung 51 (2018), S. 393 (402–403): „Das treuhänderische Geheimnis".

[43] Vgl. nur *Schmidt-Jortzig*, in: Materialien zur Verfassungsdiskussion III, 1996, S. 309: „unmittelbar rechtsverbindliche (objektive) Handlungsdirektiven".

delns durch geeignete Maßnahmen vor, während und im Nachgang der Verfahren sicherzustellen. Daraus resultiert insbesondere ein Gebot wahrheitsgetreuer und vollständiger Dokumentation staatlicher Verfahren sowie die Aufbewahrung der Dokumente als Voraussetzung jeder nachträglichen Öffentlichkeit und Kontrolle. Jedenfalls für die öffentliche Verwaltung ist das in Gestalt eines entsprechenden Gebots der Aktenmäßigkeit als Rechtsstaatsgarantie anerkannt.[44] Weil hierdurch parlamentarische Kontrolle erst möglich wird, ist der in der Rechtsprechung[45] erfolgten Erstreckung dieses Gebots auf Regierungshandeln beizupflichten. Zum anderen ist der Staat verfassungsrechtlich auch aktiv zur Informationstätigkeit in Richtung der Gesellschaft aufgerufen.[46] Obwohl Staatszielbestimmungen wegen ihrer finalen Stoßrichtung jedenfalls keine definitiven Vorgaben hinsichtlich der Mittel zur Zielerreichung machen, kann man der Verfassung aus dieser Sicht gleichwohl[47] eine allgemeine Handlungsaufforderung[48] entnehmen, die die Gesamtstaatlichkeit anhält, ihre Tätigkeit mithilfe der äußerst vielfältigen Formen der Öffentlichkeitsarbeit für die Allgemeinheit erfahrbar, verständlich und voraussehbar zu machen.[49] Hiermit werden primär demokratische und rechtsstaat-

---

[44] Dazu BVerwG, Beschluss vom 16. März 1988 – 1 B 153/87 – NVwZ 1988, S. 621 (622); *Trantas*, Akteneinsicht und Geheimhaltung im Verwaltungsrecht, 1998, S. 445 ff.; *Ladeur*, in: Grundlagen des Verwaltungsrechts I, 2022, S. 1511 (1514 ff.); *Schneider*, in: *Schoch/Schneider*-VwR, Stand August 2022, § 29 VwVfG Rn. 46 ff.; *Schoch*, in: ders., IFG-Kommentar, 2016, § 2 Rn. 42 ff.; *Grundmann/Greve*, NVwZ 2015, S. 1726 ff. Vgl. außerdem § 2 der Richtlinie für das Bearbeiten und Verwalten von Schriftgut in Bundesministerien vom 11. Juli 2001 (sog. Registraturrichtlinie), die den Modus der Schriftlichkeit festlegt und die Aktenführung ausdrücklich in den Dienst der Verwaltungsöffentlichkeit stellt: „Die Aktenführung sichert ein nachvollziehbares transparentes Verwaltungshandeln." Zur elektronischen Aktenführung vgl. § 6 EGovG. Dazu bereits *Berlit*, NVwZ 2015, S. 197 ff. Für eine Dokumentationspflicht des Gesetzgebers *Rösch*, Geheimhaltung in der rechtsstaatlichen Demokratie, 1999, S. 174–175. Allgemein zu staatlichen Akten als Bezugspunkt für das Informationsverhältnis zwischen Staat und Gesellschaft *Vismann*, Akten, 2000, S. 300 ff.: „Der Staat legt Akten an, die Gesellschaft verlangt sie heraus".

[45] VGH Mannheim, Urteil vom 30. Juli 2014 – 1 S 1352/13 – NVwZ-RR 2015, S. 161 (166 ff.).

[46] Dazu übersichtlich klassifizierend *Mast*, Staatsinformationsqualität, 2020, S. 128 ff.

[47] In diese Richtung bereits *Leisner*, Öffentlichkeitsarbeit der Regierung im Rechtsstaat, 1966, S. 82 ff.

[48] BVerfGE 44, 125 (147): „Öffentlichkeitsarbeit von Regierung und gesetzgebenden Körperschaften ist in Grenzen nicht nur verfassungsrechtlich zulässig, sondern auch notwendig." Zur veränderten Zielsetzung staatlicher Öffentlichkeitsarbeit BVerfGE 105, 279 (301 ff.).

[49] Klassischerweise wird staatliche Öffentlichkeitsarbeit verstanden als „staatliche Selbstdarstellung" im Sinne der Information *über* staatliche Tätigkeit. Zu diesem Verständnis *Schoch*, in: HStR III, 2005, S. 131 (172–173); *Ostermann*, Transparenz und öffentlicher Meinungsbildungsprozess, 2019, S. 370 ff. Dieser enge Begriff der Öffentlichkeitsarbeit umfasst daher nicht das Informationshandeln in Form der Publikumsinformation etwa durch Warnungen, Empfehlungen oder Hinweise. Anders hingegen das weite Verständnis von Öffentlichkeitsarbeit in der Rechtsprechung sowie bei *Engel*,

liche,[50] aber auch republikanische Ideale bedient. Staatliche Öffentlichkeitsarbeit ist eines von vielen Mitteln, der verfassungsrechtlichen Zuweisung staatlicher Informationen zur Gesellschaft Rechnung zu tragen.

b) Abwägungsauftrag

Vor allem wegen des vorrangig anzuwendenden verfassungskonkretisierenden Rechts darf die Wirkung dieser allgemeinen staatlichen Handlungsmaxime jedoch nicht überschätzt werden. In seiner normativen Wirkung darüber hinausreichend dagegen ist eine weitere Dimension des Öffentlichkeitsprinzips, die aus der normstrukturellen Relativierungsausrichtung des Öffentlichkeitsprinzips im Verhältnis zu anderen Verfassungsgehalten folgt: Die Rede ist von seinem Abwägungsauftrag[51]. Dazu verdient in Erinnerung gerufen zu werden, dass der normative Gehalt von Staatszielbestimmungen einer abstrakten Idealvorstellung entspricht. Staatszielbestimmungen sind zur Einlösung ihres Normanspruchs auf Relativierung ihrer selbst angelegt. Ihre Normstruktur steht der Relativierung des abstrakt-ideellen Normbereichs im Angesicht von konkreten Spannungslagen mit anderen Normgehalten offen gegenüber und ermöglicht so die wechselseitige Koordinierung von Verfassungsnormen.

Öffentlichkeit ist nicht bloß sekundärer Rechtswert, sondern wurde mit der Anerkennung als ungeschriebenes Verfassungsprinzip und Staatszielbestimmung zum verfassungsrechtlichen Selbstzweck erhoben.[52] Die gesamte Staatsgewalt ist

---

in: HStR IV, 2006, S. 477 (479) oder *Ostermann*, Transparenz und öffentlicher Meinungsbildungsprozess, 2019, S. 371 ff. Dass alle drei Staatsgewalten verfassungsrechtlich zur Öffentlichkeitsarbeit im klassischen Sinne aufgefordert sind, während die Informationstätigkeit durch Warnungen, Hinweise und Empfehlungen typischerweise die Exekutive betrifft, illustriert, weshalb staatliche Öffentlichkeitsarbeit begrifflich nicht mit staatlichem Informationshandeln gleichzusetzen ist. Vielmehr sollte am klassischen Verständnis festgehalten werden. Zu begrüßen daher die differenzierenden Ansätze von *Drefs*, Die Öffentlichkeitsarbeit des Staates und die Akzeptanz seiner Entscheidung, 2019, S. 73 ff.; *Mast*, Staatsinformationsqualität, 2020, S. 131.

[50] *Ostermann*, Transparenz und öffentlicher Meinungsbildungsprozess, 2019, S. 372 ff.; *Mast*, Staatsinformationsqualität, 2020, S. 114 ff., 120 ff.

[51] Eine Abwägung forderten schon *Marcic*, in: Richter und Journalisten, 1965, S. 153 (210 ff.) für das Recht Österreichs sowie *Häberle*, Öffentliches Interesse als juristisches Problem, 1970, S. 210–211; *Kriele*, VVDStRL 29 (1971), S. 46 (68). Teilweise wird die verfassungsrechtliche Abwägungsrelevanz auch von Autoren bejaht, die nicht von einer Verfassungsnorm ausgehen. So hinsichtlich der Gerichtsöffentlichkeit *Gärditz*, in: Festschrift für Hans-Ullrich Paeffgen, 2015, S. 439 (478–481): „Abwägungsbelang von hohem Gewicht".

[52] Anders *Grzeszick*, in: D/H/S-GG, Stand August 2023, Art. 20 II Rn. 31; *Wieckhorst*, Grundrechtsschutz durch Legislativverfahren, 2017, S. 182 ff.; *Ostermann*, Transparenz und öffentlicher Meinungsbildungsprozess, 2019, S. 318 ff., der Transparenz mit Effizienz vergleicht und als sekundären Rechtswert versteht. Den „*Eigenwert*" von Verwaltungsöffentlichkeit bezweifelnd *Gusy*, in: Grundlagen des Verwaltungsrechts I, 2022, S. 1661 (1666, 1674).

dazu aufgerufen, dem normstrukturell auf möglichst weitgehende Verwirklichung gerichteten ungeschriebenen Öffentlichkeitsprinzip Rechnung zu tragen. Aus dem Abwägungsauftrag[53] folgt zum einen, dass der Normgehalt des Öffentlichkeitsprinzips überhaupt zu berücksichtigen ist, sobald eine Kollisionslage besteht. Zweitens stellt er Anforderungen an die Gegengründe, die sich ebenfalls auf die Verfassung stützen können müssen. Drittens erfolgt die Relativierung des verfassungsrechtlichen Regel-Ausnahme-Verhältnisses unter Anwendung des dreigliedrigen Grundgerüsts der Abwägung im Verfassungsrecht[54], insbesondere des Grundsatzes der Verhältnismäßigkeit[55], der zur Rationalisierung beiträgt, indem er ein überprüfbares Denkschema für die Interessenskoordination vorgibt und die Relativierung des Öffentlichkeitsprinzips daher nachvollziehbar macht. Der abstrakte Optimierungsanspruch des Öffentlichkeitsgebots hat konkret zur Folge, dass Mindererfüllungen des Öffentlichkeitsprinzips mit verfassungsrechtlichen Vertraulichkeitsinteressen zu rechtfertigen[56] sind. Hierin liegt die Bedeutung des Abwägungsauftrags, der sich freilich für die einzelnen Gewalten auf verschiedenen Ebenen äußert. Aber auch abseits von Fällen, in denen das Öffentlichkeitsprinzip selbst mit anderen Normen in Kollision tritt, entfaltet es dirigierende Wirkung. Sowohl bietet es bei der Auslegung der Verfassung einen normativen Anknüpfungspunkt als Interpretationshilfe[57] und kann auch bei der Koordination anderer Rechtspositionen für die Höherbewertung eines Abwägungsbelangs[58] sorgen.

B. Inhaltliche Strukturierung des Öffentlichkeitsprinzips

Im Gegensatz zum verbindlichen Ziel geben Staatszielbestimmungen grundsätzlich keine verbindlichen Mittel zur Zielerreichung vor. Hinsichtlich dieser besitzt die Staatsgewalt und insbesondere der Gesetzgeber einen Umsetzungsspiel-

---

[53] Die nachfolgende Systematisierung ist angelehnt an die Wirkungen des planerischen Abwägungsgebots aus der Rechtsprechung BVerwGE 48, 56 (63 ff.). Vgl. schon den Bezug bei *Sommermann*, Staatsziele und Staatszielbestimmungen, 1997, S. 412 ff.; im Übrigen dazu *Schmidt-Aßmann*, in: D/H/S-GG, Stand August 2023, Art. 19 Abs. 4 Rn. 213 ff.

[54] Dazu oben Kap. 2 bei Fn. 229 ff.

[55] Zur theoretischen Herleitung des Verhältnismäßigkeitsgrundsatzes aus verfassungsrechtlichen Regel-Ausnahme Konstellationen *von Arnauld*, JZ 2000, S. 276 (278 ff.).

[56] Allgemein hierzu als Folge des Optimierungsanspruchs *Unger*, Das Verfassungsprinzip der Demokratie, 2008, S. 133–134.

[57] Zum Recht Österreichs in diese Richtung bereits *Marcic*, in: Richter und Journalisten, 1965, S. 153 (210): „verbindliche *Auslegungsregel*", „Richt- und Anhaltspunkt […] für eine sogenannte *Interessenabwägung*" (Hervorhebungen im Original).

[58] Dazu allgemein *Schladebach*, JuS 2018, S. 118 (121).

raum,[59] dessen Reichweite an die Abstraktionshöhe des Staatsziels geknüpft ist.[60] Da das Ziel der weitestmöglichen Wahrnehmbarkeit und Zugänglichkeit der Staatsgewalt für die Allgemeinheit als nach dem hiesigen Verständnis verbindlich zu realisierendes Finalprogramm einen ungemein hohen Abstraktionsgrad besitzt, verwundert es nicht, dass die finale Grundausrichtung von Öffentlichkeit als Verfassungsgehalt schon länger betont wird.[61] Das schließt es jedoch nicht grundsätzlich aus, dass sich die Vorgaben des Staatsziels der Öffentlichkeit unter bestimmten Umständen verdichten, was jedoch eine sorgfältige Begründung erfordert.[62] Wegen dieser geradezu prototypischen Finalität des Öffentlichkeitsprinzips liegt es aber jedenfalls in der Natur der Sache, dass hier in der Folge nicht mehr als ein systematisierender Überblick gegeben werden kann.

I. Konkretisierung der Verfassungsnorm anhand des Öffentlichkeitsobjekts

In Ermangelung einer sachgerechten Darstellung allgemeiner staatlicher Öffentlichkeit soll nachfolgend der Versuch unternommen werden, die hochabstrakte Forderung nach öffentlichem Staatshandeln zunächst inhaltlich zu konkretisieren und sie so handhabbar zu machen. So bietet sich eine Unterteilung[63] in drei Teilforderungen an: Das allgemeine Öffentlichkeitsprinzip im Sinne der Forderung zu weitestmöglich öffentlichem Staatshandeln umfasst erstens die Erkennbarkeit staatlichen Handelns (*förmliche Öffentlichkeit der Staatsgewalt*), zweitens die Öffentlichkeit *staatlicher Entscheidungsverfahren* und drittens das Gebot zur *Informationsöffentlichkeit*. Auch diese einzelnen Postulate des Öffentlichkeitsprinzips haben die Struktur eines zu optimierenden Finalprogramms und enthalten daher grundsätzlich keine definitiven Festsetzungen hinsichtlich ihrer Realisierungsmöglichkeiten, was jedoch explizit die Möglichkeit ihrer bereichsbezogenen Verdichtung einschließt.

---

[59] Dazu schon oben Kap. 2 bei Fn. 146ff.

[60] *Sommermann*, Staatsziele und Staatszielbestimmungen, 1997, S. 384.

[61] Vgl. bereits *Martens*, Öffentlich als Rechtsbegriff, 1969, S. 65; hinsichtlich der Gerichtsöffentlichkeit *A. Arndt*, NJW 1960, S. 423 (424): „Die offene Tür ist jedoch nur eine Maßnahme, um das Öffentlichsein herzustellen." Übereinstimmend BVerfGE 103, 44 (63). Zur Verwaltungsöffentlichkeit in diese Richtung auch *Kloepfer*, in: HStR III, 2005, S. 389 (416); *Scherzberg*, Die Öffentlichkeit der Verwaltung, 2000, S. 311. Allgemein zu dieser Charakteristik von Staatszielen *Lübbe-Wolff*, in: Materialien zur Verfassungsdiskussion III, 1996, S. 352 (354).

[62] Dazu allgemein *Sommermann*, Staatsziele und Staatszielbestimmungen, 1997, S. 384ff., 437ff.; *Calliess*, Rechtsstaat und Umweltstaat, 2001, S. 126ff.

[63] Weil zwischen den einzelnen Ebenen teilweise Überschneidungen bestehen, verdient hervorgehoben zu werden, dass es sich um eine der Systematisierung dienende und keine absolut trennscharfe Unterscheidung handelt.

1. Die förmliche Öffentlichkeit der Staatsgewalt

Aus dem Öffentlichkeitsprinzip folgt erstens, dass staatliches Handeln grundsätzlich auch als solches erkennbar sein muss.[64] Diese förmliche Öffentlichkeit dient zum einen der Repräsentation und Selbstdarstellung des Staates.[65] Zugleich aber ist sie kontroll- und rechtsschutzermöglichend, weil die Wahrnehmung des hoheitlichen Charakters Voraussetzung für staatliche Handlungszurechnung ist.

Vom Ansatz her sind zur Kennzeichnung staatlichen Handelns alle Mittel denkbar, die einen Schluss auf die Hoheitlichkeit zulassen und Staatsgewalt damit wahrnehmbar machen. Das kann schon durch die Symbolkraft von Staatsgebäuden, die Verwendung von Staatssymbolen und Hoheitszeichen sowie Dienstkleidung, Dienstausweisen, Dienstsiegeln oder vergleichbaren Kennzeichen bewirkt werden.[66] Klassischerweise dient der Einsatz von Dienstkleidung von Beamten im Allgemeinen und Polizeivollzugsbeamten im Besonderen dem verfassungsgrundsätzlichen Zweck, den hoheitlichen Charakter des Staatshandelns für die Allgemeinheit erkennbar zu machen.[67] Auch und gerade bei eingriffsintensiven Formen der Staatsgewaltausübung ist die Wahrnehmbarkeit staatlichen Handelns gefordert. Das Bundesverfassungsgericht hat allgemein betont, dass die „Heimlichkeit staatlicher Eingriffsmaßnahmen [in einem Rechtsstaat] […] die Ausnahme [ist] und besonderer Rechtfertigung [bedarf]".[68] Obwohl das Gericht gleichermaßen von der „prinzipielle[n] Offenheit der polizeilichen Arbeit"[69] gesprochen hat, bedarf es keiner vertieften Ausführungen, dass Einschränkungen dieser förmlichen Öffentlichkeit gerade im polizeilich-sicherheitsbehördlichen

---

64 Dazu schon *Amelung/Schall*, JuS 1975, S. 565 (569–570); *Evers*, in: Verfassungsschutz und Rechtsstaat, 1981, S. 65 (70); *Schlink*, Die Amtshilfe, 1982, S. 277–278; *Weßlau*, Vorfeldermittlungen, 1989, S. 205 ff.; *Denninger*, in: Handbuch des Polizeirechts, 2018, S. 217 (301).

65 Zu dieser Wirkung von Staatssymbolen BVerfGE 81, 278 (293).

66 Zu dieser Dimension *Leisner*, Der unsichtbare Staat, 1994, S. 20 ff. Dass solche äußeren Umstände bedeutsam für die Amtsautorität sind, erkennt auch die Rechtsprechung, etwa in BVerfGE 138, 102 (119) im Zusammenhang mit regierungsamtlicher Öffentlichkeit an. Allgemein zu Staatssymbolen *E. Klein*, in: HStR II, 2004, S. 193 ff.

67 „[D]as Prinzip der Öffentlichkeit staatlichen Handelns […] findet seinen Ausdruck auch noch darin, daß der bewaffnete Polizeibeamte grundsätzlich durch seine Uniform kenntlich sein muß", *A. Arndt*, NJW 1961, S. 897. Auch das BVerwG hat im Urteil über die Kennzeichnungspflicht von Polizeivollzugsbeamten nach dem Landesrecht Brandenburgs den Zweck „Transparenz der Arbeit der Polizei", dem die streitgegenständlichen Regelung des § 9 Abs. 2 Satz 1 BbgPolG diente, als legitim anerkannt BVerwG, Urteil vom 26. September 2019 – 2 C 32/18 – NVwZ 2020, S. 247 (249). Außerdem kann hier noch exemplarisch auf Regelungen des Beamten- und Polizeirechts verwiesen werden, die als Grundlage einer Pflicht zum Tragen von Dienstkleidung dienen können. So etwa § 74 BBG;§ 60 LBG LSA; § 98 Abs. 2 Satz 1 HSOG; § 9 BbgPolG.

68 BVerfGE 118, 168 (197); zuletzt wiedergegeben in BVerfG, Beschluss vom 9. Dezember 2022 – 1 BvR 1345/21 – Rn. 133 nach juris.

69 BVerfGE 133, 277 (328).

Bereich zur Effektivität staatlicher Aufgabenwahrnehmung heraus zulässig sein können.[70] Dennoch geht die Heimlichkeit eines Grundrechtseingriffs nach der Rechtsprechung regelmäßig mit einer besonderen Eingriffsintensität und einer deshalb erhöhten Rechtfertigungslast einher.[71] Gerade bei versteckten Datenerhebungen stellt die durch das Rechtsstaatsprinzip und Art. 19 Abs. 4 GG determinierte objektive Dimension der Grundrechte im Sinne des Grundrechtsvoraussetzungsschutzes[72] spezifische Rechtfertigungsanforderungen[73], die das Bundesverfassungsgericht auf Ebene der Verhältnismäßigkeit angesiedelt hat.[74] Wenn abweichend vom prinzipiell öffentlichen Staatshandeln versteckt in Grundrechte eingegriffen werden soll, sind – je nach Tiefe der Grundrechtsbetroffenheit – zum einen erhöhte Anforderungen an das Gewicht der beschränkenden Rechtsgüter sowie an die Wahrscheinlichkeit[75] ihrer tatsächlichen Verletzung zu stellen. Darüber hinaus stellt der Verhältnismäßigkeitsgrundsatz Anforderungen an „Transparenz, individuellen Rechtsschutz und aufsichtliche Kontrolle“, denen etwa durch ein Zusammenspiel gesetzlicher Benachrichtigungspflichten[76], Auskunftsrechten sowie der Gewährung subjektiven Rechtsschutzes im Allgemeinen begegnet werden muss. Auch eine durch gesetzliche Berichtspflichten angeregte öffentliche Diskussion kann die Geheimheit nach Ansicht des Bundesverfassungsgerichts kompensiert werden.[77] Insgesamt lässt sich hier in jüngerer Zeit die zu begrüßende Tendenz feststellen, dass auch im geheimdienstlichen Bereich keine grundlegend anderen Anforderungen an die Ermächtigungsgrundlagen für heimliche Grundrechtseingriffe gestellt werden.[78] Auch Nachrichtendienste dür-

---

[70] Dazu noch unten Kap. 4 bei Fn. 321 ff.

[71] Vgl. schon BVerfGE 30, 1 (26). Aus jüngerer Zeit etwa BVerfGE 155, 119 (179). Zum heimlichen Grundrechtseingriff monographisch *Schwabenbauer*, Heimliche Grundrechtseingriffe, 2013.

[72] Dazu *Schoch*, VVDStRL 57 (1998), S. 158 (187 ff.); *Lederer*, Open Data, 2015, S. 394 ff.

[73] Vgl. auch *Schwabenbauer/Müller*, in: Handbuch des Polizeirechts, 2021, S. 825 (Rn. 136 ff.).

[74] BVerfGE 141, 220 (269 ff.).

[75] Aus abwägungstheoretischer Sicht allgemein zur Bedeutung der Wahrscheinlichkeit *M. Klatt/Schmidt*, AöR 137 (2012), S. 545 ff.

[76] Dazu etwa *Schwabenbauer*, Heimliche Grundrechtseingriffe, 2013, insb. S. 397 ff.

[77] BVerfGE 141, 220 (282 ff.).

[78] Wenn in BVerfGE 133, 277 (328–329) für die verdeckt arbeitenden Nachrichtendienste im Verhältnis zu den rechtlichen Grundlagen polizeilichen Handelns noch „weniger ausdifferenzierte[r] Rechtsgrundlagen“ für ausreichend gehalten wurden, hat das Gericht in BVerfGE 154, 152 (238 ff.) einen anderen Ton angeschlagen: „Aus der Geheimhaltungsbedürftigkeit der Auslandsaufklärung lässt sich jedoch nicht ableiten, dass über den Bundesnachrichtendienst überhaupt möglichst wenig bekannt werden dürfte und auch seine Rechtsgrundlagen möglichst weitgehend im Dunkeln bleiben müssten. Für die Handlungsgrundlagen und Grenzen der nachrichtendienstlichen Befugnisse kann es im demokratischen Rechtsstaat eine prinzipielle Geheimhaltung nicht geben.“ Aus jüngerer Zeit die Unterschiede an die Anforderungen polizeilicher und nachrichtendienstlicher Eingriffsgrundlagen betonend, aber einer differenzierten Systematik unter-

fen nur soweit heimlich in Grundrechte eingreifen, wie der Gesetzgeber sie hierzu befähigt. Denn, so hat das Bundesverfassungsgericht in jüngerer Zeit präzisiert, „[d]as Erfordernis einer normenklaren und hinreichend bestimmten Fassung der gesetzlichen Befugnisse stellt dabei die Möglichkeit, sie in der Sache geheim handzuhaben, nicht in Frage“: „Geheimhaltung gilt insoweit nur nach Maßgabe des öffentlichen Gesetzes.“[79]

Darüber hinaus ist die förmliche Öffentlichkeit des Staates auch im Zusammenhang mit hoheitlicher Öffentlichkeitsarbeit von Bedeutung. So muss bei staatlichen Beiträgen im traditionell für „staatsfrei“[80] gehaltenen öffentlichen Meinungs- und Willensbildungsprozess erkennbar sein, dass es sich nicht um einen gewöhnlichen, sondern einen staatlichen Beitrag handelt.[81] Der Staat kann sich nicht auf eine grundrechtlich verbürgte Freiheit zu heimlicher Meinungsäußerung[82] berufen – ein verdecktes Einwirken des Staates auf den öffentlichen Meinungsbildungsprozess würde auch die für die grundgesetzliche Kommunikationsordnung wesentliche Unterscheidung zwischen Staat und Gesellschaft torpedieren und ist damit allenfalls in äußerst eng begrenzten Ausnahmefällen zulässig.[83]

2. Die Öffentlichkeit staatlicher Entscheidungsverfahren

Das Öffentlichkeitsprinzip umfasst zweitens die Forderung nach der grundsätzlichen Öffentlichkeit staatlicher Entscheidungsverfahren.[84] Dem kann sowohl

---

werfend BVerfG, Urteil vom 26. April 2022 – 1 BvR 1619/17 – NJW 2022, S. 1584 (1585 ff.). Vgl. dazu schon oben Kap. 3 bei Fn. 651 ff.

79 So im Kontext der Ausland-Ausland Fernmeldepraxis des BND und der Grundrechtskonformität der entsprechenden Befugnisnormen aus dem BNDG BVerfGE 154, 152 (238–239).

80 Dass die vom BVerfG so ursprünglich geäußerte Deutung auf einem nicht mehr zeitgerechten, weil dichotomen Verständnis von Staat und Gesellschaft beruht und in dieser Deutlichkeit abzulehnen ist, wurde bereits oben angesprochen. Dazu hier nur *Mast*, Staatsinformationsqualität, 2020, S. 55 ff. In den jüngeren Entscheidungen des BVerfG zu den Grenzen staatlicher Öffentlichkeitsarbeit taucht diese Wendung insofern folgerichtig nicht mehr auf. Vgl. aber BVerfGE 144, 20 (195).

81 Dazu eingehend *Mast*, Staatsinformationsqualität, 2020, S. 324 ff., 329 ff., 346 ff.: „Kommunikatorklarheit“ sowie „generelles verfassungsrechtliches Verbot verdeckter Informationstätigkeit“. Zuvor schon *Kloepfer*, in: HStR III, 2005, S. 389 (401); *Gersdorf*, Parlamentsfernsehen des Deutschen Bundestages, 2008, S. 59–60 oder *Gusy*, NVwZ 2015, S. 700 (702 ff.).

82 Vgl. nur *Kersten*, JuS 2017, S. 193 (196).

83 *Mast*, Staatsinformationsqualität, 2020, S. 346 ff. bejaht dies in Anlehnung an das „Recht zur Lüge“ in Konstellationen, in denen es um den Schutz der Menschenwürde oder menschliches Leben geht.

84 In diese Richtung schon BVerfGE 89, 155 (185); 97, 350 (369), wobei Öffentlichkeit fälschlicherweise noch als Verfassungsvoraussetzung bezeichnet wurde. Dazu oben Kap. 3 bei Fn. 287 ff. Vgl. im Übrigen etwa *Staff*, ZRP 1992, S. 384 ff.; *Mast*, Staatsinformationsqualität, 2020, S. 115–116; *Werner*, Rechtsquellen des deutschen öffentlichen Rechts, 2020, S. 98 ff.

durch Entscheidungs- wie auch Verfahrensöffentlichkeit[85] oder einer Kombination aus beiden Formen Rechnung getragen werden. Letztlich geht es bei dieser Unterscheidung um den Zeitpunkt der Öffentlichkeitsherstellung.[86]

a) Entscheidungsöffentlichkeit

Das verfassungsrechtliche Öffentlichkeitsgebot kann auch dadurch realisiert werden, dass die hoheitliche Entscheidung an sich, also das Ergebnis eines staatlichen Willensbildungsprozesses, veröffentlicht wird. In der Tat ist es eine tradierte verfassungsrechtliche, insbesondere rechtsstaatliche, Verbindlichkeitsvoraussetzung, dass das Entstehen individueller Rechte und Pflichten von der Möglichkeit zur Kenntnisnahme der jeweiligen Entscheidung für die Entscheidungsbetroffenen abhängt.[87] Daneben ordnet die Verfassung jedenfalls für bestimmte Entscheidungen von Legislative und Exekutive (Art. 82 GG) sowie der Judikative[88] eine Allgemeinzugänglichmachung an. Für verschiedene formalisierte Entscheidungsverfahren des Staates kennt die Rechtsordnung hier unterschiedliche Formen der Bekanntgabe, Zustellung, Verkündung oder öffentlicher Auslegung, die auch abhängig von Art und Intensität der Rechtsbetroffenheit sowie der mit ihnen zusammenhängenden nachgelagerten Rechtsschutzmöglichkeiten sind.[89] Aus der finalen Grundausrichtung des Öffentlichkeitsprinzips folgt, dass hier grundsätzlich alle Möglichkeiten in Betracht kommen, mit denen sich Entscheidungen wahrnehmbar und zugänglich machen lassen. Das schließt jedoch explizit die Zulässigkeit speziellerer Vorgaben verfassungskonkretisierender Regelungen des Verfassungs- und Unterverfassungsrechts ein.[90] Als weiteres Mittel, um Öffentlichkeit über Ergebnisse staatlichen Handelns herzustellen, ist hier die Begründung hoheitlicher Entscheidungen zu nennen, die in der Literatur

---

[85] Der Sache nach unterschied schon *Rauschning*, Die Sicherung des Bestands von Verfassungsrecht, 1969, S. 184 ff. zwischen Verfahrens- und Ergebnisöffentlichkeit. Ausdrücklich dann *Bröhmer*, Transparenz als Verfassungsprinzip, 2004, S. 20–21; *Lederer*, Open Data, 2015, S. 252 ff., die daneben noch ebd. S. 501–502 für die Entscheidungsgrundlagen den Begriff der „Grundlagenöffentlichkeit" einführt.

[86] Dazu noch unten Kap. 4 bei Fn. 169 ff.

[87] Die Regelungen zu Bekanntgabe bzw. Verkündung von Gesetzen, bestimmten untergesetzlichen Rechtsnormen, Verwaltungsakten sowie Gerichtsurteilen sind Ausdruck hiervon. Vgl. etwa Art. 81 Abs. 1 GG sowie §§ 41 Abs. 1, 73 Abs. 2, Abs. 3 VwVfG; §§ 311 Abs. 2, 317 Abs. 1 Satz 1 ZPO; § 268 Abs. 2 StPO; § 3 BauGB.

[88] Pflicht zur „Publikation veröffentlichungswürdiger Gerichtsentscheidungen" BVerfG, Beschluss vom 14. September 2015 – 1 BvR 857/15 – Rn. 16 nach juris; anknüpfend an BVerwGE 104, 105 (108 ff.).

[89] So in etwas anderem Zusammenhang BVerfGE 84, 34 (46).

[90] Relevant wird das etwa im Zusammenhang mit der Diskussion, ob die in anderen Ländern bereits übliche Gesetzespublikation auf Rechtsinformationsportalen im Wege der digitalen Verkündung nur nach der Anpassung von Art. 82 GG zulässig ist. Dazu *Eichel/Matt/Pfäffli/Bieri*, JZ 2022, S. 639 ff. Vgl. dazu noch unten Kap. 4 bei Fn. 395 ff.

schon länger im Zusammenhang mit staatlichen Publizitätspflichten erörtert wird.[91] Jedenfalls bei belastenden Entscheidungen erkennt auch die Rechtsprechung traditionell den „rechtsstaatlichen Grundsatz“ an, „daß der Staatsbürger, in dessen Rechte eingegriffen wird, einen Anspruch darauf hat, die Gründe dafür zu erfahren“.[92] Teilweise wird darüber hinaus eine prinzipielle auch den Gesetzgeber erfassende verfassungsrechtliche Begründungspflicht des Staates angenommen, die sich parallel aus Demokratie- und Rechtsstaatsprinzip ergebe.[93] Vor allem legislative Begründungspflichten werden jedoch in Zweifel gezogen, dabei wird gerne die verbreitete Wendung bemüht, dass der Gesetzgeber „nichts als das Gesetz [schulde]“.[94] Unbenommen davon geht das Bundesverfassungsgericht jedoch zumindest in bestimmten Sonderkonstellationen von spezifischen legislativen Begründungs- bzw. Prozeduralisierungsanforderungen aus, was in der Literatur jedoch kritisch gesehen wird.[95] Letztlich kann die nicht einheitlich beantwortete Frage nach einer allgemeinen verfassungsrechtlichen Begründungspflicht im Rahmen der hiesigen Betrachtung aber dahinstehen. Denn die staatliche Mitteilung entscheidungstragender Erwägungen besitzt ohne jeden Zweifel die Fähigkeit, die Öffentlichkeit staatlicher Entscheidungen zu befördern. Soweit die Verfassung aber Begründungsanforderungen stellt, hängt ihre Dichte gerade bei Verwaltungs- und Gerichtsentscheidungen ebenfalls von Art und Intensität der Rechtsbetroffenheit sowie den korrespondierenden Rechtsschutzmöglichkeiten ab.[96]

---

[91] Siehe schon die Bezüge bei *Kopp*, VVDStRL 29 (1971), S. 118 (120) (Diskussionsbeitrag); *Schwerdtfeger*, in: Festschrift für Ipsen, 1977, S. 173 (184–185); *Lücke*, Begründungszwang und Verfassungsrecht, 1987, S. 98–99; *Skouris*, Die Begründung von Rechtsnormen, 2002; *Kischel*, Die Begründung, 2003, S. 110–116; *Schmidt-Aßmann*, in: D/H/S-GG, Stand August 2023, Art. 19 Abs. 4 Rn. 253 ff.: „Die Begründung ist eine wichtige Voraussetzung demokratischer Transparenz“; *Hilpert*, Begründungspflicht des Bundesverfassungsgerichts?, 2019, S. 130. Zum historischen Zusammenhang mit der Gerichtsöffentlichkeit auch *Günzl*, Eine andere Geschichte der Begründungspflicht, 2021, S. 141 ff.

[92] BVerfGE 6, 32 (44). Dazu auch *Kunig*, Das Rechtsstaatsprinzip, 1986, S. 198 ff., 369 ff.

[93] So insbesondere *Kischel*, Die Begründung, 2003, S. 148 ff., 171 ff. Vgl. auch *Redeker/Karpenstein*, NJW 2001, S. 2825 (2827); *Schmidt-Aßmann*, in: D/H/S-GG, Stand August 2023, Art. 19 Abs. 4 Rn. 253 ff.: „alles staatliche Handeln ist begründungsbedürftiges Handeln“. Ebenfalls in Richtung einer grundsätzlichen Begründungspflicht mit primär rechtsstaatlichem Fundament *Sobota*, Das Prinzip Rechtsstaat, 1997, S. 63–64, 484, 503–504, 511.

[94] *Geiger*, in: Neue Entwicklungen im öffentlichen Recht, 1979, S. 131 (141); *Schlaich*, VVDStRL 38 (1981), S. 99 (109); *Bickenbach*, Die Einschätzungsprärogative des Gesetzgebers, 2014, S. 430 ff.; *Wieckhorst*, Grundrechtsschutz durch Legislativverfahren, 2017, S. 51 ff., aufgegriffen in BVerfGE 130, 263 (301 ff.).

[95] So zuletzt BVerfG, Urteil vom 24. Januar 2023 – 2 BvF 2/18. Ablehnend zu dieser Rechtsprechung etwa *Wieckhorst*, DÖV 2021, S. 361 (363 ff.); *Hebeler*, DÖV 2010, S. 754 (756 ff., 762).

[96] Siehe schon den Nachweis in Kap. 4 Fn. 89. Zu den Formen der Begründung eingehend *Kischel*, Die Begründung, 2003, S. 335 ff.

b) Verfahrensöffentlichkeit

Bei Gerichten und Parlamenten ist die Öffentlichkeit staatlicher Verfahren eine Selbstverständlichkeit. Neben der Entscheidungsöffentlichkeit im Wege der Gesetzespublikation bildet sie lange die Modellvorstellung öffentlicher Staatsgewaltausübung. Ohne dass jede dieser Dimensionen verfassungsrechtlich gefordert wäre,[97] kann die Verfahrensöffentlichkeit durch Maßnahmen vor, während und im Nachgang staatlicher Verfahren umgesetzt werden. Um überhaupt Kenntnis über Ort, Zeit und planmäßigen Inhalt eines Verfahrens zu vermitteln, kann die Verfahrensöffentlichkeit schon im Vorfeld der eigentlichen Verfahren durch die Zugänglichmachung von Sitzungsplänen, Tagesordnungen oder der sog. „Presserolle" entweder durch Aushänge in den jeweiligen Gebäuden oder durch die digitale Veröffentlichung, etwa auf der Internetpräsenz des jeweiligen Staatsorgans, befördert werden.[98] Die Verfahrensöffentlichkeit selbst wird dann klassischerweise durch die Ermöglichung der körperlichen und simultanen Sitzungsteilnahme für einen von vornherein grundsätzlich nicht nach persönlichen Merkmalen individualisierten Personenkreis in Form der Saalöffentlichkeit umgesetzt, wenn auch ohne jeden Zweifel Formen vermittelter Sitzungsöffentlichkeit, etwa in Form der Berichterstattungs- und Medienöffentlichkeit, inzwischen weit bedeutsamer sind. Auf einer dritten Ebene schließlich kommt als Teil der Verfahrensöffentlichkeit noch die Möglichkeit der nachträglichen Veröffentlichung von Ton- oder Bildmitschnitten, Sitzungsprotokollen, Anwesenheitslisten, Sachverständigenberichten und sonstigen Dokumenten, die die Grundlage staatlicher Verfahren bilden, in Betracht. Bei Parlamenten hat die Zugänglichmachung von Plenarprotokollen und Drucksachen über die Parlamentsdokumentation Tradition. Heute findet sie auf Bundesebene zentral und digital über das gemeinsame Informationssystem von Bundestag und Bundesrat statt.

3. Die Informationsöffentlichkeit

Die dritte Dimension der staatlichen Öffentlichkeitsforderungen bildet die Informationsöffentlichkeit.

Ohne dass damit die noch zu behandelnde Frage nach Maß, Umfang und Modalitäten der konkret verfassungsrechtlich geforderten Zugänglichmachung beantwortet wäre,[99] ruft das Öffentlichkeitsprinzip als informatorisches Verteilungsprinzip den Staat jedenfalls dazu auf, das zwischen Staat und Gesellschaft

---

[97] Die allgemeinen Aussagen des Öffentlichkeitsprinzips zu modalen Konkretisierungen werden unten Kap. 4 bei Fn. 134 ff. dargestellt.

[98] *von Coelln*, Zur Medienöffentlichkeit der Dritten Gewalt, 2005, S. 106 ff. kritisiert, dass dem Gerichtsverfassungsgesetz gemeinhin recht wenige solcher vorgelagerten Informationspflichten entnommen würden.

[99] Dazu noch unten Kap. 4 bei Fn. 134 ff.

bestehende Informationsgefälle auszugleichen und zumindest die Rahmenbedingungen dafür zu schaffen, dass Informationen[100] aus dem Bereich des Staates in den gesellschaftlichen Bereich überführt werden können.[101] Auf diese Weise steht die Verfassung einer Monopolisierung staatlicher Informationen bei der öffentlichen Hand entgegen.[102] Zur Herstellung der Informationsöffentlichkeit in

---

[100] Der Informationsbegriff ist insbesondere im Verhältnis zu den Nachbarbegriffen „Daten“ sowie „Wissen“ zu bestimmen. In der Literatur existiert eine nicht ganz einheitliche Terminologie. Vgl. etwa *Schoch*, VVDStRL 57 (1998), S. 158 (166 ff.); *Scherzberg*, in: Verwaltungsrecht in der Informationsgesellschaft, 2000, S. 195 (198 ff.); *Albers*, Rechtstheorie 33 (2002), S. 61 (67 ff.); *Fassbender*, in: HStR IV, 2006, S. 243 (248, 259 ff.); *Vesting*, in: Grundlagen des Verwaltungsrechts I, 2022, S. 1465 (1474 ff.); *Lederer*, Open Data, 2015, S. 226 ff., 248–249, 500–502. Anders als Informationen haben Daten keinen spezifischen Kontext- oder Bedeutungsbezug. Daten stellen also grundsätzlich die einer Information voraus liegende Grundlage dar. So etwa *Schoch*, ebd. S. 167; *Scherzberg*, ebd. S. 199 ff. Das entspricht dem Informationsbegriff des Informationszugangsrechts, bei dem es auf eine inhaltliche Inkorporation in einem Trägermedium ankommt (vgl. § 2 Nr. 1 IFG). Als Wissen sind demgegenüber verarbeitete Informationen zu verstehen (*Scherzberg*, ebd. S. 200). Wie schon *Teuber*, Parlamentarische Informationsrechte, 2007, S. 39–41 für den Begriff der Parlamentsinformation feststellte, werden mit obigem Informationsbegriff Vorgänge aus dem Informationsbegriff eliminiert, die (bewusst) nicht vergegenständlicht worden sind. Während die Informationsbegriffe des Informationszugangsrechts schon aus Gründen der Praktikabilität auf das Inkorporationserfordernis angewiesen sind, ist dies für die auf einer höheren gedanklichen Ebene befindliche abstrakte Zuweisung auf die Gesellschaft nicht zwingend erforderlich. Aus diesem Grund ist – übereinstimmend mit dem abstrakten Regelungsanspruch des Verfassungsrechts – der von *Albers*, ebd. S. 67 ff., 76–77 erarbeitete Informationsbegriff vorzuziehen.

[101] In diese Richtung schon *Schoch*, VVDStRL 57 (1998), S. 158 (186 ff.); *Scherzberg*, in: *Fluck/Fischer/Martini*-IFR, Stand Oktober 2022, A I Rn. 82; *Fassbender*, in: HStR IV, 2006, S. 243 (275, 283); *Schoch*, in: ders., IFG-Kommentar, 2016, Einl. Rn. 83: „[Das Demokratieprinzip] streitet für die grundsätzliche Offenheit und Zugänglichkeit des staatlichen Informationsbestandes“. Tendenziell zurückhaltender *Kugelmann*, DÖV 2005, S. 851 (855 ff.), nach dem die Verfassung keine übergreifende Informationsordnung forme. Klarstellungshalber sei hier noch festgehalten, dass damit kein Widerspruch zu *Lederer*, ebd. S. 506 besteht, die eine „verfassungsunmittelbare Pflicht zur Schaffung von Informationsöffentlichkeit“ als Ergebnis ihrer Untersuchung ablehnt. Denn anders als nach dem Begriffsverständnis bei *Lederer*, ebd. S. 226 ff., 240 ff., 247 ff. ist der Begriff der Informationsöffentlichkeit nach dem hiesigen Verständnis nicht mit der Forderung nach Open-Data gleichzusetzen. Wie hier in der Folge dargestellt wird, handelt es sich bei dieser Form der Informationsveröffentlichung in Umsetzung aktiver staatlicher Informationspflichten nur um eine Möglichkeit zur Herstellung von Informationsöffentlichkeit. Insbesondere ist die dem Open-Data-Begriff immanente Forderung nach Informationsweiterverwendbarkeit dem richtigerweise anzulegenden Informationsbegriff (zu ihm schon Kap. 4 Fn. 100) fremd. Abweichend von der Terminologie bei *Lederer* wird mit dem hier zugrunde gelegten faktischen Öffentlichkeitsbegriff darüber hinaus auch die Möglichkeit reaktiver staatlicher Informationspflichten, also solcher, die von einer vorherigen Antragstellung abhängen, umfasst. Dazu unten Kap. 4 Fn. 108 ff. Insgesamt erscheint *Lederers* Öffentlichkeitsverständnis mit Blick auf ihre Feststellung, ebd. S. 377 „[d]emokratische Öffentlichkeit ist nicht zwingend eine antragsunabhängige“, nicht vollständig kohärent.

[102] Vgl. schon oben Kap. 4 bei Fn. 24 ff. Dazu auch *Schoch*, Die Verwaltung 35 (2002), S. 149 (156–157).

diesem Sinne lassen sich drei[103] grundsätzliche Realisierungsmöglichkeiten unterscheiden. Die ursprünglichste Form bildet zweifelsohne staatliches Informationshandeln einerseits in Form der staatlichen Selbstdarstellung durch die klassische Öffentlichkeitsarbeit der Gesamtstaatlichkeit, aber auch durch die damit verbundenen Formen staatlichen, insbesondere exekutiven Informationshandelns, etwa in Gestalt von Hinweisen, Warnungen und Empfehlungen.[104] Charakteristisch für diese Form der Informationsöffentlichkeit ist neben der traditionellen Absenz von Vorgaben des geschriebenen Rechts,[105] dass staatliches Informationshandeln zumindest „inhaltlich nicht vollständig determiniert" ist; die informierende Stelle also einen erheblichen inhaltlichen Gestaltungsspielraum besitzt.[106] Schon daraus wird ersichtlich, dass das Informationshandeln auch weniger der Staatskontrolle, sondern eher der Aufrechterhaltung des staatstragenden Grundkonsenses, also primär demokratischer Akzeptanz,[107] dient.

Die Kontrollfunktion sowie eine dichtere positivrechtliche Determiniertheit kennzeichnen reaktive[108] staatliche Informationspflichten, die die zweite Realisierungsform der Informationsöffentlichkeit bilden. Diese begründen eine staatliche Informationspflicht, die von der vorherigen Artikulation eines Auskunfts- oder Informationsbegehrens abhängig ist. Auf Ebene der Verfassung sind hier verschiedene Auskunfts- und Informationsansprüche einschließlich der jeweils korrespondierenden Pflichten[109] bekannt. Hier ist insbesondere[110] an die tradierten parlamentarischen Informationsrechte sowie den verfassungsunmittelbaren Auskunftsanspruch der Presse, wie ihn das Bundesverwaltungsgericht (mit um-

---

[103] Die Unterteilung ist angelehnt an das Säulenmodell des Informationszugangsrechts, das *Gusy*, JZ 2014, S. 171 ff. zuerst aus eher einfachrechtlicher Perspektive entwickelt hat. Dazu dann auch ders., in: Jahrbuch Informationsfreiheit und Informationsrecht, 2016, S. 1 (15–17).

[104] Dazu bereits oben Kap. 4 bei Fn. 49.

[105] Vgl. aber *Mast*, Staatsinformationsqualität, 2020, S. 192 ff.

[106] *Mast*, Staatsinformationsqualität, 2020, S. 171 ff.; *Gusy*, JZ 2014, S. 171 (173 ff.). *Lederer*, Open Data, 2015, S. 502 betont die Informationsaufbereitung.

[107] Vgl. nur *Drefs*, Die Öffentlichkeitsarbeit des Staates und die Akzeptanz seiner Entscheidung, 2019, S. 146 ff.

[108] Die Unterscheidung aktiver und reaktiver Informationstätigkeit findet sich schon bei *Teuber*, Parlamentarische Informationsrechte, 2007, S. 61 ff. *Lederer*, Open Data, 2015, S. 266 ff. unterscheidet dagegen zwischen aktiver und passiver Informationstätigkeit. Da Informationsvermittlung jedoch immer eine gewisse Aktivität voraussetzt, ist die Terminologie von *Teuber* vorzugswürdig. So – ohne Begründung – auch *Augsberg*, Informationsverwaltungsrecht, 2014, S. 200 ff.; *Mast*, Staatsinformationsqualität, 2020, S. 30.

[109] Vgl. die Entwicklung der mit dem Interpellationsrecht korrespondierenden Auskunfts- bzw. Antwortpflicht in der Rechtsprechung: BVerfGE 57, 1 (5); 67, 100 (129); 124, 161 (188, 189, 192).

[110] Vgl. im Übrigen etwa Art. 114 Abs. 2 Satz 3 GG. Zum Ganzen auch *Teuber*, Parlamentarische Informationsrechte, 2007, S. 60 ff.

strittener) Rechtsprechung[111] anerkannt hat, zu denken. Mit der Ablösung des Prinzips der beschränkten Aktenöffentlichkeit durch die Informationsfreiheitsgesetzgebung sind darüber hinaus staatliche Behörden auf Antrag hin nunmehr grundsätzlich einfachgesetzlich der Allgemeinheit gegenüber verpflichtet, vorhandene Informationen zugänglich zu machen.

Die dritte Gruppe der Informationsöffentlichkeit bilden schließlich aktive Informationspflichten, also solche, die den Staat von sich aus objektiv-rechtlich zur Veröffentlichung bestimmter Informationen, zur Erteilung von Auskünften oder zur Unterrichtung über bestimmte Themenkomplexe verpflichten. Neben der zumindest teilweise verdichteten verfassungsrechtlichen Pflicht zur Veröffentlichung bestimmter staatlicher Entscheidungen[112] sind auf Ebene der Verfassung exekutive Berichts- bzw. Unterrichtungspflichten gegenüber dem Parlament, deren Geschichte sich bis unter die Bismarcksche Reichsverfassung zurückverfolgen lässt,[113] hier das wohl traditionsreichste[114] Instrument, das bis heute im geltenden Verfassungsrecht existiert.[115]

Der Paradigmenwechsel bei der Öffentlichkeit von Verwaltungsinformationen, der durch die Informationsfreiheitsgesetzgebung angestoßen wurde und zur Verselbständigung des Informations-[116] oder Informationsverwaltungsrechts[117] als neuem Teilbereich des öffentlichen Rechts geführt hat, befindet sich unverkennbar in Weiterentwicklung vom Grundmodell reaktiver hin zu aktiven exekutiven Informationspflichten des einfachen Rechts. Diese Intensivierung einfachrechtlich geforderter aktiver staatlicher Informationstätigkeit gegenüber der Allgemeinheit entspricht den Anforderungen an eine modernere und digitale Verwaltung[118] und steigert durch die jedenfalls teilweise juristische Vorwegnahme des Informationsfreiheitsrechts die Verfügbarkeit staatlicher Informationen, was zu einer Steigerung des Legitimationspotentials insbesondere der Verwaltung führt.[119] Zwar ist

---

[111] Dazu bereits oben Kap. 4 bei Fn. 688 ff.

[112] Vgl. oben Kap. 4 bei Fn. 88.

[113] Dazu *Laband*, Das Staatsrecht des Deutschen Reiches I, 1876, S. 515 ff.

[114] Tendenziell anders sowie insgesamt kritisch zu dieser Form der Parlamentsinformation *Meinel*, Selbstorganisation des parlamentarischen Regierungssystems, 2019, S. 266–271: „junges verfassungsrechtliches Phänomen".

[115] Vgl. Art. 13 Abs. 6 Satz 1; 23 Abs. 2 Satz 2 GG.

[116] Vgl. nur *Kloepfer*, Informationsrecht, 2002.

[117] *Schoch*, VVDStRL 57 (1998), S. 158 (186): „Das Verfassungsrecht [. . .] setzt daneben aber vor allem Vorgaben für ein ‚Informationsverwaltungsrecht'"; *Scherzberg*, Die Öffentlichkeit der Verwaltung, 2000, S. 385 ff.; *Gurlit*, DVBl 2003, S. 1119 ff.; *Augsberg*, Informationsverwaltungsrecht, 2014, S. 1 ff. Skeptisch noch *Masing*, VVDStRL 63 (2004), S. 377 (432 ff.).

[118] So schon *Guckelberger*, VerwArch 97 (2006), S. 62 (86–88).

[119] Zum Ganzen *Gusy*, in: Grundlagen des Verwaltungsrechts I, 2022, S. 1661 (1664 ff.); *Augsberg*, Informationsverwaltungsrecht, 2014, S. 210; *Gusy*, JZ 2014, S. 171 (175 ff.); *Albers*, in: Transparenzgesetz für Rheinland-Pfalz, 2016, S. 33; *Mast*, Staatsinformationsqualität, 2020, S. 132 ff.

der Verfassung keine grundsätzliche staatliche Pflicht zu aktiver staatlicher Informationsveröffentlichung zu entnehmen.[120] Will das Grundgesetz die Informationsöffentlichkeit möglichst optimal verwirklichen, steht es der Informationsvermittlung im Wege aktiver staatlicher Öffentlichkeitspflichten des einfachen Rechts aber nicht nur nicht entgegen, sondern unterstützt im Rahmen der dem Gesetzgeber obliegenden Abwägung den Abbau von Informationszugangsmodalitäten.

Bei den aktiven exekutiven Informationspflichten des einfachen Rechts lassen sich die Regelungen zur Datenveröffentlichung von denen des Transparenzrechts unterscheiden. Auf Bundesebene wurde der Grundstein dieser Entwicklung durch die Einfügung von Art. 91c GG im Rahmen der Föderalismusreform II[121] sowie das „Gesetz zur Förderung der elektronischen Verwaltung“ (EGovG)[122] im Jahr 2013 gelegt, das zunächst zwar noch keine weitreichenden Veröffentlichungspflichten vorsah, aber schon die juristische Grundlage für die Bereitstellung von „Open Government Data“[123] schaffte; darüber hinaus auch „den Leitbildcharakter der Veröffentlichung behördlicher Daten“ fixierte.[124] Durch Aufnahme des § 12a EGovG wurde dann der Schritt zu einer grundsätzlichen Bereitstellungspflicht von Rohdaten der Behörden unmittelbarer Bundesverwaltung gegangen.[125] Zwar korrespondiert mit dieser Pflicht zur Bereitstellung von Open Data

---

120 So *Bundesministerium des Innern*, Open Government Data Deutschland, 2012, S. 138. Tendenziell anders *Lederer*, Open Data, 2015, S. 512.

121 Im Zuge der von Art. 91c GG auf eine Verfassungsgrundlage gestellten Kooperation von Bund und Ländern im IT-Bereich, bei der es auch um die Stärkung der Verwaltungsöffentlichkeit ging, wurde mit https://www.govdata.de eine zentrales Datenportal für öffentliche Verwaltungsdaten von Bund und Ländern sowie Gemeinden geschaffen. Mit der Einfügung von Art. 91c Abs. 5 sowie durch § 2 Abs. 1 OZG ist der Portalverbund nunmehr obligatorisch. Zu den Einzelheiten *Schnieders*, DÖV 2018, S. 175 (181 ff.); *Siegel*, DÖV 2018, S. 185 ff.; *Schliesky/Hoffmann*, DÖV 2018, S. 193 ff.; *Mast*, Staatsinformationsqualität, 2020, S. 132 ff.

122 BGBl. I 2013, S. 2749 ff.

123 Darunter werden gemeinhin Rohdaten von Regierung und Verwaltung verstanden, die in maschinenlesbarer Form zur Weiterverwendung öffentlich zugänglich gemacht werden. Dazu *Lucke/Geiger*, Open Government Data, 2010, S. 4 ff.; *Bundesministerium des Innern*, Open Government Data Deutschland, 2012, S. 34 ff.; *Lederer*, Open Data, 2015, S. 40 ff.; *T. Dreier*, in: Informationen der öffentlichen Hand – Zugang und Nutzung, 2016, S. 563 (566 ff.); § 12a EGovG. Im Unterschied zum Informationsfreiheits- und Transparenzrecht geht es bei Open Data insbesondere um die freie Weiterverwendbarkeit von Rohdaten, durch die ein Mehrwert generiert werden kann. Dieser Gedanke entspricht der oben herausgearbeiteten Deliberationswirkung demokratischer Öffentlichkeit. Dazu oben Kap. 3 bei Fn. 386.

124 BT-Drs. 17/11473, S. 21, 44, 68: „Dieser Wandel führt geradezu zu einem Paradigmenwechsel im allgemeinen Agieren einer Verwaltung: Was bisher nicht ausdrücklich offen war, blieb geschlossen und konnte nur im Einzelfall auf Grundlage der Informationsfreiheitsgesetze angefragt werden – nun soll alles offen sein, was nicht ausdrücklich verschlossen ist (insbesondere aus Gründen des Datenschutzes, aus Sicherheitsaspekten oder zum Schutz von Betriebsgeheimnissen)“.

125 Dazu nur *Richter*, NVwZ 2017, S. 1408 ff.

kein subjektiver Anspruch (§ 12a Abs. 1 Satz 2 EGovG), auf Landesebene existiert mit dem HmbTG dagegen schon seit 2012[126] ein auf eine Volksinitiative zurückgehendes, inzwischen mehrfach reformiertes Transparenzgesetz,[127] das Vorbild sowohl für schon in Geltung befindliches Landestransparenzrecht wie auch Anstoß für die zu erwartende Bundestransparenzgesetzgebung ist[128] und einen „Anspruch auf unverzüglichen Zugang zu allen amtlichen Informationen" mit einem Veröffentlichungsanspruch verknüpft (§ 1 Abs. 2 HmbTG).[129] Die Veröffentlichung erfolgt dabei wie auch bei § 12a EGovG unterfallenden Daten über eine zentrale Online-Plattform, auf der gleichzeitig auch Open Government Data veröffentlicht werden.[130] Zusammengefasste und übersichtliche Regelwerke des Informationsverwaltungsrechts sowie ihre Verbindung mit dem Ausbau der zentralen Plattform zur Informationsveröffentlichung[131] sind auch auf Bundesebene das Mittel der Wahl, um einer weiteren, der Regelungsidee des Daten- und Informationszugangs- bzw. Transparenzrechts diametral entgegenstehenden Zersplitterung[132] entgegenzuwirken. Welche Vorgaben das Öffentlichkeitsprinzip hierzu macht, wird noch zu sehen sein.[133]

II. Inhaltliche Konkretisierung

Konnten die Zielvorgaben des Öffentlichkeitsprinzips damit einer bereichsbezogenen Konkretisierung hinsichtlich des Öffentlichkeitsobjekts zugeführt werden, ist nun zu untersuchen, welche normativen Vorgaben dem Öffentlichkeitsprinzip zu entnehmen sind. Dabei ist zu beachten, dass konkrete Folgen aus dem Norminhalt von Verfassungsprinzipien allenfalls mit größter Zurückhaltung ableitbar sind.[134] Andererseits ist das Öffentlichkeitsprinzip nach der hiesigen

---

[126] Vgl. HmbGVBl. 2012, S. 271 ff.

[127] Dazu *Schnabel*, NordÖR 2012, S. 431 ff.; *Maatsch/Schnabel*, Das Hamburgische Transparenzgesetz – Kommentar, 2021, Einl. Rn. 1 ff., 8 ff.

[128] Vgl. schon die Bestrebungen in der vorangegangen Legislaturperiode BT-Drs. 19/14596, S. 1 ff. Vgl. nunmehr den Koalitionsvertrag 2021–2025 zwischen der Sozialdemokratischen Partei Deutschlands (SPD), Bündnis 90/Die Grünen und den Freien Demokraten (FDP), S. 9; abrufbar unter https://www.spd.de/fileadmin/Dokumente/Koalitionsvertrag/Koalitionsvertrag_2021-2025.pdf (zuletzt aufgerufen am 22. Februar 2024). Neben einer Stärkung des Zugangsanspruchs soll mit der Transparenzgesetzgebung der schon länger insbesondere von *Rossi*, in: Transparenz contra Geheimhaltung in Staat, Verwaltung und Wirtschaft, 2015, S. 43 ff. kritisierten Zersplitterung des Informationsfreiheitsrechts entgegengewirkt werden. Dazu BT-Drs. 19/14596, S. 3, 4.

[129] LTranspG-RP; ThürTG; nunmehr auch das am 1. Januar 2023 in Kraft getretene SächsTranspG. Zur Transparenzgesetzgebung noch unten im 5. Kapitel.

[130] Allgemein *Mast*, Staatsinformationsqualität, 2020, S. 132 ff.

[131] Dazu oben Kap. 4 Fn. 121.

[132] Siehe den Nachweis in Kap. 4 Fn. 128.

[133] Dazu noch unten im 5. Kapitel.

[134] BVerfGE 57, 250 (276). Insofern zutreffend schon *Martens*, Öffentlich als Rechtsbegriff, 1969, S. 59–60.

Sichtweise ein Optimierungsgebot, das mit seiner normativen Dynamik tendenziell in einem Spannungsverhältnis zum zurückhaltenden Normanspruch der Verfassung steht. Diese verfassungsdogmatische Spannungslage ist charakteristisch für Staatszielbestimmungen. Vor diesem Hintergrund besteht ihr Regelungsgehalt aus einer definitiven Zielvorgabe, die von weniger dichten Vorgaben zur Zielkonkretisierung flankiert wird. Als Prototypen finalprogrammierter Normen machen Staatszielbestimmungen aber allenfalls in eng begrenzten Ausnahmefällen definitive Vorgaben. Anders als nach einer landläufigen Vorstellung im Schrifttum verhalten sich Staatszielbestimmungen zu den Mitteln der Zielerreichung jedoch nicht gänzlich neutral. Die Zielverbindlichkeit im Sinne des Gebots zu möglichst optimaler Zielerreichung prägt die gesetzgeberische Entscheidung der Mittelwahl, indem sie auf ein zur Zielerreichung möglichst wirksames Mittel drängt. Gerade wenn die Konkretisierung eine Abwägung mit anderen Verfassungsgehalten notwendig macht, ist jedoch der weite Gestaltungsspielraum des Gesetzgebers zu berücksichtigen. Zudem ist die zielkonkretisierende Entscheidung des Gesetzgebers allgemein nur äußerst eingeschränkt verfassungsgerichtlich überprüfbar.[135] Daraus folgt, dass das Öffentlichkeitsprinzip grundsätzlich keine verbindlichen Mittel vorgibt, wie die Wahrnehmbarkeit und Zugänglichkeit der Staatsgewalt bewirkt wird. Im Schrifttum wird das jedoch nicht immer berücksichtigt. Nachfolgend sollen deshalb verschiedene Konkretisierungsmöglichkeiten beleuchtet und die zutreffende Positionierung des Öffentlichkeitsprinzips hierzu auf den Punkt gebracht werden.

1. Form und Reichweite: Die Forderung möglichst weitgehender Öffentlichkeit

Zur Umsetzung des verfassungsrechtlichen Öffentlichkeitspostulats steht eine Vielzahl konkreter Formen bereit, die ein jeweils unterschiedliches Informationsniveau zur Folge haben können. So kann Öffentlichkeit durch die Veröffentlichung von Rohdaten, durch die Gewährung von Akteneinsicht oder die Zulassung der Verfahrensöffentlichkeit in einer nicht aufbereiteten Form „primärer Öffentlichkeit" erfolgen, welche für die Rezipienten allgemein ein höheres Informationsniveau bewirken soll und deshalb teilweise auch als verfassungsrechtlich geforderte Form von Öffentlichkeit betrachtet wird.[136]

Bereits mit Blick auf die wie dargelegt reduzierte Aussagekraft von Staatszielbestimmungen hinsichtlich der Mittel zur Zielerreichung bestehen schon im Ausgangspunkt erhebliche Zweifel an der Vorstellung, das Öffentlichkeitsprinzip

---

[135] Zum Ganzen oben Kap. 2 bei Fn. 146 ff.

[136] Sehr weitgehend *Lederer*, Open Data, 2015, S. 251 ff., 372 ff., 430: „Zwingend und verfassungsunmittelbar zu gewährleisten ist allein primäre Öffentlichkeit".

gehe vom Regelbild primärer Öffentlichkeit aus. Auch ist die pauschale Annahme, es käme durch jede Aufbereitung zu einer Beschränkung der demokratisch geforderten Freiheit öffentlicher Meinungsbildung,[137] in ihrer Absolutheit zurückzuweisen. Es lässt sich nicht allgemein sagen, dass die Veröffentlichung großer Mengen an Rohdaten eine stärkere Beförderung freier und öffentlicher Meinungsbildung zur Folge hat, als – ihre Richtigkeit und Vollständigkeit vorausgesetzt[138] – die kompakte Darstellung der aus ihnen hervorgehenden Informationen.[139] Ohne damit in Abrede stellen zu wollen, dass sich die Forderung nach der grundsätzlichen Veröffentlichung von Rohdaten aus dem Bereich von Regierung und Verwaltung (Open-Data) verfassungsrechtlich fundieren lässt, bildet diese sich inzwischen als Regelfall etablierende einfachrechtlich durch §12a EGovG normierte Pflicht der Exekutive zur Rohdatenveröffentlichung nur einen Ausschnitt der Informationsöffentlichkeit.[140] Ein verbindliches Gebot primärer Informationsöffentlichkeit schließt die sowohl bei reaktiven wie auch bei aktiven staatlichen Informationspflichten existierenden Öffentlichkeitsformen aus, die in ihrer Reichweite hinter Formen primärer Öffentlichkeit, etwa einem Akteneinsichtsrecht, zurückbleiben. So begründet das parlamentarische Interpellationsrecht konkretisiert durch die geschäftsordnungsrechtlichen Regelungen, insbesondere zu Kleinen und Großen Anfragen (§§ 100ff., 104 GO-BT), nach der hergebrachten und vorzugswürdigen Sichtweise nur einen Informationsanspruch, wenn auch vor dem Bundesverfassungsgericht die Ausweitung auf ein Akteneinsichtsrecht geltend gemacht wurde.[141] Auch der umstrittene verfassungsunmittelbare Anspruch der Presse vermittelt nach der Rechtsprechung im Regelfall sogar nur ein „Minus" zu einem solchen Informationsanspruch, nämlich einen Aus-

---

137 In diese Richtung nämlich *Lederer*, Open Data, 2015, S. 372ff.

138 Hierzu allgemein als Gebote staatlicher Informationstätigkeit *Mast*, Staatsinformationsqualität, 2020, S. 236ff., 274ff.

139 Insoweit kann auf das in anderem Kontext bei *Magiera*, Parlament und Staatsleitung in der Verfassungsordnung des Grundgesetzes, 1979, S. 155 geäußerte Überforderungsargument verwiesen werden. Vgl. auch *Mast*, Staatsinformationsqualität, 2020, S. 307ff., der darauf hinweist, dass das Klarheitsgebot eine Aufbereitung bei bestimmten Fällen staatlichen Informationshandelns sogar umgekehrt gebieten kann; sowie ebd. S. 293ff. zum „information overload".

140 Dazu oben Kap. 4 bei Fn. 103ff.

141 So wurde vor dem BVerfG im Verfahren 2 BvE 3/18 geltend gemacht, dass eine Verdichtung des parlamentarischen Interpellationsrechts zu einem Akteneinsichtsrecht bei Kleinen Anfragen in Betracht kommen könnte. Dazu *Meinel*, Der Staat 60 (2021), S. 43 (72). Soweit ersichtlich hat das Gericht in der Sache jedoch nicht entschieden. Mit Blick auf die tradierte Differenzierung zwischen parlamentarischen Selbst- und Fremdinformationsrechten scheint die Ableitung eines grundsätzlichen Akteneinsichtsrechts des Parlaments aus der Verfassung auch eher zweifelhaft. Ein solches Recht kann allenfalls in Ausnahmefällen in Betracht kommen. Entsprechend der Rechtsprechung zum verfassungsunmittelbaren Presseauskunftsanspruch könnte eine Verdichtung des Parlamentsinformationsrechts zu einem Recht auf Einsicht in oder Übermittlung von Dokumenten etwa in Fällen möglich sein, in denen eine sachgerechte Information nur auf diesem Wege erfolgen kann.

kunftsanspruch.[142] Dieser kann sich aber in Einzelfällen auch zu einem Akteneinsichtsrecht verdichten. Insbesondere ist das der auskunftspflichtigen Stelle grundsätzlich zustehende Ermessen im Einzelfall auf Null reduziert, „wenn andere Formen des Informationszugangs im Hinblick auf die begehrte Information unsachgemäß wären und nur auf diese Weise vollständige und wahrheitsgemäße Sachverhaltskenntnis vermittelt werden kann".[143] Insoweit lässt sich eine vorsichtige Parallele zur Unterrichtungspflicht der Bundesregierung aus Art. 23 Abs. 2 Satz 2 GG ziehen, bei der die Form der Unterrichtung durch Komplexität des Vorgangs sowie Eingriffstiefe in den legislativen Kompetenzbereich bestimmt wird.[144] Abhängig von diesen Kriterien kann die Übermittlung bloßer Informationen, aber auch nicht aufbereiteter Dokumente geschuldet sein.

Diese Beispiele illustrieren, dass verfassungsrechtlich zumeist keine bestimmte Form der Öffentlichkeit gefordert ist. Die Annahme eines definitiven Gebots primärer Öffentlichkeit lässt sich nicht mit der Reichweite bestehender aktiver und reaktiver Informationspflichten vereinbaren. Andererseits lässt sich aber auch nicht verleugnen, dass die Befugnis zur Informationsaufbereitung einer informationspflichtigen Stelle stets eine gewisse Darstellungsmacht verleiht, die es ihr ermöglicht, durch Informationssteuerung von möglichen Missständen oder Unregelmäßigkeiten abzulenken, deren Bekanntwerden nicht in ihrem Interesse liegt. Während das bei aktiven Informationspflichten, die regelmäßig einem eher demokratisch-partizipativen Gedanken dienen, weniger problembehaftet ist, kollidiert[145] eine Informationsaufbereitung mit der bei reaktiven Informationspflichten ausgeprägteren Kontrollfunktion. Auch mit Blick darauf, dass Kontrollermöglichung für das Öffentlichkeitsprinzip – sowohl für seine legitimationsergänzende Funktion wie auch allgemein aus Sicht des Rechtsstaatsprinzips – wesentlich ist, kann primäre, unaufbereitete Öffentlichkeit vermittelnd zur Sichtweise Lede-

[142] „‚Auskünfte' i. S. v. Minimalstandards von Informationen" BVerwGE 146, 56 (65). Nach OVG Berlin-Brandenburg, Beschluss vom 7. März 2014 – OVG 6 S 48/13 – NVwZ 2014, S. 1177 (1178) wäre für Auskunftsbegehren „die Benennung eines konkreten Sachkomplexes [kennzeichnend], hinsichtlich dessen bestimmte Informationen gewünscht werden." Zum Ganzen auch *Wölfle*, Verfassungsrechtliche Determination von Informations- und Auskunftsansprüchen der Medien in der Informationsgesellschaft, 2021, S. 211 ff. Vgl. auch bereits oben Kap. 3 bei Fn. 688 ff.

[143] BVerwGE 167, 319 (Rn. 31). Zuvor etwa OVG Münster, Beschluss vom 29. Juni 2017 – 15 B 200/17 – BeckRS 2017, 118690 (Rn. 45 ff.). Für einen presserechtlichen Anspruch hat das BVerfG, Beschluss vom 14. September 2015 – 1 BvR 857/15 – NJW 2015, S. 3708 ff. festgestellt, dass sich die „konkrete […] Tragweite des Auskunftsanspruchs im Einzelfall" anhand einer „Abwägung der widerstreitenden Interessen" bestimme. Im konkreten Fall, in dem die Übermittlung strafgerichtlicher Urteilsabschriften gefordert wurde, begründete das BVerfG die Ermessensreduktion im Hinblick auf die Pflicht der Gerichte zur Urteilspublikation.

[144] BVerfGE 131, 152 (206 ff.).

[145] Diese Erwägung findet sich jeweils verschieden akzentuiert bei *Lederer*, Open Data, 2015, S. 430–431; *Meinel*, Selbstorganisation des parlamentarischen Regierungssystems, 2019, S. 270; *Mast*, Staatsinformationsqualität, 2020, S. 119–120.

rers[146] als abstrakte, Abweichungen zulassende Idealvorstellung im Sinne des Optimierungsauftrags verstanden werden. Soweit bei Ausgestaltung oder Anwendung insbesondere der Kontrolle dienender aktiver und reaktiver Informationspflichten hinsichtlich der konkreten Informationsform Entscheidungsspielräume bestehen, intendiert[147] das Öffentlichkeitsprinzip deshalb die Herstellung möglichst nicht aufbereiteter Öffentlichkeit.

Darüber hinaus verpflichtet das Öffentlichkeitsprinzip informationspflichtige Stellen auch im Rahmen der jeweils geschuldeten Informationsform zu inhaltlich möglichst umfassender Öffentlichkeit. Spannungsverhältnisse zu öffentlichen oder privaten Vertraulichkeitsinteressen sind im Wege praktischer Konkordanz zu lösen. Konkret folgt daraus, dass eine informationspflichtige Stelle verfassungsrechtlich verpflichtet ist, Konflikten mit verfassungsrechtlich fundierten Vertraulichkeitsinteressen zunächst mit teilweisen Einschränkungen, insbesondere punktuellen Schwärzungen oder teilweisen Auskunftsverweigerungen, Rechnung zu tragen.[148] Erst wenn sich die Spannungen auf diese Weise nicht beseitigen lassen, bzw. derart weitgehende Einschränkungen nötig werden, dass der übrige Teil entweder keinen Informationsgehalt hätte oder durch den verbleibenden Teil eine Verfälschung des Aussagegehalts droht,[149] kann eine vollständige Versagung der Information in der begehrten Form Betracht kommen. Bei Formen nicht aufbereiteter Öffentlichkeit ist in diesem Fall jedoch auch zu prüfen, ob hilfsweise Formen aufbereiteter Öffentlichkeit möglich sind.

2. Modale Dimension: Die Forderung nach dem Abbau von Zugangsmodalitäten

Bei der Konkretisierung des hochabstrakten Öffentlichkeitsprinzips ist entscheidend, ob und welche Umsetzungsmodalitäten die Verfassung vorgibt oder toleriert. Diese Frage ist gleichermaßen relevant für die Öffentlichkeit staatlicher Entscheidungsverfahren wie auch die Herstellung von Informationsöffentlichkeit. Denn erst aus den Modalitäten der Öffentlichkeitsherstellung ergibt sich, auf welche Weise und unter welchen Bedingungen Entscheidungsverfahren und Informationen des Staates für die Allgemeinheit konkret zugänglich gemacht werden. Nach der Rechtsprechung des Bundesverfassungsgerichts zur Gerichtsöffentlichkeit „besagt [der Öffentlichkeitsgrundsatz] insbesondere noch nichts zu den Mo-

---

146 Siehe oben Kap. 4 Fn. 136.

147 Vgl. etwa BVerwGE 102, 282 (286–287).

148 So zum In-camera-Verfahren BVerwG, Beschluss vom 28. November 2013 – 20 F 11.12 – Rn. 18 nach juris; BVerwG, Beschluss vom 24. November 2015 – 20 F 4.14 – Rn. 23 nach juris. Vgl. auch zum Erfordernis der Anonymisierung bei der Veröffentlichung von Gerichtsentscheidungen BVerfG, Beschluss vom 14. September 2015 – 1 BvR 857/15 – NJW 2015, S. 3708 (3710); BVerwGE 104, 105 (111–112); BVerwG, Urteil vom 1. Oktober 2014 – 6 C 35/13 – NJW 2015, S. 807 (808 ff.).

149 BVerwG, Beschluss vom 28. November 2013 – 20 F 11.12 – Rn. 18 nach juris.

dalitäten, unter denen die Öffentlichkeit zugelassen wird".[150] Dem ist insofern beizupflichten, als dass mit der Frage nach den Modalitäten der definitive Zielbereich des Öffentlichkeitsprinzips verlassen ist. Obwohl dem Öffentlichkeitsprinzip als Staatszielbestimmung zu den Mitteln der Erreichung des verbindlich vorgegebenen Ziels weniger strikte Vorgaben zu entnehmen sind, ist insbesondere der Gesetzgeber bei seiner modalen Umsetzung jedoch nicht gänzlich frei. Denn die gegenteilige Sichtweise entspricht einer verbreiteten, aber zumindest ungenauen Literaturansicht, nach der sich Staatszielbestimmungen einer Aussage hinsichtlich der Mittel zur Zielrealisierung vollständig enthielten.[151]

In der gegenwärtigen Diskussion zur Umsetzung der Verfahrensöffentlichkeit geht es vor allem um die Zulässigkeit digitaler Formen der Zugänglichkeit und Berichterstattung von und aus Gerichten und Parlamenten. Auch wenn digitale Formate in der Praxis schon länger bekannt sind,[152] lässt sich ganz allgemein feststellen, dass die öffentlichkeitskonkretisierenden Regelungen, insbesondere des parlamentarischen Geschäftsordnungsrechts, sowie des Gerichtsverfassungs-[153] und Verfahrensrechts den erweiterten und vor allem digitalen Möglichkeiten der Zugänglichkeit, Übertragung und Berichterstattung mit einer Zurückhaltung gegenüber stehen, die verfassungsrechtlich nicht geboten ist. Das allgemeine Öffentlichkeitsprinzip setzt hier keine begrenzenden Maßstäbe. Grundsätzlich kommen alle Möglichkeiten in Betracht, mit denen sich technisch, organisatorisch und auch mit Blick auf Rechte Dritter eine allgemeine Zugänglichkeit oder Wahrnehmbarkeit dieser Verfahren bewirken lässt. Wie noch ausgeführt wird, ist das Öffentlichkeitsprinzip offen für technologischen Fortschritt und leistet so einen Beitrag zur Zukunftsoffenheit der Verfassung.[154]

Demgegenüber erscheint es zweifelhaft, wenn – nun zur Informationsöffentlichkeit – teilweise angenommen wird, zumindest das Rechtsstaatsprinzip und das Grundrecht der Informationsfreiheit (Art. 5 Abs. 1 Satz 1 Hs. 2 GG) als Ursprungsnormen des Öffentlichkeitsprinzips forderten eine antragsunabhängige Veröffentlichung von Informationen.[155] Die dieser Sichtweise vorausliegende Annahme, aktive Informationspflichten verwirklichten die Öffentlichkeitsforderungen des Verfassungsrechts stets wirksamer, ist in dieser Absolutheit zurückzu-

---

[150] BVerfGE 103, 44 (63).

[151] Dazu schon oben Kap. 2 bei Fn. 156 ff. sowie eben Kap. 4 bei Fn. 135.

[152] So etwa das Parlamentsfernsehen. Dazu *Gersdorf*, Parlamentsfernsehen des Deutschen Bundestages, 2008, S. 13 ff.; *Krüper*, in: Parlamentsrecht, 2016, S. 1178 (1189–1190).

[153] Vgl. hier nur *Paschke*, MMR 2019, S. 563 (564 ff.).

[154] Dazu noch unten Kap. 4 bei Fn. 388 ff.

[155] So *Lederer*, Open Data, 2015, S. 373 ff., 432 ff., 475 ff. Anders *Bundesministerium des Innern*, Open Government Data Deutschland, 2012, S. 99 ff.: „Umfang, Art und Weise der Veröffentlichung staatlicher Daten" seien „weitgehend nicht verfassungsrechtlich vorgeprägt".

weisen.[156] Auch unter den Zeichen des neuerlichen Paradigmenwechsels hin zu grundsätzlicher proaktiver digitaler Veröffentlichung von Daten und Informationen der Exekutive werden reaktive Informationspflichten nicht obsolet. Ganz im Gegenteil. Denn eine effektive Kontrolle der Exekutive ist ohne reaktive Informationspflichten nicht denkbar.[157] Schon vor Einführung des IFG wurde die obligatorische Publikation von Daten- und Informationsverzeichnissen zur Effektivitätssteigerung der Zugangsansprüche gefordert.[158] Entsprechend können die nunmehr aufgrund einfachrechtlicher Vorgaben grundsätzlich zu veröffentlichenden Regierungs- und Verwaltungsdaten einen Anknüpfungspunkt für nachgehende Informationsbegehren liefern.[159] Da aktive und reaktive Informationspflichten erst im Zusammenspiel ihre vollständige Wirkung entfalten, kombinieren die jüngeren Landestransparenzgesetze[160] zu Recht eine grundsätzliche Veröffentlichungspflicht mit einem Zugangsanspruch. Aus Sicht des Öffentlichkeitsprinzips bietet sich das als Vorbild für die in Aussicht stehende Bundesgesetzgebung an.[161]

Entsprechend dieser Haltung zur Antragsabhängigkeit der Informationsöffentlichkeit folgt aus dem Öffentlichkeitsprinzip auch solange kein grundsätzliches Verbot, den Informationsbegehrenden die bei reaktiven Informationspflichten entstehenden Kosten aufzuerlegen, wie dadurch die Zielverwirklichung nicht messbar gefährdet wird, etwa im Falle einer abschreckende Wirkung.[162] Da jedoch ohne Weiteres davon ausgegangen werden kann, dass Kostenabhängigkeit für die Ausübung von Informationszugangsansprüchen insgesamt hemmend wirkt, intendiert das Öffentlichkeitsprinzip weitestmögliche Kostenfreiheit sowie Maßnahmen zur Herstellung von Kostentransparenz.[163]

---

156 Deutlich *Lederer*, Open Data, 2015, S. 375: „Dass die öffentliche Zugänglichmachung tatsächlich wirksamer ist als die Zugänglichmachung auf Antrag, egal ob öffentlich oder individuell, bedarf nicht mehr als eines kurzen Hinweises."

157 Siehe schon Kap. 4 Fn. 145.

158 So schon *Angelov*, Grundlagen und Grenzen eines staatsbürgerlichen Informationszugangsanspruchs, 2000, S. 249. Ähnlich die Forderung bei *Lederer*, Open Data, 2015, S. 506.

159 Dazu *Mast*, Staatsinformationsqualität, 2020, S. 119–120.

160 §§ 1 Abs. 2, 2 Abs. 7–9 HmbTG; §§ 2, 4 LTranspG-RP; §§ 4, 9 ff. ThürTG; §§ 2, 10 ff. SächsTranspG.

161 So auch die Forderung in BT-Drs. 19/14596, S. 3.

162 Nach *Schoch/Kloepfer*, Informationsfreiheitsgesetz (IFG-ProfE), 2002, S. 171–172; *Schoch*, in: ders., IFG-Kommentar, 2016, § 10 Rn. 15 sei der Gesetzgeber bei Kostenregelungen im Informationsfreiheitsrecht weitgehend frei. Bereits *Angelov*, Grundlagen und Grenzen eines staatsbürgerlichen Informationszugangsanspruchs, 2000, S. 248 plädierte deshalb für grundsätzliche Kostenfreiheit des Informationsfreiheitsrechts. Vgl. im Übrigen *Wölfle*, Verfassungsrechtliche Determination von Informations- und Auskunftsansprüchen der Medien in der Informationsgesellschaft, 2021, S. 253–254; restriktiv *Lederer*, Open Data, 2015, S. 519.

163 Das entspricht den Reformbestrebungen des Informationsfreiheitsrechts, BT-Drs. 19/14596, S. 5, Kostenfreiheit zumindest bei Ablehnung von Informationsbegeh-

Möchte man die modalen Anforderungen des allgemeinen Öffentlichkeitsprinzips unter Beachtung seines an sich beschränkten Aussagegehalts zu Mitteln der Öffentlichkeitsherstellung sowie unter Vereinigung des Optimierungscharakters mit dem Spielraum des Gesetzgebers abstrahieren, lässt sich sagen, dass das Öffentlichkeitsprinzip den Staat zum Abbau von Informationszugangsmodalitäten verpflichtet.

3. Personelle Dimension: Die Forderung möglichst allgemeiner Öffentlichkeit

Vergleichbar mit der zumindest missverständlich in Richtung eines definitiven Gebots entwickelten „primären Öffentlichkeit" wird aus derselben Richtung vertreten, die Verfassung verpflichte den Staat, die Ausübung der Staatsgewalt für jedermann zugänglich zu machen.[164] Auch das erweist sich als zumindest ungenau. Neben dem Umstand, dass die Wahrnehmbarkeit und Zugänglichkeit der Staatsgewaltausübung gegenüber „jedermann" praktisch nicht umsetzbar ist, resultiert aus dieser Annahme eine dogmatisch fragwürdige Beschränkung des gesetzgeberischen Regelungsspielraums. Zudem würden reaktive Informationspflichten, bei denen Öffentlichkeit regelmäßig gegenüber einem individualisierten Adressatenkreis hergestellt wird, ausgehend von einer Verfassungspflicht zur „Jedermanns-Öffentlichkeit" als Mittel zur Herstellung von Öffentlichkeit grundsätzlich ausscheiden. Wie eben gesehen, sind diese aber weiterhin unverzichtbar.[165]

Darüber hinaus ist darauf hinzuweisen, dass eine Reduzierung des Adressatenkreises im Einzelfall überhaupt erst die Öffentlichkeit bestimmter Sachkomplexe ermöglichen kann. Hier sei auf die bereits oben anhand der bundesverfassungsgerichtlichen Rechtsprechung dargestellte Systematik abgestufter Öffentlichkeiten verwiesen, die vor allem bei der parlamentarischen Kontrolle insbesondere im nachrichtendienstlichen Bereich ein elementares Mittel zur Herstellung praktischer Konkordanz mit Vertraulichkeitsinteressen ist.[166] Dieser Vorgehensweise kommt jedoch nur in Ausnahmefällen bei Spannungslagen mit verfassungsrecht-

---

ren vorzusehen sowie einen Kostenhöchstsatz nebst Begründungsvorgaben aufzunehmen. Dazu auch noch unten Kap. 5 bei Fn. 227.

[164] Nach *Lederer*, Open Data, 2015, S. 373 ff. sei der Staat, „aus dem Demokratieprinzip verfassungsunmittelbar verpflichtet [...], die Ausübung der Staatsgewalt jedermann, unabhängig von sonstigen Voraussetzungen und Fähigkeiten, zugänglich zu machen". Siehe auch ebd. S. 431–432 zu einer entsprechenden Aussage des Rechtsstaatsprinzips.

[165] Dazu Kap. 4 bei Fn. 157 ff.

[166] Im Verwaltungsprozess ist das In-camera-Verfahren als eine Form abgestufter Öffentlichkeit bekannt. Vgl. auch die Normen, die eine Reduzierung des Adressatenkreises ermöglichen oder voraussetzen. So etwa Art. 45d GG sowie die Geheimschutzordnung des Deutschen Bundestages Anlage 3 GO-BT oder § 10a BHO.

lich fundierten Vertraulichkeitsinteressen als milderes Mittel gegenüber der vollständigen Geheimhaltung in Betracht. Denn der Erfüllung parlamentarischer Informationsrechte unter Anwendung der Geheimschutzordnung haftet ein eklatanter Makel an. Die betreffenden Informationen können – wie das Bundesverfassungsgericht präzisiert[167] hat – nicht ohne Weiteres[168] in den Prozess öffentlicher Meinungsbildung einfließen. Die Anwendung der Geheimschutzordnung im Zusammenhang mit parlamentarischen Informationsrechten kann deshalb nur in Betracht kommen, soweit sie zur Wahrung verfassungsrechtlich fundierter Geheimhaltungsinteressen zwingend erforderlich ist; die Information andernfalls also nicht erteilt werden könnte.

Oben wurde als Adressatenkreis des Öffentlichkeitsprinzips die Allgemeinheit im Sinne eines individuell nicht bestimmbaren Personenkreises ermittelt. Nach dem hiesigen Verständnis nimmt das Normmerkmal der Allgemeinheit am Optimierungscharakter des Öffentlichkeitsprinzips teil. Das Öffentlichkeitsprinzip fordert daher die Herstellung möglichst allgemeiner Öffentlichkeit, also Wahrnehmbarkeit und Zugänglichkeit gegenüber einem prinzipiell nicht individualisierten Adressatenkreis.

4. Temporale Dimension: Die Forderung möglichst frühzeitiger Öffentlichkeit

Da die Verpflichtung der Staatsgewalt, für die Allgemeinheit möglichst wahrnehmbar und zugänglich zu sein, primär auf die Vermittlung von Informationen zielt, kommt der Frage nach dem Zeitpunkt, also wann staatliche Öffentlichkeit herzustellen ist, entscheidende Bedeutung zu. Denn Informationen heben sich von Daten durch ihren gedanklichen Bezug zu Vorgängen der Wirklichkeit ab. Da die Wirklichkeit aber einer ständigen Wandlung unterworfen ist, hängt der Wert einer Information für den Rezipienten maßgeblich davon ab, wann er sie erhält.[169] Vor diesem Hintergrund drängt sich die Frage auf, ob dem Öffentlichkeitsprinzip in zeitlicher Hinsicht eine verallgemeinerbare Aussage zu entnehmen

---

[167] BVerfGE 137, 185 (264).

[168] So folgt aus § 4 Abs. 1 GSO, dass Angelegenheiten und Informationen ab der Geheimhaltungsstufe VS-Vertraulich nur an Abgeordnete übermittelt werden dürfen, wenn dies für ihre parlamentarische Arbeit unerlässlich ist. Dazu und zur strafrechtlichen Sanktionierung *Jahn/Engels*, in: Parlamentsrecht und Parlamentspraxis, 1989, S. 619 (624 ff., 638). Auch dürfen Unterlagen ab der Geheimhaltungsstufe „geheim" grundsätzlich nur noch in der Geheimschutzstelle des Bundestages eingesehen werden (§3a GSO). Denkbar ist jedoch, dass die privilegierten Abgeordneten die geschützte Information ihren künftigen Entscheidungen zugrunde legen und auf diese Weise mittelbar in den politischen Prozess einfließen lassen. Den Ausnahmecharakter betonend auch BVerfGE 137, 185 (264–265).

[169] Dazu aus *Teuber*, Parlamentarische Informationsrechte, 2007, S. 36; *Meinel*, Selbstorganisation des parlamentarischen Regierungssystems, 2019, S. 245–246; *Mast*, Staatsinformationsqualität, 2020, S. 350 ff.

ist. In der Literatur finden sich hierzu divergierende Aussagen.[170] Eine konkrete Aussage zum Zeitpunkt staatlicher Öffentlichkeit erscheint dabei allerdings schon im Ausgangspunkt fernliegend.

Befragt man Demokratie- und Rechtsstaatsprinzip lässt sich die eingangs abstrakt am Informationsbegriff aufgehängte Bedeutung der Zeitdimension bestätigen. Der Zeitpunkt, wann eine Information in den Prozess öffentlicher Meinungsbildung einfließt, etwa vor oder nach einer Wahl, entscheidet über die Effektivität sanktionierender Kontrolle durch parlamentarische Opposition, öffentliche Meinung und letztlich auch den Wähler. Aus rechtsstaatlicher Sicht ist relevant, dass von belastenden staatlichen Maßnahmen Betroffene je eher Rechtsschutz in Anspruch nehmen oder ihr Verhalten anpassen können, je eher sie Kenntnis von der betreffenden staatlichen Tätigkeit haben. Gerade auch im Hinblick auf die Öffentlichkeit von Entscheidungsverfahren eröffnet eine nicht erst nachträgliche Öffentlichkeit die Möglichkeit der Entscheidungsbeeinflussung.

Staatliches Handeln demgegenüber nur zeitverzögert zur Kenntnis zu bringen, kann im demokratischen Rechtsstaat insbesondere auf zwei Erwägungen gestützt werden. Geht es um die förmliche Öffentlichkeit, also Kenntnis darüber zu vermitteln, dass überhaupt staatliches Handeln vorliegt, wird die Herstellung zeitversetzter Öffentlichkeit häufig nötig werden, um die Effektivität staatlicher Aufgabenwahrnehmung sicherzustellen. Der Zeitpunkt für die Öffentlichkeit staatlicher Entscheidungsverfahren und allgemein für die Herstellung von Informationsöffentlichkeit ist seinerseits eng verknüpft mit dem auf die verfassungsrechtliche Kompetenzzuweisung, genauer gesagt auf die organisatorische Gewaltengliederung, rückführbaren Schutz der Integrität staatlicher Entscheidungsvorgänge. So ist es eine tradierte wie auch vom Ansatz her berechtigte Vertraulichkeitserwägung, dass Öffentlichkeit bei laufenden Entscheidungsverfahren im Interesse der Kompromissfähigkeit sowie der nachgehenden Akzeptanz getroffener Entscheidungen beschränkt werden kann.[171] Diese Erwägung liegt insbesondere dem vom Bundesverfassungsgericht seit der *Flick*-Entscheidung für die Exekutive ent-

---

[170] Eine Verfassungsaussage zum Zeitpunkt staatlichen Informationshandelns bezweifelnd *Mast*, Staatsinformationsqualität, 2020, S. 350 ff. Tendenziell anders *Lederer*, Open Data, 2015, S. 254 ff., 516–517.

[171] Prägnant: „Der politische Einigungsprozeß durch Kompromissfindung verträgt in der kritischen Entscheidungsphase keine Publizität; das ist ein politisches Sachgesetz.“ *Isensee*, in: HStR XII, 2014, S. 483 (534). Dazu eingehend *Jestaedt*, AöR 126 (2001), S. 204 (230 ff.); *Wischmeyer*, Die Verwaltung 51 (2018), S. 393 (399 ff.): „das institutionelle Geheimnis“ sowie bereits oben Kap. 3 bei Fn. 502 im Zusammenhang mit der Öffentlichkeit der Bundestagsausschüsse. Ob und inwieweit die Integrität des staatlichen Willensbildungsprozesses auch nach der staatlichen Entscheidung schutzwürdig ist, ist nicht abschließend geklärt. In BVerfGE 110, 119 (215 ff.) wurde mit der Hypothese einengender Vorwirkungen eine verfassungsgerichtliche Begründung für weitreichenden auch nachträglichen Kernbereichsschutz geliefert. Zu Recht kritisch schon *Cancik*, ZParl 45 (2014), S. 885 (897 ff.). Zum Kernbereich exekutiver Eigenverantwortung gleich noch unten Kap. 4 bei Fn. 240 ff.

wickelten sog. „Kernbereich exekutiver Eigenverantwortung“ zugrunde, der richtigerweise kein Privileg exekutiver Staatstätigkeit ist, sondern allen Gewalten zum Schutz ihrer autonomen Willensbildung zusteht.[172] Auch unterliegen exekutive Entscheidungsverfahren grundsätzlich nicht der Verfahrensöffentlichkeit. Anders als nach der verabsolutierten Vorstellung geradezu panoptischer Regierungsgebäude, die Bentham mit seinem Verfassungsentwurf artikulierte,[173] ist die Öffentlichkeit der Verwaltung nach dem Modellbild des Verwaltungsverfahrensrechts Ergebnis-, also nachträgliche, Öffentlichkeit. Andererseits führte die Annahme zeitlicher Neutralität dazu, dass die vor allem demokratischen und rechtstaatlichen Öffentlichkeitsfunktionen leerliefen.[174] Der durch Vertraulichkeitsinteressen begründbare informatorische Zeitversatz ist nicht absolut-grundsätzlicher Natur, sondern nur soweit geboten, wie sich für ihn verfassungsrechtliche Gründe ins Feld führen lassen. Das hindert den Gesetzgeber freilich nicht daran, im Rahmen seines verfassungsgerichtlich nur eingeschränkt überprüfbaren Gestaltungsspielraums für bestimmte staatliche Entscheidungsverfahren nur nachträgliche Öffentlichkeit vorzusehen. Verfassungsrechtlich geboten ist die nur nachträgliche Verfahrensöffentlichkeit insbesondere der Verwaltung allerdings nicht. Das Öffentlichkeitsprinzip adressiert im Gegenteil die Forderung möglichst frühzeitiger Öffentlichkeit, welche vom Gesetzgeber insbesondere mit Funktionalitätserwägungen in Ausgleich zu bringen ist.[175]

C. Die Grenzen des Öffentlichkeitsprinzips

Es hat sich nach alledem gezeigt, dass die Aussagen des Öffentlichkeitsprinzips zu den Modalitäten seiner Umsetzung ganz maßgeblich von möglichen Vertraulichkeitsinteressen abhängen, die bei Normkonkretisierung in ein Spannungsverhältnis zu öffentlicher Staatlichkeit treten. Dass die Aussagen inhaltlich genereller Normen erst im Angesicht gegenläufiger Interessen ihre wahre Form erhalten, ist im Verfassungsrecht typisch. So liegt das Eingehen von Kollisionsbeziehungen zu anderen Gehalten in der Natur grundsätzlicher Normen, also auch Verfassungsprinzipien, insbesondere auf Optimierung gerichteter Staatszielbe-

---

[172] So etwa *Voßkuhle/Kaufhold*, JuS 2012, S. 314 (315 ff.); *Brocker*, Lux in arcana, 2014, S. 15 ff.; *Gärditz*, NVwZ 2015, S. 1161 (1166); *Rhein*, Informationsansprüche gegen Parlamente, 2020, 224 ff.; *Hillgruber*, in: D/H/S-GG, Stand August 2023, Art. 92 Rn. 13. Vgl. auch die Vorschrift des § 43 DRiG.

[173] *Bentham*, Constitutional Code I, 1983, S. 425, 438 ff. Vgl. insbesondere die Interpretation bei *Tusseau*, in: Beyond Foucault: new perspectives on Bentham's Panopticon, 2012, S. 115 ff. Anders *Niesen*, in: Macht: Begriff und Wirkung in der politischen Philosophie der Gegenwart, 2008, S. 221 (223 ff., 231 ff.).

[174] Vgl. auch. Art. 23 Abs. 2 Satz 2 GG: „zum frühestmöglichen Zeitpunkt“; Art. 104 Abs. 4; 115f Abs. 2 GG. Siehe außerdem Art. 56 Abs. 2 Satz 2, Abs. 3 Satz 3 BbgVerf; § 7 Abs. 5 Satz 1 IFG; § 12a Abs. 4 Satz 1 EGovG; § 1 Abs. 2 HmbTG.

[175] Dazu noch unten Kap. 4 bei Fn. 317 ff.

stimmungen.[176] Mit den Worten Masings bleibt das hier identifizierte Öffentlichkeitsgebot „schales Wasser, solange sie nicht den Strudel gegenläufiger Interessen in sich aufnimmt".[177] Ohne dass hierbei verabsolutierbare Ergebnisse zu erwarten wären, soll den Aussagen des Öffentlichkeitsprinzips deshalb durch einen Blick auf mögliche gegenläufige Interessen konkretere Gestalt verliehen werden.

In der Rechtsprechung des Bundesverwaltungsgerichts ist die Tendenz der Annäherung an die bundesverfassungsgerichtliche Judikatur zur Parlamentsinformation erkennbar. Die Grenzen von Informationsrechten der Presse, aber auch einfachrechtlicher Informationszugangsansprüche insbesondere aus dem Informationsfreiheitsrecht werden zunehmend mit Rückgriff auf die zu parlamentarischen Informationsrechten entwickelten verfassungsrechtlichen Maßstäbe exekutiven Geheimnisschutzes bestimmt. Vor dem Hintergrund dieser Entwicklung besteht ein erhebliches Bedürfnis nach Klärung der Maßgaben des objektiven Verfassungsrechts. Es kann im Folgenden nicht darum gehen, alle erdenklichen Geheimhaltungssituationen abzuhandeln. Vielmehr soll durch die Konturierung der verfassungsrechtlichen Metaebene versucht werden, einen Beitrag zu einer zeitgerechten und den Wertungen des Öffentlichkeitsprinzips entsprechenden Geheimhaltungssystematik zu leisten. Auszugehen ist hierbei von der Grunderwägung, dass das positive Verfassungsrecht und nicht Begrifflichkeiten wie das „Staatsgeheimnis" oder das „Amtsgeheimnis" den tauglichen Anknüpfungspunkt für eine Theoretisierung bilden sollten.[178]

I. Verfassungsrechtlicher Geheimnisschutz in der Rechtsprechung: Die Rechtfertigungstrias

Die bereits angesprochene *Flick*-Entscheidung des Bundesverfassungsgerichts zum Untersuchungsausschussrecht markierte den Ausgangspunkt dafür, dass den verfassungsrechtlich fundierten Auskunfts- bzw. Informationsrechten im Verhältnis von Parlament und Regierung sowie nach der Rechtsprechung nunmehr auch zwischen Presse und Exekutive ein vollständig justiziables informatorisches Regel-Ausnahme-Verhältnis im Sinne grundsätzlicher (exekutiver) Öffentlichkeit zugrunde gelegt wurde.[179] Während das von der Rechtsprechung damit faktisch

[176] Dazu allgemein *Canaris*, Systemdenken und Systembegriff in der Jurisprudenz, 1983, S. 55. Vgl. zum objektiven Verfassungsrecht hier nur *Achterberg*, Der Staat 8 (1969), S. 159 (166 ff.); *E. R. Huber*, Deutsche Verfassungsgeschichte III, 1988, S. 16. Vgl. auch oben Kap. 2 bei Fn. 135.

[177] So in der Diskussion um die Ausgestaltung des Informationsfreiheitsrechts *Masing*, VVDStRL 63 (2004), S. 377 (396).

[178] Anders noch *Jerschke*, Öffentlichkeitspflicht der Exekutive und Informationsrecht der Presse, 1971, S. 135 ff.

[179] Zum Ganzen bereits oben Kap. 3 bei Fn. 677 ff.

vorausgesetzte grundsätzliche Öffentlichkeitsgebot zunächst nicht hinreichend beachtet wurde, rezipierten Rechtsprechung und Lehre vor allem die dem parlamentarischen Untersuchungsrecht ebenfalls in der *Flick*-Entscheidung erstmals gegenübergestellten Kategorien des sog. Kernbereichs exekutiver Eigenverantwortung sowie des Staatswohls, die sich in der Folge als allgemeine verfassungsrechtliche Vertraulichkeitserwägungen etablierten. Seit dieser Entscheidung[180] entwickelten sich das Staatswohl, der Kernbereich exekutiver Eigenverantwortung sowie die Grundrechte als allgemeine und selbständige verfassungsrechtliche Geheimhaltungsgründe, auf die als typisches Prüfprogramm[181] im Bereich der Parlamentsinformation rekurriert wird.[182] Diese Vertraulichkeitserwägungen liegen darüber hinaus verschiedenen Bestimmungen des Informationsverwaltungsrechts zugrunde[183] und werden vom Bundesverwaltungsgericht auch als „verfassungsunmittelbare Grenzen"[184] im Informationsfreiheitsrecht sowie zur Begrenzung des nunmehr mit umstrittener Rechtsprechung anerkannten verfassungsunmittelbaren Auskunftsanspruch der Presse herangezogen.[185] Vor diesem Hintergrund können diese drei Geheimhaltungsgründe zusammengefasst als allgemeine Rechtfertigungstrias[186] bezeichnet werden.

---

180 BVerfGE 67, 100 (133 ff., 138 ff., 142 ff.).

181 So aufgezählt etwa in BVerfGE 146, 1 (40 ff.).

182 Vgl. BVerfGE 124, 78 (120 ff.); 124, 161 (188 ff.); 137, 185 (Ls. 2, 233 ff.); 146, 1 (40 ff.); 147, 50 (133).

183 Schon der Gesetzgeber des IFG verstand den Kernbereich als „ungeschriebene[n] verfassungsrechtliche[n] Ausnahmegrund" BT-Drs. 15/4493, S. 12. Seine Bedeutung im Informationsfreiheitsrecht resultiert aus dem zugrunde gelegten, auch die Regierungstätigkeit erfassenden weiten Behördenbegriff. Zu beidem BVerwGE 141, 122 (124 ff., 131 ff.); im Übrigen *Schnabel/Freund*, DÖV 2012, S. 192 (194 ff.). Auch einige (jüngere) Landestransparenzgesetze normieren den Kernbereich teilweise ausdrücklich als Grenze von Informationspflichten. Vgl. dazu unten Kap. 4 bei Fn. 303, 304. Da Geheimhaltung im nachrichtendienstlichen Bereich häufig auf die Kategorie des Staatswohls gestützt wird und das jedenfalls aktuell in Geltung befindliche IFG insoweit eine Bereichsausnahme vorsieht (§ 3 Nr. 8 IFG), überrascht es nicht, dass das Staatswohl als ungeschriebener verfassungsrechtlicher Geheimhaltungsgrund neben Auskunftsverlangen der Presse vor allem beim archivrechtlichen Nutzungsanspruch relevant wird. Dazu BVerwG, Beschluss vom 12. September 2017 – 6 A 1.15 – Rn. 12, 14; BVerwG, Urteil vom 13. Januar 2022 – 6 A 7/20, 6 A 8/20 – Rn. 45 nach juris. Siehe im Übrigen schon § 13 Abs. 1 Satz 1 Nr. 1 BArchG.

184 BVerwGE 141, 122 (132–133). Vgl. auch unten die Nachweise in Kap. 4 Fn. 292.

185 BVerwG, Beschluss vom 26. November 2013 – 6 VR 3/13 – Rn. 8 nach juris; BVerwGE 166, 303 (309 ff.). Vgl. auch *Löffelmann*, GSZ 2022, S. 150 (151).

186 Ähnlich *Rusteberg*, DÖV 2017, S. 319 (320): „Schrankentrias". Der Sache nach behandelt auch *Wischmeyer*, Die Verwaltung 51 (2018), S. 393 (397 ff.) die Rechtfertigungstrias als allgemeine Grundlage verfassungsrechtlicher Vertraulichkeit, da seine dreigliedrige Systematisierung staatlichen Geheimnisschutzes auf einer Verallgemeinerung der Rechtfertigungstrias beruht.

II. Generelle Anforderungen an Geheimhaltung: Zu Akzessorietät, Relativität und Justiziabilität

Im Ausgangspunkt der hier beabsichtigten Weichenstellung zwischen grundgesetzlicher Öffentlichkeit und den verfassungsrechtlichen Geheimhaltungsgründen[187] ist festzuhalten, dass die skizzierten Geheimhaltungsgründe sich verfestigten, bevor dem Grundgesetz von weiten Teilen der Literatur ein exekutives Öffentlichkeitsgebot entnommen wurde. Wie eingangs erwähnt, ist es zwar nicht unüblich, dass sich die Reichweite von Verfassungsprinzipien erst im Angesicht ihrer Ausnahmen ergibt. Dennoch muss aus methodischer Sicht zunächst das Prinzip und die Anforderungen an seine Relativierung geschärft werden, bevor sich die Gegengründe definieren lassen. Die nur sukzessive Justiziabilisierung des Regel-Ausnahme-Verhältnisses zwischen Öffentlichkeit und Geheimhaltung in der Rechtsprechung zur Parlamentsinformation sowie die bis in die jüngere Rechtsprechung nachweisbare Argumentation in Richtung grundsätzlicher verfassungsrechtlicher Geheimbereiche[188] können jedenfalls als Beleg für ein solches fehlendes Prinzipienbewusstsein gedeutet werden.

Die Bestimmung konkreter Geheimhaltungsgründe hat daher mit Rücksicht auf den Charakter faktischer Öffentlichkeit als Verfassungsprinzip zu erfolgen. Dabei ist zu beachten, dass das in der Folge dargestellte Verhältnis von Öffentlichkeit und Vertraulichkeit nur gilt, wenn in Ermangelung vorrangig anzuwendender Normen eine Abwägung auf Grundlage der Verfassung stattfindet. Der gesetzgeberische Regelungsspielraum kann am Maßstab von Staatszielbestimmungen verfassungsgerichtlich nur im Rahmen einer Evidenzkontrolle durchbrochen werden. Es steht dem Gesetzgeber im Rahmen seines Konkretisierungsprimats deshalb grundsätzlich zu, Spannungslagen zwischen Verfassungsgehalten durch fallgruppenartige und pauschalisierende Ausgestaltungen in das einfache Recht zu überführen. Auf Ebene der Verfassung bestehen solche pauschalen Geheimbereiche indes nicht. Der historische Verfassungsgeber hat zwar die Möglichkeit staatlicher Geheimnisse vorausgesetzt, nicht aber ein pauschales „Geheimhaltungsprinzip" positiviert. Trotzdem wurde der eigenverantwortete Kernbereich bisweilen von der informationspflichtigen Exekutive in verfassungs- und verwaltungsgerichtlichen Verfahren als solch grundsätzlicher Arkanbereich begriffen, was die Gerichte zu seiner mehrmaligen Konkretisierung auf den Plan rief. Die kategoriale Systematisierung insbesondere exekutiver Geheimhaltungsgründe durch die Rechtsprechung begegnet zwar für sich genommen keinen Be-

[187] Eine Systematisierung von Geheimhaltungsgründen findet sich bei *Jestaedt*, AöR 126 (2001), S. 204 (221 ff.) sowie in der jüngeren Literatur bei *Wischmeyer*, Die Verwaltung 51 (2018), S. 393 (397 ff.).

[188] Dazu die Nachweise in Kap. 3 Fn. 651. Wie oben dargestellt ging auch das BVerwG – mit mittlerweile revidierter Rechtsprechung – von einem verfassungsunmittelbaren Geheimbereich in Bezug auf operative Vorgänge des BND aus.

denken. Sowohl das „Staatswohl“ wie auch der „Kernbereich exekutiver Eigenverantwortung“ sind jedoch hochgradig nebulöse Begrifflichkeiten,[189] die die Gefahr extensiver Fehlinterpretationen in sich tragen. Während die Kernbereichsmetapher die unzutreffende bildliche Vorstellung bedient, es gebe einen klar abgrenzbaren Arkanbereich des Staates, der dauerhaft und vollständig für die Allgemeinheit verschlossen wäre,[190] ist der bis heute praktizierten[191] staatswohlbezogenen Geheimhaltungsrechtfertigung ein etatistischer Bezug zur überpositiven Staatszwecklehre[192] immanent.[193] Die Legitimation von Herrschaftsgeheimnissen (arcana imperii)[194] zur staatlichen Selbsterhaltung ist mit der republikanischen, demokratischen und rechtsstaatlichen Verfassungsordnung jedoch schlechthin inkompatibel.

Da schon aus der Anerkennung des Öffentlichkeitsprinzips folgt, dass Geheimhaltung kein Selbstzweck[195] sein kann, lässt sich von der *Akzessorietät* und *Relativität* staatlicher Geheimnisse sprechen. Begriffliche Kategorien können zur Systematisierung beitragen. Sie dürfen jedoch nicht den Blick darauf verstellen, dass sich Vertraulichkeit im Verfassungsstaat stets auf einen Zweck stützen können muss, für dessen Realisierung Geheimhaltung jeweils konkret notwendig ist. Bereits in der Literatur des ausgehenden 18. Jahrhunderts lassen sich beeindruckend nüchterne Ansätze einer solchen zweckbezogenen Geheimhaltung nachweisen.[196]

---

[189] Das Staatswohl als „notorisch diffus“ bezeichnend sowie allgemein die Unbestimmtheit der Gegengründe kritisierend *Meinel*, Selbstorganisation des parlamentarischen Regierungssystems, 2019, S. 245.

[190] So schon die Kritik bei *Cancik*, ZParl 45 (2014), S. 885 (889 ff.).

[191] BVerwG, Beschluss vom 10. Mai 2022 – 6 A 9/21 – NVwZ 2022, S. 1055 (1056 ff.).

[192] Dazu nur *Link*, VVDStRL 48 (1990), S. 7 (10 ff.).

[193] In dieser Hinsicht übereinstimmend *von Achenbach*, ZParl 48 (2017), S. 491 (512): „zu Konturlosigkeit und Abwägungsfestigkeit neigende Doktrin der Staatszwecke und Verfassungsvoraussetzungen […], deren verfassungspositive Grundlagen unsicher sind“; *C. Möllers*, JZ 2017, S. 271 Fn. 3; *Wischmeyer*, Die Verwaltung 51 (2018), S. 393 (414).

[194] Dazu hier nur *Stolleis*, in: Staat und Staatsräson in der frühen Neuzeit: Studien zur Geschichte des öffentlichen Rechts, 1990, S. 37 ff.

[195] In diese Richtung nunmehr auch BVerfGE 154, 152 (239) „[Geheimhaltung] ist auch für die Auslandsaufklärung kein Selbstzweck“.

[196] So bei *Fichte*, Grundlage des Naturrechts, 1796, S. 203: „Damit diese Beurteilung möglich sey, müssen alle Verhandlungen der Staatsgewalt, mit allen Umständen und Gründen der Entscheidung, ohne Ausnahme die höchste Publicität haben; wenigstens nachdem jede geschlossen ist. Denn es wäre möglich, daß die Gewalt in Polizeysachen hier und da verborgen zu Werke gehen müßte, um den Zweck der öffentlichen Sicherheit, für dessen Erreichung sie der Gemeine verantwortlich ist, zu befördern. Dies muß ihr erlaubt seyn, aber nach Erreichung desselben darf sie kein Geheimnis mehr aus ihrem Verfahren machen. Aber ihr Zweck ist erreicht, wenn sie den Richterspruch tut und ausführt“.

Auch wenn ein solcher Zweck besteht, ist Vertraulichkeit aber nicht absolut, sondern in Ermangelung einfachgesetzlicher Vorgaben nur insoweit zeitlich und gegenständlich zulässig wie zur Zweckrealisierung tatsächlich erforderlich. Kollisionslagen sind dabei mittels des dogmatischen Grundgerüsts der Abwägung[197], insbesondere den Grundsätzen von Verhältnismäßigkeit[198] und praktischer Konkordanz[199] zu lösen. Während die Verfassung dem Gesetzgeber bei der näheren Definition von Geheimbereichen einen Gestaltungsspielraum einräumt, sind exekutive Einschätzungen über das Vorliegen von Geheimhaltungsgründen zudem vollständig justiziabel. Die nach einem klassischen Verständnis angenommenen exekutiven Einschätzungs- oder Beurteilungsspielräume der Regierung entbehren jeder Grundlage.[200] Aus der grundsätzlichen *Justiziabilität* staatlicher Geheimhaltung sowie dem verfassungsrechtlichen Regel-Ausnahme-Verhältnis folgen Substantiierungspflichten. So ist eine von der Verfassung zur Information verpflichtete Stelle gehalten, aus ihrer Sicht bestehende Geheimhaltungsbelange so detailliert zu begründen, dass sich anhand der Begründung die Nachvollziehbarkeit und Plausibilität der Vertraulichkeitserwägungen beurteilen lässt.[201] Die jüngste Ablehnung der in etwas anderem Zusammenhang bereits im Spiegel-Urteil kritisch bewerteten „Mosaiktheorie"[202] zeigt, dass das Bundesverfassungsgericht staatliche Geheimhaltung mit den Kriterien von Akzessorietät, Relativität und Justiziabilität handhabt. Entgegen der Argumentation des BfV in diesem Verfahren kann Geheimhaltung nicht allein mit der Behauptung gerechtfertigt werden, die begehrte Information stelle ein Teilstück eines Sachzusammenhangs dar, der im Wege einer diffusen Gesamtschau Rückschlüsse auf die nachrichtendienstliche Tätigkeit zuließe und deshalb insgesamt schutzwürdig sei.[203] Das Gericht hat diese Schutzbehauptung des Bundesamtes zurückgewiesen und in zu-

---

[197] Dazu oben Kap. 2 bei Fn. 229 ff.

[198] Zur normtheoretischen Eröffnung der Verhältnismäßigkeit im Falle von verfassungsrechtlichen Regel-Ausnahme-Verhältnissen *von Arnauld*, JZ 2000, S. 276 (278 ff.).

[199] *Scherzberg*, ThürVBl. 2003, S. 193 (198 ff.).

[200] Dazu oben Kap. 3 bei Fn. 650 ff.

[201] Das entspricht den Anforderungen des BVerfG an die Begründungstiefe im Rahmen der Parlamentsinformation. Das Gericht hat überdies klargestellt, dass die Begründungspflicht zugleich dazu dient, eine Entscheidung über die weitere Durchsetzung der Informationspflicht wie auch die möglicherweise nachgelagerte gerichtliche Kontrolle zu ermöglichen, weshalb ein Nachschieben von Gründen im Bereich der Parlamentsinformation nicht zulässig sei. Die Grundlagen entstammen bereits der *Flick*-Entscheidung BVerfGE 67, 100 (138 ff.). Aufgegriffen und konkretisiert in BVerfGE 124, 78 (128 ff.); 124, 161 (193); 137, 185 (244); 139, 194 (232); 143, 101 (144); 146, 1 (48); 147, 50 (149). In BVerwGE 141, 122 (Rn. 31) wurde von der informationspflichtigen Stelle eine nachvollziehbare Darlegung der Kernbereichsbetroffenheit auch bei einem IFG-Anspruch erwartet. Konkretisiert in BVerwG, Urteil vom 30. März 2017 – 7 C 19/15 – Rn. 12 ff. nach juris. Zu Begründungspflicht und Justiziabilität beim verfassungsunmittelbaren Auskunftsanspruch der Presse BVerwGE 166, 303 (308).

[202] BVerfGE 20, 162 (180 ff.).

[203] BVerfG, Urteil vom 14. Dezember 2022 – 2 BvE 8/21 – 88 ff. nach juris.

stimmungswürdiger Weise klargestellt, dass die allgemeinen Substantiierungsanforderungen auch in diesen Fällen anzuwenden sind.[204]

Es ist nicht zu übersehen, dass sich die von Rechtsprechung und Lehre vorausgesetzte verfassungsrechtliche Zuordnung von Öffentlichkeit und Geheimhaltung in den vergangenen Jahrzehnten massiv gewandelt hat. Wie oben erwähnt, ging diese Entwicklung nicht zuletzt vom Bundesverfassungsgericht aus. War dementsprechend schon die Grundlage staatlicher Öffentlichkeit unklar, wurden auch ihre Grenzen keiner grundlegenden dogmatischen Neuausrichtung unterzogen. Im Rahmen der recht kleinteilig verlaufenden faktischen Etablierung eines exekutiven Öffentlichkeitsgebots durch die Judikatur zur Parlamentsinformation wurden entgegenstehende Vertraulichkeitsinteressen jeweils nur schrittweise und einzelfallbezogen konturiert. Auch in der Literatur blieb eine Systematisierung zunächst weitgehend aus.[205] Diese schon auf Ebene der Verfassung unübersichtliche Lage hat zumindest nicht verhindert, dass im Informationsverwaltungsrecht eine Zerfaserung[206] insbesondere exekutiver Vertraulichkeitsgründe eingetreten ist.

III. Konturierung der verfassungsrechtlichen Geheimhaltungsgründe

Angesichts dessen sollen in der Folge die verfassungsrechtlichen Grundlagen staatlicher Geheimhaltung umrissen werden.

1. Das Staatswohl als Ursprung öffentlichen Geheimnisschutzes der Verfassung

Die Rechtfertigung von Geheimhaltung mit öffentlichen Interessen mag wegen des republikanischen Gemeinwohlbezugs von Öffentlichkeit auf den ersten Blick widersprüchlich anmuten.[207] Dieser nur vordergründige Widerspruch ist Ausdruck typischer[208] Polarität von Verfassungsprinzipien. Schließlich besteht kein

[204] BVerfG, Urteil vom 14. Dezember 2022 – 2 BvE 8/21 – Rn. 23 ff., 88 ff. nach juris. Das Verfahren betraf eine parlamentarische Anfrage mit der Auskunft über die Anzahl der Mitarbeitenden begehrt wurde, die im Rahmen nachrichtendienstlicher Tätigkeit ins Ausland entsandt wurden. Das Gericht wies die Mosaiktheorie als „inhaltsleere […] These" zurück und führte aus: „Genügte die bloße Behauptung, eine für sich genommen unproblematische Auskunft könne in Kombination mit weiteren Informationen zu Erkenntnissen führen, die geeignet seien, die Effektivität der Arbeit der Nachrichtendienste zu beeinträchtigen, bestünde die uneingeschränkte Möglichkeit der Antragsgegnerin, aus Gründen des Staatswohls parlamentarische Anfragen zu diesem Bereich unbeantwortet zu lassen".

[205] Vgl. aber die Nachweise in Kap. 4 Fn. 187.

[206] So schon der Befund bei *Jaus*, Öffentliche Belange als Schranken von Informationszugangsansprüchen, 2016, S. 307 ff.

[207] Dazu *Häberle*, Öffentliches Interesse als juristisches Problem, 1970, S. 102 ff.

[208] Dazu schon *Achterberg*, Der Staat 8 (1969), S. 159 ff.

Zweifel daran, dass der demokratische Verfassungsstaat für sein Funktionieren auf Vertraulichkeit angewiesen ist.[209] Der verfassungsrechtliche Schutz von im Interesse des Staates liegenden Geheimnissen in der Rechtsprechung lässt sich auf den Begriff des Staatswohls zurückführen. Denn obwohl das Bundesverfassungsgericht im Rahmen seiner Rechtfertigungstrias nunmehr selbständig[210] auf Staatswohl und Kernbereich als öffentliche Geheimhaltungsinteressen rekurriert, ergab sich die Figur des Kernbereichs ursprünglich aus einer sinngemäßen (Art. 44 Abs. 2 Satz 1 GG) Anwendung der Staatswohlklausel des § 96 Satz 1 StPO.[211] Der informatorische Kernbereichsschutz wurde als eine Konkretisierung des Staatswohls konzipiert und auf den Grundsatz der Gewaltenteilung gestützt. Dem in der Rechtsprechung bis heute als nunmehr selbständige Vertraulichkeitserwägung nutzbar gemachten Staatswohl steht seine begriffliche Unschärfe[212] indes förmlich auf die Stirn geschrieben. Aufgrund seines zumindest gedanklichen Bezugs zur Lehre von der Staatsräson sowie zur überpositiven Staatszwecklehre[213] verleitet ein erster Impuls dazu, ihn für mit den zeitgemäßen Anforderungen an die Rechtfertigung staatlicher Geheimhaltung schlechterdings unvereinbar zu halten.

a) Staatswohlgeheimhaltung in der Rechtsprechung zur Parlamentsinformation

Zunächst aber zu den Ursprüngen der Staatswohl-Rechtsprechung des Bundesverfassungsgerichts: Nachdem das Gericht das Staatswohl bereits in der Spiegel-Entscheidung als Grenze der öffentlichen Aufgabe der Presse ansprach,[214] gelangte es über Art. 44 Abs. 2 Satz 1 GG i.V.m. § 96 Satz 1 StPO in die Rechtsprechung zur Parlamentsinformation. Eine inhaltliche Definition bleibt das Bundesverfassungsgericht bis zum heutigen Tag indes schuldig und das, obwohl es das Staatswohl als eigenständigen Geheimhaltungsgrund versteht und bis in jüngere Zeit[215] neue Staatswohlkonkretisierungen als Grenzen parlamentarischer

---

[209] Prägnant: „Ein vollständig transparenter Staat wäre auch ein in jeder Hinsicht nackter und hilfloser Staat" *Wischmeyer*, Die Verwaltung 51 (2018), S. 393 (394).

[210] Schon in den auf die *Flick*-Entscheidung folgenden Judikaten zum Untersuchungsrecht wurde auf den Kernbereich isoliert vom Staatswohl Bezug genommen: BVerfGE 77, 1 (59); 110, 199 (214 ff.).

[211] BVerfGE 67, 100 (133 ff., 139).

[212] Dazu schon oben Kap. 4 bei Fn. 189 ff.

[213] Dazu etwa *Menzel*, DÖV 1965, S. 1 (10); *Warg*, NVwZ 2014, S. 1263 (1266); *Meinel*, Selbstorganisation des parlamentarischen Regierungssystems, 2019, S. 245. Vgl. auch bereits oben die Nachweise in Kap. 4 Fn. 193.

[214] BVerfGE 20, 162 (221) als Grenze der öffentlichen Aufgabe der Presse angesprochen. Vgl. außerdem BVerfGE 57, 250 (270, 284, 289).

[215] Vgl. insbesondere die Entscheidung BVerfGE 147, 50.

Informationsrechte in Stellung bringt. In ständiger Rechtsprechung geht das Gericht aber jedenfalls davon aus, dass das Staatswohl „dem Bundestag und der Bundesregierung gemeinsam anvertraut“ sei.[216] Wegen deshalb vorrangig durchzuführender Formen der Informationsvermittlung käme eine Geheimhaltung auf seiner Grundlage „nur unter ganz besonderen Umständen“ in Betracht.[217] Ohne bereits an dieser Stelle vertieft auf die aus dem Staatswohl abgeleiteten Schutzgüter einzugehen, lässt sich die Praxis des Bundesverfassungsgerichts dahingehend abstrahieren, dass unter dem Begriff des Staatswohls Geheimhaltung im Interesse besonders gewichtiger öffentlicher Belange gerechtfertigt wird.

b) Annäherung des Staatswohlverständnisses von Bundesverfassungs- und Bundesverwaltungsgericht

Es ist jedenfalls unverkennbar, dass Bundesverfassungs- und Bundesverwaltungsgericht inzwischen ein weitgehend übereinstimmendes und durch wechselseitige Annäherung gekennzeichnetes Verständnis davon zugrunde legen,[218] welche Schutzgüter unter das Staatswohl fallen und zur Geheimhaltungsrechtfertigung in Betracht kommen. Mittlerweile haben sich als regelmäßig von der Rechtsprechung in Bezug genommene Staatswohlinteressen erstens der Schutz innerer und äußerer Sicherheit einschließlich der Funktionsfähigkeit von Nach-

[216] BVerfGE 67, 100 (136). Vgl. dazu schon die Nachweise in Kap. 4 Fn. 238.

[217] BVerfGE 67, 100 (139).

[218] Bereits in BVerfGE 70, 324 (358) wurde die Beschränkung der Budgetöffentlichkeit aus „zwingenden Gründen des Staatswohls“ für möglich gehalten. Das BVerwG konkretisierte das Staatswohl zunächst vor allem in seiner Rechtsprechung zu § 96 Satz 1 StPO sowie zu § 99 Abs. 1 Satz 2 Alt. 1 VwGO. Im Beschluss des BVerfG zur Verfassungswidrigkeit des § 99 Abs. 2 Satz 1 VwGO a. F., das zur Einführung des In-camera-Verfahrens führte, hielt das Gericht die Ermöglichung von Vertraulichkeit durch die Staatswohlklausel des § 99 Abs. 1 Satz 2 Alt. 1 VwGO für ein „legitimes Anliegen des Gemeinwohls“ BVerfGE 101, 106 (127–128). In BVerfGE 124, 78 (123) stellte das BVerfG dann für die Parlamentsinformation erstmals klar, dass mit Staatswohl „das Wohl des Bundes oder eines Landes“ gemeint sei, was den Formulierungen der einfachrechtlichen Staatswohlklauseln entspricht. In BVerwGE 166, 303 (Rn. 19) bediente sich das BVerwG zur Begrenzung des verfassungsunmittelbaren Presseauskunftsanspruchs des Staatswohlmaßstabs aus BVerfGE 146, 1 (42 ff., 54 ff.). Aber auch das BVerfG erkannte in BVerfGE 147, 50 (164) an, dass die staatliche Aufsicht über den Finanzmarkt ein Staatswohlbelang sei, was das BVerwG, Beschluss vom 23. Juni 2011 – 20 F 21/10 – Rn. 20 nach juris zuvor schon zur Staatswohlklausel des § 99 Abs. 1 Satz 2 Alt. 1 VwGO angenommen hatte. Aber auch innerhalb der Verwaltungsgerichtsbarkeit lässt sich eine Maßstabsannäherung feststellen. Schon in BVerwGE 117, 8 (Rn. 2) griff das Gericht bei der Staatswohlprüfung des § 99 VwGO auf die Grundsätze des § 96 StPO zurück. Zum postmortalen nachrichtendienstlichen Quellenschutz wurde in BVerwGE 172, 159 (Rn. 22 ff.) dann außerdem entschieden, dass zwischen § 13 Abs. 1 Satz 1 Nr. 1 BArchG und § 99 Abs. 1 Satz 2 Alt. 1 VwGO Maßstabsidentität bestehe. In der Parallelentscheidung BVerwG, Beschluss vom 13. April 2021 – 30 GS 2/20 – Rn. 22 nach juris übertrug das Gericht dies auf den verfassungsunmittelbaren Presseauskunftsanspruch.

richtendiensten und sonstiger Sicherheitsbehörden[219] sowie zweitens die „Funktionsfähigkeit staatlicher Aufsicht über Finanzinstitute“[220] etabliert. Das Bundesverfassungsgericht hat in einer besonderen Konstellation zudem entschieden, dass unter bestimmten Umständen drittens auch fiskalische Interessen des Staates solche Staatswohlbelange darstellen können.[221] Auch wenn die Schutzgüter zunehmend konkretisiert werden, lässt sich nicht von einem konsentierten Staatswohlbegriff sprechen. Während früher zumeist ein recht enges Staatswohlverständnis angelegt wurde, wird inzwischen für eine begriffliche Aufweichung plädiert.[222] Das Bundesverwaltungsgericht hat sein Verständnis zu § 99 Abs. 1 Satz 2 Alt. 1 VwGO jedenfalls dahingehend präzisiert, dass das Staatswohl den Bestand und die Funktionsfähigkeit des Staates sowie seiner wesentlichen Einrichtungen schütze.[223]

c) Untauglichkeit des Staatswohlbegriffs als verfassungsrechtlicher Rechtfertigungsgrund

Um nun auf die eingangs aufgeworfene Frage nach der Berechtigung der Staatswohlgeheimhaltung zurückzukommen, ist zunächst festzustellen, dass das Staatswohl auch außerhalb des Rechts der Parlamentsinformation auf eine lange Tradition[224] als Geheimhaltungsgrund zurückblickt und inzwischen nicht nur in vielen Gesetzen ausdrücklich[225] als Vertraulichkeitstatbestand vorkommt, son-

---

[219] BVerfGE 101, 106 (128): „Schutz nachrichtendienstlicher Informationen, Informationsquellen und Arbeitsweisen sowie die Vertraulichkeitszusagen an Informanten“. Zum nachrichtendienstlichen Quellenschutz auch BVerfGE 146, 1 (42 ff., 54 ff.); 156, 270 (298 ff., 309 ff.). Übereinstimmend aus der verwaltungsgerichtlichen Rechtsprechung BVerwG, Beschluss vom 1. Oktober 1981 – 2 B 73/81 – Rn. 8, 21 nach juris; BVerwGE 136, 345 (Rn. 8); 166, 303 (Rn. 19). Zum entsprechenden Funktionsschutz im polizeilichen Bereich BVerwGE 117, 8 (Rn. 2).

[220] BVerfGE 147, 50 (164) zudem wurden „die Stabilität des Finanzmarktes und der Erfolg staatlicher Stützungsmaßnahmen in der Finanzkrise“ als Staatswohlbelange bezeichnet. Zuvor bereits BVerwG, Beschluss vom 23. Juni 2011 – 20 F 21/10 – Rn. 20 nach juris.

[221] BVerfGE 147, 50 (156 ff.). Fiskalischen Staatswohlschutz im Bereich von § 99 Abs. 1 Satz 2 Alt. 1 VwGO jedenfalls dann bejahend, wenn hierdurch „wichtige Leistungen des Staates“ in Frage gestellt würden, *Troßbach*, Öffentlichkeit und Geheimhaltung im Verwaltungsprozess, 2019, S. 92.

[222] Vgl. etwa *Düwel*, Das Amtsgeheimnis, 1965, S. 126 ff.; *Rossi*, Informationszugangsfreiheit und Verfassungsrecht, 2004, S. 125 ff.; *Warg*, NVwZ 2014, S. 1263 (1266); *Wischmeyer*, Die Verwaltung 51 (2018), S. 393 (413 ff.).

[223] BVerwG, Beschluss vom 20. September 2010 – 20 F 9/10 – Rn. 10 nach juris.

[224] Dazu etwa *Düwel*, Das Amtsgeheimnis, 1965, S. 126 ff.; *Jaus*, Öffentliche Belange als Schranken von Informationszugangsansprüchen, 2016, S. 227 ff.

[225] Vgl. etwa § 29 Abs. 2 Alt. 2 VwVfG; § 99 Abs. 1 Satz 2 Alt. 1 VwGO; § 96 Satz 1 StPO; § 68 Abs. 1 BBG; § 13 Abs. 1 Satz 1 Nr. 1 BArchG; §§ 4 Abs. 1, 35 SÜG i.V.m. § 2 Abs. 1 VSA; § 23 Abs. 3 Nr. 2 SÜG; § 14 Abs. 1 Nr. 4 PUAG; § 5b Abs. 5 Satz 2 PKGrG; §§ 4 Abs. 6 Satz 2, 54 Abs. 3 Satz 2, 55 Abs. 2 Satz 4 59 Abs. 2

dern auch vom Bundesverwaltungsgericht als „ungeschriebene[r] verfassungsunmittelbare[r] Verweigerungsgrund" zur Begrenzung des verfassungsunmittelbaren Presseauskunftsanspruchs herangezogen wird.[226] Aber ist das Staatswohl tatsächlich als ungeschriebener verfassungsrechtlicher Geheimhaltungsgrund anzusehen?

Eine Begründung, weshalb dem aus dem einfachen Recht übernommenen Staatswohl als Vertraulichkeitserwägung Verfassungsrang zuzuerkennen wäre, ist weder aus der Judikatur von Bundesverfassungs- noch Bundesverwaltungsgericht ersichtlich. Die fortlaufenden Bezugnahmen der Rechtsprechung machen eine verfassungsrechtliche Begründung jedenfalls nicht entbehrlich. Für die Anerkennung des Staatswohls als ungeschriebene Vertraulichkeitserwägung des Verfassungsrechts könnte jedoch sprechen, dass der Staat für das Gelingen einer Vielzahl der ihm übertragenen und für das Gemeinwesen bedeutsamer Aufgaben auf Vertraulichkeit angewiesen ist.[227] Das praktische Bedürfnis nach Geheimhaltung verlangt daher nach einer gewissen Offenheit entsprechender Geheimhaltungsgründe. Gleichzeitig sind nach der Rechtsprechung jedenfalls an die den verfassungsrechtlich fundierten Informationsrechten im Recht der Parlamentsinformation gegenübergestellten Geheimhaltungsgründe spezifische Anforderungen zu stellen: Gerade mit Blick auf den Charakter von Öffentlichkeit als Verfassungsprinzip sowie der steigenden Notwendigkeit, einen rechtssicheren Ausgleich auch mit grundrechtlich unterfütterten Positionen herbeiführen zu können, besteht ein Bedürfnis nach verfassungsrechtlicher Fundierung der Geheimhaltungsgründe. Da der Konkretionsgrad des Staatswohls angesichts der skizzierten Rechtsprechung eine Stufe erreicht hat, die sich unter Umständen mit verfassungsrechtlichen Bestimmtheitsanforderungen vereinbaren ließe,[228] könnte mit Blick auf seine Handhabung in der Rechtsprechung daran gedacht werden, das Staatswohl als unbestimmten Rechtsbegriff zur verfassungsrechtlichen Aufladung von Geheimhaltungsgründen anzuerkennen. Das praktische Bedürfnis staatlicher Geheimhaltung darf jedoch nicht dazu verleiten, die jeweiligen Schutzzwecke durch überpositive Begründungsmuster auf die Ebene der Verfassung zu heben. Gerade wenn grundrechtliche Positionen im Spiel sind, ist die bisweilen in der Rechtsprechung anzutreffende methodische Freizügigkeit bei der Begründung öffentlich motivierter Vertraulichkeit skeptisch zu betrachten.[229]

Satz 1 Nr. 2 BNDG; §§ 8d Abs. 4 Satz 2, 15 Abs. 2 Satz 1 Nr. 3 Alt. 2 BVerfSchG; § 4b Abs. 4 Satz 2 MADG.

[226] BVerwG, Urteil vom 13. Januar 2022 – 6 A 7/20, 6 A 8/20 – Rn. 48 nach juris; zuvor bereits BVerwG, Beschluss vom 13. April 2021 – 30 GS 2.20 – Rn. 26 nach juris.

[227] *Wischmeyer*, Die Verwaltung 51 (2018), S. 393 (415).

[228] In diese Richtung schon BVerfGE 101, 106 (127–128).

[229] Kritisch auch *Rossi*, Informationszugangsfreiheit und Verfassungsrecht, 2004, S. 126 ff.; *Jaus*, Öffentliche Belange als Schranken von Informationszugangsansprüchen, 2016, S. 232 ff.; *Wischmeyer*, Die Verwaltung 51 (2018), S. 393 (413 ff.).

Ungeachtet der zunehmend einheitlichen Rechtsprechung weist das Staatswohl schon keine klaren begrifflichen Konturen auf, vermittels derer die ihm teleologisch unterfallenden Schutzzwecke rechtssicher bestimmt und verfassungsrechtlich aufgewertet werden könnten. Aufgrund der zunehmenden Vereinheitlichung der Schutzzwecke besitzt es zwar Rationalisierungspotential zur systematisierenden Verklammerung typischer Geheimhaltungssituationen; mangels dogmatischen Eigenstands als Geheimhaltungsgrund dagegen keine normative Wirkung zur Geheimhaltungsrechtfertigung.

Die Legitimation staatlicher Geheimhaltung mit dem Bezug auf das Wohl des Staates ist ein Relikt aus einer Zeit, in der exekutive Öffentlichkeit abgelehnt wurde. Aus dem „Rechtfertigungsgefälle“[230] zwischen Öffentlichkeit und Geheimheit wurde oben das Erfordernis von Akzessorietät und Relativität der Geheimhaltung, also die Zweckbezogenheit staatlicher Vertraulichkeit, abgeleitet. Das Staatswohl kommt als alleiniger Zweck daher nicht in Betracht.

2. Die Unterscheidung funktionaler, materieller und grundrechtlicher Vertraulichkeit

Wenn der Staat zur Erfüllung seiner Aufgaben vertraulich handelt, spielt häufig der Gedanke der Effizienz eine tragende Rolle. Dass sich auch der demokratisch-öffentliche Staat in vielen Situationen durch verdecktes Handeln Handlungsvorteile verschafft, um seinen Funktionen wirksam nachzukommen, ist grundsätzlich als legitim anzuerkennen.[231] Im nachrichtendienstlichen Bereich oder bei der Kriminalitätsbekämpfung ist das besonders plastisch. Aber auch in anderen Handlungsfeldern kann geheimes Handeln effizienter Staatstätigkeit zuträglich sein. Zwar wird Geheimhaltung bis in jüngere Zeit mit Effizienzerwägungen gerechtfertigt.[232] Die Wirksamkeit oder Effizienz staatlichen Handelns unterliegt als solche jedoch keinem verfassungsrechtlichen Schutz. Effizienz ist lediglich ein sekundärer Verfassungswert,[233] der stets von einem primären Verfassungswert flankiert werden muss und insofern nicht als allgemeine Grenze des Öffentlichkeitsprinzips in Betracht kommt.[234] Weder ein „Geheimhaltungsprin-

---

[230] *Jestaedt*, AöR 126 (2001), S. 204 (220).

[231] *Wischmeyer*, Die Verwaltung 51 (2018), S. 393 (397 ff.).

[232] Dazu unten die Nachweise in Kap. 4 Fn. 311.

[233] Dazu allgemein *Leisner*, Effizienz als Rechtsprinzip, 1971, S. 24 ff.; *Isensee*, Die typisierende Verwaltung, 1976, S. 162 ff.; *Jestaedt*, Demokratieprinzip und Kondominialverwaltung, 1993, S. 590 ff.; vgl. zum Ganzen auch die Darstellung bei *Ostermann*, Transparenz und öffentlicher Meinungsbildungsprozess, 2019, S. 318–325. Der Sache nach wird Effizienz in BVerfGE 44, 283 (288) als sekundärer Wert behandelt.

[234] Vgl. bereits *Jestaedt*, AöR 126 (2001), S. 204 (222 ff.). Für die Verwaltung in diese Richtung auch *Albers*, in: Sommersymposium Informationsfreiheit, 2004, S. 31 (46 ff.); *Jaus*, Öffentliche Belange als Schranken von Informationszugangsansprüchen, 2016, S. 54 ff. Dies im Kontext des „Selektoren-Beschluss“ des BVerfG betonend *von Achenbach*, ZParl 48 (2017), S. 491 (515); *Rusteberg*, DÖV 2017, S. 319 (322 ff.).

zip", noch das „Staatswohl" oder allgemeine Effizienz- bzw. Funktionalitätserwägungen vermögen staatliche Vertraulichkeit aus sich heraus zu rechtfertigen.

Angelehnt an die Rechtfertigungstrias des Bundesverfassungsgerichts sowie die von Jestaedt und Wischmeyer vorgelegten Ansätze[235] zur Geheimhaltungssystematisierung lassen sich drei Fälle von Vertraulichkeit differenzieren, die jeweils auf einer unterschiedlichen Verfassungsgrundlage fußen:

Da der Erfolg staatlichen Handelns für sich genommen verfassungsrechtlich nicht geschützt ist, lässt sich die auf öffentliche Interessen gestützte Vertraulichkeit im Regelfall nur in Ansehung der spezifischen hoheitlichen Aufgabe beurteilen, die im konkreten Fall Geheimhaltung beansprucht. Seine Legitimation erhält Geheimhaltung deshalb richtigerweise von der verfassungsrechtlichen Unterfütterung der spezifischen Aufgabe (*materielle* Vertraulichkeit). Materielle Vertraulichkeit umfasst die von der Rechtsprechung als Fälle des Staatswohls behandelten Geheimhaltungssituationen. Es existiert jedoch zumindest ein anzuerkennender verfassungsrechtlicher Begründungsansatz für Geheimhaltung ohne Bezug zu einer konkreten Aufgabe. Angesprochen ist damit der von der Rechtsprechung für die Exekutive entwickelte Kernbereich exekutiver Eigenverantwortung. Geheimhaltung ist hier nicht spezifisch aufgabenbezogen,[236] sondern leitet sich direkt aus der verfassungsrechtlichen Kompetenzordnung, namentlich dem Grundsatz der Gewaltenteilung ab (*funktionale* Vertraulichkeit). Schließlich kann Geheimhaltung auch mit Blick auf Grundrechte gerechtfertigt werden (*grundrechtliche* Vertraulichkeit).

Der Geheimnisschutz der Verfassung lässt sich daher zusammengefasst auf das Gewaltenteilungsprinzip (Art. 20 Abs. 2 Satz 2 GG), das Gelingen einer verfassungsrechtlich geschützten staatlichen Aufgabe sowie die staatliche Grundrechtsbindung (Art. 1 Abs. 3 GG) zurückführen. Auch wenn in der Rechtsprechung nicht immer klar zwischen funktionaler und materieller Vertraulichkeit differenziert wird,[237] muss darauf hingewiesen werden, dass insbesondere materielle und funktionale Vertraulichkeit ein unterschiedliches Schutzniveau zur Folge haben

---

[235] *Jestaedt*, AöR 126 (2001), S. 204 (221 ff.) differenziert zwischen „modalen" und „materialen" Geheimhaltungsgründen, während *Wischmeyer*, Die Verwaltung 51 (2018), S. 393 (397 ff.) in Verallgemeinerung der Rechtfertigungstrias des BVerfG zwischen strategischem, institutionellem und treuhänderischem Geheimnisschutz unterscheidet. Die hiesige Differenzierung baut ebenfalls auf der Rechtfertigungstrias auf.

[236] So für das den Kernbereichsschutz aufnehmende „institutionelle Geheimnis" *Wischmeyer*, Die Verwaltung 51 (2018), S. 393 (399 ff.).

[237] Im „Selektoren-Beschluss" erweiterte das BVerfG den Kernbereichsschutz um ein materielles Kriterium, als es von der „Gewährleistung einer funktionsgerechten und organadäquaten Aufgabenwahrnehmung" sprach (BVerfGE 143, 101 [138]). Nach Kritik etwa durch *C. Möllers*, JZ 2017, S. 271 (273 ff.); *von Achenbach*, ZParl 48 (2017), S. 491 (515) oder *Rusteberg*, DÖV 2017, S. 319 (322 ff.) griff das Gericht diesen Maßstab jedoch nicht wieder auf.

können.[238] Trotzdem gibt es Geheimhaltungssituationen, in denen sich die Bereiche überschneiden.[239] Sie lassen sich folglich nicht vollständig voneinander isolieren. Die aus dem fehlenden Bezug der Geheimhaltung zu einer konkreten Aufgabe oder einem individuellen Recht resultierende Unschärfe führt aber jedenfalls dazu, dass funktionale Vertraulichkeit insgesamt restriktiv zu handhaben ist. Sie sei in der Folge zuerst erörtert.

3. Funktionale Vertraulichkeit: Der eigenverantwortete Kernbereich

Dem Kernbereichsschutz liegt die bereits länger anerkannte Erwägung[240] zugrunde, dass der Grundsatz der Gewaltenteilung (Art. 20 Abs. 2 Satz 2 GG) jeder Gewalt einen selbständigen Funktionsbereich zugesteht, der besonders gegen Einwirkungen durch die übrigen Gewalten geschützt ist. Beim Kernbereichsschutz geht es, anders gewendet, darum, den Gefahren einer gewaltenverschränkten Machtorganisation durch die Zusicherung einer gewissen funktionalen Autonomie zu begegnen. Wenn und soweit das Bekanntwerden von Informationen die funktionale Autonomie der Staatsgewalt in Frage stellt, umfasst der Kernbereich einen „grundsätzlich nicht ausforschbaren Initiativ-, Beratungs- und Handlungsbereich".[241] Das gilt zwar sowohl[242] für Parlament, Exekutive und Judikative, besitzt in der Praxis aber die mit Abstand größte Bedeutung für die zweite Gewalt und soll deshalb auch für diese entfaltet werden.

a) Grundlagen und teleologische Rechtfertigung des Kernbereichs exekutiver Eigenverantwortung

Wie angesprochen tauchte in der *Flick*-Entscheidung erstmals die der Literatur zum Untersuchungsausschussrecht entlehnte Figur des sog. Kernbereichs exeku-

---

[238] Sowohl im Parlamentsinformationsrecht als auch im Informationsverwaltungsrecht haben verschiedene Geheimhaltungsgründe unter Umständen ein abweichendes Schutzniveau zur Folge. Weil die Kernbereichsbetroffenheit die autonome Funktionsausübung berührt, hat sie regelmäßig eine gegenständlich weitreichendere Geheimhaltung zur Folge. Denn wie das BVerfG seit der *Flick*-Entscheidung BVerfGE 67, 100 (136) vertritt, ist das Staatswohl Bundestag und Bundesregierung gemeinsam anvertraut. Daraus folgt, dass sich dem Geheimhaltungsbedarf bei der Staatswohlbetroffenheit grundsätzlich durch Formen abgestufter Öffentlichkeit Rechnung tragen lässt (dazu etwa BVerfGE 124, 78 (124); 130, 318 [342 ff., 359]). Als das BVerfG im Selektoren-Beschluss den Kernbereich materiell angereichert hat, wurde ihm unterstellt, dies nicht ohne jeden Opportunismus mit Blick auf die divergierenden Folgen getan zu haben. In diese Richtung etwa *Unger*, in: M/K/S-GG, 2018, Art. 44 Rn. 53.

[239] So zum Bereich nachrichtendienstlichen Quellenschutzes *Wischmeyer*, Die Verwaltung 51 (2018), S. 393 (424 ff.). Außerdem bestehen wegen der regelmäßig einschlägigen Betriebs- und Geschäftsgeheimnisse auch im Rahmen der Finanzmarktkontrolle Schnittmengen zwischen materieller und grundrechtlicher Vertraulichkeit. Dazu etwa BVerwG, Urteil vom 10. April 2019 – 7 C 22/18.

[240] BVerfGE 9, 268 (281 ff.).

[241] BVerfGE 67, 100 (139).

[242] Dazu schon die Nachweise in Kap. 4 Fn. 172.

tiver Eigenverantwortung auf, die das Bundesverfassungsgericht zunächst als Grenze des Herausgabeverlangens bei einer Parlamentsenquête etablierte.[243] Nach der Rechtsprechung umfasse der nicht ausforschbare Kernbereich insbesondere „die Willensbildung der Regierung selbst, sowohl hinsichtlich der Erörterungen im Kabinett als auch bei der Vorbereitung von Kabinetts- und Ressortentscheidungen, die sich vornehmlich in ressortübergreifenden und -internen Abstimmungsprozessen vollzieht".[244] Die genaue teleologische Zuordnung sowie die daraus resultierende zeitliche und gegenständliche Reichweite des Kernbereichsschutzes sind in Rechtsprechung[245] und Literatur[246] jedoch auch heute nicht vollständig geklärt. Als dogmatisch treffender Ansatzpunkt hat sich die über eine Bestimmung aus der Landesverfassung Schleswig-Holsteins in die Rechtsprechung des Bundesverfassungsgerichts gelangte Wendung erwiesen, der Kernbereich schütze die „Funktionsfähigkeit und Eigenverantwortung der Regierung".[247]

Demnach könnten Informationen geheim gehalten werden, „wenn die Information zu einem Mitregieren Dritter bei Entscheidungen führen kann, die in der alleinigen Kompetenz der Regierung liegen".[248] Da die Gefahr des „Mitregierens" bei Informationen aus dem Bereich der Vorbereitung von Regierungsentscheidungen regelmäßig [bestehe], solange die Entscheidung noch nicht getroffen ist", erstrecke sich parlamentarische Kontrolle „grundsätzlich nur auf *bereits abgeschlossene* Vorgänge"[249] und enthalte „nicht die Befugnis, in laufende Verhandlungen und Entscheidungsvorbereitungen einzugreifen".[250] Ebenfalls in der *Flick*-Entscheidung stellte das Gericht fest, dass indes „auch bei abgeschlossenen Vorgängen Fälle möglich [seien], in denen die Regierung aus dem Kernbereich exekutiver Eigenverantwortung geheimzuhaltende Tatsachen mitzuteilen nicht verpflichtet ist".[251] In einer späteren Entscheidung wurde das damit begründet, dass „einengenden Vorwirkungen die Regierung in der selbständigen Funktion

---

243 BVerfGE 67, 100 (139) anknüpfend an *Scholz*, AöR 105 (1980), S. 564 (598), dort – obwohl vom BVerfG als wörtliches Zitat gekennzeichnet – noch „Kernbereich exekutivischer Eigenverantwortung". So dann aber BVerfGE 68, 1 (87). Bereits in BVerfGE 34, 52 (59) hob das Gericht hervor: „Der Kernbereich der verschiedenen Gewalten ist unveränderbar. Damit ist ausgeschlossen, daß eine der Gewalten die ihr von der Verfassung zugeschriebenen typischen Aufgaben preisgibt".

244 BVerfGE 67, 100 (139).

245 Vgl. schon oben Kap. 4 Fn. 237.

246 Vgl. etwa *Engels*, Jura 1990, S. 71 (74 ff.); *Cancik*, ZParl 45 (2014), S. 885 (893 ff.); *von Achenbach*, ZParl 48 (2017), S. 491 (493 ff.); *Wischmeyer*, Die Verwaltung 51 (2018), S. 393 (418 ff.); *Unger*, in: M/K/S-GG, 2018, Art. 44 Rn. 43 ff.

247 BVerfGE 110, 199 (216 ff.). In BVerfGE 124, 161 (173) war auch von „Kernbereich exekutiver Eigenverantwortlichkeit" die Rede.

248 BVerfGE 124, 78 (120–121).

249 BVerfGE 67, 100 (139) (Hervorhebung im Original).

250 BVerfGE 67, 100 (139).

251 BVerfGE 67, 100 (139).

beeinträchtigen".[252] Der Gedanke einengender Vorwirkungen ist eine besondere Ausprägung der tradierten – etwa auch der Sitzungsvertraulichkeit der Bundestagsausschüsse zugrunde liegenden – Vertraulichkeitserwägung, nach der die Öffentlichkeit von Entscheidungsverfahren die Fähigkeit zur Offenheit und Kompromissfähigkeit insbesondere mehrheitsentscheidender Gremien einschränke.[253] Dahinter steht die Erwägung, dass die offene und unbefangene Kommunikation und Entscheidungsfindung in der Regierung erschwert oder sich in informellere Gesprächskreise verlagern würde[254], müssten die Kabinettsmitglieder einen auch nachträglichen Informationszugriff befürchten.[255] Das Gewaltenteilungsprinzip isoliere den Kernbereich vor diesem Hintergrund nicht nur gegen einen Kompetenzübergriff im Sinne des „Mitregierens" bei laufenden Vorgängen, sondern auch präventiv[256] bei abgeschlossenen Vorgängen – also mit Blick auf zukünftige Entscheidungen – wenn solche einengenden Vorwirkungen zu befürchten seien.[257] Trotz möglicher Vorwirkungen scheide ein Informationszugriff indes „nicht grundsätzlich immer dann aus [...]", wenn der Kernbereich betroffen sei.[258]

Die Grundlagen des Kernbereichs exekutiver Eigenverantwortung nach Maßgabe der bundesverfassungsgerichtlichen Rechtsprechung zur Parlamentsinformation lassen sich wie folgt resümieren: Der Anwendungsbereich des Kernbereichsschutzes als potentieller Geheimhaltungsgrund ist eröffnet, wenn es um die Willensbildung der Regierung selbst einschließlich der Erörterungen im Kabinett sowie der Vorbereitung von Kabinetts- und Ressortentscheidungen geht. Seine teleologische Rechtfertigung bezieht er aus dem Prinzip der Gewaltenteilung (Art. 20 Abs. 2 Satz 2 GG), das einen nicht ausforschbaren Initiativ-, Beratungs- und Handlungsbereich begründet, um die Funktionsfähigkeit und Eigenverantwortung der Regierung sicherzustellen. Um ein Mitregieren Dritter bei Entscheidungen zu verhindern, ist parlamentarische Kontrolle grundsätzlich auf abgeschlossene Vorgänge beschränkt. Soweit einengende Vorwirkungen bei der

---

[252] BVerfGE 110, 199 (215).

[253] Dazu schon oben in Kap. 4 Fn. 171.

[254] Dazu nur die Erwägungen in BVerfGE 137, 185 (251).

[255] In diese Richtung etwa die Positionierung bei *Hecker*, DVBl 2009, S. 1239 (1241). Zum Ganzen *Cancik*, ZParl 45 (2014), S. 885 (897 ff.). Zum theoretischen Hintergrund insbesondere *Jestaedt*, AöR 126 (2001), S. 204 (230 ff.); *Wischmeyer*, Die Verwaltung 51 (2018), S. 393 (399 ff.).

[256] BVerfGE 110, 199 (216); zur Vorwirkungsproblematik auch *Cancik*, ZParl 45 (2014), S. 885 (897 ff.).

[257] BVerfGE 110, 199 (215): „Ein – sei es auch erst nach Abschluss des jeweiligen Entscheidungsprozesses einsetzender – schrankenloser parlamentarischer Anspruch auf Informationen aus diesem Bereich [würde] vor allem durch seine einengenden Vorwirkungen die Regierung in der selbständigen Funktion beeinträchtigen, die das Gewaltenteilungsprinzip ihr zuweist".

[258] Insoweit die Maßgaben der *Flick*-Entscheidung konkretisierend BVerfGE 110, 199 (219).

Willensbildung zu befürchten sind, kann jedoch ausnahmsweise auch eine Geheimhaltung auch abgeschlossener Vorgänge in Betracht kommen.

b) Ausrichtung des Kernbereichsschutzes an Akzessorietät und Relativität der Geheimhaltung unter besonderer Berücksichtigung der jüngeren Rechtsprechung

Dass unter dem Grundgesetz keine abstrakt-grundsätzlichen, also von vornherein abwägungsfesten Geheimbereiche existieren, konnte bereits an früherer Stelle der Untersuchung festgestellt werden. Die Ausführungen des Bundesverfassungsgerichts zum Umfang des Kernbereichsschutzes waren von Beginn an durch relativierende Formulierungen wie „grundsätzlich"[259] oder „in der Regel"[260] gekennzeichnet. Dementsprechend dürfte der Kernbereich exekutiver Eigenverantwortung mittlerweile auch weit überwiegend als nur relativer Geheimbereich verstanden werden.[261] Trotz der relativierenden Karlsruher Formulierungen nicht gänzlich vermeidbar hatte jedoch die schon aus der *Flick*-Entscheidung stammende Unterscheidung zwischen laufenden und abgeschlossenen Vorgängen das Abgleiten in einen gewissen Schematismus[262] zur Folge. Denn die Ausrichtung des Kernbereichsschutzes am Verfahrensstand darf nicht darüber hinwegtäuschen, dass es sich hierbei nur um ein Ergebnis typisierender Fallgruppenbildung handelt, das den Kernbereichsschutz in der Praxis der Parlamentsinformation handhabbar machen soll. Die laufende Bezugnahme und fallbezogene Fortentwicklung des Kernbereichsschutzes hat unverkennbar zu einer gewissen normativen Eigendynamik der Frage geführt, ob es sich um einen abgeschlossenen Vorgang handelt oder nicht.[263] Insbesondere zwei Folgen dieser Verselbständigung seien in der Folge anhand der Kriterien von Akzessorietät und Relativität der Geheimhaltung hinterfragt.

aa) Relativierung des Maßstabs vom Verfahrensstand

Die Kategorienbildung des Bundesverfassungsgerichts hat erstens einen faktischen Ausschluss parlamentarischer Kontrolle bei laufenden Vorgängen zur Folge, der aufgrund der Übernahme der Kernbereichsdogmatik in die Rechtsprechung des Bundesverwaltungsgerichts zunehmend auch in das Informationsver-

[259] Der Kernbereich selbst wurde von Anfang an als „grundsätzlich" nicht ausforschbarer Bereich definiert BVerfGE 67, 100 (139).

[260] BVerfGE 110, 199 (222).

[261] Zum damaligen Meinungsstand etwa *Engels*, Jura 1990, S. 71 (74 ff.). Einen abwägungsfesten Kernbereich zumindest noch erwägend *Hecker*, DVBl 2009, S. 1239 (1241–1242). Zur Geltung des Öffentlichkeitsprinzips für die gesamte Exekutive bereits oben Kap. 3 Fn. 652.

[262] In diese Richtung auch *Wischmeyer*, Die Verwaltung 51 (2018), S. 393 (421).

[263] *Cancik*, ZParl 45 (2014), S. 885 (896).

waltungsrecht hineinwirkt. Dem Grundgesetz ist jedoch nicht die generelle normative Wertung zu entnehmen, dass alle noch nicht abgeschlossenen und dem Anwendungsbereich des Kernbereichsschutzes unterfallenden Angelegenheiten der Geheimhaltung unterlägen. Die schon im 18. Jahrhundert in diesem Zusammenhang aufgeworfene Frage[264], ob es sich um einen laufenden oder abgeschlossenen Vorgang handelt, hat für sich genommen keine Veränderung des verfassungsrechtlichen Prüfprogramms zur Folge.[265] Ohne das praktische Bedürfnis nach systematisierender Kategorienbildung in Abrede stellen zu wollen, darf die Operationalisierung durch die Regelbeispiele aus der Rechtsprechung nicht dazu führen, dass der Kernbereichsschutz vollends von seinem teleologischen Fundament gelöst wird.

Dass ein parlamentarischer Informationszugriff *grundsätzlich* nur bei abgeschlossenen Vorgängen in Betracht kommen soll, beruht nach obiger Darstellung auf der verallgemeinerten Annahme, dass die Information über laufende Entscheidungsverfahren *grundsätzlich* zu einem nach dem Gewaltenteilungsprinzip für unzulässig gehaltenen „Mitregieren Dritter bei Entscheidungen"[266] führt. Es wurde jedoch mit Recht darauf hingewiesen, dass sich die Grundsätzlichkeit dieser Annahme nur auf Grundlage eines extensiven Verständnisses des Gewaltenteilungsprinzips aufrecht erhalten lässt, das schon die abstrakte Möglichkeit einer mittelbaren Entscheidungsbeeinflussung als Mitregieren wertet und damit die dem Kernbereich unterfallenden Regierungsentscheidungen weitgehend und nachhaltig gegen demokratische Responsivität isoliert.[267] Zudem muss sich die Provenienz des Verfahrensstandsmaßstabs aus der *Flick*-Entscheidung, also dem Recht der Untersuchungsausschüsse, vergegenwärtigt werden. Parlamentsenquêten ermöglichen entsprechend ihrem Charakter als parlamentarische Selbstinformationsrechte einschneidende Maßnahmen, wie etwa das Recht zur Aktenvorlage[268] oder der Zeugenvernehmung.[269] Es lässt sich nicht kurzerhand sagen, dass das nach der herrschenden und richtigen[270] Auffassung grundsätzlich nur ein Informationsrecht vermittelnde Interpellationsrecht das gleiche entscheidungstorpedierende Potenzial wie eine Parlamentsenquête besitzt. Die Verallgemeinerung als generelle Anwendungsleitlinie für den Kernbereichsschutz laufender Verfahren ist daher abzulehnen.

---

[264] Siehe dazu den Nachweis in Kap. 4 Fn. 196.

[265] So auch *Cancik*, ZParl 45 (2014), S. 885 (896).

[266] Siehe den Nachweis in Kap. 4 Fn. 248.

[267] Dazu die Kritik bei *von Achenbach*, ZParl 48 (2017), S. 491 (500, 505 ff., 514 ff.), die zu Recht auch die Rede von „informatorischen Eingriffen" (BVerfGE 110, 199 [215]) bemängelt. Ähnlich kritisch dazu *Wischmeyer*, Die Verwaltung 51 (2018), S. 393 (419 ff.).

[268] Einfachrechtlich konkretisiert in § 18 Abs. 1 PUAG.

[269] Einfachrechtlich konkretisiert in §§ 20 ff. PUAG.

[270] Vgl. hierzu bereits oben Kap. 4 bei Fn. 141.

Das schematische Operieren mit dem Maßstab des Verfahrensstands widerspricht insgesamt dem Charakter des Kernbereichs exekutiver Eigenverantwortung als nur relativer Geheimhaltungsgrund. Wenn bis in die jüngere Rechtsprechung eine Abwägung ausdrücklich nur hinsichtlich abgeschlossener Vorgänge für erforderlich gehalten wird,[271] verleitet der naheliegende Umkehrschluss zu einer Extensivierung des Kernbereichsschutzes bei laufenden Vorgängen. Auch wenn der Maßstab eines zu besorgenden Mitregierens offensichtlich kein trennscharfer ist, findet der Kernbereichsschutz auch bei laufenden Vorgängen deshalb richtigerweise nur nach Maßgabe einer Abwägung statt, nämlich lediglich dann (Akzessorietät) und soweit (Relativität), wenn und wie Effekte des Mitregierens tatsächlich zu befürchten sind.[272] Daraus folgt, dass bei einer beabsichtigten Informationsverweigerung hinsichtlich noch laufender Entscheidungsverfahren eine nachvollziehbare Darlegung der Umstände erforderlich ist, weshalb es durch die Information zu einem der grundgesetzlichen Kompetenzordnung widersprechenden „Mitregieren Dritter" kommen könnte. Der in diesen Fällen für ausreichend gehaltene pauschale Verweis auf den Verfahrensstand führt zu einer verfassungsrechtlich nicht zu rechtfertigenden Überdehnung des Kernbereichsschutzes.

Gerade die der parlamentarischen Unterrichtungspflicht aus Art. 23 Abs. 2 Satz 2 GG entlehnte und auf die Parlamentsinformation insgesamt übertragbare[273] Fallgruppe der Zwischenergebnisse veranschaulicht Abgrenzungsschwierigkeiten und Schwächen des Schematismus vom Verfahrensstand. So ist (bislang nur) im Anwendungsbereich von Art. 23 Abs. 2 Satz 2 GG durch die Rechtsprechung anerkannt, dass der Kernbereichsschutz auch bei insgesamt noch laufenden Verfahren ausscheidet, nämlich dann, wenn „die Bundesregierung [...] ihre Willensbildung selbst so weit konkretisiert hat, dass sie Zwischen- oder Teilergebnisse an die Öffentlichkeit geben kann oder mit einer eigenen Position in einen Abstimmungsprozess mit Dritten eintreten will".[274]

bb) Relativierung des Einwands hypothetischer Vorwirkungen

Zweitens lässt sich in der Rechtsprechung eine schematische bis leichtfertige Geheimhaltungsrechtfertigung mit dem Argument feststellen, eine Information

---

[271] So BVerfGE 137, 185 (220), wörtlich aufgegriffen in BVerfGE 147, 50 (140): „Die Grenzen des parlamentarischen Informationsanspruchs lassen sich in Bezug auf abgeschlossene Vorgänge nur unter Berücksichtigung der jeweiligen Umstände feststellen."

[272] Die Praxis des Kernbereichsschutzes bei laufenden Vorgängen zumindest in Frage stellend *Masing*, Parlamentarische Untersuchungen privater Sachverhalte, 1998, S. 310 ff.; *Cancik*, ZParl 45 (2014), S. 885 (895 ff., 899 ff.); *von Achenbach*, ZParl 48 (2017), S. 491 (500, 506 ff.); *Wischmeyer*, Die Verwaltung 51 (2018), S. 393 (418 ff.), der jedoch dafür plädiert, „die Kernbereichsdogmatik vom Leitbild des ‚Mitregierens' zu lösen".

[273] So auch *von Achenbach*, ZParl 48 (2017), S. 491 (508 ff.).

[274] BVerfGE 131, 152 (210); 158, 51 (77).

über laufende Vorgänge könne wegen einengender Vorwirkungen auf „die Freiheit und Offenheit der Willensbildung innerhalb der Regierung“[275] nicht erteilt werden.[276] Die Begründung von Vertraulichkeit mit „einengenden Vorwirkungen“ ist aus mehreren Gründen problematisch. Während am Maßstab des „Mitregierens“ durch eine Prognoseentscheidung anhand der konkreten Umstände des Falles geprüft werden kann, ob eine unzulässige Entscheidungsbeeinflussung zu besorgen steht, ist der Kernbereichsschutz abgeschlossener Vorgänge ein präventiver[277] Schutz von „kommunikative[r] Identität“[278] und Kompromissfähigkeit innerhalb der Regierung. Die Geheimhaltung abgeschlossener Verfahren nimmt also die in der Zukunft liegende Regierungswillensbildung in den Blick und beruht damit auf einer doppelt hypothetischen Annahme. Wegen der im Vergleich zum Schutz laufender Vorgänge nochmals ausgeprägteren Unschärfe lässt sich diese Annahme in der Praxis deutlich schwerer plausibilisieren. Gerade vor dem Hintergrund, dass der Kernbereichsschutz insgesamt schon funktionaler Natur ist, drängt sich bei abgeschlossenen Vorgängen deshalb erst recht eine zurückhaltende Handhabung auf.

Vor allem aber lässt sich nicht ohne Weiteres sagen, dass sämtliche als „einengend“ wahrgenommenen Wirkungen auf Willensbildung und Kommunikation der Regierung mit der Verfassung inkompatibel sind. Schon Bentham und Kant begründeten ihre im Angesicht absolutistischer Arkanpolitik erhobene Forderung nach Öffentlichkeit der Exekutive maßgeblich mit der vorsorglichen Verhinderung von Machtmissbrauch.[279] Die Wirkung präventiver Disziplinierung von Amtsträgern durch nachträgliche Kontrollermöglichung lässt sich grundgesetzlich fundieren: Demokratie-[280] und Rechtsstaatsprinzip tolerieren diese „Vorwirkungen“ nicht nur, sondern bezwecken sie.[281] Zumindest beim Untersu-

---

[275] BVerfGE 110, 199 (221).

[276] Dazu etwa die Kritik bei *von Achenbach*, ZParl 48 (2017), S. 491 (510); *C. Möllers*, JZ 2017, S. 271 (273).

[277] Siehe den Nachweis in Kap. 4 Fn. 256.

[278] *Wischmeyer*, Die Verwaltung 51 (2018), S. 393 (418).

[279] Dazu nur *Bentham*, in: The Works of Jeremy Bentham II, 1843, S. 299 (310): „The greater the number of temptations to which the exercise of political power is exposed, the more necessary is it to give those who possess it, the most powerful reasons for resisting them. But there is no reason more constant and more universal than the superintendence of the public“.

[280] *von Achenbach*, JZ 2015, S. 96ff.

[281] Übereinstimmend weisen *Masing*, Parlamentarische Untersuchungen privater Sachverhalte, 1998, S. 320ff. und *Cancik*, ZParl 45 (2014), S. 885 (897ff., 907) darauf hin, dass die grundgesetzliche Demokratie die Möglichkeit umfassender öffentlicher Rechenschaftslegung auch hinsichtlich der Vorgänge im Kabinett voraussetze. Ebenfalls in diese Richtung *von Achenbach*, ZParl 48 (2017), S. 491 (510ff.), die auch auf die legitimatorischen Defizite weitgehender Arkanbereiche abstellt. Vgl. im Übrigen die Kritik bei *Schnabel/Freund*, DÖV 2012, S. 192 (194); *Wischmeyer*, Die Verwaltung 51 (2018), S. 393 (422). Aus der Literatur zum Untersuchungsausschussrecht ähnlich

chungsrecht wurde das auch vom Bundesverfassungsgericht anerkannt.[282] Die Geheimhaltung abgeschlossener Vorgänge mit Verweis auf einengende Vorwirkungen muss deshalb restriktiv gehandhabt werden und darf nur in begründeten Ausnahmefällen in Betracht kommen.

Bei der vom Bundesverfassungsgericht hinsichtlich abgeschlossener Vorgänge schon länger geforderten Abwägung im Einzelfall[283] hat sich als abwägungsleitender Maßstab die Nähe einer Information zur gubernativen Entscheidung etabliert: „Informationen aus dem Bereich der Vorbereitung von Regierungsentscheidungen, die Aufschluss über den Prozess der Willensbildung geben, [seien] umso schutzwürdiger, je näher sie der gubernativen Entscheidung stehen."[284] Ohne grundsätzlicher Geheimhaltung zu unterliegen,[285] genössen die „Erörterungen im Kabinett" hierbei besonderen Schutz.[286] Das Kriterium der Entscheidungsnähe prägt die Anwendung des Kernbereichsschutzes abgeschlossener Sachkomplexe. So wurde in einer als zu restriktiv kritisierten[287] Entscheidung des Bundesverfassungsgerichts der Inhalt sowie Verlauf von Beratung und Beschlussfassung im Bundessicherheitsrat diesem nachgehendem Kernbereichsschutz unterstellt.[288] Das Bundesverwaltungsgericht griff diese Entscheidung auf und billigte den sog. Verlaufsprotokollen der Beratungen des Bundeskabinetts aus der vorangegangenen Legislaturperiode diesen Schutz gegenüber einem Herausgabeverlangen nach dem IFG zu – anders sei dies aber für die in den Protokollen enthaltenen Teilnehmerlisten zu bewerten.[289] Ebenfalls nicht unter den nachträglichen Kernbereichsschutz fallen nach ständiger Rechtsprechung den eigentlichen Kabinettsentscheidungen vorgelagerte Vorgänge, die als solche keinen Einblick in die regierungsinterne Willensbildung ermöglichen. Dies wurde etwa für Unterlagen angenommen, die die Vorbereitung eines Gesetzes betrafen, einschließlich der Kabinettsvorlagen.[290] Auch wurde unlängst auf der Linie der bisherigen Judi-

---

Unger, in: M/K/S-GG, 2018, Art. 44 Rn. 53; *Morlok*, in: *Dreier*-GG, 2015, Art. 44 Rn. 27; *Brocker*, in BeckOK-GG, Stand August 2023, Art. 44 Rn. 14.

282 BVerfGE 124, 78 (132): „einengende Vorwirkungen dahingehend, dass für rechtswidriges Vorgehen keine unter allen Umständen kontrollfreien Räume verbleiben, entsprechen dem Sinn und Zweck des parlamentarischen Untersuchungsrechts".

283 BVerfGE 110, 199 (219): „Ob die Vorlage solcher Akten die Funktionsfähigkeit und Eigenverantwortung der Regierung beeinträchtigen würde, lässt sich daher nur unter Berücksichtigung der jeweiligen Umstände feststellen".

284 BVerfGE 137, 185 (250). Zum Untersuchungsausschussrecht gleichlautend zuvor bereits BVerfGE 110, 199 (221).

285 BVerfGE 124, 78 (121).

286 BVerfGE 110, 199 (221).

287 Dazu den Nachweis in Kap. 4 Fn. 280.

288 BVerfGE 137, 185 (236, 250 ff.).

289 BVerwGE 164, 112.

290 BVerwGE 141, 122 (132–133). Im Hinblick auf die befürchteten Vorwirkungen führte das Gericht aus: „Mit diesem Vorbringen, das im Übrigen das Bild einer Ministerialverwaltung mit einem eher geringen Selbstbewusstsein zeichnet, wird die Beklagte

katur die Herausgabe der Sitzungsprotokolle der Beratungen des Wissenschaftlichen Beirats beim Bundesfinanzministerium nach dem IFG am Maßstab des Kernbereichsschutzes unbeanstandet gelassen.[291]

Anknüpfend an ein Urteil des Bundesverwaltungsgerichts hat sich vor allem in der jüngeren Rechtsprechung der regelmäßig mit Informationsbegehren der Allgemeinheit sowie der Presse gegenüber obersten Bundesbehörden befassten und damit zur Schutzlücken schließenden Anwendung der Kernbereichsdogmatik berufenen[292] Berliner Verwaltungsgerichtsbarkeit zur Bezeichnung der auch nachträglichem Schutz unterliegenden Regierungsbereiche die Rede vom „Kernbereich des Kernbereichs"[293] verfestigt. Neben den bereits oben angesprochenen allgemeinen Bedenken gegen die Kernbereichsmetapher[294] hat das Operieren mit einem solchen „Kernbereich des Kernbereichs" zur Folge, dass der abwägungsleitende Maßstab der Nähe einer Information zur gubernativen Entscheidung sukzessive zu Lasten einer nachvollziehbar begründeten Vorwirkung verabsolutiert wird.[295] So besteht die Gefahr, dass die dogmatische Berechtigung sowie der

---

dem Erfordernis nicht gerecht, die befürchteten negativen Auswirkungen auf die Funktionsfähigkeit der Regierung anhand der jeweiligen Umstände des Einzelfalles nachvollziehbar zu belegen." Auf dieser Linie jüngst auch VG Berlin, Urteil vom 22. Januar 2024 – 2 K 302/22 – Rn. 38 nach juris.

[291] BVerwG, Urteil vom 5. Mai 2022 – 10 C 1/21 – Rn. 26 ff. Der den Kernbereichsschutz verwirklichende Ausnahmetatbestand des § 3 Nr. 3 lit. b IFG wurde nicht für einschlägig gehalten, weil in den Beiratssitzungen keine behördliche bzw. gubernative Willensbildung stattfinde. Anders sei dies aber möglicherweise zu bewerten, wenn der Bundesminister oder seine Beauftragten an den Sitzungen teilnähmen.

[292] BVerwGE 141, 122 (132–133); BVerwG, Urteil vom 30. März 2017 – 7 C 19/15 – Rn. 11 nach juris; BVerwGE 164, 112 (Rn. 20). Bei einem UIG-Anspruch auf den Kernbereich rekurrierend BVerwG, Urteil vom 22. März 2022 – 10 C 2/21 – Rn. 25 ff. nach juris. Zur Frage, ob der Kernbereichsschutz wie vom BVerwG als Schutzlücken schließende verfassungsunmittelbare Grenze des Informationsanspruchs heranzuziehen ist oder die Regelungen des IFG den Kernbereichsschutz vollständig verwirklichen *Schoch*, in: ders., IFG-Kommentar, 2016, § 4 Rn. 51 ff. *Schnabel/Freund*, DÖV 2012, S. 192 (196) weisen zutreffend darauf hin, dass die Frage letztlich unerheblich ist, weil dem Kernbereichsschutz jedenfalls im Wege verfassungskonformer Auslegung Rechnung zu tragen ist.

[293] Anknüpfend an BVerwGE 164, 112 (Rn. 24); OVG Berlin-Brandenburg, Urteil vom 7. Mai 2020 – OVG 12 B 4.19 – Rn. 29 nach juris; OVG Berlin-Brandenburg, Urteil vom 05. November 2020 – OVG 12 B 11.19 – Rn. 37 nach juris; OVG Berlin-Brandenburg, Urteil vom 7. September 2023 – OVG 12 B 11/22 – Rn. 89 nach juris. Vgl. auch VG Berlin, Urteil vom 20. Mai 2020 – VG 2 K 164.17 – Rn. 24 nach juris; VG Berlin, Urteil vom 30. Juni 2022 – VG 2 K 155/21 – Rn. 21 nach juris; VG Berlin, Urteil vom 6. Oktober 2022 – 2 K 77/21 – Rn. 22 nach juris; VG Berlin, Urteil vom 25. November 2022 – 2 K 195/21 – Rn. 210 nach juris.

[294] Dazu oben Kap. 4 bei Fn. 190.

[295] Deutlich BVerwGE 164, 112 (Rn. 24): „Daran gemessen hat die Beklagte nachvollziehbar dargetan, dass bei einem Zugang des Klägers zum Verlaufsprotokoll wegen einengender Vorwirkungen eine konkrete und ernsthafte Gefährdung des Beratungsprozesses im Kabinett und eine Beeinträchtigung der Funktionsfähigkeit der Bundesregie-

skizzierte Ausnahmecharakter des Kernbereichsschutzes abgeschlossener Entscheidungen ins Hintertreffen gerät und – entsprechend einer überholten Meinung – ein zumindest faktisch abwägungsfester Bereich etwa hinsichtlich der Beratungen im Kabinett oder der Vorgänge im Bundessicherheitsrat entsteht.[296] Einer möglichen Übernahme dieser Wendung in das Recht der Parlamentsinformation ist deshalb entgegenzutreten.

Anders als bisweilen in der Rechtsprechung praktiziert kann eine Geheimhaltung abgeschlossener Vorgänge unter Berufung auf den Kernbereich exekutiver Eigenverantwortung auch bei Vorgängen im Kabinett nur nach Maßgabe einer offenen Abwägung stattfinden. Unter Berücksichtigung des Ausnahmecharakters nachgehender Vertraulichkeit kommt eine Geheimhaltung nur dann (Akzessorietät) und soweit (Relativität) in Betracht, wenn und wie die Freiheit bzw. Offenheit der Regierungswillensbildung beeinträchtigende einengende Vorwirkungen konkret zu befürchten sind.[297] Da das Verfassungsrecht gewisse Vorwirkungen sogar bezweckt, ist die allgemeine Befürchtung irgendwelcher Wirkungen auf eine freimütige Diskussionskultur hierfür nicht ausreichend.[298] Der sich in der verwaltungsgerichtlichen Rechtsprechung zum Kernbereichsschutz etablierende Prüfmaßstab[299] ist einer Übertragung in das Recht der Parlamentsinformation zugänglich: Nach diesem bedarf es einer nachvollziehbaren und tatsachengestützten Darlegung, weshalb konkret eine unzulässige Beeinträchtigung der freien Willensbildung in der Zukunft wahrscheinlich ist.[300]

---

rung wahrscheinlich sind. *Dies folgt nach dem maßgeblichen Kriterium der Nähe zur gubernativen Entscheidung bereits daraus, dass der Antrag auf den ‚Kernbereich des Kernbereichs' zielt.*" (Hervorhebung Verf.). Ebenfalls zu restriktiv BVerwG, Urteil vom 22. März 2022 – 10 C 2/21 – Rn. 30 nach juris.

296 Zum Untersuchungsrecht insoweit bereits kritisch *Masing*, Parlamentarische Untersuchungen privater Sachverhalte, 1998, S. 183 ff., 315 ff., 320 ff.

297 In diese Richtung auch *Masing*, Parlamentarische Untersuchungen privater Sachverhalte, 1998, S. 320 ff.; *Cancik*, ZParl 45 (2014), S. 885 (897 ff., 907); *von Achenbach*, ZParl 48 (2017), S. 491 (510 ff.).

298 Dazu oben Kap. 4 bei Fn. 281.

299 BVerwGE 141, 122 (Rn. 31); BVerwG, Urteil vom 30. März 2017 – 7 C 19/15 – Rn. 13 nach juris; zuvor bereits OVG Berlin-Brandenburg, Beschluss vom 30. Dezember 2016 – OVG 6 S 29.16 – Rn. 26 nach juris; OVG Berlin-Brandenburg, Beschluss vom 21. November 2019 – OVG 6 S 47.19 – Rn. 26 nach juris; VG Berlin, Urteil vom 30. Juni 2022 – 2 K 155/21 – Rn. 17 nach juris.

300 Besonders deutlich BVerwG, Urteil vom 30. März 2017 – 7 C 19/15 – Rn. 13 nach juris: „Während bei noch nicht abgeschlossenen Vorgängen grundsätzlich der Hinweis auf die in dieser Situation gebotene Wahrung der Entscheidungsautonomie der Regierung genügt, kommt es bei abgeschlossenen Vorgängen zu einer Umkehr der Argumentationslast, die mit pauschalen Verweisen nicht erfüllt wird. Es ist insbesondere nachvollziehbar darzulegen, aus welchem Grund die angeforderten Akten dem exekutiven Kernbereich zuzuordnen sind und warum sie auch nach Abschluss des Vorgangs nicht herausgegeben werden können. Hierzu muss die Regierung die tragenden Erwägungen, auf die sich die Annahme einer einengenden Vorwirkung gründet, tatsachengestützt darlegen." Vgl. auch noch unten Kap. 4 bei Fn. 381.

c) Funktionale Vertraulichkeit der Verwaltung: Keine Übertragbarkeit des Kernbereichsschutzes

Das hier zugrunde gelegte Bild von staatlicher Öffentlichkeit basiert auf einer Relativierung des parlamentarischen Kontrollmonopols eines formal-monistischen Demokratieverständnisses. Im Verfassungsstaat der Informationsgesellschaft findet die Kontrolle der Exekutive nicht mehr nur im Verhältnis zwischen Parlament und Regierung statt. Der steigende Rekurs der Verwaltungsgerichtsbarkeit auf den Kernbereichsschutz bei auch das Regierungshandeln umfassenden Auskunfts- und Informationsansprüchen von Presse und Allgemeinheit ist eine Folge dieser gewandelten Kontrollbeziehungen.

Die hilfsweise Anwendbarkeit des Kernbereichsschutzes bei nichtparlamentarischen Informationsbegehren gegenüber der Gubernative folgt aus einem schon bei Erlass des Informationsfreiheitsrechts angelegten Erst-recht-Schluss.[301] Da die Kernbereichsdogmatik aber für das Informationsverhältnis von Parlament und Regierung entwickelt wurde, lässt sie sich nicht mit der gleichen Begründung auf die Verwaltung übertragen.[302] Gleichwohl wird die Terminologie des Kernbereichsschutzes vermehrt im Informationsverwaltungsrecht der Länder aufgegriffen.[303] Sie dient dort zumeist dem Schutz der Landesregierung.[304] Im Bundesrecht wird der Kernbereichsschutz wahlweise[305] in einer Vorschrift angesiedelt, die „die Beratungen von Behörden“ (§ 3 Nr. 3 lit. b IFG) oder den behördlichen Entscheidungsprozess (§ 4 IFG) schützt und damit nicht zwischen Gubernative und Administrative differenziert.[306] Beide Vorschriften weisen zumindest gedankliche Berührungspunkte zur Kernbereichsdogmatik auf.[307] Es verdient vor

---

[301] BT-Drs. 15/4493, S. 12. Zur Anwendbarkeit des Kernbereichsschutzes im Informationsfreiheitsrecht *Schnabel/Freund*, DÖV 2012, S. 192 (194 ff.). Vgl. auch schon die Nachweise in Kap. 4 Fn. 183, 292.

[302] Zur Anwendbarkeit der Kernbereichsdogmatik auf erste und dritte Gewalt schon die Nachweise in Kap. 4 Fn. 172.

[303] Sehr restriktiv § 5 Abs. 1 Nr. 1 SächsTranspG: „Keine Transparenzpflicht besteht, soweit der Kernbereich exekutiver Eigenverantwortung entgegensteht, wobei der Schutz des Willensbildungsprozesses auch hinsichtlich abgeschlossener Vorgänge gewährleistet ist.“ Daneben ausdrücklich auf den Kernbereich rekurrierend § 14 Abs. 1 Satz LTranspG-RP; § 84 Abs. 2 Nr. 1 HDSIG.

[304] Die Terminologie mit dem Begriffspaar von „Funktionsfähigkeit und Eigenverantwortung“ der Landesregierung aufgreifend § 6 Abs. 4 IFG-MV; § 7 lit. b IFG-NRW; § 4 Abs. 1 Nr. 7 LIFG-BW. Daneben schützt § 12 Abs. 1 Nr. 1 lit. b ThürTG noch die Funktionsfähigkeit und Eigenverantwortung „des Landtags, des Rechnungshofs [sowie] der Organe der Rechtspflege“.

[305] *Schoch*, in: ders., IFG-Kommentar, 2016, Vorb. § 3–6 Rn. 21 ff.

[306] Vgl. auch die entsprechenden Landesregelungen §§ 3 Abs. 1 Nr. 3, 4 IZG LSA; § 4 BremIFG.

[307] Das gilt besonders für § 3 Nr. 3 lit. b IFG, der dem inner- und zwischenbehördlichen freien, offenen und unbefangenen Meinungsaustausch sowie der Meinungsbildung dient. Dazu BVerwG, Beschluss vom 18. Juli 2011 – 7 B 14/11 – Rn. 5 nach

diesem Hintergrund hervorgehoben zu werden, dass zugunsten der Verwaltung kein vergleichbarer „Kernbereich administrativer Eigenverantwortung“[308] eingreift. Die Vorstellung eines solchen auch im Nachhinein nicht ausforschbaren Verwaltungskernbereichs, der womöglich gar gegenüber der dritten Gewalt eingriffe, lässt sich nicht mit dem Bild der hierarchischen Aufsichts- und Kontrollarchitektur vereinbaren, auf dem die demokratische Legitimation der Administrative beruht.[309] Wenn die Funktionsfähigkeit der Verwaltung bis in jüngere Zeit hinein unter Rekurs auf ein vom Bundesverwaltungsgericht identifiziertes „Prinzip der Verwaltungseffizienz“[310] als verfassungsrechtlicher Gegengrund staatlicher Öffentlichkeit genannt wird,[311] gerät dabei bisweilen in Vergessenheit, dass Effizienz – anders als staatliche Öffentlichkeit[312] – keine Verfassungsnorm, sondern lediglich einen sekundären Rechtswert darstellt. Dass von einer zu weitgehenden Öffentlichkeit eine vermeintliche Gefahr für Effizienz und Funktionsfähigkeit der Verwaltung ausgehe, ist ein traditionelles Argument gegen die Einführung subjektiver Informationsrechte,[313] welches sich jedenfalls im Hinblick auf eine befürchtete quantitative Überforderung als unbegründet herausgestellt[314]

---

juris; *Schoch*, in: ders., IFG-Kommentar, 2016, § 3 Rn. 180; *Roth*, in: *Berger/Partsch/Roth/Scheel*, IFG-Kommentar, 2013, § 3 Rn. 105.

308 Missverständlich daher die Information auf der Webseite des BMWK hinsichtlich der Auskünfte über Voranfragen von Rüstungsexporten: „Über laufende Genehmigungsverfahren, einschließlich möglicher Entscheidungen zu Voranfragen, gibt die Bundesregierung aus verfassungsrechtlichen Gründen keine Auskünfte, weil es sich hierbei um den *Kernbereich administrativer Eigenverantwortung* handelt.“ (Hervorhebung Verf.): https://www.bmwk.de/Redaktion/DE/FAQ/Aussenwirtschaft/faq-ruestungsexporte.html (zuletzt aufgerufen am 22. Februar 2024).

309 Die Berechtigung des Kernbereich exekutiver Eigenverantwortung beruht maßgeblich darauf, dass es sich bei der Staatsleitung um „politische Führung auf höchster Ebene“ handelt: *Brocker*, in BeckOK-GG, Stand August 2023, Art. 44 Rn. 13; *Schnabel/Freund*, DÖV 2012, S. 192 (193).

310 BVerwGE 67, 206 (Rn. 19).

311 In Richtung der Geheimhaltungslegitimation mit einem die Verwaltung erfassenden Effizienzgebot *Jerschke*, Öffentlichkeitspflicht der Exekutive und Informationsrecht der Presse, 1971, S. 141 ff., 143 ff. Nicht klar von der Kernbereichsdogmatik abgrenzend und ein verfassungsrechtliches Prinzip der Verwaltungseffizienz annehmend *Pieroth*, in: Festschrift Hoppe, 2000, S. 195 (207). Etwas zurückhaltender *Angelov*, Grundlagen und Grenzen eines staatsbürgerlichen Informationszugangsanspruchs, 2000, S. 41; *Wölfle*, Verfassungsrechtliche Determination von Informations- und Auskunftsansprüchen der Medien in der Informationsgesellschaft, 2021, S. 176 ff.

312 Vgl. aber die Nachweise in Kap. 4 Fn. 52.

313 Vgl. schon die Diskussion im Parlamentarischen Rat um die Einführung eines Auskunftsanspruchs der Presse *Pikart/Werner*, Der Parlamentarische Rat V, 1993, S. 766 ff.; sowie später in BT-Drs. 12/6000, S. 63. Dazu auch *Scherer*, Verwaltung und Öffentlichkeit, 1978, S. 33 ff.; *Schoch/Kloepfer*, Informationsfreiheitsgesetz (IFG-ProfE), 2002, S. 39, 89.

314 *Angelov*, Grundlagen und Grenzen eines staatsbürgerlichen Informationszugangsanspruchs, 2000, S. 228; *Rossi*, Informationszugangsfreiheit und Verfassungsrecht, 2004, S. 128, der zwischen formal-quantitativen und inhaltlich-qualitativen Gesichtspunkten unterscheidet.

hat. Die allgemeine Befürchtung einer durch zu weitgehende Öffentlichkeit überforderten Verwaltung stellt keinen Geheimhaltungsgrund des objektiven Verfassungsrechts dar. Funktionale Erwägungen im Bereich der Verwaltung sind restriktiv zu handhaben und können Geheimheit auf Ebene der Verfassung nur insoweit rechtfertigen, wie das Funktionieren verfassungsrechtlich unabdingbarer Bereiche der Verwaltung, insbesondere solche mit besonderer Grundrechtsrelevanz, konkret bedroht ist.[315] Dennoch ist es sowohl möglich, dass der Gesetzgeber bei einfachrechtlichen Informationspflichten Zumutbarkeitsgrenzen bestimmt, als auch dass Funktionsfähigkeitserwägungen bei Ermessensentscheidungen der Verwaltung hinsichtlich des Umfangs von Öffentlichkeitspflichten eine Rolle spielen.[316]

Darüber hinaus wird seit längerem angenommen, das Verfassungsrecht billige der Verwaltung einen „*amtsbezogene*[n] *Überlegungsspielraum*" zu, der für eine unbefangene Entscheidungsfindung im Vorfeld im Sinne einer Vorbereitungs- und Entwurfsphase zumindest temporäre Vertraulichkeit erforderlich mache.[317] Die Nähe zur Kernbereichsdogmatik ist hier unübersehbar. Wie festgestellt wurde, sind deren Argumente jedoch nicht undifferenziert auf die Verwaltung übertragbar. Gerade bei bestehenden Ermessens- oder Prognosespielräumen ist die Verwaltung jedoch unbestritten auf eine gewisse Diskretion angewiesen.

Das in Tradition der Beteiligtenöffentlichkeit sowie nachgehender Publizität stehende deutsche Verwaltungsverfahrensrecht indes setzt die insoweit feststellbaren recht allgemeinen verfassungsrechtlichen Vorgaben auch derzeit noch überschießend um. Bei der Ausgestaltung des Informationsverwaltungsrechts obliegt es dem Gesetzgeber, in Entstehung befindliche Verwaltungsentscheidungen zu schützen. Soweit kein materieller Vertraulichkeitsschutz besteht, lässt die Verfassung dem Gesetzgeber hier jedoch recht freie Hand.[318] Insbesondere verdichtet sich der der Verwaltung zuzugestehende Überlegungsspielraum nicht zu einer allgemeinen verfassungsrechtlichen Vorgabe einer auf die Phase nach der Entscheidung beschränkten Verfahrenspublizität. Bei der Konzeption aktiver und reaktiver Informationspflichten der Verwaltung ist der Gesetzgeber auch mit Blick auf die

---

[315] Dazu *Rossen-Stadtfeld*, in: Grundlagen des Verwaltungsrechts II, 2012, S. 663 (714–716).

[316] Die Zumutbarkeitsgrenze beim archivrechtlichen Nutzungsanspruch gegen den BND in jüngerer Zeit auf Funktionsfähigkeitserwägungen stützend aber wohl zu restriktiv ziehend BVerwG, Urteil vom 13. Januar 2022 – 6 A 7/20, 6 A 8/20 – Rn. 51 ff. nach juris.

[317] In diese Richtung *Jerschke*, Öffentlichkeitspflicht der Exekutive und Informationsrecht der Presse, 1971, S. 142 ff.; *M. Schröder*, NVwZ 1990, S. 905 (907); *Rossi*, Informationszugangsfreiheit und Verfassungsrecht, 2004, S. 129 ff.; *Rossen-Stadtfeld*, in: Grundlagen des Verwaltungsrechts II, 2012, S. 663 (714–716).

[318] In diese Richtung auch *Schoch/Kloepfer*, Informationsfreiheitsgesetz (IFG-ProfE), 2002, S. 91. Siehe im Übrigen die Nachweise in Kap. 4 Fn. 234.

Forderung möglichst frühzeitiger Öffentlichkeit[319] vielmehr angehalten, ein verträgliches Maß zwischen dem Öffentlichkeitsprinzip sowie den recht allgemeinen Vorgaben funktionaler Vertraulichkeit der Verwaltung zu wahren.[320] Mangels strikter verfassungsrechtlicher Maßgaben ist hierbei auch das Einräumen von Ermessen oder die Schaffung von Abwägungsklauseln möglich.

4. Materielle Vertraulichkeit: Anzulegender Maßstab

Die Kategorie des Staatswohls fungierte nach ihrer Handhabung in der Rechtsprechung als Auffangtatbestand, mit dem Vertraulichkeit im Interesse öffentlicher Belange, etwa staatlichen Sicherheitsinteressen, gerechtfertigt wurde.[321] Wie gesehen wurde, ist das Staatswohl als Geheimhaltungsgrund nicht mit den zeitgemäßen Anforderungen an die Rechtfertigung staatlicher Geheimhaltung zu vereinbaren und besitzt keine normative Bedeutung als Geheimhaltungsgrund. An seiner Stelle sollte von materieller Vertraulichkeit gesprochen werden. Hierdurch wird verdeutlicht, dass Vertraulichkeit grundsätzlich auf eine bestimmte, inhaltlich von der Verfassung gewährleisteten Aufgabe zu beziehen ist.[322] Diese Aufgabe bildet den Anknüpfungspunkt für Akzessorietät und Relativität der Geheimhaltung. Statt die verfassungsrechtliche Fundierung eines Geheimhaltungsinteresses hinter der wolkigen Begrifflichkeit des Staatswohls zu verbergen, bietet es sich an, bei der materiellen Vertraulichkeit auf das bekannte Denkschema des Verhältnismäßigkeitsgrundsatzes zurückzugreifen. Die Auflösung des verfassungsrechtlichen Regel-Ausnahme-Verhältnisses[323] zwischen Öffentlichkeit und Geheimhaltung und die hierfür im Verhältnis zur konkreten geheimhaltungsbedürftigen Aufgabe herzustellende Zweck-Mittel-Relation lässt sich in den Denkschritten der Verhältnismäßigkeitsprüfung abbilden.[324] Auch wenn schon bei funktionaler und grundrechtlicher Vertraulichkeit zumindest intuitiv am Maß der Verhältnismäßigkeit vorgegangen werden wird, ist der Strukturierungsbedarf bei materieller Geheimhaltung noch deutlich höher. Denn sie bezieht ihre Rechtfer-

---

[319] Dazu schon oben Kap. 4 bei Fn. 169 ff.

[320] So bereits *Scherzberg*, Die Öffentlichkeit der Verwaltung, 2000, S. 364–365, der die nur nachträgliche Verfahrenspublizität der Verwaltung als „verfassungsrechtlich unzureichend" bezeichnet. Vgl. auch *Rossen-Stadtfeld*, in: Grundlagen des Verwaltungsrechts II, 2012, S. 663 (714–716); ebenfalls eine restriktive Handhabung befürwortend *Wölfle*, Verfassungsrechtliche Determination von Informations- und Auskunftsansprüchen der Medien in der Informationsgesellschaft, 2021, S. 178 ff.

[321] Vgl. nur *Rossi*, Informationszugangsfreiheit und Verfassungsrecht, 2004, S. 125 ff.

[322] *Wischmeyer*, Die Verwaltung 51 (2018), S. 393 (398 ff.).

[323] Hier sei auf die theoretische Aufhängung des Verhältnismäßigkeitsgrundsatzes an verfassungsrechtlichen Regel-Ausnahme-Verhältnissen verwiesen. Dazu *von Arnauld*, JZ 2000, S. 276 (278 ff.).

[324] Der Sache nach nimmt auch *Wischmeyer*, Die Verwaltung 51 (2018), S. 393 (398) eine Verhältnismäßigkeitsprüfung vor. Zur Anwendung im Parlamentsrecht ebd. S. 415.

tigung nicht unmittelbar aus der Verfassung, sondern von der Aufgabe, für deren Gelingen Vertraulichkeit im konkreten Fall erforderlich ist.[325] Bei der Nutzbarmachung der Verhältnismäßigkeit geht es jedoch weniger darum, die einzelnen Prüfschritte in jedem Fall sklavisch zu durchlaufen, sondern der sich bisweilen im einigermaßen luftleeren Raum bewegenden Staatswohlprüfung eine gedankliche Struktur zu verleihen, die ein Ausgehen von den Vorgaben des positiven Rechts aufzwingt und die Kategorie des Staatswohls überflüssig macht.

Entsprechend des ersten Prüfschritts der Verhältnismäßigkeit sowie übereinstimmend mit den Gedanken von Akzessorietät und Relativität der Geheimhaltung ist zunächst der Zweck zu bestimmen, auf den Vertraulichkeit gestützt wird. Da materielle Geheimhaltung der effektiven Erfüllung staatlicher Aufgaben dient, bietet es sich an, hier auf die (gegebenenfalls einfachrechtliche) Aufgabenzuweisung des handelnden Hoheitsträgers abzustellen, in deren Rahmen sich sein Handeln bewegt.[326] Auch das Bundesverwaltungsgericht wertet seine Staatswohlprüfung in jüngerer Zeit vermehrt mit der Aufgabenzuweisung auf.[327] Findet in Ermangelung einfachrechtlicher Konkretisierungen eine Abwägung zwischen Öffentlichkeit und Vertraulichkeitsinteressen auf Grundlage der Verfassung statt, muss die Aufgabenzuweisung der Realisierung eines nicht nur „legitimen", sondern verfassungsrechtlich fundierten Zwecks dienen. Die konkreten Anforderungen an die verfassungsrechtliche Unterfütterung der Aufgabenzuweisung können dabei je nach der Informationspflicht divergieren. So müssen die Grenzen parlamentarischer Informationsrechte bekanntlich „auch soweit sie einfachgesetzlich geregelt sind, ihren Grund im Verfassungsrecht haben".[328] Auch für eine dogmatisch annehmbare Beschränkung des jedenfalls von der Rechtsprechung als grundrechtlich gewährleistet angesehenen Auskunftsanspruchs der Presse, die nicht auf einem allgemeinen Gesetz (Art. 5 Abs. 2 GG) beruht, bedarf es der

---

[325] Dazu oben Kap. 4 bei Fn. 233 ff.

[326] *Wischmeyer*, Die Verwaltung 51 (2018), S. 393 (398 ff., 415). Dazu schon oben das Zitat in Kap. 4 Fn. 324. Auch das BVerfG hat sich in jüngerer Zeit in diese Richtung geäußert BVerfGE 154, 152 (239): „[Geheimhaltung] ist auch für die Auslandsaufklärung kein Selbstzweck, sondern nur gerechtfertigt, wenn *Art und Umfang der geheimhaltungsbedürftigen Tätigkeit des Dienstes in demokratisch-öffentlicher Weise legitimiert sind* und die Geheimhaltung in den spezifischen Grenzen funktionaler Notwendigkeit verbleibt." (Hervorhebung Verf.).

[327] So wurde in BVerwGE 166, 303 (Rn. 19); BVerwG, Beschluss vom 3. Dezember 2020 – 6 A 3/20 – Rn. 12 nach juris; BVerwG, Beschluss vom 10. Mai 2022 – 6 A 9/21 – Rn. 11 nach juris auf die Aufgabenzuweisung des BND in § 1 Abs. 2 Satz 1 BNDG abgestellt.

[328] BVerfGE 124, 78 (118) zum parlamentarischen Untersuchungsrecht; BVerfGE 147, 50 (133) zum Interpellationsrecht. Im Kontext der Budgetöffentlichkeit wurde zudem festgestellt, dass die mit einer abgestuften Öffentlichkeit einhergehenden Beschränkungen von Freiheit und Gleichheit des Mandats „nur zum Schutz anderer Rechtsgüter mit Verfassungsrang und unter strikter Wahrung des Grundsatzes der Verhältnismäßigkeit zulässig" sein könnten: BVerfGE 130, 318 (348, 350, 358 ff.).

verfassungsrechtlichen Unterfütterung der jeweiligen Gegenposition.[329] Da sich die von Bundesverfassungs- und Bundesverwaltungsgericht als Staatswohlschutzgüter verstandenen hoheitlichen Aufgaben auch ohne den Rückgriff auf das Staatswohl auf die Verfassung stützen lassen,[330] sind durch dieses Erfordernis jedenfalls keine Schutzlücken zu befürchten.

In Anlehnung an die weiteren Prüfschritte der Verhältnismäßigkeit ist dann zu prüfen, ob die Geheimhaltung des Vorgangs für den Erfolg der übertragenen und verfassungsrechtlich unterfütterten Aufgabe notwendig ist. Das Bundesverfas-

---

[329] Ohne dies dogmatisch begründet zu haben, nimmt das BVerwG in ständiger Rechtsprechung an, Staatswohlbelange könnten den Presseauskunftsanspruch begrenzen. In einer jüngeren Entscheidung BVerwG, Urteil vom 13. Januar 2022 – 6 A 7/20, 6 A 8/20 – Rn. 48 ff. nach juris hat es vom „verfassungsunmittelbaren Verweigerungsgrund des Staatswohls" gesprochen. Damit nimmt es gedanklich Bezug auf die Handhabung des Kernbereichs exekutiver Eigenverantwortung als „verfassungsunmittelbare Grenze" im Informationsfreiheitsrecht (dazu BVerwGE 141, 122 [132–133]). Dass der Anspruch aus dem IFG nach der Sichtweise des BVerwG aber im Unterschied zum Presseauskunftsanspruch nicht unmittelbar aus Art. 5 Abs. 1 GG folgt, scheint für das Gericht keine Rolle zu spielen. Zum Anspruch der Presse übereinstimmend *Wölfle*, Verfassungsrechtliche Determination von Informations- und Auskunftsansprüchen der Medien in der Informationsgesellschaft, 2021, S. 175 ff., 184 ff., der ohne tiefere Begründung davon ausgeht, dass der einem qualifizierten Gesetzesvorbehalt unterliegende Presseauskunftsanspruch mit kollidierendem Verfassungsrecht gerechtfertigt werden könne. Hier sei praktische Konkordanz herzustellen. Das BVerwG indes hat die Herstellung praktischer Konkordanz bislang ausdrücklich nur mit grundrechtlich fundierten Interessen verlangt (dazu oben in Kap. 3 Fn. 770).

[330] Nachrichtendienstliche Tätigkeit und Verbrechensbekämpfung werden sich zumindest auf den Schutz innerer Sicherheit zurückführen lassen, der vom Grundgesetz gewährleistet wird. Auch Belange äußere Sicherheit lassen sich auf die Verfassung stützen. Zu beidem etwa *Scherzberg*, Die Öffentlichkeit der Verwaltung, 2000, S. 358 ff. Zum Verfassungsschutz als Verfassungsaufgabe BVerfG, Urteil vom 26. April 2022 – 1 BvR 1619/17 – Rn. 150 nach juris sowie *Roth*, in: *Schenke/Graulich/Ruthig*, Sicherheitsrecht des Bundes, 2019, § 1 BVerfSchG Rn. 12. In der Entscheidung BVerfGE 147, 50 rekurriert das BVerfG offensichtlich auf das Staatswohl, um die nur oberflächliche verfassungsrechtliche Fundierung von Finanzmarktstabilität sowie fiskalischer Interessen zu kaschieren. Für die Finanzmarkstabilität stellt das Gericht etwa fest, es liege „auf der Hand", dass die Finanzmarktaufsicht eine „wichtige Funktion ist, die im elementaren Interesse des Staates liegt" (ebd. S. 165). Eine ausführliche Herleitung kann hier nicht geleistet werden. Es sei nur darauf verwiesen, dass *Alpha*, Das Staatsziel Finanzmarktstabilität, 2021, S. 124 ff., 233 ff. dem Grundgesetz eine entsprechende Staatszielbestimmung entnimmt, die sogar als kollidierendes Verfassungsrecht in Betracht käme. Tendenziell restriktiver *Thiele*, Finanzaufsicht, 2014, S. 239 ff., 257 ff. Fiskalische Interessen des Staates haben als solche dagegen keinen Verfassungsrang. Auch das BVerfG äußert sich in diese Richtung BVerfGE 147, 50 (169–170). Im konkreten Fall ging es um das „(fiskalische) Interesse des Staates am Schutz vertraulicher Informationen seiner (Beteiligungs-)Unternehmen", namentlich der Deutschen Bahn AG, welches „einen verfassungsrechtlichen Staatswohlbelang dar[stelle]". Gestützt wurde das darauf, dass Art. 87e und 87f GG die Erwägung zugrunde liege, dass der Staat „wirtschaftlich erfolgreich" am Markt teilnehmen können müsse. Es ging also um das fiskalische Interesse des Staates in einer besonderen Konstellation, deren verfassungsrechtliche Unterfütterung jedenfalls nicht ausgeschlossen ist.

sungsgericht hat in jüngerer Zeit davon gesprochen, dass „die Geheimhaltung in den spezifischen Grenzen funktionaler Notwendigkeit“[331] verbleiben müsse. Dauer und Umfang der Geheimhaltung sowie mögliche nachträgliche Offenlegungsgebote ergeben sich aus dem Gewicht der betroffenen Interessen.[332] Je weiter sich aber die Erfolgsgefährdung von der konkreten Geheimhaltungssituation in das Hypothetische verlagert, desto bedeutsamer müssen die Geheimhaltungsgründe sein.[333]

5. Grundrechtliche Vertraulichkeit: Staatliche Grundrechtsverantwortung

Grundrechtliche Vertraulichkeit bezieht seine verfassungsrechtliche Legitimation unproblematisch aus der staatlichen Bindung an die Grundrechte (Art. 1 Abs. 3 GG).[334] Aus der Grundrechtsbindung resultiert eine Verantwortung für die in den Händen des Staates befindlichen und dem Grundrechtsschutz unterfallenden privaten Geheimnisse.[335] Neben dem allgemeinen Persönlichkeitsrecht (Art. 2 Abs. 1 i.V.m. Art. 1 Abs. 1 GG) und dem daraus abgeleiteten Recht auf informationelle Selbstbestimmung wird häufig der Art. 12 Abs. 1 bzw.[336] Art. 14 Abs. 1 GG zu entnehmende Schutz von Betriebs- und Geschäftsgeheimnissen[337] staatliche Publizität beschränken.[338] Im nachrichtendienstlichen Bereich kann zudem noch Art. 2 Abs. 2 GG der Veröffentlichung von Informationen über die Identität von V-Personen entgegenstehen, wenn als Folge der Veröffentlichung „Reaktionen der beobachteten Personen oder Organisationen zu befürchten

---

[331] BVerfGE 154, 152 (239).

[332] Ähnlich der Ansatz bei *Wischmeyer*. Dazu der Nachweis in Kap. 4 Fn. 324.

[333] Das ist nicht unproblematisch, denn häufig wird Geheimhaltung im sicherheitsbehördlichen Bereich damit gerechtfertigt, dass die Offenlegung einer Information Rückschlüsse auf die Arbeitsweise zuließe. Die Erfolgsgefährdung betrifft damit, ähnlich wie bei den im Rahmen des Kernbereichs häufig bemühten „einengenden Vorwirkungen“, die zukünftige Aufgabenerfüllung. Gerade wenn der Vorgang schon länger zurück liegt, sind hier besonders gründliche Darlegungen erforderlich. Dazu sogleich Kap. 4 bei Fn. 352 ff.

[334] So schon BVerfGE 67, 100 (142).

[335] Allgemein zum Schutz grundrechtlicher Anonymität *Kersten*, JuS 2017, S. 193 (195 ff.).

[336] BVerwG, Beschluss vom 5. März 2020 – 20 F 3/19 – Rn. 11 nach juris. Offen lassend noch BVerfGE 115, 205 (248).

[337] Dazu *Helbach*, Der gestufte Schutz von Betriebs- und Geschäftsgeheimnissen, 2012, S. 41 ff., der das Schutzniveau vom jeweiligen Informationsanspruch abhängig macht. Da nur das parlamentarische Interpellationsrecht, nicht aber Ansprüche der Presse oder Allgemeinheit verfassungsrechtlich fundiert seien, wäre von einem gestuften Schutz auszugehen. Eine solche Unterscheidung ist angesichts des heutigen Forschungsstands sowie der Rechtsprechung des BVerwG indes nicht zwingend.

[338] Vgl. auch *Scherzberg*, Die Öffentlichkeit der Verwaltung, 2000, S. 366 ff.; *Rossi*, Informationszugangsfreiheit und Verfassungsrecht, 2004, S. 134 ff.; *T. Dreier/Spiecker genannt Döhmann*, in: Informationen der öffentlichen Hand – Zugang und Nutzung, 2016, S. 165 (169 ff.).

sind".[339] Auch der Schutz grundrechtlicher Vertraulichkeit gilt nicht absolut. Gegebenenfalls ist hier praktische Konkordanz herzustellen.[340] Ein typisches Beispiel dafür ist die Anonymisierung der zu veröffentlichenden Informationen.[341]

IV. Allgemeine Abwägungsleitlinien

Unbenommen der inzwischen fortgeschrittenen Verwissenschaftlichung der Abwägung als praktisch alternativloses Mittel der Normanwendung im Verfassungsrecht haftet ihr bis heute ein Element der Beliebigkeit an. Zur weiteren Rationalisierung von Abwägungsentscheidungen muss das methodische Grundgerüst der Abwägung von einer abwägungsgerichteten Verfassungsinterpretation flankiert werden. Hier bietet es sich an, nach normspezifischen Indizien auf Hypothesenbasis zu suchen, die die Rechtssicherheit unter Wahrung der Einzelfallgerechtigkeit steigern, indem sie verallgemeinerbare Aussagen zu typischen Abwägungssituationen treffen. Abwägungstheoretisch gesprochen erfolgt mit der Anwendung dieser Indizien eine Skalierung der Intensitäten im Sinne Alexys.[342] Sie geben Aufschluss darüber, von welchem Gewicht die jeweiligen Gegengründe sein müssen. In Ansehung der Rechtsprechung von Bundesverfassungs- und Bundesverwaltungsgericht lassen sich für das Öffentlichkeitsprinzip zwei solcher Abwägungsleitlinien identifizieren. Sie können vor allem bei Abwägungsentscheidungen der Exekutive herangezogen werden, aber auch einen Anknüpfungspunkt für ihre Kontrolle durch die Judikative bieten.[343] Der Gesetzgeber ist bei der Gestaltung des einfachen Rechts im Rahmen seines Gestaltungsspielraums zwar zu Typisierungen und Pauschalisierungen befugt. Auch hier können die Leitlinien jedoch einen Anhaltspunkt für die Ausgestaltung des konkretisierenden Unterverfassungsrechts liefern.

a) Der Faktor Zeit

Wie zuvor schon angesprochen, ist bei der durch das Öffentlichkeitsprinzip bewirkten Informationsverteilung zwischen Staat und Gesellschaft der Faktor Zeit von wesentlicher Bedeutung. Wegen ihres Bezugs zu den einer ständigen Wandlung unterworfenen Vorgängen der Wirklichkeit ist das Gewicht einer Infor-

---

[339] BVerfGE 146, 1 (45 ff.). Dazu auch *Wischmeyer*, Die Verwaltung 51 (2018), S. 393 (423 ff.).

[340] Zum Datenschutz allgemein schon BVerfGE 67, 100 (143–144). Zum Ausgleich mit Schutz der Identität von V-Personen BVerfGE 146, 1 (45). Übereinstimmend BVerwGE 166, 303 (Rn. 22). Siehe auch Art. 86 DSGVO.

[341] Dazu schon die Nachweise in Kap. 4 Fn. 148.

[342] Zum Ganzen bereits oben Kap. 2 bei Fn. 239 ff.

[343] Zur Bindung der Gerichtsbarkeit an typisierende Fallgruppen, die der Lehre entstammen: BVerfGE 120, 180 (211).

mation höchst relativ.[344] Während das grundgesetzliche Öffentlichkeitsprinzip auf möglichst frühzeitige Veröffentlichung drängt, verliert sich mit fortschreitender Zeit nicht nur die Bedeutung einer Information, sondern auch die Berechtigung von Geheimhaltungsgründen.[345] Im demokratischen Verfassungsstaat sind absolute, also zeitlich unbeschränkte Geheimnisse nicht denkbar.[346]

Das Bundesverfassungsgericht stellt bei der Abwägung im Parlamentsrecht schon seit längerem auf den Faktor Zeit ab. Bereits die erstmals in der *Flick*-Entscheidung angesprochene Differenzierung zwischen laufenden und abgeschlossenen Vorgängen beim Kernbereichsschutz ist im Kern eine zeitliche Unterscheidung. Besonders betont wurde der Faktor Zeit dann aber vor allem in materiellen Geheimhaltungssituationen.

So könne sich bei „zeitlich weit zurückliegenden Vorgängen die Geheimhaltungsbedürftigkeit erheblich vermindert oder gar vollständig verflüchtigt haben".[347] Dabei wurde die nicht hinreichend plausible Begründung der im nachrichtendienstlichen Bereich üblichen und auch im Ansatz berechtigten Vertraulichkeitserwägung beanstandet, wonach durch die Information „Arbeitsweisen, Strategien, Methoden und Erkenntnisstand der Nachrichtendienste" offenbar würden.[348] Die Vorgänge, bei denen die mangelnde Begründungstiefe beanstandet wurde, lagen im konkreten Fall mindestens sechs Legislaturperioden zurück. Ebenfalls im Nachrichtendienstrecht wurden diese Maßstäbe dann auch bei Fragen „zum Einsatz konkreter Personen als V-Leute" für anwendbar gehalten und präzisiert, dass „der Zeitablauf" bei der Abwägung mit dem parlamentarischen Interpellationsrecht „ein bedeutsamer – wenn auch nicht allein ausschlaggebender – Faktor" sei.[349] Zum Schutz der Identität von inzwischen verstorbenen V-Personen bezog sich das Gericht zwar auf den postmortalen Persönlichkeitsschutz, führte aber zugleich aus, dass das „parlamentarische Auskunftsrecht […] aufgrund seiner hohen Bedeutung durch den postmortalen Persönlichkeitsschutz jedoch allenfalls in besonderen Ausnahmekonstellationen beschränkt" werden könne.[350] Diese Vorgaben hat das Bundesverwaltungsgericht in einer Reihe von Judikaten präzisiert und eine durch den Zeitablauf determinierte „strukturierte Einzelfallprüfung" für die Offenlegung von Namen verstorbener Informanten entwickelt,

---

344 Dazu schon oben Kap. 4 bei Fn. 169.

345 Als anschauliche Beispiele für die zeitliche Relativität von Geheimnissen können der Maßstab vom Verfahrensstand beim Kernbereichsschutz oder die gestuften Schutzfristen im Archivrecht dienen. Vgl. insbesondere § 11 BArchG. Dazu auch *Wischmeyer*, Die Verwaltung 51 (2018), S. 393 (408–409, 424). Aus verwaltungsrechtlicher Sicht zum Maßstab des Verfahrensstands *Masing*, VVDStRL 63 (2004), S. 377 (418–419).

346 Dazu schon oben Kap. 4 Fn. 195 ff.

347 BVerfGE 124, 161 (194).

348 BVerfGE 124, 161 (194).

349 BVerfGE 146, 1 (56).

350 BVerfGE 146, 1 (46–47).

bei der an die Frist aus § 11 Abs. 1 BArchG angelehnt dem „Zeitablauf von ca. 30 Jahren eine bedeutsame, aber nicht allein entscheidende Rolle“ zukäme.[351] So ende der Geheimnisschutz bei einer unbeschränkten Vertraulichkeitszusage in der Regel 30 Jahre nach dem Ableben des Informanten. Anknüpfend an die Rechtsprechung zum Parlamentsrecht wurden weiterhin die mit der Zeit steigenden Anforderungen an die Substantiierung von Geheimhaltungsgründen konkretisiert. Bei der Geheimhaltung zum Schutz außenpolitischer Interessen müsse bei abgeschlossenen, länger zurückliegenden Vorgängen „wenigstens im Kern ein rational begründbarer Bezug zu den gegenwärtigen Verhältnissen und außenpolitischen Beziehungen“ aufscheinen.[352] Ähnliches wurde beim Quellenschutz[353] sowie der Geheimhaltung mit Verweis auf den Schutz von nachrichtendienstlicher Arbeitsweise und Methoden verlangt.[354] Auch gegenüber dem verfassungsunmittelbaren Presseauskunftsanspruch komme insofern eine Auskunftsverweigerung nur in Betracht, wenn die „Möglichkeit von Rückschlüssen auf die heutige nachrichtendienstliche Arbeitsweise“ dargelegt werde.[355] Die zeitliche Relativität von Geheimnissen gilt auch für grundrechtlichen Geheimnisschutz. Gerade die Schutzwürdigkeit von Betriebs- und Geschäftsgeheimnissen ist wegen der Volatilität der Märkte stark zeitbezogen. In diese Richtung hat sich auch das Bundesverfassungsgericht zum Schutz mindestens sechs Jahre alter wettbewerbsrelevanter Informationen geäußert.[356] Im Informationsfreiheitsrecht wird vermutet, dass Betriebs- und Geschäftsgeheimnisse nach dem Ablauf von fünf Jahren an Aktualität eingebüßt haben. Eine längere Geheimhaltung bedürfe dann ebenfalls der Darlegung besonderer Umstände.[357]

Übereinstimmend mit dieser Rechtsprechung sowie der grundgesetzlichen Wertung möglichst frühzeitiger Öffentlichkeit lässt sich die Leitlinie formulieren, dass das relative Gewicht von Öffentlichkeit bei der Abwägung mit Geheimhaltungsinteressen mit fortschreitender Zeit zunimmt, während das Gewicht der Geheimhaltungsgründe parallel dazu abnimmt.[358] Je länger ein Vorgang geheim

---

[351] Dazu insbesondere BVerwGE 172, 159 (Rn. 22). Entsprechend zum verfassungsunmittelbaren Auskunftsanspruch der Presse BVerwG, Beschluss vom 13. April 2021 – 30 GS 2/20 – Rn. 22 nach juris.

[352] BVerwGE 136, 345 (Rn. 12). Vgl. auch BVerwG, Beschluss vom 28. Juli 2015 – 20 F 3.15 – Rn. 10 nach juris; BVerwG, Beschluss vom 03. Januar 2020 – 20 F 13.17, 6 A 3.15 – Rn. 28 nach juris.

[353] BVerwG, Beschluss vom 13. Mai 2020 – 6 A 3/20 – Rn. 12 nach juris.

[354] BVerwGE 136, 345 (Rn. 19). Im konkreten Fall lagen die Vorgänge etwa 50 Jahre zurück.

[355] BVerwGE 166, 303 (Rn. 20).

[356] BVerfG, Beschluss vom 5. Februar 2004 – 1 BvR 2087/03, 2111/03 – NVwZ 2004, S. 719 (720).

[357] Dazu etwa BVerwG, Urteil vom 10. April 2019 – 7 C 22/18 – Rn. 56 nach juris; BVerwGE 171, 90 (Rn. 37 ff., 40). Kritisch dazu *Rossi*, NVwZ 2019, S. 1847 (1848).

[358] Ähnlich die Formulierung des BVerfG in der jüngsten Entscheidung zum Klimaschutz. Dazu oben Kap. 2 bei Fn. 267.

gehalten wird, desto bedeutsamer muss der Grund für die Geheimhaltung sein. Daraus folgt, dass die Darlegungslast bei der Geheimhaltungsrechtfertigung mit der Zeit zunimmt. Zudem muss bei länger zurückliegenden Vorgängen nachvollziehbar sein, dass und warum der Geheimhaltungsbedarf von ungebrochener Aktualität ist.

b) Das Informationsinteresse der Öffentlichkeit

In Abwägungen wird neben der Zeit häufig ein zweiter Faktor bemüht: Das Informationsinteresse der Öffentlichkeit. Die Berücksichtigung des Informationsinteresses im Rahmen der Abwägung trägt dem letztlich banalen Umstand Rechnung, dass der Wert einer Information für ihre potentiellen Rezipienten keine objektiv feststehende Größe ist, sondern jeweils von Inhalt und situativem Kontext abhängt. Das dem Demokratieprinzip zuzuordnende[359] Informationsinteresse der Öffentlichkeit verkörpert also das Gewicht der Gründe, die in Abwägungssituationen für die Zugänglichmachung einer Information streiten. Das Informationsinteresse entzieht sich aber jedenfalls einer abstrakt-generellen Definition, die über die obige Einordnung als Abwägungsleitlinie[360] hinausgeht. Die Frage, wann eine Information von welcher Bedeutung für den potentiellen Rezipientenkreis ist, lässt sich nicht allgemein beantworten.[361] Gleichwohl existieren zwei

---

359 Tendenziell anders *Bernzen*, Gerichtssaalberichterstattung, 2020, S. 145 ff., die die dogmatische Grundlage des öffentlichen Informationsinteresses in der Medienfreiheit sieht. Zuzugeben ist, dass sich die Institutsgarantie des Art. 5 Abs. 1 Satz 2 GG auf die herausgehobene Rolle von Presse und Rundfunk für den öffentlichen Meinungsbildungsprozess zurückführen lässt. Die Medienfreiheit dient der Befriedigung des öffentlichen Informationsinteresses durch den institutionellen Schutz besonders bedeutsamer Akteure. Das Informationsinteresse der Allgemeinheit besteht aber unabhängig von den Medien als Informationsvermittlern. Ihr grundgesetzlich geschützter Bestand ist nur eine Ausprägung des bereits im Demokratieprinzip anzusiedelnden Schutz eines freien und offenen Meinungsbildungsprozesses sowie der Abhängigkeit der Demokratie von der Informiertheit des Volkes. Auch das BVerfG spricht bekanntlich vom demokratischen Grundsatz der „Zugänglichkeit von Informationen, die für die individuelle und öffentliche Meinungsbildung von Bedeutung sind“: BVerfGE 103, 44 (65). Auch vor dem Hintergrund der in der Informationsgesellschaft sinkenden Bedeutung von Presse und Rundfunk für die Informationsverbreitung lässt sich das Informationsinteresse nicht in Art. 5 Abs. 1 Satz 2 GG ansiedeln. Anders als das Informationsinteresse von Privaten entzieht sich das Informationsinteresse der Presse nach der Rechtsprechung jedoch einer staatlichen Bewertung. Dazu BVerwG, Urteil vom 1.10.2014 – 6 C 35/13 – NJW 2015, S. 807 (Rn. 41); BVerfGE 101, 361 (389).

360 Das Informationsinteresse der Öffentlichkeit dient regelmäßig im Presse- und Äußerungsrecht als Abwägungsleitlinie bei der üblichen Koordination von Medienfreiheiten mit privaten Schutzinteressen, häufig Persönlichkeitsrechten. Vgl. etwa BVerfGE 101, 361 (386 ff.). Zur Bedeutung des Informationsinteresses auch *Beater*, ZUM 2005, S. 602 (603 ff.). Gerade wenn es nicht um die Auflösung von Kollisionen mit öffentlichen Geheimhaltungsinteressen, sondern um in den Händen des Staates befindliche Informationen geht, die grundrechtlichem Vertraulichkeitsschutz unterliegen, kann die Rechtsprechung hier einen Anhaltspunkt liefern.

361 Wann von einem öffentlichen Informationsinteresse auszugehen ist, hängt jeweils auch an der Zweckrichtung der Informationspflicht sowie besonderen Vorgaben. Vgl.

Fallgruppen, bei denen in der Rechtsprechung regelmäßig von einem besonderen Informationsinteresse ausgegangen wird.

So hat das Bundesverfassungsgericht bei der Abwägung parlamentarischer Informationsrechte mit dem Kernbereich exekutiver Eigenverantwortung erstens festgestellt, dass „dem parlamentarischen Informationsinteresse" besonders hohes Gewicht zukomme, „soweit es um die Aufdeckung möglicher Rechtsverstöße und vergleichbarer Missstände innerhalb von Regierung und Verwaltung geht".[362] Gerade bei parlamentarischen Anfragen, die sich „auf einen für Staat und Gesellschaft besonders bedeutsamen Bereich" bezögen, hätte „die Öffentlichkeit ein gesteigertes Interesse an parlamentarischer Kontrolle".[363] Von einem besonderen Gewicht des Informationsinteresses wegen der Aufdeckung möglicher Rechtsverstöße und Missstände innerhalb Regierung und Verwaltung ging das Gericht jedenfalls aus, wenn „öffentliche Stellen mit einer V-Person kooperiert haben, die im Verdacht steht, erhebliche, gegebenenfalls dem extremistischen Milieu zuzuordnende Straftaten begangen zu haben".[364]

Zweitens wird in dem Informationsinteresse der Öffentlichkeit hohes Gewicht beigemessen, wenn die Informationen einen Vorgang von zeitgeschichtlichem oder historischem Interesse berühren. Bei einem abgeschlossenen Vorgang der Zeitgeschichte wurde die nicht hinreichende Substantiierung materieller Vertraulichkeit in Gestalt der Gefährdung außenpolitischer Beziehungen des Bundes gerügt. Dabei würdigte das Bundesverwaltungsgericht das Informationsinteresse auch vor dem Hintergrund, dass die begehrten Archivunterlagen über Adolf Eichmann „keinem bislang insgesamt geheim gehaltenen Vorgang gelten, der durch eine Veröffentlichung erstmals offenbar würde", sondern die bereits bekannten historischen Umstände „nur um Facetten ergänzt" würden.[365]

---

etwa die Bestimmung des § 5 Abs. 3 IFG. So wurde in BVerwG, Beschluss vom 21. Februar 2008 – 20 F 2.07 – Rn. 23, 28 nach juris zu einem Anspruch aus dem UIG etwa ein besonderes öffentliches Interesse an Informationen zu einem Störfall in einem Kernkraftwerk im Hinblick auf die „weitreichenden Folgen, die ein Störfall angesichts der Besonderheiten einer solchen technischen Anlage für die Allgemeinheit haben kann", angenommen.

362 Die ursprüngliche Formulierung stammt aus BVerfGE 110, 199 (222) und wurde in BVerfGE 137, 185 (231–232) um den Bezug auf die Verwaltung ergänzt. Seitdem wird diese Maßgabe in ständiger Rechtsprechung vertreten. Auch die Berliner Verwaltungsgerichtsbarkeit, die den Kernbereichsschutz zur Beschränkung des verfassungsunmittelbaren Presseauskunftsanspruchs sowie gegenüber dem Informationsbegehren nach dem IFG anwendet, rekurriert auf diese Maßgabe: VG Berlin, Urteil vom 18. Dezember 2013 – 2 K 249.12 – Rn. 37 nach juris; VG Berlin, Urteil vom 22. Mai 2014 – 2 K 285.12 – Rn. 32 nach juris; VG Berlin, Urteil vom 25. Februar 2016 – 2 K 180.14 – Rn. 26 nach juris; VG Berlin, Beschluss vom 13. März 2017 – 27 L 502.16 – Rn. 68 nach juris; VG Berlin, Beschluss vom 27. März 2017 – 27 L 9.17 – Rn. 56 nach juris.

363 BVerfGE 146, 1 (53).

364 BVerfGE 146, 1 (53).

365 BVerwGE 136, 345 (Rn. 13).

Was schließlich das Verhältnis des öffentlichen Informationsinteresses zu grundrechtlichem Vertraulichkeitsschutz anbelangt, wird für den Geheimnisschutz auf die übliche Interpretation des allgemeinen Persönlichkeitsrechts zurückgegriffen. Für den Ausgleich mit dem Persönlichkeitsrecht wird eine Bewertung nach der betroffenen Sphäre vorgenommen und Trägern höherer Ämter oder Funktionen sowie Personen der Zeitgeschichte[366] geringerer Schutz zugebilligt.[367] Zur Schutzwürdigkeit nachrichtendienstlicher Vertraulichkeitszusagen, die jedenfalls auch dem Schutz der Persönlichkeitsrechte von Informanten und V-Personen dienen,[368] vertritt das Bundesverwaltungsgericht, welches insofern Maßstabsidentität zwischen dem Vertraulichkeitsschutz von § 99 Abs. 1 Satz 2 Alt. 1 VwGO, § 13 Abs. 1 Satz 1 Nr. 1 BArchG sowie mit dem verfassungsunmittelbaren Presseauskunftsanspruch festgestellt hat,[369] dass dem öffentlichen Informationsinteresse höheres Gewicht zukomme, wenn der jeweilige Informant in die Verbrechen des NS-Regimes oder schwere Kriminalität, insbesondere Terrorismus, verstrickt gewesen sei. In zumindest gedanklicher Anlehnung an die Lebach-Rechtsprechung des Bundesverfassungsgerichts komme in diesen Fällen eine Offenlegung der Identität auch vor Ablauf der prinzipiellen 30-jährigen Schutzfrist nach dem Tod der Informanten in Betracht.[370] Mit diesem Beispiel wird zugleich illustriert, dass sich die zeitliche Dimension und das öffentliche Informationsinteresse insofern überschneiden können, als dass das gerade in den skizzierten Fallgruppen ausgeprägte Informationsinteresse mit der Zeit nochmals an Gewicht zunehmen kann.

Es lässt sich daher festhalten: Das relative Gewicht von Öffentlichkeit nimmt bei der Abwägung mit Geheimhaltungsinteressen zu, je höher das öffentliche In-

---

366 Zur Übertragung der Unterscheidung absoluter und relativer Personen der Zeitgeschichte in das Informationsverwaltungsrecht kritisch *Rossi*, Informationszugangsfreiheit und Verfassungsrecht, 2004, S. 155 ff.

367 BVerwGE 164, 112 (Rn. 42): „Neben der Frage, welche Sphäre des Persönlichkeitsrechts betroffen ist, ist für die Schutzwürdigkeit der personenbezogenen Daten zu berücksichtigen, welche Funktion bzw. Stellung der Betroffene in der Behörde bzw. im öffentlichen Leben wahrnimmt und welche Schwere die Beeinträchtigung und ihre Folgen voraussichtlich haben werden; niedrigere Amts- und Funktionsträger verdienen größeren Schutz als höhere und als Personen der Zeitgeschichte." Zuvor schon BVerwG, Urteil vom 23. Juni 2004 – 3 C 41/03 – NJW 2004, S. 2462 (2468). Vgl. auch die Abschichtung in § 11 Abs. 4 BArchG. Das BVerwG, Urteil vom 1. September 2022 – 10 C 5/21 – hat die § 5 Abs. 3 und 4 IFG in jüngerer Zeit bei einem Anspruch aus dem IFG entsprechend angewandt. Unter diesen Voraussetzungen komme auch die Übermittlung personenbezogener Daten von Behördenmitarbeitern unterhalb der Referatsebene in Betracht. Zu einem presserechtlichen Auskunftsanspruch vgl. auch Bayerischer Verwaltungsgerichtshof, Beschluss vom 28. Februar 2023 – 7 CE 23.27 – Rn. 17 nach juris.

368 Dazu BVerfGE 146, 1 (45 ff.).

369 Dazu schon oben die Nachweise in Kap. 4 Fn. 218.

370 BVerwGE 163, 271 (Rn. 31); BVerwG, Beschluss vom 4. November 2020 – 20 AV 1/20 – Rn. 33–34 nach juris; BVerwGE 172, 159 (Rn. 30); BVerwG, Beschluss vom 13. April 2021 – 30 GS 2/20 – Rn. 30 ff.

teresse an einer Information ist. In welcher Hinsicht ein Informationsinteresse besteht, kann je nach Zweckrichtung von Informationspflichten unterschiedlich sein. Allgemein lässt sich aber sagen, dass im Informationsrecht regelmäßig ein Informationsinteresse an der Aufdeckung von Rechtsverstößen und Missständen innerhalb des Staates sowie an Vorgängen von zeitgeschichtlicher oder historischer Bedeutung besteht. Im Übrigen lässt sich das Informationsinteresse mit den zum allgemeinen Persönlichkeitsrecht entwickelten Maßgaben konkretisieren.

V. Fazit

Es wurde gezeigt, dass die wesentlichen Konturen exekutiven Geheimnisschutzes ausgehend von der bundesverfassungsgerichtlichen Rechtsprechung zur Parlamentsinformation in den vergangenen zehn Jahren verstärkt von den Verwaltungsgerichten aufgegriffen wurden. Das ist Ausdruck der Tatsache, dass nicht mehr nur das Parlament mit seinen Informationsrechten für die demokratische Kontrolle der Exekutive verantwortlich ist, sondern zunehmend auch Presse und Allgemeinheit informatorische Kontrollaufgaben wahrnehmen, die aus Sicht eines klassischen Demokratieverständnisses beim Parlament monopolisiert waren. Dies entspricht den Wertungen des Öffentlichkeitsprinzips, das die grundsätzliche Zugänglichkeit und Wahrnehmbarkeit der Staatsgewalt nicht nur gegenüber dem Parlament, sondern der Allgemeinheit als Staatsziel ausweist. Es kann davon ausgegangen werden, dass die Justiziabilisierung des Informationsverhältnisses zwischen Staat und Gesellschaft in der Zukunft noch weiter fortschreiten wird. Die Relativierung des informatorischen Kontrollmonopols des Parlaments, die letztlich in einer Schwächung parlamentarischer Kontrolle gemündet ist,[371] darf aber keinesfalls dazu verleiten, parlamentarische Informationsreche in der Informationsgesellschaft für redundant zu halten. Neben ihrer Unverzichtbarkeit im Gefüge demokratischer Legitimation ermöglicht in sensiblen Bereichen nur parlamentarischer Geheimnisschutz eine Informationsgewährung im Wege abgestufter Öffentlichkeit und begründet in dieser Hinsicht eine Überlegenheit parlamentarischer Kontrolle. Die heute zur Verfügung stehenden außerparlamentarischen Möglichkeiten des gesellschaftlichen Zugriffs auf Informationen des Staates und parlamentarische Informationsrechte flankieren einander und ermöglichen erst im Zusammenspiel ein zeitangemessenes Informationsniveau.

Wurde eingangs von einer Zersplitterung[372] des Informationsverwaltungsrechts im Allgemeinen sowie einer Zerfaserung[373] der Geheimhaltungsgründe im Besonderen ausgegangen, ist in der jüngeren Rechtsprechung des Bundesverwal-

---

[371] So jedenfalls der Befund bei *Meinel*, Selbstorganisation des parlamentarischen Regierungssystems, 2019, S. 263 ff.

[372] Dazu oben Kap. 4 bei Fn. 128, 132.

[373] Dazu oben Kap. 4 bei Fn. 206.

tungsgerichts die Tendenz der Annäherung der gesetzlich unterschiedlich ausgestalteten Geheimnisschutzregimes der verschiedenen Informationsansprüche auch im Verhältnis zum verfassungsunmittelbaren Presseauskunftsanspruch erkennbar.[374] Das Bundesverwaltungsgericht richtet seine Rechtsprechung zum Vertraulichkeitsschutz dabei maßgeblich an den Grundsatzurteilen des Bundesverfassungsgerichts zur Parlamentsinformation, insbesondere den Maßgaben der Rechtfertigungstrias, aus, die damit das Fundament einer allgemeinen Systematik des Geheimnisschutzes bildet. Die auf dieser Basis hier vorgeschlagene Unterteilung verfassungsrechtlichen Geheimnisschutzes in funktionale, materielle und grundrechtliche Vertraulichkeit, die den Gedanken von Akzessorietät, Relativität und Justiziabilität folgt und auf Art. 20 Abs. 2 Satz 2 GG, den Erfolg verfassungsrechtlich gewährleisteter Aufgaben sowie Art. 1 Abs. 3 GG rückführbar ist, kann als verfassungsrechtlicher Ausgangspunkt auch für die Ausgestaltung des einfachen Rechts dienen. Der Zersplitterung des Informationsverwaltungsrechts hinsichtlich der Geheimhaltungsgründe sollte mit einheitlichen Regelungswerken[375] entgegengetreten werden. Das vorgeschlagene Modell verfassungsrechtlichen Vertraulichkeitsschutzes kann auch Unterbau für bereichsbezogene Typisierungen sein, die dem Gesetzgeber im Rahmen seines Gestaltungsspielraums grundsätzlich zustehen. Es existiert jedoch kein Grundsatz, dass einfachrechtliche Zugangsansprüche stets restriktiver ausgestaltet sein müssten als parlamentarische Informationsrechte,[376] die einem umfassenden Abwägungsmodell unterliegen. Es steht zu hoffen, dass bei der Fortentwicklung des Informationsverwaltungsrechts eine Annäherung an dieses Abwägungsmodell stattfindet und absolute Geheimhaltungsgründe durch Abwägungsklauseln ersetzt werden,[377] welche gegenüber starren Ausnahmetatbeständen vorzugswürdig sind, weil sie verfassungsrechtlichen Geheimnisschutz zu einem geringeren Preis ermöglichen, nämlich nicht auf Kosten der Einzelfallgerechtigkeit.

Das Bundesverwaltungsgericht behandelt die bundesverfassungsgerichtlichen Linien des Vertraulichkeitsschutzes ersichtlich als äußerste Grenze des auch mit außerparlamentarischen Auskunfts- und Informationsansprüchen Erlangbaren. Das führt freilich dazu, dass die nicht immer unbestritten gebliebene Auslegung der verfassungsrechtlichen Geheimhaltungsgründe im Informationsverhältnis zwischen Parlament und Regierung den gesellschaftlichen Zugriff auf Informationen des Staates insgesamt begrenzt. Das gilt gerade für den Kernbereich exe-

---

[374] Vgl. schon oben Kap. 4 Fn. 218, 369 sowie die entsprechende Anwendung vom Geheimnisschutzregeln aus dem IFG bei einem Anspruch aus dem UIG: BVerwG, Urteil vom 1. September 2022, – 10 C 5/21.

[375] Skeptisch hierzu sowie zur Betrachtung des Informationsverwaltungsrechts als selbständiger Teil des Verwaltungsrechts noch *Masing*, VVDStRL 63 (2004), S. 377 (432 ff.).

[376] So schon *Schnabel/Freund*, DÖV 2012, S. 192 (195–196).

[377] In diese Richtung auch die Forderung in BT-Drs. 19/14596, S. 4.

kutiver Eigenverantwortung, dem die Rechtsprechung eine gewisse inhaltliche Eigendynamik verliehen hat, die sich nicht ohne Weiteres mit der Teleologie seiner verfassungsrechtlichen Grundlage, dem Grundsatz der Gewaltenteilung (Art. 20 Abs. 2 Satz 2 GG), deckt.[378] Schirmt der Kernbereich nach der ursprünglichen Lesart des Bundesverfassungsgerichts laufende Entscheidungen gegen ein unzulässiges Mitregieren Dritter ab, reicht in der Praxis ein Hinweis auf den Verfahrensstand zur Begrenzung von Informationspflichten, ohne dass eine zu befürchtende Entscheidungsbeeinflussung am Maßstab des Mitregierens geprüft würde. Diese Vorgehensweise ist zurückzuweisen. Vor allem aber ist im Hinblick auf die Ausgestaltung des Informationsverwaltungsrechts darauf hinzuweisen, dass das im einfachen Recht vorherrschende Bild nur nachträglicher Öffentlichkeit der Exekutive keineswegs verfassungsrechtlich alternativlos ist. Der Gesetzgeber hat ein verträgliches Maß zwischen der Forderung möglichst frühzeitiger Öffentlichkeit und Funktionalitätserwägungen herzustellen. Hierbei kann er differenzierte Regeln für Zwischenergebnisse schaffen und auch Abwägungsklauseln vorsehen.

Der der Verhinderung „einengender Vorwirkungen" auf die Regierungswillensbildung dienende Kernbereichsschutz abgeschlossener Vorgänge wird von den Verwaltungsgerichten inzwischen restriktiv gehandhabt, indem eine tatsachengestützte Darlegung der zu besorgenden Vorwirkung vorausgesetzt wird. Mit dem aus der Rechtsprechung des Bundesverfassungsgerichts stammenden Kriterium der „Nähe zur gubernativen Entscheidung" unterfallen nach inzwischen gefestigter Rechtsprechung alle den eigentlichen Kabinettsberatungen und -entscheidungen nur vorgelagerte Prozesse dem nachträglichen Kernbereichsschutz deshalb nur, wenn eine „einengende Vorwirkung" anhand der konkreten Umstände des Einzelfalls plausibel gemacht werden kann. Das gelingt in der Regel nicht. Geht es hingegen um Vorgänge im Kabinett, wird faktisch nicht geprüft, ob und warum Vorwirkungen zu befürchten sind. Vielmehr werden letztere vermutet und der Zugriff auf Kabinettsberatungen unter Rekurs auf die zurückzuweisende Figur des „Kernbereich des Kernbereichs" abwägungsfest und dauerhaft entzogen.[379] Die generelle Vermutung, jede inhaltliche Mitteilung über die Kabinettsberatung begründe eine Gefahr für die freie und unbefangene Willensbildung der Regierung, ist jedoch weder mit einem responsiven Demokratieverständnis noch mit rechtsstaatlichen Wertungen vereinbar.[380] Das allgemeine Vertrauen der Kabinettsmitglieder auf einen der Öffentlichkeit in alle Zukunft entzogenen Diskussionsraum ist nicht schutzwürdig. Es liegt auf der Hand, dass die Darlegung wahrscheinlicher Vorwirkungen als einer recht hypothetischen Annahme Probleme bereiten kann. Diese Schwierigkeiten beruhen jedoch gerade auf dem Aus-

---

[378] Dazu oben Kap. 4 bei Fn. 263 ff.

[379] Zum „Kernbereich des Kernbereichs" schon oben Kap. 4 Fn. 293.

[380] Dazu hier nur *von Achenbach*, ZParl 48 (2017), S. 491 (514).

nahmecharakter nachgehenden Kernbereichsschutzes. Übereinstimmend mit der zeitlichen Relativität des Vertraulichkeitsschutzes dürfte die tatsachengestützte Plausibilisierung einengender Vorwirkungen auf die Kabinettsberatungen in aller Regel nach dem Ablauf von zwei Legislaturperioden[381] ausscheiden.

D. Die normative Bedeutung des Öffentlichkeitsprinzips

Nachfolgend soll ein Überblick über die normative Bedeutung des Öffentlichkeitsprinzips gegeben werden. Aufbauend auf die im zweiten Kapitel beschriebenen Funktionen allgemeiner Verfassungsprinzipien[382] werden zuerst die allgemeinen Funktionen des Öffentlichkeitsprinzips (dazu I.) und dann seine Bedeutung für die einzelnen Staatsgewalten in den Blick genommen (dazu II.).

I. Allgemeine Funktionen des Öffentlichkeitsprinzips

1. Ordnungs- und Bündelungsfunktion – zugleich: Überblick über die Subprinzipien des Öffentlichkeitsprinzips

Die erste normative Funktion des Öffentlichkeitsprinzips besteht darin, dass es die von ihm teleologisch umfassten Subprinzipien ordnet und bündelt. Denn innerhalb seines gegenständlich weit gefassten Tatbestands existieren bestimmte Teilbereiche, die in Rechtsprechung und Lehre weithin als Subprinzipien des Öffentlichkeitsprinzips anerkannt sind. Der Selbststand dieser Unterprinzipien folgt nicht zuletzt aus ihrer eigenen verfassungsgeschichtlichen Bedeutung. Innerhalb dieser Bereiche stehen im Einzelnen jeweils verschiedene Ursprungsnormen des Öffentlichkeitsprinzips und auch verschiedene Funktionen staatlicher Publizität im Vordergrund. Der Verdienst des Öffentlichkeitsprinzips reicht hier über eine bloß deskriptive Verklammerung hinaus. In seiner Ordnungsfunktion stellt das Öffentlichkeitsprinzips die abstrakte normative Basis für die Ableitung möglicher neuer Unterprinzipien. Vor allem aber kann das Öffentlichkeitsprinzip die Auslegung und Entfaltung bereits anerkannter Teilbereiche steuern. Auch das Bundesverfassungsgericht hat sich dementsprechend bei der Herleitung und Anwendung von Unterprinzipien auf das in diesem Sinn allgemeine Öffentlichkeitsprinzip gestützt.[383]

Neben der Parlamentsöffentlichkeit und der Gerichtsöffentlichkeit, die sogleich im Rahmen der gewaltenspezifischen Betrachtung angesprochen werden, umfasst das Öffentlichkeitsprinzip noch drei weitere Subprinzipien. Schon auf-

---

[381] In diese Richtung nunmehr auch BVerwG, Urteil vom 22. März 2022 – 10 C 2/21 – Rn. 30 nach juris.

[382] Dazu oben Kap. 2 bei Fn. 271 ff.

[383] Dazu unten die Nachweise in Kap. 4, Fn. 442, 443.

grund der geschichtlichen Entwicklung an vorderster Stelle zu nennen ist hier die Budgetöffentlichkeit. Als bedeutsamer haushaltsverfassungsrechtlicher Grundsatz gebietet sie die Wahrnehmbarkeit und Zugänglichkeit des Haushaltsplans von seiner Aufstellung bis hin zu Vollzug, Entlastung sowie nachgehender Kontrolle durch die Allgemeinheit und wird schon seit Langem vom Bundesverfassungsgericht anerkannt.[384]

Ebenfalls erwähnt wurde bereits die Öffentlichkeit der Wahl, die das Bundesverfassungsgericht nebeneinander auf Demokratie-, Rechtstaats- und Republikprinzip, also die Ursprungsnormen des Öffentlichkeitsprinzips, gestützt hat. Dieses Subprinzip gebietet, „dass alle wesentlichen Schritte der Wahl öffentlicher Überprüfbarkeit unterliegen, soweit nicht andere verfassungsrechtliche Belange eine Ausnahme rechtfertigen“.[385]

Auch das Gebot der Normöffentlichkeit kann als Unterprinzip verstanden werden. Diese tradierte Normgeltungsvoraussetzung ist eine vor allem rechtsstaatlich aber auch demokratisch intendierte Form der Ergebnisöffentlichkeit, die eine verfassungstextliche Konkretisierung in Art. 82 Abs. 1 GG erfahren hat. Die Normöffentlichkeit ragt insofern aus dem Kreise der übrigen Gehalte heraus, als dass sie die Konkretisierung allgemeiner Öffentlichkeit mit dem am deutlichsten ausgeprägten Regelcharakter ist. Sie verlangt, dass jedenfalls[386] Rechtsnormen „in einer Weise förmlich zugänglich gemacht werden [müssen], daß die Betroffenen sich verläßlich Kenntnis von ihrem Inhalt verschaffen können“.[387]

2. Zukunftssichernde Funktion des Öffentlichkeitsprinzips

Oben wurde beleuchtet, dass das Verfassungsrecht den Anspruch hat, die auch dauerhafte normative Grundlage der Staatsordnung zu bilden. Damit sie ihre Normativität auch ohne ständige Textänderungen in die Zukunft hinein aufrecht erhalten kann, lässt die Verfassung mit ihrer bewusst zurückhaltenden Regelungsweise interpretatorische Freiräume. Diese Freiräume sind bei der Verfassungsinterpretation unter Zuhilfenahme der anerkannten Methoden auszufüllen und bieten Platz, um den in ständiger Wandlung begriffenen Umständen der Wirklichkeit in gewissem Rahmen Rechnung zu tragen. In der geschriebenen Verfassung wird dieses gewollte Maß an normativer Flexibilität durch eine sprachlich knappe und abstrakte Formulierung ermöglicht. Auf normtheoretischer Ebene

---

[384] BVerfGE 55, 274 (303); 70, 324 (356); 131, 152 (206); 163, 298 (336). Vgl. dazu oben Kap. 3 bei Fn. 159 ff.

[385] BVerfGE 123, 39 (68 ff.).

[386] *Scherzberg*, Die Öffentlichkeit der Verwaltung, 2000, S. 321 ff. und *Lederer*, Open Data, 2015, S. 405 ff. befürworten eine Erstreckung auf administratives Binnenrecht (insbesondere Verwaltungsvorschriften) sowie Einzelfallentscheidungen (insbesondere Verwaltungsakte). Anders aber BVerwGE 104, 220 ff.

[387] BVerfGE 65, 283 (291).

spielt hier die finale Normstrukturierung, insbesondere von Verfassungsprinzipien, eine wichtige Rolle.[388] Als final programmierte Staatszielbestimmung hat vor diesem Hintergrund auch das Öffentlichkeitsprinzip eine ausgeprägte zukunftssichernde Funktion. Während es das Ziel, eine möglichst wahrnehmbare und zugängliche Staatsgewalt, verbindlich vorgibt, enthält es sich grundsätzlich einer definitiven Aussage dazu, wie dieses Ziel zu erreichen ist.[389] Mit seiner zurückhaltenden Aussage zum „Wie" seiner Umsetzung dient das Öffentlichkeitsprinzip der Zukunftsoffenheit. Denn auf der einen Seite werden die tradierten Mittel zur Herstellung der Öffentlichkeit durch veränderte Wirklichkeitsbedingungen möglicherweise in ihrer Bedeutung relativiert. Auf der anderen Seite wird das Instrumentarium mit der Zeit um neue, unter Umständen zur Zielerreichung besser geeignete Möglichkeiten erweitert. Das Öffentlichkeitsprinzip steuert die Auslegung der von ihm teleologisch umfassten Normen, in dem es technologischem Fortschritt offen gegenüber steht. Soweit dem Verfassungswortlaut nicht ausdrücklich das Gegenteil entnommen werden kann, ist bei der Verfassungsauslegung aufgrund der modalen Indifferenz des Öffentlichkeitsprinzips im Zweifel nicht davon auszugehen, dass ein bestimmtes Mittel zur Herstellung von Öffentlichkeit verfassungsrechtlich verbindlich vorgegeben wird. Das Potential des Öffentlichkeitsprinzips zur Auslegungssteuerung lässt sich an zwei Beispielen aus der aktuellen Diskussion veranschaulichen.

Der erste Diskussionsstrang betrifft die Parlamentsöffentlichkeit. Nach der Ausarbeitung „Virtuelles Parlament", die die Wissenschaftlichen Dienste des Deutschen Bundestags im Zuge der Corona-Pandemie erstellt haben, schreibe die Verfassung zwingend die körperliche Anwesenheit der Parlamentsmitglieder und sonstiger Beteiligten im Plenarsaal vor. Erst nach einer Verfassungsänderung könne die Möglichkeit virtueller Parlamentssitzungen in das Geschäftsordnungsrecht aufgenommen werden.[390] Gegen diese Ansicht wurde zutreffend eingewandt, dass der Verfassungswortlaut für ein solches Gebot der körperlichen Anwesenheit nicht ergiebig ist und auch Historie, Systematik und Teleologie der Verfassungsvorschriften über die Parlamentsöffentlichkeit dafür sprechen, ein „geistiges Dabeisein" für ausreichend zu halten.[391] Dieser Befund lässt sich mit

[388] Vgl. hier nur *Voßkuhle*, AöR 119 (1994), S. 35 (44 ff.). Dazu bereits oben Kap. 2 bei Fn. 103 ff.

[389] Dazu auch schon die Nachweise oben in Kap. 4 Fn. 61. Zur Gerichtsöffentlichkeit BVerfGE 103, 44 (63).

[390] Wissenschaftliche Dienste des Deutschen Bundestags, Ausarbeitung „Virtuelles Parlament" vom 31. März 2020, WD 3 – 3000 – 084/20. Hierbei wurde sich vor allem auf das Wort „Zusammentritt" in Art. 39 Abs. 1 GG, das Wort „Sitzungen" in Art. 39 Abs. 3 Satz 1 GG, das Wort „verhandelt" in Art. 42 Abs. 1 Satz 1 GG und das Wort „Anwesenheit" in Art. 43 Abs. 1 GG berufen. Im Ergebnis zustimmend *Michl*, JuS 2020, S. 643 (644).

[391] *Lenz/Schulte*, NVwZ 2020, S. 744 ff.; *Kersten/Rixen*, Der Verfassungsstaat in der Corona-Krise, 2022, S. 307 ff.

der modalen Offenheit des Öffentlichkeitsprinzips und der nur zielverbindlichen Parlamentsöffentlichkeit unterfüttern. Eine öffentliche Auseinandersetzung und Entscheidungssuche mit dem Ziel, widerstreitende Interessen in Ausgleich zu bringen,[392] lässt sich auch ohne eine körperliche Anwesenheit der Abgeordneten im klassischen Sinne bewirken. Obwohl die Verfassungsgeber natürlich vom traditionellen Regelbild körperlich stattfindender Sitzungen ausgingen, wollten die Mitglieder des Parlamentarischen Rates eine weitgehende Geschäftsordnungsautonomie ermöglichen. Im Kontext der Parlamentsöffentlichkeit kann hier etwa auf die Diskussionen um die Ausschussöffentlichkeit verwiesen werden.[393] Vor dem Hintergrund des offenen Wortlauts und der finalen Ausrichtung des Öffentlichkeitsprinzips ist daher mit der Gegenansicht anzunehmen, dass auch ohne Verfassungsänderung durch das Geschäftsordnungsrecht für das Plenum und die Parlamentsausschüsse virtuelle oder hybride Öffentlichkeitsformen vorgesehen werden können.[394] Das Verfassungsrecht verlangt hier lediglich, dass die geschäftsordnungsrechtlichen Verfahrensregelungen eine Wahrung der hergebrachten Funktionen der Parlamentsöffentlichkeit ermöglichen.

Parallelen hierzu weist die Debatte um die elektronische Verkündung von Gesetzen und Rechtsverordnungen auf. So wurde der Formulierung des Art. 82 Abs. 1 Satz 1 GG a. F., nach der Gesetze „im Bundesgesetzblatte" zu verkünden sind, von gewichtigen Teilen des verfassungsrechtlichen Schrifttums die verfassungsverbindliche Festlegung auf eine gedrucktes Veröffentlichungsorgan entnommen.[395] Da eine ausschließlich digitale Gesetzespublikation auf dieser Grundlage nicht für möglich gehalten wurde, hat Art. 82 Abs. 1 GG kürzlich eine Anpassung erfahren. Art. 82 Abs. 1 Satz 2 GG hält nunmehr ausdrücklich fest, dass das Bundesgesetzblatt auch elektronisch geführt werden kann. Zudem wurde der zuvor ausdrücklich nur für Rechtsverordnungen bestehende Gesetzesvorbehalt durch Art. 82 Abs. 1 Satz 4 GG auch auf die Verkündung, Ausfertigung und Gegenzeichnung von Gesetzen erweitert[396] und mit dem Verkündungs- und Bekanntmachungsgesetz (VkBkmG)[397] sogleich ausgefüllt.

Diese Verfassungsänderung wäre jedoch nicht zwingend nötig gewesen. Sie ist bei näherem Hinsehen deklaratorischer Natur. Ähnlich wie bei der angesprochenen Parlamentsöffentlichkeit bildet die traditionell analoge Gesetzespublikation

---

392 BVerfGE 40, 237 (249).

393 Dazu oben Kap. 3 bei Fn. 499 ff.

394 Siehe die Nachweise in Kap. 4 Fn. 391.

395 BT-Drs. 20/2729, S. 6 ff.; Wissenschaftliche Dienste des Deutschen Bundestags, Ausarbeitung „Elektronische Verkündung von Rechtsnormen" vom 23. April 2009, WD 3 – 3000 – 146/09, S. 5 ff. Aus der Literatur etwa *Wallrabenstein*, in: *von Münch/Kunig*-GG, 2021, Art. 82 Rn. 35; *Butzer*, in: D/H/S-GG, Stand August 2023, Art. 82 Rn. 244 ff.

396 Zur Verfassungsänderung BT-Drs. 20/2729; BT-Drs. 20/4699.

397 BGBl. I 2022, S. 2752 ff. Dazu BT-Drs. 20/4709.

zwar den Regelfall, der auch die Konzeption der Verfassungsvorschriften zugrunde lag. Ein zwingendes Erfordernis der Veröffentlichung in Papierform ließ sich jedoch weder dem ursprünglichen Wortlaut entnehmen, noch im Wege der Auslegung begründen.[398] Das bereits angesprochene primäre Ziel der Normöffentlichkeit, eine verlässliche Möglichkeit der Kenntnisnahme für die Normadressaten zu ermöglichen,[399] kann unter heutigen Voraussetzungen durch eine digitale Publikation besser erreicht werden als auf herkömmlichem Weg. Auch hier hätte der offene Wortlaut unter Berücksichtigung der auslegungssteuernden Wirkung des Öffentlichkeitsprinzips im Sine der modalen Indifferenz ausgefüllt werden können. Beide Beispiele können als Belege dafür dienen, dass die zukunftsgerichtete Dynamik von Staatszielbestimmungen normativitätserhaltend ist, weil sie Textänderungen vorgreift.

3. Abschirmende Funktion von Öffentlichkeit

Der Normativitätserhalt steht auch bei der abschirmenden Funktion im Vordergrund. So ist in der Literatur die Ansicht verbreitet, dass die Parlamentsöffentlichkeit über das Demokratieprinzip vermittelt zu den änderungsfesten Grundsätzen des Art. 79 Abs. 3 GG zu rechnen sei.[400] Vereinzelt wird auch angenommen, die Öffentlichkeit des Staates insgesamt zähle zum verfassungsänderungsfesten Kern des Rechtsstaatsprinzips.[401] Das wirft die Frage auf, ob und in welchem Maße der verfassungsändernde Gesetzgeber an das Öffentlichkeitsprinzip gebunden ist. Bei der inhaltlichen Konturierung der „in den Artikeln 1 und 20 niedergelegten Grundsätze“ (Art. 79 Abs. 3 GG) muss sich vor Augen geführt werden, dass die Vorschrift im Ergebnis zu einer Beschränkung des (verfassungsändernden) Gesetzgebers als einzigem direkt volkslegitimiertem Organ führt.[402] Die Vorschrift stellt daher eine „Ausnahmevorschrift“ dar, die den Gesetzgeber jedenfalls nicht daran hindern soll, „auch elementare Verfassungs-

---

398 In diese Richtung auch *Strohmeier/Gamisch*, DÖV 2019, S. 478 (483 ff.); *Mast*, ZG 37 (2022), S. 35 ff. Vgl. auch bereits *Guckelberger*, Der Übergang zur (ausschließlich) elektronischen Gesetzesverkündung, 2009 sowie allgemein *Eichel/Matt/Pfäffli/Bieri*, JZ 2022, S. 639 ff.

399 Dazu oben Kap. 4 bei Fn. 387.

400 Im Einzelnen inhaltlich divergierend *Morlok*, in: *Dreier*-GG, 2015, Art. 42 Rn. 20; *Magiera*, in: *Sachs*-GG, 2021, Art. 42 Rn. 1; *Michl*, JuS 2020, S. 643 (644); *Schneider*, in: AK-GG II, 1984, Art. 42 Rn. 2; *Müller-Terpitz* in: BK-GG, Stand Dezember 2023, Art. 42 Rn. 14; *Brocker*, in BeckOK-GG, Stand August 2023, Art. 42 Rn. 1.1; *Schliesky*, in: M/K/S-GG, 2018, Art. 42 Rn. 14; *A. A. Schmidt*, Ausschussöffentlichkeit im Deutschen Bundestag, 2021, S. 217, 244 ff. In diese Richtung auch *Linck*, ZParl 23 (1992), S. 673 (675 ff.).

401 *Sobota*, Das Prinzip Rechtsstaat, 1997, S. 498–499.

402 *Bryde*, in: *von Münch/Kunig*-GG, 2021, Art. 79 Rn. 37; *Dreier*, in: ders.-GG, 2015, Art. 79 Abs. 3 Rn. 19; *Herdegen*, in: D/H/S-GG, Stand August 2023, Art. 79 Rn. 80.

grundsätze systemimmanent zu modifizieren".[403] Dies vorausgeschickt, kann von einer Berührung der in Art. 20 GG niedergelegten Grundsätze im Sinne von Art. 79 Abs. 3 GG nur ausgegangen werden, wenn die angesprochenen Grundsätze in ihrem „*substantiellen Kerngehalt*" betroffen sind,[404] der Mindeststandard gewisser abstrakt-prinzipieller Leitgedanken konkret unterschritten wird.[405] Es ist deshalb schon im Ausgangspunkt sicher, dass der Optimierungscharakter des Öffentlichkeitsprinzips nicht unter den Ewigkeitsschutz fallen kann. Anders als das allgemeine Rechtsstaatsprinzip[406] ist das Demokratieprinzip zwar zweifelsfrei ein im Rahmen von Art. 79 Abs. 3 GG zu berücksichtigender Grundsatz, aber auch hier lässt sich der konkret geschützte demokratische Normbestand nicht zweifelsfrei benennen. Als zustimmungswürdig haben sich Ansätze herauskristallisiert, die – teilweise mit prinzipientheoretischen Anleihen[407] – zur Bestimmung der änderungsfesten Mindeststandards am Kerngehalt des Demokratieprinzips, nämlich den demokratischen Grundgedanken der Freiheit und speziell auch[408] der Gleichheit ansetzen.[409] So werden die für den Einbezug des Staatsvolks normativ

---

403 BVerfGE 30, 1 (24 ff.). Ähnlich BVerfGE 109, 279 (310): „eng auszulegende Ausnahmevorschrift". Kritisch dazu hingegen *Hain*, Die Grundsätze des Grundgesetzes, 1999, S. 70–72, der die mit der Charakterisierung von Art. 79 Abs. 3 GG als Ausnahmevorschrift artikulierte Prämisse der inhaltlichen Ungebundenheit des verfassungsändernden Gesetzgebers in Frage stellt.

404 *Dreier*, in: ders.-GG, 2015, Art. 79 Abs. 3 Rn. 26 (Hervorhebung im Original).

405 Dazu ausführlich *Hain*, Die Grundsätze des Grundgesetzes, 1999, S. 181 ff., 207–210.

406 Auch wenn oben von der Existenz eines (allgemeinen) Rechtsstaatsprinzips ausgegangen wurde, kann der teilweisen Unterwerfung des rechtsstaatlichen Gebots der Öffentlichkeit des Staatshandelns unter die Revisionssperrklausel (vgl. den Nachweis in Kap. 4 Fn. 401) im Rahmen der hiesigen Betrachtung nicht gefolgt werden. Zwar ist staatliche Öffentlichkeit ein Querschnitt rechtsstaatlicher Verbürgungen und dementsprechend auch zum rechtsstaatlichen Kernbestand zu zählen. Unstreitig wäre die Änderungsfestigkeit aber nur dann anzunehmen, wenn das Rechtsstaatsprinzip in Gänze als „in den Artikeln 1 und 20 niedergelegt [...]" gelten würden. Aus der Rechtsprechung restriktiv BVerfGE 30, 1 (24 ff.). Aus der jüngeren Literatur etwa *P. M. Huber*, in: Handbuch des Verfassungsrechts, 2021, S. 383 (410). Angesichts des klaren Verfassungswortlauts wird man jedoch nur solche Rechtsstaatsgarantien als änderungsfest betrachten können, die auch aus den Art. 1, 20 GG hergeleitet werden. Mit Blick auf den Streitstand zu der Frage, ob und in welchem Umfang das Rechtsstaatsprinzip als im Sinne der Revisionssperrklausel niedergelegt ist, kann hier deshalb nicht von der Änderungsfestigkeit rechtsstaatlicher Öffentlichkeit ausgegangen werden.

407 So etwa *Hain*, Die Grundsätze des Grundgesetzes, 1999, S. 325 ff.; *Unger*, Das Verfassungsprinzip der Demokratie, 2008, 208 ff.; 222 ff., 249 ff. Zur prinzipientheoretischen Aufarbeitung des Demokratieprinzips tendenziell kritisch *Grzeszick*, in: D/H/S-GG, Stand August 2023, Art. 20 II Rn. 158; ebenso kritisch, im Ergebnis dagegen vermittelnd *C. Möllers*, in: Handbuch des Verfassungsrechts, 2021, S. 317 (323–324).

408 Dies akzentuieren *Herdegen*, in: D/H/S-GG, Stand August 2023, Art. 79 Rn. 127; *C. Möllers*, in: Handbuch des Verfassungsrechts, 2021, S. 317 (348).

409 *Hain*, Die Grundsätze des Grundgesetzes, 1999, S. 325 ff.; *Unger*, Das Verfassungsprinzip der Demokratie, 2008, S. 208 ff., 222 ff., 249 ff.; *C. Möllers*, in: Handbuch des Verfassungsrechts, 2021, S. 317 (348); *Sachs*, in: ders.-GG, 2021, Art. 79 Rn. 65.

zu gewährleistenden Mindestbedingungen der Offenheit des politischen Willensbildungsprozesses gemeinhin als änderungsfeste Bestandteile des Demokratieprinzips betrachtet.[410] Es bedarf hier keiner vertieften Ausführung, dass dieser individualrechtlich durch die Kommunikationsfreiheiten abgesicherte demokratiewesentliche Bereich freier Information und Kommunikation zwischen Staat und Gesellschaft jedenfalls dann in seinem Mindestbestand betroffen wäre, würde sich staatliche Herrschaft insgesamt im Geheimen[411] abspielen. So konnte schon oben gesehen werden, dass der Bestand eines im wirklichen Sinne offenen demokratischen Kommunikationsraumes auf einer vorgelagerten Ebene die von der demokratischen Verfassung zu gewährende grundsätzliche Öffentlichkeit der Staatsgewalt umfasst. Entsprechend des bei der inhaltlichen Bestimmung von Art. 79 Abs. 3 GG richtigerweise zugrunde zu legenden Konzepts der Mindestbedingungen ist die Öffentlichkeit der Staatsgewalt – oder genauer: Ihre Nichtgeheimheit – als Mindestbedingung demokratischer Offenheit und damit änderungsfester Bestandteil des Demokratieprinzips zu betrachten.[412]

II. Die Bedeutung von Öffentlichkeit für die einzelnen Staatsgewalten

Neben diesen allgemeinen Funktionen hat das Öffentlichkeitsprinzip jeweils verschiedene Auswirkungen für Legislative, Exekutive und Judikative, welche nachfolgend umrissen werden.

[410] In dieser Hinsicht übereinstimmend *Hain*, in: M/K/S-GG, 2018, Art. 79 Rn. 87; *Herdegen*, in: D/H/S-GG, Stand August 2023, Art. 79 Rn. 127; *Bryde*, in: *von Münch/Kunig*-GG, 2021, Art. 79 Rn. 54; *Hesse*, Grundzüge des Verfassungsrechts, 1995, S. 294. In diese Richtung auch BVerfGE 132, 195 (244): Art. 79 Abs. 3 GG gewährleiste „nicht den unveränderten Bestand des geltenden Rechts, *sondern Strukturen und Verfahren, die den demokratischen Prozess offen halten*" (Hervorhebung Verf.). Insgesamt zurückhaltender dagegen *Wegge*, Zur normativen Bedeutung des Demokratieprinzips nach Art. 79 Abs. 3 GG, 1996, S. 169 ff.

[411] Vgl. nur *Leisner*, Der unsichtbare Staat, 1994, S. 63 ff., 82.

[412] In diese Richtung auch *Dreier*, in: ders.-GG, 2015, Art. 79 Abs. 3 Rn. 41. Ferner entspricht der hier hergestellte Bezug zwischen demokratischer Öffentlichkeit und der Revisionssperrklausel der Literaturansicht, die demokratische Öffentlichkeit neben Freiheit und Gleichheit zum Kernbestand des Demokratieprinzips (Art. 20 Abs. 1 GG) rechnet. So *Kotzur*, in: *von Münch/Kunig*-GG, 2021, Art. 20 Rn. 50 ff.; ähnlich bereits *Hesse*, VVDStRL 17 (1959), S. 11 (27 ff., 46). Klarstellunghalber sei erneut darauf hingewiesen, dass die Öffentlichkeit der Staatsgewalt im Rahmen des hier zugrunde gelegten Ansatzes nicht von vornherein der Gestaltung entzogen ist, sondern nur die unter den gegenwärtigen Bedingungen freilich recht künstlich anmutende Möglichkeit insgesamt geheimer Staatsgewaltausübung als änderungsfeste Mindestbedingung anzusehen ist.

1. Legislative

Für die Legislative lassen sich drei verschiedene Ebenen unterscheiden.

a) Auftrag zur Konkretisierung des Öffentlichkeitsprinzips

Da Staatszielbestimmungen in erster Linie an den Gesetzgeber adressiert sind, ist dieser erstens zur Ausgestaltung des Öffentlichkeitsprinzips berufen.[413] Gerade mit Blick auf die Zukunftsoffenheit der Verfassung stellt eine faktisch öffentliche Staatlichkeit ein nicht perfektibles, sondern permanentes Gebot dar[414], das dauerhaft auf möglichst weitgehende Verwirklichung drängt und dem Gesetzgeber mit seinem Abwägungsauftrag die fortlaufende Beachtung aufgibt. In Umsetzung des Öffentlichkeitspostulats ist der Gesetzgeber aufgerufen, die Forderungen nach förmlicher Öffentlichkeit, öffentlichen staatlichen Entscheidungsverfahren sowie der Informationsöffentlichkeit in das einfache Recht zu überführen. Die dynamisch-zukunftssichernde Ausrichtung des Öffentlichkeitsprinzips fordert eine kontinuierliche Überprüfung der Rechtslage und die stetige Berücksichtigung von Veränderungen, insbesondere technologischer Natur. Unter Berücksichtigung der aktuellen tatsächlichen Umstände sowie entgegenstehender Rechtpositionen ist der Gesetzgeber gehalten, möglichst weitgehende, möglichst allgemeine Öffentlichkeit durch den Abbau von Zugangsmodalitäten herzustellen und dabei der Forderung nach Frühzeitigkeit Rechnung zu tragen. Die verbreitete Aussage, der Gesetzgeber sei bei der Konkretisierung von Staatszielbestimmungen hinsichtlich der Mittel zur Zielerreichung gänzlich frei, konnte oben zumindest relativiert werden.[415] Der Gesetzgeber ist verfassungsrechtlich gehalten, im Rahmen seiner Abwägung zwischen mehreren möglichen Konkretisierungen oder Umsetzungsmodalitäten diejenige zu wählen, die das Ziel öffentlicher Staatlichkeit am wirksamsten verwirklicht. Seine Entscheidung kann verfassungsgerichtlich allerdings nur in Ausnahmefällen beanstandet werden.[416] So besitzt der Gesetzgeber hinsichtlich der modalen Ausgestaltung von Öffentlichkeit einen weiten Umsetzungsspielraum, der es ihm grundsätzlich auch erlaubt, ein geringeres Maß an Öffentlichkeit herzustellen, als sich im Einzelfall möglicherweise aus

---

413 In diese Richtung schon BVerfGE 103, 44 (63 ff.). Vgl. außerdem beispielhaft *Jarass*, AfP 10 (1979), S. 228 (231); *Starck*, AfP 9 (1978), S. 171 (175); *Pieroth*, in: Festschrift Hoppe, 2000, S. 195 (197 ff., 210); *Kloepfer*, in: HStR III, 2005, S. 389 (416); *Scherzberg*, Die Öffentlichkeit der Verwaltung, 2000, S. 335; *Rossi*, Informationszugangsfreiheit und Verfassungsrecht, 2004, S. 87; *Müller-Neuhof*, Verfassung als Nachricht, 2012, S. 105; *Drefs*, in: Informationen der öffentlichen Hand – Zugang und Nutzung, 2016, S. 89 (102). Vgl. auch bereits Kap. 4 Fn. 61.

414 Zu dieser Charakterisierung allgemein *Sommermann*, Staatsziele und Staatszielbestimmungen, 1997, S. 380 ff.

415 Dazu oben Kap. 2 bei Fn. 155 ff.

416 Zum Maßstab verfassungsgerichtlicher Kontrolle sogleich näher unten Kap. 4 bei Fn. 445 ff.

einer Abwägung auf Basis der Verfassung ergäbe. Der Praxis zu Art. 20a GG entsprechend[417] kommt Öffentlichkeit eine im Rahmen der Abwägung zu berücksichtigende Gewichtsverstärkung und somit rechtfertigungsunterstützende Wirkung zu.

b) Öffentlichkeit als legitimer Gesetzeszweck und kollidierendes Verfassungsrecht

Wird der Gesetzgeber in Konkretisierung der verfassungsrechtlichen Zielvorgabe tätig, resultiert aus diesem Regelungsauftrag zugleich zweitens die grundgesetzliche Anerkennung faktischer Öffentlichkeit als legitimer Gesetzeszweck, was bei der Grundrechtsprüfung berücksichtigt werden kann. Auch die Rechtsprechung hat die Zwecklegitimität von Transparenz schon mehrfach in verschiedenen Konstellationen bestätigt. Aus einem eher demokratischen Blickwinkel stand hierbei entweder die Relevanz von Informationen für den öffentlichen Meinungsbildungsprozess im Vordergrund.[418] Teilweise spielten auch eher rechtsstaatliche Erwägungen eine Rolle.[419] Die einfachgesetzliche Konkretisierung

---

[417] Aus der Rechtsprechung etwa BVerfGE 155, 238 (278 ff., 280 ff.); vgl. im Übrigen nur *Gärditz*, in: *Landmann/Rohmer*-UmweltR, Stand September 2023, Art. 20a GG Rn. 68 ff.

[418] BVerfG, Beschluss vom 25. Februar 2008 – 1 BvR 3255/07 – NJW 2008, S. 1435 (1436 ff.): „Transparenz im Umgang mit öffentlichen Mitteln"; in BVerfGE 128, 1 (48) hält das Gericht Transparenz zur Information der Öffentlichkeit und wegen des Beitrags des Gentechnik-Standortregisters zur öffentlichen Meinungsbildung für einen legitimen Gesetzeszweck: „Die Schaffung von Transparenz stellt in diesem Zusammenhang einen *eigenständigen* und legitimen Zweck der Gesetzgebung dar". „Die im Standortregister erfassten und veröffentlichten Angaben [...] leisten innerhalb der demokratischen, pluralistischen Gesellschaft einen wichtigen Beitrag zum öffentlichen Meinungsbildungsprozess. Der öffentliche Meinungsaustausch und die Einbeziehung der Gesellschaft in diese umweltrelevanten Entscheidungen und ihre Umsetzung schützen nicht nur den Einzelnen, sondern stärken die effektive Kontrolle staatlichen Handelns. Um solche Transparenz herzustellen, ist es legitim, bestimmte Daten der Öffentlichkeit allgemein und insoweit ohne weitere Bindung an bestimmte Zwecke zugänglich zu machen. Das Recht auf informationelle Selbstbestimmung schließt die Schaffung allgemein öffentlicher Dateien – auch solcher mit Personenbezug – nicht generell aus" (Hervorhebung Verf.). Zu diesen Entscheidungen *Ostermann*, Transparenz und öffentlicher Meinungsbildungsprozess, 2019, S. 94 ff., 158 ff., 241 ff. sowie 72 ff., 144 ff., 158 ff., der „Transparenz" aber – anders als hier für Öffentlichkeit angenommen – lediglich als sekundären Rechtswert versteht. Dazu schon oben Kap. 4 bei Fn. 52.

[419] So etwa die Anerkennung von Transparenz als legitimer Gesetzeszweck in der Entscheidung zur Kennzeichnungspflicht von Polizeivollzugsbeamten nach dem Landesrecht Brandenburgs BVerwG, Urteil vom 26. September 2019 – 2 C 32/18 – NVwZ 2020, S. 247 (249) „Transparenz der Arbeit der Polizei und der Erleichterung der straf- und disziplinarrechtlichen Aufklärung des rechtswidrigen Verhaltens von Polizeivollzugsbediensteten." In der Entscheidung zu Zeugnisbemerkungen hat das BVerfG in jüngerer Zeit klargestellt, dass Transparenz ein legitimes Ziel von Verfassungsrang sei, um einen chancengleichen Zugang zu Ausbildung und Beruf zu ermöglichen, BVerfG, Urteil vom 22. November 2023 – 1 BvR 2577/15 – Rn. 34 nach juris. Zur Rolle

einer Staatszielbestimmung ist jedoch ein mehr als bloß legitimes Anliegen. Dementsprechend kommt Öffentlichkeit darüber hinaus als kollidierendes Verfassungsrecht in Betracht und ist damit als verfassungsimmanente Grundrechtsschranke anzuerkennen.[420] Kollisionen mit anderen Verfassungsgütern sind dabei im Wege praktischer Konkordanz aufzulösen. Es darf angenommen werden, dass der Gesetzgeber in Zukunft noch häufiger vor der Frage stehen wird, ob die Herstellung von Öffentlichkeit über verschiedene Teile der Staatsgewalt auch auf Kosten verfassungsmäßig verbürgter Positionen im Allgemeinen und Grundrechten im Besonderen zulässig sein kann.[421] Die im Kontext aktueller Gesetzgebung jüngst wieder geäußerte gegenteilige Sichtweise, die Publizität des Staatsgewalt sei als solche kein mit Verfassungsrang ausgestatteter Rechtswert,[422] ist nach der hier vertretenen Auffassung zwar zurückzuweisen. Gleichwohl kommt eine Beschränkung von Verfassungsgütern nur nach Maßgabe einer gewissenhaften und strikten Verhältnismäßigkeitsprüfung in Betracht, bei der die oben skizzierten Abwägungsleitlinien herangezogen werden können.

von Transparenz bzw. Öffentlichkeit bei den Verständigungsregeln im Strafverfahren BVerfG, Stattgebender Kammerbeschluss vom 8. November 2023 – 2 BvR 294/22 – Rn. 46 ff. nach juris. Zuvor bereits BVerfGE 133, 168 (217–218).

[420] Allgemein zu dieser Dimension von Staatszielbestimmungen *Sommermann*, Staatsziele und Staatszielbestimmungen, 1997, S. 421 ff.; *Schladebach*, JuS 2018, S. 118 (121).

[421] Ein Beispiel hierfür ist das am 1. Januar 2022 in Kraft getretene Gesetz zur Einführung eines Lobbyregisters für die Interessenvertretung gegenüber dem Deutschen Bundestag und gegenüber der Bundesregierung (Lobbyregistergesetz – LobbyRG), BGBl. I 2021, S. 818 ff. Dazu BT-Drs. 19/27922. Ausweislich seiner Begründung soll die Registrierungspflicht aus § 2 LobbyRG die Einflussnahme von Interessenvertretern auf Entscheidungen von Bundestag und Bundesregierung transparenter gestalten und eine öffentliche Information sowie Kontrolle ermöglichen. Vgl. dazu BT-Drs. 19/27922, S. 7 ff. oder BT-Drs. 19/15, S. 1 ff.; BT-Drs. 19/836, S. 1.

[422] So zum LobbyRG *Friehe*, DVBl 2023, S. 1252 (1255 ff.), der meint, für eine Rechtfertigung der durch die Registrierungspflicht aus § 2 Abs. 1 LobbyRG angeblich begründeten Beschränkung des freien Mandats (Art. 38 Abs. 1 Satz 2 GG) sowie verschiedener Grundrechte fehle es an einem inhaltlich einschlägigen Verfassungsgut. Vom Ansatz ähnlich, aber im Ergebnis weniger restriktiv, zuvor schon *Austermann*, NVwZ 2021, S. 585 (587). Bereits im Gesetzgebungsverfahren wurde die Einschränkbarkeit verfassungsrechtlicher Positionen durch das LobbyRG diskutiert. Mit Blick auf die wortlautgemäß vorbehaltslos gewährleisteten Positionen, etwa aus Art. 4 Abs. 1 GG oder Art. 9 Abs. 3 GG, wurden Ausnahmen von der Registrierungspflicht für Arbeitgeber- und Arbeitnehmerverbände sowie Religions- und Weltanschauungsgemeinschaften in das Gesetz aufgenommen (§ 2 Abs. 2 Nr. 7, 12 LobbyRG). Diese Ausnahmen werden für verfassungsrechtlich determiniert gehalten. Zu dieser Diskussion, vgl. BT-Drs. 19/27922, S. 16; BT-Drs. 19/22179, S. 9; sowie im Zuge eines aktuellen Reformvorhabens Stellungnahme zur Sachverständigenanhörung im Ausschuss für Wahlprüfung, Immunität und Geschäftsordnung des Deutschen Bundestages am 19. September 2023, AS-Drs. 20-G-53, S. 3.

c) Subprinzip der Parlamentsöffentlichkeit

Aufgrund seiner Verfassungstradition als „wesentliches Element [...] des demokratischen Parlamentarismus"[423] existiert drittens ein Subprinzip der Parlamentsöffentlichkeit, das die Öffentlichkeit des legislativen Verfahrens gebietet. Es wirkt vor allem, in dem es die Auslegung des Geschäftsordnungsrechts aber auch der Verfassungsvorschriften über das parlamentarische Verfahren steuert. Denn der Konzeption dieser Normen, insbesondere Art. 42 Abs. 1 GG, liegt die Vorstellung zugrunde, dass nicht nur die Plenarsitzung, sondern die Legislative in ihrer Gesamtheit wahrnehmbar und zugänglich sein soll. Die Parlamentsöffentlichkeit ist ungeschriebenes Verfassungsrecht, das vom Verfassungsgeber mitgesetzt wurde.[424] Art. 42 Abs. 1 GG erweist sich aus dieser Sicht nichts als Sitz, sondern als Konkretisierung der Parlamentsöffentlichkeit.[425] Auch die Ausschüsse sind prinzipieller Öffentlichkeit unterworfen. Da die Ausschussöffentlichkeit klassischerweise nur in Gestalt einer Berichts- und Erklärungsöffentlichkeit verwirklicht ist, bleibt diese gemeinhin hinter der Plenumsöffentlichkeit zurück. In jüngerer Zeit jedoch wurde angenommen, das Öffentlichkeitsprinzip habe sich im Bereich der Ausschüsse – jedenfalls teilweise – zu einer Rechtsregel der Beratungsöffentlichkeit verdichtet.[426] Zudem sei hier erwähnt, dass auch das Parlament Informationspflichten gegenüber Allgemeinheit und Presse[427] unterliegen kann, denen dann mit Rücksicht auf das Prinzip staatlicher Öffentlichkeit nachzukommen ist.

2. Exekutive

Dass Staatszielbestimmungen die Exekutive binden, wird wohl nicht mehr bestritten. Auch das Öffentlichkeitsprinzip ist von Regierung und Verwaltung zu beachten.[428] Da Staatszielbestimmungen dort auf die Exekutive wirken, wo der Gesetzgeber gerade keine definitiven Vorgaben getroffen hat, kommt es durch die Annahme einer exekutiven Berücksichtigungspflicht von Staatzielbestimmungen nicht zu einer Umgehung der gesetzgeberischen Einschätzungspräroga-

---

[423] BVerfGE 70, 324 (355). Vgl. aus der jüngeren Rechtsprechung zur Bedeutung der Öffentlichkeit des Gesetzgebungsverfahrens bei der Konkretisierung von Staatszielbestimmungen BVerfGE 157, 30 (149).

[424] Dazu oben Kap. 3 bei Fn. 493 ff.

[425] So bereits *Linck*, ZParl 23 (1992), S. 673 (680 ff.). Vgl. auch *A. A. Schmidt*, Ausschussöffentlichkeit im Deutschen Bundestag, 2021, S. 182–183.

[426] *A. A. Schmidt*, Ausschussöffentlichkeit im Deutschen Bundestag, 2021, S. 260 ff. Vgl. zuvor bereits *Morlok*, in: *Dreier*-GG, 2015, Art. 42 Rn. 24.

[427] Dazu *Rhein*, Informationsansprüche gegen Parlamente, 2020, S. 54 ff., 168 ff.

[428] *Häberle*, in: Die Verfassung des Pluralismus, 1980, S. 126 (135); *Pieroth*, in: Festschrift Hoppe, 2000, S. 195 (211); *Kugelmann*, Die informatorische Rechtsstellung des Bürgers, 2001, S. 48.

tive.[429] Das verfassungsrechtliche Öffentlichkeitsgebot stellt nicht nur eine allgemeine Handlungsmaxime dar, sondern wirkt auch auf die Exekutive, in dem es die Auslegung unbestimmter Rechtsbegriffe steuert sowie Ermessens- und Abwägungsentscheidungen lenkt.[430] Mit Blick auf die im Bereich der Exekutive nur sehr eingeschränkte Verfahrensöffentlichkeit kommt der Informationsöffentlichkeit besondere Bedeutung zu. Diese wird mit exekutiver Informationstätigkeit und der Erfüllung von Informationspflichten hergestellt. Überall dort, wo die Exekutive verfassungsrechtlichen Informationspflichten unterliegt, ist die Koordination mit Geheimhaltungsgründen anhand der Wertungen des Öffentlichkeitsprinzips vorzunehmen. Informatorische Ermessens- oder Beurteilungsspielräume bestehen dabei grundsätzlich nicht. Auch sonstige Entscheidungen über exekutiven Geheimnisschutz, etwa im Rahmen von § 99 Abs. 1 Satz 2 VwGO, § 96 Satz 1 StPO oder § 35 SÜG i.V.m. § 15 Abs. 1 VSA haben mit Blick auf das verfassungsrechtliche Verhältnis von Öffentlichkeit und Geheimhaltung zu erfolgen. Inwieweit der Verfassung Vorgaben für die Ausgestaltung des Informationsverhältnisses zwischen Verwaltung und Allgemeinheit entnommen werden können, soll im nächsten Kapitel noch näher untersucht werden.

3. (Verfassungs-)Judikative

Ähnlich wie im Bereich der Legislative hat die dritte Gewalt das Öffentlichkeitsprinzip aus zwei Richtungen zu beachten. Zum einen unterliegt das judikative Verfahren dem Grundsatz der Gerichtsöffentlichkeit, das ebenfalls als Subprinzip des Öffentlichkeitsprinzips anzusehen ist. Wie oben beschrieben wurde, ist die Gerichtsöffentlichkeit eine verfassungshistorische Selbstverständlichkeit. Die Verfassungsgeber haben die noch in Art. 134 HChE enthaltene Vorschrift zur Gerichtsöffentlichkeit im Parlamentarischen Rat gestrichen, weil sie Schwierigkeiten bei der einfachgesetzlichen Ausgestaltung vorbeugen wollten und die Ge-

---

429 So die Mehrheitsmeinung in der Sachverständigenkommission „Staatszielbestimmungen/Gesetzgebungsaufträge“ *Bundesminister des Innern/Bundesminister der Justiz*, Staatszielbestimmungen/Gesetzgebungsaufträge – Bericht der Sachverständigenkommission, 1983, S. 101. Vgl. auch bereits BVerfGE 19, 394 (396): „Die Verwaltungsbehörden haben bei allen Entscheidungen die Wertordnung des Grundgesetzes zu beachten“.

430 Schon in BVerwGE 102, 282 (286–287) zum Ermessen einer Behörde bei einem Informationsanspruch aus dem UIG entschieden, dass behördliches Ermessen nur hinsichtlich gleich geeigneter Öffentlichkeitsformen besteht, weil andernfalls der prinzipiell unbeschränkte Informationsanspruch durch die Behörde umgangen werden könnte. Wird die Information ausdrücklich in einer bestimmten Form begehrt, darf die Behörde nur bei Vorliegen wichtiger Gründe ein anderes, im Wesentlichen gleich geeignetes Informationsmittel wählen. Eine Ermessenssteuerung annehmend auch *Pieroth*, in: Festschrift Hoppe, 2000, S. 195 (211).

richtsöffentlichkeit ohnehin für selbstverständlich hielten.[431] Die auch in jüngerer Zeit noch als herrschend bezeichnete[432] Literaturansicht,[433] nach der die Gerichtsöffentlichkeit als solche keinen Verfassungscharakter besäße, ist damit der Boden entzogen. Auch das Bundesverfassungsgericht geht inzwischen folgerichtig vom Gegenteil aus.[434] Mit einer schon länger im Schrifttum vertretenen Auffassung,[435] die vermehrt Zulauf erhält,[436] kommt der Gerichtsöffentlichkeit Verfassungsrang zu. Diese ungeschriebene Verfassungsnorm umfasst im Bereich der Verfahrensöffentlichkeit zum einen die durch § 169 Abs. 1 GVG konkretisierte Saalöffentlichkeit der mündlichen Verhandlung, steht jedoch auch anderen insbesondere digitalen Öffentlichkeitsformen offen gegenüber.[437] Darüber hinaus werden auch Formen der Medienöffentlichkeit geschützt.[438] Die einfachgesetzlichen Bestimmungen zur Verfahrensöffentlichkeit insbesondere des GVG sind daher im Sinne möglichst weitgehender Öffentlichkeit auszulegen. Was die Ergebnisöffentlichkeit anbelangt, ist auf die anerkannte verfassungsrechtliche Pflicht zur Publikation jedenfalls „veröffentlichungswürdiger" Gerichtsentscheidungen zu verweisen, welche sich zumindest[439] gegenüber Presseangehörigen zu einem

---

431 Dazu oben Kap. 3 bei Fn. 528 ff.

432 So *Bernzen*, Gerichtssaalberichterstattung, 2020, S. 124.

433 Anknüpfend an *Martens*, Öffentlich als Rechtsbegriff, 1969, S. 75 etwa *Kissel/Mayer*, GVG-Kommentar, 2021, § 169 Rn. 4: „*kein Verfassungsrechtssatz des GG*" (Hervorhebung im Original); *Diemer*, in: KK-StPO, 2023, § 169 GVG Rn. 1. Vgl. auch *Kloepfer*, in: HStR III, 2005, S. 389 (418).

434 BVerfGE 103, 44 (63); anders zuvor noch BVerfGE 4, 74 (94); 15, 303 (307). Vgl. BVerfG, Beschluss vom 3. Juni 2022 – 1 BvR 2103/16 – Rn. 44 nach juris: „Der Grundsatz der Öffentlichkeit mündlicher Verhandlungen ist ein wesentlicher Bestandteil des Rechtsstaatsprinzips und geht in seiner Bedeutung damit über einzelne Verfahrensregelungen weit hinaus. Auch entspricht er dem allgemeinen Öffentlichkeitsprinzip der Demokratie." Zur demokratischen Komponente von Öffentlichkeit im Strafverfahren vgl. auch BVerfGE 133, 168 (217–218): „Ausdruck der demokratischen Idee".

435 Zutreffend vom Verfassungscharakter der Gerichtsöffentlichkeit ausgehend schon *Ridder*, in: Die Grundrechte II, 1954, S. 243, S. 276–277; *A. Arndt*, NJW 1960, S. 423 (424); *Häberle*, Öffentliches Interesse als juristisches Problem, 1970, S. 123.

436 Vgl. insbesondere *Britz*, Fernsehaufnahmen im Gerichtssaal, 1999, S. 209 ff., 229; *von Coelln*, Zur Medienöffentlichkeit der Dritten Gewalt, 2005, S. 161 ff., 220 ff.; *Hirzebruch*, Öffentlichkeit und Neue Medien im gerichtlichen Verfahren, 2018, S. 178; *Troßbach*, Öffentlichkeit und Geheimhaltung im Verwaltungsprozess, 2019, S. 44; *Bernzen*, Gerichtssaalberichterstattung, 2020, S. 124 ff.

437 Vgl. bereits *A. Arndt*, NJW 1960, S. 423 (424): „Die offene Tür ist jedoch nur eine Maßnahme, um das Öffentlichsein herzustellen." Übereinstimmend BVerfGE 103, 44 (63): „Der Grundsatz der Öffentlichkeit besagt insbesondere noch nichts zu den Modalitäten, unter denen die Öffentlichkeit zugelassen wird." Siehe dazu auch allgemein Kap. 4 bei Fn. 388 ff.

438 Dazu bereits *von Coelln*, Zur Medienöffentlichkeit der Dritten Gewalt, 2005, S. 220 ff.

439 Aus jüngerer Zeit bei der Auslegung von § 475 Abs. 1 StPO wohl zu restriktiv BayObLG, Beschluss vom 10. Mai 2021 – 203 VAs 82/21 – BeckRS 2021, 32414.

verfassungsrechtlichen Anspruch auf Übersendung anonymisierter Urteilsabschriften verdichtet.[440]

Daneben stellt das allgemeine Gebot öffentlicher Staatlichkeit einen normativen Leitmaßstab für die Gerichte als Auslegungshilfe bei der Rechtsauslegung und -fortbildung und der Überprüfung von Verwaltungsentscheidungen dar.[441] Auch das Bundesverfassungsgericht hat das von ihm in ständiger Rechtsprechung angenommene demokratische Öffentlichkeitsprinzip sowohl bemüht um den Grundsatz der Budgetöffentlichkeit[442] wie auch der Gerichtsöffentlichkeit herzuleiten.[443] In den anderen Fällen, in denen das Prinzip in Judikaten des Gerichts auftauchte, wurde es bei der Auslegung von Verfassungsnormen sowie bei der Abwägung herangezogen.[444] Zwar ist das Öffentlichkeitsprinzip als Staatszielbestimmung justiziabel.[445] Neben der Tatsache, dass Öffentlichkeit als Teil des objektiven Verfassungsrechts unmittelbar keine subjektiven Rechte begründet, verdient hier nochmals hervorgehoben zu werden, dass gesetzgeberische Konkretisierungen des Öffentlichkeitsprinzips verfassungsgerichtlich nur eingeschränkt kontrollierbar sind. So kann der gesetzgeberische Gestaltungsspielraum verfassungsgerichtlich nur am Maßstab einer Evidenzkontrolle durchbrochen werden. Die Reichweite des gesetzgeberischen Spielraums bestimmt sich dabei durch den Abstraktionsgrad der Staatszielbestimmung.[446] Das Bundesverfassungsgericht kann grundsätzlich nur eingreifen, wenn der Gesetzgeber entweder überhaupt keine Maßnahmen trifft[447] oder seine Konkretisierungen offensichtlich nicht geeignet sind, das verbindliche Ziel öffentlicher Staatlichkeit zu erreichen.[448] Alleine aus dem Öffentlichkeitsprinzip wird die Verfassungswidrigkeit einer gesetzgeberischen Konkretisierungsentscheidung daher allenfalls in Aus-

---

[440] BVerfG, Beschluss vom 14. September 2015 – 1 BvR 857/15 – NJW 2015, S. 3708 (3710).

[441] Allgemein dazu *Bundesminister des Innern/Bundesminister der Justiz*, Staatszielbestimmungen/Gesetzgebungsaufträge – Bericht der Sachverständigenkommission, 1983, S. 102; *Sommermann*, Staatsziele und Staatszielbestimmungen, 1997, S. 386.

[442] BVerfGE 70, 324 (358); 131, 152 (206).

[443] BVerfGE 103, 44 (63).

[444] So sei die „Bedeutung des Öffentlichkeitsprinzips im demokratischen Parlamentarismus" nach BVerfGE 124, 78 (125–126) bei der Abwägung des Beweiserhebungsrechts der parlamentarischen Untersuchungsausschüsse mit dem grundrechtlichen Datenschutz der von der Beweiserhebung betroffenen Personen zu berücksichtigen. In diese Richtung schon BVerfGE 77, 1 (47–48). Nach BVerfGE 131, 152 (204) sei auch bei der „Auslegung und Anwendung" von Art. 23 Abs. 2 GG dem Umstand Rechnung zu tragen, dass diese Norm „auch dem im Demokratieprinzip verankerten Grundsatz parlamentarischer Öffentlichkeit dient".

[445] So zu Art. 20a GG aus jüngerer Zeit ausdrücklich BVerfGE 157, 30 (95, 143 ff.).

[446] *Sommermann*, Staatsziele und Staatszielbestimmungen, 1997, S. 383 ff.

[447] Zur verfassungsgerichtlichen Beanstandung legislativen Unterlassens *Sommermann*, Staatsziele und Staatszielbestimmungen, 1997, S. 439 ff.

[448] Allgemein dazu bereits oben Kap. 2 bei Fn. 146 ff. In Richtung einer Evidenzkontrolle auch BVerfGE 57, 250 (276) sowie aus jüngerer Zeit BVerfGE 157, 30 (114 ff.).

nahmefällen folgen. Es ist jedoch zu beachten, dass auch die abstraktesten Staatszielbestimmungen einen für den Gesetzgeber verbindlichen und vom Bundesverfassungsgericht kontrollierbaren „Kernbereich“ normieren, der mit den Methoden der Verfassungsinterpretation bestimmt werden kann.[449] Ob das Öffentlichkeitsprinzip im Bereich der Informationsöffentlichkeit der Verwaltung einen solchen verdichteten Kernbereich aufweist, soll im folgenden Kapitel beleuchtet werden.

[449] Allgemein dazu *Sommermann*, Staatsziele und Staatszielbestimmungen, 1997, S. 383 ff., 436 ff.; *Calliess*, Rechtsstaat und Umweltstaat, 2001, S. 126 ff., 128. Bereits *Gusy*, JöR 33 (1984), S. 105 (128) sprach von „zwingenden Mindestanforderungen der Staatszielbestimmungen“. Allgemein wird von einer Verdichtung zu einem verfassungsrechtlichen Mindestschutz jedenfalls bei der Infrastrukturgarantie des Art. 87f GG ausgegangen, die eine Staatszielbestimmung darstellt. Dazu *Möstl*, in: D/H/S-GG, Stand August 2023, Art. 87e Rn. 64, 182 ff.; *Gersdorf*, in: M/K/S-GG, 2018, Art. 87f Rn. 33. Vgl. auch *Schoch*, VVDStRL 57 (1998), S. 158 (206–207). Im Zusammenhang mit Öffentlichkeit als Aussage des objektiven Verfassungsrechts von einer „Garantie eines Mindeststandards“ ausgehend schon *Jarass*, AfP 10 (1979), S. 228 (231).

Fünftes Kapitel

Verhältnis des Öffentlichkeitsprinzips zu Informationsfreiheits- und Transparenzrecht

Wenn der Frage nach dem Verhältnis der Verfassung zu Informationsfreiheits- bzw. Transparenzrecht in der Literatur nachgegangen wird, steht häufig die Ablehnung grundrechtsunmittelbarer Informationsansprüche im Vordergrund. Bevor jedoch Aussagen zu möglichen Folgen für das subjektive Verfassungsrecht getroffen werden können, muss richtigerweise[1] erst geklärt werden, wie weit die Vorgaben des objektiven Verfassungsrechts reichen, die der Gesetzgeber bei der Ausgestaltung der administrativen Informationsöffentlichkeit zu beachten hat (dazu A.). Erst danach können mögliche Konsequenzen für das subjektive Verfassungsrecht gezogen werden (dazu B.). Da auch auf Bundesebene eine Weiterentwicklung des Informationsfreiheitsrechts in ein Transparenzrecht angestoßen wurde, sollen die hierbei gewonnenen Ergebnisse schließlich im Hinblick auf diese Reformbestrebungen konkretisiert werden (dazu C.).

A. Reichweite der Vorgaben des objektiven Verfassungsrechts für die Ausgestaltung der administrativen Informationsöffentlichkeit

Das Öffentlichkeitsprinzip bildet als informatorisches Verteilungsprinzip den abstrakt-verfassungsrechtlichen Rahmen für die Überführung staatlicher Informationen in den gesellschaftlichen Bereich, was ein wichtiges Anliegen des Informationsverwaltungsrechts ist.[2] Nachfolgend soll untersucht werden, wie weit die Vorgaben des Öffentlichkeitsprinzips dabei reichen. Neben das Öffentlichkeitsprinzip tritt hier die objektiv-rechtliche Dimension der Informationsfreiheit (Art. 5 Abs. 1 Hs. 2 GG).[3] Die Diskussion darum, inwieweit die Informations-

[1] In diese Richtung die Ansätze bei *Hoffmann-Riem*, in: AK-GG I, 1984, Art. 5 Abs. 1, 2 Rn. 99; zuvor bereits *Jarass*, AfP 10 (1979), S. 228 (230–231); ähnlich auch *Anderheiden*, Gemeinwohl in Republik und Union, 2006, S. 340 ff.

[2] Dazu *Schoch*, VVDStRL 57 (1998), S. 158 (186); *Gröschner*, VVDStRL 63 (2004), S. 344 (360 ff.); *Augsberg*, Informationsverwaltungsrecht, 2014, S. 195 ff.; *Vesting*, in: Grundlagen des Verwaltungsrechts I, 2022, S. 1465 (1466 ff.).

[3] Die objektiv-rechtliche Dimension der Informationsfreiheit gewährleistet zumindest die strukturellen Voraussetzungen für die Wahrnehmung grundrechtlicher Freiheit.

beziehung zwischen Verwaltung und Allgemeinheit durch das objektive Verfassungsrecht vorgezeichnet wird, begann im Zuge der Einführung der Informationszugangsfreiheit um die Jahrtausendwende Fahrt aufzunehmen. Seitdem hat sich der Meinungsstand nicht tiefgreifend verändert.[4]

I. Meinungsstand

1. Herrschende Ansicht: Gewährleistung der infrastrukturellen Rahmenbedingungen sowie staatlicher Auftrag zur Informationsgrundversorgung

Nach der wohl bis heute herrschenden Meinung im Schrifttum folge aus dem objektiven Verfassungsrecht zunächst nur eine staatliche Verantwortung zur Schaffung und zum Erhalt der infrastrukturellen Rahmenbedingungen, die einen Transfer von Informationen aus dem staatlichen Bereich in Richtung der Gesellschaft ermöglichen. Vom objektiven Verfassungsrecht gehe insgesamt ein „Gestaltungsauftrag für ein (Verwaltungs-)Recht der Informationsbeziehungen"[5] sowie die Pflicht zur Aufrechterhaltung einer Kommunikationsordnung aus.[6] In Anlehnung und mit Bezug zur Infrastrukturgarantie des Art. 87f GG ist die Rede von einem staatlichen Auftrag zu „*informationelle*[*r*] *Grundversorgung*"[7] oder „Informationsvorsorge".[8] Über diese Gestaltungsverantwortung hinaus normiere die Verfassung auf Linie der bis heute überwiegenden Auffassung grundsätzlich keine konkreteren Anordnungen. Dem objektiven Verfassungsrecht wird jedoch zum Teil die Pflicht zur Einrichtung und zum Erhalt staatlicher Archive entnom-

---

Dazu bereits *Hoffmann-Riem*, in: AK-GG I, 1984, Art. 5 Abs. 1, 2 Rn. 98; *Scherzberg*, Die Öffentlichkeit der Verwaltung, 2000, S. 354–355. Darüber hinaus sind ihr nach dem hier zugrunde gelegten Verständnis jedoch keine über das Öffentlichkeitsprinzip hinausgehenden Vorgaben zu entnehmen. Diese inhaltliche Parallelität folgt schon daraus, dass der objektiv-rechtliche Gewährleistungsgehalt der besonderen demokratischen Bedeutung dieses Grundrechts Rechnung trägt. Hierzu bereits oben Kap. 3 bei Fn. 467 ff.

[4] Grundlegend *Rossi*, Informationszugangsfreiheit und Verfassungsrecht, 2004, S. 69 ff., 118 ff., 207 ff. Aus jüngerer Zeit etwa *R. Nolte*, NVwZ 2018, S. 521 ff.

[5] *Schoch*, VVDStRL 57 (1998), S. 158 (186).

[6] Hierbei wird teilweise auf Art. 87f GG rekurriert: *Schoch*, VVDStRL 57 (1998), S. 158 (186 ff.). Zuvor bereits *Hoffmann-Riem*, in: AK-GG I, 1984, Art. 5 Abs. 1, 2 Rn. 98; vgl. auch *Voßkuhle*, in: Verwaltungsrecht in der Informationsgesellschaft, 2000, S. 349 (386 ff.); tendenziell restriktiver *Rossi*, Informationszugangsfreiheit und Verfassungsrecht, 2004, S. 83 ff.; *Schmidt-Aßmann*, Das allgemeine Verwaltungsrecht als Ordnungsidee, 2006, S. 284 „*staatliche Informationsverantwortung*" (Hervorhebung im Original); *Degenhart*, in: BK-GG, Stand Dezember 2023, Art. 5 Abs. 1 Rn. 178 ff.; *Augsberg*, Informationsverwaltungsrecht, 2014, S. 223 ff.; *Wendt* in: *von Münch/Kunig*-GG, 2021, Art. 5 Rn. 56; *Kühling*, in: BeckOK-Info/MedienR, Stand August 2023, Art. 5 GG Rn. 13.

[7] *Schoch*, VVDStRL 57 (1998), S. 158 (200) (Hervorhebung im Original).

[8] *Degenhart*, in: BK-GG, Stand Dezember 2023, Art. 5 Abs. 1 Rn. 180.

men.[9] Deshalb sei insbesondere der Bestand des Bundesarchivs als „Gedächtnis des Staates“[10] verfassungsrechtlich geschützt.

Übereinstimmend mit diesem verbreitet angenommenen infrastrukturähnlichen Anstrich des Öffentlichkeitsgebots wird allenfalls von einer gesetzgeberischen Verpflichtung zur Gewährleistung eines wie auch immer zu bestimmenden informatorischen Mindeststandards ausgegangen.[11] Das Bundesverfassungsgericht hat hier bekanntlich einen demokratischen „Grundsatz der Zugänglichkeit von Informationen, die für die individuelle und öffentliche Meinungsbildung von Bedeutung sind“ identifiziert.[12] Auch in der Literatur wird schon seit längerem von einer zumindest ausnahmsweisen staatlichen Informationspflicht gegenüber der Allgemeinheit ausgegangen.[13]

Das Kernargument gegen weitergehende objektiv-rechtliche Öffentlichkeitsvorgaben aus insbesondere Demokratie- und Rechtsstaatsprinzip bildet traditionell die besondere Offenheit dieser Verfassungsprinzipien (Offenheitsargument).[14] Diese Normen seien ihrem Wesen nach auf gesetzgeberische Konkretisierung an-

---

[9] Hierbei wird auf Rechtsstaats- und Demokratieprinzip sowie die objektiv-rechtliche Dimension von Art. 5 Abs. 3 GG abgestellt: *Manegold*, Archivrecht, 2002, S. 44ff., 56, 65. Vgl. dazu auch *Vismann*, Akten, 2000, S. 300ff.; *Ladeur*, in: Grundlagen des Verwaltungsrechts II, 2012, S. 35 (58ff.); *Partsch*, in: ders.-BArchG, 2021, Einl. Rn. 8, 39ff., 48ff.; *H. Berger*, Öffentliche Archive und staatliches Wissen, 2019, S. 40ff.

[10] BVerwG, Beschluss vom 13. Januar 2022 – 6 A 10.21 – Rn. 12 nach juris.

[11] Anknüpfend an *Breuer*, in: Festgabe aus Anlaß des 25jährigen Bestehens des Bundesverwaltungsgerichts, 1978, S. 89 (119) und *Jarass*, AfP 10 (1979), S. 228 (230–231) zur Presseinformation von einem informatorischen Minimalbereich für die Allgemeinheit ausgehend *Hoffmann-Riem*, in: AK-GG I, 1984, Art. 5 Abs. 1, 2 Rn. 98: „*Sicherung des unabdingbaren Mindestmaßes an Zugänglichkeit*“ (Hervorhebung im Original); ähnlich *Bieber*, DÖV 1991, S. 857 (865–866); *Trute*, VVDStRL 57 (1998), S. 216 (254); *Kühling*, in: BeckOK-Info/MedienR, Stand August 2023, Art. 5 GG Rn. 16; *Wirtz/Brink*, NVwZ 2015, S. 1166 (1168ff.); *Wölfle*, Verfassungsrechtliche Determination von Informations- und Auskunftsansprüchen der Medien in der Informationsgesellschaft, 2021, S. 56ff., der eine objektive Pflicht zur Zugänglichmachung nur ganz ausnahmsweise annimmt. Skeptisch dazu *Degenhart*, in: BK-GG, Stand Dezember 2023, Art. 5 Abs. 1 Rn. 179; *Wendt*, in: *von Münch/Kunig*-GG, 2021, Art. 5 Rn. 56. Die Begrenzung auf einen Mindest- oder Minimalstandard findet ihre dogmatische Fundierung in dem zu den grundrechtlichen Schutzpflichten entwickelten Untermaßverbot. Dazu hier nur BVerfGE 88, 203 (254ff.); *O. Klein*, JuS 2006, S. 960ff.; sowie *Calliess*, in: Die Ordnung der Freiheit: Festschrift für Christian Starck zum 70. Geburtstag, 2007, S. 201 (202ff.). Vgl. auch schon oben in Kap. 3 Fn. 690, 695 zum Kriterium des Minimalstandards aus der Rechtsprechung des BVerwG zum Presseauskunftsanspruch.

[12] BVerfGE 103, 44 (65).

[13] In Richtung ausnahmsweiser Informationspflichten schon *Leisner*, Öffentlichkeitsarbeit der Regierung im Rechtsstaat, 1966, S. 122; *Rotta*, Nachrichtensperre und Recht auf Information, 1986, S. 51. Vgl. auch die Nachweise unten in Kap. 5 Fn. 25.

[14] Dabei wird sich bisweilen auf die Judikatur des BVerfG bezogen, wonach es „grundsätzlich Sache des Gesetzgebers“ sei, „zwischen möglichen Alternativen bei der normativen Konkretisierung eines Verfassungsgrundsatzes zu wählen.“ So zum Rechtsstaatsprinzip BVerfGE 57, 250 (276); in BVerfGE 103, 44 (64) dann im Zusammenhang mit der Gerichtsöffentlichkeit auf das Demokratieprinzip übertragen.

gewiesen.[15] Neben der grundsätzlichen Zugänglichmachung von staatlichen Informationen gegenüber der Allgemeinheit könne den Vorgaben des objektiven Verfassungsrechts auch auf andere Weise entsprochen werden, namentlich durch die tradierten Möglichkeiten der Informationsvermittlung. Erstens könne eine hinreichende Informationsverfügbarkeit hergestellt werden, indem in Ausübung parlamentarischer Informationsrechte erlangte Informationen über die Verhandlungsöffentlichkeit des Parlamentsplenums für die Allgemeinheit zugänglich gemacht würden. Auch könne das im Verhältnis zu den anderen Gewalten reduziertere Maß an Öffentlichkeit der Exekutive durch die Vermittlung von Informationen über die Presse kompensiert werden, welche ihrerseits zum Beispiel über presserechtliche Ansprüche an Informationen aus dem Bereich der Exekutive gelange.[16] Die Auswahl zwischen diesen Mitteln zur Herstellung der Informationsöffentlichkeit obliege dem Gesetzgeber, dem das Verfassungsrecht dabei grundsätzlich keine tieferen Vorgaben mache.[17] Dementsprechend wird die gesetzgeberische Entscheidung, der nicht entscheidungsbetroffenen Allgemeinheit durch das IFG unabhängig von einem berechtigten Interesse ein grundsätzliches Zugangsrecht zu den Informationen der Verwaltung zu gewähren, lediglich als eine „*rechtspolitische Entscheidung*“[18] betrachtet, mit der sich der internationalen und europäischen Entwicklung angeschlossen werden sollte.[19]

---

[15] Vgl. etwa *G. Nolte*, DÖV 1999, S. 363 (367); *Rossi*, Informationszugangsfreiheit und Verfassungsrecht, 2004, S. 82 ff.; *Spindler*, Informationsfreiheit und Finanzmarktaufsicht, 2012, S. 4–5; *Helbach*, Der gestufte Schutz von Betriebs- und Geschäftsgeheimnissen, 2012, S. 142 ff.; *Schoch*, in: ders., IFG-Kommentar, 2016, Einl. Rn. 83; *R. Nolte*, NVwZ 2018, S. 521 (524); *Wölfle*, Verfassungsrechtliche Determination von Informations- und Auskunftsansprüchen der Medien in der Informationsgesellschaft, 2021, S. 55 ff. Grundlage bilden häufig die Ausführungen bei *Martens*, Öffentlich als Rechtsbegriff, 1969, S. 59 ff., 70 ff. der ebd. S. 67 mit dem Offenheitsargument bereits eine behördliche Informationspflicht gegenüber der Presse verneint. Vgl. zur Diskussion auch *Scherzberg*, Die Öffentlichkeit der Verwaltung, 2000, S. 311 ff.

[16] In diese Richtung bereits *Martens*, Öffentlich als Rechtsbegriff, 1969, S. 72 ff. Aus jüngerer Zeit etwa *Wirtz/Brink*, NVwZ 2015, S. 1166 (1168); *R. Nolte*, NVwZ 2018, S. 521 (524); kritischer aber im Ergebnis noch zustimmend *Wölfle*, Verfassungsrechtliche Determination von Informations- und Auskunftsansprüchen der Medien in der Informationsgesellschaft, 2021, S. 58 ff. Aus der Rechtsprechung in Richtung des Offenheitsarguments BVerwG, Urteil vom 22. März 2018 – 7 C 30/15 – Rn. 32 nach juris.

[17] So aus jüngerer Zeit *R. Nolte*, NVwZ 2018, S. 521 (523–524); *Wölfle*, Verfassungsrechtliche Determination von Informations- und Auskunftsansprüchen der Medien in der Informationsgesellschaft, 2021, S. 55 ff.

[18] *Schoch*, in: ders., IFG-Kommentar, 2016, Einl. Rn. 59 ff. (Hervorhebung im Original). Vgl. auch *Kloepfer/Schärdel*, JZ 2009, S. 453 (459); *Spindler*, Informationsfreiheit und Finanzmarktaufsicht, 2012, S. 3; *Wehner*, Informationszugangsfreiheit zu staatlichen Quellen, 2012, S. 248 ff.; *Ziekow/Debus/Musch*, Bewährung und Fortentwicklung des Informationsfreiheitsrechts, 2013, S. 56. Aus jüngerer Zeit etwa *Rhein*, Informationsansprüche gegen Parlamente, 2020, S. 65; *Wehrmann*, ZGI 2022, S. 205 (206).

[19] Vgl. BT-Drs. 15/4493, S. 6; *Schoch/Kloepfer*, Informationsfreiheitsgesetz (IFG-ProfE), 2002, § 2 Rn. 14.

Wie weit die Aussagen der Verfassung konkret reichen, wird innerhalb der herrschenden Meinung nicht ganz einheitlich beantwortet. Ursprünglich wurde davon ausgegangen, das objektive Verfassungsrecht stehe der Öffentlichkeit der Verwaltung und speziell der Einführung der Informationszugangsfreiheit vollständig neutral gegenüber (Indifferenzannahme).[20] Nicht zuletzt weil der Normgeber des IFG ausweislich der Gesetzesbegründung die demokratischen Beteiligungsrechte der Bürger sowie allgemein die demokratische Meinungs- und Willensbildung stärken wollte,[21] wird heute aber überwiegend angenommen, die Einführung der Informationszugangsfreiheit könne zwar zumindest partiell auf Verfassungsprinzipien gestützt werden. Der legislative Entscheidungsspielraum sei jedoch weder hinsichtlich des „Obs" noch des „Wies" verfassungsrechtlich gelenkt gewesen.[22] Deshalb stehe es dem Gesetzgeber auch frei, diese Entscheidung jederzeit rückgängig zu machen.[23]

Der teilweise vertretene verfassungsrechtliche Schutz eines informatorischen Minimalstandards wird – wenn überhaupt – mit abstrakten Wertungen des Demokratieprinzips konkretisiert. So sei der Staat und auch der Gesetzgeber nur ausnahmsweise verpflichtet, die Zugänglichkeit von Informationen mit besonderer demokratischer Relevanz zu gewährleisten. Das gesetzgeberische „Gebot zur Offenlegung [erfasse] [...] nur die für eine demokratische Gesellschaft grund-

[20] *Trantas*, Akteneinsicht und Geheimhaltung im Verwaltungsrecht, 1998, S. 301 ff.; *Rossi*, Informationszugangsfreiheit und Verfassungsrecht, 2004, S. 92; ders., in: Transparenz contra Geheimhaltung in Staat, Verwaltung und Wirtschaft, 2015, S. 43 (50). Zurückhaltend noch *Schoch*, Die Verwaltung 35 (2002), S. 149 (152): „Das *Verfassungsrecht* steht der Entwicklung einer [...] Informationszugangsfreiheit nicht entgegen, fordert und fördert sie aber auch nur in Grenzen" (Hervorhebung im Original); vgl. auch *Wehner*, Informationszugangsfreiheit zu staatlichen Quellen, 2012, S. 233 ff. Nicht verwaltungsspezifisch *Meinel*, Selbstorganisation des parlamentarischen Regierungssystems, 2019, S. 239 nach dem „‚Transparenz' [...] ebensosehr und ebensowenig demokratisch wie ihr Gegenteil" ist. Vgl. auch bereits oben in Kap. 3 Fn. 657.

[21] BT-Drs. 15/4493, S. 6.

[22] *Schoch/Kloepfer*, Informationsfreiheitsgesetz (IFG-ProfE), 2002, Einl. Rn. 28, § 1 Rn. 3, § 2 Rn. 12. In diese Richtung auch *Spindler*, Informationsfreiheit und Finanzmarktaufsicht, 2012, S. 4–5; *Wirtz/Brink*, NVwZ 2015, S. 1166 (1167 ff.); *Schoch*, in: ders., IFG-Kommentar, 2016, Einl. Rn. 82 ff.: „Die Einführung der Informationszugangsfreiheit als Grundsatz [...] wird zum Teil durch die Staatszielbestimmungen (Art. 20 GG) objektivrechtlich gestützt"; *R. Nolte*, NVwZ 2018, S. 521 (524 ff.); *Rhein*, Informationsansprüche gegen Parlamente, 2020, S. 65; *Wölfle*, Verfassungsrechtliche Determination von Informations- und Auskunftsansprüchen der Medien in der Informationsgesellschaft, 2021, S. 60 ff.

[23] So in Übereinstimmung mit BVerwG, Urteil vom 22. März 2018 – 7 C 30/15 – Rn. 32 nach juris: *Rhein*, Informationsansprüche gegen Parlamente, 2020, S. 65; *Wölfle*, Verfassungsrechtliche Determination von Informations- und Auskunftsansprüchen der Medien in der Informationsgesellschaft, 2021, S. 64. Anders dagegen *R. Nolte*, NVwZ 2018, S. 521 (525 ff.).

legenden Informationen"[24] bzw. Informationen von besonderem öffentlichen Interesse.[25]

2. Minderansicht: Verfassungsrechtliche Pflicht zur Herstellung und Gewährleistung der Informationszugangsfreiheit

Nach einer schon länger in der Literatur vertretenen Ansicht[26], die insbesondere von *Scherzberg* fundiert wurde, nehme das objektive Verfassungsrecht den Gesetzgeber über das Maß eines weitgehend frei erfüllbaren Regelungsauftrags hinaus in die Pflicht. So sei der Verfassung die objektiv-rechtliche Aufforderung zu entnehmen, grundsätzlich alle Informationen der Verwaltung für und gegenüber der Allgemeinheit zugänglich zu machen. Da die Verwaltung die demokratische Pflicht zu eigener Publizität treffe, sei eine Informationsvermittlung über die Parlamentsöffentlichkeit nicht ausreichend.[27] Weder lasse sich eine Privilegierung der Medien in Gestalt eines Informationsmonopols demokratisch rechtfertigen, noch könne den Publizitätsvorgaben des Demokratieprinzips vollumfänglich durch staatliche Öffentlichkeitsarbeit entsprochen werden.[28] Des Weiteren wird auch allgemein die landläufig angenommene besondere Offenheit des Demokratieprinzips angezweifelt, die der Ableitung konkreter Publizitätsforderungen nach der herrschenden Ansicht entgegensteht. Die Verfassungsprinzipien

---

[24] *Bieber*, DÖV 1991, S. 857 (866).

[25] So etwa *Bieber*, DÖV 1991, S. 857 (864–866), der – offensichtlich beeinflusst durch die Diskussion um die Veröffentlichung von Umweltinformationen – hierunter „Informationen von grundlegender Bedeutung für Staat und Gesellschaft" sowie solche versteht, die sich „auf die Möglichkeit von Gefahren für individuelle Rechtsgüter einer unbestimmten Vielzahl von Personen" beziehen. Ähnlich bereits *Geiger*, in: Festschrift für Adolf Arndt zum 65. Geburtstag, 1969, S. 119 (133). Vgl. auch *Ziekow/Debus/Musch*, Bewährung und Fortentwicklung des Informationsfreiheitsrechts, 2013, S. 55; etwas restriktiver *Wölfle*, Verfassungsrechtliche Determination von Informations- und Auskunftsansprüchen der Medien in der Informationsgesellschaft, 2021, S. 55 ff.

[26] *Kempen*, Grundgesetz, amtliche Öffentlichkeitsarbeit und politische Willensbildung, 1975, S. 223–224: „drängende verfassungsrechtliche Aufgabe des demokratischen Gesetzgebers, die Formen und Verfahren eines […] subjektiven Informationsrechts zu schaffen"; *Scherer*, Verwaltung und Öffentlichkeit, 1978, S. 27 ff.; *Rotta*, Nachrichtensperre und Recht auf Information, 1986, S. 59–60; *Scherzberg*, Die Öffentlichkeit der Verwaltung, 2000, S. 289 ff., 349 ff.; ders., in: *Fluck/Fischer/Martini*-IFR, Stand Oktober 2022, A I Rn. 69 ff.; *Angelov*, Grundlagen und Grenzen eines staatsbürgerlichen Informationszugangsanspruchs, 2000, S. 68 ff.; *Wegener*, Der geheime Staat, 2006, S. 481 ff.; *Bröhmer*, Transparenz als Verfassungsprinzip, 2004, S. 372 ff.; *Albers*, ZJS 2009, S. 614 (615–616); *Lukaßen*, Die Fallpraxis der Informationsbeauftragten, 2010, S. 42–43; *Rossen-Stadtfeld*, in: Grundlagen des Verwaltungsrechts II, 2012, S. 663 (725–726); *Lederer*, Open Data, 2015, S. 503 ff., 509 ff., 512 ff.; *H. Berger*, Öffentliche Archive und staatliches Wissen, 2019, S. 70 ff.

[27] *Scherzberg*, Die Öffentlichkeit der Verwaltung, 2000, S. 310–311. In diese Richtung auch *Wegener*, Der geheime Staat, 2006, S. 468 ff.

[28] *Scherzberg*, Die Öffentlichkeit der Verwaltung, 2000, S. 312 ff., 317 ff.; ders., in: *Fluck/Fischer/Martini*-IFR, Stand Oktober 2022, A I Rn. 69 ff.

insgesamt anhaftende Weite und Prinzipienförmigkeit dürfe nicht „auf eine totale Konturlosigkeit und Steuerungsschwäche verabsolutiert werden".[29]

II. Bewertung der Positionen

Zunächst kann angemerkt werden, dass die Divergenzen zwischen den skizzierten Literaturmeinungen in erster Linie nicht inhaltlicher Natur sind. So wird die grundsätzliche Bedeutung der allgemeinen Verfügbarkeit von Informationen der Exekutive aus Sicht der heute herrschenden Ansicht keineswegs mehr geleugnet. Grundverschieden beurteilt dagegen wird die Frage, ob und welche Regelungen der heutige Gesetzgeber für die Informationsöffentlichkeit aus Sicht der Verfassung treffen muss. Der Maßstab für den Streitentscheid ist daher die Reichweite des dem Gesetzgeber zustehenden Gestaltungsspielraums.

Wie weit der gesetzgeberische Spielraum bei der Konkretisierung von Staatszielbestimmungen im Einzelnen reicht, hängt zunächst am Abstraktionsgrad der Zielvorgabe. Je abstrakter die Vorgaben der Verfassung sind, desto freier ist der Gesetzgeber bei ihrer Umsetzung.[30] Zudem wird die Legislative durch den Evidenzmaßstab beschränkt. Dieser Maßstab eliminiert jedenfalls zur Zielerreichung gänzlich ungeeignete Mittel aus dem gesetzgeberischen Instrumentarium und bildet auch die Grundlage der Kontrolle durch das Bundesverfassungsgericht. Die Konturen des legislativen Gestaltungsspielraums ergeben sich demgemäß durch ein Zusammenspiel von Abstraktionsgrad und Evidenzmaßstab. Wie bereits an früherer Stelle beleuchtet, ist hierbei zu beachten, dass dem Gesetzgeber ein vom Grundsatz her sehr weiter Umsetzungsspielraum zusteht. Weil die Verfassung einen im Verhältnis zum einfachen Recht begrenzten Regelungsanspruch besitzt, gibt sie nicht definitiv vor, wie die Ziele konkret zu erreichen sind. Zur Bestimmung des legislativen Gestaltungsspielraums ist demnach am Inhalt des Öffentlichkeitsprinzips und seinen Ursprungsnormen anzusetzen.

1. Zurückweisung der Indifferenzannahme

Schon auf Grundlage der bisherigen Untersuchungsergebnisse lässt sich zunächst jedenfalls die Indifferenzannahme[31] zurückweisen. Das Öffentlichkeitsprinzip möchte staatliche Informationsmonopole durchbrechen. In Gestalt der Informationsöffentlichkeit[32] adressiert es die Forderung nach prinzipieller Publi-

---

[29] *Wegener*, Der geheime Staat, 2006, S. 461 ff. Ähnlich insoweit die Argumentation von *Nowrot*, Das Republikprinzip in der Rechtsordnungengemeinschaft, 2014, S. 96 ff. zum Republikprinzip.

[30] Dazu oben Kap. 2 bei Fn. 146 ff.

[31] Zu ihr die Nachweise in Kap. 5 Fn. 20. Kritisch bereits *Scherzberg*, Der Staat 47 (2008), S. 136 ff.

[32] Dazu oben Kap. 4 bei Fn. 99 ff.

zität von Informationen auch und gerade der Verwaltung. Es lässt sich nicht ohne Widerspruch sagen, dass die Verfassung zu gesetzgeberischen Konkretisierungen, die diesem Zweck dienen, in einem Verhältnis vollständiger Neutralität steht. Übereinstimmend damit wird mittlerweile auch weit überwiegend angenommen, dass die Informationszugangsfreiheit zumindest demokratisch mitfundiert ist.[33]

Die Indifferenzannahme ließe sich allenfalls mit dem oben abgelehnten Verständnis von Staatszielbestimmungen aufrecht erhalten, nach dem der Gesetzgeber bei der Auswahl der Mittel zur Erreichung eines Zieles gänzlich frei sei. Dass dem Gesetzgeber bei der Konkretisierung von Staatszielbestimmungen ein weiter Gestaltungsspielraum zusteht, bedeutet jedoch nicht, dass sich die Verfassung zu den Mitteln der Zielerreichung so lange neutral verhält, bis der Spielraum überschritten ist.[34] Ohne dass die Entscheidung in jedem Fall verfassungsgerichtlich beanstandet werden könnte, ist der Gesetzgeber daher richtigerweise auch dann gehalten, möglichst weitgehende Öffentlichkeit herzustellen, wenn er sich außerhalb des nur ausnahmsweise rügbaren Bereichs von Staatszielbestimmungen bewegt. Aber verpflichtet die Verfassung den Gesetzgeber deshalb auch verbindlich dazu, Informationen der Verwaltung zugänglich zu machen?

2. Vermittlung administrativer Informationen durch Parlament und Presse unzulänglich

Die herrschende Meinung bezweifelt das weiterhin mit dem Offenheitsargument. Der Gesetzgeber könne dem Öffentlichkeitsgebot auch noch mit anderen Mitteln genügen als durch die unmittelbare Zugänglichmachung von Informationen für die Allgemeinheit; indem nämlich Informationen durch Parlament und Presse vermittelt würden.[35] Auf den ersten Blick scheint das Offenheitsargument dem verfassungsdogmatischen Verhältnis der Verfassung zum einfachen Recht und dem weiten Spielraum des Gesetzgebers zu entsprechen. Inhaltlich beruht diese Sichtweise jedoch auf dem formal-monistischen Demokratieverständnis, nach dem ein exekutives Öffentlichkeitsgebot unmittelbar gegenüber Volk bzw.

---

[33] Dazu die Nachweise in Kap. 5 Fn. 22, 21.

[34] Dazu oben Kap. 2 bei Fn. 155 ff.

[35] Dazu oben die Nachweise in Kap. 5 Fn. 15. Wegen der vorrangigen Ausrichtung auf Vertrauen und Akzeptanz sowie der traditionell nur zurückhaltenden rechtlichen Determinierung in diesem Bereich wird hier vorausgesetzt, dass auch eine Information der Allgemeinheit nur mit staatlicher Öffentlichkeitsarbeit – jedenfalls in ihrer klassischen Zwecksetzung – für sich genommen unzureichend ist. Dazu nur *Scherzberg*, Die Öffentlichkeit der Verwaltung, 2000, S. 317–318; ders., in: *Fluck/Fischer/Martini*-IFR, Stand Oktober 2022, A I Rn. 78 ff. Bei *Wölfle*, Verfassungsrechtliche Determination von Informations- und Auskunftsansprüchen der Medien in der Informationsgesellschaft, 2021, S. 57 wird das Offenheitsargument jedoch mit der Erwägung unterfüttert, auch die zunehmende Umsetzung der Informationsöffentlichkeit im Wege aktiver staatlicher Informationspflichten stelle eine alternative Realisierungsmöglichkeit dar. Hierzu unten Kap. 5 bei Fn. 75 ff.

Allgemeinheit nicht besteht. So fungiere nur das Parlament als Kontrollinstanz sowie legitimatorische Drehscheibe im Staat.[36] Außerhalb des Anwendungsbereichs von Spezialregelungen sei die nicht entscheidungsbetroffene Allgemeinheit zur Erlangung von Auskünften und Informationen der Verwaltung auf einen Anspruch auf ermessensfehlerfreie Entscheidung verwiesen, der von der Geltendmachung eines berechtigten Interesses abhänge.[37] Mit dieser Argumentation wurde das im Vergleich zu den übrigen Gewalten reduzierte Maß an Öffentlichkeit bereits gerechtfertigt, als ein Verfassungsgebot exekutiver Öffentlichkeit mit dem klassischen Verständnis ganz überwiegend noch abgelehnt wurde.[38] Diese Rechtsauffassung konnte jedoch bereits zurückgewiesen werden. Auf Grundlage eines zeitgemäßen Demokratieverständnisses besteht übereinstimmend mit weiten Teilen der jüngeren Literatur[39] kein parlamentarisches Kontrollmonopol, sondern die Exekutive unterliegt auch gegenüber dem Volk grundsätzlicher Öffentlichkeit. Es konnte belegt werden, dass dieses Öffentlichkeitsgebot in Gestalt eines ungeschriebenen Verfassungsprinzips Teil des positiven Verfassungsrechts ist.

Das Öffentlichkeitsverständnis, wie es dem von der herrschenden Meinung bemühten Offenheitsargument zugrunde liegt, führt also dazu, dass die verfassungsrechtlich fundierte Öffentlichkeit der Exekutive entsprechend des klassischen Verständnisses leer läuft. Es ließe sich nur halten, wenn die Informationsvermittlung durch Parlament und Presse als Mittel zur Erfüllung des Öffentlichkeitsgebots gegenüber der Allgemeinheit angesehen werden könnte. Hieran bestehen jedoch schon im Ausgangspunkt Zweifel.

So muss mit Blick auf die für eine solch mittelbare Form der Informationsöffentlichkeit gehaltene Öffentlichkeit des Parlamentsplenums[40] erstens angemerkt werden, dass parlamentarische Informationsrechte einen Informationszugriff nur entlang der Verantwortungsbeziehungen im parlamentarischen Regierungssystem, also im Verhältnis zwischen Parlament und Regierung, gewähren.[41] Informationen der Verwaltung werden also zunächst durch die inner-exekutiven Aufsichts- und Kontrollbeziehungen und die hierarchische Verwaltungsorganisation, die auf Ministerialebene mündet, gegenüber dem Parlament vermittelt, dessen Plenumsöffentlichkeit diese Informationen dann erst für die Allgemeinheit wahrnehmbar macht. Genau genommen ist die Öffentlichkeit über Informationen der

---

[36] Dazu oben Kap. 3 bei Fn. 232.

[37] Dazu schon oben die Nachweise in Kap. 3 Fn. 656 sowie *G. Nolte*, DÖV 1999, S. 363 (369 ff.).

[38] Vgl. insbesondere *Martens*, Öffentlich als Rechtsbegriff, 1969, S. 72 ff.

[39] Dazu oben den Nachweis in Kap. 3 Fn. 350.

[40] So bereits *Martens*, Öffentlich als Rechtsbegriff, 1969, S. 72–73. Aus jüngerer Zeit *R. Nolte*, NVwZ 2018, S. 521 (524).

[41] Vgl. aber *Meinel*, Der Staat 60 (2021), S. 43 (70 ff.), der angesichts der jüngeren Rechtsprechung des BVerfG kritisch bemerkt, die gesamte Exekutive habe sich als faktische Gegnerin von Informationsrechten etabliert.

Verwaltung nach diesem Verständnis eine allenfalls doppelt mittelbare. Parlamentarische Informationsrechte sind schließlich Ausfluss einer unmittelbar nur zwischen Regierung und Parlament bestehenden Verantwortungsbeziehung. Die parlamentarische Darstellung der in Ausübung dieser Rechte erlangten Informationen lässt sich nicht als Form administrativer Publizität begreifen.[42] Zudem bedürfen diese Informationen auch regelmäßig weiterer Informationsmittler, um tatsächlich in den gesellschaftlichen Bereich vorzudringen.

Ob die hier zweitens genannte Vermittlung von Informationen durch die Presse wirklich als eigene Form der Informationsöffentlichkeit begriffen werden kann,[43] ist mit Blick auf den Bedeutungswandel der Presse in der Informationsgesellschaft zu würdigen. Zwar können Pressevertreter über presserechtliche Ansprüche sowie den zumindest nach der Rechtsprechung bestehenden verfassungsunmittelbaren Presseauskunftsanspruch an Informationen gelangen. Wie jedoch auch aus Sicht der herrschenden Meinung zugestanden wird, hat sich die Rolle der Medien im digitalen Zeitalter von ihrer hergebrachten Funktion als Informationsmittler hin zu einer eher informationsaufbereitenden und diskurslenkenden Rolle gewandelt.[44] Dieser Bedeutungswandel ist zwar nicht geeignet, den existenziellen demokratischen Stellenwert von Presse und Rundfunk zu erschüttern. Er spricht jedoch dagegen, die von Presse und Rundfunk erlangten und für die Allgemeinheit zugänglich gemachten Informationen aus der und über die Exekutive in der heutigen Zeit als Form exekutiver Publizität anzusehen.[45]

Drittens verträgt sich die informatorische Bevormundung der Allgemeinheit durch Presse und Rundfunk nicht ohne Weiteres mit der demokratischen Grundausrichtung des Öffentlichkeitsprinzips. Medien überspielen Informationen aus dem Bereich der Exekutive nur punktuell und nach vorheriger Selektierung sowie einer möglicherweise tendenziösen Aufbereitung in den gesellschaftlichen Bereich. Die in der Informationsgesellschaft einigermaßen paternalistisch er-

---

[42] Dass die im klassischen Modell über die parlamentarische Regierungsverantwortlichkeit vermittelte Verwaltungskontrolle unzureichend ist, bemerkte schon *Czybulka*, Die Legitimation der öffentlichen Verwaltung, 1989, S. 136–138. Vgl. auch *Scherzberg*, Die Öffentlichkeit der Verwaltung, 2000, S. 305 ff.

[43] Dazu oben die Nachweise in Kap. 5 Fn. 16.

[44] Dazu nur *Wölfle*, Verfassungsrechtliche Determination von Informations- und Auskunftsansprüchen der Medien in der Informationsgesellschaft, 2021, S. 91 ff., 97 ff.

[45] Zu Recht kritisch schon *Kempen*, Grundgesetz, amtliche Öffentlichkeitsarbeit und politische Willensbildung, 1975, S. 222; *Gurlit*, Die Verwaltungsöffentlichkeit im Umweltrecht, 1989, S. 60–61; *Scherer*, Verwaltung und Öffentlichkeit, 1978, S. 36 ff.; *Angelov*, Grundlagen und Grenzen eines staatsbürgerlichen Informationszugangsanspruchs, 2000, S. 81 ff.; *Scherzberg*, Die Öffentlichkeit der Verwaltung, 2000, S. 312 ff.; ders., in: *Fluck/Fischer/Martini*-IFR, Stand Oktober 2022, A I Rn. 75 ff.; *Lederer*, Open Data, 2015, S. 374; *Burkhardt*, in: *Löffler*-PresseR, 2023, § 4 LPG Rn. 26–27; *Wehrmann*, ZGI 2022, S. 205 (208–209). Anders aus jüngerer Zeit aber *Wölfle*, Verfassungsrechtliche Determination von Informations- und Auskunftsansprüchen der Medien in der Informationsgesellschaft, 2021, S. 55 ff., 143.

scheinende, nur parlaments- und medienvermittelte Publizität der Exekutive kann eine selbstbestimmte Wahlentscheidung sowie die kritisch-rezeptive Begleitung staatlicher Vorgänge durch eine freie öffentliche Meinung nicht durchweg sicherstellen.

Die zuweilen apodiktisch bemühte Offenheit[46] von Demokratie- und Rechtsstaatsprinzip kann nicht kaschieren, dass die Gegenansicht auf einer überholten Vorstellung beruht. Legt man – wie hier – mit der im Vordringen befindlichen Ansicht ein Öffentlichkeitsgebot gegenüber Volk und Allgemeinheit zugrunde, ist die Annahme weitergehender Anforderungen des objektiven Verfassungsrechts nur konsequent.[47] Die aus heutiger Sicht hypothetische gesetzgeberische Entscheidung, exekutive Publizität mit einer nur parlamentarischen und medialen Informationsvermittlung herzustellen, widerliefe dem Öffentlichkeitsprinzip. Das gilt jedenfalls für die Öffentlichkeit der Verwaltung, die angesichts der schieren Masse von Informationen in den Händen der Verwaltung auch mit parlamentarischen Informationsrechten nicht zeitgemäß bewirkt werden kann.

Da die Entscheidungs- und Willensbildungsverfahren der Exekutive für die nicht entscheidungsbetroffene Allgemeinheit weitgehend im Dunklen liegen und andere Möglichkeiten zur Beseitigung des Informationsgefälles zwischen Staat und Gesellschaft nicht ersichtlich sind, vermag das Offenheitsargument, wie es die herrschende Meinung vertritt, im Ergebnis nicht zu überzeugen. Der Gesetzgeber ist vielmehr verpflichtet, für die Allgemeinheit auch rechtlich garantierte Möglichkeiten des Zugriffs auf Informationen der Verwaltung durch die Schaffung staatlicher Informationspflichten zu gewährleisten. Nicht beantwortet aber ist damit die Frage, ob das Öffentlichkeitsprinzip dem Gesetzgeber weiterhin auch vorgibt, in welchem Maß und auf welche Weise die gesetzlichen Vorschriften eine Information der Allgemeinheit zu ermöglichen haben.

3. Keine bloße Infrastrukturverantwortung

Wie oben ausgeführt, wird vor allem in älteren Literaturbeiträgen davon ausgegangen, der Gesetzgeber müsse allenfalls die grundlegenden technischen und organisatorischen Voraussetzungen für einen Transfer staatlicher Informationen in Richtung der Gesellschaft schaffen.[48] Das Vorhandensein einer Informationsinfrastruktur ist für einen Informationstransfer zwischen Staat und Gesellschaft zweifelsohne unverzichtbar. Alleine mit der gesetzgeberischen Gewährleistungsverantwortung für die notwendigen Rahmenbedingungen lässt sich das Informationsgefälle zwischen Staat und Gesellschaft jedoch nicht ausgleichen. In Umset-

---

46 Kritisch bereits *Wegener*, Der geheime Staat, 2006, S. 459 ff.

47 In diese Richtung bereits *Kempen*, Grundgesetz, amtliche Öffentlichkeitsarbeit und politische Willensbildung, 1975, S. 224.

48 Dazu oben die Nachweise in Kap. 5 Fn. 6, 8.

zung von Vorgaben des objektiven Verfassungsrechts hat der Gesetzgeber deshalb nicht nur den technisch-organisatorischen Rahmen bereitzustellen, sondern auch die rechtlichen Möglichkeiten eines Informationstransfers zu gewährleisten. Diese dichteren verfassungsrechtlichen Anforderungen rechtfertigen sich insbesondere, weil zunächst nur der Staat über die in seinen Händen befindlichen Informationen verfügen kann, insoweit also ein faktisches staatliches Monopol besteht.[49]

4. Kein informatorischer Minimalstandard

Eine Strömung innerhalb der herrschenden Meinung vertritt wie gesagt weiter die Auffassung, das objektive Verfassungsrecht gewährleiste lediglich einen informatorischen Minimalstandard.[50] Neben den nicht einheitlich bewerteten Folgen einer Unterschreitung dieses Standards[51] ist bereits unklar, was genau dieser Minimalschutz umfassen soll.

Die Beschreibung der Wirkweise, insbesondere von Normen des objektiven Verfassungsrechts mit der Garantie eines Mindest- oder Minimalstandards, dient ebenfalls in erster Linie dem Schutz der gesetzgeberischen Entscheidungsfreiheit. Der bei der Verfassungskonkretisierung generell sehr weite gegenständliche Regelungsspielraum darf jedoch nicht dahingehend fehlinterpretiert werden, dass der Gesetzgeber seine Bemühungen in jedem Fall auf das absolute Minimum des irgendwie Denkbaren beschränken darf. Die verfassungsrechtlich vorgegebenen Ziele müssen sich mit den jeweiligen gesetzgeberischen Handlungsmöglichkeiten auch effektiv erreichen lassen. Es ist dabei dogmatisch keineswegs ausgeschlossen, dass sich die verfassungsrechtlichen Zielvorgaben verdichten.[52]

Die von einem Minimalstandard ausgehende Literaturansicht lässt zumeist[53] offen, welche demokratisch bedeutsamen Informationen vom Gesetzgeber zu-

---

[49] Dazu im Kontext der Forschungsfreiheit *Berg*, JöR 33 (1984), S. 63 (89 ff.); *Wollenteit*, Informationsrechte des Forschers im Spannungsfeld von Transparenzforderungen und Datenschutz, 1993, S. 59–60, 248 ff. Vgl. auch *Schoch*, Die Verwaltung 35 (2002), S. 149 (156). Zum Monopolargument eher kritisch *Manegold*, Archivrecht, 2002, S. 74 ff.

[50] Dazu oben die Nachweise in Kap. 5 Fn. 11, 25.

[51] Während *Hoffmann-Riem*, in: AK-GG I, 1984, Art. 5 Abs. 1, 2 Rn. 99 von einer verfassungsunmittelbaren Garantie dieses informatorischen Minimalstandards ausgeht, scheint *Wölfle*, Verfassungsrechtliche Determination von Informations- und Auskunftsansprüchen der Medien in der Informationsgesellschaft, 2021, S. 55, 60 auch in diesen Fällen lediglich von einer gesetzgeberischen Pflicht zur Zugänglichmachung auszugehen.

[52] Dazu allgemein *Sommermann*, Staatsziele und Staatszielbestimmungen, 1997, S. 384 ff., 437 ff.; *Calliess*, Rechtsstaat und Umweltstaat, 2001, S. 126 ff. Im Kontext der Verwaltungsöffentlichkeit der Sache nach auch *Scherzberg*, Die Öffentlichkeit der Verwaltung, 2000, S. 353–354.

[53] Anders aber *Bieber*, DÖV 1991, S. 857 (865): „Genehmigung technischer Großvorhaben mit Folgen, die sich nicht bestimmen lassen". Ähnlich *Caspar*, DÖV 2013,

gänglich zu machen wären. Unabhängig davon, ob man hierunter Informationen versteht, die potentiell für eine Ausübung des Wahlrechts relevant sein können oder schlicht Vorgänge von besonderem öffentlichen Interesse, besteht das offensichtliche Problem fehlender Bestimmbarkeit.[54] Zwar existieren bestimmte Bereiche, bei denen sich das Informationsinteresse der Allgemeinheit eher vorhersehen lässt. Welche Informationen möglicherweise aber einmal für die Wahlrechtsausübung oder die Bildung der öffentlichen Meinung von Bedeutung sein werden, kann der Gesetzgeber nicht annähernd sachgerecht vorhersagen. Das folgt schon aus der Natur von Informationen, deren Wert sich meist erst durch ihre Verknüpfung zu Vorgängen der Wirklichkeit ergibt,[55] die einer ständigen Veränderung unterliegen.

Vor allem aber begründet das Öffentlichkeitsprinzip als informatorisches Verteilungsprinzip der Verfassung ein Regel-Ausnahme-Verhältnis zwischen Öffentlichkeit und Geheimhaltung *aller* staatlicher Informationen.[56] Weder die Tatsache, dass das Öffentlichkeitsprinzip der gesetzgeberischen Konkretisierung unterliegt, noch mögliche Folgen für das subjektive Verfassungsrecht vermögen die Verschiebung dieser normativen Wertung in den Bereich des Ideellen zu rechtfertigen.[57] Denn aus Sicht des formal-monistischen Demokratiemodells besitzt die freie Wahlentscheidung, die nur durch eine grundsätzliche Informationsverfügbarkeit sicherzustellen ist, eine herausragende Bedeutung für die Legitimation der Staatsgewalt. Dem Gesetzgeber oder gar anderen staatlichen Stellen weitgehend freies Ermessen über das Maß der Zugänglichkeit von Informationen für Volk und Allgemeinheit einzuräumen, begründet gerade in der Informationsgesellschaft mit dem Demokratieprinzip unvereinbare Manipulationspotentiale.

Im Allgemeinen birgt die Annahme eines verfassungsrechtlichen Minimalstandards die Gefahr der Verkürzung verfassungsrechtlicher Anordnungen.[58] Dieser

---

S. 371 (374), der eine „Offenlegung von Verträgen der Daseinsvorsorge, der für die Verwaltung maßgebenden Verwaltungsvorschriften, der Subventions- und Zuwendungsvergaben, der Informationen über wesentliche Baugenehmigungen sowie der Ergebnisse von Messungen und Beobachtungen mit Umweltrelevanz" fordert.

[54] So in anderem Zusammenhang auch die Argumentation bei *Rhein*, Informationsansprüche gegen Parlamente, 2020, S. 91 ff.

[55] Dazu oben Kap. 4 bei Fn. 169 zum Informationsbegriff auch oben in Kap. 4 Fn. 100.

[56] Dazu oben Kap. 4 bei Fn. 22 ff.

[57] In diese Richtung nämlich die Argumentation bei *Schoch*, in: ders., IFG-Kommentar, 2016, Einl. Rn. 83.

[58] So hat sich etwa gezeigt, dass die wohl auf *Breuer*, in: Festgabe aus Anlaß des 25jährigen Bestehens des Bundesverwaltungsgerichts, 1978, S. 89 (119) zurückgehende inhaltliche Ausrichtung dieses Anspruchs an der gesetzgeberischen Pflicht zur Gewährleistung eines Minimalstandards zu einer faktischen Entwertung der Pressefreiheit geführt hat. Vgl. dazu *Partsch*, NJW 2013, S. 2858 (2859–2860); *Klemm/Schlüter*, AfP 46 (2015), S. 306 ff.; *Wölfle*, Verfassungsrechtliche Determination von Informations- und Auskunftsansprüchen der Medien in der Informationsgesellschaft, 2021, S. 195 ff. Fol-

Maßstab verleitet hier nämlich dazu, die soeben mit dem Öffentlichkeitsgebot der Exekutive gegenüber der Allgemeinheit für unvereinbar erklärten Formen der Informationsvermittlung für ausreichend zu halten, obwohl diese einer überholten Rechtsansicht entsprechen.[59] Der nach dem Offenheitsargument bestehende Regelungsspielraum lässt die Gewährleistung einfachrechtlicher Informationszugangsansprüche der Allgemeinheit weiter als eine rein rechtspolitische Entscheidung erscheinen. Das führt in der Konsequenz dazu, dass die nach herrschender Meinung nicht verfassungsrechtlich fundierten Informationsansprüche der Allgemeinheit durch die schutzlückenschließende[60] Anwendung verfassungsunmittelbarer Geheimhaltungsgründe entwertet werden. Das informatorische Regel-Ausnahme-Verhältnis wird durch dieses verfassungsrechtliche Ungleichgewicht also in sein Gegenteil verkehrt. Die Diskrepanz zwischen dem stets betonten essentiellen demokratischen Stellenwert[61] einer allgemeinen Zugänglichkeit staatlicher Informationen und den Folgen, die aus Sicht der herrschenden Meinung daraus für den Gesetzgeber erwachsen sollen, sind unübersehbar. So wird durchaus eingeräumt, dass das Demokratieprinzip „für die grundsätzliche Öffentlichkeit und Zugänglichkeit des staatlichen Informationsbestandes“[62] streite. Gleichwohl sei die Einführung und Gewährung der Informationszugangsfreiheit als rechtspolitische Entscheidung anzusehen.[63] Mit einer dogmatisch jedenfalls nicht unangreifbaren Begründung[64] wird auch teilweise vertreten, diese zwar vermeintlich rein rechtspolitische Entscheidung sei vom Gesetzgeber jedoch nur unter erschwerten verfassungsrechtlichen Bedingungen rückgängig zu machen.[65] Bei Lichte betrachtet ist die Inkonsequenz[66] dieser Ausführungen als Eingeständnis zu werten, dass das klassische Verständnis unzulänglich ist.

---

gerichtig wurde die Begrenzung auf den Minimalstandard seit BVerwGE 154, 222 (225 ff.) nicht mehr erwähnt. Ausdrücklich distanzierend dann BVerwG, Urteil vom 8. Juli 2021 – 6 A 10/20 – Rn. 18 nach juris. Eher kritisch dazu *Gurlit*, ZGI 2022, S. 33–34. Hierzu auch bereits oben Kap. 3 Fn. 691, 696 sowie Kap. 5 Fn. 11.

[59] Zu dieser klassischen Sicht *Wölfle*, Verfassungsrechtliche Determination von Informations- und Auskunftsansprüchen der Medien in der Informationsgesellschaft, 2021, S. 143.

[60] Zu dieser Rechtsprechung des BVerwG oben Kap. 4 bei Fn. 292. Deutlich auch *Rhein*, Informationsansprüche gegen Parlamente, 2020, S. 65: „nicht Informationszugangsfreiheit ist aus der Verfassung ableitbar, sondern Datenschutz“.

[61] Vgl. nur *Schoch*, in: ders., IFG-Kommentar, 2016, Einl. Rn. 7 ff.

[62] *Schoch*, in: ders., IFG-Kommentar, 2016, Einl. Rn. 83. Ähnlich *R. Nolte*, NVwZ 2018, S. 521 (525–526), der davon ausgeht, der Gesetzgeber habe das IFG in Erfüllung eines „Verfassungsauftrags“ erlassen.

[63] Dazu oben den Nachweis in Kap. 5 Fn. 18.

[64] Ablehnend etwa *Wölfle*, Verfassungsrechtliche Determination von Informations- und Auskunftsansprüchen der Medien in der Informationsgesellschaft, 2021, S. 64. Vgl. im Übrigen die Nachweise in Kap. 5 Fn. 23.

[65] Dazu *R. Nolte*, NVwZ 2018, S. 521 (525 ff.).

[66] Dazu unten Kap. 5 bei Fn. 171 ff.

Es bleibt hier daher festzuhalten, dass die Argumente der herrschenden Ansicht zwar auf einem im Kern richtigen Ansatz beruhen, in der Sache aber nicht durchschlagen. Der Schutz des gesetzgeberischen Gestaltungsspielraums darf nicht dazu führen, dass das verfassungsrechtlich fundierte Öffentlichkeitsgebot der Exekutive gegenüber der Allgemeinheit unterlaufen wird. Das Verfassungsrecht stellt höhere Anforderungen an den Gesetzgeber als die Gewährleistung eines informatorischen Mindeststandards.

III. Maßgebliches Verständnis: Verfassungsrechtliche Determination des „Obs" grundsätzlicher administrativer Informationszugänglichkeit durch das Öffentlichkeitsprinzip

Anders als auch heute noch überwiegend angenommen wird, kann die Einführung und Gewährleistung einer freien Informationszugänglichkeit nach der hier vertretenen Sichtweise nicht als nur rechtspolitische Entscheidung begriffen werden.[67] Der Erlass des IFG mag zwar mehrheitlich als eine nur rechtspolitische Weiterentwicklung des Prinzips beschränkter Aktenöffentlichkeit aufgefasst worden sein. Bereits der Übergang vom verwaltungsrechtlichen Prinzip der Aktengeheimhaltung zur beschränkten Aktenöffentlichkeit aber vollzog sich zögerlich und wurde von der herrschenden Meinung zunächst auch nicht für verfassungsrechtlich erforderlich gehalten.[68] Jedenfalls für Rechtsbetroffene ist eine rechtlich garantierte und nicht im behördlichen Ermessen stehende Möglichkeit zur Akteneinsicht im Verwaltungsverfahren, wie sie von § 29 Abs. 1 Satz 1 VwVfG vorgesehen ist, aus heutiger Sicht gleichwohl verfassungsrechtlich geboten.[69]

---

[67] Aus dem älteren Schrifttum bereits in diese Richtung *Windsheimer*, Die „Information" als Interpretationsgrundlage für die subjektiven öffentlichen Rechte des Art. 5 Abs. 1 GG, 1968, S. 157; *Kempen*, Grundgesetz, amtliche Öffentlichkeitsarbeit und politische Willensbildung, 1975, S. 223 ff.; *Schwan*, Amtsgeheimnis oder Aktenöffentlichkeit?, 1984, S. 99: „Gesetzgebungsauftrag zur [...] Einführung des [...] Prinzipes des Aktenöffentlichkeit"; vgl. im Übrigen die Nachweise in Kap. 5 Fn. 26.

[68] In § 22 des Regierungsentwurfs des VwVfG aus dem Jahr 1970 wurde der damalige Rechtszustand, nach dem das Recht zur Akteneinsicht für am Verfahren Beteiligte in Ermangelung von Sonderregelungen in das Ermessen der Behörde gestellt war, deklaratorisch festgehalten. Dazu BT-Drs. 6/1173, S. 9, 42–43. Die später kodifizierte Lösung eines nicht im behördlichen Ermessen stehenden Akteneinsichtsrechts wurde noch abgelehnt, weil die „Beeinträchtigung überwiegender Interessen der Allgemeinheit und einzelner am Verfahren beteiligter oder nichtbeteiligter Personen" befürchtet wurde. Dazu auch *Widhofer-Mohnen*, VR 1980, S. 285 ff. Zu den verfassungsrechtlichen Implikationen des Verwaltungsverfahrensrechts schon *Häberle*, in: Verwaltungsverfahren: Festschrift zum 50-jährigen Bestehen des Richard-Boorberg-Verlags, 1977, S. 47 ff.

[69] „[N]otwendiger Bestandteil jedes rechtsstaatlichen Verfahrens": *Ramsauer*, in: *Kopp/Ramsauer*-VwVfG, 2021, § 29 Rn. 2–3; vgl. auch *Kallerhoff/Mayen*, in: *Stelkens/Bonk/Sachs*-VwVfG, 2023, § 29 Rn. 4 ff.

Dieses auf Beteiligte beschränkte Modell der Aktenöffentlichkeit wurde bekanntlich nicht auf demokratische Wertungen gestützt, sondern zuvörderst auf vom Rechtstaatsprinzip umfasste individuelle Rechtsschutzgarantien; es sollte in erster Linie die Verwirklichung der im Verwaltungsverfahren betroffenen Rechte sicherstellen.[70] Dass von einer Rechtsbetroffenheit unabhängige Informationsrechte gegenüber der Verwaltung lange nicht für verfassungsrechtlich intendiert gehalten wurden, ist insbesondere darauf zurückzuführen, dass ein Öffentlichkeitsgebot der Exekutive im Verhältnis zur Allgemeinheit auf Grundlage der hergebrachten Interpretation des Demokratieprinzips nicht bestand. Da dem objektiven Verfassungsrecht hier jedoch ein solches Öffentlichkeitsgebot entnommen werden konnte und diesem richtigerweise auch nicht durch eine Informationsvermittlung durch Parlament und Medien entsprochen werden kann, erweist sich das Modell beschränkter Aktenöffentlichkeit als demokratisch defizitär.[71] Die anderslautende Sichtweise ist Relikt eines überholten Demokratieverständnisses und als unzulänglich zurückzuweisen.

Zutreffend geht die herrschende Ansicht indessen davon aus, dass dem Gesetzgeber bei der Konkretisierung verfassungsrechtlicher Vorgaben ein weiter Gestaltungsspielraum zusteht. Wegen der an dieser Stelle verdichteten verfassungsrechtlichen Anforderungen steht die Entscheidung über die Schaffung staatlicher Informationspflichten gegenüber der Allgemeinheit als solche jedoch nicht[72] zur Disposition des Gesetzgebers. Das Öffentlichkeitsprinzip als informatorisches Verteilungsprinzip der Verfassung hält den Gesetzgeber dazu an, das Regel-Ausnahme-Verhältnis zwischen Öffentlichkeit und Geheimhaltung zu konkretisieren. Es bildet die Grundlage der verfassungsrechtlichen Regelvorstellung, dass grundsätzlich alle Informationen der Verwaltung für die Allgemeinheit zugänglich zu machen sind und determiniert so den gesetzgeberischen Spielraum hinsichtlich des „Obs" der Gewährleistung eines freien Informationszugangs. Diese Maßgaben beschränken die gesetzgeberische Gestaltungsfreiheit in weit geringerem Maße, als es die Vertreter des Offenheitsarguments glaubhaft zu machen versuchen.[73] Denn jenseits dieser verfassungsrechtlichen Vorprägung besteht ein weitreichender Regelungsspielraum in Gestalt eines gesetzgeberischen Abwägungsauftrags.[74]

---

[70] BT-Drs. 7/910, S. 52 ff.; *Czybulka*, Die Legitimation der öffentlichen Verwaltung, 1989, S. 281 ff.; *Kugelmann*, Die informatorische Rechtsstellung des Bürgers, 2001, S. 243 ff.

[71] Kritisch schon *Czybulka*, Die Legitimation der öffentlichen Verwaltung, 1989, S. 281 ff.

[72] Im Ergebnis ähnlich *Lederer*, Open Data, 2015, S. 458.

[73] Vgl. etwa *Rhein*, Informationsansprüche gegen Parlamente, 2020, S. 65 ff., der meint, die Annahme einer verfassungsrechtlichen Determination konterkariere den gesetzgeberischen Gestaltungsspielraum.

[74] Dazu noch genauer unten Kap. 5 bei Fn. 176 ff.

Die nach dem hier vertretenen Modell bestehende Gestaltungsfreiheit des Gesetzgebers hinsichtlich Art und Weise der Informationszugänglichkeit stimmt im Übrigen mit der Zukunfts- und Entwicklungsoffenheit des Verfassungsrechts[75] überein. Das zeigt sich besonders mit Blick auf die auch auf Bundesebene bevorstehende Weiterentwicklung der Informationsöffentlichkeit vom Modell lediglich reaktiver, hin zu auch aktiven Informationspflichten der Verwaltung durch die Landestransparenzgesetzgebung.[76] Teilweise wurde angesichts dieser Entwicklung nämlich bezweifelt, dass der Gesetzgeber zur Regelung einfachrechtlicher Informationszugangsansprüche verpflichtet sei.[77] Da individuelle Informationsansprüche ohnehin durch „proaktive Informationspflichten der öffentlichen Hand sukzessive abgelöst"[78] würden, könne der Gesetzgeber die Informationsöffentlichkeit auch durch reaktive Informationspflichten realisieren. Dem kann zunächst entgegnet werden, dass im Landesrecht kein Beispiel existiert, bei dem der Zugangsanspruch durch aktive Informationspflichten ersetzt worden wäre. Einige Länder haben aktive Veröffentlichungspflichten in ihre bestehenden Informationsfreiheitsgesetze integriert.[79] Andere haben ihr Informationsfreiheitsrecht in neue Transparenzgesetze weiterentwickelt, hierbei den Zugangsanspruch der Allgemeinheit aber durchweg beibehalten und durch aktive Veröffentlichungspflichten ergänzt.[80] Unabhängig davon, dass die Behauptung einer Ablösung individueller Zugangsansprüche also sachlich unzutreffend ist, erweisen sich die Veröffentlichungspflichten der Landestransparenzgesetze deshalb als eine den Adressatenkreis erweiternde Fortschreibung der grundsätzlichen administrativen Informationspflicht, die den Informationsansprüchen nach den Informationsfreiheitsgesetzen zugrunde liegt. Der Gesetzgeber kann seiner verfassungsrechtlichen Pflicht, Zugang zu grundsätzlich allen Informationen der Verwaltung zu gewährleisten, sowohl durch die Schaffung aktiver wie auch reaktiver Informationspflichten nachkommen, was durchaus der zurückhaltenden Normativität des Verfassungsrechts im Verhältnis zum einfachen Recht entspricht.[81]

---

[75] Dazu allgemein oben bei 103 ff.

[76] Dazu schon oben Kap. 4 bei Fn. 128.

[77] *Wölfle*, Verfassungsrechtliche Determination von Informations- und Auskunftsansprüchen der Medien in der Informationsgesellschaft, 2021, S. 56 ff. Dass die Entwicklungsoffenheit des Demokratieprinzips der Ableitung individueller Informationszugangsansprüche entgegenstehe, vertritt auch *Schoch*, in: ders., IFG-Kommentar, 2016, Einl. Rn. 83.

[78] *Wölfle*, Verfassungsrechtliche Determination von Informations- und Auskunftsansprüchen der Medien in der Informationsgesellschaft, 2021, S. 57.

[79] So etwa in § 11 BremIFG; § 17 BerlIFG; § 11 IZG-SH.

[80] So etwa §§ 1 Abs. 2, 2 Abs. 7–9 HmbTG; §§ 2, 4 LTranspG-RP; §§ 4, 9 ff. ThürTG. Gleiches gilt in Sachsen, wo ein Transparenzgesetz nicht über den „Umweg" eines Informationsfreiheitsgesetz geschaffen wurde. Vgl. §§ 2, 10 ff. SächsTranspG.

[81] Zum Verhältnis aktiver und reaktiver Informationspflichten auch *Gusy*, in: Grundlagen des Verwaltungsrechts I, 2022, S. 1661 (1686 ff.) sowie noch unten Kap. 5 bei Fn. 185 ff.

Demgegenüber verstieße eine Rückkehr zum Prinzip der beschränkten Aktenöffentlichkeit durch das ersatzlose Streichen des IFG gegen das verfassungsrechtliche Öffentlichkeitsprinzip.[82] Auch wenn Verschlechterungsverbote dem objektiven Verfassungsrecht allgemein nur mit großer Zurückhaltung entnommen werden können,[83] könnte diese auf Bundesebene hypothetische Entscheidung wegen des Übergehens des Öffentlichkeitsgebots gegenüber der Allgemeinheit verfassungsgerichtlich am Evidenzmaßstab beanstandet werden. Gegenwärtig existieren mit Bayern und Niedersachsen indes noch zwei Bundesländer,[84] in denen die Verwaltungsöffentlichkeit auf Ebene des Landesrechts dem hiernach bundesverfassungsrechtswidrigen Modell beschränkter Aktenöffentlichkeit folgt. Auch wenn die sich aufdrängende Frage nach den verfassungsgerichtlichen Verfahren zur Beanstandung dieses Zustands hier offenbleiben muss,[85] kann wegen des insoweit dominierenden Einflusses des Demokratieprinzips jedenfalls die Geltung des Öffentlichkeitsprinzips für die Länder[86] unterstellt werden.

B. Folgen für die Auslegung des Grundrechts der Informationsfreiheit (Art. 5 Abs. 1 Satz 1 Hs. 2 GG)

I. Grundlagen

Das dem deutschen Verfassungsrecht bis nach dem zweiten Weltkrieg unbekannte Grundrecht der Informationsfreiheit (Art. 5 Abs. 1 Satz 1 Hs. 2 GG)[87] wurde im Angesicht hoheitlicher Informationsrestriktionen, insbesondere des

---

[82] Für eine Verfassungswidrigkeit des Modells beschränkter Aktenöffentlichkeit im Ergebnis auch *Scherzberg*, Die Öffentlichkeit der Verwaltung, 2000, S. 349 ff.; ders., in: *Fluck/Fischer/Martini*-IFR, Stand Oktober 2022, A I Rn. 82. Schon in diese Richtung aber noch zurückhaltender *Schwan*, Amtsgeheimnis oder Aktenöffentlichkeit?, 1984, S. 90 ff.

[83] Allgemein dazu *Sommermann*, Staatsziele und Staatszielbestimmungen, 1997, S. 414–415; *Reimer*, Verfassungsprinzipien, 2001, S. 343 ff. Während die Annahme eines allgemeinen Verschlechterungsverbots bei Art. 20a GG weiter verbreitet ist, wird ein solches beim Sozialstaatsprinzip überwiegend abgelehnt. Zu Art. 20a GG *Murswiek*, NVwZ 1996, S. 222 (226–227); *Calliess*, Rechtsstaat und Umweltstaat, 2001, 185 ff. Kritisch aber *Steinberg*, NJW 1996, S. 1985 (1991). Zum Sozialstaatsprinzip BVerfGE 100, 1 (39); *Steiner*, NZS 2019, S. 1 (3); *von Oettingen/Schmidt*, DÖV 2022, S. 477 (482–483).

[84] Hierzu kritisch *Schnabel*, ZD 2012, S. 493 ff.; *Uphues*, ZRP 2021, S. 41; *Wehrmann*, ZGI 2022, S. 205 (209).

[85] Allgemein zur Durchsetzung einer Verfassungswidrigkeit durch legislatives Unterlassen bei der Umsetzung von Staatszielbestimmungen *Sommermann*, Staatsziele und Staatszielbestimmungen, 1997, S. 439 ff. Diese Möglichkeit zumindest nicht generell ausschließend BVerfG, Beschluss vom 15. Dezember 2022 – 1 BvR 2146/22. Zuvor bereits BVerfGE 157, 30 (89–90).

[86] Dazu allgemein *Reimer*, Verfassungsprinzipien, 2001, S. 320 ff.

[87] Zur Informationsfreiheit schon oben Kap. 3 bei Fn. 299 ff.

Verbots zum Abhören ausländischer Sender im nationalsozialistischen Deutschland, in das Grundgesetz aufgenommen.[88] Dieser historischen Vorstellung der Verfassungsgeber folgte auch die erste der insgesamt auffallend wenigen[89] bundesverfassungsgerichtlichen Leitentscheidungen, der Beschluss zur Einziehung der Leipziger Volkszeitung. Nach der normgeberischen Zwecksetzung stand zunächst im Vordergrund, vor allem nichtstaatliche Informationsquellen vor hoheitlichen Beeinträchtigungen in ihrer allgemeinen Zugänglichkeit zu bewahren. Historisch ist die Informationsfreiheit demnach auf die Aufrechterhaltung einer bereits bestehenden Zugänglichkeit von Informationsquellen im Sinne einer lediglich derivativen Öffentlichkeit gerichtet.[90]

Unbenommen dieser Grundausrichtung stützten die Befürworter der Ablösung lediglich beschränkter Aktenöffentlichkeit im Verwaltungsverfahren ihre Forderungen weitergehender Verwaltungsöffentlichkeit um die Jahrtausendwende nun vermehrt auf das Grundrecht der Informationsfreiheit. Auch deshalb wird das Grundrecht der Informationsfreiheit heute teilweise verselbständigt als verfassungsrechtliches Öffentlichkeitspostulat begriffen. So wurde es etwa neben Demokratie- und Rechtsstaatsprinzip als die „dritte tragende Säule" des Öffentlichkeitsgrundsatzes bezeichnet.[91] Wie oben gezeigt wurde, ist diese Sichtweise jedoch unzutreffend.[92] Zwar verpflichtet der objektiv-rechtliche Gewährleistungsgehalt der Informationsfreiheit den Gesetzgeber entsprechend der allgemeinen Grundrechtsdogmatik zur Schaffung und zum Erhalt der Voraussetzungen für die Ausübung der subjektiv-rechtlich gewährleisteten Freiheit, wobei der besonderen demokratischen Bedeutung der Informationsfreiheit[93] Rechnung zu tragen ist.[94] Die Informationsfreiheit stellt jedoch keine neben Demokratie-, Rechtsstaats- und Republikprinzip selbständige Grundlage des Öffentlichkeitsprinzips dar. Diese inhaltliche Überladung einer geschriebenen Verfassungsnorm ist durchaus symptomatisch für ein fehlendes Bewusstsein ungeschriebenen Verfassungsrechts.[95]

Nachfolgend sollen die Folgen der hier vertretenen verfassungsrechtlichen Determination des gesetzgeberischen Spielraums bei der Gestaltung der administra-

[88] Dazu BVerfGE 27, 71 (80, 84); *Geiger*, in: Festschrift für Adolf Arndt zum 65. Geburtstag, 1969, S. 119 (122 ff.).

[89] So *R. Nolte*, NVwZ 2018, S. 521.

[90] Dazu etwa *Ridder*, in: Die Grundrechte II, 1954, S. 243 (275 ff.). Vgl. auch *Grabenwarter*, in: D/H/S-GG, Stand August 2023, Art. 5 Abs. 1 Rn. 1023.

[91] So *Lederer*, Open Data, 2015, S. 438 ff.

[92] Dazu Kap. 3 bei Fn. 467 ff.

[93] BVerfGE 27, 71 (81 ff.).

[94] Inhaltlich entspricht das den Anforderungen, die die herrschende Meinung – unter Missachtung der Tragweite des Öffentlichkeitsprinzips – bei der Ausgestaltung der Verwaltungsöffentlichkeit an den Gesetzgeber stellt. Dazu oben Kap. 5 bei Fn. 5 ff.

[95] Dazu allgemein *H. A. Wolff*, Ungeschriebenes Verfassungsrecht unter dem Grundgesetz, 2000, S. 203 ff., 382 ff.

tiven Informationsöffentlichkeit für die Auslegung des Grundrechts der Informationsfreiheit erörtert werden. Vor allem soll die Bedeutung der einfachrechtlichen Informationspflichten der Verwaltung gegenüber der Allgemeinheit – also des Informationsfreiheits- oder Transparenzrechts – für die subjektiv-rechtlichen Gewährleistungen der Informationsfreiheit geklärt werden.[96] Hierfür ist zunächst die Rechtsprechung zum Tatbestandsmerkmal der allgemeinen Zugänglichkeit zu skizzieren.

II. Die Bestimmung der allgemeinen Zugänglichkeit von Informationsquellen durch das BVerfG

Wenn das Grundrecht der Informationsfreiheit wortlautgemäß jedem das Recht zusichert, „sich aus allgemein zugänglichen Quellen ungehindert zu unterrichten", ist entscheidend, wann eine Informationsquelle als im Sinne dieser Vorschrift allgemein zugänglich zu betrachten ist. Das demnach schutzbereichsbestimmende Merkmal der Allgemeinzugänglichkeit einer Informationsquelle wurde vom Bundesverfassungsgericht erstmals in der bereits erwähnten Entscheidung zur Leipziger Volkszeitung definiert: Eine Quelle sei „in der Regel" allgemein zugänglich, wenn sie „technisch geeignet und bestimmt ist, der Allgemeinheit, d.h. einem individuell nicht bestimmbaren Personenkreis, Informationen zu verschaffen".[97]

Die Anforderungen an Eignung und Bestimmung konkretisierte das Gericht dann in der sog. „n-tv"-Entscheidung, in der das Grundrecht der Informationsfreiheit nun erstmals im Hinblick auf eine staatliche Informationsquelle, nämlich die nach § 169 Abs. 1 Satz 1 GVG öffentliche Verhandlung vor ordentlichen Gerichten, konkretisiert wurde. Die Eignung einer Informationsquelle zur allgemeinen Zugänglichkeit bestimmt das Gericht rein faktisch und legt dabei ein weites Verständnis zugrunde. Es umfasse „alle Träger von Informationen". Mit dem in dieser Entscheidung darüber hinaus etablierten Kriterium der Bestimmung einer Informationsquelle, der Allgemeinheit Informationen zu verschaffen, trägt das Gericht der eben angesprochenen schon aus historischer Sicht lediglich derivativen Öffentlichkeit der Informationsfreiheit Rechnung. Weil das Grundrecht eben nur die Unterrichtung aus bereits zugänglichen Quellen schützen will, bedarf es einer Zuordnung der Information zur Allgemeinheit. Diese erfolge durch denjenigen, der „nach der Rechtsordnung über ein entsprechendes Bestimmungsrecht" verfügt. Das Bestimmungsrecht könne „in differenzierender Weise" ausgeübt und „Modalitäten des Zugangs" festgelegt werden. Nach dem Bundesverfassungsge-

---

[96] Dazu grundlegend *Rossi*, Informationszugangsfreiheit und Verfassungsrecht, 2004, S. 207ff.

[97] BVerfGE 27, 71 (83). Vgl. auch *Rossi*, Informationszugangsfreiheit und Verfassungsrecht, 2004, S. 209ff.

richt sei der Schutzbereich der Informationsfreiheit dann jeweils nur in dem Umfang eröffnet, wie der Bestimmungsberechtigte eine Information für die Allgemeinheit zugänglich gemacht hat. Das Bestimmungsrecht des Staates hinsichtlich seiner Informationen werde durch Vorgaben des öffentlichen Rechts bestimmt. Bewege sich der Staat im Rahmen dieser Anforderungen sei die Ausübung des Bestimmungsrechts nicht als ein an Art. 5 Abs. 2 GG zu messender Eingriff, sondern eine Schutzbereichsbestimmung anzusehen. Das Grundrecht der Informationsfreiheit umfasse „allerdings ein gegen den Staat gerichtetes Recht auf Zugang in Fällen, in denen eine im staatlichen Verantwortungsbereich liegende Informationsquelle auf Grund rechtlicher Vorgaben zur öffentlichen Zugänglichkeit bestimmt ist, der Staat den Zugang aber verweigert“.[98]

III. Verwaltungsinformationen als allgemein zugängliche Informationsquellen – herrschende Ansicht: Schutzbereichseröffnung durch das Informationsfreiheitsrecht

Vor Ablösung des Prinzips beschränkter Aktenöffentlichkeit wurden Verwaltungsinformationen ganz überwiegend nicht als allgemein zugängliche Informationsquellen betrachtet. So hatte das Bundesverfassungsgericht festgestellt, Behördenakten seien „schon ihrer Natur nach“ nicht öffentlich.[99] Seit dem Paradigmenwechsel bei der Verwaltungsöffentlichkeit, der auf Bundesebene in der Informationsfreiheitsgesetzgebung kulminierte, ist diese Sichtweise unhaltbar geworden.

In Übertragung der Maßgaben aus der „n-tv“-Entscheidung wird heute mehrheitlich angenommen, der Gesetzgeber habe den Schutzbereich der Informationsfreiheit durch das IFG aktiviert. Das Grundrecht der Informationsfreiheit erweist sich nach diesem inzwischen etablierten Verständnis als ein durch das IFG normgeprägtes Grundrecht.[100] Rechtstechnisch wird die gesetzliche Bestimmung des

---

[98] BVerfGE 103, 44 (60–61).

[99] BVerfG, Beschluss vom 30. Januar 1986 – 1 BvR 1352/85 – NJW 1986, S. 1243. *Rossi*, Informationszugangsfreiheit und Verfassungsrecht, 2004, S. 212 weist zutreffend darauf hin, dass unter konsequenter Anwendung des zu diesem Zeitpunkt verbreiteten rein faktischen Verständnisses die allgemeine Zugänglichkeit einer Vielzahl von Verwaltungsinformationen aber durchaus hätte angenommen werden müssen. Die Weiterentwicklung der Anforderungen an die Bestimmung der Informationsquelle in der „n-tv“-Entscheidung können als Eingeständnis gewertet werden, dass ein rein tatsächliches Verständnis der allgemeinen Zugänglichkeit jedenfalls bei staatlichen Informationen nicht der Zwecksetzung des Grundrechts entspricht. Ebenso kritisch *Gröschner*, VVDStRL 63 (2004), S. 344 (363).

[100] Dazu *Lukaßen*, Die Fallpraxis der Informationsbeauftragten, 2010, S. 43 ff.; *Ibler*, in: Verwaltung, Verfassung, Kirche, 2012, S. 1 (6 ff.); *Wirtz/Brink*, NVwZ 2015, S. 1166 (1169); *Wehner*, Informationszugangsfreiheit zu staatlichen Quellen, 2012, S. 251 ff.; *Schoch*, in: ders., IFG-Kommentar, 2016, Einl. Rn. 69; *Rhein*, Informationsansprüche gegen Parlamente, 2020, S. 57 ff.

§ 1 Abs. 1 IFG dabei als Widmung qualifiziert.[101] Der Gesetzgeber habe hinsichtlich der in § 2 Nr. 1 IFG genannten Informationen sein Bestimmungsrecht ausgeübt und diese Informationen zu allgemein zugänglichen gemacht mit der Folge, dass diese dem Schutzbereich der Informationsfreiheit unterfielen und damit Gegenstand des grundrechtlichen Unterrichtungsrechts würden. Während dieses Verhältnis von Informationsfreiheitsrecht und dem Grundrecht der Informationsfreiheit innerhalb der herrschenden Ansicht weitgehend konsentiert ist, wird die Reichweite der Schutzbereichseröffnung in der Literatur noch unterschiedlich beurteilt.

Nach der Sichtweise von Rossi, die auch im jüngeren Schrifttum noch Zulauf erhält, habe der Gesetzgeber Verwaltungsinformationen durch § 1 Abs. 1 IFG nur „nach Maßgabe dieses Gesetzes" zugänglich machen wollen. Der grundrechtliche Schutzbereich sei nur eröffnet, wenn § 1 Abs. 1 IFG unter Berücksichtigung der anspruchsausschließenden und -begrenzenden Vorschriften der §§ 3–6 IFG in Bezug auf die konkrete Information einen einfachrechtlichen Anspruch vermittele. Die anspruchsbegrenzenden Vorschriften stellten keinen an Art. 5 Abs. 2 GG zu messenden Grundrechtseingriff dar, sondern eine gesetzliche Ausgestaltung des Schutzbereichs in Ausübung des staatlichen Bestimmungsrechts.[102]

Das hat naturgemäß Folgen für die Kontrolldichte des Bundesverfassungsgerichts. Da es hiermit zu einer einzelfallbezogenen Gleichschaltung des einfachrechtlichen Informationsanspruchs mit dem grundrechtlichen Schutzbereich kommt, stellt ein von der Verwaltung zu Unrecht verweigerter Informationszugang nach diesem Verständnis insoweit einen Grundrechtseingriff dar, wie eine Information nach Maßgabe des IFG hätte gewährt werden müssen. Nach Rechtswegerschöpfung wäre vom Bundesverfassungsgericht im Rahmen einer Verfassungsbeschwerde dann eigentlich konsequenterweise am Maßstab einfachen Rechts zu prüfen, ob die Verwaltung die Regelungen des IFG rechtmäßig angewandt hat. Dem wird entgegengehalten, dass die Kontrolle des Bundesverfassungsgerichts bei Verfassungsbeschwerden regelmäßig auf die Verletzung spezifischen Verfassungsrechts beschränkt sei. Deshalb könne das Gericht nur prüfen, ob die Bedeutung des Grundrechts der Informationsfreiheit von der Verwaltung verkannt oder der Informationszugang am Maßstab des IFG willkürlich ver-

---

[101] *Schoch*, in: ders., IFG-Kommentar, 2016, Einl. Rn. 287 ff.; *R. Nolte*, NVwZ 2018, S. 521 (523).

[102] *Rossi*, Informationszugangsfreiheit und Verfassungsrecht, 2004, S. 216 ff.; *Lukaßen*, Die Fallpraxis der Informationsbeauftragten, 2010, S. 47–49; *Helbach*, Der gestufte Schutz von Betriebs- und Geschäftsgeheimnissen, 2012, S. 146 ff.; *Ibler*, in: Verwaltung, Verfassung, Kirche, 2012, S. 1 (9 ff.); *Wirtz/Brink*, NVwZ 2015, S. 1166 (1169 ff.); *R. Nolte*, NVwZ 2018, S. 521 (525); *Rhein*, Informationsansprüche gegen Parlamente, 2020, S. 63 ff.; *Wölfle*, Verfassungsrechtliche Determination von Informations- und Auskunftsansprüchen der Medien in der Informationsgesellschaft, 2021, S. 30.

weigert wurde.[103] Eine andere Stimme dagegen plädiert im Rahmen dieses Verständnisses für eine umfassende verfassungsgerichtliche Kontrolle der ablehnenden Entscheidung am Maßstab des IFG.[104]

Nach der Gegenansicht bestimme sich die Reichweite der Schutzbereichseröffnung ausschließlich in Ansehung der anspruchsbegründenden Norm des § 1 Abs. 1 IFG. Denn mit dem Erlass des IFG habe der Gesetzgeber alle dem Informationsanspruch unterliegenden amtlichen Informationen (§ 2 Nr. 1 IFG) für allgemein zugänglich erklären wollen. Zur Begründung wird angeführt, dass die Reichweite der Grundrechtsaktivierung nicht von einer einzelfallbezogenen Verwaltungsentscheidung abhängen könne, die unter Umständen auch verschiedentlich ausfiele. Zudem müsse berücksichtigt werden, dass Art. 5 Abs. 1 Satz 1 Hs. 2 GG wortlautgemäß die Unterrichtung aus allgemein zugänglichen „Quellen" schütze und nicht aus allgemein zugänglichen Informationen. Das IFG habe die Informationsträger – insbesondere die Akten der Verwaltung – mit einer Widmung im Sinne einer kategorialen Zuweisung für grundsätzlich allgemein zugänglich erklärt. Die dem Gesetz unterfallenden Informationsträger seien deshalb in ihrer Gesamtheit als allgemein zugängliche Quellen zu betrachten und daher Teil des grundrechtlichen Schutzbereichs. Wolle der Staat im Einzelfall bestimmte Informationen aus den grundsätzlich zugänglichen Informationsquellen zurückhalten, sei dies konsequenterweise an Art. 5 Abs. 2 GG zu messen.[105]

Für die Tiefe der verfassungsgerichtlichen Kontrolle bedeutet dies, dass zum einen geprüft werden könnte, ob die anspruchsausschließenden und -beschränkenden Regelungen des IFG allgemeine Gesetze im Sinne von Art. 5 Abs. 2 GG darstellen.[106] Zum anderen würde sich die Ablehnung eines Informationsbegehrens durch die Verwaltung als Eingriff in das Grundrecht der Informationsfreiheit erweisen, dessen Rechtfertigung vom Bundesverfassungsgericht nach den allgemeinen Maßgaben überprüft würde.

Während sich das Bundesverwaltungsgericht bisher in Richtung der ersten Meinung positioniert,[107] hat sich das Bundesverfassungsgericht inzwischen vom

---

[103] So *Rossi*, Informationszugangsfreiheit und Verfassungsrecht, 2004, S. 222; *R. Nolte*, NVwZ 2018, S. 521 (528).

[104] *Ibler*, in: Verwaltung, Verfassung, Kirche, 2012, S. 1 (10).

[105] *Schoch*, Jura 2008, S. 25 (30); ders., in: ders., IFG-Kommentar, 2016, Einl. Rn. 289 ff.; *Wehner*, Informationszugangsfreiheit zu staatlichen Quellen, 2012, S. 253 ff. Bei *Albers*, ZJS 2009, S. 614 (619 ff.) in dieser Deutlichkeit – jedenfalls aus heutiger Sicht – wohl unzutreffend als überwiegende Sichtweise bezeichnet.

[106] Dies für die §§ 3–6 IFG insgesamt bejahend *Schoch*, in: ders., IFG-Kommentar, 2016, Einl. Rn. 293.

[107] Vgl. etwa BVerwG, Urteil vom 28. Juli 2016 – 7 C 3/15 – Rn. 14 nach juris; BVerwG, Urteil vom 22. März 2018 – 7 C 30/15 – Rn. 32 nach juris; BVerwGE 164, 112 (Rn. 20). Zu einem archivrechtlichen Nutzungszugang restriktiv noch BVerwG, Urteil vom 27. November 2013 – 6 A 5/13 – NJW 2014, S. 1126 (1127). Nunmehr spricht das Gericht in diesem Zusammenhang jedoch von einem „gegebenenfalls grundrecht-

Grundsatz her der zweiten Ansicht angeschlossen. Dass der Zugangsanspruch nach dem IFG einer ausnahmsweisen Beschränkung im Einzelfall unterliege, könne nicht in Frage stellen, dass der Gesetzgeber alle nach §§ 1 Abs. 1, 2 Nr. 1 IFG dem Informationsanspruch unterfallenden Informationen als für die Allgemeinheit zugänglich bestimmen wollte. Der Anspruch aus dem IFG unterstehe deshalb dem Schutz von Art. 5 Abs. 1 Satz 1 Hs. 2 GG. Das gelte jedoch nicht, wenn der „Gesetzgeber eine bereichsspezifisch strikte Begrenzung des Informationszugangs vorgenommen" habe, wobei das Gericht ausdrücklich die Regelung des § 3 Nr. 8 IFG anführt. Bei dieser Bereichsausnahme, die insbesondere für Nachrichtendienste gilt, handelt es sich nach Ansicht des Bundesverfassungsgerichts um eine Schutzbereichsausgestaltung.[108] Ergebe die fachgerichtliche Auslegung aber, dass die begehrten Informationen dem Informationsanspruch unterlägen, müssten die Vorschriften des IFG „im Lichte der grundrechtlich gewährleisteten Informationsfreiheit" ausgelegt werden. Ohne Bezugnahme auf den Schrankenvorbehalt des Art. 5 Abs. 2 GG führt das Gericht aus, dass hierbei „der Bedeutung der allgemeinen Zugänglichkeit der Quellen das ihr für die Freiheitswahrnehmung des Einzelnen wie für die Kommunikation im demokratischen Verfassungsstaat zukommende Gewicht beizumessen und mit entgegenstehenden Belangen in einen vertretbaren Ausgleich zu bringen" wäre.[109]

IV. Bewertung im Lichte der vorherigen Ergebnisse

Die tragende Prämisse beider Meinungsstränge der herrschenden Position ist die Annahme, der Gesetzgeber sei zur Regelung einfachrechtlicher Informationspflichten der Verwaltung gegenüber der Allgemeinheit verfassungsrechtlich nicht verpflichtet. Diese Sichtweise konnte oben widerlegt werden. Wegen der hier vertretenen verfassungsrechtlichen Vorprägung des gesetzgeberischen Regelungsspielraums begegnet ein vollständig am einfachen Recht ausgerichtetes Verständnis der allgemeinen Zugänglichkeit von Verwaltungsinformationen erheblichen Widersprüchen.

Aber auch isoliert von dem abweichenden Ausgangspunkt der überwiegenden Meinung erweisen sich beide ihrer Unterpositionen bei näherer Betrachtung als

---

lich verstärkten" Nutzungsanspruch, BVerwG, Urteil vom 13. Januar 2022 – 6 A 7/20, 6 A 8/20 – NVwZ 2022, S. 877 (878).

[108] Dies mit ähnlicher Begründung für die Regelung des § 16 Abs. 3 Hs. 2 LTranspG-RP annehmend VerfGH RP, Beschluss vom 27. Oktober 2017 – VGH B 37/16 – Rn. 19 ff. nach juris.

[109] BVerfGE 145, 365 (373–374, 379–380). Insgesamt kritisch dazu *Rhein*, Informationsansprüche gegen Parlamente, 2020, S. 64 ff., der bei den Ausführungen des Gerichts eine „deutliche sprachliche Nähe zur Wechselwirkungs-Rechtsprechung" bemerkt. Vgl. auch VerfGH RP, Beschluss vom 27. Oktober 2017 – VGH B 37/16 – Rn. 13 ff. nach juris.

problematisch. Gegen die erste, engere Lesart spricht die weitgehende Einengung des grundrechtlichen Schutzbereichs. Wie eben skizziert geht diese Ansicht von einem Gleichlauf von Art. 5 Abs. 1 Satz 1 Hs. 2 GG und § 1 Abs. 1 Satz 1 IFG aus. Der grundrechtliche Schutzbereich werde immer insoweit aktiviert, wie ein Anspruch nach dem IFG besteht. In diesem Maße sei die Verwaltung dann an Art. 5 Abs. 1 Satz 1 Hs. 2 GG gebunden.[110]

Es trifft zwar zu, dass der Gesetzgeber den Informationsanspruch nach dem IFG als „voraussetzungslos […]“[111] konzipiert hat und dieser Anspruch von der Verwaltung jedenfalls hinsichtlich des „Obs“ der Informationsgewährung auf Grundlage einer gebundenen Entscheidung zu erfüllen ist. Aufgrund des weitreichenden Katalogs von Ausnahmen und Beschränkungen kommt der Verwaltung rein faktisch aber ein erheblicher Deutungsspielraum bei der Prüfung etwaiger Gegengründe zu. Aufgrund dieses Spielraums kann nur von einem sehr formalistischen Standpunkt aus gesagt werden, der Gesetzgeber habe sein Bestimmungsrecht auch in Bezug auf eine konkrete Verwaltungsinformation ausgeübt. In der Praxis lässt sich nämlich nicht sicher unterscheiden, ob die Entscheidung über die Zugänglichmachung einer Information den Schutzbereich in Ausübung des staatlichen Bestimmungsrechts absteckt oder aufgrund einer fehlerhaften Verwaltungsentscheidung als ein Grundrechtseingriff zu werten ist.[112] Das gilt gerade vor dem Hintergrund, dass diese Entscheidung bei aktiven staatlichen Informationspflichten in Zukunft vermehrt im staatlichen Binnenbereich verbleiben wird.

Unbenommen der nachgehenden fachgerichtlichen Kontrolle bestimmt nach diesem Modell im Zweifel die Verwaltung die Reichweite des grundrechtlichen Schutzbereichs. Der Schrankenvorbehalt des Art. 5 Abs. 2 GG wird damit seiner Bedeutung beraubt. Auch weil die verfassungsgerichtliche Kontrolle dann am Maßstab spezifischen Verfassungsrechts erfolgen soll, entstehen auf diese Weise Schutzlücken, die sich nicht mit dem Charakter der Grundrechte als verbindliche und durchsetzungsfähige Rechtspositionen des Einzelnen gegenüber der Staatsgewalt vertragen.[113] Zudem hat die zweite Unterposition der herrschenden Meinung, die die Entscheidung des Gesetzgebers über die Zugänglichmachung von Verwaltungsinformationen bei der Auslegung von Art. 5 Abs. 1 Satz 1 Hs. 2 GG

[110] Zu den Einzelheiten *Rossi*, Informationszugangsfreiheit und Verfassungsrecht, 2004, S. 220 ff.

[111] BT-Drs. 15/4493, S. 1.

[112] In diese Richtung schon die Kritik bei *Wehner*, Informationszugangsfreiheit zu staatlichen Quellen, 2012, S. 257–258. Ähnlich auch Argumentation zum Verhältnis von § 169 GVG und Art. 5 Abs. 1 Satz 1 Hs. 2 GG bei *von Coelln*, Zur Medienöffentlichkeit der Dritten Gewalt, 2005, S. 150 ff.

[113] Zur freien staatlichen Schutzbereichsbestimmung kritisch schon *Geiger*, in: Festschrift für Adolf Arndt zum 65. Geburtstag, 1969, S. 119 (126) oder *Roßnagel*, in: Verwaltungsrecht in der Informationsgesellschaft, 2000, S. 257 (265 ff.).

richtigerweise als kategorial[114] wertet, den Wortlaut der Verfassung auf ihrer Seite.[115]

Trotzdem ist auch dieses von Schoch und Wehner vertretene Gegenmodell, das den grundrechtlichen Schutzbereich hinsichtlich aller dem IFG unterfallenden amtlichen Informationen als eröffnet sieht, nicht gänzlich kohärent. Denn wie der herrschenden Meinung insgesamt liegt auch diesem Verständnis die oben abgelehnte Prämisse zugrunde, dass die Entscheidung über Einführung und Gewährleistung der Informationszugangsfreiheit verfassungsrechtlich nicht determiniert sei. Es ist zwar für sich genommen absolut typisch, dass die tatsächliche Tragweite der Grundrechte maßgeblich durch das einfache Recht bestimmt wird. Da die Entscheidung über das „Ob“ eines freien Zugangs zu Verwaltungsinformationen nach diesem Modell aber dem Gesetzgeber obläge, wäre die Auskunfts- bzw. Informationserteilung in Ermangelung einer solchen gesetzgeberischen Entscheidung entsprechend der vormals herrschenden Meinung aber weiterhin in das Ermessen der Verwaltung gestellt. Der Verwaltung käme in diesem Fall also wiederum der von diesem Modell gerade abgelehnte Spielraum zur Ausgestaltung des grundrechtlichen Schutzbereichs zu. Wird der Gesetzgeber aber tätig, unterliegt die inhaltliche Ausgestaltung seiner Entscheidung dann tieferen grundrechtlichen Anforderungen, die nicht ohne Weiteres damit zu vereinbaren sind, dass die gesetzgeberische Entscheidung als solche vermeintlich nicht aus der Verfassung, sondern dem Bereich der Rechtspolitik folge.[116] Auch diese Sichtweise vermag deshalb nicht vollständig zu überzeugen.

Die dogmatischen Probleme, die das Tatbestandsmerkmal der allgemeinen Zugänglichkeit im Kontext von Verwaltungsinformationen aufwirft, rühren zum einen von der historischen Ausrichtung des Grundrechts der Informationsfreiheit auf den Schutz nichtstaatlicher Informationsquellen vor staatlichen Informationsrestriktionen. Zum anderen manifestiert sich hier wiederum die Tatsache, dass die Verwaltung einem verfassungsrechtlichen Öffentlichkeitsgebot traditionell nicht unterworfen wurde. Die nicht immer spannungsfreie – aber folgenreiche – Abgrenzung zwischen einer staatlichen Schutzbereichsbestimmung und einem Grundrechtseingriff, die hier am Merkmal der Allgemeinzugänglichkeit vorgenommen wird, hat richtigerweise unter Berücksichtigung der grundrechtlichen Schutzrichtung zu erfolgen.[117] Diese hat das Bundesverfassungsgericht in der Entscheidung zur Leipziger Volkszeitung konkretisiert. Das Grundrecht der In-

---

[114] Dafür spricht auch der dokumentierte Willen des Gesetzgebers, mit dem IFG einen „allgemeinen“ Zugangsanspruch zu schaffen BT-Drs. 15/4493, S. 1.

[115] Dazu die Nachweise in Kap. 5 Fn. 105.

[116] Aus anderer Perspektive kritisch jeweils *Cornils*, in: BeckOK-Info/MedienR, Stand August 2023, Art. 10 EMRK Rn. 21; *Rhein*, Informationsansprüche gegen Parlamente, 2020, S. 63 ff.

[117] *Hillgruber*, in: HStR IX, 2011, S. 981 (988 ff.).

formationsrechte besitze einerseits eine überindividuelle, demokratische Komponente, weil es eine wohlinformierte öffentliche Meinung sicherstellen wolle. Andererseits gehöre es „zu den elementaren Bedürfnissen des Menschen, sich aus möglichst vielen Quellen zu unterrichten, das eigene Wissen zu erweitern und sich so als Persönlichkeit zu entfalten." Deshalb besitze das Grundrecht auch eine aus den Art. 1, 2 Abs. 1 GG folgende individualrechtliche Komponente.[118] Mit Blick auf diesen doppelten Schutzzweck führt das Gericht aus:

> „Dem Einzelnen soll ermöglicht werden, sich seine Meinung auf Grund eines weitgestreuten Informationsmaterials zu bilden. Er soll bei der Auswahl des Materials keiner Beeinflussung durch den Staat unterliegen. Da die Informationsfreiheit infolge ihrer Verbindung mit dem demokratischen Prinzip gerade auch dazu bestimmt ist, ein Urteil über die Politik der eigenen Staatsorgane vorzubereiten, muß das Grundrecht vor Einschränkungen durch diese Staatsorgane weitgehend bewahrt werden."[119]

Mit anderen Worten möchte das Grundrecht der Informationsfreiheit eine staatliche Informationskontrolle unterbinden. Könnte der Staat frei darüber disponieren, welche Informationen zur öffentlichen Meinungsbildung verfügbar bleiben, wäre das geeignet die demokratische Legitimation der Staatsgewalt in Frage zu stellen. Deshalb begründet das Grundrecht der Informationsfreiheit als Gegenstück des Unterrichtungsrechts die mit der Verfassungsbeschwerde einklagbare staatliche Pflicht, Beeinträchtigungen der Informationsverfügbarkeit zu unterlassen. Ausweislich der Vorstellung der Verfassungsgeber galt das zunächst für nichtstaatliche Informationsquellen. Denn wie bereits erwähnt wurden staatliche Informationen traditionell vor allem über Presse und Rundfunk in den Prozess öffentlicher Meinungsbildung eingeführt, was die Verfassungsgeber im Angesicht der Informationsbeschränkungen im Dritten Reich dazu bewog, die Informationsfreiheit in das Grundgesetz aufzunehmen. Die obigen Ausführungen des Bundesverfassungsgerichts zeigen, dass die Informationsfreiheit wegen ihres Bezugs zum Demokratieprinzip gerade die freie Zirkulation von Informationen schützt, die den Staat und seine Organe betreffen. Denn nur so kann sichergestellt werden, dass die Wahlentscheidung auch von einem hinreichenden Informationsniveau getragen ist. Wenn die Verfassungsgeber dem Staat vor diesem Hintergrund also das Recht zur freien Bestimmung über die Zugänglichkeit nichtstaatlicher Informationsquellen abgesprochen haben, muss das erst recht für zugängliche staatliche Informationsquellen gelten. Hier besteht freilich die gedankliche Schwierigkeit, dass dem Staat zunächst das Recht – unter Umständen aber auch die Pflicht – zukommt, die Zugänglichkeit zu den in seiner Hand befindlichen Informationsquellen zu bestimmen. Es besteht deshalb ein Spannungsverhältnis zwischen dem staatlichen Bestimmungsrecht und der Schutzrichtung der Informationsfreiheit, die angesichts der historischen Umstände und dem pri-

[118] BVerfGE 27, 71 (81).
[119] BVerfGE 27, 71 (84).

mär abwehrrechtlichen Anstrich der Grundrechte auf staatliche Zurückhaltung gerichtet ist.

Dieses Spannungsverhältnis darf jedoch nicht dazu verleiten, den Schutz des Zugangs zu staatlichen Informationsquellen für mit dem historischen Charakter der Informationsfreiheit unvereinbar zu halten.[120] Denn dem Verfassungswortlaut ist die Differenzierung zwischen staatlichen und nichtstaatlichen Informationsquellen fremd. Vielmehr impliziert die demokratische Funktion dieses Grundrechts gerade mit Blick auf die Ablösung der Medien als primäre Informationsvermittler,[121] dass die Dogmatik der Informationsfreiheit auf den Zugang zu den in der Informationsgesellschaft in den Vordergrund rückenden staatlichen Informationsquellen anzupassen ist.[122] Abweichend von den Maßgaben der „n-tv"-Entscheidung wird deshalb im Schrifttum teilweise auch schlechterdings bezweifelt, dass der Staat hinsichtlich der in seiner Hand befindlichen Informationsquellen ein schutzbereichseröffnendes Bestimmungsrecht besäße.[123] Ohne diesen Schritt hier zu gehen, folgt aus dem historisch auf eine lediglich derivative Öffentlichkeit gerichteten Zweck der Informationsfreiheit jedenfalls nicht, dass staatliche Informationsquellen aus dem Unterrichtungsrecht herauszunehmen oder anders zu behandeln wären als nichtstaatliche Quellen. Richtigerweise bedeutet diese Zweckrichtung nur, dass die allgemeine Zugänglichkeit einer Informationsquelle – sei sie staatlich oder nicht – von Art. 5 Abs. 1 Satz 1 Hs. 2 GG als gegeben vorausgesetzt wird.

V. Maßgebliches Verständnis und Folgen für die Rechtsanwendung: Verfassungsrechtliche Widmung von Informationen der Verwaltung als allgemein zugängliche Informationsquellen durch das Öffentlichkeitsprinzip

Geht man wie hier davon aus, dass der Gesetzgeber verfassungsrechtlich verpflichtet ist, die Informationen der Verwaltung für die Allgemeinheit zugänglich zu machen, wird das entscheidende Merkmal der allgemeinen Zugänglichkeit von Informationsquellen – nämlich ihre Bestimmung, der Allgemeinheit Informationen zu verschaffen – konsequenterweise durch das Öffentlichkeitsprinzip

---

[120] In diese Richtung etwa *R. Nolte*, NVwZ 2018, S. 521 (525), der von einem „atypischen Fall" spricht.

[121] Dazu *Wölfle*, Verfassungsrechtliche Determination von Informations- und Auskunftsansprüchen der Medien in der Informationsgesellschaft, 2021, S. 91 ff.

[122] So bereits *von Coelln*, Zur Medienöffentlichkeit der Dritten Gewalt, 2005, S. 154–155; *Wegener*, in: Festschrift für Richard Bartlsperger zum 70. Geburtstag, 2006, S. 165 (178 ff.); *Wölfle*, Verfassungsrechtliche Determination von Informations- und Auskunftsansprüchen der Medien in der Informationsgesellschaft, 2021, S. 29–30. Anders *Starck/Paulus*, in: M/K/S-GG, 2018, Art. 5 Rn. 108, 117.

[123] In diese Richtung *Hirzebruch*, Öffentlichkeit und Neue Medien im gerichtlichen Verfahren, 2018, S. 127 ff.

bestimmt. Gerade vor dem Hintergrund, dass es einer hinreichenden gesetzlichen Grundlage bedarf, um bei der Gewährung des Informationszugangs in Rechte Dritter eingreifen zu können, obliegt der Ausgleich zwischen diesen Rechtspositionen zwar in erster Linie dem Gesetzgeber. Da diesem die Entscheidung über das „Ob" administrativer Informationszugänglichkeit nach der hiesigen Auffassung jedoch entzogen ist, folgt die Zuweisung sämtlicher Verwaltungsinformationen auf die Allgemeinheit nicht erst aus den §§ 1 Abs. 1, 2 Nr. 1 IFG, sondern bereits auf einer höheren Ebene aus dem Öffentlichkeitsprinzip.[124]

Fraglich bleibt allerdings, was genau Gegenstand der verfassungsrechtlichen Widmung ist. So hat das Bundesverfassungsgericht ausgeführt, als Informationsquelle kämen „alle Träger von Informationen, darunter auch Ereignisse und Vorgänge"[125] in Betracht. Zwar würde auch das Verwaltungsverfahren selbst unter dieses weite Verständnis der Informationsquelle fallen. Der Verfassung ist jedoch hinsichtlich des Verwaltungsverfahrens als solchem keine informatorische Widmung zu entnehmen. Verfahrensunabhängig weist das Grundgesetz die im Verfügungsbereich der Verwaltung befindlichen amtlichen Informationen der Allgemeinheit zu. Insbesondere die Akten der Verwaltung, welche im Rechtsstaat wahrheitsgetreu und vollständig zu führen sind,[126] werden damit kraft des Öffentlichkeitsprinzips zu allgemein zugänglichen Informationsquellen im Sinne von Art. 5 Abs. 1 Satz 1 Hs. 2 GG.

Die Möglichkeit der verfassungsrechtlichen Widmung einer staatlichen Informationsquelle als allgemein zugänglich hat auch das Bundesverfassungsgericht in der „n-tv"-Entscheidung angedeutet, als es ausführte, dass sich das staatliche Bestimmungsrecht nach den Vorgaben des öffentlichen Rechts richte.[127] Die geschriebene Verfassung enthält mit Art. 42 Abs. 1 Satz 1 GG eine solche informatorische Widmung in Bezug auf die Sitzungen des Parlamentsplenums. Der

---

[124] Für eine verfassungsrechtliche Determination des Merkmals der Allgemeinzugänglichkeit bereits *Rotta*, Nachrichtensperre und Recht auf Information, 1986, S. 59. Vgl. im Übrigen für einen grundrechtlichen Zugangsanspruch mit teilweise abweichender Begründung *Scherer*, Verwaltung und Öffentlichkeit, 1978, S. 27 ff.; *Scherzberg*, Die Öffentlichkeit der Verwaltung, 2000, S. 341 ff.; *Angelov*, Grundlagen und Grenzen eines staatsbürgerlichen Informationszugangsanspruchs, 2000, S. 54 ff., 81 ff.; *Bröhmer*, Transparenz als Verfassungsprinzip, 2004, S. 222 ff.; *Wegener*, in: Festschrift für Richard Bartlsperger zum 70. Geburtstag, 2006, S. 165 ff.; *Anderheiden*, Gemeinwohl in Republik und Union, 2006, S. 362 ff.; *Rossen-Stadtfeld*, in: Grundlagen des Verwaltungsrechts II, 2012, S. 663 (725–726); *Lederer*, Open Data, 2015, S. 449 ff.; *Kühling*, in: BeckOK-Info/MedienR, Stand August 2023, Art. 5 GG Rn. 42–43. Aus der Rechtsprechung ablehnend VerfGH RP, Beschluss vom 27. Oktober 2017 – VGH B 37/16 – Rn. 16 nach juris.

[125] BVerfGE 103, 44 (60).

[126] Vgl. auch §§ 2, 4 der sog. Registraturrichtlinie. Dazu schon oben in Kap. 4 Fn. 44.

[127] BVerfGE 103, 44 (60–61). Diese Möglichkeit anerkennend auch *R. Nolte*, NVwZ 2018, S. 521 (523).

Rechtsprechung des Bundesverfassungsgerichts lassen sich jedoch auch Ansätze dafür entnehmen, dass ungeschriebenes Verfassungsrecht gleichermaßen als eine solche Widmung in Betracht kommen kann. So hat das Gericht zu einem presserechtlichen Auskunftsbegehren entschieden, dass die aus dem objektiven Verfassungsrecht folgende allgemeine Zugänglichkeit von Gerichtsentscheidungen dazu geeignet ist, das staatliche Ermessen bei der Erfüllung von Auskunftsbegehren zu determinieren.[128] Diese Maßgaben lassen sich auf die Auslegung des Grundrechts der Informationsfreiheit übertragen. Ausgehend vom hiesigen Verständnis, nach dem der Gesetzgeber dazu aufgefordert ist, Verwaltungsinformationen der Allgemeinheit zugänglich zu machen, lässt sich – auch im Sinne einer in sich konsistenten Verfassungsauslegung[129] – nicht widerspruchsfrei annehmen, diese Informationsquellen erhielten ihre Bestimmung zur Information der Allgemeinheit erst durch die Entscheidung des Gesetzgebers. Richtigerweise ist der Schutzbereich der Informationsfreiheit in Bezug auf sämtliche Verwaltungsinformationen deshalb aufgrund der verfassungsrechtlichen Vorprägung eröffnet. Hierbei handelt es sich um eine Verzahnung des objektiven mit dem subjektiven Verfassungsrecht und keine[130] unzulässige Subjektivierung objektiv-rechtlicher Vorgaben.[131]

Jedenfalls nach der ersten Unterposition der herrschenden Meinung schlugen die skizzierten Differenzierungsprobleme zwischen schutzbereichsbestimmenden und -beschränkenden Regelungen in abzulehnender und schutzbereichsverkürzender Weise bis auf Ebene der Verwaltungsentscheidung durch. Nach dem hiesigen Verständnis dagegen ist der Gesetzgeber zwar nicht zur Schutzbereichsbestimmung,[132] aber selbstredend weiterhin befugt das „Wie" der Zugänglichkeit, insbesondere die Modalitäten und Grenzen des Informationszugangs, zu regeln. Da der Gesetzgeber die öffentliche Zugänglichkeit seiner Informationsquellen „unter Beachtung verfassungsrechtlicher Vorgaben"[133] auszugestalten hat, folgt aus der hier vertretenen verfassungsrechtlichen Determination, dass bei der Re-

[128] BVerfG, Beschluss vom 14. September 2015 – 1 BvR 857/15 – NJW 2015, S. 3708 (3710).

[129] In ähnlichem Zusammenhang die Figur der Einheit der Verfassung bemühend *Scherzberg*, Die Öffentlichkeit der Verwaltung, 2000, S. 354.

[130] So auch *Lederer*, Open Data, 2015, S. 459 ff.; *Hirzebruch*, Öffentlichkeit und Neue Medien im gerichtlichen Verfahren, 2018, S. 131.

[131] Das BVerfG, Beschluss vom 15. Dezember 2022 – 1 BvR 2146/22 – Rn. 4 nach juris betont erneut, dass unter bestimmten Voraussetzungen mit der Verfassungsbeschwerde mittelbar auch objektives Verfassungsrecht, namentlich ein Verstoß gegen Art. 20a GG, gerügt werden kann. Bereits die Sachverständigenkommission „Staatszielbestimmungen" stellte fest, dass es „nicht von vornherein ausgeschlossen" sei, dass die Staatszielbestimmung Umweltschutz unter bestimmten Voraussetzungen zu klageweise geltend zu machenden subjektiven Schutzpflichten führen können würde, *Bundesminister des Innern/Bundesminister der Justiz*, Staatszielbestimmungen/Gesetzgebungsaufträge – Bericht der Sachverständigenkommission, 1983, S. 102 ff.

[132] Allgemein ablehnend *Hirzebruch*, Öffentlichkeit und Neue Medien im gerichtlichen Verfahren, 2018, S. 127 ff.

[133] BVerfGE 103, 44 (61).

gelung des einfachrechtlichen Zugangs zu Verwaltungsinformationen Art. 5 Abs. 1 Satz 1 Hs. 2 GG zu beachten ist. Der Gesetzgeber hat die Bedeutung des Grundrechts zu würdigen und mit gegenläufigen öffentlichen und privaten Vertraulichkeitsinteressen in Ausgleich zu bringen. Übereinstimmend mit der zweiten Variante der herrschenden Meinung[134] müssen anspruchsausschließende und -beschränkende Regelungen deshalb den Anforderungen an Grundrechtseingriffe genügen, insbesondere den aus Art. 5 Abs. 2 GG resultierenden.

Anders als vom Bundesverfassungsgericht angenommen,[135] gilt das allerdings auch für nachrichtendienstliche Informationen. Denn auf Ebene des objektiven Verfassungsrechts besteht keine tatbestandliche Herausnahme solcher Informationen aus dem Öffentlichkeitsprinzip.[136] Auch diese Informationen werden damit durch das objektive Verfassungsrecht als allgemein zugängliche Informationsquellen gewidmet. Deshalb ist der Schutzbereich von Art. 5 Abs. 1 Satz 1 Hs. 2 GG auch hinsichtlich Informationen der Nachrichtendienste eröffnet. Schutzlücken sind hierdurch nicht zu befürchten. Denn der Funktionsfähigkeit der Dienste sowie anderer in diesem Bereich relevant werdender Vertraulichkeitsinteressen – etwa dem nachrichtendienstlichen Quellenschutz – kann ohne weiteres durch Regelungen Rechnung getragen werden, die den Anforderungen an allgemeine Gesetze im Sinne des Art. 5 Abs. 2 GG entsprechen. In Ermangelung eines einfachrechtlichen Zugangsregimes mit nachrichtendienstlichen Bereichsausnahmen sind Spannungslagen aber auf Prinzipienebene zu lösen. Wenngleich nachrichtendienstlichem Geheimnisschutz gegenüber einem Zugangsanspruch in der Regel Vorrang einzuräumen sein dürfte, kann bei der vorzunehmenden Abwägung auf die inzwischen gefestigte Judikatur zur Parlaments- und Presseinformation zurückgegriffen[137] werden, die modifiziert auf Zugangsansprüche nach Art. 5 Abs. 1 Satz 1 Hs. 2 GG übertragbar ist.

Eine ablehnende Verwaltungsentscheidung, die sich auf einfachrechtliche oder verfassungsunmittelbare Verweigerungsgründe stützt, stellt einen Eingriff in Art. 5 Abs. 1 Satz 1 Hs. 2 GG dar. Die Verwaltung hat die gesetzlichen Vorschriften, aus denen sich die Grenzen des Informationszugangs ergeben, im Lichte des Grundrechts der Informationsfreiheit auszulegen; dabei ist die Bedeutung allgemein zugänglicher Informationen für die individuelle und die überindividuelle Schutzdimension des Grundrechts zu würdigen und in die Entscheidung miteinzubeziehen.[138] Unter Rückgriff auf die Wechselwirkungslehre[139] des Bun-

---

[134] Dazu oben die Nachweise in Kap. 5 Fn. 105, 106.

[135] Dazu oben den Nachweis in Kap. 5 Fn. 109. Aus dem gleichen Grund mit Blick auf die Regelung des § 16 Abs. 3 Hs. 2 LTranspG-RP unzutreffend daher VerfGH RP, Beschluss vom 27. Oktober 2017 – VGH B 37/16 – Rn. 19 ff. nach juris.

[136] Dazu oben Kap. 3 bei Fn. 649 ff.

[137] In diese Richtung auch *Schnabel/Freund*, DÖV 2012, S. 192 (194 ff.).

[138] BVerfGE 145, 365 (379–380).

[139] Grundlegend BVerfGE 7, 198 (208 ff.). Vgl. auch schon Kap. 5 Fn. 109.

desverfassungsgerichts ist bei Auslegung des Tatbestands der anspruchsbegrenzenden Vorschriften ein Ausgleich zwischen der grundrechtlichen Bedeutung und den Interessen herzustellen, denen der maßgebliche Ausnahmetatbestand dient.[140] Der einfachrechtliche Informationszugang der Allgemeinheit kann nicht mit parlamentarischem Informationszugang gleichgesetzt werden, da dieser im Einzelnen abweichenden Voraussetzungen und Grenzen unterliegt. Eine Parallele besteht aber insofern, als dass sowohl parlamentarische Informationsrechte wie auch Informationsrechte der Allgemeinheit auf abstrakter Ebene Ausfluss des informatorischen Verteilungsprinzips sind und damit bereits von der Verfassung zugunsten von Öffentlichkeit in Richtung eines Regel-Ausnahme-Verhältnisses vorprogrammiert werden. In Anlehnung an die Rechtsprechung des Bundesverfassungsgerichts zur Parlamentsinformation hat diese verfassungsrechtliche Vorprägung insbesondere zwei Wirkungen, denen damit der Charakter als verfassungsrechtliche Anwendungsmaximen auch für den nach einfachem Recht bestehenden Informationszugang zuzuerkennen ist. Verfassungsrechtlicher Charakter kommt erstens dem in Anlehnung an die Gesetzesmaterialien[141] zum IFG bereits im Schrifttum als einfachrechtlicher Anwendungsgrundsatz gefolgerten Gebot der engen Auslegung von Ausnahmetatbeständen zu.[142] Da hiermit richtigerweise ein Verbot der Analogiebildung sowie ungeschriebener Ausnahmetatbestände verbunden ist,[143] muss die bundesverwaltungsgerichtliche Praxis der Schutzlücken schließenden Anwendung verfassungsunmittelbarer Gegengründe[144] äußerst restriktiv gehandhabt werden. Diese besitzt das Potential, ein Einfallstor für die den Telos des Kernbereichs exekutiver Eigenverantwortung überdehnende Interpretation dieser Figur darzustellen.[145] Da der Gesetzgeber im Rahmen seines Gestaltungsspielraums unter Beachtung von Art. 5 Abs. 2 GG sowie des Grundsatzes der Verhältnismäßigkeit grundsätzlich auch berechtigt ist, ein im Vergleich zur Lage auf Ebene der Verfassung restriktiveres Zugangsregime vorzusehen,[146] darf die legislative Entscheidung durch die restriktive Auslegung einfachrechtlicher Ausnahmetatbestände jedoch nicht ausgehebelt werden. Im Allgemeinen ist der Einfluss von verfassungsrechtlichen Wertungen umso größer, je abstrakter und konkretisierungsbedürftiger die gesetzlichen Vorschriften gefasst sind. Insbesondere wenn der Interessenausgleich nach Maßgabe des einfachen Rechts auf Grundlage einer Abwägungsklausel stattfindet, ist der Grundsatz der praktischen

---

140 In diese Richtung auch BVerfGE 145, 365 (379–380).

141 BT-Drs. 15/4493, S. 9.

142 Vgl. etwa *Schoch*, in: ders., IFG-Kommentar, 2016, Vorb. §§ 3–6 Rn. 16 ff., 65 ff.; *Hong*, NVwZ 2016, S. 953 (955): „Gebot der zugangsfreundlichen Auslegung der Ausnahmen".

143 Siehe die Nachweise in Kap. 5 Fn. 142.

144 Vgl. etwa BVerwGE 164, 112 (Rn. 20). Dazu auch schon oben Kap. 4 bei Fn. 292.

145 Dazu oben Kap. 4 bei Fn. 262 ff.

146 Dazu noch unten Kap. 5 bei Fn. 191 ff.

Konkordanz anzuwenden,[147] um die den Ausnahmetatbeständen zugrunde liegenden verfassungsrechtlichen Vertraulichkeitsinteressen mit dem Grundrecht der Informationsfreiheit zu koordinieren.

Gleichermaßen Folge der Regel-Ausnahme-Beziehung wie auch Erfordernis effektiven Rechtsschutzes (Art. 19 Abs. 4 GG) ist zweitens die somit auch verfassungsrechtliche[148] Auferlegung der Darlegungs- und Beweislast für das Vorliegen von Ausnahmetatbeständen in Richtung der Verwaltung. Auch wenn das IFG insoweit rückständig ist,[149] folgt hieraus das verfassungsrechtliche Erfordernis, dass eine den Informationszugang versagende Verwaltungsentscheidung mit einer Begründung zu versehen ist, deren Tiefe eine zumindest oberflächliche Schlüssigkeitsprüfung auch im Hinblick auf die grundrechtlichen Folgen der Verwaltungsentscheidung ermöglicht. Denn andernfalls wäre weder eine sachgerechte Bewertung der Erfolgsaussichten nachgelagerten Rechtsschutzes noch eine angemessene gerichtliche Überprüfung gewährleistet, worin ein Verstoß gegen rechtsstaatliche Grundsätze, insbesondere Art. 19 Abs. 4 GG zu sehen ist. Auch ein Nachschieben von Gründen wird man deshalb äußerst kritisch betrachten müssen.[150]

Ungeachtet der Rechtsprechung des Bundesverwaltungsgerichts, die bislang nur Verweigerungsgründe im Rahmen einer schutzlückenschließenden Anwendung auf die Verfassung gestützt hat, erfährt der einfachrechtliche Zugangsanspruch aus § 1 Abs. 1 Satz 1 IFG, damit eine grundrechtliche Unterfütterung.[151] Daraus folgt zugleich, dass hinsichtlich des Zugangs zu Verwaltungsinformationen nach Erschöpfung des Rechtswegs sowie unter Beachtung des Grundsatzes der Subsidiarität die Möglichkeit der Verfassungsbeschwerde eröffnet ist.[152] Ent-

[147] In diese Richtung bereits *Scherzberg*, ThürVBl. 2003, S. 193 (198 ff.); *Gusy*, in: Grundlagen des Verwaltungsrechts I, 2022, S. 1661 (1699, 1712).

[148] Als einfachrechtlicher Anwendungsgrundsatz dafür *Schoch*, in: ders., IFG-Kommentar, 2016, Vorb. §§ 3–6 Rn. 61 ff.

[149] Dazu *Schoch*, in: ders., IFG-Kommentar, 2016, § 9 Rn. 25 ff., der im Zusammenspiel mit § 39 Abs. 1 Satz 1 VwVfG darauf aufmerksam macht, dass ein Begründungserfordernis im Falle einer theoretisch möglichen mündlichen Ablehnung des Informationszugangs aktuell nicht bestünde.

[150] Dazu im Bereich der Parlamentsinformation BVerfGE 146, 1 (48 ff.).

[151] So auch BVerfGE 145, 365 (379).

[152] Mit BVerfGE 145, 365 ist auf Bundesebene im Zusammenspiel von IFG und dem Grundrecht der Informationsfreiheit bislang nur eine Verfassungsbeschwerde entschieden worden, was die geringe Bedeutung der Grundrechtsaktivierung durch das IFG nach der herrschenden Meinung veranschaulicht. Im konkreten Fall wurde die Verfassungsbeschwerde mit Blick auf den Grundsatz der Subsidiarität zurückgewiesen. Da der Zugang zu Informationen begehrt wurde, die sich im Privatbesitz zweier Institutionen befanden, müsse fachgerichtlich zunächst geklärt werden, inwieweit ein solcher Zugang nach Maßgabe des einfachen Rechts besteht. Vgl. auf Landesebene außerdem VerfGH RP, Beschluss vom 27. Oktober 2017 – VGH B 37/16 – Rn. 13 ff. nach juris. Die grundsätzliche Möglichkeit einer Verfassungsbeschwerde wird in der Literatur schon länger anerkannt. Dazu – die Bedeutung sogleich wieder relativierend – *Rossi*, Informations-

sprechend der allgemeinen Grundsätze beschränkt sich die verfassungsgerichtliche Kontrolle jedoch auf die Verletzung spezifischen Verfassungsrechts.[153] Es kann deshalb einerseits die Verfassungswidrigkeit des einfachen Rechts und insbesondere gerügt werden, dass eine anspruchsbegrenzende Norm einen ungerechtfertigten Grundrechtseingriff darstellt. Zum anderen kann – was nach der Grundrechtsaktivierung auch von der herrschenden Meinung angenommen wird[154] – neben einer Willkürkontrolle außerdem beanstandet werden, dass die Verwaltung sowie die zur Überprüfung der Verwaltungsentscheidung angerufene Fachgerichtsbarkeit die Bedeutung des Grundrechts und seine Schutzdimensionen bei der Auslegung des einfachen Rechts verkannt haben. Ansatzpunkte hierfür können sich etwa daraus ergeben, dass die Verwaltung sich angesichts der Begründung oder sonstiger Umstände nicht darüber im Klaren zu sein schien, dass sie sich mit ihrer Entscheidung im grundrechtserheblichen Bereich bewegt.

Übereinstimmend mit den Feststellungen des Bundesverfassungsgerichts besteht in diesem Fall ein grundrechtsunmittelbarer Zugangsanspruch.[155] Soweit der Gesetzgeber im Rahmen seines Konkretisierungsprimats den allgemeinen Zugang zu Verwaltungsinformationen abschließend regelt, wie er es mit dem IFG getan hat, und dabei die Grundrechtsschranken berücksichtigt, kann ein weitergehender Informationszugang wegen des Anwendungsvorrangs des einfachen Rechts[156] dagegen nicht auf das Grundrecht der Informationsfreiheit gestützt werden.

Es lässt sich festhalten, dass ein grundrechtsunmittelbarer Unterrichtungsanspruch in der Gestalt eines Zugangsanspruchs[157] damit in drei Fällen in Betracht

---

zugangsfreiheit und Verfassungsrecht, 2004, S. 220; vgl. auch *R. Nolte*, NVwZ 2018, S. 521 (528).

[153] BVerfGE 18, 85 (92 ff.). Anders wohl *Ibler*, in: Verwaltung, Verfassung, Kirche, 2012, S. 1 (10). Dazu bereits oben Kap. 5 bei Fn. 103 ff.

[154] *Rossi*, Informationszugangsfreiheit und Verfassungsrecht, 2004, S. 220; vgl. auch *R. Nolte*, NVwZ 2018, S. 521 (528).

[155] BVerfGE 103, 44 (60): „Das Grundrecht umfasst allerdings ein gegen den Staat gerichtetes Recht auf Zugang in Fällen, in denen eine im staatlichen Verantwortungsbereich liegende Informationsquelle auf Grund rechtlicher Vorgaben zur öffentlichen Zugänglichkeit bestimmt ist, der Staat den Zugang aber verweigert." Einen grundrechtsunmittelbaren Zugangsanspruch ebenfalls für möglich haltend BVerfGE 145, 365 (373).

[156] So zum Verhältnis von archivrechtlichem Nutzungsanspruch und verfassungsunmittelbarem Presseauskunftsanspruch BVerwG, Urteil vom 13. Januar 2022 – 6 A 7/20, 6 A 8/20 – NVwZ 2022, S. 877 (878).

[157] In der Literatur wird bei einem solchen Zugangsanspruch teilweise die abwehr-, teilweise die leistungsrechtliche Grundrechtsdimension für einschlägig gehalten. Für die leistungsrechtliche Konzeption grundlegend *Scherzberg*, Die Öffentlichkeit der Verwaltung, 2000, S. 341 ff. Vgl. auch *Angelov*, Grundlagen und Grenzen eines staatsbürgerlichen Informationszugangsanspruchs, 2000, S. 85 ff. Aus der jüngeren Literatur für einen leistungsrechtliche Deutung *Rhein*, Informationsansprüche gegen Parlamente, 2020, S. 67 ff. Kritisch *Wegener*, in: Festschrift für Richard Bartlsperger zum 70. Geburtstag, 2006, S. 165 (182 Fn. 75). Übereinstimmend die abwehrrechtliche Dimension für ein-

kommt. Nämlich erstens dann, wenn sich die Verwaltung zur Informationsverweigerung auf eine anspruchsbegrenzende Vorschrift stützt, die als solche gegen die Verfassung insbesondere Art. 5 Abs. 1 Satz 1 Hs. 2 GG verstößt. Zweitens, wenn die Bedeutung der Informationsfreiheit von der Verwaltung und der Fachgerichtsbarkeit bei der Auslegung des einfachen Rechts verkannt wird. Nach der hier vertretenen verfassungsrechtlichen Determination der allgemeinen Zugänglichkeit von Verwaltungsinformationen ist ein verfassungsunmittelbarer Zugangsanspruch schließlich drittens auch möglich, würde der Gesetzgeber den nach dem einfachen Recht bestehenden Anspruch auf Zugang zu Verwaltungsinformationen vollständig streichen.

Auch wenn der Anspruch nach dem einfachen Recht unter Umständen ein Akteneinsichtsrecht vermittelt, besteht dieser grundrechtliche Zugangsanspruch jedoch grundsätzlich nur auf dem Niveau eines Auskunftsanspruchs und beschränkt sich auf die tatsächlich in den Händen der Verwaltung befindlichen Informationen. Darüber hinaus erweist sich der grundrechtsunmittelbare Zugangsanspruch aus der Informationsfreiheit auch in anderer Hinsicht als ein Minus im Vergleich zum geltenden Informationsfreiheitsrecht. So stellt er eine deutlich weniger bestimmte Grundlage für Eingriffe in Rechte Dritter dar und vermag deshalb auch nur weniger intensive Grundrechtsbeeinträchtigungen zu rechtfertigen.[158] Die Bestrebung, den Zugang zu Verwaltungsinformationen durch eine neue Grundrechtsbestimmung verfassungsrechtlich abzusichern, erfährt gerade im Kontext der aktuellen Debatte um ein Bundestransparenzgesetz eine neue Dynamik.[159] Nach dem hiesigen Verständnis handelt es sich dabei um eine lediglich

---

schlägig haltend *Wölfle*, Verfassungsrechtliche Determination von Informations- und Auskunftsansprüchen der Medien in der Informationsgesellschaft, 2021, S. 29–30. Da es aus Sicht der Verfassungsgeber zunächst vor allem um private Informationsquellen ging, war das Grundrecht entsprechend der klassisch-abwehrrechtlichen Grundrechtsdogmatik auf ein staatliches Unterlassen gerichtet, nämlich das Unterlassen von Beeinträchtigungen der allgemeinen Zugänglichkeit von Informationsquellen. Auch bei staatlichen Informationen geht es streng genommen um ein Unterlassen, nämlich von Beeinträchtigungen der – nach dem hiesigen Verständnis – verfassungsrechtlich vorgezeichneten allgemeinen Zugänglichkeit von Verwaltungsinformationen. Da die informatorische Widmung ihrerseits jedoch in erster Linie ein staatliches „Tun" adressiert, scheint es naheliegender, hier die leistungsrechtliche Dimension für einschlägig zu halten. Es kommt damit zu einer Spaltung der einschlägigen Grundrechtsdimension je nach Art der Information.

158 So zum verfassungsunmittelbaren Presseauskunftsanspruch auf Linie des BVerwG *Wölfle*, Verfassungsrechtliche Determination von Informations- und Auskunftsansprüchen der Medien in der Informationsgesellschaft, 2021, S. 201 ff., nach dem auch das Grundgesetz ein formelles Gesetz sei, auf das Eingriffe in Rechte Dritter gestützt werden könnten. Ablehnend dagegen *Blome*, NVwZ 2016, S. 1211 ff.; *Rhein*, Informationsansprüche gegen Parlamente, 2020, S. 179 ff.

159 Vgl. schon Empfehlungen BR-Drs. 360/92, S. 27 ff.; BT-Drs. 12/6000, S. 60 ff. sowie die Initiativen BT-Drs. 16/9607, S. 1 ff.; BT-Drs. 17/9724, S. 1 ff. Auf Landesebene ist mit Art. 21 Abs. 4 BbgVerf eine solche Regelung bekannt. Objektive Transparenzpflichten enthalten darüber hinaus Art. 53 LVerf SH und Art. 56 LVerf HH. Je-

deklaratorische Verfassungsänderung, deren klarstellende Wirkung aber mit Blick auf den festgefahrenen Forschungsstand im Interesse der Rechtssicherheit zu begrüßen ist.

C. Folgen für die Gestaltung des Informationsfreiheits- und Transparenzrechts

Auch wenn dieses Vorhaben in jüngster Vergangenheit etwas aus dem Fokus gerückt ist, hat die aktuelle Bundesregierung geplant, das IFG in ein Bundestransparenzgesetz weiterzuentwickeln.[160] Auf Landesebene bestehen solche Regelungen bereits in Hamburg, Rheinland-Pfalz, Thüringen und neuerdings auch Sachsen.[161] Gerade vor dem Hintergrund, dass manche Länder Elemente der Transparenzgesetzgebung in ihr Informationsfreiheitsrecht integriert haben,[162] bestehen im Einzelnen erhebliche Unterschiede. Es lässt sich nicht pauschal sa-

---

denfalls erstere stellt eine Staatszielbestimmung dar. Dazu OVG Schleswig, Urteil vom 23. Juli 2020 – 4 LB 45/17 – NordÖR 2021, S. 126 (128). Aus der Literatur für eine Ergänzung der Grundrechte etwa *Schwan*, Amtsgeheimnis oder Aktenöffentlichkeit?, 1984, S. 91; *Kloepfer/Schärdel*, JZ 2009, S. 453 ff.; *Adler*, DÖV 2016, S. 630 (637 ff.) und neuerdings *Wehrmann*, ZGI 2022, S. 205 (211); *Kelber*, ZGI 2022, S. 261; *Bäumer*, ZGI 2022, S. 270 (272). Überwiegend wird hier für die Schaffung eines gänzlich neuen Grundrechts plädiert. Indessen scheint es im Interesse einer möglichst minimalinvasiven Verfassungsänderung auch möglich, die Allgemeinzugänglichkeit von Verwaltungsinformationen oder den Unterlagen, in denen diese enthalten sind, grundgesetzlich zu verankern. In diese Richtung der Vorschlag von Transparency International Deutschland e. V., Positionspapier – Transparenz von staatlichen Informationen; abrufbar unter https://www.transparency.de/fileadmin/Redaktion/Publikationen/2022/Transparency_Positionspapier_Transparenzgesetzgebung_2022.pdf, S. 5 (zuletzt aufgerufen am 22. Februar 2024). Ein Informationsanspruch könnte dann in Ermangelung eines vorrangig anzuwendenden einfachrechtlichen Zugangsregimes über das Grundrecht der Informationsfreiheit geltend gemacht werden.

160 Siehe hierzu bereits oben Kap. 4 Fn. 128. Mit der Umsetzung dieses Vorhabens in der laufenden Legislaturperiode ist wohl nicht mehr zu rechnen. Vgl. aber den zivilgesellschaftlichen Entwurf eines solchen Gesetzes: Zivilgesellschaftliches Bündnis für ein Bundestransparenzgesetz, Entwurf eines Gesetzes zur Regelung des Zugangs zu Informationen des Bundes (Transparenzgesetz – TG); abrufbar unter https://www.transparency.de/fileadmin/Redaktion/Publikationen/2022/gesetzentwurf_Bundestransparenzgesetz.pdf (zuletzt aufgerufen am 22. Februar 2024); ebenfalls abgedruckt in ZGI 2022, S. 247 ff.

161 In Hamburg existiert schon seit 2012 ein inzwischen reformiertes Transparenzgesetz mit Vorbildcharakter sowohl für Landesgesetze wie auch für ein Bundesgesetz. Vgl. HmbGVBl. 2012, S. 271 ff. Dazu auch schon oben Kap. 4 bei Fn. 127. Zum LTranspG-RP: GVBl.-RP 2015, S. 383 ff. Zum ThürTG: ThürGVBl. 2019, S. 373 ff. In Sachsen gab es bis vor kurzem noch kein Landesinformationsfreiheitsgesetz. Der Weg zur Verwaltungsöffentlichkeit führte direkt zu einem „Transparenzgesetz" (SächsGVBl. 2022, S. 486 ff.), das jedoch bereits im Gesetzgebungsverfahren als sehr restriktiv auch im Vergleich zu anderen Informationsfreiheitsgesetzen bezeichnet wurde. Dazu etwa Sächs. LT-Drs. 7/8517, Apr 7/07-35 A., S. 3 ff., 8 ff., 18 ff.

162 Dazu die Nachweise in Kap. 5 Fn. 79.

gen, dass Transparenzgesetze generell ein im Verhältnis zum Informationsfreiheitsrecht liberaleres Zugangsregime normieren würden. Die Transparenzgesetzgebung wird vor allem durch eine Reform der Art und Weise des Informationszugangs charakterisiert. Typisch für Transparenzgesetze ist, dass die Verwaltung unter Beibehaltung einer reaktiven Informationspflicht, die weiterhin als subjektives Recht gewährleistet wird, auch vermehrt zur proaktiven Veröffentlichung von Informationen auf einem kostenlos und digital zugänglichen Transparenzportal verpflichtet wird.[163] Die Transparenzgesetzgebung stellt keine Ablösung, sondern eine Ergänzung und Fortschreibung des Informationsfreiheitsrechts dar.[164]

Die Reformbestrebungen auf Bundesebene verdienen vor allem aus zwei Gründen Beifall, die zugleich den Anspruch an das zu schaffende Gesetz definieren. Zum einen muss es Ziel des neuen Gesetzes sein, der fortgeschrittenen Zersplitterung des Informationsrechts entgegen zu treten und den Zugang zu Verwaltungsinformationen in einem einheitlichen Normgefüge niederzulegen.[165] So unterliegt der Zugang zu Verwaltungsinformationen nach dem UIG, dem IFG, dem VIG, dem GeoZG und nicht zuletzt auch dem BArchG[166] verschiedenen Maßstäben und Grenzen, was dem Leitbild dieser Gesetze, die Transparenz des Staates zu befördern, letztlich entgegensteht. Zum anderen dürften sich anfängliche Zweifel an und Berührungsängste mit der Informationszugangsfreiheit nun 17 Jahre nach Inkrafttreten des IFG gelegt haben, weshalb der Informationszugang auf Basis der Erfahrungen mit diesem Gesetz verbessert werden sollte. Auch nicht mehr zeitgemäßes exekutives Binnenrecht, etwa die sog. Registraturrichtlinie[167], sollte bei dieser Gelegenheit überarbeitet werden. Neben einer strukturellen Neuausrichtung und zeitgerechten Liberalisierung der Ausnahmetat-

---

163 So untergliedert etwa § 2 Abs. 1 SächsTranspG nach dem Vorbild des HmbTG die gesetzliche Transparenzpflicht in eine Veröffentlichungspflicht (aktiv) und eine Informationspflicht (reaktiv). In Hamburg, Rheinland-Pfalz und Sachsen besteht neben dem subjektiven Recht auf Informationszugang auf Antrag auch ein Anspruch auf Veröffentlichung (§ 1 Abs. 2 HmbTG; § 2 Abs. 1 LTranspG-RP; § 1 Abs. 1 SächsTranspG).

164 Ungenau daher *Wölfle*, Verfassungsrechtliche Determination von Informations- und Auskunftsansprüchen der Medien in der Informationsgesellschaft, 2021, S. 57. Zum Verhältnis von Informationsfreiheits- und Transparenzrecht schon oben Kap. 5 bei Fn. 77 ff.

165 Bereits *Sydow*, NVwZ 2008, S. 481 ff. äußerte die Idee eines einheitlichen „Informationsgesetzbuches“. Zur Vereinheitlichung durch ein Transparenzgesetz BT-Drs. 19/14596, S. 4 ff. Zur Zersplitterung schon *Rossi*, in: Transparenz contra Geheimhaltung in Staat, Verwaltung und Wirtschaft, 2015, S. 43 ff.

166 Zwar wurde das BArchG im Jahr 2017 grundlegend reformiert. Selbst wenn es punktuell an das IFG angeglichen wurde, steht zu hoffen, dass der Gesetzgeber im Rahmen der Transparenzgesetzgebung prüft, ob das archivrechtliche Schutzfristenregime nicht einer grundsätzlichen Lockerung unterzogen werden kann. Kritisch bereits *H. Berger*, Öffentliche Archive und staatliches Wissen, 2019, S. 288 ff., 296 ff.; *Partsch*, in: ders.-BArchG, 2021, § 11 Rn. 8 ff. Vgl. auch *Collin*, in: Informationen der öffentlichen Hand – Zugang und Nutzung, 2016, S. 209 ff.

167 Zu ihr schon oben in Kap. 4 Fn. 44.

bestände[168] steht eine Ausdehnung der in § 11 IFG nur ansatzweise enthaltenen aktiven Veröffentlichungspflicht bevor. Aus rechtspolitischer Sicht bieten aktive Informationspflichten der Verwaltung gegenüber reaktiven Informationspflichten den Vorteil, dass sie ressourcenbindenden Zugangsbegehren zumindest ein Stück weit zuvorkommen können.[169] Mit Blick auf diesen Anpassungsbedarf soll hier zum Abschluss ein Überblick über den verfassungsrechtlichen Rahmen gegeben werden. Hierbei wird auch die Bewertung einiger aktuell diskutierten Reformvorschläge erfolgen.

I. Verfassungsrechtlicher Rahmen

Auf abstrakter Ebene erweist sich das Informationsfreiheits- und Transparenzrecht als eine verwaltungsrechtliche Konkretisierung des verfassungsrechtlichen Regel-Ausnahme-Verhältnisses zwischen Öffentlichkeit und Vertraulichkeit. Der verfassungsrechtliche Rahmen dieser Gesetze wird daher auf der einen Seite vom Öffentlichkeitsprinzip gebildet, das als aus Demokratie-, Rechtsstaats- und Republikprinzip abgeleitete Staatszielbestimmung für möglichst weitgehende staatliche Publizität streitet. In Bezug auf die Öffentlichkeit von Verwaltungsinformationen wurden die Anforderungen des Öffentlichkeitsprinzips dahingehend verdichtet, dass der Gesetzgeber verfassungsrechtlich verpflichtet ist, ihre allgemeine Zugänglichkeit herzustellen und zu gewährleisten. Da hieraus zugleich eine verfassungsrechtliche Widmung amtlicher Informationen der Verwaltung – insbesondere ihrer Akten – als im Sinne von Art. 5 Abs. 1 Satz 1 Hs. 2 GG allgemein zugängliche Informationsquellen folgt, hat der Gesetzgeber bei der Gestaltung des Zugangsregimes zugleich das Grundrecht der Informationsfreiheit zu beachten. In die gesetzgeberische Abwägung sind auf der anderen Seite zwingend die verfassungsrechtlichen Geheimhaltungsgründe einzustellen, die in Verallgemeinerung der Rechtfertigungstrias des Bundesverfassungsgerichts oben als materielle, funktionale und grundrechtliche Vertraulichkeit systematisiert werden konnten. Hervorzuheben ist hier die Bedeutung der staatlichen Grundrechtsbindung in Dreieckskonstellationen. Der Gesetzgeber muss insbesondere die informationelle Selbstbestimmung sowie Betriebs- und Geschäftsgeheimnisse Dritter schützen und darüber hinaus eine hinreichend bestimmte Grundlage für informatorische Eingriffe in grundrechtlich verbürgte Geheimhaltungsinteressen schaffen. Ausgehend vom Grundsatz der Informationszugänglichkeit hat der Gesetzgeber das Öffentlichkeitsprinzip nach Maßgabe der folgenden Ausführungen mit verfassungsrechtlichen Vertraulichkeitsinteressen in Ausgleich zu bringen und zwischen ihnen praktische Konkordanz[170] herzustellen.

---

[168] In diese Richtung auch die Forderung von *M. Richter*, ZGI 2022, S. 258 (260–261).

[169] Vgl. nur *Gusy*, in: Grundlagen des Verwaltungsrechts I, 2022, S. 1661 (1691–1692).

[170] Vgl. dazu bereits den Nachweis in Kap. 5 Fn. 147.

II. Konkretisierung des verbindlichen „Obs" der Informationszugänglichkeit

Im Angesicht der jüngsten Reformbestrebungen drängt sich in erster Linie die Frage auf, ob und inwieweit die aktuell in Geltung befindlichen Regelungen des IFG einem verfassungsrechtlichen Bestandsschutz unterliegen. Diese Frage bietet einen geeigneten Einstieg zur Veranschaulichung des verfassungsrechtlich verbindlich vorgegebenen „Obs" grundsätzlicher administrativer Informationszugänglichkeit.

1. Kein verfassungsrechtlicher Bestandsschutz des IFG aus Sicht der herrschenden Meinung

Bereits oben wurde erwähnt, dass sowohl das Bundesverwaltungsgericht wie auch der weit überwiegende Teil der Literatur annehmen, nicht nur die Einführung der Informationszugangsfreiheit sei eine lediglich rechtspolitische Entscheidung gewesen, sondern das Grundgesetz lege dem Gesetzgeber auch hinsichtlich ihrer Gewährleistung weiterhin keinerlei Fesseln an.[171] Gestützt auf die grundrechtsdogmatische Arbeit Lübbe-Wolffs zum Bestandsschutz grundrechtsfördernden einfachen Rechts wird aus der Verfassung vereinzelt jedoch ein Bestandsschutz des Informationsfreiheitsrechts abgeleitet. Wolle der Gesetzgeber das IFG aufheben, einschränken oder relativieren ohne anderweitig einen ähnlichen Schutzstandard abzusichern, müsse das Alternativkonzept verfassungsrechtlich gerechtfertigt werden, was gerichtlich anhand einer Vertretbarkeitskontrolle überprüfbar sei.[172] Die schon angesprochenen Zweifel an der inhaltlichen Konsistenz dieser Position rühren daher, dass sie im Übrigen der herrschenden Meinung folgt und die gesetzgeberische Entscheidung für das IFG als rein rechtspolitisch bewertet, bei der Frage nach dem Bestandsschutz nun aber von der Einlösung eines aus dem Demokratieprinzip folgenden „Verfassungsauftrags" spricht.[173] Auch die dogmatische Unterfütterung dieser Ansicht überzeugt nicht. Voraussetzung eines Normbestandsschutzes nach Lübbe-Wolff ist nämlich, dass der fraglichen Regelung des einfachen Rechts ein objektiv-verfassungsrechtliches Gebot des Schutzes oder der Förderung grundrechtlicher Positionen entspricht.[174] Genau das bezweifelt die herrschende Position aber mit dem Offenheitsargument.[175] Verschließt man sich der verfassungsrechtlichen Determination des Informations-

---

[171] BVerwG, Urteil vom 22. März 2018 – 7 C 30/15 – Rn. 32 nach juris. Zu Nachweisen aus der Literatur oben Kap. 5 Fn. 23.

[172] So *R. Nolte*, NVwZ 2018, S. 521 (525–526) gestützt auf *Lübbe-Wolff*, Die Grundrechte als Eingriffsabwehrrechte, 1988, S. 136 ff.

[173] *R. Nolte*, NVwZ 2018, S. 521 (526).

[174] *Lübbe-Wolff*, Die Grundrechte als Eingriffsabwehrrechte, 1988, S. 144 ff.

[175] Dazu oben Kap. 5 bei Fn. 15 ff.

freiheitsrechts mit der herrschenden Meinung, muss konsequenterweise auch sein verfassungsrechtlicher Bestandsschutz abgelehnt werden.[176]

2. Verfassungsrechtliche Gewährleistung einer grundsätzlichen Informationspflicht der Verwaltung

Nach dem hier zugrunde gelegten Modell schreibt das Öffentlichkeitsprinzip dem Gesetzgeber vor, dass – aber nicht wie genau – er den Zugang zu Verwaltungsinformationen für die Allgemeinheit ermöglichen muss. Als auf Optimierung gerichtete Staatszielbestimmung knüpft das Öffentlichkeitsprinzip seinen Normanspruch zwar in gewisser Weise an die geltende Rechtslage, indem es den Gesetzgeber zur fortlaufenden Verbesserung des status quo aufruft. Gerade in Bereichen, in denen die gesetzgeberische Abwägung einen Ausgleich zwischen verschiedenen Verfassungsgütern leisten muss, besteht jedoch eine sehr weitreichende gesetzgeberische Ausgestaltungsfreiheit, die nur in Ausnahmefällen verfassungsgerichtlich durchbrochen werden kann.[177] Der demokratisch legitimierte Gesetzgeber ist hierbei grundsätzlich auch nicht an eine einmal getroffene Entscheidung gebunden. Das liegt zum einen daran, dass die Feststellung einer Optimierung häufig perspektivenabhängig ist und die Abwägung des Gesetzgebers auf Basis von tatsächlichen Umständen stattfindet, die im ständigen Wandel begriffen sind. Weil die multipolare Konfliktsituation auf dieser Grundlage jederzeit eine Neubewertung erforderlich machen kann, ist die gesetzgeberische Entscheidung einer Überprüfung nur sehr eingeschränkt zugänglich. Insgesamt ist der Annahme verfassungsrechtlicher Verschlechterungsverbote mit großer Zurückhaltung zu begegnen.[178] Aufgrund des weiten Einschätzungsspielraums kann die Einhaltung des objektiven Verfassungsrechts bei einer Reform des Informationsfreiheitsrechts nicht anhand einer Vertretbarkeitskontrolle, sondern grundsätzlich nur am Maßstab einer Evidenzprüfung stattfinden.[179]

Im vorliegenden Kontext würde die Annahme eines Bestandsschutzes des IFG die Zuordnung zum verbindlichen Bereich des Öffentlichkeitsprinzips erforderlich machen. Als Maßstab dienen hier die Vorgaben des Öffentlichkeitsprinzips, die oben verdichtet wurden. Aus dem verfassungsrechtlichen Öffentlichkeitsgebot der Verwaltung gegenüber der Allgemeinheit wurde hier das für den Gesetzgeber verbindliche „Ob“ administrativer Informationszugänglichkeit abgeleitet. Daraus folgt, dass dieser die Allgemeinheit mit Rechtserzwingungsmacht ausstatten muss, um den rechtlich durchsetzbaren Zugriff auf die Informationen der

---

[176] Zu Recht ablehnend daher *Rhein*, Informationsansprüche gegen Parlamente, 2020, S. 65; *Wölfle*, Verfassungsrechtliche Determination von Informations- und Auskunftsansprüchen der Medien in der Informationsgesellschaft, 2021, S. 64.

[177] *Sommermann*, Staatsziele und Staatszielbestimmungen, 1997, S. 414–415.

[178] Dazu oben Kap. 5 bei Fn. 83.

[179] Zum Ganzen allgemein schon oben Kap. 2 bei Fn. 155 ff.

Verwaltung zu ermöglichen. Zu diesem Zwecke ist die Schaffung und Gewährleistung einer *einfachrechtlichen Informationspflicht der Verwaltung* verfassungsrechtlich vorgegeben, welche als Ausfluss des verfassungsrechtlichen Regel-Ausnahme-Verhältnisses grundsätzlich alle Verwaltungsinformationen erfassen muss. In Bezug auf die gegenständliche Reichweite der Informationspflicht steht dem Gesetzgeber aber ein Gestaltungsspielraum zu, im Rahmen dessen eine Herausnahme bestimmter Stellen der Verwaltung oder eine Beschränkung des Informationszugangs für bestimmte Arten von Informationen aus der Informationspflicht nicht von vornherein ausgeschlossen ist.[180] Als äußerste Grenze für die Gestaltung und die Veränderung der Rechtslage darf aber jedenfalls das der gesetzgeberischen Ausgestaltung unterworfene Regel-Ausnahme-Verhältnis zwischen Öffentlichkeit und Geheimhaltung nicht in sein Gegenteil verkehrt werden. Auch wenn es dem Gesetzgeber demnach zusteht, die Informationszugänglichkeit in bestimmten Bereichen restriktiver auszugestalten, muss sich der Regelungskorpus in seiner Gesamtheit noch als Konkretisierung des Grundsatzes begreifen lassen können, dass grundsätzlich alle Informationen der Verwaltung für die Allgemeinheit zugänglich zu machen sind, was in einer wertenden Gesamtbetrachtung zu ermitteln ist.

Wie oben schon ausgeführt wurde, verstieße die Rückkehr zum Prinzip der beschränkten Aktenöffentlichkeit in einer vom Bundesverfassungsgericht am Maßstab der Evidenzkontrolle rügbaren Weise deshalb gegen das Öffentlichkeitsprinzip.[181] Eine ersatzlose Abschaffung des Informationsfreiheitsrechts wäre verfassungswidrig. In diesem Fall könnten Verwaltungsinformationen mit einem grundrechtlichen Anspruch erlangt werden.[182] Ein allgemeiner verfassungsrechtlicher Bestandsschutz des derzeit geltenden Zugangsregimes auf dem Niveau des IFG ist dagegen abzulehnen. Kommt der Gesetzgeber bei seiner Abwägung zum Ergebnis, dass bestehende Spannungslagen mittlerweile anders zu bewerten sind und verschärft deshalb etwa punktuell das Regime der Ausnahmetatbestände, unterliegt er dabei aus Sicht des objektiven Verfassungsrechts grundsätzlich keinem Rechtfertigungszwang, solange sich das Gesetz im Übrigen noch als Konkretisierung des verfassungsrechtlichen Regel-Ausnahme-Verhältnisses erweist. Ein Bestandsschutz folgt aus dem objektiven Verfassungsrecht nur durch den Zwang zur Gewährleistung der administrativen Informationspflicht der Verwaltung. Aus dem subjektiven Verfassungsrecht mag sich freilich im Einzelfall ein faktischer Bestandsschutz daraus ergeben, dass eine alternative Regelung, die den Informationszugang beschränkt, ihrerseits verhältnismäßig sein sowie den Anforderungen an Art. 5 Abs. 2 GG genügen muss.

---

[180] Dazu gleich unten Kap. 5 bei Fn. 197 ff.

[181] Dazu oben Kap. 5 bei Fn. 82 ff.

[182] Dazu oben Kap. 5 bei Fn. 155 ff.

III. Konkretisierung des „Wies" der Informationszugänglichkeit

Die Entscheidung über das „Wie" exekutiven Informationszugangs wird zunächst nur durch die recht allgemeinen Vorgaben beeinflusst, die an früherer Stelle der Untersuchung dargestellt worden sind.[183] Unter Beachtung gegenläufiger Geheimhaltungserwägungen ist der Gesetzgeber insbesondere angehalten, einen möglichst weitreichenden Informationszugang zu gewährleisten und auf den Abbau von Informationszugangsmodalitäten hinzuwirken. Da die denkbar restriktivste Konkretisierung eines Prinzips aber zwangsläufig ab einem bestimmten Punkt Zweifel an seiner Einhaltung begründet, lässt sich die Unterscheidung zwischen dem „Ob" und dem „Wie" bei der Umsetzung prinzipienhafter Vorgaben nicht absolut trennscharf ziehen.[184] Die gesetzgeberische Freiheit zur Ausgestaltung des „Wies" wird demnach durch das nach dem hiesigen Verständnis verbindlich vorgegebene „Ob" grundsätzlicher administrativer Informationszugänglichkeit begrenzt. Ausgehend davon wird im Folgenden versucht, die verfassungsrechtlichen Anforderungen an die Ausgestaltung des einfachen Rechts zu umreißen.

1. Aussagen zur Art der zu schaffenden Informationspflicht

Angesichts der jüngsten Tendenz, das Informationsfreiheitsrecht auf Linie der Transparenzgesetzgebung weiterzuentwickeln und die im bislang geltenden Recht nur höchst punktuell enthaltenen aktiven Informationspflichten (§ 11 IFG) auszubauen, stellt sich die Frage, ob die Verfassung konkretere Anforderungen an die zwingend zu schaffende Informationspflicht der Verwaltung stellt, insbesondere zum Verhältnis aktiver und reaktiver Informationspflichten. Da es bei dieser Frage um die Art und Weise des Informationszugangs geht, stehen hier im Ausgangspunkt eher zurückhaltende Verfassungsaussagen zu erwarten.

Gewiss sprechen gute rechtspolitische Gründe für den Ausbau proaktiver Informationspflichten und die Veröffentlichung der Informationen auf einer zentralen und niedrigschwellig zugänglichen Plattform entsprechend der Landestransparenzgesetzgebung.[185] Auch lässt sich nicht leugnen, dass die proaktive Veröffentlichung von Verwaltungsdaten ein Klima schafft, das für die Realisierung verschiedener Verfassungsgehalte günstig ist. Die Verfassung steht der be-

---

[183] Dazu oben Kap. 4 bei Fn. 150 ff.

[184] Allgemein zur Unterscheidung von „Ob" und „Wie" bei der gesetzgeberischen Umsetzung von Verfassungsprinzipien *Hain*, Die Grundsätze des Grundgesetzes, 1999, S. 187 ff.; ders., in: M/K/S-GG, 2018, Art. 79 Rn. 50.

[185] Mit dem Portal https://www.govdata.de existiert bereits eine zentrale Plattform für den Zugang zu veröffentlichten Daten des Bundes, der Länder und der Kommunen. Im Sinne des Zentralitätsgedankens empfiehlt sich die Harmonisierung einer möglichen Transparenzplattform mit diesem Portal.

vorstehenden Weiterentwicklung des Informationsfreiheitsrechts nicht nur nicht entgegen, sondern unterstützt die gesetzgeberische Abwägung dahingehend, dass das Öffentlichkeitsprinzip den Gesetzgeber zum Abbau von Informationszugangsmodalitäten anhält, wozu auch das Antragserfordernis zu zählen ist.

Die Entscheidung, das Informationsfreiheitsrecht in Richtung eines Transparenzgesetzes weiterzuentwickeln, ist jedoch dem Bereich der Rechtspolitik zuzuordnen. Denn ein definitives Verfassungsgebot antragsunabhängigen Informationszugangs besteht nicht.[186] Die dem Gesetzgeber verbindlich aufgetragene Schaffung einer grundsätzlichen administrativen Informationspflicht kann aktiv und reaktiv umgesetzt werden. Solange aber nicht tatsächlich alle Verwaltungsinformationen mit einer aktiven Informationspflicht zugänglich gemacht werden, muss der Gesetzgeber eine rechtliche Handhabe garantieren, die es den Bürgern ermöglicht, den Zugang zu von der Verwaltung unter Umständen rechtswidrig unter Verschluss gehaltenen Informationen durchzusetzen. Die zumindest hilfsweise Garantie antragsabhängigen Informationszugangs ist verfassungsrechtlich notwendig, damit das Transparenzrecht seinen Kontrollanspruch einlösen kann.[187] Der Sache nach besteht damit ein Komplementärverhältnis zwischen aktiven und reaktiven Informationspflichten: Mit proaktiv veröffentlichten Informationen kann sich ein Überblick über das verschafft werden, was im Wege reaktiver Information erlangbar ist,[188] wobei durch ein nachgelagertes Informationsbegehren dann tiefer in die Materie vorgedrungen werden kann.[189]

In Anlehnung an die Landestransparenzgesetzgebung insbesondere Hamburgs empfiehlt sich für eine Regelung auf Bundesebene die rechtstechnische Umsetzung durch die Normierung einer allgemeinen Informationspflicht, die sodann in eine aktive Veröffentlichungspflicht und eine reaktive Auskunftspflicht mit jeweils einer subjektiv-rechtlichen Unterfütterung unterteilt wird.[190]

---

[186] Unzutreffend daher *Lederer*, Open Data, 2015, S. 432 ff., 475 ff., die ein Verfassungsgebot antragsunabhängigen Informationszugangs maßgeblich mit einer Verallgemeinerung von Art. 82 GG begründet.

[187] Zum Kontrollanspruch des IFG vgl. die Gesetzesbegründung BT-Drs. 15/4493, S. 6. Allgemein zum Kontrolldefizit aktiver staatlicher Informationspflichten *Mast*, Staatsinformationsqualität, 2020, S. 119–120.

[188] So bereits *Angelov*, Grundlagen und Grenzen eines staatsbürgerlichen Informationszugangsanspruchs, 2000, S. 249. Übereinstimmend dann die Begründung zu § 11 IFG BT-Drs. 15/4493, S. 16.

[189] Der Sache nach übereinstimmend *Mast*, Staatsinformationsqualität, 2020, S. 119–120; *Gusy*, in: Grundlagen des Verwaltungsrechts I, 2022, S. 1661 (1691–1692).

[190] So untergliedert das HmbTG in § 2 Abs. 7–9 die nach dem Gesetz bestehende allgemeine Informationspflicht in eine Auskunfts- und eine Veröffentlichungspflicht mit der jeweils ein subjektiv-rechtlicher Anspruch korrespondiert (§ 1 Abs. 2 HmbTG). Ähnlich auch das SächsTranspG als jüngstes Landestransparenzgesetz. Dazu bereits die Nachweise in Kap. 5 Fn. 161. In diese Richtung nun auch §§ 3 Abs. 1–2, 2 Abs. 1 Nr. 4–6 des zivilgesellschaftlichen Entwurfs ZGI 2022, S. 247 (249–250). Anders aber die Rechtslage unter dem ThürTG.

2. Allgemeine Anforderungen an die (pauschale) Beschränkung des Informationszugangs

Der derzeit in Geltung befindliche Katalog an Ausnahmetatbeständen zur Beschränkung des einfachrechtlichen Informationszugangs (§§ 3–6 IFG) ist ersichtlich von der anfänglichen Berührungsangst mit der Zugangsfreiheit und dem Bestreben getragen, zu weitgehenden Informationsbegehren in allen erdenklichen Geheimhaltungslagen einen Tatbestand zur Seite zu stellen.[191] Die bereits seit längerem kritisch hervorgehobene Weite und die sich vor allem beim Schutz öffentlicher Vertraulichkeitsinteressen überlappenden Ausnahmevorschriften (§§ 3, 4 IFG) können als Ausdruck der fehlenden Aufarbeitung legitimer Geheimhaltung begriffen werden.[192] Da eine zeitangemessene Revision der Ausnahmetatbestände auch ausgewiesenes Ziel der zu erwartenden Gesetzgebung ist, sollte bei der Neufassung zumindest gedanklich von den Versuchen einer einheitlichen Systematisierung verfassungsrechtlicher Vertraulichkeit[193] ausgegangen werden, die auf der Rechtfertigungstrias des Bundesverfassungsgerichts beruhen. Nach der obigen Unterteilung in funktionale, materielle und grundrechtliche Vertraulichkeit stützt sich Geheimhaltung im Verfassungsrecht auf das Gewaltenteilungsprinzip (Art. 20 Abs. 2 Satz 2 GG), den Erfolg einer verfassungsrechtlich geschützten staatlichen Aufgabe sowie die staatliche Grundrechtsbindung (Art. 1 Abs. 3 GG). Zudem wurde gesehen, dass verfassungsrechtlicher Geheimnisschutz durch seine Akzessorietät und Relativität zu dem jeweiligen Vertraulichkeitstatbestand sowie seine Justiziabilität gekennzeichnet ist.[194] Die oben beschriebenen Grundlagen markieren freilich das verfassungsrechtlich absolut notwendige Minimum des Vertraulichkeitsschutzes, auf das in Ermangelung vorrangig anzuwendenden einfachen Rechts auch bei grundrechtlichen Informationszugangsansprüchen abgestellt würde. Dem Reformgesetzgeber können sie in jedem Fall für eine bessere Strukturierung und inhaltliche Abgrenzung der Ausnahmevorschriften dienen.

---

[191] In Bezug auf § 3 Nr. 6 Alt. 2 IFG: „*Angstklausel*" *Schoch*, in: ders., IFG-Kommentar, 2016, § 3 Rn. 276 (Hervorhebung im Original).

[192] Vgl. schon die Kritik bei *Frowein*, in: Festschrift für Christian Starck, 2007, S. 219 (220 ff.); *Albers*, ZJS 2009, S. 614 (621); *Ziekow/Debus/Musch*, Bewährung und Fortentwicklung des Informationsfreiheitsrechts, 2013, S. 470 ff.; *Schnabel*, ZD 2012, S. 493 ff.; ders., NVwZ 2012, S. 854 (856); *Schoch*, in: ders., IFG-Kommentar, 2016, Vorb. §§ 3–6 Rn. 10 ff. *Roth*, in: *Berger/Partsch/Roth/Scheel*, IFG-Kommentar, 2013, § 3 Rn. 1 ff., 7 erklärt die Kleinteiligkeit von § 3 IFG mit der Tatsache, dass vor allem die Ausnahmetatbestände Ergebnis eines rechtspolitischen Tauziehens im Gesetzgebungsverfahren gewesen sind. Ähnlich *Gusy*, in: Grundlagen des Verwaltungsrechts I, 2022, S. 1661 (1701).

[193] Vgl. *Wischmeyer*, Die Verwaltung 51 (2018), S. 393 ff. sowie oben Kap. 4 bei Fn. 176 ff.

[194] Zum Ganzen oben Kap. 4 bei Fn. 187 ff.

Ungeachtet der Tatsache, dass auf Ebene der Verfassung selbst für informationssensible Bereiche der Staatstätigkeit keine grundsätzliche Geheimhaltung gilt,[195] sondern in Ermangelung abstrakt-genereller Ausnahmen vom Öffentlichkeitsprinzip ein umfassendes Abwägungsmodell besteht, besitzt der Gesetzgeber bei der Koordination mit Geheimhaltungsinteressen einen sehr weitreichenden Einschätzungsspielraum. Aufgrund dieses Spielraums ist der Gesetzgeber durchaus befugt, verfassungsrechtlich aber nicht verpflichtet,[196] auf Ebene der Verfassung bestehende Prinzipienkollisionen durch pauschalisierende Regelungen auf Kosten der Einzelfallgerechtigkeit in das einfache Recht zu übertragen.[197] Da es sich bei den jeweiligen Ausnahmetatbeständen nach dem hiesigen Verständnis übereinstimmend mit dem Bundesverfassungsgericht sowie der zweiten Unterposition der herrschenden Meinung aber um Vorschriften handelt, die Eingriffe in das Grundrecht der Informationsfreiheit ermöglichen, müssen diese Vorschriften – wie der gesamte Katalog der Beschränkungsgründe – an den allgemeinen Grundrechtsschranken sowie Art. 5 Abs. 2 GG gemessen werden. Trotz vereinzelter verfassungsrechtlicher Einwände wird der aktuell in Geltung befindliche Regelungskatalog der §§ 3–6 IFG auch bei Anlegung dieses Maßstabs überwiegend für zulässig gehalten.[198] Das derzeit noch geltende Regime dürfte sich aber am äußeren Rand des Zulässigen bewegen.

Der wesentliche Kritikpunkt an der aktuellen Rechtslage ist das Überwiegen absoluter Ausnahmegründe (§§ 3, 6 IFG), die das informationelle Regel-Aus-

[195] Eine nachrichtendienstliche Bereichsausnahme bei der Parlamentsinformation ausdrücklich ablehnend BVerfG, Urteil vom 14. Dezember 2022 –2 BvE 8/21 – Rn. 68 ff. nach juris. Zuvor bereits BVerfGE 146, 1 (54). Das entspricht der Sichtweise, die das BVerwG inzwischen bei der Presseinformation zugrunde legt. Auch wenn ein abwägungsfester Bereich in der Entscheidung zu Parlamentsauskünften hinsichtlich Rüstungsexporten BVerfGE 137, 185 für die Entscheidungsfindung im Bundessicherheitsrat anklingt, ist ein solcher mit den kritischen Stimmen aus der Literatur abzulehnen. Dazu oben Kap. 3 bei Fn. 715.

[196] Zwar baut die obige Systematisierung verfassungsrechtlicher Vertraulichkeit maßgeblich auf der Rechtsprechung der Parlamentsinformation auf. Schon wegen der Geheimschutzregeln des Parlaments wird im informationssensiblen Bereich mit parlamentarischen Informationsbegehren auch häufig in der Sache weitergehender Informationszugang erlangt werden können. Es besteht jedoch kein Grundsatz, dass die einfachrechtlichen Ausnahmetatbestände für den Informationszugang der Allgemeinheit stets hinter dem verfassungsrechtlichen Prinzipienmodell zurückbleiben müssten. Ein „auskunftsrechtliches Abstandsgebot“ zutreffend ablehnend *Schnabel/Freund*, DÖV 2012, S. 192 (195–196). Tendenziell anders *Gusy*, in: Grundlagen des Verwaltungsrechts I, 2022, S. 1661 (1712–1713): „Sonderstatus“ der Volksvertretung. Selbstverständlich ist die Rechtsprechung der Parlamentsinformation gleichwohl nicht in Gänze undifferenziert auf das Informationsfreiheitsrecht anzuwenden.

[197] Den Pauschalisierungsspielraum hervorhebend auch *Schoch*, in: ders., IFG-Kommentar, 2016, Vorb. §§ 3–6 Rn. 59; ähnlich auch *Gusy*, in: Grundlagen des Verwaltungsrechts I, 2022, S. 1661 (1696 ff.).

[198] Dazu den Nachweis in Kap. 5 Fn. 106.

nahme-Verhältnis für bestimmte Arten von Informationen außer Kraft setzt.[199] Bei diesen Tatbeständen hat der Gesetzgeber auf Grundlage seiner Abwägung entschieden, dass ein Informationszugang immer dann zu verweigern ist, wenn die jeweiligen Voraussetzungen vorliegen.[200] Ein im Einzelfall überwiegendes Offenbarungsinteresse ist unerheblich. Anders verhält es sich im Umweltinformationsrecht, wo die §§ 8, 9 UIG der Verwaltung hilfsweise die Möglichkeit einräumen, diesem Interesse im Einzelfall Rechnung zu tragen. Auch deshalb wird allgemein befürwortet, bei der kommenden Gesetzgebung die Berücksichtigung eines überwiegenden Bekanntgabeinteresses entweder wie im UIG zumindest hilfsweise zu ermöglichen oder den Informationszugang vollständig auf Grundlage eines Abwägungsmodells zuzulassen.[201] Soweit der Schutz des verfassungsrechtlichen Minimums an Vertraulichkeit auf Grundlage der Abwägungsklauseln möglich ist, bestehen gegen diese Reformbestrebungen keine verfassungsrechtlichen Einwände. Da durch relativ formulierte Anspruchsgrenzen insgesamt eine größere Zahl an Informationen zugänglich wird, bewegt sich diese Konzeption auf Linie der dem Öffentlichkeitsprinzip entnommenen allgemeinen Forderung nach möglichst weitreichendem Informationszugang und ist daher im Gegenteil verfassungsrechtlich sogar zu begrüßen. Neben den zunehmenden europarechtlichen Implikationen[202] hat der Gesetzgeber wie bereits erwähnt auch Art. 5 Abs. 1 Satz 1 Hs. 2 GG zu berücksichtigen. Die Strukturierung von Ausnahmetatbeständen als absolute Verweigerungsgründe ist unter diesen Umständen zwar nicht schlechterdings ausgeschlossen,[203] aber doch erklärungsbedürftig. Die grundrechtliche Fundierung des einfachrechtlichen Informationszugangs begründet hier eine Rechtfertigungslast für den abstrakt-generellen Vorrang eines Geheimhaltungsgrundes. Im Rahmen der durchzuführenden Verhältnismäßigkeitsprüfung ist schon das Merkmal der Erforderlichkeit des pauschalen Ausschlusses problematisch. Denn der Schutz gegenläufiger Interessen ist auch mit einer weniger einschneidenden Regelung, nämlich durch eine Abwägungsklausel, möglich.

---

[199] In diese Richtung bereits die Evaluation des IFG bei *Ziekow/Debus/Musch*, Bewährung und Fortentwicklung des Informationsfreiheitsrechts, 2013, S. 471, 473. Kritisch auch *Gusy*, in: Grundlagen des Verwaltungsrechts I, 2022, S. 1661 (1705).

[200] Allgemein zur Unterscheidung absoluter und relativer Ausnahmen *Schoch*, in: ders., IFG-Kommentar, 2016, Vorb. §§ 3–6 Rn. 49 ff.

[201] Vgl. etwa BT-Drs. 19/14596, S. 4, 8; Entschließung der 40. Konferenz der Informationsfreiheitsbeauftragten in Deutschland am 2. Juni 2021; abrufbar unter https://www.bfdi.bund.de/SharedDocs/Downloads/DE/IFG/AGID_IFK/40Konferenz_Tranzparenzgesetz.pdf?__blob=publicationFile&v=2, S. 2 (zuletzt aufgerufen am 22. Februar 2024); *Kelber*, ZGI 2022, S. 261 (262). In Richtung eines vollständigen Abwägungsmodells Transparency International Deutschland e. V., Positionspapier – Transparenz von staatlichen Informationen; abrufbar unter https://www.transparency.de/fileadmin/Redaktion/Publikationen/2022/Transparency_Positionspapier_Transparenzgesetzgebung_2022.pdf, S. 6 ff. (zuletzt aufgerufen am 22. Februar 2024).

[202] *Schoch*, ZGI 2021, S. 3 (10).

[203] Unzutreffend von einem zwingendem Abwägungserfordernis bei grundrechtlicher Fundierung des Informationszugangs ausgehend *Wehrmann*, ZGI 2022, S. 205 (209).

Trotz des dem Gesetzgeber hier zuzuerkennenden Einschätzungsspielraums wird die allgemeine Befürchtung, dass die Verwaltung auf Grundlage einer Abwägungsklausel möglicherweise rechtswidrig Informationen herausgeben wird, hierfür nicht ausreichen. Denn der Gesetzgeber kann den jeweiligen Tatbestand durchaus auch mit abwägungsleitenden Erwägungen versehen, um das Fehlerpotential zu reduzieren.

Anknüpfungspunkte für die Zulässigkeit der vom Gesetzgeber hier vorzunehmenden Weichenstellung zwischen Rechtssicherheit und Einzelfallgerechtigkeit ergeben sich aber aus den Ausführungen des Bundesverwaltungsgerichts zu Presseauskünften,[204] welche vorsichtig auf den richtigerweise grundrechtlich fundierten aber in der Regel durch das einfache Recht gesperrten Informationsanspruch der Allgemeinheit übertragbar sind.[205] So hat das Gericht ausgeführt, die „dem Gesetzgeber wie in anderen Feldern zustehenden Pauschalierungs- und Typisierungsbefugnis“ sei dahingehend begrenzt,

> „dass ein genereller, abwägungsfester Vorrang eines privaten oder öffentlichen Vertraulichkeitsinteresses vor dem Informationsinteresse der Presse nur dann normiert werden darf, wenn dies demjenigen Abwägungsergebnis entspricht, das in aller Regel in Einzelfällen tatsächlich erzielt würde“.[206]

Kommt der Gesetzgeber im Rahmen seines Einschätzungsspielraums also zum Ergebnis, dass verfassungsrechtlichen Vertraulichkeitserwägungen in bestimmten Konstellationen typischerweise Vorrang einzuräumen sein wird, kann die Informationszugänglichkeit durchaus auch auf Kosten der Einzelfallgerechtigkeit ausgestaltet werden. Eine Beschränkung des Informationszugangs ist damit nicht von vornherein ausgeschlossen. Ausgehend von diesen Maßgaben muss allerdings höchst fraglich erscheinen, ob der holzschnittartige Ausschluss von Informationen, die dem Betriebs- oder Geschäftsgeheimnisschutz unterliegen (§ 6 Satz 2 IFG) in einem neuen Gesetz verfassungsrechtlich noch zu rechtfertigen wäre.[207]

---

204 BVerwGE 146, 56 (Rn. 27), 151, 348 (Rn. 30ff.); 174, 72 (Rn. 22).

205 Oben Kap. 3 bei Fn. 705 wurde gezeigt, dass das BVerwG seine Rechtsprechung zur Presseinformation vielfach an der Judikatur des BVerfG zur Parlamentsinformation ausrichtet, aber als „Orientierungshilfe“ für die Gewichtung von Gegengründen auch auf das IFG rekurriert. So etwa BVerwGE 151, 348 (Rn. 29). Die Ausführungen zum pauschalen Informationsausschluss sind insofern auf den einfachrechtlichen Informationsanspruch der Allgemeinheit übertragbar, als dass sich Behörden in der Vergangenheit zur Abwehr von Informationsbegehren der Presse schon mehrfach auf eine analoge Anwendung absoluter Ausnahmetatbestände aus dem IFG berufen haben.

206 BVerwGE 151, 348 (Rn. 31). Darüber hinaus dürfe die „Pauschalierung und Typisierung [...] nicht zur Umkehrung von Regel-Ausnahme-Verhältnissen führen“. Auch müssten „gewichtige, an die sachliche Eigenart des Vertraulichkeitsinteresses anknüpfende Gründe“ für den generellen Ausschluss sprechen.

207 Die Regelung bei grundrechtlicher Fundierung für unzulässig haltend *Kloepfer/Schärdel*, JZ 2009, S. 453 (459). Kritisch auch *Adler*, DÖV 2016, S. 630 (637–638); ebenfalls verfassungsrechtliche Bedenken anmeldend *Schoch*, in: ders., IFG-Kommentar, 2016, § 6 Rn. 124ff.

Eine besondere Art eines absoluten Ausnahmetatbestands ist die sog. Bereichsausnahme,[208] mit der bestimmte Behörden, Behördenteile oder Verwaltungsbereiche aus der Informationspflicht herausgenommen werden. Da eine Information hier nicht wegen ihrer konkreten Schutzwürdigkeit, sondern allein aufgrund ihrer Zuordnung zu einem bestimmten hoheitlichen Funktionsbereich von der Allgemeinheit abgeschirmt wird, handelt es sich um eine absolute Ausnahmeregelung mit besonderer Streubreite. Für Presseauskünfte hat das Bundesverwaltungsgericht hier entschieden, dass Bereichsausnahmen vom Gesetzgeber nur in Bezug auf „einzelne behördliche Funktionsbereiche", nicht aber „ganze Verwaltungsbereiche" vorgesehen werden dürften.[209] In dieser Absolutheit kann das für den Informationszugang der Allgemeinheit zwar nicht verallgemeinert werden. Bereichsausnahmen auch für bestimmte Behördenteile sind nicht schlechterdings verfassungswidrig.[210] Trotzdem bedürfen sie wegen des mit ihnen verbundenen pauschalen Ausschlusses eines von der Informationsfreiheit geschützten Verhaltens einer besonders starken Rechtfertigung. In Anlehnung an den obigen Maßstab zur Bewertung absoluter Ausschlussgründe wird man Bereichsausnahmen im Allgemeinen nur für zulässig halten können, wenn der jeweilige administrative Tätigkeitsbereich einen spezifischen Bezug zu verfassungsrechtlich geschützter Geheimhaltung aufweist und dem Vertraulichkeitsinteresse aufgrund dieses Bezugs bei einer hypothetischen Abwägung in der Regel Vorrang einzuräumen wäre. Je deutlicher die Prognoseentscheidung zugunsten des Geheimhaltungsinteresses ausfällt und je höher das abstrakte Gewicht des Geheimhaltungsgrundes ist, desto weiter darf der jeweilige Funktions- bzw. Tätigkeitsbereich bemessen sein. Im Sinne praktischer Konkordanz muss aber vorrangig geprüft werden, ob der Vertraulichkeit nicht möglicherweise durch eine beschränkende Formulierung der Bereichsausnahme Rechnung getragen werden kann, wozu im Landesrecht Beispiele[211] existieren. Bereichsausnahmen, die ganze Behörden oder Verwaltungsteile ohne Einschränkungen von der Informationspflicht ausnehmen, werden sich danach nur höchst ausnahmsweise mit dem Grundrecht der Informationsfreiheit vereinbaren lassen.

Im derzeit geltenden Bundesrecht existiert mit § 3 Nr. 8 IFG nur eine einzige Bereichsausnahme, die bekanntlich für Nachrichtendienste und Stellen, welche

---

208 Allgemein dazu *Schoch*, in: ders., IFG-Kommentar, 2016, Vorb. §§ 3–6 Rn. 45 ff.

209 BVerwGE 151, 348 (Rn. 30).

210 Im Ergebnis übereinstimmend *Gusy*, in: Grundlagen des Verwaltungsrechts I, 2022, S. 1661 (1698). Tendenziell anders *Kloepfer/Schärdel*, JZ 2009, S. 453 (459), die Bereichsausnahmen „für ganze Behördenteile" bei einer grundrechtlichen Fundierung der Informationsfreiheit generell für unzulässig halten.

211 So schließt § 16 Abs. 3 Hs. 2 LTranspG-RP die Transparenzpflicht „im Bereich von Wissenschaft, Forschung und Lehre" nicht etwa vollständig aus, sondern beschränkt sie „auf Informationen über den Namen von Drittmittelgebern, die Höhe der Drittmittel und die Laufzeit der mit Drittmitteln finanzierten abgeschlossenen Forschungsvorhaben". Vgl. auch die teilweise einschränkenden Formulierungen in § 5 HmbTG.

Aufgaben im Sinne von § 10 Nr. 3 SÜG wahrnehmen, eingreift. Diese Vorschrift aus dem IFG sieht sich schon seit längerem intensiver Kritik ausgesetzt,[212] die bis hin zur vereinzelten Annahme ihrer Verfassungswidrigkeit[213] reicht. Aufgrund dieser Literaturansicht ist es kein Wunder, dass die Verfassungswidrigkeit dieser Vorschrift auch immer wieder vor den Verwaltungsgerichten geltend gemacht wurde.[214] Als das Bundesverfassungsgericht die Vorschrift in einem obiter dictum erwähnte, hat es hingegen keine Zweifel durchblicken lassen, was dem Bundesverwaltungsgericht später als Beleg der Verfassungskonformität diente.[215] Gerade im Kontext der aktuellen Reformbestrebungen aber werden die Stimmen, die eine nachrichtendienstliche Bereichsausnahme mit einem zeitgemäßen Transparenzrecht für unvereinbar halten, immer lauter.[216]

Im nachrichtendienstlichen Bereich sind auf der einen Seite regelmäßig materielle verfassungsrechtliche Vertraulichkeitsinteressen, wie der Schutz innerer oder äußerer Sicherheit, auf der anderen Seite mit dem Quellenschutz aber regelmäßig auch grundrechtliche Geheimhaltungsinteressen betroffen, deren abstraktes Gewicht insgesamt als hoch angesiedelt werden kann. Aufgrund dieser Gemengelage existiert wohl kein anderer Verwaltungsbereich, der einen deutlicheren Bezug zu verfassungsrechtlichem Geheimnisschutz aufweist. Da den Vertraulichkeitserwägungen bei einer gedachten Abwägung regelmäßig wohl Vorrang vor einem Offenbarungsinteresse eingeräumt werden müsste, ist es dem Gesetzgeber bei Anlegung obiger Maßstäbe verfassungsrechtlich nicht versagt, eine entsprechende Bereichsausnahme in das einfache Recht aufzunehmen.[217] Weil sich die

---

212 Vgl. etwa *Schoch*, DÖV 2006, S. 1 (9); *Kloepfer/Schärdel*, JZ 2009, S. 453 (459); *Roth*, in: *Berger/Partsch/Roth/Scheel*, IFG-Kommentar, 2013, § 3 Rn. 149 ff. Zum Ganzen *Schoch*, in: ders., IFG-Kommentar, 2016, § 3 Rn. 335 ff.

213 So *Scherzberg/Solka*, in: *Fluck/Fischer/Martini*-IFR, Stand Oktober 2022, § 3 IFG Rn. 162.

214 So etwa BVerwG, Beschluss vom 28.02.2019 – 6 B 140.18 – Rn. 20 ff. nach juris.

215 BVerfGE 145, 365 (374); BVerwGE 174, 342 (Rn. 53, 59). Im Landesrecht wurde der ebenfalls als Bereichsausnahme einzustufende § 16 Abs. 3 Hs. 2 LTranspG-RP unbeanstandet gelassen, VerfGH RP, Beschluss vom 27. Oktober 2017 – VGH B 37/16 – Rn. 19 ff. nach juris.

216 Vgl. etwa BT-Drs. 19/14596, S. 4, 8; *Schnabel*, GSZ 2018, S. 91 (95–96); Konferenz der Informationsfreiheitsbeauftragten in Deutschland 2021, Nachweis in Kap. 5 Fn. 201; *Kelber*, ZGI 2022, S. 261 (262). Die Vorschrift dagegen aus Perspektive der Exekutive verteidigend *P. Wolff*, in: Handbuch des Rechts der Nachrichtendienste, 2017, S. 1657 (1697 ff.). Aus Sicht der Kritiker handelt es sich bei der nachrichtendienstlichen Bereichsausnahme um eine weder im internationalen Vergleich übliche noch im Landesrecht durchgängig existierende Vorschrift. Nachrichtendienstlichem Geheimnisschutz lasse sich auch über die allgemeineren Tatbestände, etwa § 3 Nr. 2 IFG, Rechnung tragen. Da nicht alle Informationen in den Händen der Dienste schlechterdings schutzwürdig seien, wäre eine Bereichsausnahme überflüssig. Dazu auch die Nachweise in Kap. 5 Fn. 212.

217 Bereits im Rahmen der Evaluation des IFG wurde eine mögliche Streichung dieser Bereichsausnahme als politische Entscheidung bezeichnet *Ziekow/Debus/Musch*,

damit einhergehenden Eingriffe in das Grundrecht der Informationsfreiheit rechtfertigen ließen, ist die Kritik demnach also dem Bereich der Rechtspolitik zuzuordnen. Sollte der Gesetzgeber im Rahmen des aktuellen Gesetzgebungsvorhabens zum Ergebnis kommen, dass eine solche Bereichsausnahme auch im zu schaffenden Transparenzrecht beibehalten werden soll, wäre jedoch zu prüfen, ob sich nicht möglicherweise durch eine restriktive Formulierung der Bereichsausnahme praktische Konkordanz herstellen ließe, was etwa durch ihre Begrenzung auf operative Vorgänge der Nachrichtendienste denkbar wäre.

Abschließend sei hier bemerkt, dass die rechtspolitische Entscheidung über die Beibehaltung der Bereichsausnahme auch mit Blick auf die alternativ offen stehenden Informationsmöglichkeiten erfolgen muss.[218] Wegen der regelmäßig einschlägigen Geheimschutzbestimmungen findet eine Parlamentsvermittlung nachrichtendienstlicher Informationen nur äußerst eingeschränkt statt. Hinzu kommt, dass für solche Informationen nicht nur das IFG als Informationsmittel für Presse, Forschung und Allgemeinheit ausscheidet, sondern auch der bei Archivgut als lex specialis eingreifende Nutzungsanspruch aus dem BArchG, das erst im Jahr 2017 grundlegend reformiert wurde.[219] Denn die Rechtsprechung[220] interpretiert § 6 Abs. 1 Satz 2 BArchG im Anwendungsbereich des Nutzungsanspruchs aus § 11 Abs. 6 BArchG als faktische Bereichsausnahme, wodurch nicht nur der Zugang zu nachrichtendienstlichen Unterlagen aufgeschoben, sondern gleichzeitig auch die Aufarbeitung historischer Vorgänge von öffentlichem Interesse verhindert wird.[221] Gerade weil das Öffentlichkeitsprinzip mit fortschreitendem Zeitablauf höhere Anforderungen an die Geheimhaltungsrechtfertigung insbesondere bei Vorgängen von zeitgeschichtlichem Interesse stellt,[222] ist der Reformgesetzgeber aufgerufen, das Archivrecht mit der Transparenzgesetzgebung zu harmonisieren[223] und die hinsichtlich des Zugangs zu nachrichtendienstlichen Informationen in der Gesamtheit aktuell verfassungsrechtlich zumindest kritikwürdige Rechtslage mit der Transparenzgesetzgebung zu beheben. Dabei sollte

---

Bewährung und Fortentwicklung des Informationsfreiheitsrechts, 2013, S. 473 ff. Die Vorschrift für verfassungskonform haltend auch *Schoch*, in: ders., IFG-Kommentar, 2016, § 3 Rn. 341; *Gusy*, in: Grundlagen des Verwaltungsrechts I, 2022, S. 1661 (1697–1698).

[218] So auch der Ansatz bei *Maatsch/Schnabel*, Das Hamburgische Transparenzgesetz – Kommentar, 2021, § 5 Rn. 12.

[219] Wegen der nach § 6 Abs. 1 Satz 2 BArchG nur beschränkten Anbietungspflicht für nachrichtendienstliche Unterlagen zur Archivrechtsreform kritisch *Partsch/Koschmieder*, NJW 2017, S. 3416 (3419); *Wischmeyer*, Die Verwaltung 51 (2018), S. 393 (409); *H. Berger*, Öffentliche Archive und staatliches Wissen, 2019, S. 310 ff.

[220] In diese Richtung zuletzt BVerwGE 174, 342 (Rn. 40).

[221] *Partsch/von Stülpnagel*, ZGI 2022, S. 12 (13 ff.); *Partsch*, in: ders.-BArchG, 2021, § 11 Rn. 39 ff.

[222] Dazu oben Kap. 4 bei Fn. 358.

[223] Dazu bereits oben Kap. 5 Fn. 166.

auch die jüngere Rechtsprechung des EGMR zu Art. 10 EMRK Berücksichtigung finden.[224]

3. Aussagen zu Zugangsmodalitäten

Auch ein äußerst strenges Regime an Zugangsmodalitäten vermag die verfassungsrechtlich verbindlich vorgegebene Zugänglichkeit administrativer Informationen trotz der insoweit bestehenden Regelungsspielräume in Frage zu stellen. Bereits oben wurde auf die zwingend aufzunehmende Begründungspflicht für den Fall einer Informationsversagung hingewiesen.[225] Aber auch darüber hinaus ist die grundrechtlichen Fundierung des Informationszugangs zu beachten. Ist dieser nämlich mit Folgen (sog. chilling effects) verbunden, die geeignet sind, die Grundrechtsberechtigten aufgrund einer einschüchternden Wirkung von der Wahrnehmung der nach dem hiesigen Verständnis grundrechtlich gewährleisteten Freiheit abzuhalten, könnten die zugrunde liegenden Zugangsregeln möglicherweise in Ausnahmefällen als faktische Eingriffe in die Informationsfreiheit zu qualifizieren sein.[226]

Zu denken ist hier zum einen an ein potentiell abschreckendes Kostenregime. Zwar ist der Verfassung keine grundsätzliche Festlegung dahingehend zu entnehmen, dass Verwaltungsinformationen stets kostenfrei zugänglich sein müssten.[227] Das Risiko erheblicher Kosten kann jedoch dazu führen, dass von Informationsbegehren abgesehen wird.[228] Auch wenn die aktuell in Geltung befindliche Vorschrift des § 10 IFG als solche hier keinen verfassungsrechtlichen Bedenken begegnet, sollte der Gesetzgeber das prohibitive Potential der Kostenregelung

---

[224] In einer knapp ergangenen Entscheidung zum alten Archivrecht hat der EGMR bei einem vom BND versagten Zugangsbegehren eines Journalisten zu Unterlagen im „Fall Barschel“ zwar keinen Verstoß gegen Art. 10 EMRK festgestellt, jedoch eine zurückhaltende Interpretation der Geheimhaltungsgründe angemahnt, EGMR, Urteil vom 08. November 2022 – 8819/16 – Rn. 52. Die Richter *Pavli*, *Ravarani* und *Zünd*, die in ihrem Sondervotum von einem strukturellen Problem des deutschen Regimes der Presseinformation ausgehen, äußern hingegen grundlegende Zweifel an der Konventionskonformität absoluter Ausnahmegründe: „Any national legal framework that shields or exempts entire government agencies from the operation of the right of access to government information, or that categorically bars requesters from access to certain primary sources in the absence of any balancing of interests, is bound to run into similar Convention problems in my view“.

[225] Dazu Kap. 5 bei Fn. 149 ff.

[226] Allgemein zum faktischen Eingriff in Kommunikationsfreiheiten *Grabenwarter*, in: D/H/S-GG, Stand August 2023, Art. 5 Abs. 1 Rn. 103 ff.; *Degenhart*, in: BK-GG, Stand Dezember 2023, Art. 5 Abs. 1 Rn. 157. Auf Ebene der Geheimhaltung bilden die einengenden Vorwirkungen, denen der Schutz des Kernbereichs exekutiver Eigenverantwortung bei abgeschlossenen Verfahren dient, hier eine gedankliche Parallele.

[227] *Schoch/Kloepfer*, Informationsfreiheitsgesetz (IFG-ProfE), 2002, S. 171; *Schoch*, in: ders., IFG-Kommentar, 2016, § 10 Rn. 14 ff.

[228] So auch *Bäumer*, ZGI 2022, S. 270 (271).

zukünftig minimieren.[229] Neben den schon länger erhobenen rechtspolitischen Forderungen nach grundsätzlicher Kostenfreiheit[230] ist die Herstellung der Gebührentransparenz im Wege eines Kostendeckels, der Grundsatz der Kostenfreiheit bei negativer Bescheidung und das Verbot einer künstlichen Antragsaufteilung durch die Behörde denkbar.[231]

Zum anderen muss darauf hingewiesen werden, dass auch Zugangsregelungen, die eine Offenbarung der Identität der Antragsteller voraussetzen, durchaus einen grundrechtserheblichen „chilling effect“ setzen können.[232] Das folgt schon aus der Systematik der Informationsfreiheit als Kommunikationsgrundrecht mit engem Bezug zur Meinungsfreiheit.[233] Wenn nämlich anerkannt ist, dass auch die anonyme Meinungsäußerung unter dem Schutz von Art. 5 Abs. 1 Satz 1 Hs. 1 GG steht,[234] muss das erst recht für die der Meinungsäußerung vorgelagerte Informationsaufnahme an einer Quelle gelten. Denn auch die Kopplung eines dem Grundrecht der Informationsfreiheit unterfallenden Verhaltens an die Offenbarung der Identität des Grundrechtsberechtigten kann geeignet sein, von einer Inanspruchnahme dieser Freiheit abzuhalten und damit zugleich die nachgehende (ggf. anonyme) Meinungsäußerung zu unterdrücken. Dies gilt insbesondere vor dem Hintergrund, dass Meinungs- und Informationsfreiheit als demokratische Kommunikationsgrundrechte gerade auch die Offenbarung von Missständen ermöglichen wollen, die für die Offenbarenden – etwa aufgrund eines Arbeits- oder Dienstverhältnisses – möglicherweise mit Sanktionen verbunden sind.[235] Jedenfalls im Bereich reaktiver[236] staatlicher Informationspflichten lässt sich ein

---

[229] Vgl. auch die Evaluation von § 10 IFG bei *Ziekow/Debus/Musch*, Bewährung und Fortentwicklung des Informationsfreiheitsrechts, 2013, S. 253 ff.

[230] *Angelov*, Grundlagen und Grenzen eines staatsbürgerlichen Informationszugangsanspruchs, 2000, S. 248; Transparency International Deutschland e. V., Positionspapier – Transparenz von staatlichen Informationen; abrufbar unter https://www.transparency.de/fileadmin/Redaktion/Publikationen/2022/Transparency_Positionspapier_Transparenzgesetzgebung_2022.pdf, S. 11–12 (zuletzt aufgerufen am 22. Februar 2024); *Redelfs*, ZGI 2022, S. 265 (269). Weitgehend auch § 14 des zivilgesellschaftlichen Entwurfs eines Bundestransparenzgesetzes, der vollständige Kostenfreiheit vorsieht ZGI 2022, S. 247 (254).

[231] Vgl. die Forderungen in BT-Drs. 19/14596, S. 5.

[232] Insoweit wohl zu restriktiv VerfGH RP, Beschluss vom 27. Oktober 2017 – VGH B 37/16 – Rn. 18 ff. nach juris.

[233] Grundlegend BVerfGE 27, 71 (81 ff.).

[234] Dazu *Grabenwarter*, in: D/H/S-GG, Stand August 2023, Art. 5 Abs. 1 Rn. 86; *Starck/Paulus*, in: M/K/S-GG, 2018, Art. 5 Rn. 92.

[235] Im Kontext der Meinungsfreiheit hierzu *Kersten*, JuS 2017, S. 193 (196).

[236] Da bei aktiven Informationspflichten kein Verwaltungsverfahren durchgeführt werden muss, entfallen hier die Gründe, die gegen anonymen Informationszugang sprechen. Dass die geltenden Landestransparenzgesetze überwiegend ausdrücklich den anonymen Zugang zum jeweiligen Transparenzportal ermöglichen, ist daher zu begrüßen (vgl. § 10 Abs. 4 Satz 1 HmbTG; § 10 Abs. 1 LTranspG-RP; § 7 Abs. 2 Satz 1 SächsTranspG).

definitives verfassungsrechtliches Gebot anonymen Informationszugangs aus dem Grundrecht der Informationsfreiheit gleichwohl nicht ableiten. Denn um ein rechtstaatliches Verfahren einschließlich der gerichtlichen Überprüfung der Verwaltungsentscheidung nach den allgemeinen Grundsätzen des Verwaltungsrechts unter Berücksichtigung der Rechte und Pflichten aller Beteiligten zu gewährleisten, kann ein legitimes staatliches Interesse[237] an der Kenntnis der Identität der Antragstellenden bestehen. Andernfalls wäre eine rechtssichere Bekanntgabe insbesondere der ablehnenden Verwaltungsentscheidung, welche Rechtsschutzfristen in Gang setzt, nicht möglich. Auch eine mögliche Abwägung mit einem spezifischen Interesse des Antragstellers scheint dann nur schwer durchführbar.[238] Den skizzierten grundrechtlichen Implikationen könnte jedoch möglicherweise durch eine Regelung abgeholfen werden, die es der Verwaltung versagt, einen ohne die Berührung von Drittinteressen bestehenden Informationszugang einzig wegen der unklaren Identität des Antragstellers zu versagen, wenn gleichzeitig ein ordnungsgemäßer Informationserhalt sichergestellt ist.[239]

---

[237] Eher restriktiv *Schoch*, in: ders., IFG-Kommentar, 2016, § 1 Rn. 88.

[238] Vor diesem Hintergrund wohl zu weitgehend der Vorschlag in § 10 Abs. 3 des zivilgesellschaftlichen Entwurfs ZGI 2022, S. 247 (253). Demnach soll ein anonymer Antrag möglich sein, sofern eine angemessene Möglichkeit zur Empfang der Antwort sichergestellt ist. Für die Möglichkeit anonymen oder pseudonymen Informationszugangs plädierend schon *Roßnagel*, MMR 2007, S. 16 (20); großzügiger auch *Gusy*, in: Grundlagen des Verwaltungsrechts I, 2022, S. 1661 (1722); *Maatsch/Schnabel*, Das Hamburgische Transparenzgesetz – Kommentar, 2021, § 11 Nr. 5 ff., die in Bezug auf die informationelle Selbstbestimmung der Antragsteller bemerken, dass der Staat personenbezogene Daten nur erheben darf, soweit dies für die Zweckerreichung erforderlich ist und insoweit eine Rechtsgrundlage zur Datenerhebung für erforderlich halten. Dazu ebenfalls *Schoch*, in: ders., IFG-Kommentar, 2016, § 7 Rn. 14.

[239] Wie das BVerwG, Urteil vom 20. März 2024 – 6 C 8.22 jüngst klargestellt hat, soll unter der aktuellen Rechtslage dagegen stets die Angabe einer Postanschrift nötig sein und zwar selbst dann, wenn der Antragsteller einen elektronischer Zugang (§ 3a Abs. 1 VwVfG) eröffnet hat.

Sechstes Kapitel

Zusammenfassende Thesen

A. Zusammenfassende Thesen zum zweiten Kapitel: Verfassungsprinzipien

1. Die Definition von Verfassungsprinzipien als Verfassungszentralnormen ohne Rechtsfolgenvorherbestimmung (Reimer) ist sachgerecht. Zum einen bildet sie den versteckten Konsens aus der rechtstheoretischen Prinzipiendiskussion ab. Zum anderen entspricht das normstrukturelle Merkmal der fehlenden Rechtsfolgenvorherbestimmung dem Anspruch der Verfassung, die auch dauerhafte Grundlage der Staatsordnung zu bilden.

2. Allgemeine Verfassungsprinzipien sind Verfassungsprinzipien, deren Rechtsfolgenoffenheit wegen der Vielzahl der von ihnen teleologisch umfassten und vorrangig anzuwendenden Verfassungsnormen besonders spürbar ist. Allgemeine Verfassungsprinzipien wirken ordnend und bündelnd, zukunftssichernd und abschirmend sowie dirigierend.

3. Verfassungsprinzipien sind nicht per Definition abwägungsfähig. Es besteht jedoch eine normstrukturelle Vermutung für ihre Abwägungsfähigkeit. Das dogmatische Grundgerüst der Abwägung im Verfassungsrecht bilden die Grundsätze der Verhältnismäßigkeit im engeren Sinne und der praktischen Konkordanz sowie das Abwägungskonzept Alexys. Aus norminhaltlicher Sicht lassen sich Abwägungsentscheidungen durch abwägungsorientierte Verfassungsinterpretation rationalisieren. Hierzu werden im Angesicht typischer Konfliktsituationen normspezifische Kollisionsindizes auf Hypothesenbasis formuliert, die Aufschluss über die Intensität der Rechtsbetroffenheit geben.

4. Staatszielbestimmungen sind abwägungsfähige Verfassungsprinzipien, die gebieten, dass das von ihnen verbindlich vorgeschriebene Ziel relativ zu den rechtlichen und tatsächlichen Möglichkeiten in möglichst hohem Maße realisiert wird. Es handelt sich bei ihnen damit um Optimierungsgebote im Sinne Alexys. Die Ausstrahlungswirkung dieser Verfassungsprinzipien auf das einfache Recht steht trotz der norminhaltlichen Optimierungsverpflichtung mit dem zurückgenommenen Regelungsanspruch der Verfassung im Einklang. Die verbreitete Annahme der völligen normativen Indifferenz von Staatszielbestimmungen hinsichtlich der Mittel zu Zielerreichung ist zumindest unge-

nau. Stehen dem Gesetzgeber bei der Konkretisierung von Staatszielbestimmungen mehrere unterschiedlich geeignete Mittel zur Verfügung, ist er gehalten, dasjenige Mittel zu wählen, das das in Rede stehende Staatsziel am meisten verwirklicht. Die legislative Entscheidung ist jedoch verfassungsgerichtlich nur am Maßstab einer Evidenzkontrolle überprüfbar.

B. Zusammenfassende Thesen zum dritten Kapitel: Grundlegung von Öffentlichkeit als Verfassungsprinzip

5. Transparenz geht begrifflich in faktischer Öffentlichkeit auf. Im Verfassungsrecht ist der faktische Öffentlichkeitsbegriff im Sinne der Wahrnehmbarkeit oder Zugänglichkeit des Staates deshalb schon einem Ordnungs- und Abstraktionsgedanken zufolge dem Begriff der Transparenz vorzuziehen.

6. Die vermehrt ab Beginn des 19. Jahrhunderts erhobenen Forderungen nach der Existenz einer Verfassung und nach der Öffentlichkeit des Staates weisen enge theoretische und geistesgeschichtliche Berührungspunkte auf. Vor allem entspricht der im deutschen Konstitutionalismus besonders präsente Gedanke der Verrechtlichung von Herrschaftsgewalt dem machtbegrenzenden Anspruch der liberalistischen Öffentlichkeitspostulate.

7. Auch wenn das Wort „Öffentlichkeit" nur im Grundgesetz vorkommt, wenn von ihrem Ausschluss die Rede ist, verlangt eine Reihe von Vorschriften der geschriebenen Verfassung nach faktischer Öffentlichkeit von Teilen des Staates. Trotzdem scheidet die Herleitung eines grundsätzlichen Öffentlichkeitsgebots im Wege extensiver Verfassungsinterpretation aus. Denn auf die Gesamtstaatlichkeit bezogen weist der Verfassungstext allenfalls punktuelle Öffentlichkeitsverbürgungen auf. Im Angesicht verschiedener Verfassungsreformen lässt sich jedoch von einer Öffentlichkeitstendenz des verfassungsändernden Gesetzgebers sprechen.

8. Die Öffentlichkeit des Staatshaushalts sowie von Parlaments- und Gerichtsverhandlungen ist aus verfassungsgeschichtlicher Sicht selbstverständlich. Demgegenüber ist das Verhältnis der Verfassung zur Öffentlichkeit der Exekutive historisch gestört. Die wesentliche Ursache dafür sind die Nachwirkungen des konstitutionellen Kompromisses. Die kleinschrittige Stärkung parlamentarischer Informationsrechte erst durch die Rechtsprechung des Bundesverfassungsgerichts sowie die deutschen Schwierigkeiten mit dem von außen herangetragenen Paradigmenwechsel bei der Verwaltungsöffentlichkeit erweisen sich als Langzeitfolgen dieser Entwicklung.

9. Das normative Fundament staatlicher Öffentlichkeit bilden Demokratie-, Rechtsstaats- und Republikprinzip. Zwar wird ein Öffentlichkeitsgebot des objektiven Verfassungsrechts daneben zum Teil auf das Sozialstaatsprinzip

und die Kommunikationsgrundrechte, insbesondere den objektiv-rechtlichen Regelungsgehalt der Informationsfreiheit (Art. 5 Abs. 1 Satz 1 Hs. 2 GG), gestützt. Während das Sozialstaatsprinzip jedoch nicht von hinreichender inhaltlicher oder funktionaler Spezifität ist, um das objektiv-rechtliche Öffentlichkeitsgebot des Staates auf ein breiteres Fundament zu stellen, lassen sich die dem objektiven Regelungsgehalt der Kommunikationsgrundrechte entnommenen Publizitätsanforderungen nicht auf eine Ebene neben das Demokratieprinzip stellen.

10. Staatliche Öffentlichkeit ist mehr als Verfassungsvoraussetzung oder überrechtliches Prinzip. Die Forderung nach einer grundsätzlich faktisch öffentlichen Staatsgewalt kann dem Normbereich des Demokratieprinzips im Wege der Verfassungsinterpretation entnommen werden. Normsystematisch ist das demokratische Öffentlichkeitsgebot in Art. 20 Abs. 1 GG und auch 20 Abs. 2 GG anzusiedeln. Die Herstellung von Öffentlichkeit über die Staatsgewalt ist geeignet, nach dem tradierten Modell bestehende Legitimationsdefizite auszugleichen. Öffentlichkeit kann legitimationsergänzend wirken. Daneben dient demokratische Öffentlichkeit der Partizipation, der Steigerung von Vertrauen und Akzeptanz, der Deliberation sowie demokratischer Rationalisierung und Integration.

11. Über ihre engen geistes- und entwicklungsgeschichtliche Parallelen zur Idee staatlicher Publizität hinaus gebieten auch Rechtsstaats- und Republikprinzip eine grundsätzlich faktisch öffentliche Staatlichkeit. Aus rechtsstaatlicher Sicht steht Machtbegrenzung und Kontrolle im Vordergrund. Republikanische Öffentlichkeit bezieht sich auf den Gedanken staatlicher Gemeinwohlverpflichtung.

12. Das den Prinzipien von Demokratie, Rechtsstaat und Republik parallel entnehmbare Gebot einer faktisch öffentlichen Staatsgewalt ist nicht bloß Ergebnis von Verfassungsauslegung. Es besitzt insgesamt die Qualität einer ungeschriebenen Verfassungsnorm. Diese kann sich im Bereich von Legislative und Judikative als Geltungsgrund auf einen stillschweigenden Setzungsakt des historischen Verfassungsgebers stützen. Hierfür spricht neben dem Umstand, dass Gerichts- und Parlamentsöffentlichkeit aus verfassungshistorischer Sicht schon lange selbstverständlich sind, auch der Beratungsverlauf im Parlamentarischen Rat, insbesondere die Diskussion zu Art. 134 HChE. Im Bereich der Exekutive ergibt sich ihre Normqualität im Wege der Verfassungsfortbildung. Hieraus folgt insbesondere, dass das Öffentlichkeitsgebot auch für die Rechtsprechung des Bundesverfassungsgerichts bindend ist und nicht durch ein Judikat des Gerichts beseitigt werden kann.

13. Die ungeschriebene Verfassungsnorm, die den Staat zu faktischer Öffentlichkeit verpflichtet, ist in Bezug auf die gesamte Staatsgewalt prinzipienförmig strukturiert. Nach einem klassischen Verständnis existierten hinsichtlich in-

formationssensibler Formen der Staatsgewaltausübung grundsätzliche Arkanbereiche. Eine tatbestandliche Herausnahme insbesondere exekutiver Geheimbereiche aus dem Öffentlichkeitsgebot lässt sich jedoch nicht begründen. Auch bestehen hinsichtlich des Vorliegens von Geheimhaltungsgründen grundsätzlich keine exekutiven Ermessens- oder Beurteilungsspielräume. Die Rechtsprechung zu verfassungsrechtlichen Auskunfts- und Informationsrechten legt mittlerweile folgerichtig eine objektive Verfassungsnorm mit der Struktur eines Finalprogramms zugrunde, die die verfassungsrechtlichen Informationsrechte im Sinne eines Regel-Ausnahme-Verhältnisses zugunsten von Öffentlichkeit vorprogrammiert.

14. Das Öffentlichkeitsgebot ist ein Verfassungsprinzip im Sinne der von Reimer entwickelten Definition. Dem Verfassungsprinzip kommt zudem ein Optimierungsauftrag zu. Es verpflichtet den Staat und insbesondere den zuvörderst konkretisierungsberufenen Gesetzgeber, die relativ zu den rechtlichen und tatsächlichen Möglichkeiten weitestmögliche allgemeine Wahrnehmbarkeit und Zugänglichkeit des Staates herzustellen. Wegen dieser Optimierungsausrichtung und seiner ausgeprägten Finalität erweist sich das Öffentlichkeitsprinzip als ungeschriebene Staatszielbestimmung.

C. Zusammenfassende Thesen zum vierten Kapitel: Inhalt und Grenzen des Öffentlichkeitsprinzips

15. Das Öffentlichkeitsprinzip gebietet die grundsätzliche faktische Öffentlichkeit der Staatsgewalt für die Allgemeinheit. Sein Haupttelos ist die Regelung der Informationsverteilung zwischen Staat und Gesellschaft. Es ordnet die informatorische Zuweisung aller staatlichen Angelegenheiten auf die Gesellschaft an und ist damit Grundlage eines normativen Regel-Ausnahme-Verhältnisses zwischen Öffentlichkeit und Geheimhaltung. In Anlehnung an das rechtsstaatliche Verteilungsprinzip (Schmitt) kann es als informatorisches Verteilungsprinzip der Verfassung bezeichnet werden. Zum einen begründet es eine allgemeine Handlungsmaxime, die die Staatsgewalt insgesamt dazu anhält, ihr Handeln möglichst öffentlich zu gestalten. Zum anderen normiert es einen Abwägungsauftrag, der eine Koordination mit gegenläufigen Verfassungsgehalten gebietet.

16. Die durch das Öffentlichkeitsprinzip artikulierte Forderung nach weitestmöglich öffentlichem Staatshandeln lässt sich in drei Teilforderungen unterteilen. Das Öffentlichkeitsprinzip verlangt die grundsätzliche Erkennbarkeit staatlichen Handelns (förmliche Öffentlichkeit), die grundsätzliche Öffentlichkeit staatlicher Entscheidungsverfahren und die grundsätzliche Öffentlichkeit staatlicher Informationen (Informationsöffentlichkeit).

17. Hinsichtlich der Form und Reichweite gebietet das Öffentlichkeitsprinzip eine möglichst weitgehende Publizität. Es gibt aber grundsätzlich keine konkreten Umsetzungsformen vor. Es dringt lediglich auf den Abbau von Zugangsmodalitäten und eine in personeller Hinsicht möglichst allgemeine sowie in temporaler Hinsicht möglichst frühzeitige Öffentlichkeit.

18. Als Staatszielbestimmung richtet sich das Öffentlichkeitsprinzip in erster Linie an den Gesetzgeber. Dieser ist verfassungsrechtlich gehalten, im Rahmen seiner Abwägung zwischen mehreren möglichen Konkretisierungen oder Umsetzungsmodalitäten diejenige zu wählen, die das Ziel öffentlicher Staatlichkeit am wirksamsten verwirklicht. Gesetzgeberische Konkretisierungen des Öffentlichkeitsprinzips sind verfassungsgerichtlich jedoch nur am Maßstab einer Evidenzkontrolle überprüfbar. Das Bundesverfassungsgericht kann grundsätzlich nur eingreifen, wenn der Gesetzgeber entweder überhaupt keine Maßnahmen trifft oder seine Konkretisierungen offensichtlich nicht geeignet sind, das verbindliche Ziel öffentlicher Staatlichkeit zu erreichen. Als Staatszielbestimmung ist das Öffentlichkeitsprinzip nicht nur ein legitimer Gesetzeszweck, sondern gleichfalls ein mit Verfassungsrang ausgestatteter Rechtswert, dem die Eignung als kollidierendes Verfassungsrecht zukommt.

19. Aus der Anerkennung des Öffentlichkeitsprinzips resultieren allgemeine verfassungsrechtliche Anforderungen an staatliche Geheimhaltung. Diese lassen sich mit den Begriffen Akzessorietät, Relativität und Justiziabilität umschreiben. Vertraulichkeit muss sich im Verfassungsstaat stets auf einen Zweck stützen können, für dessen Realisierung Geheimhaltung jeweils konkret notwendig ist (Akzessorietät). Auch wenn ein solcher Zweck besteht, ist Vertraulichkeit aber nicht absolut, sondern nur soweit zeitlich und gegenständlich zulässig, wie zur Zweckrealisierung tatsächlich erforderlich (Relativität). In Ermangelung eines exekutiven Beurteilungsspielraums oder eines Geheimhaltungsermessens ist Geheimhaltung drittens schließlich grundsätzlich justiziabel.

20. In Verallgemeinerung der Rechtfertigungstrias aus der Rechtsprechung des Bundesverfassungsgerichts sowie anknüpfend an vereinzelte Systematisierungsversuche aus dem Schrifttum lässt sich Geheimhaltung in funktionale, materielle und grundrechtliche Vertraulichkeit unterteilen. Diese Geheimhaltungsgründe sind unter Berücksichtigung der Grundsätze von Akzessorietät, Relativität und Justiziabilität anzuwenden. Dem Begriff des Staatswohls kommt dagegen keine normative Wirkung zur Geheimhaltungsrechtfertigung zu.

21. Mit der Parlamentsöffentlichkeit, der Gerichtsöffentlichkeit, der Budgetöffentlichkeit, der Normöffentlichkeit und der Wahlöffentlichkeit besitzt das Öffentlichkeitsprinzip insgesamt fünf Subprinzipien. Diese Unterprinzipien

werden vom Öffentlichkeitsprinzip in seiner Ordnungs- und Bündelungsfunktion umfasst.

22. Aufgrund seiner grundsätzlichen modalen Indifferenz hat das Öffentlichkeitsprinzip eine zukunftssichernde Funktion. Das Öffentlichkeitsprinzip steuert die Auslegung der von ihm teleologisch umfassten Normen, in dem es insbesondere technologischem Fortschritt offen gegenüber steht. Soweit dem Verfassungswortlaut nicht ausdrücklich das Gegenteil entnommen werden kann, ist bei der Verfassungsauslegung im Zweifel nicht davon auszugehen, dass ein bestimmtes Mittel zur Herstellung von Öffentlichkeit verfassungsrechtlich verbindlich vorgegeben wird. Anders als teilweise angenommen wurde, ist etwa den Verfassungsvorschriften über die Parlamentsöffentlichkeit unter Berücksichtigung dieser Auslegungsregel kein absolutes Gebot der körperlichen Anwesenheit der Parlamentsmitglieder und sonstiger Beteiligten im Plenarsaal zu entnehmen. Auch erweist sich die in jüngerer Zeit erfolgte Anpassung von Art. 82 Abs. 1 GG zur Ermöglichung der elektronischen Verkündung von Gesetzen und Rechtsverordnungen aus diesem Grund als lediglich deklaratorische Verfassungsänderung.

23. Über das Demokratieprinzip vermittelt ist ein Minimalbestand von Öffentlichkeit als ein nach Art. 79 Abs. 3 GG änderungsfester Bestandteil des Grundgesetzes anzusehen.

D. Zusammenfassende Thesen zum fünften Kapitel: Verhältnis des Öffentlichkeitsprinzips zu Informationsfreiheits- und Transparenzrecht

24. Anders als auch heute noch überwiegend angenommen wird, kann die Einführung und Gewährleistung des freien Zugangs zu Verwaltungsinformationen durch das IFG nicht als nur rechtspolitische Entscheidung begriffen werden.

25. Das Öffentlichkeitsprinzip bildet die Grundlage der verfassungsrechtlichen Regelvorstellung, dass grundsätzlich alle Informationen der Verwaltung für die Allgemeinheit zugänglich zu machen sind. Auf diese Weise determiniert es den gesetzgeberischen Spielraum hinsichtlich des „Obs“ der Gewährleistung eines freien Informationszugangs. Jenseits dieser verfassungsrechtlichen Vorprägung besteht ein weitreichender Regelungsspielraum hinsichtlich des „Wies“ der Zugänglichkeit, insbesondere in Bezug auf Modalitäten und Grenzen des Informationszugangs.

26. Die Rückkehr zum Prinzip der beschränkten Aktenöffentlichkeit durch das ersatzlose Streichen des IFG verstieße gegen das verfassungsrechtliche Öffentlichkeitsprinzip und könnte verfassungsgerichtlich am Evidenzmaßstab beanstandet werden.

27. Da dem Öffentlichkeitsprinzip eine informatorische Zuweisung aller im Verfügungsbereich der Verwaltung befindlichen amtlichen Informationen in Richtung der Allgemeinheit zu entnehmen ist, werden Verwaltungsinformationen durch das Öffentlichkeitsprinzip als allgemein zugängliche Quellen im Sinne von Art. 5 Abs. 1 Satz 1 Hs. 2 GG gewidmet. Bei der Regelung des einfachrechtlichen Zugangs zu Verwaltungsinformationen ist Art. 5 Abs. 1 Satz 1 Hs. 2 GG zu beachten. Der Gesetzgeber hat die Bedeutung des Grundrechts zu würdigen und mit gegenläufigen öffentlichen und privaten Vertraulichkeitsinteressen in Ausgleich zu bringen. Anspruchsausschließende und -beschränkende Regelungen müssen den Anforderungen an Grundrechtseingriffe genügen.

28. Der einfachrechtliche Zugang zu Verwaltungsinformationen erfährt eine Unterfütterung durch das Grundrecht der Informationsfreiheit. Hieraus kann ein grundrechtsunmittelbarer Zugangsanspruch resultieren. Soweit der Gesetzgeber im Rahmen seines Konkretisierungsprimats den allgemeinen Zugang zu Verwaltungsinformationen abschließend regelt und hierbei die Grundrechtsschranken berücksichtigt, kann ein weitergehender Informationszugang wegen des Anwendungsvorrangs des einfachen Rechts jedoch nicht auf das Grundrecht der Informationsfreiheit gestützt werden.

29. Das für den Gesetzgeber verbindliche „Ob“ administrativer Informationszugänglichkeit gebietet die Gewährleistung einer einfachrechtlichen Informationspflicht, die der Allgemeinheit den rechtlich durchsetzbaren Zugriff auf Verwaltungsinformationen ermöglicht. Die gesetzgeberische Freiheit zur Ausgestaltung des „Wies“ wird durch das verbindlich vorgegebene „Ob“ grundsätzlicher administrativer Informationszugänglichkeit begrenzt. Bei der Ausgestaltung des einfachrechtlichen Informationszugangs darf das Regel-Ausnahme-Verhältnis zwischen Öffentlichkeit und Geheimhaltung nicht in sein Gegenteil verkehrt werden. Der jeweilige Regelungskorpus muss sich in seiner Gesamtheit noch als Konkretisierung des Grundsatzes begreifen lassen können, dass grundsätzlich alle Informationen der Verwaltung für die Allgemeinheit zugänglich zu machen sind.

30. Die Strukturierung von einfachrechtlichen Ausnahmetatbeständen als absolute Verweigerungsgründe ist auch ausgehend von der grundrechtlichen Unterfütterung des Informationszugangs nicht schlechterdings verfassungswidrig, aber doch rechtfertigungsbedürftig. Bereichsausnahmen sind im Allgemeinen nur zulässig, wenn der jeweilige administrative Tätigkeitsbereich einen spezifischen Bezug zu verfassungsrechtlich geschützter Geheimhaltung aufweist und dem Vertraulichkeitsinteresse aufgrund dieses Bezugs bei einer hypothetischen Abwägung in der Regel Vorrang einzuräumen wäre.

Literaturverzeichnis

Achenbach, Jelena von, Entscheidungsanmerkung – 2 BvE 5/11 – JZ 2015, S. 96–99.

Achenbach, Jelena von, Parlamentarische Informationsrechte und Gewaltenteilung in der neueren Rechtsprechung des Bundesverfassungsgerichts, ZParl 48 (2017), S. 491–515.

Achterberg, Norbert, Antinomien verfassungsgestaltender Grundentscheidungen, Der Staat 8 (1969), S. 159–180.

Achterberg, Norbert, Parlamentsrecht, Tübingen 1984.

Adelung, Johann Christoph, Grammatisch-kritisches Wörterbuch der hochdeutschen Mundart, Wien 1808.

Adler, Martina, Zugang zu staatlichen Informationen quo vadis?, DÖV 2016, S. 630–638.

Alber, Peter-Paul, Die Geschichte der Öffentlichkeit im deutschen Strafverfahren, Berlin 1974.

Albers, Marion, Information als neue Dimension im Recht, Rechtstheorie 33 (2002), S. 61–89.

Albers, Marion, Verfassungsrechtliche Grundlagen einer transparenten Verwaltung, in: Sokol, Bettina (Hrsg.), Sommersymposium Informationsfreiheit, Düsseldorf 2004, S. 31–50.

Albers, Marion, Grundlagen und Ausgestaltung der Informationsfreiheitsgesetze, ZJS 2009, S. 614–624.

Albers, Marion, Rechtswissenschaftliche Perspektiven, in: Raab, Thomas/Robbers, Gerhard (Hrsg.), Transparenzgesetz für Rheinland-Pfalz, Frankfurt am Main 2016, S. 33–43.

Alexy, Robert, Theorie der Grundrechte, Frankfurt am Main 1986.

Alexy, Robert, Theorie der juristischen Argumentation: Die Theorie des rationalen Diskurses als Theorie der juristischen Begründung, 2. Auflage, Frankfurt am Main 1991.

Alexy, Robert, Verfassungsrecht und einfaches Recht: Verfassungsgerichtsbarkeit und Fachgerichtsbarkeit, VVDStRL 61 (2002), S. 8–33.

Alexy, Robert, Die Gewichtsformel, in: Jickeli, Joachim/Kreutz, Peter/Reuter, Dieter (Hrsg.), Gedächtnisschrift für Jürgen Sonnenschein, Berlin 2003, S. 771–792.

Alpha, Jan-Ole, Das Staatsziel Finanzmarktstabilität, Berlin 2021.

Altmann, Rüdiger, Das Problem der Öffentlichkeit und seine Bedeutung für die moderne Demokratie, Marburg 1954.

Amelung, Knut/*Schall*, Hero, Zum Einsatz von Polizeispitzeln: Hausfriedensbruch und Notstandsrechtfertigung, Wohnungsgrundrecht und Durchsuchungsbefugnis, JuS 1975, S. 565–572.

Anderheiden, Michael, Gemeinwohl in Republik und Union, Tübingen 2006.

Angelov, Jean, Grundlagen und Grenzen eines staatsbürgerlichen Informationszugangsanspruchs, Frankfurt 2000.

Anschütz, Gerhard, Die Verfassung des Deutschen Reichs, 13. Auflage, Berlin 1930.

Arnauld, Andreas von, Die normtheoretische Begründung des Verhältnismäßigkeitsgrundsatzes, JZ 2000, S. 276–280.

Arnauld, Andreas von, Rechtsangleichung durch allgemeine Rechtsgrundsätze?, in: Riesenhuber, Karl/Kanako, Takayama (Hrsg.), Rechtsangleichung: Grundlagen, Methoden und Inhalte, Berlin 2006, S. 247–277.

Arnauld, Andreas von, Rechtsstaat, in: Depenheuer, Otto/Grabenwarter, Christoph (Hrsg.), Verfassungstheorie, Tübingen 2010, S. 703–742.

Arndt, Adolf, Umwelt und Recht, NJW 1960, S. 423–425.

Arndt, Adolf, Umwelt und Recht, NJW 1960, S. 2040–2041.

Arndt, Adolf, Der Rechtsstaat und sein polizeilicher Verfassungsschutz, NJW 1961, S. 897–902.

Arndt, Claus, Parlamentarische Kontrolle der Nachrichtendienste, in: Schneider, Hans-Peter/Zeh, Wolfgang (Hrsg.), Parlamentsrecht und Parlamentspraxis in der Bundesrepublik Deutschland, Berlin 1989, S. 1369–1392.

Arndt, Johannes, Herrschaftskontrolle durch Öffentlichkeit: Die publizistische Darstellung politischer Konflikte im Heiligen Römischen Reich 1648–1750, Göttingen 2013.

Augsberg, Ino, Informationsverwaltungsrecht: Zur kognitiven Dimension der rechtlichen Steuerung von Verwaltungsentscheidungen, Tübingen 2014.

August, Vincent, Öffentlichkeit in der Transparenzgesellschaft: Merkmale, Ambivalenzen, Alternativen, in: Knobloch, Jörn (Hrsg.), Staat und Geheimnis – Der Kampf um die (Un-)Sichtbarkeit der Macht, Baden-Baden 2019, S. 191–216.

August, Vincent/*Osrecki*, Fran, Transparency Imperatives: Results and Frontiers of Social Science Research, in: August, Vincent/Osrecki, Fran (Hrsg.), Der Transparenz-Imperativ: Normen – Praktiken – Strukturen, Wiesbaden 2019, S. 1–34.

Austermann, Philipp, Das neue Lobbyregistergesetz des Bundes, NVwZ 2021, S. 585–589.

Bäcker, Carsten, Begrenzter Wandel – Das Gewollte als Grenze des Verfassungswandels am Beispiel des Art. 6 I GG, AöR 143 (2018), S. 339–393.

Bäcker, Carsten, Juristisches Begründen – Subsumtion und Ponderation als Grundformen der Juristischen Methodenlehre, JuS 2019, S. 321–327.

Badura, Peter, Verfassungsänderung, Verfassungswandel, Verfassungsgewohnheitsrecht, in: Kirchhof, Paul/Isensee, Josef (Hrsg.), Handbuch des Staatsrechts der Bundesrepublik Deutschland, Band 12, 3. Auflage, Heidelberg 2014, S. 591–612.

Barczak, Tristan, Algorithmus als Arkanum, DÖV 2020, S. 997–1007.

Barthe, Christoph/*Gericke*, Jan (Hrsg.), Karlsruher Kommentar zur Strafprozessordnung, 9. Auflage, München 2023 (zit.: *Bearbeiter*, in: KK-StPO).

Bäumer, Hartmut, Von der Holschuld des Bürgers und der Bürgerin zur Bringschuld des Staates, ZGI 2022, S. 270–272.

Beater, Axel, Informationsinteressen der Allgemeinheit und öffentlicher Meinungsbildungsprozess, ZUM 2005, S. 602–612.

Beaucamp, Guy, Allgemeine Rechtsgrundsätze als methodisches Problem, DÖV 2013, S. 41–50.

Beck, Jacob Sigismund, Grundsätze der Gesetzgebung, Leipzig 1806.

Beckmann, Martin/*Durner*, Wolfgang/*Mann*, Thomas/*Röckinghausen*, Marc (Hrsg.), Landmann/Rohmer Umweltrecht, 102. Einlieferung, München 2023 (zit.: *Bearbeiter*, in: Landmann/Rohmer-UmweltR).

Behr, Wilhelm Joseph, System der angewandten allgemeinen Staats-Lehre oder der Staatskunst (Politik), Frankfurt am Main 1810.

Bentham, Jeremy, Essay on Political Tactics, in: Bowring, John (Hrsg.), The Works of Jeremy Bentham, Band 2, Edinburgh 1843, S. 299–373.

Bentham, Jeremy, Constitutional Code, Band 1, Oxford 1983.

Berg, Wilfried, Datenschutz und Forschungsfreiheit, JöR 33 (1984), S. 63–103.

Berger, Hannes, Öffentliche Archive und staatliches Wissen: Die Modernisierung des deutschen Archivrechts, Baden-Baden 2019.

Berger, Sven/*Partsch*, Christoph/*Roth*, Jürgen/*Scheel*, Christopher (Hrsg.), Informationsfreiheitsgesetz – Kommentar, 2. Auflage, Köln 2013.

Berlit, Uwe, Elektronische Verwaltungsakten und verwaltungsgerichtliche Kontrolle, NVwZ 2015, S. 197–200.

Bernzen, Anna K., Gerichtssaalberichterstattung – Ein zeitgemäßer Rahmen für die Arbeit der Medienvertreter in deutschen Gerichten, Tübingen 2020.

Bickenbach, Christian, Rudolf Smend (15.1.1882 bis 5.7.1975) – Grundzüge der Integrationslehre, JuS 2005, S. 588–591.

Bickenbach, Christian, Die Einschätzungsprärogative des Gesetzgebers: Analyse einer Argumentationsfigur in der (Grundrechts-)Rechtsprechung des Bundesverfassungsgerichts, Tübingen 2014.

Bieber, Roland, Informationsrechte Dritter im Verwaltungsverfahren, DÖV 1991, S. 857–866.

Bleicken, Jochen, Die athenische Demokratie, 4. Auflage, Paderborn 1995.

Blischke, Werner, Verfahrensfragen des Bundestages im Jahre 1972: Bericht über erstmals angewandte parlamentarische Verfahren, Der Staat 12 (1973), S. 65–84.

Blome, Thomas, Ein Auskunftsanspruch zu Lasten Dritter aus Art. 5 Absatz I 2 Var. 1 GG?, NVwZ 2016, S. 1211–1216.

Bobbio, Norberto, Die Zukunft der Demokratie, Berlin 1988.

Böckenförde, Ernst-Wolfgang, Die Entstehung des Staates als Vorgang der Säkularisation, in: Buve, Sergius (Hrsg.), Säkularisation und Utopie: Ernst Forsthoff zum 65. Geburtstag, Stuttgart 1967, S. 75–94.

Böckenförde, Ernst-Wolfgang, Entstehung und Wandel des Rechtsstaatsbegriffs, in: Ehmke, Horst/Abendroth, Wolfgang/Schmid, Carlo (Hrsg.), Festschrift für Adolf Arndt zum 65. Geburtstag, Frankfurt am Main 1969, S. 53–76.

Böckenförde, Ernst-Wolfgang, Die verfassungstheoretische Unterscheidung von Staat und Gesellschaft als Bedingung der individuellen Freiheit, Opladen 1973.

Böckenförde, Ernst-Wolfgang, Die Methoden der Verfassungsinterpretation: Bestandsaufnahme und Kritik, NJW 1976, S. 2089–2099.

Böckenförde, Ernst-Wolfgang, Parlamentarische Untersuchungsausschüsse, AöR 103 (1978), S. 1–42.

Böckenförde, Ernst-Wolfgang, Diskussionsbeitrag, VVDStRL 39 (1981), S. 172–176.

Böckenförde, Ernst-Wolfgang, Der Verfassungstyp der konstitutionellen Monarchie, in: Böckenförde, Ernst-Wolfgang (Hrsg.), Moderne deutsche Verfassungsgeschichte (1815–1914), 2. Auflage, Königstein/Ts. 1981, S. 146–170.

Böckenförde, Ernst-Wolfgang, Demokratie als Verfassungsprinzip, in: Isensee, Josef/Kirchhof, Paul (Hrsg.), Handbuch des Staatsrechts der Bundesrepublik Deutschland, Band 1, 1. Auflage, Heidelberg 1987, S. 887–952.

Böckenförde, Ernst-Wolfgang, Staat und Gesellschaft, in: Görres-Gesellschaft (Hrsg.), Staatslexikon, Band 5, 7. Auflage, Freiburg 1989, S. 227–235.

Böckenförde, Ernst-Wolfgang, Grundrechte als Grundsatznormen: Zur gegenwärtigen Lage der Grundrechtsdogmatik, Der Staat 29 (1990), S. 1–31.

Böckenförde, Ernst-Wolfgang, Die Eigenart des Staatsrechts und der Staatsrechtswissenschaft, Staat, Verfassung, Demokratie: Studien zur Verfassungstheorie und zum Verfassungsrecht, Frankfurt am Main 1991, S. 11–28.

Böckenförde, Ernst-Wolfgang, Anmerkungen zum Begriff des Verfassungswandels, in: Badura, Peter/Scholz, Rupert (Hrsg.), Wege und Verfahren des Verfassungslebens: Festschrift für Peter Lerche zum 65. Geburtstag, München 1993, S. 3–14.

Böckenförde, Ernst-Wolfgang, Demokratie als Verfassungsprinzip, in: Kirchhof, Paul/Isensee, Josef (Hrsg.), Handbuch des Staatsrechts der Bundesrepublik Deutschland, Band 2, 3. Auflage, Heidelberg 2004, S. 429–496.

Böckenförde, Ernst-Wolfgang, Demokratische Willensbildung und Repräsentation, in: Kirchhof, Paul/Isensee, Josef (Hrsg.), Handbuch des Staatsrechts der Bundesrepublik Deutschland, Band 3, 3. Auflage, Heidelberg 2005, S. 31–53.

Borgs-Maciejewski, Hermann, Zur parlamentarischen Kontrolle der Nachrichtendienste, ZRP 1997, S. 361–364.

Borowski, Martin, Subjekte der Verfassungsinterpretation, in: Kirchhof, Paul/Isensee, Josef (Hrsg.), Handbuch des Staatsrechts der Bundesrepublik Deutschland, Band 12, 3. Auflage, Heidelberg 2014, S. 761–782.

Borowski, Martin, Grundrechte als Prinzipien, 3. Auflage, Baden-Baden 2018.

Bowitz, Hans Hermann, Das Demokratieprinzip als eigenständige Grundlage richterlicher Entscheidungsbegründungen, Frankfurt am Main 1984.

Breuer, Rüdiger, Grundrechte als Anspruchsnormen, in: Bachof, Otto/Heigl, Ludwig/Redeker, Konrad (Hrsg.), Festgabe aus Anlaß des 25jährigen Bestehens des Bundesverwaltungsgerichts, München 1978, S. 89–119.

Breuer, Rüdiger, Zunehmende Vielgestaltigkeit der Instrumente im deutschen und europäischen Umweltrecht – Probleme der Stimmigkeit und des Zusammenwirkens, NVwZ 1997, S. 833–845.

Britz, Guido, Fernsehaufnahmen im Gerichtssaal: Ein rechtsvergleichender Beitrag zum Öffentlichkeitsgrundsatz im Strafverfahren, Baden-Baden 1999.

Brocker, Lars, „Lux in arcana" – Der Umgang mit „Arkanbereichen" im Recht, Baden-Baden 2014.

Brocker, Lars, Überzeugendes Plädoyer gegen überzogene Transparenzansprüche: Rezension von Rhein – Informationsansprüche gegen Parlamente, ZParl 51 (2020), S. 934–937.

Brohm, Winfried, Sachverständige Beratung des Staates, in: Isensee, Josef/Kirchhof, Paul (Hrsg.), Handbuch des Staatsrechts der Bundesrepublik Deutschland, Band 2, 2. Auflage, Heidelberg 1998, S. 207–248.

Bröhmer, Jürgen, Transparenz als Verfassungsprinzip: Grundgesetz und Europäische Union, Tübingen 2004.

Brosius-Gersdorf, Frauke, Deutsche Bundesbank und Demokratieprinzip: Eine verfassungsrechtliche Studie zur Bundesbankautonomie vor und nach der dritten Stufe der Europäischen Währungsunion, Berlin 1997.

Brunhöber, Beatrice, Die Erfindung „demokratischer Repräsentation" in den Federalist Papers, Tübingen 2010.

Bryde, Brun-Otto, Verfassungsentwicklung – Stabilität und Dynamik im Verfassungsrecht der Bundesrepublik Deutschland, Baden-Baden 1982.

Bryde, Brun-Otto, Die bundesrepublikanische Volksdemokratie als Irrweg der Demokratietheorie, StWStPr 1994, S. 305–330.

Bryde, Brun-Otto, Das Demokratieprinzip des Grundgesetzes als Optimierungsaufgabe, in: Redaktion Kritische Justiz (Hrsg.), Demokratie und Grundgesetz: Eine Auseinandersetzung mit der verfassungsgerichtlichen Rechtsprechung, Baden-Baden 2000, S. 59–70.

Bryde, Brun-Otto, Verfassungsinterpretation und verfassungsgerichtliche Praxis, in: Reimer, Franz (Hrsg.), Juristische Methodenlehre aus dem Geist der Praxis?, Baden-Baden 2016, S. 107–114.

Bucher, Peter, Der Parlamentarische Rat 1948–1949: Akten und Protokolle, Band 2, Boppard am Rhein 1981.

Bull, Hans Peter, Hierarchie als Verfassungsgebot? Zur Demokratietheorie des Bundesverfassungsgerichts, in: Bermbach, Udo/Greven, Michael Th./Münkler, Herfried/Schmalz-Bruns, Rainer (Hrsg.), Bürgersinn und Kritik: Festschrift für Udo Bermbach zum 60. Geburtstag, Baden-Baden 1998, S. 241–256.

Bull, Hans Peter, Buchbesprechung: Bröhmer, Transparenz als Verfassungsprinzip, DÖV 2005, S. 706–707.

Bundesminister des Innern/Bundesminister der Justiz (Hrsg.), Staatszielbestimmungen/Gesetzgebungsaufträge – Bericht der Sachverständigenkommission, Bonn 1983.

Bureau des Reichstags (Hrsg.), Reichstags-Handbuch, Band III, Berlin 1925.

Busch, Bernhard, Das Verhältnis des Art. 80 Abs. 1 S. 2 GG zum Gesetzes- und Parlamentsvorbehalt, Berlin 1992.

Busch, Eckart, Die Parlamentsauflösung 1972: Verfassungsgeschichtliche und verfassungsrechtliche Würdigung, ZParl 4 (1973), S. 213–246.

Busse, Volker, Der Kernbereich exekutiver Eigenverantwortung im Spannungsfeld der staatlichen Gewalten, DÖV 1989, S. 45–54.

Büttner, Edgar/*Wettengel*, Michael, Der Parlamentarische Rat 1948–1949: Akten und Protokolle, Band 13, München 2002.

Calliess, Christian, Rechtsstaat und Umweltstaat: Zugleich ein Beitrag zur Grundrechtsdogmatik im Rahmen mehrpoliger Verfassungsrechtsverhältnisse, Tübingen 2001.

Calliess, Christian, Die Leistungsfähigkeit des Untermaßverbots als Kontrollmaßstab grundrechtlicher Schutzpflichten, in: Grote, Rainer/Härtel, Ines/Hain, Karl-E./Schmidt, Thorsten Ingo/Schmitz, Thomas/Schuppert, Gunnar Folke/Winterhoff, Christian (Hrsg.), Die Ordnung der Freiheit: Festschrift für Christian Starck zum 70. Geburtstag, Tübingen 2007, S. 201–218.

Canaris, Claus-Wilhelm, Systemdenken und Systembegriff in der Jurisprudenz: Entwickelt am Beispiel des deutschen Privatrechts, 2. Auflage, Berlin 1983.

Cancik, Pascale, Der „Kernbereich exekutiver Eigenverantwortung“ – zur Relativität eines suggestiven Topos, ZParl 45 (2014), S. 885–907.

Caspar, Johannes, Informationsfreiheit, Transparenz und Datenschutz, DÖV 2013, S. 371–375.

Classen, Claus Dieter, Demokratische Legitimation im offenen Rechtsstaat: Zur Beeinflussung des Demokratieprinzips durch Rechtsstaatlichkeit und internationale Offenheit, Tübingen 2009.

Coelln, Christian von, Zur Medienöffentlichkeit der Dritten Gewalt: Rechtliche Aspekte des Zugangs der Medien zur Rechtsprechung im Verfassungsstaat des Grundgesetzes, Tübingen 2005.

Collin, Peter, Die archivrechtliche Regulierung des Zugangs zu öffentlichen Informationen, in: Dreier, Thomas/Fischer, Veronika/van Raay, Anne/Spiecker genannt Döhmann, Indra (Hrsg.), Informationen der öffentlichen Hand – Zugang und Nutzung, Baden-Baden 2016, S. 209–228.

Contiades, Ion, Verfassungsgesetzliche Staatsstrukturbestimmungen, Stuttgart 1967.

Cremer, Wolfram, Art. 80 Abs. 1 S. 2 GG und Parlamentsvorbehalt – Dogmatische Unstimmigkeiten in der Rechtsprechung des Bundesverfassungsgerichts, AöR 122 (1997), S. 248–267.

Czybulka, Detlef, Die Legitimation der öffentlichen Verwaltung: Unter Berücksichtigung ihrer Organisation sowie der Entstehungsgeschichte zum Grundgesetz, Heidelberg 1989.

Degenhart, Christoph, Stellungnahme Sachverständigenanhörung vor der Gemeinsamen Verfassungskommission, in: Deutscher Bundestag (Hrsg.), Materialien zur Verfassungsdiskussion und zur Grundgesetzänderung in der Folge der deutschen Einigung, Band 3, 1996, S. 448–452.

Degenhart, Christoph, Gerichtsverfahren, in: Kirchhof, Paul/Isensee, Josef (Hrsg.), Handbuch des Staatsrechts der Bundesrepublik Deutschland, Band 5, 3. Auflage, Heidelberg 2007, S. 761–812.

Denninger, Erhard, Polizeiaufgaben, in: Bäcker, Matthias/Denninger, Erhard/Graulich, Kurt (Hrsg.), Handbuch des Polizeirechts, 6. Auflage, München 2018, S. 217–318.

Depenheuer, Otto, Einführung, in: Depenheuer, Otto (Hrsg.), Öffentlichkeit und Vertraulichkeit: Theorie und Praxis der politischen Kommunikation, Wiesbaden 2001, S. 7–20.

Depenheuer, Otto, Funktionen der Verfassung, in: Depenheuer, Otto/Grabenwarter, Christoph (Hrsg.), Verfassungstheorie, Tübingen 2010, S. 537–568.

Deutscher Bundestag (Hrsg.), Materialien zur Verfassungsdiskussion und zur Grundgesetzänderung in der Folge der deutschen Einigung, Band 1, 1996.

Deutscher Bundestag (Hrsg.), Materialien zur Verfassungsdiskussion und zur Grundgesetzänderung in der Folge der deutschen Einigung, Band 2, 1996.

Di Fabio, Udo, Gewaltenteilung, in: Kirchhof, Paul/Isensee, Josef (Hrsg.), Handbuch des Staatsrechts der Bundesrepublik Deutschland, Band 2, 3. Auflage, Heidelberg 2004, S. 613–658.

Di Fabio, Udo, Die Weimarer Verfassung: Aufbruch und Scheitern: eine verfassungshistorische Analyse, München 2018.

Dieterich, Roland, Die Funktion der Öffentlichkeit der Parlamentsverhandlungen im Strukturwandel des Parlamentarismus, Tübingen 1970.

Dietze, Gottfried, Kant und der Rechtsstaat, Tübingen 1982.

Dittmann, Armin, Verfassungshoheit der Länder und bundesstaatliche Verfassungshomogenität, in: Kirchhof, Paul/Isensee, Josef (Hrsg.), Handbuch des Staatsrechts der Bundesrepublik Deutschland, Band 6, 3. Auflage, Heidelberg 2008, S. 201–229.

Doemming, Klaus-Berto von/*Füsslein*, Rudolf Werner/*Matz*, Werner, Entstehungsgeschichte der Artikel des Grundgesetzes, JöR 1 (1951), S. 1–941.

Drath, Martin, Der Verfassungsrang der Bestimmungen über die Gesetzesblätter, in: Bachof, Otto/Drath, Martin/Gönnewein, Otto/Walz, Ernst (Hrsg.), Gedächtnisschrift für Walter Jellinek, München 1955, S. 237–257.

Drefs, Felix, Informationen über öffentliches Handeln – Zur verfassungsrechtlich gebotenen Transparenz staatlicher Tätigkeit, in: Dreier, Thomas/Fischer, Veronika/van Raay, Anne/Spiecker genannt Döhmann, Indra (Hrsg.), Informationen der öffentlichen Hand – Zugang und Nutzung, Baden-Baden 2016, S. 89–106.

Drefs, Felix, Die Öffentlichkeitsarbeit des Staates und die Akzeptanz seiner Entscheidung, Baden-Baden 2019.

Dreier, Horst, Hierarchische Verwaltung im demokratischen Staat: Genese, aktuelle Bedeutung und funktionelle Grenzen eines Bauprinzips der Exekutive, Tübingen 1991.

Dreier, Horst, Subjektiv-rechtliche und objektiv-rechtliche Grundrechtsgehalte, Jura 1994, S. 505–513.

Dreier, Horst (Hrsg.), Grundgesetz Kommentar, Band 2, 3. Auflage, Tübingen 2015 (zit.: *Bearbeiter*, in: Dreier-GG).

Dreier, Horst (Hrsg.), Grundgesetz Kommentar, Band 3, 3. Auflage, Tübingen 2018 (zit.: *Bearbeiter*, in: Dreier-GG).

Dreier, Horst (Begr.)/*Brosius-Gersdorf*, Frauke (Hrsg.), Grundgesetz Kommentar, Band 1, 4. Auflage, Tübingen 2023 (zit.: *Bearbeiter*, in: Dreier-GG).

Dreier, Ralf, Der Rechtsstaat im Spannungsverhältnis zwischen Gesetz und Recht, JZ 1985, S. 353–359.

Dreier, Thomas, Ausweitung – Open Data?, in: Dreier, Thomas/Fischer, Veronika/van Raay, Anne/Spiecker genannt Döhmann, Indra (Hrsg.), Informationen der öffentlichen Hand – Zugang und Nutzung, Baden-Baden 2016, S. 563–596.

Dreier, Thomas/*Spiecker genannt Döhmann*, Indra, Gegenrechte – Datenschutz/Schutz von Betriebs- und Geschäftsgeheimnissen, Geistiges Eigentum, in: Dreier, Thomas/Fischer, Veronika/van Raay, Anne/Spiecker genannt Döhmann, Indra (Hrsg.), Informationen der öffentlichen Hand – Zugang und Nutzung, Baden-Baden 2016, S. 165–191.

Droege, Michael, Herrschaft auf Zeit: Wahltage und Übergangszeiten in der repräsentativen Demokratie, DÖV 2009, S. 649–657.

Dürig, Günther/*Herzog*, Roman/*Scholz*, Rupert (Hrsg.), Grundgesetz Kommentar, 102. Einlieferung, München 2023 (zit.: *Bearbeiter*, in: D/H/S-GG).

Düwel, Peter, Das Amtsgeheimnis, Berlin 1965.

Dworkin, Ronald, Taking Rights Seriously, London 1977.

Ehmke, Horst, Verfassungsänderung und Verfassungsdurchbrechung, AöR 79 (1953), S. 385–418.

Ehmke, Horst, Prinzipien der Verfassungsinterpretation, VVDStRL 20 (1963), S. 53–102.

Eichel, Florian/*Matt*, Christian/*Pfäffli*, Daniel/*Bieri*, Manuel, Rechtsinformationsportale und digitale Bekanntgabe von Gesetzen, JZ 2022, S. 639–648.

Eichenberger, Kurt, Vom Umgang mit Strukturprinzipien des Verfassungsstaats, Verfassungsstaatlichkeit – Festschrift für Klaus Stern zum 65. Geburtstag, München 1997, S. 457–473.

Einem, Joachim von, Die Auskunftspflicht der Regierung gegenüber dem Parlament, Göttingen 1977.

Eisenhardt, Ulrich, Die kaiserliche Aufsicht über Buchdruck, Buchhandel und Presse im Heiligen Römischen Reich Deutscher Nation: (1496–1806), Karlsruhe 1970.

Ellwein, Thomas/*Görlitz*, Axel, Parlament und Verwaltung; 1. Teil: Gesetzgebung und politische Kontrolle, Stuttgart 1967.

Emde, Ernst Thomas, Die demokratische Legitimation der funktionalen Selbstverwaltung: Eine verfassungsrechtliche Studie anhand der Kammern, der Sozialversicherungsträger und der Bundesanstalt für Arbeit, Berlin 1991.

Engel, Christoph, Öffentlichkeitsarbeit, in: Kirchhof, Paul/Isensee, Josef (Hrsg.), Handbuch des Staatsrechts der Bundesrepublik Deutschland, Band 4, 3. Auflage, Heidelberg 2006, S. 477–505.

Engels, Dieter, Parlamentarisches Untersuchungsrecht und der Kernbereich exekutiver Eigenverantwortung, Jura 1990, S. 71–78.

Epping, Volker/*Hillgruber*, Christian (Hrsg.), Beck'scher Online Kommentar zum Grundgesetz, 56. Edition, München 2023 (zit.: *Bearbeiter*, in: BeckOK-GG).

Esser, Josef, Grundsatz und Norm in der richterlichen Fortbildung des Privatrechts, 2. Auflage, Tübingen 1964.

Evers, Hans-Ulrich, Verfassungsschutz und Polizei, in: Bundesminister den Innern (Hrsg.), Verfassungsschutz und Rechtsstaat: Beiträge aus Wissenschaft und Praxis, Köln 1981, S. 65–86.

Fassbender, Bardo, Wissen als Grundlage staatlichen Handelns, in: Kirchhof, Paul/Isensee, Josef (Hrsg.), Handbuch des Staatsrechts der Bundesrepublik Deutschland, Band 4, 3. Auflage, Heidelberg 2006, S. 243–312.

Fauser, Bernd, Die Stellung der Regierungsmitglieder und ihrer Vertreter im Parlament, Bonn 1973.

Feix, Stefan, Maßstäbe für eine gelungene richterliche Rechtsfortbildung: grundlegende Untersuchung anhand der gesellschaftsrechtlichen Rechtsprechung zum Delisting, Berlin 2020.

Feldkamp, Michael, Der Parlamentarische Rat 1948–1949: Akten und Protokolle, Band XIV/I, München 2009.

Fichte, Johann Gottlieb, Grundlage des Naturrechts, Jena/Leipzig 1796.

Fluck, Jürgen/*Fischer*, Kristian/*Martini*, Mario (Hrsg.), Informationsfreiheitsrecht Kommentar, 40. Aktualisierung, Heidelberg 2023 (zit.: *Bearbeiter*, in: *Fluck/Fischer/Martini*-IFR).

Forsthoff, Ernst, Die öffentliche Körperschaft im Bundesstaat, Tübingen 1931.

Forsthoff, Ernst, Zur Problematik der Verfassungsauslegung, Stuttgart 1961.

Forsthoff, Ernst, Der Staat der Industriegesellschaft: Dargestellt am Beispiel der Bundesrepublik Deutschland, Goldbach 1971.

Franzius, Claudio, Modalitäten und Wirkungsfaktoren der Steuerung durch Recht, in: Voßkuhle, Andreas/Eifert, Martin/Möllers, Christoph (Hrsg.), Grundlagen des Verwaltungsrechts, Band 1, 3. Auflage, München 2022, S. 193–244.

Friedrich, Carl J., Der Verfassungsstaat der Neuzeit, Berlin 1953.

Friehe, Matthias, Lobbyregister auf dem Prüfstein des Verfassungsrechts, DVBl 2023, S. 1252–1258.

Friesenhahn, Ernst, Parlament und Regierung im modernen Staat, VVDStRL 16 (1958), S. 9–73.

Friesenhahn, Ernst, Die Kontrolle der Dienste, in: Bundesminister den Innern (Hrsg.), Verfassungsschutz und Rechtsstaat: Beiträge aus Wissenschaft und Praxis, Köln 1981, S. 87–116.

Frowein, Jochen A., Die Informationsfreiheitsgesetzgebung – ein Neuanfang?, in: Grote, Rainer/Härtel, Ines/Hain, Karl-E./Schmidt, Thorsten Ingo/Schmitz, Thomas/Schuppert, Gunnar Folke/Winterhoff, Christian (Hrsg.), Die Ordnung der Freiheit: Festschrift für Christian Starck zum siebzigsten Geburtstag, Tübingen 2007, S. 219–226.

Fuller, Lon L., The Morality of Law, New Haven, Connecticut 1964.

Füssl, Wilhelm, Professor in der Politik, Friedrich Julius Stahl (1802–1861): Das monarchische Prinzip und seine Umsetzung in die parlamentarische Praxis, Göttingen 1988.

Gärditz, Klaus Ferdinand, Verfahrensöffentlichkeit im Strafprozess, in: Stuckenberg, Carl-Friedrich/Gärditz, Klaus Ferdinand (Hrsg.), Strafe und Prozess im freiheitlichen Rechtsstaat: Festschrift für Hans-Ullrich Paeffgen zum 70. Geburtstag am 2. Juli 2015, Berlin 2015, S. 439–482.

Gärditz, Klaus Ferdinand, Parlamentarische Untersuchungsausschüsse als informationspflichtige Stellen?, NVwZ 2015, S. 1161–1166.

Gärditz, Klaus Ferdinand, Verfassungsschutzverfassungsrecht und Datenübermittlung, GSZ 2022, S. 161–170.

Geiger, Willi, Die Grundrechte der Informationsfreiheit, in: Ehmke, Horst/Schmid, Carlo/Scharoun, Hans (Hrsg.), Festschrift für Adolf Arndt zum 65. Geburtstag, Frankfurt am Main 1969, S. 119–144.

Geiger, Willi, Gegenwartsprobleme der Verfassungsgerichtsbarkeit aus deutscher Sicht, in: Alexander von Humboldt-Stiftung/Berberich, Thomas/Holl, Wolfgang/Maass, Kurt-Jürgen (Hrsg.), Neue Entwicklungen im öffentlichen Recht, Stuttgart 1979, S. 131–142.

Gelberg, Karl-Ulrich, Quellentexte zur bayerischen Geschichte: Die Protokolle des Vorbereitenden Verfassungsausschusses in Bayern 1946, Band 3, München 2004.

Gerhardt, Volker, Öffentlichkeit: Die politische Form des Bewusstseins, München 2012.

Gersdorf, Hubertus, Parlamentsfernsehen des Deutschen Bundestages, Berlin 2008.

Gersdorf, Hubertus/*Paal*, Boris, Beck'scher Online-Kommentar Informations- und Medienrecht, 42. Edition, München 2023 (zit.: *Bearbeiter*, in: BeckOK-Info/MedienR).

Gestrich, Andreas, Öffentlichkeit und Verfassung in der Frühen Neuzeit, in: Schilling, Lothar/Schönberger, Christoph/Thier, Andreas (Hrsg.), Verfassung und Öffentlichkeit in der Verfassungsgeschichte (Der Staat Beiheft 25), Berlin 2020, S. 77–93.

Göldner, Detlef, Verfassungsprinzip und Privatrechtsnorm in der verfassungskonformen Auslegung und Rechtsfortbildung, Berlin 1969.

Grabitz, Eberhard, Diskussionsbeitrag, VVDStRL 39 (1981), S. 197–198.

Grimm, Jacob/*Grimm*, Wilhelm, Deutsches Wörterbuch, Band 7, Leipzig 1854.

Gröschner, Rolf, Transparente Verwaltung: Konturen eines Informationsverwaltungsrechts, VVDStRL 63 (2004), S. 344–376.

Gröschner, Rolf, Die Republik, in: Kirchhof, Paul/Isensee, Josef (Hrsg.), Handbuch des Staatsrechts der Bundesrepublik Deutschland, Band 2, 3. Auflage, Heidelberg 2004, S. 369–428.

Groß, Rolf, Verschwiegenheitspflicht der Bediensteten und Informationsrecht der Presse, Göttingen 1964.

Groß, Rolf, Zum presserechtlichen Informationsanspruch, DÖV 1997, S. 133–143.

Groß, Thomas, Das Kollegialprinzip in der Verwaltungsorganisation, Tübingen 1999.

Groß, Thomas, Grundlinien einer pluralistischen Interpretation des Demokratieprinzips, in: Redaktion Kritische Justiz (Hrsg.), Demokratie und Grundgesetz: Eine Auseinandersetzung mit der verfassungsgerichtlichen Rechtsprechung, Baden-Baden 2000, S. 93–110.

Grundmann, Cornelia/*Greve*, Holger, Löschung und Vernichtung von Akten, NVwZ 2015, S. 1726–1730.

Grzeszick, Bernd, Erfolg durch Offenheit, in: Depenheuer, Otto (Hrsg.), Öffentlichkeit und Vertraulichkeit: Theorie und Praxis der politischen Kommunikation, Wiesbaden 2001, S. 21–66.

Grzeszick, Bernd, Ungeschriebenes Verfassungsrecht, in: Depenheuer, Otto/Grabenwarter, Christoph (Hrsg.), Verfassungstheorie, Tübingen 2010, S. 417–452.

Grzeszick, Bernd, Rationalitätsanforderungen an die parlamentarische Rechtsetzung im demokratischen Rechtsstaat, VVDStRL 71 (2012), S. 49–77.

Guckelberger, Annette, Informatisierung der Verwaltung und Zugang zu Verwaltungsinformationen, VerwArch 97 (2006), S. 62–88.

Guckelberger, Annette, Der Übergang zur (ausschließlich) elektronischen Gesetzesverkündung: Dargestellt am Amtsblatt des Saarlandes unter Einbeziehung der Bundes- und Gemeindeebene sowie anderer E-Government-Prozesse, Baden-Baden 2009.

Günther, Klaus, Der Sinn für Angemessenheit: Anwendungsdiskurse in Moral und Recht, Frankfurt am Main 1988.

Günzl, Clara, Eine andere Geschichte der Begründungspflicht: Sichtweisen des frühen 19. Jahrhunderts, Tübingen 2021.

Gurlit, Elke, Die Verwaltungsöffentlichkeit im Umweltrecht: Ein Rechtsvergleich Bundesrepublik Deutschland–USA, Düsseldorf 1989.

Gurlit, Elke, Konturen eines Informationsverwaltungsrechts, DVBl 2003, S. 1119–1134.

Gurlit, Elke, Anmerkung zu BVerwG, Urteil vom 8.7.2021 – 6 A 10.20, ZGI 2022, S. 33–34.

Gusy, Christoph, Die Offenheit des Grundgesetzes, JöR 33 (1984), S. 105–130.

Gusy, Christoph, Staatsrechtlicher Positivismus, JZ 1989, S. 505–517.

Gusy, Christoph, Die Weimarer Reichsverfassung, Tübingen 1997.

Gusy, Christoph, Parlamentarische Kontrolle der Nachrichtendienste im demokratischen Rechtsstaat, ZRP 2008, S. 36–40.

Gusy, Christoph, Die Informationsbeziehungen zwischen Staat und Bürger, in: Hoffmann-Riem, Wolfgang/Schmidt-Assmann, Eberhard/Voßkuhle, Andreas (Hrsg.), Grundlagen des Verwaltungsrechts, Band 2, 2. Auflage, München 2012, S. 235–320.

Gusy, Christoph, Der transparente Staat, DVBl 2013, S. 941–948.

Gusy, Christoph, Informationszugangsfreiheit – Öffentlichkeitsarbeit – Transparenz, JZ 2014, S. 171–179.

Gusy, Christoph, Neutralität staatlicher Öffentlichkeitsarbeit – Voraussetzungen und Grenzen, NVwZ 2015, S. 700–704.

Gusy, Christoph, Transparenz – Verfassungstheoretische und verfassungsrechtliche Aspekte, in: Dix, Alexander/Franßen, Georg/Kloepfer, Michael/Schaar, Peter/Schoch, Friedrich/Voßhoff, Andrea/Deutsche Gesellschaft für Informationsfreiheit (Hrsg.), Informationsfreiheit und Informationsrecht – Jahrbuch 2015, Berlin 2016, S. 1–21.

Gusy, Christoph, Einseitige oder allseitige Transparenz?, in: Knopp, Lothar/Wolff, Heinrich Amadeus (Hrsg.), Umwelt, Hochschule, Staat: Festschrift für Franz-Josef Peine zum 70. Geburtstag, Berlin 2016, S. 423–440.

Gusy, Christoph, Transparenz der Verwaltung und Informationszugangsfreiheit, in: Voßkuhle, Andreas/Eifert, Martin/Möllers, Christoph (Hrsg.), Grundlagen des Verwaltungsrechts, Band 1, 3. Auflage, München 2022, S. 1661–1741.

Häberle, Peter, Unmittelbare staatliche Parteienfinanzierung unter dem Grundgesetz – BVerfGE 20, 56, JuS 1967, S. 64–74.

Häberle, Peter, Öffentlichkeit und Verfassung: Bemerkungen zur 3. Aufl. von Jürgen Habermas, Strukturwandel der Öffentlichkeit (1968), ZfP 16 (1969), S. 273–287.

Häberle, Peter, Öffentliches Interesse als juristisches Problem, Bad Homburg 1970.

Häberle, Peter, Struktur und Funktion der Öffentlichkeit im demokratischen Staat, Politische Bildung 3 (1970), S. 3–33.

Häberle, Peter, Die offene Gesellschaft der Verfassungsinterpreten: Ein Beitrag zur pluralistischen und „prozessualen" Verfassungsinterpretation, JZ 1975, S. 297–305.

Häberle, Peter, Freiheit, Gleichheit und Öffentlichkeit des Abgeordnetenstatus, NJW 1976, S. 537–543.

Häberle, Peter, Verfassungsprinzipien im Verwaltungsverfahrensgesetz, in: Schmitt Glaeser, Walter (Hrsg.), Verwaltungsverfahren: Festschrift zum 50-jährigen Bestehen des Richard-Boorberg-Verlags, Stuttgart 1977, S. 47–94.

Häberle, Peter, Kommentierte Verfassungsrechtsprechung, Königstein/Ts. 1979.

Häberle, Peter, Struktur und Funktion der Öffentlichkeit im demokratischen Staat, in: ders. (Hrsg.), Die Verfassung des Pluralismus, Königstein/Ts. 1980, S. 126–162.

Häberle, Peter, Verfassung als öffentlicher Prozeß: Materialien zu einer Verfassungstheorie der offenen Gesellschaft, 3. Auflage, Berlin 1998.

Häberle, Peter, Diskussionsbeitrag, VVDStRL 63 (2004), S. 445–446.

Habermas, Jürgen, Strukturwandel der Öffentlichkeit: Untersuchungen zu einer Kategorie der bürgerlichen Gesellschaft, Frankfurt am Main 1990.

Hahn, Carl, Die gesamten Materialien zu den Reichs-Justizgesetzen I, 2. Auflage, Berlin 1883.

Hahn, Daniel, Staatszielbestimmungen im integrierten Bundesstaat: Normative Bedeutung und Divergenzen, Berlin 2010.

Hain, Karl-E., Die Grundsätze des Grundgesetzes: Eine Untersuchung zu Art. 79 Abs. 3 GG, Baden-Baden 1999.

Hanebeck, Alexander, Bundesverfassungsgericht und Demokratieprinzip, DÖV 2004, S. 901–910.

Harding, Nicolas, Staatliche Öffentlichkeitsarbeit in sozialen Netzwerken, Tübingen 2023.

Härtel, Ines, Digitalisierung im Lichte des Verfassungsrechts – Algorithmen, Predictive Policing, autonomes Fahren, LKV 2019, S. 49–60.

Hartmann, Bernd J., Eigeninteresse und Gemeinwohl, AöR 134 (2009), S. 1–34.

Hatschek, Julius, Das Interpellationsrecht, Leipzig 1909.

Haverkate, Görg, Verfassungslehre: Verfassung als Gegenseitigkeitsordnung, München 1992.

Haymann, Franz, Die Mehrheitsentscheidung, in: Tatarin-Tarnheydn, Edgar (Hrsg.), Festgabe für Rudolf Stammler, Berlin 1926, S. 395–476.

Hebeler, Timo, Ist der Gesetzgeber verfassungsrechtlich verpflichtet, Gesetze zu begründen?, DÖV 2010, S. 754–762.

Hecker, Jan, Anmerkung zu BVerfG (2. Senat), Beschluss vom 17.6.2009 – 2 BvE 3/07 – („BND-Untersuchungsausschuss"), DVBl 2009, S. 1239–1242.

Helbach, Clemens, Der gestufte Schutz von Betriebs- und Geschäftsgeheimnissen vor Parlament, Presse und jedermann, Berlin 2012.

Herdegen, Matthias, Verfassungsinterpretation als methodische Disziplin, JZ 2004, S. 873–879.

Herdegen, Matthias, Das Grundgesetz im Gefüge des westlichen Konstitutionalismus, in: Herdegen, Matthias/Masing, Johannes/Poscher, Ralf/Gärditz, Klaus Ferdinand (Hrsg.), Handbuch des Verfassungsrechts, München 2021, S. 15–60.

Herzog, Roman, Allgemeine Staatslehre, Frankfurt am Main 1971.

Hesse, Konrad, Die verfassungsrechtliche Stellung der Parteien im modernen Staat, VVDStRL 17 (1959), S. 11–52.

Hesse, Konrad, Der Rechtsstaat im Verfassungssystem des Grundgesetzes, in: Hesse, Konrad/Reicke, Siegfried/Scheuner, Ulrich (Hrsg.), Staatsverfassung und Kirchenordnung – Festgabe für Rudolf Smend, Tübingen 1962, S. 71–95.

Hesse, Konrad, Der Gleichheitssatz in der neueren deutschen Verfassungsentwicklung, AöR 109 (1984), S. 174–198.

Hesse, Konrad, Grundzüge des Verfassungsrechts der Bundesrepublik Deutschland, 20. Auflage, Heidelberg 1995.

Hett, Hans-Jürgen, Die Öffentlichkeit der Parlamentsverhandlungen, das Grundrecht der Informationsfreiheit und Informationspflichten der Exekutive, Frankfurt am Main/New York 1987.

Heun, Werner, Staatshaushalt und Staatsleitung: Das Haushaltsrecht im parlamentarischen Regierungssystem des Grundgesetzes, Baden-Baden 1989.

Heun, Werner, Die Struktur des deutschen Konstitutionalismus des 19. Jh. im verfassungsgeschichtlichen Vergleich, Der Staat 45 (2006), S. 365–382.

Heusch, Andreas, Der Grundsatz der Verhältnismäßigkeit im Staatsorganisationsrecht, Berlin 2003.

Heyne, Moritz, Deutsches Wörterbuch, Band 2, Leipzig 1892.

Hillgruber, Christian, Verfassungsinterpretation, in: Depenheuer, Otto/Grabenwarter, Christoph (Hrsg.), Verfassungstheorie, Tübingen 2010, S. 505–534.

Hillgruber, Christian, Schutzbereich, Ausgestaltung und Eingriff, in: Kirchhof, Paul/Isensee, Josef (Hrsg.), Handbuch des Staatsrechts der Bundesrepublik Deutschland, Band 9, 3. Auflage, Heidelberg 2011, S. 981–1031.

Hilpert, Johannes, Begründungspflicht des Bundesverfassungsgerichts? – § 93d Abs. 1 S. 3 BVerfGG im Widerstreit mit verfassungs- und konventionsrechtlichen Vorgaben, Tübingen 2019.

Hirsch, Alexander, Die Kontrolle der Nachrichtendienste: Vergleichende Bestandsaufnahme, Praxis und Reform, Berlin 1996.

Hirzebruch, Christian, Öffentlichkeit und Neue Medien im gerichtlichen Verfahren: Reichweite und Grenzen der Gerichtsberichterstattung im Zeitalter der Massenmedien, Berlin 2018.

Hoffmann, Birgit, Das Verhältnis von Gesetz und Recht, Berlin 2003.

Hoffmann, Gerhard, Verfassungsbezogenes Richterrecht und Verfassungsrichterrecht, Recht und Rechtserkenntnis – Festschrift für Ernst Wolf, München 1985, S. 183–222.

Hofmann, Andreas, Anmerkung zu BVerwGE 166, 303, NVwZ 2020, S. 310–312.

Hofmann, Ekkehard, Abwägung im Recht: Chancen und Grenzen numerischer Verfahren im öffentlichen Recht, Tübingen 2007.

Hofmann, Hasso/*Dreier*, Horst, Repräsentation, Mehrheitsprinzip und Minderheitenschutz, in: Schneider, Hans-Peter/Zeh, Wolfgang (Hrsg.), Parlamentsrecht und Parlamentspraxis in der Bundesrepublik Deutschland, Berlin 1989, S. 165–197.

Hölscheidt, Sven, Frage und Antwort im Parlament, Rheinbreitbach 1992.

Hölscher, Lucian, Öffentlichkeit, in: Brunner, Otto/Conze, Werner/Koselleck, Reinhart (Hrsg.), Geschichtliche Grundbegriffe, Band 4, Stuttgart 1978, S. 413–467.

Hölscher, Lucian, Öffentlichkeit und Geheimnis: Eine begriffsgeschichtliche Untersuchung zur Entstehung der Öffentlichkeit in der frühen Neuzeit, Stuttgart 1979.

Hölscher, Lucian, Öffentlichkeit, in: Ritter, Joachim/Gründer, Karlfried (Hrsg.), Historisches Wörterbuch der Philosophie, Band 6, Basel 1984.

Holznagel, Bernd, Erosion demokratischer Öffentlichkeit?, VVDStRL 68 (2009), S. 381–412.

Hong, Mathias, Das Recht auf Informationszugang nach dem Informationsfreiheitsgesetz als Recht zur Mobilisierung der demokratischen Freiheit, NVwZ 2016, S. 953–959.

Hong, Mathias, Abwägungsfeste Rechte: Von Alexys Prinzipien zum Modell der Grundsatznormen, Tübingen 2019.

Horn, Hans-Detlef, Erosion demokratischer Öffentlichkeit?, VVDStRL 68 (2009), S. 413–449.

Hornung, Gerrit, Grundrechtsinnovationen, Tübingen 2015.

Huber, Bertold, Anmerkung zu BVerwGE 151, 348, NJW 2013, S. 1010–1011.

Huber, Ernst Rudolf, Dokumente zur deutschen Verfassungsgeschichte, Band 1, 3. Auflage, Stuttgart 1978.

Huber, Ernst Rudolf, Dokumente zur deutschen Verfassungsgeschichte, Band 2, 3. Auflage, Stuttgart 1986.

Huber, Ernst Rudolf, Deutsche Verfassungsgeschichte, Band 2, 3. Auflage, Stuttgart 1988.

Huber, Ernst Rudolf, Deutsche Verfassungsgeschichte, Band 3, 3. Auflage, Stuttgart 1988.

Huber, Ernst Rudolf, Deutsche Verfassungsgeschichte, Band 1, 2. Auflage, Stuttgart 1990.

Huber, Peter M., Das „Volk" des Grundgesetzes, DÖV 1989, S. 531–536.

Huber, Peter M., Rechtsstaat, in: Herdegen, Matthias/Masing, Johannes/Poscher, Ralf/Gärditz, Klaus Ferdinand (Hrsg.), Handbuch des Verfassungsrechts, München 2021, S. 383–436.

Hufeld, Ulrich, Urkundlichkeit und Publizität der Verfassung, in: Isensee, Josef/Kirchhof, Paul (Hrsg.), Handbuch des Staatsrechts der Bundesrepublik Deutschland, Band 12, 3. Auflage, Heidelberg 2014, S. 189–209.

Hwang, Shu-Perng, Verfassungsordnung als Rahmenordnung: Eine kritische Untersuchung zum Materialisierungsansatz im Verfassungsrecht aus rahmenorientierter Perspektive, Tübingen 2018.

Hwang, Shu-Perng, Der Wille des Verfassungsgebers als Fiktion, AöR 145 (2020), S. 264–290.

Ibler, Martin, Wie konkretisiert Verfassungsrecht Verwaltungsrecht?, in: Ibler, Martin (Hrsg.), Verwaltung, Verfassung, Kirche: Konstanzer Symposium aus Anlass des 80. Geburtstages von Hartmut Maurer, München 2012, S. 1–16.

Ipsen, Hans Peter, Über das Grundgesetz: Gesammelte Beiträge seit 1949, Tübingen 1988.

Isensee, Josef, Die typisierende Verwaltung: Gesetzesvollzug im Massenverfahren am Beispiel der typisierenden Betrachtungsweise des Steuerrechts, Berlin 1976.

Isensee, Josef, Der Zugang zum öffentlichen Dienst, in: Bachof, Otto/Heigl, Ludwig/Redeker, Konrad (Hrsg.), Festgabe aus Anlaß des 25jährigen Bestehens des Bundesverwaltungsgerichts, München 1978, S. 337–356.

Isensee, Josef, Republik – Sinnpotential eines Begriffs, JZ 1981, S. 1–8.

Isensee, Josef, Bundesverfassungsgericht – quo vadis?, JZ 1996, S. 1085–1093.

Isensee, Josef, Rechtsstaat – Vorgabe und Aufgabe der Einigung Deutschlands, in: Kirchhof, Paul/Isensee, Josef (Hrsg.), Handbuch des Staatsrechts der Bundesrepublik Deutschland, Band 9, 1. Auflage, Heidelberg 1997, S. 483–555.

Isensee, Josef, Staat und Verfassung, in: Kirchhof, Paul/Isensee, Josef (Hrsg.), Handbuch des Staatsrechts der Bundesrepublik Deutschland, Band 2, 3. Auflage, Heidelberg 2004, S. 3–106.

Isensee, Josef, Die Staatlichkeit der Verfassung, in: Depenheuer, Otto/Grabenwarter, Christoph (Hrsg.), Verfassungstheorie, Tübingen 2010, S. 199–270.

Isensee, Josef, Grundrechtsvoraussetzungen und Verfassungserwartungen an die Grundrechtsausübung, in: Kirchhof, Paul/Isensee, Josef (Hrsg.), Handbuch des Staatsrechts der Bundesrepublik Deutschland, Band 9, 3. Auflage, Heidelberg 2011, S. 265–411.

Isensee, Josef, Der Selbstand der Verfassung in ihren Verweisungen und Öffnungen, AöR 137 (2013), S. 325–362.

Isensee, Josef, Verfassungsrecht als „politisches Recht“, in: Kirchhof, Paul/Isensee, Josef (Hrsg.), Handbuch des Staatsrechts der Bundesrepublik Deutschland, Band 12, 3. Auflage, Heidelberg 2014, S. 483–555.

Jahn, Gerhard/*Engels*, Dieter, Geheimschutzordnung des Bundestages, in: Schneider, Hans-Peter/Zeh, Wolfgang (Hrsg.), Parlamentsrecht und Parlamentspraxis in der Bundesrepublik Deutschland, Berlin 1989, S. 619–641.

Jarass, Hans D., Nachrichtensperre und Grundgesetz – Öffentlichkeit als Verfassungsdirektive, AfP 10 (1979), S. 228–231.

Jarass, Hans D./*Pieroth*, Bodo, Grundgesetz Kommentar, 17. Auflage, München 2022 (zit.: *Bearbeiter*, in: *Jarass/Pieroth*-GG).

Jaspers, Karl, Kleine Schule des philosophischen Denkens, 5. Auflage, München 1974.

Jaus, Albrecht, Öffentliche Belange als Schranken von Informationszugangsansprüchen: Eine Untersuchung der Beschränkungsgründe wegen öffentlicher Belange in den Informationsfreiheitsgesetzen, den Umweltinformationsgesetzen und dem Verbraucherinformationsgesetz, Berlin 2016.

Jerschke, Hans-Ulrich, Öffentlichkeitspflicht der Exekutive und Informationsrecht der Presse, Berlin 1971.

Jestaedt, Matthias, Demokratieprinzip und Kondominialverwaltung: Entscheidungsteilhabe Privater an der öffentlichen Verwaltung auf dem Prüfstand des Verfassungsprinzips Demokratie, Berlin 1993.

Jestaedt, Matthias, Grundrechtsentfaltung im Gesetz: Studien zur Interdependenz von Grundrechtsdogmatik und Rechtsgewinnungstheorie, Tübingen 1999.

Jestaedt, Matthias, Das Geheimnis im Staat der Öffentlichkeit: Was darf der Verfassungsstaat verbergen?, AöR 126 (2001), S. 204–243.

Jestaedt, Matthias, Demokratische Legitimation – quo vadis?, JuS 2004, S. 649–653.

Jestaedt, Matthias, Die Abwägungslehre – ihre Stärken und ihre Schwächen, Festschrift für Josef Isensee, Heidelberg 2007, S. 253–276.

Jestaedt, Matthias, Verfassungstheorie als Disziplin, in: Depenheuer, Otto/Grabenwarter, Christoph (Hrsg.), Verfassungstheorie, Tübingen 2010, S. 4–56.

Jestaedt, Matthias, Phänomen Bundesverfassungsgericht – Was das Gericht zu dem macht, was es ist, in: Jestaedt, Matthias/Lepsius, Oliver/Möllers, Christoph/Schönberger, Christoph (Hrsg.), Das entgrenzte Gericht: eine kritische Bilanz nach sechzig Jahren Bundesverfassungsgericht, Berlin 2011, S. 77–157.

Jestaedt, Matthias, Radien der Demokratie: Volksherrschaft, Betroffenenpartizipation oder plurale Legitimation?, in: Heinig, Hans Michael/Terhechte, Jörg Philipp (Hrsg.), Postnationale Demokratie, Postdemokratie, Neoetatismus: Wandel klassischer Demokratievorstellungen in der Rechtswissenschaft, Tübingen 2013, S. 3–18.

Jestaedt, Matthias, Verhältnismäßigkeit als Verhaltensmaß, in: Jestaedt, Matthias/Lepsius, Oliver (Hrsg.), Verhältnismäßigkeit, Tübingen 2015, S. 293–302.

Joerden, Jan C., Logik im Recht: Grundlagen und Anwendungsbeispiele, 3. Auflage, Berlin 2018.

Jung, Hans, Akteneinsichts- und Informationsrechte des Bürgers, Berlin 1970.

Kägi, Werner, Die Verfassung als rechtliche Grundordnung des Staates, Zürich 1945.

Kahl, Wolfgang, Der europarechtlich determinierte Verfassungswandel im Kommunikations- und Informationsstaat Bundesrepublik Deutschland, in: Haratsch, Andreas/Kugelmann, Dieter/Repkewitz, Ulrich (Hrsg.), Herausforderungen an das Recht der Informationsgesellschaft – 36. Tagung der Wissenschaftlichen Mitarbeiterinnen und Mitarbeiter der Fachrichtung „Öffentliches Recht", Stuttgart 1996, S. 9–32.

Kahl, Wolfgang, Die rechtliche Bedeutung der Unterscheidung von Staat und Gesellschaft, Jura 2002, S. 721–729.

Kahl, Wolfgang, Grundrechte, in: Depenheuer, Otto/Grabenwarter, Christoph (Hrsg.), Verfassungstheorie, Tübingen 2010, S. 807–836.

Kahl, Wolfgang/*Waldhoff*, Christian/*Walter*, Christian, Bonner Kommentar zum Grundgesetz, 222. Aktualisierung, Heidelberg 2023 (zit.: *Bearbeiter*, in: BK-GG).

Kalt, Erich, Das Prinzip der Öffentlichkeit staatlichen Handelns als Voraussetzung der demokratischen Willensbildung, Zug 1953.

Kant, Immanuel, Zum ewigen Frieden, Berlin 2011.

Keienburg, Johannes, Immanuel Kant und die Öffentlichkeit der Vernunft, Berlin 2011.

Kelber, Ulrich, Das Bundestransparenzgesetz, ZGI 2022, S. 261–262.

Kelsen, Hans, Reine Rechtslehre, 2. Auflage, Wien 1960.

Kempen, Otto Ernst, Grundgesetz, amtliche Öffentlichkeitsarbeit und politische Willensbildung: Ein Aspekt des Legitimationsproblems in Verfassungsrecht, Verfassungspraxis und Verfassungstheorie, Berlin 1975.

Kersten, Jens, Das Klonen von Menschen: Eine verfassungs-, europa- und völkerrechtliche Kritik, Tübingen 2004.

Kersten, Jens, Anonymität in der liberalen Demokratie, JuS 2017, S. 193–203.

Kersten, Jens/*Rixen*, Stephan, Der Verfassungsstaat in der Corona-Krise, 3. Auflage, München 2022.

Kirchhof, Paul, Die Identität der Verfassung, in: Kirchhof, Paul/Isensee, Josef (Hrsg.), Handbuch des Staatsrechts der Bundesrepublik Deutschland, Band 2, 3. Auflage, Heidelberg 2004, S. 261–316.

Kischel, Uwe, Die Begründung: Zur Erläuterung staatlicher Entscheidungen gegenüber dem Bürger, Tübingen 2003.

Kissel, Rudolf/*Mayer*, Herbert, Gerichtsverfassungsgesetz Kommentar, 10. Auflage, München 2021.

Kißler, Leo, Die Öffentlichkeitsfunktion des Deutschen Bundestages: Theorie, Empirie, Reform, Berlin 1976.

Kißler, Leo, Der Deutsche Bundestag, JöR 26 (1977), S. 39–144.

Kißler, Leo, Parlamentsöffentlichkeit: Transparenz und Artikulation, in: Schneider, Hans-Peter/Zeh, Wolfgang (Hrsg.), Parlamentsrecht und Parlamentspraxis in der Bundesrepublik Deutschland, Berlin 1989, S. 993–1020.

Klatt, Matthias K., Das Sondervotum beim Bundesverfassungsgericht, Tübingen 2022.

Klatt, Matthias/*Meister*, Moritz, Verhältnismäßigkeit als universelles Verfassungsprinzip, Der Staat 51 (2012), S. 159–188.

Klatt, Matthias/*Meister*, Moritz, Der Grundsatz der Verhältnismäßigkeit – Ein Strukturelement des globalen Konstitutionalismus, JuS 2014, S. 193–199.

Klatt, Matthias/*Schmidt*, Johannes, Abwägung unter Unsicherheit, AöR 137 (2012), S. 545–591.

Klein, Eckart, Staatssymbole, in: Kirchhof, Paul/Isensee, Josef (Hrsg.), Handbuch des Staatsrechts der Bundesrepublik Deutschland, Band 2, 3. Auflage, Heidelberg 2004, S. 193–208.

Klein, Hans Hugo, Stellung und Aufgaben des Bundestags, in: Kirchhof, Paul/Isensee, Josef (Hrsg.), Handbuch des Staatsrechts der Bundesrepublik Deutschland, Band 3, 3. Auflage, Heidelberg 2005, S. 711–740.

Klein, Oliver, Das Untermaßverbot: Über die Justiziabilität grundrechtlicher Schutzpflichterfüllung, JuS 2006, S. 960–964.

Klemm, Tobias/*Schlüter*, Oliver, Existenz und Reichweite des verfassungsunmittelbaren Auskunftsanspruchs der Presse gegen Bundesbehörden, AfP 46 (2015), S. 306–309.

Kloepfer, Michael, Der Vorbehalt des Gesetzes im Wandel, JZ 1984, S. 685–695.

Kloepfer, Michael, Informationsrecht, München 2002.

Kloepfer, Michael, Öffentliche Meinung, Massenmedien, in: Kirchhof, Paul/Isensee, Josef (Hrsg.), Handbuch des Staatsrechts der Bundesrepublik Deutschland, Band 3, 3. Auflage, Heidelberg 2005, S. 389–424.

Kloepfer, Michael, Verfassungsrecht, Band 1, München 2011.

Kloepfer, Michael, Anmerkung zu BVerwGE 146, 56, JZ 2013, S. 892–894.

Kloepfer, Michael/*Schärdel*, Florian, Grundrechte für die Informationsgesellschaft – Datenschutz und Informationszugangsfreiheit ins Grundgesetz?, JZ 2009, S. 453–462.

Kluge, Friedrich, Etymologisches Wörterbuch der deutschen Sprache, 25. Auflage, Berlin 2011.

Koch, Hans-Joachim, Seminar „Die juristische Methode im Staatsrecht“: Über Grenzen von Verfassungs- u. Gesetzesbindung, Frankfurt am Main 1977.

König, Doris, Das Umweltinformationsgesetz – ein Modell für mehr Aktenöffentlichkeit?, DÖV 2000, S. 45–56.

Kopp, Ferdinand, Diskussionsbeitrag, VVDStRL 29 (1971), S. 118–120.

Krieger, Kai, Das Recht des Bürgers auf behördliche Auskunft, Berlin 1972.

Kriele, Martin, Das demokratische Prinzip im Grundgesetz, VVDStRL 29 (1971), S. 46–84.

Kriele, Martin, Einführung in die Staatslehre: Die geschichtlichen Legitimitätsgrundlagen des demokratischen Verfassungsstaates, 5. Auflage, Opladen 1994.

Krüger, Herbert, Die geistigen Grundlagen des Staates, Stuttgart 1940.

Krüger, Herbert, Verfassungsauslegung aus dem Willen des Verfassungsgebers, DVBl 1961, S. 685–689.

Krüger, Herbert, Allgemeine Staatslehre, Stuttgart 1964.

Krüger, Herbert, Allgemeine Staatslehre, 2. Auflage, Stuttgart 1966.

Krüger, Herbert, Der Verfassungsgrundsatz, Festschrift für Ernst Forsthoff zum 70. Geburtstag, München 1972, S. 187–212.

Krüger, Herbert, Verfassungsvoraussetzungen und Verfassungserwartungen, Festschrift für Ulrich Scheuner, Berlin 1973, S. 285–306.

Krüper, Julian, Parlament und Öffentlichkeit, in: Morlok, Martin/Schliesky, Utz/Wiefelspütz, Dieter (Hrsg.), Parlamentsrecht, Baden-Baden 2016, S. 1178–1194.

Kube, Hanno, Neue Medien – Internet, in: Kirchhof, Paul/Isensee, Josef (Hrsg.), Handbuch des Staatsrechts der Bundesrepublik Deutschland, Band 4, 3. Auflage, Heidelberg 2006, S. 843–884.

Kugelmann, Dieter, Die informatorische Rechtsstellung des Bürgers: Grundlagen und verwaltungsrechtliche Grundstrukturen individueller Rechte auf Zugang zu Informationen der Verwaltung, Tübingen 2001.

Kugelmann, Dieter, Informationsfreiheit als Element moderner Staatlichkeit, DÖV 2005, S. 851–860.

Kühling, Jürgen, Erosion demokratischer Öffentlichkeit?, DVBl 2008, S. 1098–1106.

Kühne, Jörg-Detlef, Die Reichsverfassung der Paulskirche: Vorbild und Verwirklichung im späteren deutschen Rechtsleben, 2. Auflage, Neuwied 1998.

Kunig, Philip, Das Rechtsstaatsprinzip: Überlegungen zu seiner Bedeutung für das Verfassungsrecht der Bundesrepublik Deutschland, Tübingen 1986.

Kunig, Philip, Parteien, in: Kirchhof, Paul/Isensee, Josef (Hrsg.), Handbuch des Staatsrechts der Bundesrepublik Deutschland, Band 3, 3. Auflage, Heidelberg 2005, S. 297–356.

Kurschildgen, Johannes, Die demokratisch verfaßte Öffentlichkeit, Aachen 1998.

Laband, Paul, Das Staatsrecht des Deutschen Reiches, Band 1, 1. Auflage, Tübingen 1876.

Ladeur, Karl-Heinz, Die Kommunikationsinfrastruktur der Verwaltung, in: Hoffmann-Riem, Wolfgang/Schmidt-Assmann, Eberhard/Voßkuhle, Andreas (Hrsg.), Grundlagen des Verwaltungsrechts, Band 2, 2. Auflage, München 2012, S. 35–105.

Ladeur, Karl-Heinz, Die Kommunikationsinfrastruktur der Verwaltung, in: Voßkuhle, Andreas/Eifert, Martin/Möllers, Christoph (Hrsg.), Grundlagen des Verwaltungsrechts, Band 1, 3. Auflage, München 2022, S. 1511–1586.

Larenz, Karl, Richtiges Recht, München 1979.

Larenz, Karl, Methodenlehre der Rechtswissenschaft, 2. Auflage, Berlin 1992.

Larenz, Karl/*Canaris*, Claus-Wilhelm, Methodenlehre der Rechtswissenschaft, 3. Auflage, Berlin 1995.

Lederer, Beatrice, Open Data – Informationsöffentlichkeit unter dem Grundgesetz, Berlin 2015.

Leibholz, Gerhard, Das Wesen der Repräsentation und der Gestaltwandel der Demokratie im 20. Jahrhundert, 3. Auflage, Berlin 1966.

Leisner, Walter, Von der Verfassungsmäßigkeit der Gesetze zur Gesetzmäßigkeit der Verfassung: Betrachtungen zur möglichen selbständigen Begrifflichkeit im Verfassungsrecht, Tübingen 1964.

Leisner, Walter, Öffentlichkeitsarbeit der Regierung im Rechtsstaat: Dargestellt am Beispiel des Presse- und Informationsamtes der Bundesregierung, Berlin 1966.

Leisner, Walter, Effizienz als Rechtsprinzip, Tübingen 1971.

Leisner, Walter, Der unsichtbare Staat: Machtabbau oder Machtverschleierung?, Berlin 1994.

Leisner-Egensperger, Anna, Rechtsstaatlichkeit: Verfassungsprinzip zwischen Rechtstechnik und ethischer Dimension, JRE 21 (2013), S. 99–110.

Lenz, Christofer/*Schulte*, Henrike, Sitzungen des Bundestags per Videokonferenz: Gehst du noch hin oder streamst du schon?, NVwZ 2020, S. 744–749.

Lenz, Stefan, Kommunalverwaltung und Demokratieprinzip, Tübingen 2020.

Lepsius, Oliver, Die maßstabsetzende Gewalt, in: Jestaedt, Matthias/Lepsius, Oliver/Möllers, Christoph/Schönberger, Christoph (Hrsg.), Das entgrenzte Gericht: Eine kritische Bilanz nach sechzig Jahren Bundesverfassungsgericht, Berlin 2011, S. 159–279.

Lepsius, Oliver, Parlamentsrechte und Parlamentsverständnisse in der neueren Rechtsprechung des Bundesverfassungsgerichts, RuP 2016, S. 137–149.

Lerche, Peter, Stiller Verfassungswandel als aktuelles Politikum, Festschrift für Theodor Maunz, München 1971, S. 285–300.

Lerche, Peter, Die Verfassung als Quelle von Optimierungsgeboten?, in: Burmeister, Joachim (Hrsg.), Verfassungsstaatlichkeit – Festschrift für Klaus Stern zum 65. Geburtstag, München 1997, S. 197–209.

Lerche, Peter, Übermaß und Verfassungsrecht: Zur Bindung des Gesetzgebers an die Grundsätze der Verhältnismäßigkeit und der Erforderlichkeit, 2. Auflage, Goldbach 1999.

Linck, Joachim, Die Öffentlichkeit der Parlamentsausschüsse aus verfassungsrechtlicher und rechtspolitischer Sicht, DÖV 1973, S. 513–520.

Linck, Joachim, Zur Informationspflicht der Regierung gegenüber dem Parlament, DÖV 1983, S. 957–964.

Linck, Joachim, Die Parlamentsöffentlichkeit, ZParl 23 (1992), S. 673–708.

Lindner, Franz/*Möstl*, Markus/*Wolff*, Heinrich Amadeus, Verfassung des Freistaates Bayern – Kommentar, 2. Auflage, München 2017.

Link, Christoph, Staatszwecke im Verfassungsstaat – nach 40 Jahren Grundgesetz, VVDStRL 48 (1990), S. 7–55.

Löffelmann, Markus, Anmerkung zu BVerwG, Urteil v. 13.1.2022 – 6 A 7.20/6 A 8.20, GSZ 2022, S. 150–152.

Löffler, Martin, Presserecht Kommentar, 7. Auflage, München 2023 (zit.: *Bearbeiter*, in: *Löffler*-PresseR).

Lorz, Ralph Alexander/*Richterich*, Maike, Regierung im Parlament, in: Morlok, Martin/Schliesky, Utz/Wiefelspütz, Dieter (Hrsg.), Parlamentsrecht, Baden-Baden 2016, S. 1063–1111.

Lübbe-Wolff, Gertrude, Die Grundrechte als Eingriffsabwehrrechte: Struktur und Reichweite der Eingriffsdogmatik im Bereich staatlicher Leistungen, Baden-Baden 1988.

Lübbe-Wolff, Gertrude, Stellungnahme zum Themenbereich „Staatsziele und Grundrechte“ anlässlich der öffentichen Anhörung der gemeinsamen Verfassungskommission, in: Deutscher Bundestag (Hrsg.), Materialien zur Verfassungsdiskussion und zur Grundgesetzänderung in der Folge der deutschen Einigung, Band 3, 1996, S. 352–357.

Lücke, Jörg, Begründungszwang und Verfassungsrecht, Tübingen 1987.

Luhmann, Niklas, Zweckbegriff und Systemrationalität: Über die Funktion von Zwecken in sozialen Systemen, 7. Auflage, Frankfurt am Main 2016.

Lukaßen, David, Die Fallpraxis der Informationsbeauftragten und ihr Beitrag zur Entwicklung des Informationsfreiheitsrechts, Berlin 2010.

Maatsch, Asmus/*Schnabel*, Christoph, Das Hamburgische Transparenzgesetz – Kommentar, 2. Auflage, Berlin 2021.

MacCormick, Donald Neil, Der Rechtsstaat und die rule of law, JZ 1984, S. 65–70.

Magiera, Siegfried, Parlament und Staatsleitung in der Verfassungsordnung des Grundgesetzes: Eine Untersuchung zu den Grundlagen der Stellung und Aufgaben des Deutschen Bundestages, Berlin 1979.

Magiera, Siegfried, Rechte des Bundestags und seiner Mitglieder, in: Schneider, Hans-Peter/Zeh, Wolfgang (Hrsg.), Parlamentsrecht und Parlamentspraxis in der Bundesrepublik Deutschland, Berlin 1989, S. 1421–1446.

Manca, Anna Gianna, Parlament und Öffentlichkeit im Konstitutionalismus des 19. Jahrhunderts, in: Schilling, Lothar/Schönberger, Christoph/Thier, Andreas (Hrsg.), Verfassung und Öffentlichkeit in der Verfassungsgeschichte (Der Staat, Beiheft 25), Berlin 2020, S. 161–179.

Manegold, Bartholomäus, Archivrecht: Die Archivierungspflicht öffentlicher Stellen und das Archivzugangsrecht des historischen Forschers im Licht der Forschungsfreiheitsverbürgung des Art. 5 Abs. 3 GG, Berlin 2002.

Mangoldt, Hermann von (Begr.)/*Klein*, Friedrich/*Starck*, Christian (fortg.)/*Huber*, Peter/*Voßkuhle*, Andreas (Hrsg.), Grundgesetz Kommentar, 7. Auflage, München 2018 (zit.: *Bearbeiter*, in: M/K/S-GG).

Marcic, René, Öffentlichkeit als staatsrechtlicher Begriff, in: Nenning, Günther (Hrsg.), Richter und Journalisten: Über das Verhältnis von Recht und Presse, 1965, S. 153–228.

Marcic, René, Die Öffentlichkeit als Prinzip der Demokratie, in: Ehmke, Horst/Abendroth, Wolfgang/Schmid, Carlo (Hrsg.), Festschrift für Adolf Arndt zum 65. Geburtstag, Frankfurt am Main 1969, S. 267–292.

Martens, Wolfgang, Öffentlich als Rechtsbegriff, Bad Homburg 1969.

Masing, Johannes, Die Mobilisierung des Bürgers für die Durchsetzung des Rechts: Europäische Impulse für eine Revision der Lehre vom subjektiv-öffentlichen Recht, Berlin 1997.

Masing, Johannes, Parlamentarische Untersuchungen privater Sachverhalte: Art. 44 GG als staatsgerichtetes Kontrollrecht, Tübingen 1998.

Masing, Johannes, Transparente Verwaltung: Konturen eines Informationsverwaltungsrechts, VVDStRL 63 (2004), S. 377–436.

Masing, Johannes, Verfassung im internationalen Mehrebenensystem, in: Herdegen, Matthias/Masing, Johannes/Poscher, Ralf/Gärditz, Klaus Ferdinand (Hrsg.), Handbuch des Verfassungsrechts, München 2021, S. 61–148.

Mast, Tobias, Staatsinformationsqualität: De- und Rekonstruktion des verfassungsgerichtlichen Leitbilds öffentlicher staatlicher Informationstätigkeit und der entsprechenden Gebote, Berlin 2020.

Mast, Tobias, Gesetzespublizität im Zeitalter der Vernetzung, ZG 37 (2022), S. 35–78.

Meder, Theodor/*Brechmann*, Winfried, Die Verfassung des Freistaates Bayern, 6. Auflage, Stuttgart 2020.

Meier, Heinz-Wilhelm, Zitier- und Zutrittsrecht im parlamentarischen Regierungssystem, Berlin 1982.

Meinel, Florian, Öffentlichkeit als Verfassungsprinzip und die Möglichkeit von Onlinewahlen, KJ 2004, S. 413–431.

Meinel, Florian, Selbstorganisation des parlamentarischen Regierungssystems: Vergleichende Studien zu einem Verfassungsproblem der Bundesrepublik Deutschland, Tübingen 2019.

Meinel, Florian, Das Bundesverfassungsgericht in der Ära der Großen Koalition: Zur Rechtsprechung seit dem Lissabon-Urteil, Der Staat 60 (2021), S. 43–98.

Memminger, Gerhard, Parlamentarische Kontrolle der Regierung durch Untersuchungsausschüsse, DÖV 1986, S. 15–23.

Menzel, Eberhard, Aussagegenehmigung für Beamte und Soldaten vor Gericht, DÖV 1965, S. 1–12.

Merg, Erwin, Die Öffentlichkeit der Parlamentsverhandlung, Berlin 1920.

Meyn, Karl-Ulrich, Kontrolle als Verfassungsprinzip: Problemstudie zu einer legitimationsorientierten Theorie der politischen Kontrolle in der Verfassungsordnung des Grundgesetzes, Baden-Baden 1982.

Michl, Fabian, Der demokratische Rechtsstaat in Krisenzeiten, JuS 2020, S. 643–647.

Mohl, Robert von, Die Polizeiwissenschaft nach den Grundsätzen des Rechtsstaates, Band 1, 2. Auflage, Tübingen 1844.

Möllers, Christoph, Braucht das öffentliche Recht einen neuen Methoden- und Richtungsstreit?, VerwArch 90 (1999), S. 187–207.

Möllers, Christoph, Staat als Argument, München 2000.

Möllers, Christoph, Gewaltengliederung: Legitimation und Dogmatik im nationalen und internationalen Rechtsvergleich, Tübingen 2005.

Möllers, Christoph, Dogmatik der grundgesetzlichen Gewaltengliederung, AöR 132 (2007), S. 493–538.

Möllers, Christoph, Legalität, Legitimität und Legitimation des Bundesverfassungsgerichts, in: Jestaedt, Matthias/Lepsius, Oliver/Möllers, Christoph/Schönberger, Christoph (Hrsg.), Das entgrenzte Gericht: Eine kritische Bilanz nach sechzig Jahren Bundesverfassungsgericht, Berlin 2011, S. 281–422.

Möllers, Christoph, Staat als Argument, 2. Auflage, Tübingen 2011.

Möllers, Christoph, Von der Kernbereichsgarantie zur exekutiven Notstandsprärogative: Zum BND-Selektoren-Beschluss des BVerfG, JZ 2017, S. 271–278.

Möllers, Christoph, Demokratie, in: Herdegen, Matthias/Masing, Johannes/Poscher, Ralf/Gärditz, Klaus Ferdinand (Hrsg.), Handbuch des Verfassungsrechts, München 2021, S. 317–382.

Möllers, Thomas, Wie Juristen denken und arbeiten – Konsequenzen für die Rolle juristischer Methoden in der juristischen Ausbildung, ZfPW 5 (2019), S. 94–121.

Möllers, Thomas, Juristische Methodenlehre, 4. Auflage, München 2021.

Morlok, Martin, Demokratie und Wahlen, in: Badura, Peter/Dreier, Horst (Hrsg.), Festschrift 50 Jahre Bundesverfassungsgericht, Band 2, Tübingen 2001, S. 559–608.

Morlok, Martin/*Michael*, Lothar, Staatsorganisationsrecht, 6. Auflage, Baden-Baden 2023.

Möstl, Markus, Die staatliche Garantie für die öffentliche Sicherheit und Ordnung: Sicherheitsgewährleistung im Verfassungsstaat, im Bundesstaat und in der Europäischen Union, Tübingen 2002.

Mugdan, Ernst, Die Neutralität Deutschlands und der Friede: Beiträge zur Bildung einer öffentlichen Meinung in Deutschland, Heidelberg 1947.

Müller, Friedrich, Juristische Methodik, 5. Auflage, Berlin 1993.

Müller, Friedrich, Die Einheit der Verfassung – Kritik des juristischen Holismus, 2. Auflage, Berlin 2007.

Müller-Neuhof, Jost, Verfassung als Nachricht, Baden-Baden 2012.

Münch, Ingo von/*Kunig*, Philip, Grundgesetz Kommentar, 6. Auflage, München 2012 (zit.: *Bearbeiter*, in: von Münch/Kunig-GG).

Münch, Ingo von/*Kunig*, Philip, Grundgesetz Kommentar, 7. Auflage, München 2021 (zit.: *Bearbeiter*, in: von Münch/Kunig-GG).

Murswiek, Dietrich, Staatsziel Umweltschutz (Art. 20a GG): Bedeutung für Rechtsetzung und Rechtsanwendung, NVwZ 1996, S. 222–230.

Musil, Andreas, Das Bundesverfassungsgericht und die demokratische Legitimation der funktionalen Selbstverwaltung, DÖV 2004, S. 116–121.

Mußgnug, Reinhard, Der Haushaltsplan als Gesetz, Göttingen 1976.

Nawiasky, Hans, Allgemeine Rechtslehre, 2. Auflage, Einsiedeln 1948.

Neuhäuser, Gert Armin, Die verfassungsrechtliche Pflicht zu einer Ausschreibung öffentlicher Ämter und ihre (allein) verfassungsimmanenten Grenzen, NVwZ 2013, S. 176–182.

Niesen, Peter, Die Macht der Publizität. Jeremy Benthams Panoptismen, in: Krause, Ralf/Rölli, Marc (Hrsg.), Macht: Begriff und Wirkung in der politischen Philosophie der Gegenwart, Bielefeld 2008, S. 221–244.

Nipperdey, Thomas, Deutsche Geschichte 1866–1918, Band 2, München 1992.

Nolte, Georg, Die Herausforderung für das deutsche Recht der Akteneinsicht durch europäisches Verwaltungsrecht, DÖV 1999, S. 363–374.

Nolte, Rüdiger, Die Gewährleistung des Zugangs zu Daten der Exekutive durch das Grundrecht der Informationsfreiheit, NVwZ 2018, S. 521–528.

Nowrot, Karsten, Das Republikprinzip in der Rechtsordnungengemeinschaft: Methodische Annäherungen an die Normalität eines Verfassungsprinzips, Tübingen 2014.

Oettingen, Anna von/*Schmidt*, Kristina Isabel, Intertemporale Freiheitssicherung im Sozialstaat, DÖV 2022, S. 477–486.

Oldenburg, Sophie, Die Öffentlichkeit von Rechtsnormen, Berlin 2009.

Ossenbühl, Fritz, Abwägung im Verfassungsrecht, in: Erbguth, Wilfried/Hoppe, Werner (Hrsg.), Abwägung im Recht: Symposium und Verabschiedung von Werner Hoppe am 30. Juni 1995 in Münster aus Anlaß seiner Emeritierung, Köln 1996, S. 25–41.

Ossenbühl, Fritz, Verfassungsgerichtsbarkeit und Gesetzgebung, in: Badura, Peter/Scholz, Rupert (Hrsg.), Verfassungsgerichtsbarkeit und Gesetzgebung – Symposium aus Anlass des 70. Geburtstages von Peter Lerche, München 1998, S. 75–98.

Ossenbühl, Fritz, Bundesverfassungsgericht und Gesetzgebung, in: Badura, Peter/Dreier, Horst (Hrsg.), Festschrift 50 Jahre Bundesverfassungsgericht, Band 1, Tübingen 2001, S. 33–54.

Ostermann, Gregor-Julius, Transparenz und öffentlicher Meinungsbildungsprozess: Eine verfassungsrechtliche Untersuchung, Tübingen 2019.

Partsch, Christoph, Brandenburgs Akteneinsichts- und Informationszugangsgesetz (AIG): Vorbild für Deutschland?, NJW 1998, S. 2559–2563.

Partsch, Christoph, Der Auskunftsanspruch der Presse – Neujustierung durch das BVerwG, NJW 2013, S. 2858–2862.

Partsch, Christoph (Hrsg.), Bundesarchivgesetz Kommentar, 2. Auflage, Baden-Baden 2021 (zit.: *Bearbeiter*, in: *Partsch*-BArchG).

Partsch, Christoph/*Koschmieder*, Norman, Der archivrechtliche Informationszugang nach der Novelle des BArchG, NJW 2017, S. 3416–3422.

Partsch, Christoph/*Stülpnagel*, Balthasar von, Strategien der Verhinderung – die Nachrichtendienste und das Archivrecht, ZGI 2022, S. 12–17.

Paschke, Anne, Digitale Gerichtsöffentlichkeit: Informationstechnische Maßnahmen, rechtliche Grenzen und gesellschaftliche Aspekte der Öffentlichkeitsgewähr in der Justiz, Berlin 2018.

Paschke, Anne, Digitale Gerichtsöffentlichkeit und Determinierungsgesamtrechnung, MMR 2019, S. 563–567.

Penski, Ulrich, Rechtsgrundsätze und Rechtsregeln, JZ 1989, S. 105–114.

Pernice, Ina Maria, Öffentlichkeit und Medienöffentlichkeit: Die Fernsehberichterstattung über öffentliche staatliche Sitzungen am Beispiel von Bundestag und Bundesrat, Gerichten und Gemeinderäten, Berlin 2000.

Pernice, Ingolf, Billigkeit und Härteklauseln im öffentlichen Recht: Grundlagen und Konturen einer Billigkeitskompetenz der Verwaltung, Baden-Baden 1991.

Pernice, Ingolf, Schmitt, Smend und die europäische Integration, AöR 120 (1995), S. 100–120.

Petersen, Niels, Demokratie und Grundgesetz, JöR 58 (2010), S. 137–171.

Petersen, Niels, Verhältnismäßigkeit als Rationalitätskontrolle: Eine rechtsempirische Studie verfassungsgerichtlicher Rechtsprechung zu den Freiheitsgrundrechten, Tübingen 2015.

Pieroth, Bodo, Das Verfassungsrecht der Öffentlichkeit für die staatliche Planung, in: Erbguth, Wilfried/Oebbecke, Janbernd/Rengeling, Hans-Werner/Schulte, Martin (Hrsg.), Festschrift für Werner Hoppe, München 2000, S. 195–211.

Pikart, Eberhart/*Werner*, Wolfram, Der Parlamentarische Rat 1948–1949: Akten und Protokolle, Band 5, Boppard am Rhein 1993.

Poscher, Ralf, Grundrechte als Abwehrrechte: Reflexive Regelung rechtlich geordneter Freiheit, Tübingen 2003.

Poscher, Ralf, Theorie eines Phantoms – Die erfolglose Suche der Prinzipientheorie nach ihrem Gegenstand, RW 1 (2010), S. 349–372.

Poscher, Ralf, Funktionenordnung des Grundgesetzes, in: Hoffmann-Riem, Wolfgang/Schmidt-Assmann, Eberhard/Voßkuhle, Andreas (Hrsg.), Grundlagen des Verwaltungsrechts, Band 1, 2. Auflage, München 2012, S. 543–584.

Poscher, Ralf, Das Grundgesetz als Verfassung des verhältnismäßigen Ausgleichs, in: Herdegen, Matthias/Masing, Johannes/Poscher, Ralf/Gärditz, Klaus Ferdinand (Hrsg.), Handbuch des Verfassungsrechts, München 2021, S. 149–220.

Pound, Roscoe, An Introduction to the Philosophy of Law, 2. Auflage, London 1954.

Preuß, Ulrich K., Zum staatsrechtlichen Begriff des Öffentlichen: Untersucht am Beispiel des verfassungsrechtlichen Status kultureller Organisationen, Stuttgart 1969.

Pünder, Hermann, Wahlrecht und Parlamentsrecht als Gelingensbedingungen repräsentativer Demokratie, VVDStRL 72 (2013), S. 191–267.

Rauschning, Dietrich, Die Sicherung des Bestands von Verfassungsrecht, Bad Homburg 1969.

Raz, Joseph, Legal Principles and the Limits of Law, The Yale Law Journal 81 (1972), S. 823–854.

Redeker, Konrad/*Karpenstein*, Ulrich, Über Nutzen und Notwendigkeiten, Gesetze zu begründen, NJW 2001, S. 2825–2831.

Redelfs, Manfred, Mehr Transparenz wagen, ZGI 2022, S. 265–269.

Reichel, Marc, Das demokratische Offenheitsprinzip und seine Anwendung im Recht der politischen Parteien, Berlin 1996.

Reimer, Franz, Verfassungsprinzipien: Ein Normtyp im Grundgesetz, Berlin 2001.

Reimer, Franz, Juristische Methodenlehre, 2. Auflage, Baden-Baden 2020.

Rhein, Felix, Informationsansprüche gegen Parlamente, Berlin 2020.

Rhein, Felix, Anmerkung zum Urteil des Bundesverwaltungsgerichts vom 18. September 2019 – 6 A 7.18, GSZ 2020, S. 36–38.

Richter, Heiko, „Open Government Data" für Daten des Bundes, NVwZ 2017, S. 1408–1413.

Richter, Markus, Wann kommt das Bundestransparenzgesetz?, ZGI 2022, S. 258–261.

Ridder, Helmut, Meinungsfreiheit, in: Neumann, Franz L./Nipperdey, Hans Carl/Scheuner, Ulrich (Hrsg.), Die Grundrechte – Handbuch der Theorie und Praxis der Grundrechte, Band 2, 1. Auflage, Berlin 1954, S. 243–290.

Ridder, Helmut, Zur verfassungsrechtlichen Stellung der Gewerkschaften im Sozialstaat nach dem Grundgesetz für die Bundesrepublik Deutschland, Stuttgart 1960.

Ridder, Helmut, Vortrag gehalten am 25. Mai 1963 auf der dritten Bundestagung der Arbeitsgemeinschaft Sozialdemokratischer Juristen in Berlin, Staatsgeheimnis und Pressefreiheit, Bonn 1964, S. 21–39.

Ridder, Helmut, Bericht über die 16. Arbeitstagung des Studienkreises für Presserecht und Pressefreiheit am 30. und 31. Oktober 1964, JZ 1965, S. 35–56.

Ridder, Helmut, Das Recht auf Information, München 1967, S. 19–34.

Ridder, Helmut, Grundgesetz und Öffentlichkeitsarbeit, in: Ruppert, Johann Peter (Hrsg.), Freiheit und Verantwortung in Gesellschaft und Erziehung – Festschrift für Erwin Stein, Bad Homburg 1969, S. 57–70.

Riehm, Thomas, Die „Würdigung aller Umstände des Einzelfalls" – ein unbekanntes Phänomen, RW 4 (2013), S. 1–38.

Rinken, Alfred, Das Öffentliche als verfassungstheoretisches Problem dargestellt am Rechtsstatus der Wohlfahrtsverbände, Berlin 1971.

Robbers, Gerhard, Die Änderungen des Grundgesetzes, NJW 1989, S. 1325–1332.

Robbers, Gerhard, Republik, in: Herzog, Roman/Herdegen, Matthias (Hrsg.), Staatsrecht und Politik: Festschrift für Roman Herzog zum 75. Geburtstag, München 2009, S. 379–391.

Rösch, Ulrich, Geheimhaltung in der rechtsstaatlichen Demokratie: Demokratietheoretische Überlegungen zum Informationsverhältnis zwischen Staat und Bürger sowie zwischen den Staatsgewalten, Baden-Baden 1999.

Rossen-Stadtfeld, Helge, Beteiligung, Partizipation und Öffentlichkeit, in: Hoffmann-Riem, Wolfgang/Schmidt-Assmann, Eberhard/Voßkuhle, Andreas (Hrsg.), Grundlagen des Verwaltungsrechts, Band 2, 2. Auflage, München 2012, S. 663–729.

Rossi, Matthias, Informationszugangsfreiheit und Verfassungsrecht, Berlin 2004.

Rossi, Matthias, Informationsfreiheit – Anspruch und Wirklichkeit, in: Arnim, Hans Herbert von (Hrsg.), Transparenz contra Geheimhaltung in Staat, Verwaltung und Wirtschaft, Berlin 2015, S. 43–57.

Rossi, Matthias, Anmerkung zu BVerwG, Urteil vom 10. April 2019 – 7 C 22/18, NVwZ 2019, S. 1847–1849.

Roßnagel, Alexander, Möglichkeiten für Transparenz und Öffentlichkeit im Verwaltungshandeln – unter besonderer Berücksichtigung des Internet als Instrument der Staatskommunikation, in: Schmidt-Aßmann, Eberhard/Hoffmann-Riem, Wolfgang

(Hrsg.), Verwaltungsrecht in der Informationsgesellschaft, Baden-Baden 2000, S. 257–332.

Roßnagel, Alexander, Konflikte zwischen Informationsfreiheit und Datenschutz?, MMR 2007, S. 16–21.

Rotta, Christian, Nachrichtensperre und Recht auf Information, Stuttgart 1986.

Rotteck, Carl von, Lehrbuch des Vernunftrechts und der Staatswissenschaften, Band 2, 1. Auflage, Stuttgart 1830.

Rupp, Hans Heinrich, Die Unterscheidung zwischen Staat und Gesellschaft, in: Kirchhof, Paul/Isensee, Josef (Hrsg.), Handbuch des Staatsrechts der Bundesrepublik Deutschland, Band 2, 3. Auflage, Heidelberg 2004, S. 879–927.

Rusteberg, Benjamin, Die Gewährleistung einer funktionsgerechten und organadäquaten Aufgabenwahrnehmung als Schranke des parlamentarischen Untersuchungsrechts, DÖV 2017, S. 319–325.

Rüthers, Bernd/*Fischer*, Christian/*Birk*, Axel, Rechtstheorie, 12. Auflage, München 2022.

Sachs, Michael (Hrsg.), Grundgesetz Kommentar, 9. Auflage, München 2021 (zit.: *Bearbeiter*, in: *Sachs*-GG).

Šarčević, Edin, Das Bundesstaatsprinzip: Eine staatsrechtliche Untersuchung zur Dogmatik der Bundesstaatlichkeit des Grundgesetzes, Tübingen 2000.

Scheffler, Gerhard, Die Stellung der Kirche im Staat, Hamburg 1964.

Scheffler, Gerhard, Zum öffentlichen Status der Gewerkschaften, NJW 1965, S. 849–852.

Schenke, Wolf-Rüdiger, Verfassung und Zeit – von der „entzeiteten“ zur zeitgeprägten Verfassung, AöR 103 (1978), S. 566–602.

Schenke, Wolf-Rüdiger/*Graulich*, Kurt/*Ruthig*, Josef (Hrsg.), Sicherheitsrecht des Bundes, 2. Auflage, München 2019.

Schennach, Martin, Zur Gesetzespublikation in der frühen Neuzeit, in: Schilling, Lothar/Schönberger, Christoph/Thier, Andreas (Hrsg.), Verfassung und Öffentlichkeit in der Verfassungsgeschichte (Der Staat Beiheft 25), Berlin 2020, S. 111–149.

Scherer, Joachim, Verwaltung und Öffentlichkeit, Baden-Baden 1978.

Scherzberg, Arno, Freedom of information – deutsch gewendet: Das neue Umweltinformationsgesetz, DVBl 1994, S. 733–745.

Scherzberg, Arno, Die Öffentlichkeit der Verwaltung, Baden-Baden 2000.

Scherzberg, Arno, Die öffentliche Verwaltung als informationelle Organisation, in: Schmidt-Aßmann, Eberhard/Hoffmann-Riem, Wolfgang (Hrsg.), Verwaltungsrecht in der Informationsgesellschaft, Baden-Baden 2000, S. 195–223.

Scherzberg, Arno, Von den arcana imperii zur freedom of information, ThürVBl. 2003, S. 193–203.

Scherzberg, Arno, Buchbesprechung: Rossi, Informationszugangsfreiheit und Verfassungsrecht, Der Staat 47 (2008), S. 136–141.

Scheuner, Ulrich, Diskussionsbeitrag, VVDStRL 10 (1951), S. 46–49.

Scheuner, Ulrich, Pressefreiheit, VVDStRL 22 (1965), S. 1–91.

Scheuner, Ulrich, Verantwortung und Kontrolle in der demokratischen Verfassungsordnung, Festschrift für Gebhard Müller, Tübingen 1970, S. 379–402.

Scheuner, Ulrich, Staatszielbestimmungen, Festschrift für Ernst Forsthoff zum 70. Geburtstag, München 1972, S. 325–346.

Scheuner, Ulrich, Die Funktion der Verfassung für den Bestand der politischen Ordnung, in: Hennis, Wilhelm (Hrsg.), Regierbarkeit II, Stuttgart 1979, S. 102–138.

Schilling, Theodor, Rang und Geltung von Normen in gestuften Rechtsordnungen, Berlin 1994.

Schindler, Dietrich, Verfassungsrecht und soziale Struktur, Zürich 1932.

Schladebach, Marcus, Praktische Konkordanz als verfassungsrechtliches Kollisionsprinzip. Eine Verteidigung, Der Staat 53 (2014), S. 263–283.

Schladebach, Marcus, Staatszielbestimmungen im Verfassungsrecht, JuS 2018, S. 118–122.

Schlaich, Klaus, Die Verfassungsgerichtsbarkeit im Gefüge der Staatsfunktionen, VVDStRL 38 (1981), S. 99–146.

Schlaich, Klaus/*Korioth*, Stefan, Das Bundesverfassungsgericht, 12. Auflage, München 2021.

Schliesky, Utz, Souveränität und Legitimität von Herrschaftsgewalt: Die Weiterentwicklung von Begriffen der Staatslehre und des Staatsrechts im europäischen Mehrebenensystem, Tübingen 2004.

Schliesky, Utz, Parlamentsfunktionen, in: Morlok, Martin/Schliesky, Utz/Wiefelspütz, Dieter (Hrsg.), Parlamentsrecht, Baden-Baden 2016, S. 204–278.

Schliesky, Utz/*Hoffmann*, Christian, Die Digitalisierung des Föderalismus, DÖV 2018, S. 193–198.

Schlink, Bernhard, Abwägung im Verfassungsrecht, Berlin 1976.

Schlink, Bernhard, Die Amtshilfe – Ein Beitrag zu einer Lehre von der Gewaltenteilung in der Verwaltung, Berlin 1982.

Schlink, Bernhard, Der Grundsatz der Verhältnismäßigkeit, in: Badura, Peter/Dreier, Horst (Hrsg.), Festschrift 50 Jahre Bundesverfassungsgericht, Band 2, Tübingen 2001, S. 445–465.

Schmidt, Arndt Alexander, Ausschussöffentlichkeit im Deutschen Bundestag, Berlin 2021.

Schmidt, Jörg, Die demokratische Legitimationsfunktion der parlamentarischen Kontrolle, Berlin 2007.

Schmidt, Walther, Informationsanspruch des Abgeordneten und Ausschußbesetzung, DÖV 1986, S. 236–239.

Schmidt-Aßmann, Eberhard, Verwaltungslegitimation als Rechtsbegriff, AöR 116 (1991), S. 329–390.

Schmidt-Aßmann, Eberhard, Der Rechtsstaat, in: Kirchhof, Paul/Isensee, Josef (Hrsg.), Handbuch des Staatsrechts der Bundesrepublik Deutschland, Band 2, 3. Auflage, Heidelberg 2004, S. 541–612.

Schmidt-Aßmann, Eberhard, Das allgemeine Verwaltungsrecht als Ordnungsidee: Grundlagen und Aufgaben der verwaltungsrechtlichen Systembildung, 2. Auflage, Berlin 2004.

Schmidt-Aßmann, Eberhard, Das allgemeine Verwaltungsrecht als Ordnungsidee: Grundlagen und Aufgaben der verwaltungsrechtlichen Systembildung, 2. Auflage, Berlin 2006.

Schmidt-Bleibtreu, Bruno/*Hofmann*, Hans/*Henneke*, Hans-Günther (Hrsg.), Grundgesetz Kommentar, 15. Auflage, Hürth 2022 (zit.: *Bearbeiter*, in: *Schmidt-Bleibtreu/Hofmann/Henneke*-GG).

Schmidt-Jortzig, Edzard, Stellungnahme zum Themenbereich „Staatsziele und Grundrechte" anlässlich der öffentlichen Anhörung der gemeinsamen Verfassungskommission, in: Deutscher Bundestag (Hrsg.), Materialien zur Verfassungsdiskussion und zur Grundgesetzänderung in der Folge der deutschen Einigung, Band 3, 1996, S. 309–311.

Schmitt, Carl, Römischer Katholizismus und politische Form, 2. Auflage, München 1925.

Schmitt, Carl, Die geistesgeschichtliche Lage des heutigen Parlamentarismus, 2. Auflage, München/Leipzig 1926.

Schmitt, Carl, Verfassungslehre, 11. Auflage, Berlin 2017.

Schmitt Glaeser, Walter, Die grundrechtliche Freiheit des Bürgers zur Mitwirkung an der Willensbildung, in: Kirchhof, Paul/Isensee, Josef (Hrsg.), Handbuch des Staatsrechts der Bundesrepublik Deutschland, Band 3, 3. Auflage, Heidelberg 2005, S. 229–262.

Schnabel, Christoph, Auskunftsansprüche für Journalisten nach Landespressegesetzen und Informationsfreiheitsgesetz, NVwZ 2012, S. 854–859.

Schnabel, Christoph, Das neue Hamburgische Transparenzgesetz – Informationsregister, Datenschutz und Betriebs- und Geschäftsgeheimnisse, NordÖR 2012, S. 431–436.

Schnabel, Christoph, Die Evaluation des IFG – Wie reformiert man eine Revolution?, ZD 2012, S. 493–494.

Schnabel, Christoph, Die Zukunft des presserechtlichen Auskunftsanspruchs gegen Bundesbehörden, NJW 2016, S. 1692–1696.

Schnabel, Christoph, Ist die Informationszugangsfreiheit eine Bedrohung für Sicherheitsbelange?, GSZ 2018, S. 91–97.

Schnabel, Christoph/*Freund*, Bernhard, Der Kernbereich exekutiver Eigenverantwortung als Schranke der Informationsfreiheit, DÖV 2012, S. 192–197.

Schneider, Franz, Presse, in: Brunner, Otto/Conze, Werner/Koselleck, Reinhart (Hrsg.), Geschichtliche Grundbegriffe, Stuttgart 1978, S. 899–927.

Schneider, Hans-Peter, Opposition und Information, AöR 99 (1974), S. 628–646.

Schneider, Hans-Peter, Das Parlamentsrecht im Spannungsfeld von Mehrheitsentscheidung und Minderheitenschutz, in: Badura, Peter/Dreier, Horst (Hrsg.), Festschrift 50 Jahre Bundesverfassungsgericht, Band 2, Tübingen 2001, S. 627–661.

Schneider, Peter, Prinzipien der Verfassungsinterpretation, VVDStRL 20 (1963), S. 1–52.

Schneider, Peter, Nachruf auf René Marcic, ARSP 59 (1973), S. 207–220.

Schnieders, Ralf, Die neue Open-(Government)-Data-Gesetzgebung in Frankreich und in Deutschland, DÖV 2018, S. 175–185.

Schoch, Friedrich, Öffentlich-rechtliche Rahmenbedingungen einer Informationsordnung, VVDStRL 57 (1998), S. 158–215.

Schoch, Friedrich, Einstweilige Anordnung, in: Badura, Peter/Dreier, Horst (Hrsg.), Festschrift 50 Jahre Bundesverfassungsgericht, Band 1, Tübingen 2001, S. 695–723.

Schoch, Friedrich, Informationsfreiheitsgesetz für die Bundesrepublik Deutschland, Die Verwaltung 35 (2002), S. 149–175.

Schoch, Friedrich, Entformalisierung staatlichen Handelns, in: Kirchhof, Paul/Isensee, Josef (Hrsg.), Handbuch des Staatsrechts der Bundesrepublik Deutschland, Band 3, 3. Auflage, Heidelberg 2005, S. 131–227.

Schoch, Friedrich, Das Recht auf Zugang zu staatlichen Informationen, DÖV 2006, S. 1–10.

Schoch, Friedrich, Das Grundrecht der Informationsfreiheit, Jura 2008, S. 25–34.

Schoch, Friedrich, Informationsfreiheitsgesetz Kommentar, 2. Auflage, München 2016.

Schoch, Friedrich, Die Ausnahmetatbestände des IFG in der Rechtsprechung des BVerwG, ZGI 2021, S. 3–10.

Schoch, Friedrich/*Kloepfer*, Michael, Informationsfreiheitsgesetz (IFG-ProfE): Entwurf eines Informationsfreiheitsgesetzes für die Bundesrepublik Deutschland, Berlin 2002.

Schoch, Friedrich/*Schneider*, Jens-Peter, Verwaltungsrecht – Band VwVfG, 3. Einlieferung, München 2022.

Scholz, Rupert, Informationspolitik des Bundeskartellamtes und Informationsrecht der Öffentlichkeit, NJW 1973, S. 481–487.

Scholz, Rupert, Parlamentarischer Untersuchungsausschuß und Steuergeheimnis, AöR 105 (1980), S. 564–622.

Schröder, Christoph, Die Gewaltenteilung, JuS 2022, S. 23–27.

Schröder, Christoph, Die Gewaltenteilung, JuS 2022, S. 122–125.

Schröder, Jan, Das Demokratieprinzip des Grundgesetzes, JA 2017, S. 809–818.

Schröder, Meinhard, Auskunft und Zugang in Bezug auf Umweltdaten als Rechtsproblem, NVwZ 1990, S. 905–909.

Schulz, Sönke E., Änderungsfeste Grundrechte: Die grundrechtsrelevante Ausstrahlungswirkung des Art. 79 Abs. 3 GG i.V.m. der Menschenwürdegarantie, dem Menschenrechtsbekenntnis und den Staatsstrukturprinzipien des Art. 20 GG, Frankfurt am Main 2008.

Schuppert, Gunnar Folke, Rigidität und Flexibilität von Verfassungsrecht, AöR 120 (1995), S. 32–99.

Schwabe, Jürgen, Probleme der Grundrechtsdogmatik, Darmstadt 1977.

Schwabenbauer, Thomas, Heimliche Grundrechtseingriffe: Ein Beitrag zu den Möglichkeiten und Grenzen sicherheitsbehördlicher Ausforschung, Tübingen 2013.

Schwabenbauer, Thomas/*Müller*, Michael W., Informationsverarbeitung im Polizei- und Strafverfahrensrecht, in: Bäcker, Matthias/Denninger, Erhard/Graulich, Kurt (Hrsg.), Handbuch des Polizeirechts, 7. Auflage, München 2021, S. 825–1224.

Schwagerl, Hans-Joachim, Verfassungsschutz in der Bundesrepublik Deutschland, Heidelberg 1985.

Schwan, Eggert, Amtsgeheimnis oder Aktenöffentlichkeit? Der Auskunftsanspruch des Betroffenen, das Grundrecht auf Datenschutz und das Prinzip der Aktenöffentlichkeit, München 1984.

Schwanenflügel, Matthias von, Das Öffentlichkeitsprinzips des EG-Umweltrechts, DVBl 1991, S. 93–101.

Schwerdtfeger, Gunther, Optimale Methodik der Gesetzgebung als Verfassungspflicht, in: Stödter, Rolf/Thieme, Werner (Hrsg.), Hamburg, Deutschland, Europa: Beiträge zum deutschen und europäischen Verfassungs-, Verwaltungs- und Wirtschaftsrecht – Festschrift für Hans Peter Ipsen zum siebzigsten Geburtstag, Tübingen 1977, S. 173–188.

Shirvani, Faroud, Parteienfreiheit, Parteienöffentlichkeit und die Instrumente des Verfassungsschutzes, AöR 134 (2009), S. 572–595.

Sieckmann, Jan-Reinard, Regelmodelle und Prinzipienmodelle des Rechtssystems, Baden-Baden 1990.

Siegel, Thorsten, Auf dem Weg zum Portalverbund – Das neue Onlinezugangsgesetz (OZG), DÖV 2018, S. 185–192.

Skouris, Panagiotis, Die Begründung von Rechtsnormen, Baden-Baden 2002.

Smend, Rudolf, Ungeschriebenes Verfassungsrecht im monarchischen Bundesstaat, Festgabe für Otto Mayer, 1916, S. 245–270.

Smend, Rudolf, Staat und Kirche nach dem Bonner Grundgesetz, ZevKR 1 (1951), S. 4–14.

Smend, Rudolf, Verfassung und Verfassungsrecht, Staatsrechtliche Abhandlungen, Berlin 1955, S. 119–276.

Smend, Rudolf, Zum Problem des Öffentlichen und der Öffentlichkeit, in: Bachof, Otto/Drath, Martin/Gönnewein, Otto/Walz, Ernst (Hrsg.), Gedächtnisschrift für Walter Jellinek, München 1955, S. 11–20.

Smend, Rudolf, Die politische Gewalt im Verfassungsstaat und das Problem der Staatsform (1923), Staatsrechtliche Abhandlungen, 2. Auflage, Berlin 1968, S. 68–88.

Sobota, Katharina, Das Prinzip Rechtsstaat, Tübingen 1997.

Sommermann, Karl-Peter, Staatsziele und Staatszielbestimmungen, Tübingen 1997.

Sonnenfels, Joseph von, Grundsätze der Polizey, Handlung und Finanz, Band 1, Wien 1765.

Spindler, Gerald, Informationsfreiheit und Finanzmarktaufsicht, Frankfurt am Main 2012.

Staff, Ilse, Öffentlichkeit als Verfassungsprinzip, ZRP 1992, S. 384–389.

Stahl, Friedrich Julius, Philosophie des Rechts, Band 2, Heidelberg 1837.

Stahr, Ernst Heinrich, Die Öffentlichkeit der öffentlichen Haushalte, Saarbrücken 1967.

Stammler, Rudolf, Lehrbuch der Rechtsphilosophie, 3. Auflage, Berlin/Leipzig 1928.

Starck, Christian, Informationsfreiheit und Nachrichtensperre, AfP 9 (1978), S. 171–177.

Starck, Christian, Verfassungen: Entstehung, Auslegung, Wirkungen und Sicherung, Tübingen 2009.

Starck, Christian, Maximen der Verfassungsauslegung, in: Kirchhof, Paul/Isensee, Josef (Hrsg.), Handbuch des Staatsrechts der Bundesrepublik Deutschland, Band 12, 3. Auflage, Heidelberg 2014, S. 613–657.

Steffani, Winfried, Monistische oder pluralistische Demokratie?, in: Doeker-Mach, Günther/Steffani, Winfried (Hrsg.), Klassenjustiz und Pluralismus: Festschrift für Ernst Fraenkel zum 75. Geburtstag am 26. Dezember 1973, Hamburg 1973, S. 482–514.

Steinberg, Rudolf, Verfassungsrechtlicher Umweltschutz durch Grundrechte und Staatszielbestimmung, NJW 1996, S. 1985–1994.

Steiner, Udo, Werden und Wandel des Sozialrechts im Sozialstaat, NZS 2019, S. 1–5.

Stelkens, Paul/*Bonk*, Joachim/*Sachs*, Michael (Hrsg.), Verwaltungsverfahrensgesetz Kommentar, 10. Auflage, München 2023.

Stern, Klaus, Das Staatsrecht der Bundesrepublik Deutschland, Band 2, München 1980.

Stern, Klaus, Das Staatsrecht der Bundesrepublik Deutschland, Band 1, 2. Auflage, München 1984.

Stern, Klaus, Das Staatsrecht der Bundesrepublik Deutschland, Band III/1, München 1988.

Stettner, Rupert, Information als Verfassungsgut, in: Merten, Detlef/Schmidt, Reiner/Stettner, Rupert (Hrsg.), Der Verwaltungsstaat im Wandel – Festschrift für Franz Knöpfle zum 70. Geburtstag, München 1996, S. 351–368.

Stolleis, Michael, Parteienstaatlichkeit – Krisensymptome des demokratischen Verfassungsstaats?, VVDStRL 44 (1986), S. 7–45.

Stolleis, Michael, Arcana Imperii und Ratio Status – Bemerkungen zur politischen Theorie des frühen 17. Jahrhunderts, in: Stolleis, Michael (Hrsg.), Staat und Staatsräson in der frühen Neuzeit: Studien zur Geschichte des öffentlichen Rechts, Frankfurt am Main 1990, S. 37–72.

Stolleis, Michael, Geschichte des öffentlichen Rechts in Deutschland, Band 2, München 1992.

Stolleis, Michael, Geschichte des öffentlichen Rechts in Deutschland, Band 3, München 1999.

Strauch, Hans-Joachim, Die Öffentlichkeit und Mündlichkeit des Verwaltungsstreitverfahrens – Funktion und verfassungsrechtliche Grundlagen, in: Triffterer, Otto/Mallmann, Walter/Bader, Karl S. (Hrsg.), Festschrift für Walter Mallmann, Baden-Baden 1978, S. 345–358.

Strohmeier, Rudolf W./*Gamisch*, Astrid, Die Veröffentlichung von Gesetzen im digitalen Zeitalter, DÖV 2019, S. 478–486.

Sydow, Gernot, Informationsgesetzbuch häppchenweise, NVwZ 2008, S. 481–485.

Tanneberger, Steffen, Die Sicherheitsverfassung, Tübingen 2014.

Teuber, Christian, Parlamentarische Informationsrechte: Eine Untersuchung an den Beispielen des Bundestages und des Landtages Nordrhein-Westfalen, Berlin 2007.

Thiele, Alexander, Finanzaufsicht – Der Staat und die Finanzmärkte, Tübingen 2014.

Thiele, Alexander, Der gefräßige Leviathan: Entstehung, Ausbreitung und Zukunft des modernen Staates, Tübingen 2019.

Thiele, Alexander, Allgemeine Staatslehre: Begriff, Möglichkeit, Fragen im 21. Jahrhundert, Tübingen 2020.

Thiele, Alexander, Der konstituierte Staat: Eine Verfassungsgeschichte der Neuzeit, Frankfurt 2021.

Trantas, Georgios, Akteneinsicht und Geheimhaltung im Verwaltungsrecht: Eine vergleichende Untersuchung zum deutschen und französischen Verwaltungsverfahrensrecht, Berlin 1998.

Trentmann, Christian, Die Grundlagen des Rechtsstaatsbegriffs, JuS 2017, S. 979–983.

Troidl, Thomas, Akteneinsicht im Verwaltungsrecht: Informationszugang gemäß VwVfG, VwGO, UIG, VIG, IFG u. a., 2. Auflage, München 2020.

Troßbach, Anton, Öffentlichkeit und Geheimhaltung im Verwaltungsprozess: Ein Rechtsvergleich zwischen Deutschland und England, Tübingen 2019.

Troßmann, Hans, Parlamentsrecht und Praxis des Deutschen Bundestages, Bonn 1967.

Troßmann, Hans, Parlamentsrecht des Deutschen Bundestages, München 1977.

Trute, Hans-Heinrich, Öffentlich-rechtliche Rahmenbedingungen einer Informationsordnung, VVDStRL 57 (1998), S. 216–273.

Trute, Hans-Heinrich, Die demokratische Legitimation der Verwaltung, in: Voßkuhle, Andreas/Eifert, Martin/Möllers, Christoph (Hrsg.), Grundlagen des Verwaltungsrechts, Band 1, 3. Auflage, München 2022, S. 551–653.

Tusseau, Guillaume, From the Penitentiary to the Political Panoptic Paradigm, in: Brunon-Ernst, Anne (Hrsg.), Beyond Foucault: new perspectives on Bentham's Panopticon, Farnham 2012, S. 115–142.

Unger, Sebastian, Das Verfassungsprinzip der Demokratie: Normstruktur und Norminhalt des grundgesetzlichen Demokratieprinzips, Tübingen 2008.

Uphues, Steffen, Informationsfreiheit zwischen Gegenwart und Zukunft, ZRP 2021, S. 41–43.

Verfassungsausschuss der Ministerpräsidenten-Konferenz der westlichen Besatzungszonen, Bericht über den Verfassungskonvent auf Herrenchiemsee vom 10. bis 23. August 1948, München 1948.

Vesting, Thomas, § 35 III BauGB zwischen Umweltschutz und Kunstfreiheit, NJW 1996, S. 1111–1114.

Vesting, Thomas, Die Bedeutung von Information und Kommunikation der Verwaltung, in: Voßkuhle, Andreas/Eifert, Martin/Möllers, Christoph (Hrsg.), Grundlagen des Verwaltungsrechts, Band 1, 3. Auflage, München 2022, S. 1465–1510.

Vismann, Cornelia, Akten: Medientechnik und Recht, Frankfurt am Main 2000.

Vitzthum, Wolfgang Graf, Stellungnahme zum Fragenkatalog zum Beratungsgegenstand „Staatsziele und Grundrechte", in: Deutscher Bundestag (Hrsg.), Materialien zur Verfassungsdiskussion und zur Grundgesetzänderung in der Folge der deutschen Einigung, Band 3, 1996, S. 313–335.

Vitzthum, Wolfgang Graf, Form, Sprache und Stil der Verfassung, in: Depenheuer, Otto/Grabenwarter, Christoph (Hrsg.), Verfassungstheorie, Tübingen 2010, S. 373–390.

Vogelgesang, Klaus, Die Verpflichtung der Bundesregierung zur Antwort auf parlamentarische Anfragen, ZRP 1988, S. 5–10.

Volkmann, Uwe, Setzt Demokratie den Staat voraus?, AöR 127 (2002), S. 575–611.

Volkmann, Uwe, Grundzüge einer Verfassungslehre der Bundesrepublik Deutschland, Tübingen 2013.

Volkmann, Uwe, Verfassungsänderung und Verfassungswandel, JZ 2018, S. 265–271.

Vollkommer, Max, Empfiehlt es sich, die Bekanntgabe der abweichenden Meinung des überstimmten Richters (dissenting opinion) in den deutschen Verfahrensordnungen zuzulassen?, JR 1968, S. 241–252.

Vonderbeck, Hans-Josef, Parlamentarische Informations- und Redebefugnisse, Berlin 1981.

Voßkuhle, Andreas, Verfassungsstil und Verfassungsfunktion: Ein Beitrag zum Verfassungshandwerk, AöR 119 (1994), S. 35–60.

Voßkuhle, Andreas, Der Wandel von Verwaltungsrecht und Verwaltungsprozeßrecht in der Informationsgesellschaft, in: Schmidt-Aßmann, Eberhard/Hoffmann-Riem, Wolfgang (Hrsg.), Verwaltungsrecht in der Informationsgesellschaft, Baden-Baden 2000, S. 349–404.

Voßkuhle, Andreas, Gibt es und wozu nützt eine Lehre vom Verfassungswandel?, Der Staat 43 (2004), S. 450–459.

Voßkuhle, Andreas, Sachverständige Beratung des Staates, in: Kirchhof, Paul/Isensee, Josef (Hrsg.), Handbuch des Staatsrechts der Bundesrepublik Deutschland, Band 3, 3. Auflage, Heidelberg 2005, S. 425–475.

Voßkuhle, Andreas, Stabilität, Zukunftsoffenheit und Vielfaltssicherung – Die Pflege des verfassungsrechtlichen „Quellcodes" durch das BVerfG, JZ 2009, S. 917–968.

Voßkuhle, Andreas, Der Wandel der Verfassung und seine Grenzen, JuS 2019, S. 417–423.

Voßkuhle, Andreas/*Kaufhold*, Ann-Katrin, Der Grundsatz der Gewaltenteilung, JuS 2012, S. 314–316.

Wagner, Adolph, Lehr- und Handbuch der politischen Oekonomie – Vierte Hauptabtheilung: Finanzwissenschaft: Einleitung, Ordnung der Finanzwirthschaft, Finanzbedarf, Privaterwerb, 3. Auflage, Leipzig 1883.

Wahl, Rainer, Die Entwicklung des deutschen Verfassungsrechts bis 1866, in: Kirchhof, Paul/Isensee, Josef (Hrsg.), Handbuch des Staatsrechts der Bundesrepublik Deutschland, Band 1, 3. Auflage, Heidelberg 2003, S. 45–91.

Waldhoff, Christian, Grundzüge des Finanzrechts des Grundgesetzes, in: Kirchhof, Paul/Isensee, Josef (Hrsg.), Handbuch des Staatsrechts der Bundesrepublik Deutschland, Band 5, 3. Auflage, Heidelberg 2007, S. 813–933.

Waldhoff, Christian, Manipulation von Wahlterminen durch die Zusammenlegung von Wahlen?, JZ 2009, S. 144–148.

Waldhoff, Christian, Die reformierte Kontrolle der Nachrichtendienste durch das Parlamentarische Kontrollgremium und das Unabhängige Gremium, in: Dietrich, Jan-Hendrik/Gärditz, Klaus Ferdinand/Graulich, Kurt/Gusy, Christoph/Warg, Gunter (Hrsg.), Reform der Nachrichtendienste zwischen Vergesetzlichung und Internationalisierung, Tübingen 2019, S. 73–89.

Waldhoff, Christian, Parteien-, Wahl- und Parlamentsrecht, in: Herdegen, Matthias/Masing, Johannes/Poscher, Ralf/Gärditz, Klaus Ferdinand (Hrsg.), Handbuch des Verfassungsrechts, München 2021, S. 645–719.

Waldhoff, Christian/*Gärditz*, Klaus Ferdinand, PUAG Kommentar, München 2015.

Walter, Christian, Hüter oder Wandler der Verfassung? Zur Rolle des Bundesverfassungsgerichts im Prozeß des Verfassungswandels, AöR 125 (2000), S. 517–550.

Warg, Gunter, Die Grenzen parlamentarischer Kontrolle am Beispiel des Staatswohls, NVwZ 2014, S. 1263–1269.

Wassermann, Rudolf/*Denninger*, Erhard/*Ridder*, Helmut/*Simon*, Helmut/*Stein*, Ekkehard (Hrsg.), Alternativkommentar zum Grundgesetz, Neuwied 1984.

Weber, Max, Wirtschaft und Gesellschaft, Band 1, Köln 1964.

Weber, Max, Wirtschaft und Gesellschaft, Band 2, Köln 1964.

Weber, Max, Parlament und Regierung im neugeordneten Deutschland, in: Winckelmann, Johannes (Hrsg.), Gesammelte Politische Schriften, 3. Auflage, Tübingen 1971, S. 306–443.

Wegener, Bernhard W., Der geheime Staat: Arkantradition und Informationsfreiheitsrecht, Göttingen 2006.

Wegener, Bernhard, Informationsfreiheit und Verfassungsrecht, Festschrift für Richard Bartlsperger zum 70. Geburtstag, Berlin 2006, S. 165–184.

Wegge, Georg, Zur normativen Bedeutung des Demokratieprinzips nach Art. 79 Abs. 3 GG, Baden-Baden 1996.

Wehner, André, Informationszugangsfreiheit zu staatlichen Quellen: Der Paradigmenwechsel zur publikumsoffenen, transparenten Verwaltung im demokratischen Verfassungsstaat europäisch-atlantischer Prägung, Halle (Saale) 2012.

Wehrmann, Philipp, Die Konstitutionalisierung der Informationszugangsfreiheit – Sechs Argumente für einen überfälligen Schritt, ZGI 2022, S. 205–211.

Weis, Hubert, Parlamentarisches Fragerecht und Antwortpflicht der Regierung, DVBl 1988, S. 268–273.

Welcker, Karl Theodor, Die letzten Gründe von Recht, Staat und Strafe, Gießen 1813.

Welcker, Karl Theodor, Öffentlichkeit, in: Rotteck, Carl von/Welcker, Karl Theodor (Hrsg.), Das Staats-Lexikon: Encyklopädie der sämmtlichen Staatswissenschaften für alle Stände, Band 10, 1848, S. 246–282.

Werner, Birgit, Rechtsquellen des deutschen öffentlichen Rechts: Allgemeine Lehren zur parlamentarischen und exekutiven Rechtsetzung, Berlin 2020.

Werner, Wolfram, Der Parlamentarische Rat 1948–1949: Akten und Protokolle, Band 9, München 1996.

Weßlau, Edda, Vorfeldermittlungen: Probleme der Legalisierung „vorbeugender Verbrechensbekämpfung" aus strafprozessrechtlicher Sicht, Berlin 1989.

Widhofer-Mohnen, Elgin, Das Recht auf Akteneinsicht nach § 29 VwVfG, VR 1980, S. 285–290.

Wieckhorst, Arno, Grundrechtsschutz durch Legislativverfahren: Grundrechtlich induzierte Prozeduralisierung der Gesetzgebung und ihrer Kontrolle im Verfassungs- und Unionsrecht, Tübingen 2017.

Wieckhorst, Arno, Die Begründungspflicht des Besoldungsgesetzgebers als zahnloser Tiger, DÖV 2021, S. 361–368.

Wielinger, Gerhart, Seinsrecht und Reine Rechtslehre, ARSP 57 (1971), S. 559–573.

Wilkens, Sarah, Wettbewerbsprinzip und Gemeinwohlorientierung bei der Erbringung von Eisenbahndienstleistungen: Zum Verhältnis von Art. 87e III und IV GG, Berlin 2006.

Windsheimer, Hans, Die „Information" als Interpretationsgrundlage für die subjektiven öffentlichen Rechte des Art. 5 Abs. 1 GG, Berlin 1968.

Winter, Gerd/*Gurlit*, Elke, Zusammenfassender Bericht, in: Winter, Gerd (Hrsg.), Öffentlichkeit von Umweltinformationen: Europäische und nordamerikanische Rechte und Erfahrungen, 1. Auflage, Baden-Baden 1990, S. 1–85.

Wipfelder, Hans-Jürgen, Ungeschriebenes Verfassungsrecht durch Richterspruch?, DRiZ 1980, S. 441–448.

Wirtz, Sonja/*Brink*, Stefan, Die verfassungsrechtliche Verankerung der Informationszugangsfreiheit, NVwZ 2015, S. 1166–1173.

Wischmeyer, Thomas, Der „Wille des Gesetzgebers", JZ 2015, S. 957–966.

Wischmeyer, Thomas, Formen und Funktionen des exekutiven Geheimnisschutzes, Die Verwaltung 51 (2018), S. 393–426.

Wischmeyer, Thomas/*Herzog*, Eva, Daten für alle? – Grundrechtliche Rahmenbedingungen für Datenzugangsrechte, NJW 2020, S. 288–293.

Witte-Wegmann, Gertrud, Recht und Kontrollfunktion der Großen, Kleinen und Mündlichen Anfragen im Deutschen Bundestag, Berlin 1972.

Wolff, Hans Julius, Rechtsgrundsätze und verfassungsgestaltende Grundentscheidungen als Rechtsquellen, Gedächtnisschrift für Walter Jellinek, München 1955, S. 33–52.

Wolff, Heinrich Amadeus, Ungeschriebenes Verfassungsrecht unter dem Grundgesetz, Tübingen 2000.

Wolff, Heinrich Amadeus, Entwicklungslinien und Prinzipien der parlamentarischen Kontrolle der Nachrichtendienste, in: Gusy, Christoph/Warg, Gunter/Graulich, Kurt/Dietrich, Jan-Hendrik/Gärditz, Klaus Ferdinand (Hrsg.), Nachrichtendienste im demokratischen Rechtsstaat, Tübingen 2018, S. 69–91.

Wolff, Philipp, Auskunfts- und Informationspflichten der Nachrichtendienste, in: Dietrich, Jan-Hendrik/Eiffler, Sven-R./Asche, Josephine (Hrsg.), Handbuch des Rechts der Nachrichtendienste, Stuttgart 2017, S. 1657–1707.

Wölfle, Marcel, Verfassungsrechtliche Determination von Informations- und Auskunftsansprüchen der Medien in der Informationsgesellschaft, Baden-Baden 2021.

Wollenschläger, Ferdinand, Budgetöffentlichkeit im Zeitalter der Informationsgesellschaft, AöR 135 (2010), S. 363–403.

Wollenteit, Ulrich, Informationsrechte des Forschers im Spannungsfeld von Transparenzforderungen und Datenschutz: Zum Datenzugang für Forschungszwecke in den USA und in der Bundesrepublik Deutschland, Berlin 1993.

Zacher, Hans, Verwaltung durch Subventionen, VVDStRL 25 (1967), S. 308–396.

Zeccola, Marc/*Pfleiderer*, Roman, Legitimation durch Partizipation?, DÖV 2021, S. 59–69.

Zeh, Wolfgang, Theorie und Praxis der Parlamentsdebatte, in: Schneider, Hans-Peter/Zeh, Wolfgang (Hrsg.), Parlamentsrecht und Parlamentspraxis in der Bundesrepublik Deutschland, Berlin 1989, S. 917–937.

Zeh, Wolfgang, Das Ausschußsystem im Bundestag, in: Schneider, Hans-Peter/Zeh, Wolfgang (Hrsg.), Parlamentsrecht und Parlamentspraxis in der Bundesrepublik Deutschland, Berlin 1989, S. 1087–1102.

Ziegler, Ursula, Die gerichtliche Kontrolle der Geheimhaltungsmittel der Exekutive, ZRP 1988, S. 25–28.

Ziekow, Jan/*Debus*, Alfred G./*Musch*, Elisabeth, Bewährung und Fortentwicklung des Informationsfreiheitsrechts: Evaluierung des Informationsfreiheitsgesetzes des Bundes im Auftrag des Deutschen Bundestages, Baden-Baden 2013.

Stichwortverzeichnis

Philip Berger

Grundgesetz und aleatorische Demokratie

Zur Vereinbarkeit von Losverfahren mit dem Demokratieprinzip des Grundgesetzes

Der Autor beleuchtet losbasierte Demokratiekonzepte (z. B. Bürgerräte) aus juristischer Perspektive und ergänzt die Diskussion darüber so um einen neuen Blickwinkel. Im Zentrum steht der Versuch, die aus dem Demokratieprinzip (Art. 20 Abs. 1 GG) und der sog. Ewigkeitsgarantie (Art. 79 Abs. 3 GG) resultierenden zwingenden Grenzen zu bestimmen und die verbleibenden Gestaltungspielräume aufzuzeigen. Der Autor plädiert für eine Rekonstruktion des Demokratieprinzips als entwicklungsoffenes Rechtsprinzip, in dessen Lichte die Organisationsvorgaben des Art. 20 Abs. 2 GG auszulegen sind. Daraus ergibt sich eine Demokratie- und Legitimationskonzeption, die an die Stelle einer Vorfestlegung auf bestimmte Strukturelemente eine konsequente Ausrichtung am Idealbild der Freiheit und Gleichheit stellt. Daran müssen sich losbasierte Demokratiekonzepte und der organisatorische status quo gleichermaßen messen lassen, wodurch erhebliche Gestaltungsspielräume, aber auch klare Grenzen ersichtlich werden.

Schriften zum Öffentlichen Recht, Band 1529
443 Seiten, 2024
ISBN 978-3-428-19107-9, € 99,90
Titel auch als E-Book erhältlich.